GOOD ECONOMICS
FOR HARD TIMES

아비지트 배너지
에스테르 뒤플로 지음
김승진 옮김

GOOD ECONOMICS FOR HARD TIMES

힘든 시대를 위한 좋은 경제학

생각의힘

그들에게 더 공정하고 인간적인 세계가 열리기를 바라며
우리 아이들 노미와 밀란에게
그리고 그 기회를 가질 수 없게 된 사샤에게
이 책을 바칩니다

차례

일러두기

1. 이 책의 원제는 『어려운 시절을 위한 좋은 경제학Good Economics for Hard Times』이며, 한국어
   판 제목은 『힘든 시대를 위한 좋은 경제학』이다.
2. 단행본은 겹낫표(『』)로 신문, 잡지, 논문, 영화 등은 홑낫표(「」)로 표기했다.
3. 인명 등 외래어는 외래어 표기법을 따랐으나, 일부는 관례와 원어 발음을 존중해 그에 따
   랐다.
4. 매끄러운 이해를 돕고자 원문에 없는 내용을 추가한 부분은 대괄호([]) 안에 적었다.

10년쯤 전에, 경제학자인 우리는 우리가 수행했던 연구 내용들을 담은 경제학 책을 한 권 썼다. 놀랍게도 그것을 읽어 주시는 독자분들이 계셨다! 우리는 우쭐했지만 그런 일이 또 있지는 않으리라는 것을 잘 알고 있었다. 경제학자는 '책'을 잘 쓰지 않고, 인간이 읽는 게 가능한 책은 더더욱 잘 쓰지 않는다. 어쩌다 보니 우리는 책을 쓰게 되었고 다행히 잘 넘어갔지만, 다시 우리 일로 돌아가야 할 때라고 생각했다. 학술지 논문을 쓰는 일 말이다.

그래서 우리는 그렇게 했다. 그러는 동안, 오바마 집권 초기의 은은한 여명이 이어지는가 싶더니 '브렉시트', '노란 조끼', '장벽' 같은 사건들이 여기 번쩍 저기 번쩍 터져대고, '아랍의 봄'에 뒤이은 혼란스럽지만 낙관적이던 분위기가 독재자들(혹은 선거로 당선은 되었으나 독재자나 다름없는 사람들)의 득세로 다시 뒤바뀌면서, 세상은 미쳐 돌아가고 있었다. 불평등은 폭발적으로 증가했고, 머리 위에는 환경 위기와 글로벌 정책의 재앙이 당장이라도 덮칠 듯 드리워 있었다. 그러나 이 모든 문제들을 다루기에 우리가 가진 해법이나 사고방식은 기껏해야 진부한 것들밖에 없어 보였다.

우리는 희망의 끈을 놓지 않으려고 이 책을 썼다. 무엇이 왜 잘못되었는지만이 아니라 잘되어 온 것은 무엇인지도 짚어 보고 싶었다. '문제'만 논하는 책이 아니라, 현실을 정확히 진단하고 직시한다면 갈갈이 찢긴 세상을 다시 온전하게 만들 '해법'을 찾을 수 있다고도 말해 주는 책이길 바랐다. 어디에서 경제 정책이 실패했는지, 어디에서 이데올로기가 우리 눈을 가리고 있었는지, 어디에서 우리가 명백한 것들을 놓쳤는지를 지적하되, '좋은 경제학'이 (특히 오늘날 같은 시기에) 왜, 어떻게 유용할 수 있는지도 보여 주는 책이었으면 싶었다.

물론 이런 책이 필요하다고 해서 꼭 우리가 그것을 쓰기에 적합한 필자라는 말은 아니다. 사실 오늘날 세계를 덮치고 있는 많은 문제는 부유한 나라에서 두드러지는데, 우리가 해 온 연구는 가난한 나라의 가난한 사람들에 대한 것이었다. 그러니 그런 책을 쓰려면 우리 분야를 넘어 수많은 문헌을 새로 공부해야 할 게 틀림없었고 자칫 중요한 점들을 놓치게 될 위험도 있었다. 시도라도 해 보자고 스스로를 확신시킬 수 있게 되기까지는 꽤 오랜 시간이 걸렸다.

어쨌든, 결국 우리는 뛰어들어 보기로 했다. 경제학의 핵심 주제인 이주, 무역, 성장, 불평등, 환경 등을 둘러싼 공공 담론이 날로 퇴락하는 것을 더 이상 멀찍이서 구경만 하고 있을 수가 없어서였기도 했지만, 부유한 나라가 직면한 문제들이 가난한 나라에서 우리가 보았던 문제들과 희한하게도 많이 닮았다는 사실을 깨달았기 때문이기도 했다. '개발'에 밀려난 사람들, 폭증하는 불평등, 바닥으로 떨어진 정부 신뢰, 극도로 분열된 사회와 정치 등은 부유한 나라, 가난한 나라 모두 겪고 있는 문제였다.

이 책을 쓰면서 정말로 많은 것을 배웠고 경제학자로서 우리가 잘 할 수 있는 종류의 일에 대해 믿음이 생겼다. 사실관계를 치밀하게 다루는 것. 번드르르한 해법과 만병통치약을 의심하는 것. 우리가 알고 있는 것을 과장하지 않고 모르고 있는 것을 솔직하게 인정하는 것. 그리고 아마도 가장 중요하게, 궁극적으로 더 인간적인 세상을 향해 나아가게만 해 준다면 다양한 아이디어와 해법들을 그것이 실패할 가능성을 기꺼이 감수하면서 과감하게 시도해 보는 것. 이것이 우리가 경제학의 역할에 대해 다시금 갖게 된 믿음이다.

도널드 트럼프 미국 대통령의 2016년 대선 슬로건 '미국을 다시 위대하게Make America Great Again, MAGA' 중 미국을 경제학economics으로 패러디한 것이다 _ 옮긴이

1장
MEGA : 경제학을
다시 위대하게

의사가 한 여성 환자에게 반년밖에 살지 못할 것 같다고 알려 주면서 경제학자와 결혼을 해 사우스다코다주에 가서 살라고 조언했다.

여성: 그러면 제 병이 나을까요?

의사: 아뇨. 하지만 그 반년이 꽤 길게 느껴질 겁니다.

우리는 모든 것이 극단으로 치닫는 시대에 살고 있다. 헝가리에서 인도까지, 필리핀에서 미국까지, 영국에서 브라질까지, 인도네시아에서 이탈리아까지, 어디랄 것도 없이 모든 곳에서 좌우파 사이에 오가는 공공 담론은 누가 더 큰 소리로 욕을 하는가를 겨루는 시합이 되었고, 그 바람에 타협이나 철회의 여지를 남기지 않는 거친 언사만 난무하게 되었다.

우리가 살고 있는 미국을 보면, 분리 투표split-ticket voting(주지사는 민주당 후보, 하원 의원은 공화당 후보와 같은 식으로 경우에 따라 서로 다른 정당을 지지하는 투표 행위 – 옮긴이)가 사상 최저 수준이다.[1] 지지하는 정당이 있는 사람 중 81퍼센트가 상대 정당에 대해 부정적인 견해를 가지고 있다.[2] 민주당 지지자의 61퍼센트는 공화당 지지자가 인종주의자에 성차별주의자이며 편견덩어리라고 생각한다. 공화당 지지자의 54퍼센트는 민주당 지지자가 재수 없다고 생각한다. 또 미국인의 3분의 1이 가족 중 누군가가 상대 정당 지지자와 결혼하면 속상할 것 같다고 말한다.[3]

우리는 프랑스와 인도에서도 많은 시간을 보내는데(뒤플로는 프랑스 출신, 배너지는 인도 출신이다 – 옮긴이), 이곳의 소위 '깨인' 진보 엘리트 계층 사람들(우리도 포함해서)은 정치적 우파의 부상을 보면서 마치 말세라도 목격하는 양 이야기한다. 우리가 알고 있는 문명, 민주주의와 토론에 기반한 문명이 존망의 위기에 처했다는 위기의식의 발로일 것이다.

이 간극에 다리를 놓을 수 있는 정보와 해석을 제시해 서로가 상대의 말을 이해할 수 있게 도움으로써 ('합의'까지는 아니라 해도) '합리적 불일치'에 도달할 수 있게 하는 것이 사회과학자로서 우리의 임무일 것이다. 양쪽 모두가 상대를 존중하는 한 민주주의는 불일치와 잘 더불어 살아갈 수 있다. 하지만 존중에는 이해가 필요하다.

현재 상황이 특히나 우려스러운 이유는 바로 그 이해를 위한 대화의 여지가 쪼그라들어 버렸다는 데 있다. 정치에 대해서만이 아니라 무엇이 중요한 사회적 문제인지, 그것에 대해 무엇을 해야 할지와 같은 더 광범위한 이슈에 대해서까지 사람들의 견해는 점점 더 '부족화tribalization'되고 있다. 최근의 한 설문 조사 결과를 보면, 굉장히 다양한 주제에 대해 미국인들의 견해가 마치 포도송이처럼 집단별로 뭉쳐 있는 것을 알 수 있다.[4] 한두 가지의 핵심 믿음(가령 성역할에 대해 어떤 견해를 가지고 있는지, '노오오력'만 하면 성공이 따라온다고 생각하는지 등)을 공유하는 사람들은 이민자, 무역, 불평등, 조세, 정부 역할 등 그 밖의 여러 이슈에 대해서도 대개 동일한 견해를 가지고 있다. 어떤 사람의 핵심 믿음을 알면 소득, 주거지, 인구통계학적 특성 등을 알 때보다 정책 사안에 대한 그의 견해를 더 정확하게 맞출 수 있다.

이주, 무역, 조세, 정부 역할 등은 현재 미국의 정치 담론에서 최전선이자 핵심에 놓여 있는 주제다. 유럽, 인도, 남아프리카 공화국, 베트남 등 다른 많은 나라에서도 그렇다. 하지만 맹렬한 논쟁이 벌어지고는 있으되 이 이슈들에 대한 사람들의 견해는 그저 개인적으로 의미를 부여하는 특정한 가치에 전적으로 맞춰져 있기 일쑤다. "나는 너그러운 사람이니까 이민 정책을 찬성한다"라든가 "나는 이민자들이 우리의 국가 정체성을 위협한다고 생각하니까 이민 정책에 반대한다"와 같은 식으로 말이다. 뒷받침하는 근거와 논리를 드는 경우라 해도 그 '근거'와 '논리'라는 게 십중팔구는 가짜 숫자와 극히 단순화된 해석에 불과하다. 이슈 자체에 진지하게 관심을 기울이는 사람은 아무도 없다.

이것은 정말로 꽤 재앙적인 상황이다. 우리가 지금 '어려운 시절'의 나라에 떨어져 있는 것 같기 때문이다. 대대적인 무역 확대와 중국 경제의 놀라운 성공에 힘입어 글로벌 경제가 성장하던 호시절은 가고, 이제는 도처에서 무역 전쟁이 벌어지고 있으며 중국의 경기도 둔화하고 있다. 글로벌 호경기를 타고 성장했던 아시아, 아프리카, 남미의 나라들은 앞으로의 성장에 어떤 일이 닥칠지 우려하며 잔뜩 긴장하고 있다. 부유한 서구 나라들에서는 성장의 둔화가 그리 새삼스러운 일은 아니지만, 이들 나라 전역에서 사회계약이 빠르게 내던져지고 있다는 점에서 이는 매우 우려스럽다. 정말이지 우리는 찰스 디킨즈Charles Dickens가 『어려운 시절Hard Times』에서 묘사한 세계로 되돌아와 있는 것 같다.[5] 가진 자들과 사회에서 점점 더 소외되는 못 가진 자들의 적대가 첨예하게 고조되는 와중에 어떤 해소책도 눈앞에 보이지 않는 세계로 말이다.

이 위기의 핵심에는 경제학과 경제 정책에 대한 질문들이 놓여 있다. 성장을 다시 일구기 위해 우리가 할 수 있는 일이 있는가? 부유한 서구 국가들은 정말로 성장을 우선순위로 삼아야 하는가? 그렇지 않다면 무엇이 우선순위가 되어야 하는가? 도처에서 폭발하고 있는 불평등은 어떻게 다뤄야 하는가? 무역은 문제인가, 해결책인가? 무역은 불평등에 어떤 영향을 미치는가? 앞으로는 무역의 양상이 어떻게 달라질 것인가? 가령, 노동 비용이 더 싼 나라들이 중국을 제치고 글로벌 제조업을 끌어올 수 있을 것인가? 이주와 이민의 문제는 어떻게 다룰 것인가? 저숙련 이민자가 정말 그렇게 많은가? 새로운 테크놀로지들은 어떻게 보아야 하는가? 이를테면 우리는 인공지능을 걱정해야 하는가, 환영해야 하는가? 그리고 아마도 가장 긴요한 질문으로, 시장에서 버림받은 그 모든 사람들을 사회가 어떻게 도울 것인가?

이러한 질문에 대한 답은 트위터에 한 줄로 쓸 수 있는 것보다 훨씬 복잡하다. 그렇다 보니 질문 자체를 회피하고 싶어진다. 분노와 불신에만 불을 지필 뿐, 정작 우리 시대의 가장 긴박한 문제들을 다루는 데는 어느 나라나 손 놓고 있는 이유가 이와 무관하지 않을 것이다. 하지만 과열된 분노와 불신은 더욱 심한 극단화로 이어지고, 이는 다시 우리가 공동의 사안을 함께 논의하고 숙고하고 해결해 나가는 것을 더욱 불가능하게 만든다. 종종 이것은 악순환 고리처럼 느껴진다.

　　이주, 무역, 성장, 불평등은 사실 경제학자들이 할 이야기가 아주 많은 분야다. 경제학자들은 임금에 어떤 영향을 미칠지 알기 위해 이주를 연구하고, 기업 활동이 위축될지 알기 위해 조세를 연구하고, 게으른 복지 의존자를 양산할지 알기 위해 재분배 정책을 연구한다. 경제학자들은 국가 간에 교역이 이뤄지면 어떤 일이 생길지 연구하고, 누가 무역에서 이득을 얻고 누가 피해를 보게 될지에 대해 꽤 유용한 예측을 내놓는다. 경제학자들은 왜 어떤 나라는 성장하고 어떤 나라는 그렇지 못한지, 경제 성장을 촉진하기 위해 정부가 할 수 있는 일이 있는지, 있다면 그것이 무엇인지를 연구한다. 경제학자들은 무엇이 사람들을 더 관용적이 되게 하고 무엇이 타인에 대해 더 경계심을 갖게 하는지, 무엇이 사람들을 익숙한 터전을 떠나 낯선 곳으로 이주하게 만드는지, 소셜 미디어가 사람들의 편견에 어떤 영향을 미치는지에 대해 데이터를 수집하고 분석한다.

　　최근에 경제학 분야에서 이뤄진 연구 결과들을 보면 의외로 여겨지는 내용들이 많다. TV에 나오는 '경제학자'가 말하는, 혹은 고등학교 교과서에 나오는 짧은 답에 익숙해 있는 사람에게는 더욱 의외로 느껴질 것이다. 하지만 이런 연구 결과들이야말로 널리 알려져야 한다. 지금 우리에게 절실히 필요한 대화와 논쟁에 새로운 통찰을 제공해 줄 수 있기 때문이다.

　　안타깝게도 경제학자가 하는 말에 사람들이 귀를 기울여 주리라고 기대하기에는 경제학자에 대한 대중의 신뢰가 너무 낮다. 브렉시트Brexit(영국의 유럽연합 탈퇴를 의미하며 2016년 6월 국민투표에서 결정되었다. 옮긴이) 국민투표 직전에 우리의 영국 동료들은 브렉시트가 사회에 치명적인 비용을 유발하게 되리라는 점을 영국 대중에게 알리려고 절박하게 노력했다. 하지만 그들의 목소리는 사람들에게 영 가닿지 못하는 것 같았다. 사실이 그랬다. 사람들은 경제학자들의 말에 관심을 기울이지 않고 있었다. 2017년 초에 [온라인 시장 조사 기관] 유고브YouGov는 설문 조사에서 영국 사람들에게 이렇게 물어보았다. "다음 중 그들이 자신의 전문 분야에 대해 말할 때 당신은 누구의 견해를 가장 신뢰하시겠습니까?" 1등은 간호사였다. 84퍼센트의 응답자가 간호사의 말을 신뢰한다고 답했다. 꼴찌는 정치인이었다. 겨우 5퍼센트만이 정치인의 말을 신뢰한다고 답했다(자기 지역구 의원에 대한 신뢰도는 그보다 조금 높아서, 20퍼센트를 기록했다). 경제학자는 꼴찌에서 두 번째였다. 경제학자의 말을 신뢰한다고 답한 사람은 25퍼센트로, 기상 예보관에 대한 신뢰[51퍼센트]가 경제학자에 대한 신뢰보다 2배나 높았다.[6] 2018년 가을에 우리는 미국인 1만 명에게 동일한 질문을 해 보았다[7](이 설문 조사에는 그 밖의 여러 경제 이슈들에 대한 질문도 포함되어 있었는데, 그 결과가 이 책의 여러 곳에서 소개될 것이다). 여기에서도 경제학자의 전문성을 신뢰하는 사람은 25퍼센트에 불과했고, 정치인에 이어 꼴찌에서 두 번째였다.

　　사람들이 경제학자를 신뢰하지 않는다는 것은 경제학계에서 일반적으로 합의된 견해와 보통 시민들의 견해가 종종 체계적으로 차이를 보인다는 데서도 알 수 있다. 시카고 대학의 부스 경영대학원은 학계의 경제학자 약 40명(이 책에서는 'IGM 부스 패널'이라고 표기할 것이다. 여기에 포함된 사람들은 모두 널리 인정받는 경제학자다)에게 주요 경제 사안에 대해 종종 질문을 던진다. 우리는 IGM 부스 패널에 제시되었던 질문 중 10개를 골라서 미국인 1만 명을 대상으로 진행한 설문 조사에 포함시켰는데, 문항 대부분에서 IGM 부스 패널 경제학자들과 우리의 설문 응답자들은 견해가 거의 완전히 상충했다. 예를 들어 "미국이 철강과 알루미늄에 새로이 관세를 부과하는 것이 미국인들의 후생을 증가시킬 것이다"라는 언명에 대해 IGM 부스 패널 경제학자들은 전원이 동의하지 않는다고 답한 반면,[8] 우리 응답자들 중에서는 동의하지 않는 사람이 3분의 1을 약간 넘을 뿐이었다.

일반적으로 우리 설문의 응답자들은 경제학자들보다 비관적인 전망을 하는 경향을 보였다. 경제학자들은 "2015년 여름부터 독일에 난민이 급격하게 유입된 것은 향후 10년간 독일 경제에 득이 될 것이다"라는 언명에 대해 40퍼센트가 동의했고 나머지는 대부분 잘 모르겠다고 답하거나 답을 하지 않았다. 동의하지 않는다고 답한 사람은 한 명뿐이었다.[9] 대조적으로, 우리 설문의 응답자들 중에서는 이 언명에 동의하는 사람이 25퍼센트 정도에 불과했고 무려 35퍼센트가 동의하지 않는다고 답했다. 또한 우리 응답자들은 경제학자들에 비해 로봇과 인공지능의 부상이 대대적인 실업을 유발할 것이라고 생각하는 경향이 컸고, 새로운 테크놀로지가 그로 인해 피해를 볼 사람들의 손실을 보상하기에 충분할 만큼의 부를 창출할 수 있을 것이라고 생각하는 경향은 훨씬 작았다.[10]

꼭 경제학자들이 '자유 방임'을 더 옹호해서는 아니다. 2013년에 수행된 한 연구는 20개의 질문에 대해 경제학자들과 미국의 일반 시민 1,000명의 답변을 비교했는데,[11] 경제학자들이 일반인들보다 연방 정부의 세금 인상을 훨씬 더 많이 옹호했다(경제학자 중 97.4퍼센트가 세금 인상을 지지했는데 일반인 중에서는 66퍼센트만 이를 지지했다). 또 경제학자들은 2008년 금융위기 이후에 정부가 추진한 정책(은행 구제, 경기 부양 등)을 신뢰하는 경향이 일반인들보다 훨씬 컸다. 한편 일반인들은 거대 기업의 CEO가 과도하게 많은 보수를 받고 있다고 생각하는 경향이 경제학자들보다 컸다(일반인 중에서는 67퍼센트, 경제학자 중에서는 39퍼센트가 과도하다고 답했다). 여기서 핵심은, 평균적인 경제학자가 생각하는 것과 평균적인 미국인이 생각하는 것 사이에 커다란 차이가 존재한다는 것이다. 20개 질문 전반에 걸쳐, 각 언명에 경제학자가 동의하는 정도와 일반인이 동의하는 정도 사이에는 평균적으로 35퍼센트포인트나 간극이 있었다.

그뿐 아니라, 경제 이슈에 대해 경제학자들이 어떻게 생각하는지를 알게 된 다음에도 일반인들의 견해는 그리 달라지지 않았다. 이를 알아보기 위해 연구자들은 전문가[경제학자]의 견해와 대중의 견해가 현저하게 차이를 보이는 세 개의 질문에 대해 일반인 응답자들을 두 집단으로 나누고 질문 방식을 서로 다르게 해서 반응을 살펴보았다. 한 집단에는 "거의 모든 전문가가 다음과 같이 동의하고 있습니다"라고 먼저 알려 준 다음에 질문을 제시했고, 다른 집단에는 전문가의 견해를 알려 주지 않고 곧바로 질문을 제시했다. 그런데 두 집단의 답변에는 크게 차이가 없었다. 예를 들면, 북미자유무역협정North American Free Trade Agreement, NAFTA이 평균적인 사람들의 후생을 증가시켰다고 생각하는지에 대해, 경제학자들의 견해(95퍼센트의 경제학자가 그렇다고 답했다)를 먼저 들은 응답자 중에서는 51퍼센트, 그렇지 않은 응답자 중에서는 46퍼센트가 그렇다고 답했다. 차이가 아예 없는 것은 아니지만 큰 차이라고는 볼 수 없다. 일반 대중의 상당수가 경제학자들이 경제학에 대해 말하는 것을 귀담아 듣지 않는다고 결론 내려도 무방할 듯하다.

경제학자와 대중의 견해가 다를 때 꼭 경제학자가 옳다는 말은 아니다. 종종 경제학자들은 자신의 이론적 모델과 방법론에 푹 잠긴 나머지 어디까지가 과학이고 어디서부터가 이데올로기인지를 잊곤 한다. 정책적인 질문에 대해 경제학자는 자신의 이론이 상정하고 있는 가정들에 기초해 답을 하는데, 본인에게는 그렇게 가정하는 것이 (자기 이론의 토대인 만큼) 제2의 본성처럼 자연스러울지 몰라도 실제로 그 가정들이 늘 옳은 것은 아니다. 그렇더라도, 경제학자들이 경제에 대해 다른 사람들은 가지고 있지 않은 유용한 전문성을 가지고 있는 것 또한 사실이다. 이 책의 소박한 목적은 경제학자로서 우리가 가진 전문성을 사람들과 나눠서 우리 시대의 가장 긴요하면서도 견해가 극심하게 갈려 있는 이슈들에 대화의 문이 다시 열리도록 힘을 보태는 것이다.

그러려면 경제학자에 대한 대중의 신뢰를 갉아먹는 요인이 무엇인지 알아야 한다. 한 가지 이유는, 사람들이 도처에서 '나쁜 경제학'을 보았기 때문일 것이다. 대개 대중매체에 '경제학자'라며 나와서 이야기하는 사람들은 IGM 부스 패널의 경제학자들과 다르다. 중요한 예외가 없는 것은 아니지만, 신문이나 방송에 등장하는 자칭 경제학자(가령, X은행이나 Y기업의 수석경제학자) 대부분은 자기 기업의 경제적 이해관계를 대변하는 사람들이고 엄정한 실증 근거의 무게를 너무나 쉽게 무시하곤 한다. 또한 이들은 어떤 비용이 따르더라도 시장을 낙관해야 한다는 견해 쪽으로 비교적 예측 가능하게 치우쳐 있는데, 대중은 그것이 '경제학자들의 견해'라고 생각한다.

안타깝게도 외양(양복과 넥타이)과 말투(아주 많은 전문용어)를 봐서는 매체에 등장해 화려한 언변을 구사하는 '경제학자'들과 진지하게 학문을 수행하는 경제학자들을 구별하기가 쉽지 않다. 아마도 가장 중요한 차이점이라면, 그들이 단정적으로 말하고 예측하기를 좋아한다는 점일 것이다. 불행히도 이런 태도는 대중에게 그들이 한층 더 권위있는 전문가로 보이게 만든다. 하지만 사실 이들의 예측 능력은 꽤 형편없다. 누가 하든 간에 경제 예측이라는 것 자체가 불가능에 가까운 일이어서 그런 면도 없잖아 있다(그래서 진지한 경제학자들은 대개 미래학과 거리를 두려고 한다). 일례로, 국제통화기금International Monetary Fund, IMF은 세계 경제 성장률 전망치를 정기적으로 발표하는데, 고도의 교육을 받은 경제학 전문가들의 팀이 이 일에 매달리는데도 적중률이 그리 높지 않다. 2016년에 「이코노미스트Economist」지가 2000~2014년 사이에 IMF가 내놓은 전망치가 평균적으로 실제와 얼마나 차이가 있었는지 알아보았더니,[12] IMF의 예측이 나오고 나서 2년이 지난 시점의 예측 오류(가령 2012년에 예측된 2014년 성장률 전망치와 2014년의 실제 성장률의 차이)가 평균 2.8퍼센트포인트였다. 이것은 매년 -2~10퍼센트 사이의 값을 무작위로 찍었을 때보다는 약간 나은 성적이지만 매년 그냥 4퍼센트라고 예측치를 내놓았을 경우와 비슷한 수준이다. 아마도 이런 일들이 경제학에 대해 만연해 있는 회의와 의구심에 크게 일조했을 것이다.

경제학이 신뢰를 얻지 못하는 이유는 또 있다. 학계의 경제학자들이 진지하고 정교한 결론에 도달하기까지 밟아 간 복잡한 논증 과정을 대중에게 설명하는 데 시간을 별로 들이지 않는 것이다. 데이터에 대해 설명 가능한 여러 가지 해석 중 무엇이 더 합리적인지를 어떻게 분별해 내었는가? 가장 개연성 있는 결론에 도달하기 위해 (종종 매우 상이한 영역들에 걸쳐 있는) 어느 어느 지점들을 논리적으로 연결했는가? 그 결론은 얼마나 개연성이 있는가? 그 결론에 기초해 정책적인 조치를 취하는 것이 나은가, 아니면 기다리면서 지켜보는 것이 나은가? 이런 이야기를 대중은 별로 듣지 못한다.

　　오늘날의 미디어 환경에서는 미세한 차이에 신경을 쓰는 것이 중요한 정교한 설명, 또는 복잡한 단계를 길게 이야기해야 하는 종류의 설명을 하기에 충분한 시간과 공간이 당연히 주어지리라고 기대하기 어렵다. 우리 둘 다 TV에서 우리 이야기를 온전하게 전달하기 위해 앵커와 씨름해야 했던 경험이 있다(의미를 더 온전하게 전달하기 위해 몇몇 부분을 편집해 달라고 말해야 하는 경우도 있었다). 그래서 우리는 학계의 경제학자들이 대중과 소통하는 일에 나서기를 꺼리는 심정을 아주 잘 안다. 이야기를 온전하게 전달하는 데는 아주 많은 노력을 기울여야 하고, 아무리 노력해도 불명료하고 설익은 이야기로 들리거나 신중하게 한 말이 상당히 다른 의미로 들리게 왜곡될 위험이 늘 존재하기 때문이다.

　　물론 적극적으로 대중 앞에 나서서 이야기하는 경제학자도 있다. 하지만 몇몇 중요한 예외를 제외하면 그들은 대개 가장 강한 견해를 가진 사람들이고 경제학의 최근 연구가 보여 주는 결과들을 깊이 있게 논의할 인내심은 가장 없는 사람들이다. 어떤 이들은 몇 가지의 정통 경제학 개념에 너무 고착된 나머지 그것에 부합하지 않는 실증 근거를 모조리 일축하고서 오래전에 논파된 옛 개념을 고장 난 레코드처럼 되풀이한다. 또 어떤 이들은 주류 경제학을 비웃기 위해 대중 앞에 나선다. 주류 경제학이 비웃음을 사는 게 마땅한 경우도 있지만, 이들이 현대의 가장 훌륭한 경제학 연구들을 진지하게 설명하고 소통해 줄 만한 사람들은 아니라고 보는 게 대체로 맞을 것이다.

우리는 '단언'하는 경제학은 좋은 경제학이기 어렵다고 생각한다. 세상은 매우 복잡하고 불확실한 곳이어서, 많은 경우 경제학자가 대중과 소통해야 할 가장 중요한 이야기는 그의 결론 자체가 아니라 그 결론까지 도달하기 위해 밟은 경로다. 그가 가지고 있는 데이터는 어떤 것인가? 그 데이터를 해석하는 데 사용한 방법은 무엇인가? 그가 택한 논증 절차는 무엇이며 그의 논증에 여전히 남아 있는 불확실성의 요소들은 무엇인가?

이는 경제학자가 물리학자와 같은 의미에서의 과학자가 아니며 대중에게 100퍼센트 확실하게 말할 수 있는 류의 결론은 거의 가지고 있지 않다는 점과 관련이 있다. TV 코미디 프로그램 「빅뱅 이론The Big Bang Theory」을 본 사람이라면 물리학자가 공학자를 얕잡아 본다는 것을 알고 있을 것이다. 물리학자는 깊이 있는 사고를 하는 반면 공학자는 물질을 조물락거리면서 물리학자가 해 놓은 깊은 사고를 재료삼아 거기에 모양을 잡으려 할 뿐이라고 말이다(좌우간 「빅뱅 이론」에서 묘사되는 바로는 그렇다). 경제학자를 조롱하는 TV 프로그램이 만들어진다면 경제학자는 공학자보다도 몇 단계 더 아래일 것 같다. 적어도 로켓 공학자보다는 한참 아래일 것이다. 공학자는 로켓이 지구 중력을 벗어나게 하는 데 정확히 무엇이 필요한지 알기 위해서라도 물리학자의 [확고한] 지식에 바탕을 두지만, 경제학자는 그렇지도 못하다. 경제학자는 배관공과 더 비슷하다. 우리는 정보에 기반한 '직관', 경험에 기반한 '추측', 그리고 순전한 '시행착오'를 가지고 문제를 해결한다.

그래서 경제학자들은 종종 잘못된 결론을 내놓는다. 이 책에서 우리도 그런 경우가 적지 않을 것이다. 성장률에 대해서만이 아니라 (성장률을 맞추는 것은 거의 가망 없는 게임이다) 기후변화를 막는 데 도움이 되려면 얼마나 많은 탄소세가 필요할지, 세금을 많이 올리면 CEO 보수에는 어떤 영향을 미칠지, 보편기본소득이 고용 구조에 어떤 영향을 미칠지와 같은 더 구체적인 질문에 대해서도 그렇다. 하지만 경제학자만 실수를 하는 것은 아니다. 모두가 잘못된 결론을 내리곤 한다. 위험한 것은 실수 자체가 아니라 자신의 견해가 만든 갑옷을 너무 단단히 입은 나머지 명백한 사실조차 그 갑옷을 뚫고 들어오지 못하게 만드는 아집이다. 더 나은 방향으로 발전할 수 있으려면, 우리는 실증 근거들로 계속 돌아가야 하고, 실수를 깨닫고 인정해야 하며, 그러고 나서 그다음으로 나아가야 한다.

그리고 좋은 경제학도 많다. 좋은 경제학은 무언가 의문을 제기하는 현상에서 출발하고, 인간의 행동에 대해 우리가 알고 있는 바와 작동한다고 알려져 있는 이론들에 기초해 몇 가지 추측을 한다. 그리고 데이터로 그 추측을 검증하고, 새로운 증거와 사실관계들에 기초해 접근 방식을 (때로는 완전히) 수정하며, 운이 조금 따른다면 해법에 도달한다. 이런 면에서 우리의 연구는 의학 연구와도 매우 비슷하다. 인류가 암과 맞서 싸워 온 역사를 다룬 싯다르타 무케르지Siddhartha Mukherjee의 역작『암: 만병의 황제의 역사 The Emperor of All Maladies』에는 시장에 신약을 내놓기까지의 긴 과정이 나오는데, 여기에는 영감에서 떠오른 '추측'과 정교하고 신중한 '검증'의 결합, 그리고 그 이후 수차례에 걸친 정교화와 수정의 과정이 필요하다.[13] 경제학자의 연구도 그렇다. 의학에서와 마찬가지로 우리는 우리가 진리에 도달했는지를 결코 확신할 수 없다. 잠정적인 답에 대해 그것을 바탕으로 무언가 행동을 취할 수 있을 만큼의 믿음을 가지고 있을 뿐이다. 나중에 그 답을 수정해야 할지도 모른다는 사실을 잘 알고 있는 상태로 말이다. 또한 의학에서처럼, 우리의 일은 기초적인 과학적 작업이 완료되어 핵심 개념과 이론이 정립되고 나면 끝나는 게 아니다. 그 개념을 현실 세계에서 풀어내는 과정은 그다음부터가 시작이다.

이 책은 그러한 연구가 벌어지고 있는 최전선의 전황 보고서라고도 말할 수 있을 것이다. 오늘날 좋은 경제학은 우리 사회가 직면한 근본적인 문제들에 대해 무엇을 알려 주는가? 우리는 사실과 공상을, 과감한 가정과 견고한 결과를, 우리가 바라는 바와 알고 있는 바를 구분해 내려는 노력을 끊임없이 기울이면서, 현대의 가장 훌륭한 경제학자들이 세계에 대해 어떻게 생각하는지를 결론만이 아니라 결론에 도달한 과정까지 아울러 보여 주고자 한다.

마지막으로 꼭 짚어 두고 싶은 것이 있다. 이 책에서 우리는 경제 사안을 다루지만, 인간이 무엇을 원하는 존재인지 그리고 좋은 삶이란 무엇인지에 대한 더 큰 개념이 언제나 우리 작업의 지침이 되게 하려고 노력했다. 경제학자들은 인간의 후생을 소득이나 물질적인 소비로만 협소하게 정의하곤 하지만 충만한 삶을 살기 위해서는 누구에게나 그것을 훨씬 넘어서는 것들이 필요하다. 공동체의 인정과 존중, 가족과 친구들 사이의 편안함, 압박 없는 가벼운 마음, 존엄과 자존감, 즐거움 등이 모두 중요하다. 소득에만 초점을 두는 것은 단순히 편리한 지름길이 아니다. 그것은 경제학자들을 (때로는 매우 영민한 경제학자들마저) 잘못된 경로로 이끌고, 정책 결정자들을 잘못된 결정으로 이끌며, 너무나 많은 사람들을 그릇된 강박으로 이끄는 왜곡된 렌즈다. 이 렌즈는 많은 사람들이 '온갖 곳의 가난한 자들이 우리나라에 들어와 좋은 일자리를 빼앗을 기회를 노리고 있다'고 믿으며 두려워하게 만든다. 이 렌즈는 서구의 정책 결정자들이 영광스러웠던 과거의 높은 경제 성장률을 되불러 오는 것에만 맹목적으로 매달리게 만든다. 이 렌즈는 우리가 가난한 사람들을 깊이 불신하고 경멸하는 동시에 우리 자신도 그런 처지라는 것을 깨닫고 공포에 질리게 만든다. 이 렌즈는 경제의 성장과 지구의 생존 사이에 절대로 해결 불가능한 상충 관계가 있는 것처럼 보이게 만든다.

더 나은 대화를 할 수 있으려면, 존엄과 유대를 향한 인간의 깊은 열망을 먼저 이해해야 한다. 그리고 그것을 방해물이나 곁가지가 아니라 건널 수 없을 것만 같은 간극에서 벗어나 서로를 이해할 수 있게 해 주는 더 나은 길로 여겨야 한다. 인간의 존엄을 다시 중심에 놓는다면 우리는 경제의 우선순위와 사회가 구성원들을 (특히 그들이 가장 필요로 할 때) 돌보는 방식을 근본적으로 다시 생각할 수 있을 것이다. 이것이 우리가 이 책에서 말하고자 하는 바다.

이를 전제로 하되, 이 책이 다루는 구체적인 사안 중 어느 것에라도, 혹은 어쩌면 이 사안들 모두에 대해 우리와 다른 결론을 가지고 있는 독자들도 있을 것이다. 우리는 우리의 말에 그저 *끄덕여* 달라고 말하려는 게 아니다. 우리가 바라는 것은 연구 과정에서 우리가 택했던 방법론, 그리고 우리가 느끼고 있는 희망과 두려움을 여러분과 조금이나마 함께 나누는 것이다. 그렇게 된다면 이 책을 다 읽었을 즈음에는 아마 우리가 진정으로 서로와 대화를 나누고 있을 것이다.

2장
상어의
입

미국과 유럽에서 이주migration는 정치판을 들었다 놨다 하는 큰 이슈다. 멕시코에서 몰려오는 이민자 무리 때문에 미국인들이 다 죽게 생겼다는 도널드 트럼프Donald Trump의 주장은 거의 그의 상상이지만 현실에서 막대한 영향을 미치고 있다. 또 독일 대안당Alternative for Germany, 프랑스 국민연합당Rassemblement National, 영국의 브렉시트 지지자들, 그리고 이탈리아, 헝가리, 슬로바키아의 집권당 모두 반反이민, 반反외국인 기치를 전면에 내세우고 있다. 이주와 이민자 문제는 오늘날 부유한 나라들에서 가장 첨예한 정치 이슈라고 말하기에 손색이 없을 것이다. 유럽의 주류 정당 지도자들마저 그들이 유지하고 싶어 하는 진보적 전통과 물밀듯이 해안을 덮쳐 오는 것처럼 보이는 '위협'을 일관성 있게 합치시키지 못해 고전하고 있다.

개발도상국에서는 이민자 문제가 이렇게까지 첨예한 정치 이슈는 아니지만, 남아프리카 공화국에서 벌어진 짐바브웨 출신 이민자들에 대한 공격, 방글라데시의 로힝야족 위기, 인도 아삼주의 [무슬림 이민자는 시민권 신청 대상에서 제외하는] 새 시민권법 등이 당사자들에게 주는 공포는 이민자 문제가 정치적으로 더 첨예한 나라들에서보다 결코 덜하지 않다.

이민자에 대해 이토록 맹렬한 반응이 나타나는 이유는 무엇일까? 2017년 세계 인구 중 국제 이주자의 비중은 3퍼센트 정도로, 1960년이나 1990년이나 내내 비슷했다.[1] 유럽연합EU에는 매년 비非유럽인 이민자가 평균 150만~250만 명씩 들어오는데, 250만 명은 유럽 인구의 0.5퍼센트도 안 된다. 그리고 이들 대부분은 직장을 잡아서 왔거나 가족과 함께 살려고 온 합법적인 이민자다. 난민의 경우에는 2015년과 2016년에 평소보다 많은 유입이 있긴 했지만[난민 지위 신청자가 100만 명이 넘었다], 2018년에는 EU에 난민 지위를 신청한 사람 수가 63만 8,000명 수준으로 다시 내려갔고 이 중 난민 지위가 부여된 사람은 38퍼센트 정도였다.[2] 이것은 EU 인구 2,500명 중 한 명꼴에 불과하다. 이게 다다. '물밀듯이' 쏟아져 들어오는 것과는 거리가 멀다.

인종주의자들이 울려대는 요란한 경고의 기저에는 인종이 섞일지 모른다는 두려움과 '순수한 혈통'이라는 신화가 깔려 있다. 그런데 이들이 외치는 경고는 사실과 부합하지 않는다. 이민자 문제가 첨예한 정치 이슈로 떠오른 6개 나라(독일, 미국, 스웨덴, 영국, 이탈리아, 프랑스)에서 2만 2,500명의 본국인을 대상으로 진행한 설문 조사 결과, 사람들은 자기 나라에 들어온 이민자의 규모가 얼마나 되는지 그리고 그들이 어떤 사람들인지에 대해 실제와 매우 다른 인식을 가지고 있는 것으로 나타났다.[3] 예를 들어, 이탈리아 인구 중 이민자가 차지하는 비중은 10퍼센트인데 이탈리아의 평균적인 응답자는 26퍼센트라고 생각하고 있었다. 이주민 중 무슬림이 차지하는 비중과 중동 및 북아프리카 출신의 비중도 매우 과장되게 인식하고 있었다. 또 응답자들은 이주민이 실제에 비해 교육 수준이 더 낮고, 더 가난하고, 더 많은 사람이 일자리가 없고, 더 많은 사람이 정부가 제공하는 혜택에 빌붙어 생계를 유지한다고 생각했다.

　　정치인들은 사실관계를 왜곡해서 오해와 두려움에 한층 더 불을 지핀다. 2017년 프랑스 대선에서 [극우 성향의 정치인] 마린 르 펜 Marine Le Pen은 이민자의 99퍼센트가 성인 남성이라고 누차 언급했는데 실제로 성인 남성은 58퍼센트였다. 또 르 펜은 프랑스에 정착하는 이민자의 95퍼센트가 일할 의지가 없어서 "국가가 그들을 돌보고 있다"고 주장했는데 실제로는 프랑스에 정착한 이민자 중 55퍼센트가 경제활동인구였다[이민자가 아닌 프랑스 국민 중 경제활동인구는 56.3퍼센트로, 이민자들과 크게 다르지 않았다].[4]

　　요즘처럼 사실관계 확인이 체계적으로 이뤄질 수 있는 세상에서도 이것은 선거에서 굉장히 유리한 전략이다. 최근에 수행된 실험 연구 두 개가 이를 여실히 보여 준다. 미국에서 진행된 한 실험에서는 연구자들이 두 종류의 질문지를 준비했다. 하나는 이주에 대해 응답자들이 가지고 있는 **견해**[찬성 또는 반대]를 알아보기 위한 것이고 다른 하나는 이주자의 규모와 속성에 대해 응답자들이 알고 있는 **사실정보**[라고 그들이 생각하는 것]를 알아보기 위한 것이었다.[5] '사실정보' 질문지를 '견해' 질문지보다 먼저 받은 사람들, 즉 자신이 알고 있는, 하지만 실제로는 왜곡된 사실정보를 먼저 상기한 사람들은 이주에 반대하는 경향이 현저하게 더 높았다. 실제 숫자를 알려 주자 사실관계에 대한 생각은 달라졌지만 이주를 찬성하는지 반대하는지에 대한 견해는 달라지지 않았다. 프랑스에서 진행된 실험에서도 비슷한 결과가 나왔다. 마린 르 펜이 말한 가짜 주장들을 먼저 본 응답자들은 그렇지 않은 응답자들에 비해 르 펜에게 투표하고자 하는 경향이 더 높게 나타났다.[6] 그리고 이 경향은 르 펜의 주장이 사실이 아니라는 증거를 눈앞에서 보여 준 뒤에도 달라지지 않았다. 즉, 사실관계는 그들의 정치적 견해를 수정하지 못했다. '이주'라는 주제를 생각하는 것만으로도 사람들은 더 편협해지고 사실정보는 그 견해의 벽을 뚫고 들어가지 못한다.

이렇게 사실관계가 쉽게 무시되는 데는, 너무 자명하다고 여겨져서 많은 사람들이 아무리 상반되는 증거가 나와도 의심하지 않게 되어 버린 경제학 개념 하나가 놓여 있다. 이주에 대한 '경제적' 분석은 다음과 같은 매우 그럴듯해 보이는 삼단계 논증의 형태를 띠곤 한다.

1) 세상에는 경제 여건이 훨씬 더 좋은 우리나라에 들어올 수만 있다면 자기 나라에 있을 때보다 소득을 더 많이 올릴 것이 분명한 가난한 사람들이 아주 많다.

2) 따라서 그들은 기회만 있다면 자기 나라를 떠나 우리나라에 들어올 것이다.

3) 그렇게 들어온 이주민들은 우리나라의 노동시장에서 임금을 내리누르는 압력으로 작용해 기존에 우리나라에 있던 사람 대부분의 경제적 상황이 전보다 악화될 것이다.

이 논리는 고등학교 교과서에 나오는 수요-공급 법칙의 표준적인 설명을 충실히 따르고 있다. 사람들은 더 많은 돈을 원한다. 따라서 어디든 임금이 가장 높은 곳으로 이동할 것이다. 따라서 그들이 도달한 나라에서 노동 공급이 증가할 것이다. 그런데 노동의 수요 곡선은 우하향하므로 노동 공급이 증가하면 노동의 가격(임금)이 낮아질 것이다. 이민자에게는 [그 임금도 자기 나라에서 벌 수 있었을 소득에 비하면 높은 것이어서] 여전히 득이 될지 모르지만 우리나라 노동자들에게는 손해다. 바로 이것이 트럼프 대통령이 "우리나라는 꽉 찼다full"고 말했을 때 불러일으키고자 했던 이미지다. 이 논리는 너무나 간단해서 조그마한 냅킨 뒷면에 그릴 수도 있다(그림 2.1).

　이 논리는 단순하고 솔깃하다. 다만 틀린 논리라는 게 문제다. 우선, 국가 간 임금 격차(더 일반적으로 말하면 지역 간 임금 격차)는 사람들이 이주를 하느냐 마느냐와 크게 상관이 없다. 물론 자기 나라에서 절망적인 수준의 빈곤에 처해 그곳을 벗어나려는 사람들도 있다. 하지만 정작 설명되어야 할 수수께끼는 자기 나라를 벗어나는 것이 충분히 가능한 상황에서도 아주 많은 사람들이 그러지 **않는다**는 점이다(이에 대해서는 이 장의 뒷부분에서 더 상세하게 설명할 것이다).

　둘째, 설령 실제로 저숙련 이주민이 노동시장에 많이 유입된다고 하더라도 이것이 도착국 사람들에게 경제적으로 악영향을 미친다는

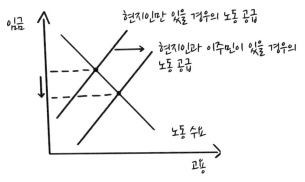

그림 2.1 '냅킨 경제학': 이주민 때문에 우리가 더 가난해지는 이유

데 대한 근거는 매우 희박하다. 이주민들과 숙련 수준이 가장 비슷한 사람들[즉, 직접적으로 노동시장에서 이주민과 경쟁 관계일 것으로 예상되는 사람들]에게도 그렇다. 오히려 이주민이 들어오면 이주민뿐 아니라 도착국 사람들도 대개 경제적 상황이 전보다 나아진다. 뒤에서 설명하겠지만 이것은 노동시장이 갖는 특이한 속성 때문인데, 사실 노동시장은 수요-공급 법칙의 표준적인 이야기와 부합하는 면이 별로 없다.

언제 고향을 떠나는가

소말리아계 영국인인 여류 시인 워선 샤이어Warsan Shire는 이렇게 노래했다.

> 아무도 고향을 떠나지 않아요.
> 고향이 상어의 입이 되기 전에는요.
> 당신은 국경을 향해 내달리지 않을 거예요.
> 도시 전체가 국경을 향해 내달리지 않는다면요.
> 당신의 이웃이 목구멍에서 피를 쏟아 가며
> 당신보다 빨리 국경을 향해 내달리지 않는다면요.
> 어린 시절 함께 학교를 다녔던 남자 아이가,
> 오래된 주석 공장 뒤의 공터에서 당신에게 설레는 입맞춤을 했던 그 남자 아이가,
> 자기 몸보다도 큰 총을 들고 있는 것을 당신이 보기 전까지는요.
> 당신은 고향을 떠나지 않을 거예요.
> 고향이 어떻게 해도 당신이 더 이상 있을 수 없는 곳이 되기 전까지는요.[7]

샤이어는 여기에서 매우 중요한 점을 짚고 있다. 이라크, 시리아, 과테말라, 예멘 등 오늘날 사람들이 가장 절실하게 탈출하고 싶어 하는 것 같아 보이는 나라들은 가장 가난한 나라들이 아니다. 이라크의 1인당 소득(물가 수준으로 조정한 '구매력 평가Purchasing Power Parity, PPP' 환율로 환산)은 라이베리아보다 20배가 높고 모잠비크나 시에라리온보다 10배가 높다. 예멘은 2016년(자료가 존재하는 가장 최근 연도다)에 소득이 크게 떨어졌는데도 여전히 라이베리아보다 3배가 높았다. 또 트럼프 대통령의 단골 공격 대상인 멕시코는 중상위 소득국에 속하고 모범 사례로 널리 알려진 복지 제도를 가진 나라다.

이 나라들에서 탈출하고자 한 사람들은 라이베리아나 모잠비크의 평균적인 거주자가 겪고 있는 극심한 빈곤에 처해 있지는 않았을 것이다. 그들이 어떻게 해도 더는 자기 나라에 머물 수 없겠다는 절박함을 느끼게 된 것은, 멕시코 북부에서 벌어진 '마약과의 전쟁'이나 과테말라의 끔찍한 군부 독재 혹은 중동의 내전 등이 불러온 끔찍한 폭력과 예측 불가능성으로 일상이 무너져 내렸기 때문이었을 것이다. 네팔에서 수행된 한 연구에 따르면, 농업 소출이 안 좋았던 해에도 사람들은 그리 많이 이주하지 않았다.[8] 작황이 안 좋은 해에 사람들은 오히려 이주를 덜 했다. 밖으로 나갈 돈을 마련할 수 없었기 때문이다. 사람들이 네팔을 떠나기 시작한 것은 옛 마오주의 무장세력이 다시 발흥해 폭력이 격화된 다음이었다. 이때 그들은 '상어의 입'에서 도망치고 있었다. 그리고 일단 그런 일이 벌어지면 그들을 멈추는 것은 불가능하다. 이제 그들에게는 돌아갈 고향이 없기 때문이다.

물론 반대 유형의 사람들, 어떻게든 기회가 더 많은 곳으로 가려고 하는 야망 있는 사람들도 있다. 사티야지트 레이Satyajit Ray 감독의 영화「아푸Apu」3부작 중 두 번째 작품「아파라지토Aparajito」의 주인공 아푸처럼 말이다. 영화에서 아푸는 고향에 홀로 계시는 어머니와 도시가 제공하는 역동적인 가능성 사이에서 고뇌한다.[9] 또 중국에서 미국으로 건너가 닥치는 대로 일을 하면서 언젠가 아이가 하버드에 갈 날을 위해 허리띠를 졸라매고 저축하는 사람도 그런 사례일 것이다. 이런 사람들은 분명히 존재하며 우리도 그것을 부인하지 않는다.

이 두 부류의 중간에 떠나지 않는 대다수의 사람들이 있다. 떠날 수밖에 없도록 내모는 내외부의 극단적인 압박에 처하지는 않은 사람들이다. 또한 이들은 1달러라도 더 벌 기회가 있으면 그곳이 어디든 그 기회를 잡으러 가는 것 같아 보이지도 않는다. 같은 나라의 농촌에서 도시로 이주하는 것은 국경을 넘거나 출입국 관리 직원과 실랑이를 할 필요가 없으므로 훨씬 수월할 텐데도 많은 사람들이 (해외는 고사하고) 도시로도 가지 않고 계속 고향에 머문다. 도시와 농촌의 임금 격차가 매우 큰 상황에서도 그렇다.[10] 최근에 델리로 이주해 온 슬럼 거주자들을 대상으로 진행한 설문 조사에 따르면, 이들은 생계비로 1인당 하루 2달러(주거비 제외, PPP 환산)가 약간 넘는 만큼을 쓰고 있었다.[11] 이것은 이들이 고향에서 누릴 수 있는 생활 수준보다 크게 높은 것이다. 설문에 참여한 델리의 슬럼 거주자 대다수는 비하르주나 우타르프라데시주 출신인데 이 두 주에서 소득 기준 하위 30퍼센트에 해당하는 사람들의 생계비는 하루 1달러 이하다. 그런데도 1억 명은 족히 될 이곳의 매우 가난한 사람들 압도적 다수가 델리로 가서 소득을 2배로 높이지 않고 계속 고향에 머문다.

경제 여건이 더 나은 곳이 있는데도 옮겨 가지 않는 것은 개도국만의 현상이 아니다. 그리스에서 경제 위기가 정점이던 2010~2015년 사이에 그리스를 떠나 이주한 사람 수는 35만 명이 채 안 되는 것으로 추산된다.[12] 이는 기껏해야 그리스 전체 인구 중 3퍼센트 정도다. 2013년과 2014년에 그리스의 실업률이 27퍼센트나 되었고, 그리스는 EU 회원국이어서 EU 내의 어느 나라로든지 자유롭게 이주할 수 있었는데도 그리스 사람들의 압도적 다수는 일자리를 찾아 이주하기보다 그리스에 계속 남아 있는 편을 택했다.

이주 추첨

하지만 왜 사람들이 이주를 하지 않는지는 애초에 수수께끼가 아니었는지도 모른다. 그저 우리가 이주의 이득을 과대평가하고 있었을 수도 있다. 이주의 이득을 가늠할 때의 일반적인 실수 하나는 이주를 선택한 사람들의 임금에만 초점을 맞추고, 그들이 이주를 결심하게 만든 수많은 요인과 성공적으로 이주하게 만든 수많은 요인을 간과하는 것이다. 이주를 택하는 사람들은 아마도 특별한 기술이 있거나 남달리 체력이 강하거나 해서 자기 나라에 머물렀더라도 다른 사람들보다 높은 소득을 올렸을 사람들일 것이다. 이주자들이 특별한 기술을 요하지 않는 일에 많이 종사하긴 하지만, 그들이 하는 일은 대부분 힘들고 고되기 때문에 체력과 인내심이 많이 필요하다. 이를테면, 남미계 이주민이 미국에서 많이 종사하는 일이 건설 현장 노동과 과수원 노동인데, 이런 고된 노동을 날마다 해낼 수 있는 신체 역량을 모든 사람이 가지고 있지는 않다.

따라서 이주자의 소득과 고향에 남아 있는 사람의 소득을 단순 비교해서 이주가 막대한 이득을 준다고 결론짓는 것은 (이주를 독려하는 사람들이 흔히 말하는 논거이긴 하지만) 너무 순진한 접근이다. 이주를 한 사람들과 고향에 남아 있는 사람들 사이의 임금 격차가 오로지 지역[즉 이주 여부]에서만 기인한다고 주장할 수 있으려면, 원인[지역]과 결과[임금] 사이의 정확한 연결고리를 식별해 내야 한다. 경제학자들은 이것을 '식별의 문제identification problem'라고 부른다.

　　　이 문제를 해결할 수 있는 한 가지 방법으로 비자 추첨 제도를 활용할 수 있다. 비자 추첨을 신청한 사람들은 모두 엇비슷한 이주 성향을 가지고 있을 것이다. 즉, 당첨자와 낙첨자는 무작위로 정해지는 당첨 여부를 제외하면 다른 조건은 동일하다고 볼 수 있고, 따라서 이들 사이의 소득 격차는 비자 추첨의 결과로 생긴 지역 차이 외에 다른 요인 때문일 수는 없을 것이다. 한 연구에서 뉴질랜드에 비자 추첨을 신청한 통가(남태평양의 작은 섬나라로, 주민 대부분이 상당히 가난하다) 사람들 중 당첨자와 낙첨자 사이의 임금을 비교한 결과, 이주 1년 뒤에 당첨자들의 소득이 3배 높아진 것으로 나타났다.[13] 소득 스펙트럼의 다른 쪽 끝인 고숙련 직군을 보면, 미국 비자 추첨에 당첨되어 미국에서 일할 수 있게 된 인도 출신 소프트웨어 전문가들은 인도에 남아 있는 소프트웨어 전문가들보다 소득이 6배나 높아졌다.[14]

용암 폭탄

위의 사례에서 연구자들은 비자 추첨을 신청한 사람들 사이에서만 비교를 했다. 이는 다른 조건을 통제해서 결과를 해석하기 쉽게 만들어주지만, [이주가 일반적으로 이득이 된다는 결론을 내리기에는] 여전히 불충분하다. 비자 추첨을 신청하지 않은 사람들은 신청한 사람들과 매우 다른 성향을 가진 사람들일지 모른다. 가령 이들은 마땅한 기술을 가지고 있지 못해서 이주를 해도 득을 볼 가능성이 거의 없는 사람들일 수 있다. 하지만 순전히 외부에서 주어진 운(또는 불운)에 의해 이주를 하게 된 사람들을 살펴본 몇몇 연구는 이주의 이득을 강하게 시사하는 매우 흥미로운 결과들을 보여 주고 있다.

1973년 1월 23일, 아이슬란드의 베스트만나에이야르 제도에서 화산이 분출했다. 4시간 안에 섬 주민 5,200명이 모두 대피했고 사망자는 한 명뿐이었지만, 용암은 5개월간 계속 분출하면서 섬에 있는 가옥의 3분의 1을 파손시켰다. 대부분 용암이 직접 흘러넘친 동부 지역의 집들이었고, 그 외의 지역에서 마구잡이로 떨어진 '용암 폭탄'을 맞은 몇몇 집도 피해를 입었다. 용암에도 끄떡없도록 지어진 집은 없었으므로, 집이 파손되었느냐 아니냐는 전적으로 집의 위치와 하필이면 용암이 덮친 불운에 달려 있었다. 가옥 파손이 심했던 동부의 마을들이 다른 마을들에 비해 별달리 특이한 점이 있지는 않았다. 용암 분출이 있기 전에, 파손된 집들은 파손되지 않은 집들과 시장 가격이 비슷했고 거주자들도 대개 어업에 종사하며 비슷비슷하게 살았다. 화산 분출은 사회과학자들이 말하는 '자연 실험'의 이상적인 조건을 제공했다. 자연이 주사위를 던져서 집이 파손된 사람과 파손되지 않은 사람을 무작위로 나눈 것이다. 따라서 연구자들은 화산 분출 전에는 두 집단 사이에 차이가 없었다고 [즉, 이 표본 선정에 어떤 사전적인 편향도 개입되지 않았다고] 가정할 수 있었다.

그런데 화산 분출 후에는 가옥이 파손된 사람들과 그렇지 않은 사람들 사이에 큰 차이가 나타났다. 당시에 정부는 가옥이 파손된 사람들에게 가옥과 토지의 가치에 따라 보상금을 지급했다. 사람들은 그 돈으로 집을 다시 짓거나 새집을 사서 섬에 계속 머물거나, 아니면 섬 밖으로 이사를 할 수 있었다. 가옥이 파손된 사람 중 42퍼센트가 섬 밖으로 이사하는 쪽을 택했다(가옥이 파손되지 않은 사람 중에서도 27퍼센트가 이사했다).[15] 아이슬란드는 작은 나라지만 행정적으로 매우 잘 조직되어 있다. 그 덕분에 연구자들은 세금 기록 등을 이용해 화산 분출 전에 베스트만나에이야르 제도에 살았던 사람들 전체의 경제 상황을 장기적으로 추적 조사할 수 있었다. 또한 아이슬란드에는 완전한 유전자 데이터가 존재하기 때문에 화산 분출로 영향을 받은 사람들의 자손에 대해 부모가 누구인지를 모두 연결할 수 있었다.

이를 분석한 결과, 화산 분출 당시 25세 이하이던 사람들에게 집의 파손은 장기적으로 **상당한 경제적 이득**으로 이어진 것으로 나타났다.[16] 2014년 무렵에 사고 당시 집(부모 집)이 파손되었던 사람들은 그렇지 않은 사람들보다 연 3,000달러 이상을 더 벌고 있었다(이사를 하지 않은 사람도 포함된 것이긴 하지만, 집이 파손된 사람들이 그렇지 않은 사람들보다 훨씬 더 많이 이사했다). 이 효과는 사고 당시에 나이가 더 젊었던 사람들[25세 이하]에게서 집중적으로 나타났다. [그들의 부모들은 사실 경제적 상황이 다소 악화되었다.] 젊은층에게서 나타난 긍정적인 효과는 그들이 대학에 더 많이 진학하게 되었다는 것과 관련이 있을 것이다. 또 외지로 이사를 하게 되면서 섬에 남았더라면 남들처럼 어부가 되었을 젊은이들이[이곳 어민들의 소득은 비교적 높은 편이었다] 자신의 적성과 소질에 더 잘 맞는 일을 찾아 나서게 된 면도 있을 것이다. 그리고 이러한 직업상의 전환은 [이미 오랫동안 어업에 종사해서 이 일에 지식과 노하우를 습득한 상태인 연장자들보다는] 아직 어업의 노하우를 익히지 못한 젊은이들에게 더 쉬운 일이었을 것이다. 여기에서 한 가지 짚어야 할 것은, 젊은이들이 새로운 직종을 탐색하게 추동한 결정적인 계기가 용암 분출이었다는 사실이다. 즉, 그들은 재난 때문에 '억지로'

섬을 떠나야만 했다. 집이 무사했던 사람들은 대부분 섬을 떠나지 않았고, 섬사람들이 대대로 그랬듯이 어업으로 그럭저럭 괜찮은 소득을 올리며 사는 편을 택했다.

이런 종류의 관성을 보여 주는 또 다른 사례를 제2차 세계대전 직후의 핀란드에서도 볼 수 있다. 패전국인 독일 편에서 전쟁에 가담했던 핀란드는 전쟁이 끝나고 영토의 상당 부분이 소련에 넘어갔다. 그 바람에 그 지역 인구 전체(약 43만 명, 핀란드 인구의 11퍼센트에 해당)가 핀란드 내의 다른 곳으로 가서 재정착해야 했다.[17] 이때 이주를 해야만 했던 사람들은 핀란드의 다른 지역 사람들과 대체로 비슷했다. 전쟁 전에 이들이 다른 지역 사람들과 차이점이 있었다면, 도시 인구와 공식적인 고용 상태에 있는 인구가 더 적었다는 점이었다. 하지만 (급박하게 쫓겨나야 했던 혼란이 남겼을 트라우마에도 불구하고) 25년 뒤에는 이곳 출신 사람들이 나머지 사람들보다 더 부유했다. 더 많이 도시화되고, [직업적으로나 지역적으로] 이동에 더 적극적이고, 공식 노동시장에 더 많이 진입했기 때문이었다. 이주를 할 수밖에 없도록 내몰린 것이 정주 성향을 느슨하게 해서 그들을 더 모험적이 되게 만든 것으로 보인다.

더 높은 소득을 올릴 수 있는 곳으로 옮겨 가도록 추동하는 요인이 전쟁이나 재난 같은 상황이라는 것은, 경제적 인센티브 자체만으로는 사람들이 움직이도록 동기부여하기에 충분치 않다는 것을 말해 준다.

몰라서 안 움직이는 것인가?

이러한 관성은 왜 생기는 것일까? 한 가지 가능성은, 도시로 가면 경제적으로 처지가 더 나아지리라는 것을 가난한 사람들이 모르고 있기 때문일 수 있다. 하지만 방글라데시에서 수행된 한 흥미로운 현장 연구는 정보 부족만으로는 이주를 하지 않는 이유가 설명되지 않는다는 것을 분명하게 보여 준다.

방글라데시에서 '국내' 이주를 하는 데는 법적 장벽이 거의 없다. 그런데도 농촌에서 소득을 올릴 길이 마땅치 않은 곤궁기('몽가 Monga'라고 불린다)에 돈을 벌러 도시로 가는 사람이 거의 없다. 도시에는 건설 공사 현장이나 교통 분야 등에서 저숙련 일자리를 얻을 기회가 있는데도 말이다. 먼 도시는 그렇다 치고, 작물 재배 주기가 달라서 그 시기에 곤궁기가 아닌 인근 농촌으로 가는 사람도 거의 없다. 왜 그럴까?

계절적인 이주를 촉진함으로써 가난한 농촌 사람들의 소득 진작을 돕고자, 연구자들은 현지 비정부기구와 함께 방글라데시 북부의 랑푸르 지역에서 몽가 시기에 이주를 촉진할 수 있을 법한 여러 방법을 시도해 보았다.[18] 연구팀은 무작위로 표본을 선정해 한 집단에는 이주의 잠재적 이득에 대한 정보(도시로 가면 구할 수 있을 만한 일자리와 임금 정보)를 주고, 다른 집단에는 동일한 정보에 더해 **이주를 하기로 결정할 경우** 추가로 11.50달러의 현금 인센티브를 제공했다(11.50달러는 도시로 가는 교통비와 하루 이틀 정도의 식비를 충당할 수 있는 액수다).

정보와 금전적 인센티브를 모두 제공받은 집단에서는 기준 집단[정보도, 금전적 인센티브도 제공받지 않은 집단]에 비해 몽가 시기에 이주한 가구 비중이 22퍼센트포인트나 높아졌다[기준 집단에서 이주한 가구 비중은 36퍼센트였다]. 이주한 사람 대부분은 도시에서 일자리를 구하는 데 성공했다. 평균적으로, 이주한 사람들은 이주한 기간 동안

105달러를 벌었는데, 이는 고향에 있었다면 벌 수 있었을 소득보다 훨씬 많은 금액이다. 덕분에 그들은 66달러를 가족에게 송금하거나 가지고 돌아올 수 있었다. 그 결과, 가족 중에 이주한 사람이 한 명 있으면 식구들이 평균적으로 무려 50퍼센트나 칼로리를 더 섭취할 수 있었고, 심하게 굶주리던 사람들이 상당히 안정적인 식품 소비를 할 수 있게 되었다.

그런데 이들은 왜 비정부기구의 추가적인 독려가 있어야만 이주를 하는 것일까? 왜 심하게 굶주려야 할 정도의 빈곤도 그 자체만으로는 이주를 추동하기에 충분한 요인이 되지 못하는 것일까?

이 연구 결과를 보면 정보 부족 때문은 아닌 것이 분명하다. 금전적인 인센티브 없이 정보만 제공받은 집단에서는 이주한 사람 비중이 기준 집단과 별 차이가 없었다. 즉, 정보 자체만으로는 이주를 독려하는 데 효과가 거의 없었다. 게다가 금전적인 인센티브까지 받아서 이주를 한 사람 중에 다음 번 곤궁기 때 또 도시로 간 사람은 절반밖에 되지 않았다. 이들은 도시에 가면 일자리를 구해서 돈을 벌 수 있다는 것을 경험으로 알고 있는 사람들이므로, 적어도 이들에게는 도시에 일자리가 있을지에 대한 불확실성이 이주를 저해한 요인이지는 않았을 것이다.

요컨대 강제로든 아니든 이주를 하면 경제적 이득을 얻을 수 있는 것은 맞지만, '가난한 사람들이 고향의 모든 것을 버리고 부유한 나라로 갈 기회만 호시탐탐 노리고 있다'는 개념은 전혀 진지하게 받아들일 만한 것이 못 된다. 경제적 보상이 상당한데도 이주하는 사람은 생각보다 매우 적다. 경제적 요인을 압도하는 무언가 다른 요인들이 이주를 꺼리게 하는 것이 분명하다. 이 수수께끼는 잠시 후에 다루기로 하고, 이주자가 있을 때 노동시장이 어떻게 작동하는지, 특히 흔히들 생각하듯이 이주자가 도착국 노동자들에게 해를 끼치면서 이득을 얻는지를 먼저 알아보기로 하자.

아무도 가라앉지 않는다

이주자는 현지인 노동자에게 피해를 입히는가? 이것은 경제학계에서 매우 맹렬하게 논쟁이 벌어지는 주제다. 전반적으로 실증 근거들이 시사하는 바는, [통념과 달리] 이민자가 상당히 많이 유입되어도 현지인의 고용이나 임금에 부정적인 영향은 거의 미치지 않는다는 것인 듯하다.

그렇더라도 딱 떨어지게 확인하기는 쉽지 않기 때문에 논쟁은 결론 없이 계속된다. 국가는 이주를 제한하는 제도를 가지고 있고, 특히 경기가 안 좋을 때는 이민자의 유입을 제한하려고 할 것이다. 한편 이민자도 아무 데로나 가지는 않는다. 즉 이들도 기왕이면 더 나은 기회가 있는 곳으로 골라서 가려고 할 것이다. 이 두 가지 이유가 결합해서, 각국의 도시별로 거주자 중 이민자 비중과 현지인의 임금을 그래프로 그리면 우상향하는 곡선을 얻게 된다. 즉 이민자가 많을수록 현지인의 임금이 올라가는 것처럼 보인다. 이주 옹호자들에게는 좋은 소식이다. 하지만 이것은 그럴듯해 보여도 완전히 잘못된 논리일 수 있다.

이주민이 현지인의 임금에 미치는 진짜 영향을 알아내려면 해당 도시의 임금에 반응해 이뤄진 것이 아닌 이주를 살펴보아야 한다 [이주가 임금을 올린 것이 아니라 높은 임금이 이주를 견인했을 가능성을 제거해야 한다]. 그리고 이것으로도 충분치 않을 수 있다. 현지인과 기업도 어느 장소에 있을 것인가에 대해 의사결정을 할 것이기 때문이다. 가령 이주자가 유입되면서 현지인 노동자들이 그 도시를 많이 떠나야 했다면 남아 있는 사람들의 임금이 낮아지지 않을 수도 있다. 이 경우 남아 있는 현지인들의 임금만 보면 도시를 떠난 사람들이 겪은 고통은 완전히 간과되어 버린다. 또 이주자의 유입으로 풍부해진 노동력을 보고 기업들이 이 도시로 이전해 오면서 다른 도시들이 피해를 보았을 수도 있다. 이 경우에는 이주자가 유입된 도시의 임금만 보면 다른 도시의 노동자들이 입은 피해를 간과하게 된다.

이러한 문제를 피해 갈 수 있는 영리한 시도 하나를 '마리엘 보트리프트Mariel boatlift'에 대한 데이비드 카드David Card의 연구에서 볼 수 있다.[19] 1980년에 쿠바의 피델 카스트로Fidel Castro가 원하는 사람은 쿠바를 떠나도 좋다고 승인하는 내용의 연설을 하고 나서, 4월에서 9월 사이에 쿠바인 12만 5,000명(대부분 교육을 거의 혹은 전혀 받지 못한 사람들이었다)이 쿠바의 마리엘항을 떠나 마이애미에 도착했다. 카스트로의 연설은 예기치 못한 것이었는데도 사람들은 곧바로 반응했다. 카스트로는 4월 20일에 연설을 했는데 그달 말이 되기도 전에 사람들은 쿠바를 떠나기 시작했다. 그중 상당수가 마이애미에 정착했고 마이애미는 노동력이 갑자기 7퍼센트나 증가했다.

그렇다면 본래 마이애미에 있던 사람들의 임금은 어떻게 되었을까? 이것을 알아내기 위해 카드는 이중차분법이라는 접근법을 사용해 쿠바 이민자들이 들어오기 전과 후에 마이애미 거주자의 임금과 고용률 변화를 마이애미와 '비슷한' 미국 도시 네 곳(애틀랜타, 휴스턴, LA, 탬파)과 비교했다. 이주자가 유입된 후 기존 마이애미 사람들의 임금과 일자리 증가가 그 기간 동안 비교 가능한 네 도시의 임금과 일자리 증가에 비해 뒤처졌는지를 알아보려는 것이었다.

분석 결과, 유의한 차이는 발견되지 않았다. 쿠바 이주자들이 마이애미에 도착한 뒤 단기(이주자들이 대거 유입된 직후)와 장기(이주자들이 대거 유입되고 몇 년 뒤) 모두에서 기존 마이애미 거주자들의 임금은 크게 영향을 받지 않았다. 마이애미 거주자 중 마리엘 보트리프트 때보다 더 먼저 미국에 들어와 살고 있던 쿠바 이민자들만 따로 보았을 때도 마찬가지였다. 이 옛 이민자들은 마리엘 보트리프트 때 들어온 새 이민자들과 특성이 가장 비슷해서 노동시장에서 가장 크게 피해를 입었을 법한 사람들인데도, 이들의 임금도 별다른 영향을 받지 않았다.

　　이 연구는 이주의 영향을 실증 근거를 통해 알아보려는 시도에서 중요한 일보전진이었다. 쿠바 이민자들은 미국의 여러 도시 중에서 고용 기회를 보고 마이애미를 선택한 것이 아니라 그저 쿠바에서 가장 가까운 곳이어서 마이애미로 왔을 뿐이었다. 또 마리엘 보트리프트 사건은 갑작스러운 사건이었기 때문에 미국의 노동자와 기업은 (적어도 단기적으로는) 그에 대해 반응할 시간이 없었다. 즉 마이애미의 기존 노동자가 [노동시장에서 경쟁이 심해질] 마이애미를 떠남으로써, 또 기업이 [노동력이 풍부해질] 마이애미로 들어옴으로써 반응할 만한 시간이 없었다. 카드의 연구는 방법론과 결론 모두에서 이후의 연구에 큰 족적을 남겼다. 이것은 수요-공급 모델이 이주에는 직접적으로 적용되지 않을 수 있다는 것을 처음으로 보여 준 연구였다.

　　물론 그 때문에 이 논문을 두고 반박과 재반박이 오가며 맹렬한 논쟁이 벌어졌다. 아마 경제학에서 이것보다 더 열정적으로 공방이 오간 논문은 없었을 것이다. 마리엘 보트리프트 연구를 비판한 쪽의 대표 주자는 저숙련 이주자 유입을 막는 정책을 오래도록 지지해 온 조지 보르하스George Borjas다. 그는 비교 대상 도시를 더 많이 포함하고 마이애미의 기존 노동자를 고등학교 중퇴 비非히스패닉 남성으로만 한정해 마리엘 사건이 미친 영향을 재분석했다. 마이애미의 기존 노동자를 그렇게 한정한 것은 이들이 가장 크게 우려해야 할 집단이라는 가정에 기반한 것이었다.[20] 보르하스는 이들의 임금이 마리엘 이주자가 들어온 이후에 비교군의 도시들에 비해 급격히 낮아진 것을 발견했다. 하지만 이후에 다른 연구자들이 고등학교 중퇴 히스패닉 노동자들(이들이야말로 쿠바 이민자 유입으로 가장 직접적으로 피해를 볼 법한 집단인데도 보르하스는 어떤 이유에서인지 이들을 분석에서 제외했다)과 여성(보르하스는 뚜렷한 이유 없이 여성도 분석에서 제외했다)을 포함해 마리엘 사건을 재분석했을 때 보르하스의 결과는 다시 뒤집혔다.[21] 비교 대상 도시들(마리엘 사건 전에 고용과 임금이 마이애미와 매우 유사한 추이를 보이던 도시들)을 달리해 보았을 때도 이주자 유입이 현지인의 임금이나 고용에 미치는 영향이 뚜렷이 발견되지 않았다.[22] 그래도 보르하스는 확신을 접지 않았고 마리엘 사건에 대한 논쟁은 지금도 계속되고 있다.[23]

자, 그래서 마리엘 사건이 마이애미에 어떤 영향을 미쳤다는 것인가? 당신이 어떤 결론을 내려야 할지 아직도 모르겠다면, 당신만 그런 것이 아니다. 게다가 양 진영 모두에서 아무도 입장을 바꾸지 않았고 그들의 견해가 정치적 견해와 관련 있어 보인다는 점도 우리가 판단을 내리는 데 도움이 되지 않는다. 그리고 마리엘 논쟁에서 누가 옳든 간에 이주 정책을 30년 전에 하나의 도시에서 일어났던 하나의 사건에 기초해 결정하는 것은 어쨌거나 합리적인 방식이라고 할 수 없다.

다행히 카드의 연구에서 영감을 받은 많은 연구자들이 난민이나 이주민이 예기치 않게 발생했고, 최종 정착지를 그들이 직접 선택할 수 없었던 사례들을 다수 찾아내 이들의 유입이 현지에 미친 영향을 분석했다. 한 연구는 1962년에 알제리가 프랑스에서 독립한 후 유럽계 알제리인들이 프랑스로 강제 송환되었을 때 프랑스 노동시장에 어떤 영향이 있었는지 분석했다.[24] 또 다른 연구는 1990년에 소련이 해외 이주에 대한 제약을 풀었을 때 소련에서 이스라엘로 이주민이 대거 유입되었던 사례를 분석했다. 이때 이스라엘은 4년 사이에 인구가 12퍼센트나 늘었다.[25] 또 1910~1930년 유럽에서 미국으로 이주민이 대거 들어왔을 때 미국에 어떤 영향을 미쳤는지를 살펴본 연구도 있다.[26] 이 사례들 모두에서 이주민의 유입이 현지인에게 부정적인 영향을 미쳤다는 증거는 거의 발견되지 않았다. 어느 경우에는 오히려 이주민이 현지인에게 긍정적인 영향을 미쳤다. 이를테면 유럽 이민자가 미국에 유입되면서 미국인의 고용이 전체적으로 늘었고, 많은 미국인이 관리자나 작업반장으로 승진했으며, 산업 생산도 증가했다.

더 최근의 사례로, 세계 각지에서 서유럽으로 들어온 난민이 유럽의 현지인에게 미친 영향에 대한 연구들도 비슷한 결과를 보여 주고 있다. 그중 덴마크에 대한 연구 하나가 특히 흥미롭다.[27] 덴마크는 여러 가지 면에서 놀라운 나라인데, 거주자 각각에 대해 상세한 기록을 가지고 있다는 것도 놀라운 점 중 하나다. 과거에는 덴마크에 난민이 들어오면 그들의 선호나 취업 역량에 상관없이 그들이 정착할 도시를 정부가 지정했다. 여기에서는 그 도시에 이용 가능한 공공주택이 있는지와 난민의 정착을 도울 수 있는 행정적인 여력이 있는지만 고려되었다. 1994년에서 1998년 사이에 보스니아, 아프가니스탄, 소말리아, 이라크, 이란, 베트남, 스리랑카, 레바논 등 여러 나라에서 이주민이 대거 들어왔고, 이들은 대체로 무작위로 덴마크 곳곳에 보내졌다. 그러다 이주민의 정착지를 정부가 지정하는 정책이 1998년에 폐지되자, 그 이후에 들어온 이주민들은 같은 나라 출신이나 같은 민족 출신 사람들이 먼저 정착해 살고 있는 곳으로 가는 경향을 보였다. 가령 이라크 출신 이민자 중 1998년 이전에 들어온 사람들은 (거의) 순전히 우연으로 정착지가 정해졌다면, 1998년 이후에 들어온 사람들은 먼저 들어온 이라크 사람들이 살고 있는 곳으로 가서 정착했다. 그 결과 덴마크의 몇몇 도시는 단지 1994~1998년에 이민자의 재정착을 지원할 만한 행정적 여력이 있었다는 이유만으로 다른 도시들에 비해 이민자가 훨씬 많아지게 되었다. 이 연구에서도 더 과거의 사례들을 살펴보았던 연구들에서와 마찬가지 결과가 나왔다. 이민자가 많이 유입된 도시와 그렇지 않은 도시 사이에 저학력 현지인 노동자들의 고용 및 임금을 비교해 본 결과, 이민자가 유입된 도시에서 현지인 노동자들에게 부정적인 영향이 발생했다는 증거는 발견되지 않았다.

이 연구들 모두 저숙련 이주자가 유입되어도 현지인의 임금과 고용에는 일반적으로 악영향을 미치지 않는다는 것을 시사한다. 하지만 오늘날의 정치 논쟁에서는 실증 근거의 뒷받침 여부에는 아랑곳없이 무턱대고 외쳐 대는 '주장'만 난무하고 있어서, 정치적 입장을 넘어선 생산적인 논의를 찾아보기가 어렵다. 그렇다면, 차분하고 이성적인 목소리는 어디에서 찾을 수 있을까? 경제학계에서 합의를 도출하는 세심한 과정에 관심 있는 독자라면 미국에서 가장 권위 있는 학술 기관인 미국과학아카데미National Academy of Sciences에서 출간한 이주의 영향에 대한 보고서의 267페이지를 보면 좋을 것이다.[28] 미국과학아카데미는 때때로 어떤 사안에 대해 과학적인 합의를 도출하기 위해 패널을 소집하곤 한다. 이민에 대해서도 패널이 소집되었는데, 참가자에는 이민 옹호론자와 이민 회의론자(조지 보르하스 등)가 모두 포함되어 있었다. 이들은 좋은 점, 나쁜 점, 이상한 점을 빠짐없이 다뤄야 했고, 보고서 내용은 긴 논증 과정을 따라가느라 장황하게 작성된 부분도 많다. 하지만 여기에서 도출된 결론은 분명했다(적어도 경제학자들 사이의 합의에서 나올 수 있는 결론 중에 이보다 더 분명한 결론은 없을 것이다).

> "최근 몇십 년간의 실증 연구들에서 나온 결과는, 1997년에 미국 국립 연구위원회National Research Council가 펴낸 보고서 「새로운 미국인들 *The New Americans*」이 내렸던 결론과 대체로 부합한다. 10년 이상 동안의 영향을 측정한 결과, 이민이 현지인의 임금에 미치는 영향은 전반적으로 매우 작았다."

왜 이주와 관련해서는 노동시장이 다르게 움직이는가?

왜 고전적인 수요-공급 이론(공급이 늘면 가격이 떨어진다)이 이주에는 적용되지 않는 것일까? 이에 대해 근원을 알아보는 것은 매우 중요하다. 아무리 여러 실증 근거들이 이주자가 현지의 저숙련 노동자 임금에 악영향을 미치지 않는다는 것을 명확히 보여 준다고 해도, **왜 그런지**를 알지 못하면 매번 어떤 연구 결과를 볼 때마다 이 사례나 이 데이터가 특별히 예외적이어서 그런 것은 아닌지 계속 의문을 갖게 될 것이기 때문이다.

고전적인 수요-공급 이론이 얼렁뚱땅 넘겨 버리는 요인 중에 사실은 이주와 관련 있는 것이 꽤 많다. 첫째, 새로운 노동자들이 유입되면 일반적으로 수요 곡선도 오른쪽으로 이동한다[노동 공급뿐 아니라 수요도 증가한다]. 그러면 공급 곡선이 오른쪽으로 이동할 때 기존의 수요 곡선을 따라 아래쪽으로 이동하면서 임금이 낮아지는 효과가 상쇄될 수 있다. 가령 새로 온 이주자들은 식당에 가고 머리를 자르고 장을 보면서 돈을 쓴다. 그렇게 해서 일자리가 창출되고[노동 수요 증가], 이 일자리는 대개 저숙련 노동자들을 위한 일자리일 것이다. 노동 수요가 증가하면 임금이 올라가므로 이민자 유입으로 노동 공급이 증가해 임금을 끌어내리는 효과가 상쇄된다. 따라서 임금이 낮아지지 않고 실업도 증가하지 않을 수 있다.

사실, 수요 곡선을 오른쪽으로 이동시키는 채널이 닫히면 이민은 '예상되는 바대로' 현지인 노동자들에게 부정적인 효과를 낼 수 있으며, 실제로 이를 보여 주는 실증 연구도 있다. 긴 기간 동안은 아니었지만 한때 독일 정부는 체코 노동자들이 국경을 넘어 독일로 출퇴근하는 것을 허용한 적이 있다. 가장 많았을 때는 독일로 출퇴근하며 일하는 체코 노동자가 독일 국경 도시들에서 노동력의 약 10퍼센트를 차지하기도 했다. 이때 독일 현지인의 임금은 그리 영향을 받지 않았지만 고용이 크게 줄었다. 앞에서 본 사례들과 달리, 체코 노동자들이 독일에서 번 소득을 체코에 돌아가서 썼기 때문이다. 따라서 독일에서는 이주 노동자의 유입으로 노동 수요가 증가하는 연쇄 효과가 일어

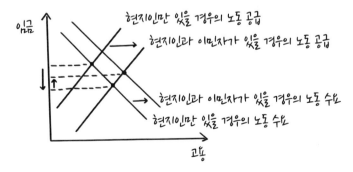

그림 2.2 돌아온 냅킨 경제학: 이민자가 늘어도 임금이 꼭 낮아지지는 않는 이유

나지 않았다. 이주자들이 번 돈을 그곳에서 사용하지 않으면 현지에서 성장이 일어나지 않을 수 있다. 이주자들의 소득이 그들의 본국으로 들어간다면 이주의 경제적 이득이 도착국에서 발생하지 않는다.[29] 이 경우에 우리는 그림 2.1로 돌아가게 된다. 이민으로 노동 공급이 증가할 때 우하향하는 노동 수요 곡선을 따라 임금이 내려가는 것이다. 수요 곡선이 오른쪽으로 이동해서 임금의 하락분을 상쇄해 주는 효과가 없기 때문이다.

저숙련 이주자들이 현지의 노동 수요를 증가시키게 되는 두 번째 메커니즘은 기계화가 늦어지는 것이다. 저임금 노동력이 안정적으로 공급될 경우, 고용주 입장에서는 노동 절약적인 기술을 도입할 유인이 줄어든다. 1964년 12월에 캘리포니아주는 멕시코 출신 농장 노동자('브라세로bracero'라고 불린다)가 캘리포니아 현지인 노동자들의 임금을 내리누른다는 이유로 브라세로들을 쫓아냈다. 하지만 브라세로들이 사라졌어도 캘리포니아 현지인 노동자들의 임금은 올라가지 않았다.[30] 브라세로들이 쫓겨나자 그들의 노동에 의존하던 농장주들이 두 가지 측면에서 기계화를 시도했기 때문이다. 첫째, 그들은 기르던 작물의 생산을 기계화했다. 일례로, 1950년대에 토마토 수확 기계가 나와서 노동자 1인당 생산성을 2배로 늘린 바 있었는데도 [저임금 브라세로 노동력을 쓸 수 있었던] 캘리포니아주에서는 이 기계의 도입이 매우 더뎠다. 브라세로들이 쫓겨나기 시작한 1964년까지 토마토 수확 기계 도입률은 거의 0퍼센트였다. 그런데 1967년에는 도입률이 100퍼센트가 되었다. 원래부터 브라세로가 없었던 오하이오주에서는 이 시기에 기계화 도입 속도가 달라지지 않았다. 둘째, 농장주들은 기계화가 불가능한 작물을 기계화가 용이한 작물로 교체했다. 이것이 캘리포니아주가 (적어도 한동안) 아스파라거스, 딸기, 상추, 샐러리, 피클오이처럼 상대적으로 섬세한 작업이 필요한 작물을 포기한 이유였다.

저숙련 이주자들이 현지의 노동 수요를 증가시키는 세 번째 메커니즘은 고용주들이 새로운 노동자들을 효과적으로 활용할 수 있도록 생산 과정을 재조직하는 것이다. 노동 과정이 재조직되면 기존의 현지인 저숙련 노동자들이 할 수 있는 새로운 업무가 생겨날 수 있다. 위에서 본 덴마크 사례에서 덴마크의 저숙련 노동자들이 이민자의 유입으로 득을 볼 수 있었던 이유 중 하나는 더 나은 일자리로 옮겨 갈 수 있어서였다.[31] 이민자 노동력이 많아지면서 현지인인 저숙련 노동자들은 단순 노동이 아닌 일자리로 승진하거나 다른 직장의 일자리로 옮겨 갔다. 그 과정에서 이들은 더 높은 수준의 의사소통 능력과 기술적 능력을 요하는 업무를 맡게 되었다. 이런 직종들이 아직 덴마크어를 못하는 이민자들로서는 경쟁할 수 없는 분야였다는 사실도 이 설명에 잘 부합한다. 이런 유형의 직업적 계층 상승은 19세기 말과 20세기 초 미국에 유럽 출신 이민자가 대거 들어왔을 때에도 발견되었다.

더 일반적인 시사점은, 저숙련 현지인들과 저숙련 이민자들이 노동시장에서 꼭 직접적으로 경쟁하는 관계가 되는 것은 아니라는 점이다. 가령 이민자들은 의사소통이 덜 필요한 일을, 현지인들은 의사소통이 더 많이 필요한 일을 맡는 식으로 서로 다른 업무에 특화될 수 있다. 또 이민자 노동력의 존재는 기업들이 더 많은 인력을 고용하도록 촉진하는 역할을 할 수도 있다. 생산 과정을 재조직해 이민자는 단순한 일을 담당하고 현지인들은 이민자들의 노동과 상호보완적인 (그리고 보상과 직급이 더 높은) 일을 담당하게 하는 식으로 말이다.

이민자와 현지인이 노동시장에서 경쟁 관계가 아니라 상호보완

관계가 될 수 있는 또 다른 메커니즘은 이민자들이 잔디 깎기, 햄버거 패티 뒤집기, 아기나 환자 돌보기 등 현지인들이 꺼리는 업무를 맡게 되는 것이다. 이 경우 이민자가 많아지면 이런 서비스의 가격이 떨어져 이를 이용하는 현지인 노동자들에게 도움이 된다. 또 현지인 노동자들이 새로이 구직 활동에 나서는 것이 가능해질 수도 있다.[32] 특히 고숙련, 고학력 여성들은 이민자 노동력이 많으면 [가사 노동을 대체하는 도우미 서비스 등을 이용할 수 있으므로] 공식 노동시장에서 일자리를 갖기가 더 용이해진다.[33] 그리고 고숙련, 고학력 여성들이 노동시장에 들어오면 다시 이는 가정에서 혹은 그들이 운영하는 기업에서 저숙련 노동(아기 돌보기, 식사 준비, 청소 등)에 대한 수요를 증가시킨다.

이민자가 현지에 미치는 영향은 '어떤' 이민자가 들어오는지와도 관련이 있다. 기업가 정신이 충만한 사람들이 이주해 올 경우 이들이 창업을 해서 현지인에게 일자리를 제공할 수 있을 것이다. 반면에 저숙련 이민자들이 노동시장에서 현지의 저숙련 노동자들과 구별되지 않는 집단을 형성하게 되면 이민자와 현지인은 경쟁 관계가 될 것이다.

누가 이주를 하느냐에는 이주에 대한 제도적 장벽이 크게 영향을 미친다. 트럼프 대통령이 "거지 소굴 같은 나라들shithole countries"에서 온 이민자들과 노르웨이에서 온 좋은 이민자들을 대조해서 말했을 때, 옛날에는 노르웨이 이민자들도 엠마 라자루스Emma Lazarus가 [자유의 여신상에 새겨진 시에서] 묘사한 "지치고 가난하고 가련한 사람들"[34]이었다는 사실을 모르고 한 말이었을 것이다. 실제로 당시의 노르웨이 출신 이민자들을 살펴본 연구가 하나 있다. 19세기 말과 20세기 초 미국에 유럽계 이민자가 대거 유입되었는데, 당시에는 뱃삯을 제외하면 이민을 가로막는 장벽이 거의 존재하지 않았다. 1900년 시점에 노르웨이의 가구 중 적어도 한 명의 자녀가 미국으로 이주한 가구와 자녀 중 아무도 미국으로 가지 않은 가구를 비교한 결과,[35] 미국에 간 사람들은 매우 가난한 가정 출신일 가능성이 컸다[미국으로 이주한 자녀가 있는 가구가 그렇지 않은 가구에 비해 가장의 소득이 전체 소득 중앙값보다 낮을 가능성이 더 컸고 가장이 자산을 소유하지 않았을 가능성도 더 컸다]. 역사학자들이 (그리고 경제학자들도) 좋아하는 유쾌한 아이러니 중 하나로, 당시의 노르웨이 이민자들은 오늘날 트럼프가 그렇게나 내쫓고 싶어 하는 사람들과 같은 부류였다. 그때 트럼프가 노르웨이 이민자들을 보았다면 "거지 소굴 같은 나라들"에서 온 사람들이라고 생각했을 것이다.

그때와 달리 오늘날 가난한 나라에서 부유한 나라로 이주하려는 사람은 상당한 이주 비용을 감당할 여력이 있어야 하고, 이민 규제의 장벽을 통과하는 데 필요한 용기와 배짱 혹은 고학력 학위 등도 있어야 한다. 이민자 중에서 기술, 야망, 끈기, 신체 능력 등이 예외적으로 뛰어난 사람들을 많이 볼 수 있는 이유가 아마 이와 무관하지 않을 것이다. 이들은 도착국에서 사업을 시작해 일자리를 창출하는 사람이 될 수 있는 (혹은 자녀가 그런 사람이 되게끔 키울 수 있는) 가능성이 클 것이다. 미국기업가정신센터Center for American Entrepreneurship의 보고서에 따르면, 2017년에 매출 기준 미국 500대 기업('포춘 500' 기업) 중 43퍼센트가 이민자나 이민자의 자녀에 의해 창립(혹은 공동 창립)되었다. 또한 이민자가 세운 기업은 상위 25개 기업의 52퍼센트, 상위 35개 기업의 57퍼센트를 차지했으며, 브랜드 가치가 가장 높은 13개 기업 중 9개를 차지했다.[36] 헨리 포드Henry Ford는 아일랜드 이민자의 아들이고, 스티브 잡스Steve Jobs는 생부가 시리아 출신이며, 세르게이 브린Sergey

Brin은 러시아에서 태어났고, 제프 베조스Jeff Bezos의 성 '베조스'는 쿠바 출신 이민자인 새아버지 마이크 베조스Mike Bezos에게서 온 것이다.

꼭 처음부터 그렇게 걸출한 사람이 아니더라도, 외국에서 이민자로서 살아간다는 것, 끈끈하고 친밀하기는 하지만 종종 직업 경력을 특정한 방향으로 제약하는 조밀한 사회적 유대가 없는 채로 살아간다는 것은, 전에는 생각해 보지 못했던 새로운 것을 시도하도록 사고의 금기를 깨주는 효과를 일으키기도 한다. 아비지트는 뱅골 중산층 출신 사람들 중에서 인도를 떠나기 전에는 자기가 먹은 그릇도 설거지해 본 적이 없었지만(아비지트도 그랬다) 영국이나 미국에 와서 돈을 벌기 위해 식당에서 테이블을 치우고 설거지를 하면서 자신이 사실은 전에 상상했던 화이트칼라 일자리보다 손과 몸을 쓰는 일을 더 좋아한다는 것을 깨닫게 되었다는 사람을 여럿 알고 있다. 반대로 아이슬란드의 섬에 화산 분출이 없었다면 어부가 되어 적당히 높은 소득을 올리며 사는 데 만족했을 젊은이들은, 대학에 가는 사람이 많은 새로운 환경에 우연히 내던져진 덕분에 자신의 삶에서도 대학 진학을 고려할 수 있게 되었을 것이다.[37]

요컨대, 이민자의 유입이 노동의 공급만이 아니라 수요도 증가시키는 경우, 수요-공급 이론의 표준적인 이야기['이민자가 늘면 노동 공급이 늘어 임금이 낮아진다']를 이민자 분석에 그대로 대입하면 문제가 생긴다. 노동 수요가 함께 증가할 경우 이민자가 많아져도 임금이 낮아지지 않을 수 있다. 그런데 노동시장의 속성 자체에 이보다 더 근본적인 문제가 있다. 사실 수요-공급 법칙은 노동시장의 작동을 설명하는 데 애초부터 그리 유용한 묘사가 못 된다. 다음 절에서 더 자세히 살펴보도록 하자.

노동자와 수박

다카, 델리, 다카르 등을 새벽에 돌아다녀 보면 한 무리의 사람들(주로는 남자들)이 주요 교차로 옆의 인도에 쭈그리고 앉아 있는 것을 간간이 볼 수 있다. 그날 하루 그들의 노동력을 필요로 하는 사람이 불러 주기를 기다리는 일용직 구직자들이다. 주로 들어오는 일감은 공사판 일이다.

그런데 사회과학자가 보기에 정작 놀라운 점은, 이 일용직 노동시장이 상당히 드물게 존재한다는 사실이다. 광역 델리 지역에 거의 2,000만 명이 산다는 것을 생각하면 교차로마다 구직자들이 나와 있어야 할 것 같은데, 실제로는 한참을 둘러봐야만 구직자들이 모여 있는 곳을 발견할 수 있다. 델리나 다카르에는 구인 광고판도 드문 편이다(웹사이트나 구인구직 포털 사이트에는 광고가 많이 올라오지만 그런 곳에 올라오는 일자리는 평균적인 농촌 사람이 할 수 없는 일이 대부분이다). 대조적으로 보스턴의 지하철에는 구인 광고가 가득하다. 하지만 구직자들에게 몹시 어려운 과제를 풀어서 지적 역량을 증명하도록 요구한다. 즉, 그들은 노동자를 채용하고자 하지만 채용 과정이 구직자에게 너무 쉽지는 않기를 바란다. 이는 노동시장의 매우 근본적인 특성 하나를 말해 준다.

사람을 채용하는 것은 가령 도매시장에서 수박을 사는 것과 적어도 두 가지 이유에서 크게 다르다. 첫째, 고용주와 노동자의 관계는 수박을 사는 경우에서보다 훨씬 더 오래 이어진다. 수박은 품질이 맘에 안 들면 다음 주에 바로 공급자를 바꿀 수 있지만 직원을 해고하는 것은 그렇게 간단한 일이 아니다. 해고를 어렵게 만드는 법적 제약이 없다고 해도 함께 일하던 직원을 내보내는 것은 아무래도 유쾌한 일이 아니고 해고된 직원이 불만을 품을 위험도 있다. 따라서 대부분의 기업은 일할 의사가 있는 사람이라고 해서 아무나 데려다 일을 시키지는 않는다. 그가 제 시간에 일터에 올 것인지, 업무 역량이 기준에 미칠 것인지, 동료 직원들과 싸움을 하거나 중요한 고객에게 모욕적인 행위를 하거나 비싼 장비를 망가뜨리지거나 하지는 않을지 등도 신중하게 고려한다. 둘째, 노동자의 질은 수박보다 판별하기가 어렵다(전문적인 과일 소매상은 좋은 수박을 단번에 알아본다).[38] 칼 마르크스Karl Marx가 '상품으로서의 노동력'에 대해 이야기했지만,[39] [상품이긴 해도] 노동력이라는 상품은 일반적인 상품과 다르다.

그래서 기업은 자신이 채용하려는 사람이 어떤 사람인지 알기 위해 모종의 노력을 기울여야 한다. 고임금 직종에 대해서는 시간과 돈을 들여서 면접, 시험, 평판 조회 등의 채용 과정을 거친다. 이는 기업에도 구직자에게도 비용이 드는 일이며, 어느 국가에서나 마찬가지다. 일례로 에티오피아에서 수행된 한 연구에 따르면, 중간 정도의 숙련이 필요한 사무직 일자리를 얻기 위해 구직자는 지원 과정에만 며칠이나 들여야 했고 회사에도 여러 차례 오가야 했다. 금액으로 환산하면 매번 구직자가 지원 과정에 들이는 비용은 채용될 경우 받게 될 월급의 10분의 1 정도에 해당하는 것으로 나타났다. 게다가 지원을 해도 실제 고용으로 이어질 가능성이 매우 낮아서 많은 사람들이 아예 지원을 포기하고 있었다.[40] 이런 이유로 기업들은 저임금 일자리의 경우에 공식적인 면접이나 시험 절차를 두기보다는 믿을 만한 사람의 소개나 추천에 의존하려 한다. 어쨌든, 무작정 찾아와서 일자리를 달라는 사람을 채용하는 기업은 거의 없다. **그가 더 낮은 임금을 받고 일할 의사가 있다고 해도** 그렇다. 이것은 고전적인 수요-공급 이론이 묘사하는 바와 부합하지 않지만, 고용주로서는 나중에 그 노동자를 해고하고 싶어질지도 모르는 상황에 들어가는 것 자체가 매우 비용이 큰 일이다. 한 연구팀이 에티오피아의 기업 중에서 무작위로 채용을 할 의사가 있는 곳을 찾기 위해 300개가 넘는 기업을 접촉했는데, 참여하겠다고 한 기업은 겨우 다섯 곳뿐이었다.[41] 연구팀이 접촉한 기업들에서 채용을 하려는 직종은 특별한 기술이 필요하지 않은 일들이었지만, 그렇더라도 기업들은 어떤 사람이 들어올지에 대해 어느 정도 통제력을 갖고자 했다. 에티오피아에서 진행된 또 다른 연구들에 따르면, 기업의 56퍼센트가 블루칼라 일자리에 대해서도 지원자들에게 예전 경력을 요구했고,[42] 예전 고용주로부터 지원자의 평판을 확인하는 경우도 흔했다.[43]

　　여기에는 몇 가지 중요한 시사점이 있다. 첫째, 취직을 해서 이미 자리를 잡은 노동자는 신규로 진입하려는 노동자보다 표준적인 수요-공급 곡선 이야기가 암시하는 정도에 비해 훨씬 높은 직업 안정성을 누린다. 현 고용주가 그들이 어떤 사람인지 알고 있으므로 잘 모르는 신규 지원자보다 더 신뢰할 수 있기 때문이다. '기존 점유자'가 된다는 것은 매우 유리한 일이다.

　　물론 이주자 입장에서는 안 좋은 소식이다. 그런데 이주자에게 더 안 좋은 두 번째 시사점이 있다. 성과가 좋지 못한 노동자가 있을 때 고용주가 그를 처벌할 수 있는 방법 중 가장 강력한 것은 해고다. 하지만 노동자의 입장에서 보면 임금이 어느 정도 이상은 되어야, 즉 임금이 노동자가 그 일자리를 놓치지 않고 싶어 할 만큼은 높아야 해고가 노동자에게 실질적인 처벌이 될 수 있다. 훗날 노벨상을 받게 되는 조지프 스티글리츠Joseph Stiglitz가 오래전에 지적했듯이, 기업은 자신이 채용하는 노동자들에게 "그들이 받아들일 의사가 있는 최소한의 임금"을 지급하지 않는다[그것보다 높은 임금을 지급한다]. 옛 소련 농담에 나오는 다음과 같은 상황에 처하는 것을 피하고 싶기 때문이다. "그들은 우리[노동자]에게 보수를 주는 척하고 우리는 일을 하는 척한다."

즉 노동자가 제대로 일하게 하기 위해 기업이 지급해야 하는 임금은 노동자에게 해고[즉 그 임금을 잃는 것]가 실질적인 위협이 될 수 있을 정도로 충분히 높아야 한다. 경제학자들은 이것을 '효율성 임금efficiency wage'이라고 부른다. 이런 이유에서, 기업이 기존 노동자에게 지급하는 임금과 새로 채용할 신규 노동자에게 지급해야 할 임금은 차이가 그리 크지 않을 것이다. 신규 노동자에게 너무 적은 임금을 지급할 때 생길지 모르는 결과가 큰 비용을 유발할 수도 있기 때문이다.[44]

이는 고용주가 이주자를 채용하려는 인센티브를 줄이게 된다. 또 고용주는 자신의 공장이나 작업장 내에서의 임금 격차가 큰 것을 꺼리는 경향이 있다. 노동자들의 사기를 떨어뜨릴 수 있기 때문이다. 여러 실증 근거에 따르면 노동자들은 조직 내에서의 불평등을 싫어한다. 그 불평등이 개개인의 생산성과 연관되어 있다 해도 그 연관성이 곧바로 파악될 만큼 명백하고 투명하지 않은 한 같은 공장이나 회사 내에 임금 불평등이 존재하는 것을 싫어한다.[45] 노동자들이 불만을 갖는 일터는 생산적인 일터가 될 수 없다. 그래서 현지 노동력이 더 값싼 이민자 노동력으로 빠르게 대체되는 현상은 잘 벌어지지 않는다.

이는 앞에서 언급한 체코 노동자의 사례에서 나타난 또 다른 결과와도 잘 부합한다. 체코 노동자들이 독일로 출퇴근할 수 있게 되었을 때 독일 현지인들의 고용이 줄어든 것은 그들이 일자리를 '잃어서'[즉 해고되어서]가 아니었다. 그보다는, 체코 노동자가 유입되지 않은 도시들에 비해 현지인 구직자에게 새로운 일자리 기회가 생기지 않아서였다.[46] 독일 기업들은 체코 노동자들이 유입되었다고 해서 기존에 고용하고 있던 독일인 노동자들을 해고하고 체코 노동자들로 대체하지는 않았다. 기존에 고용되어 일하고 있던 독일 노동자들은 고용주가 그들을 잘 알고 있다는 데서 오는 유리한 점을 계속 누릴 수 있었다. 체코 노동자들이 유입되었을 때 벌어진 일은, [기존 독일 노동자들의 해고가 아니라] 독일 기업이 새로 채용을 할 때 어차피 잘 모르는 사람이라면 잘 모르는 독일인을 고용하기보다는 잘 모르는 체코인을 고용하는 경우가 생긴 것이었다.

요컨대 이주 노동자가 이미 취직되어 있는 현지인의 일자리를 빼앗는 경우는 드물다. 그 일을 더 낮은 임금을 받고 할 의사가 있다고 해도 그렇다. 이는 이주 노동자들이 현지인이 하지 않으려 하는 일 혹은 현지인이 가지 않으려 하는 지역에 몰리는 이유도 설명해 준다. 그런 직종이나 지역에서는 이주자가 누군가의 일자리를 빼앗는 것이 아니다. 이 일자리는 그들이 들어오지 않으면 일할 사람을 찾을 수 없어 계속 비어 있을 것이다.

고숙련 이주자

이제까지는 비숙련 이주자가 현지인에게 미치는 영향을 알아보았다. 그런데 비숙련 이주자의 유입에 반대하는 사람들도 고숙련 이주자에 대해서는 대체로 우호적이다. 하지만 비숙련 이주자들이 노동시장에서 비숙련 현지인들과 직접적인 경쟁 관계가 아니라고 했던 우리의 설명은 고숙련 노동자들에게는 적용되지 않는다. 첫째, 이들은 일반적으로 최저임금 수준보다 훨씬 높은 임금을 받는다. 또 이들이 잡고자 하는 일자리는 그 일을 할 기회를 갖는 것, 그리고 그 일을 잘 해내는 것 자체에서도 보상을 얻을 수 있는 흥미로운 일일 것이므로 이들에게는 '효율성 임금'을 지급할 필요가 없을 것이다. 따라서 얼핏 생각되는 것과는 반대로, 이주자가 현지인을 낮은 임금으로 치고 들어올 여지는 저숙련 직종보다 고숙련 직종에서 더 크다. 둘째, 고숙련 노동자를 채용할 때 고용주는 그가 해당 업무에 적합한 기술과 능력을 가진 사람인지를 그가 믿을 만한 사람인지, 인간성은 어떠한지 등보다 더 중요하게 고려한다. 가령 병원 대부분은 간호사를 채용할 때 지원자가 법적인 자격 요건을 충족하는지(간호사 자격 시험을 통과했는지 등)를 중요하게 본다. 외국 출신 간호사가 합당한 자격증을 가지고 있고 현지인보다 더 낮은 임금을 받겠다고 한다면, 병원으로서는 그를 채용하지 않을 이유가 없다. 게다가 고숙련 노동자를 면접과 시험 등의 검증 절차를 거치지 않고 뽑는 고용주는 없다. 따라서 고용주가 모르는 지원자도 고용주가 알고 있거나 아는 사람에게 소개를 받은 지원자와 동일 선상에서 경쟁할 수 있다.

미국에서 수행된 한 연구에 따르면, 자격증이 있는 외국 출신 간호사가 한 명 고용될 때마다 그 도시에서 미국 출신 간호사 1~2명의 고용이 줄어드는 것으로 나타났다.[47] 즉 고숙련 직군에서 이주자 노동력이 현지인 노동력을 대체하는 효과가 발생한 것인데, 위에서 설명한 바에 비추어 보면 사실 이것은 그리 놀랄 일이 아니다. 부분적으로 이 효과는 외국 출신과 노동시장에서 경쟁해야 할 것으로 예상되면 간호학교 학생 중 간호사 시험 응시를 아예 포기하는 사람들이 늘기 때문에 발생한다. 위의 연구에 따르면, 외국 출신 간호사가 많은 주에서는 간호사 시험[주별로 치른다]에 응시하는 미국인이 크게 줄어드는 것으로 나타났다.

트럼프 대통령을 포함해 많은 이들이 고숙련 이주자의 유입을 지지하지만, 고숙련 이주자의 유입이 국내 인구에게 미치는 영향은 긍정적인 것만은 아니다. 고숙련 이주자가 들어오면 저숙련 현지인에게는 도움이 될 수 있다. 가령 고숙련 직군이 제공하는 서비스를 기존보다 싸게 누릴 수 있다(미국에서 가장 가난한 지역들에서 일하는 의사는 개도국 출신 이민자인 경우가 많다). 하지만 비슷한 숙련 수준을 가진 현지인들(의사, 간호사, 엔지니어, 교수 등)의 고용 전망을 악화시키는 비용이 따른다.

그들이 몰려온다!

이민에 대해 흔히 이야기되는 통념들은 뒷받침할 수 있는 실증 근거가 매우 허약하다. 저숙련 이주자가 부유한 나라에 유입될 때 현지인의 임금과 고용에 악영향을 미친다는 주장은 근거가 희박하다. 또 노동시장은 과일 시장처럼 작동하지 않고, 노동시장에는 표준적인 수요-공급의 법칙이 적용되지 않는다. 그런데도 이민 이슈가 여전히 정치적으로 폭발적인 위력을 갖는 데는 또 다른 이유가 있다. 이민자가 어마어마한 규모로 쏟아져 들어오면 낯선 언어와 관습이 우리의 '순수한' 문화를 압도하게 될지도 모른다는 우려가 있는 것이다.

하지만 '우리나라'(미국이든 영국이든 프랑스든)에 들어올 기회만 호시탐탐 노리고 있는 사람이 우글우글하므로 그들을 강제로 (혹은 "장벽"을 세워서) 막아 내야 한다는 생각에는 근거가 없다. 사실을 말하자면, 떠나지 않는 것이 도저히 불가능할 정도의 재난 상황이 아닌한 사람들은 고향에 머무는 것을 더 좋아한다. 그들은 우리의 국경을 넘어 들어올 기회만을 노리고 있지 않다. 그들은 자기 나라에 살고 싶어한다. 심지어 자기 나라 안에서 도시로 이동하는 것도 꺼린다. 그런데도 부유한 나라의 사람들은 이것이 직관적으로 말이 안 된다고 생각해서 엄연한 사실정보들을 보면서도 믿으려 하지 않는다. 믿어지지는 않지만 엄연한 사실이라면, 그 이유는 무엇일까?

연줄이 없으면?

사람들이 이주를 꺼리는 데는 많은 이유가 있다. 신규 이주자가 기존의 일자리 점유자와 경쟁하기 어렵게 만드는 모든 요인이 이주를 꺼리게 만드는 요인으로도 작용한다. 첫째, 앞에서 보았듯이 이주자가 좋은 일자리를 잡기란 쉽지 않다. 예외가 있다면, 고용주가 친척이거나 친구이거나 친구의 친구이거나 그것도 아니라면 적어도 같은 나라나 같은 민족 출신인 경우다. 즉 신규 이주자가 새로운 장소에 아는 사람 혹은 자신을 이해할 수 있는 사람이 있는 경우다. 이주자는 낯선 곳에서 정착하는 데도 도움을 얻을 수 있고 일자리를 찾는 데도 더 용이할 것이므로 그러한 사회적 연결망이 있는 곳으로 가려고 한다. 그래서 같은 지역 출신 이민자들이 구직 전망이나 직종 면에서 서로 매우 밀접하게 연관되어 있는 경우를 많이 보게 된다. 물론 여기에는 여러 가지 요인이 있을 수 있다. 가령 어느 마을이 훌륭한 배관공들을 많이 배출한다면 그 마을 출신 이민자는 현재의 이민자나 이전 세대의 이민자나 모두 고용이 잘 될 것이고, 다들 주로 배관 일을 하게 될 것이다. 하지만 이런 경우보다는 친인척이거나 동향 출신이라는 인맥을 타고 같은 직종에 종사하게 되는 경우가 더 많다. 케임브리지 대학의 카이반 문시Kaivan Munshi는 멕시코 이민자들이 직장을 구할 때 명시적으로 아는 사람이 있을 만한 곳을 찾아가는 경향이 있음을 발견했다(문시가 매우 끈끈하고 조밀하게 연결된 파시족[조로아스터교 인도인] 출신이라는 사실이 이런 주제에 천착하게 된 것과 무관하지 않을 것이다).[48] 문시에 따르면 멕시코 사람들은 미국의 일자리 기회에 반응해서라기보다는 자신이 사는 마을에 가뭄이 든 경우에 이주를 했다. 즉, 어느 마을이 가뭄으로 큰 피해를 입으면 마을 사람 중 일부가 다른 기회를 찾아 나섰고, 그들 중 상당수가 미국에 정착했다. 그리고 이들은 그 이후에 미국으로 건너오는 동향 사람들에게 현지에 기반을 가진 사람으로서 정착과 취업을 도와줄 수 있는 중요한 인맥 역할을 했다. 문시는, 만약 멕시코에서 올해 날씨가 비슷한 두 마을 중 한 곳이 몇 년 전에 심한 가뭄이 들어서 마을 사람 일부가 미국으로 이주를 했다면, 그 마을 사람들이 과거에 가뭄이 안 들었던 마을 사람들보다 미국에서 일자리를 구할 가능성과 그 일자리가 좋은 일자리일 가능성이 더 높을 것이라는 가설을 세웠다. 그는 가뭄 피해가 있었던 마을이 가뭄 피해가 없었던 마을에 비해 미국으로 이주한 사람, 미국에 이주해서 취업이 된 사람, 그리고 좋은 일자리에 취업이 된 사람이 더 많을 것이라고 예측했는데, 이 예측은 데이터와 정확히 맞아떨어졌다. 노동시장에서 네트워크는 실로 큰 영향력을 갖는다.

난민이 재정착할 때도 마찬가지다. 새로운 나라에서 일자리를 구하는 데 성공할 가능성이 가장 높은 사람들은 같은 나라 출신 난민이 이미 정착해 있는 도시로 보내진 사람들이었다.[49] 먼저 정착한 사람들이 새로 온 난민을 꼭 개인적으로 알지는 못하더라도, 이들은 고향 사람을 도와야 한다는 강한 의무감을 갖고 있다.

연줄이 있는 사람에게는 명백하게 연줄이 도움이 된다. 하지만 연줄이 없는 사람들은 어떻게 되는가? 당연히 불리하다. 사실 추천을 받아서 온 사람이 몇 명만 있어도 나머지 모든 사람의 고용 기회가 무너질 수 있다. 추천을 받아서 오는 사람들에게 익숙해진 고용주는 추천 없이 오는 사람들을 미심쩍게 여기게 된다. 따라서 나중에라도 추천을 받을 수 있으리라고 기대하는 구직자('조금만 기다리면 사람을 뽑으려고 하는 곳의 담당자를 아는 사람을 찾을 수 있을 것이다', '내가 알고 있는 사람이 곧 사업을 시작해서 사람을 뽑을 것이다' 등등)는 당장 일자리를 찾기보다는 추천을 받을 수 있을 때까지 기다리려 할 것이다. 아무에게도 추천을 받을 가능성이 없으리라고 생각하는 사람만이 무작정 문을 두드리면서 일자리를 구할 텐데(이들은 실제로 그리 좋은 노동자가 아니어서 추천받지 못하는 것일 수 있다), 고용주들은 합리적으로 그들을 고용하지 않으려 할 것이다.

이런 상황이 되면 시장이 무너진다. 1970년에 훗날 노벨상을 타게 되는 조지 애컬로프George Akerlof(1970년에는 박사 학위를 갓 받은 젊은 학자였다)는 「레몬 시장The Market for 'Lemons'」이라는 논문에서 중고차 시장에 차를 내놓는 사람들이 품질이 낮은 차를 팔아 치우려는 인센티브를 갖고 있기 때문에 시장 자체가 무너지게 된다고 주장했다.[50] 노동시장에서 고용주가 소개 없이 오는 구직자를 볼 때 작동하게 되는 자기 확증적 판단 과정이 여기에서도 작동하는 것이다. 구매자가 시장에 나온 중고차의 품질을 의심할수록 그가 중고차에 지불할 의사가 있는 금액은 줄어들 것이다. 문제는, 그 경우에 품질이 좋은 중고차를 가진 사람들이 자기 차를 시장에 내놓지 않으려 하게 된다는 데 있다. 이들은 차를 팔지 않고 계속 가지고 있거나 중고차 시장을 통하지 않고 자신을 잘 알고 믿어 주는 친구에게 차를 팔려고 할 것이고, 망가지기 일보 직전인 차를 가진 사람만이 차를 중고차 시장에 내놓으려고 할 것이다. 이런 식으로 품질이 가장 안 좋은 자동차나 조건이 가장 떨어지는 구직자만 시장에 나오게 되는 과정을 '역선택adverse selection'이라고 부른다.[51]

흔히 연줄은 사람들에게 도움이 된다고 여겨지지만, 누구는 연줄이 있고 누구는 없는 경우에는 아무도 연줄이 없었더라면 잘 작동했을 시장이 무너지는 결과를 낳을 수 있다. 아무도 연줄이 없다면 운동장은 평평할 것이다. 하지만 일부가 연줄을 갖기 시작하면 시장이 제대로 기능하지 못하게 되어 대부분의 사람들이 일자리를 찾지 못하는 결과를 초래할지 모른다.

안락한 고향

인도에서 연구를 진행하면서 아비지트는 델리의 슬럼가로 이주해 온 사람들에게 도시에 살아서 좋은 점이 무엇인지 물어보았다.[52] 그들은 도시 생활의 많은 면을 좋아했다. 아이에게 교육을 시킬 수 있는 기회도 더 많았고, 의료 접근성도 더 높았으며, 일자리를 찾기도 더 쉬웠다. 하지만 그들이 도시 생활에서 너무나 싫어하는 것이 하나 있었는데, 바로 환경이었다. 이것은 놀랄 일이 아니다. 델리는 세계에서 대기 오염이 가장 심한 곳 중 하나다.[53] 거주 환경 중에서 제일 먼저 개선하고 싶은 문제가 무엇이냐고 물었더니 69퍼센트가 배수와 하수 시설 미비, 54퍼센트가 쓰레기 수거 미비를 꼽았다. 배수 문제, 하수 시설 부족, 방치된 쓰레기는 매캐하기도 하고 썩는 냄새 같기도 한 인도 슬럼가 특유의 (아마 다른 곳의 슬럼가도 마찬가지일 것이다) 악취를 일으킨다.

그래서 슬럼 거주자들은 가족을 불러오기를 꺼린다. 그리고 도시 생활이 너무 견디기 어려워지면 (꽤 빨리 그렇게 된다) 집에 간다. 라자스탄주의 농촌에서 도시로 돈을 벌러 간 사람은 평균적으로 한 달에 한 번씩 집에 다녀간다.[54] 또 도시로 가서 3개월 이상 머무는 사람은 10명 중 1명 꼴에 불과하다. 그래서 사람들은 웬만하면 고향에서 멀리 떨어지지 않으려고 한다. 이는 그들이 가질 수 있는 일자리와 획득할 수 있는 기술의 종류를 제한하는 요인이 된다.

그런데 도시로 온 사람들은 왜 꼭 슬럼에 (혹은 그보다도 열악한 곳에) 살아야 하는가? 왜 더 나은 곳에 집을 얻지 못하는가? 대부분의 경우 이들에게는 여윳돈을 어느 정도 모았다 해도 더 나은 주거지로 옮겨 갈 수 있는 선택지 자체가 존재하지 않는다. 많은 개발도상국의 주거 사다리에는 뭉텅 빠져 있는 칸이 있다. 바닥 쪽 칸인 슬럼의 다음 칸은 깔끔한 작은 아파트들이 있는 주거지인데 슬럼 거주자들로서는 이곳의 집세를 도저히 감당할 수 없다. 이 두 칸은 뚝 떨어져 있고 그 사이에는 마땅한 집이 없다.

이렇게 된 데는 이유가 있다. 대부분의 제3세계 도시에는 모두에게 공급할 수 있을 만한 인프라가 부족하다. 최근의 한 보고서에 따르면, 인도만 해도 2016년에서 2040년 사이에 들여야 할 인프라 비용이 4.5조 달러에 달하는 것으로 추산된다. 케냐는 2,230억 달러, 멕시코도 1.1조 달러가 더 필요하다.[55] 즉, 도시 중에 적절한 인프라를 갖추고 있는 곳은 극히 일부이고 그런 곳의 주거지에는 늘 엄청나게 많은 수요가 있다. 따라서 부동산 가격이 천문학적으로 치솟는다. 실제로 세계에서 가장 비싼 부동산 중 몇몇을 인도에서 볼 수 있다. 그리고 도시의 나머지 지역들은 자금이 부족해 마구잡이로 개발이 진행되고, 가난한 사람들은 비어 있는 땅을 발견하면 하수 시설과 수도관이 있든 없든 닥치는 대로 무단 거주를 한다. 살 곳이 절박하게 필요하지만 자신의 땅이 아니어서 언제라도 쫓겨날 수 있다는 것을 알기 때문에, 이들은 [영구적인 구조물이 아니라] 판잣집을 짓고 산다. 이렇게 해서, 도시 풍경의 흉터처럼 보이는 판잣집들이 제3세계 슬럼가의 외양을 이루게 된다.

이에 더해, 에드워드 글레이저Edward Glaeser의 역작 『도시의 승리Triumph of the City』에 따르면, 고층 아파트가 조밀하게 들어서면 중산층이 구매할 수 있는 가격대의 주택이 공급될 수 있을 텐데도 도시 계획가들이 종종 고밀도 지구를 싫어하고 '정원 도시'를 짓고자 하는 바람에 상황이 더 악화되었다.[56] 예를 들어 인도의 건물 높이 규제는 파리, 뉴욕, 싱가포르보다도 더 엄격하다. 고층 건물이 규제되는 바람에 도시는 어마어마하게 수평으로 퍼져 나가게 되었다. 그래서 대부분의 인도 도시에서는 사람들이 일터에 오가는 데 엄청난 시간을 들여야 한다. 정도는 덜하지만 중국 등 다른 많은 나라들도 같은 문제를 겪고 있다.[57]

이러한 도시 정책은 농촌에서 도시로 오는 저소득층 이주자에게 매우 내키지 않는 선택지를 제시한다. (운이 좋다면) 슬럼에 판잣집을 한 칸 구해 오가는 데만도 몇 시간씩 걸리는 곳에서 일자리를 잡아 살아갈 수 있다. 그렇지 않으면, 다리 밑, 자신이 일하는 건물의 바닥, 릭샤 안, 트럭 안에서 자거나, 가게 차양을 지붕 삼아 노숙을 하며 비참하게 살아야 한다. 이것만으로도 농촌 사람들이 도시로 이주하는 것을 꺼리게 하기에 충분할 텐데, 이에 더해 이주 초기에는 이주자가 도시에서 잡을 수 있는 일자리가 다른 사람들은 아무도 하지 않으려 하는 일자리뿐이기 쉽다는 것까지 생각하면(위에서 본 여러 요인들 때문에 노동시장은 신규로 진입한 이주자에게 불리하게 작동한다) 더더욱 이주를 꺼리게 될 것이다. 그런 상황이라도 감수하는 것 외에는 도저히 다른 방법이 없게 되었다면 몰라도, 가족과 친구를 두고 먼 곳으로 가서 겨우 다리 밑에서 자면서 바닥을 청소하거나 테이블을 치워야 하는 생활에 적극적으로 흥미를 갖기는 어려울 것이다. 이런 이유로, 도시로 가자마자 겪어야 할 숱한 고난의 시기를 넘어서까지 생각할 수 있는 사람들, 버스보이에서 시작해 레스토랑 사장까지 계층 사다리를 오르는 자신의 모습을 그려 볼 수 있는 사람들이 아니면 대체로 이주에 나서지 않을 것이다.

고향이 주는 장점은 친밀함과 안락함만이 아니다. 가난한 사람들의 삶은 매우 취약하고 위태롭다. 벌이도 들쭉날쭉하고 건강도 아슬아슬해서, 필요할 때 도움을 청할 사람이 가까이에 있는 것이 매우 중요하다. 조밀한 유대를 더 많이 가지고 있을수록 안 좋은 일이 닥칠 때 생존에 필요한 완충 효과를 더 용이하게 얻을 수 있다. 대도시에도 조밀한 인간관계가 있을 수는 있겠지만, 나고 자란 고향만은 못할 것이다. 즉, 고향을 떠나면 생존에 필수불가결한 유대의 연결망을 잃게 되기 때문에, 극도로 절박하거나 상당히 여유가 있는 사람이 아니면 이주에 수반되는 위험을 감수할 수 없을 것이다.

고향에서 얻을 수 있는 안락함과 조밀한 유대는 해외 이주에 대해서도 마찬가지로 저해 요인이 된다. 아니 해외 이주에서는 더할 것이다. 해외로 가는 이주자는 익숙하고 소중한 모든 것을 남겨 두고 대개 혼자 떠나야 하며 몇 년이나 집에 다녀가지 못하기 때문이다.[58]

가족의 유대

전통적인 공동체가 갖는 속성도 이주를 가로막는 중요한 이유 중 하나다. 카리브해 지역 출신 경제학자로 개발경제학 분야의 개척자인 아서 루이스Arthur Lewis(1979년에 노벨상을 받았다)는 1954년에 펴낸 유명한 논문[59]에서 다음과 같은 사례를 제시했다. 도시에 가면 주당 100달러를 버는 일자리를 얻을 수 있다고 해 보자. 그리고 당신이 사는 시골 마을에는 일자리가 없지만 가족이 운영하는 농장에서 일을 하면 소출의 일부를 가질 수 있다고 해 보자. 총 소출은 주당 500달러어치인데, 형제가 4명이어서 각각 125달러어치를 가져간다. 그런데 당신이 도시로 떠나면 [농사 일에 기여하지 않으므로] 농업 소출을 분배받지 못한다. 도시에서나 농촌에서나 노동 시간과 노동 강도가 비슷하다고 가정하면, 당신은 도시로 떠날 이유가 없을 것이다. 이 논리는 농장에서 당신의 노동력을 필요로 하느냐 아니냐와 상관없이 성립한다(이 부분이 루이스의 핵심적인 통찰이다). 당신이 농장에서 일을 하든 안 하든 농장의 소출이 동일하게 500달러라고 해 보자. 이때 당신이 도시로 가면 가족의 총소득은 100달러 늘어나지만, 당신 본인에게는 농촌에 계속 머무는 경우보다 득이 될 것이 없다. 도시로 가면 당신은 100달러를 벌 것이고, 나머지 세 명의 형제가 농업 소출 500달러를 나눠 갖게 될 테니, 당신으로서는 농장에 남아서 125달러를 갖는 게 이득이다. 따라서 당신은 도시로 가지 않을 것이다. 오늘날과 조금 더 가까운 사례로 바꿔서 가족 농장이 아니라 가족이 운영하는 택시 회사라고 가정해도 마찬가지다. 당신은 떠나지 않고 가족과 함께 머물고자 하는 인센티브를 갖게 된다.

　만약 형제들이 농장 소출 중 50달러어치를 당신에게 떼어 주겠다고 약속하면 모두에게 득이 된다. 이 경우 당신은 총 150달러의 소득을 올릴 수 있고 나머지 세 명의 형제도 450달러의 3분의 1인 150달러씩 가질 수 있게 된다. 하지만 현실에서는 이런 일이 벌어지기 어렵다. 약속이 이행되지 않을 가능성이 크기 때문이다. 당신이 도시로 갔는데 형제들이 당신이 농장의(혹은 가족이 운영하는 택시 회사의) 일원이라는 것을 부인하면 어떡하는가? 따라서 당신은 가족 농장에 당신도 지분이 있음을 확실히 하기 위해 떠나지 않고 남으려 할 것이다. 루이스는, 그 결과 농촌의 노동력이 생산성이 더 높은 도시의 산업에 통합되는 속도가 최적 수준보다 느릴 것이라고 예측했다. 즉 루이스의 시나리오에서는 (국내, 해외 모두) 이주가 최적 수준보다 적게 발생한다.

여기에서 끌어낼 수 있는 더 일반적인 시사점은, 유대의 연결망(가족은 그런 연결망의 특수한 한 형태라고 볼 수 있다)은 특정한 문제를 해결하기 위해 고안된 것이지 꼭 일반적인 사회적 이익을 촉진하는 것은 아니라는 사실이다. 이를테면 노년에 홀로 남겨질 것을 우려하는 부모는 자녀가 도시로 가는 선택지를 갖지 못하게 하려고 일부러 자녀 교육에 투자를 덜 할지 모른다. 델리에서 그리 멀지 않은 하리아나 주에서 진행된 한 연구에서, 연구자들은 사무 지원직에 노동자를 채용하고자 하는 기업들과 협업해서 농촌 마을들에 일자리 기회에 대한 정보를 제공했다.[60] 이 일자리에는 두 가지 조건이 있었다. 하나는 채용되면 도시로 가서 일을 해야 한다는 것이었고, 다른 하나는 고졸 이상의 학력이 있어야 한다는 것이었다. 딸에게는 부모가 이 정보를 알게 되는 것이 명백하게 이득이 되었다. 일자리 정보가 제공되지 않은 마을의 여아들에 비해 일자리 정보가 제공된 마을의 여아들이 교육을 더 많이 받았고, 결혼 연령이 더 늦었으며, (더욱 놀랍게도) 영양도 더 잘 섭취했고 키도 더 컸다.[61] 하지만 부모가 도시의 일자리 정보를 알게 되어도 평균적으로 아들의 교육 수준은 더 높아지지 않았다. 부모가 아들이 집을 떠나 돈을 벌 것으로 기대하는 경우에는 일자리 정보가 제공되었을 때 남아에게서도 여아에게서와 비슷한 긍정적인 효과를 보였지만, 부모가 아들이 집에 머물면서 자신을 돌봐 주기를 바라는 경우에는 아들이 교육을 덜 받게 되는 것으로 나타났다[그래서 평균적으로는 남아의 교육 수준에는 변화가 없었다]. 후자의 부모들은 아들이 고향에 머물게 하려고 의도적으로 아들이 노동시장에서 불리한 위치에 처하도록 만든 셈이다.

카트만두의 잠 못 이루는 밤

곤궁기에 도시로 가서 일자리를 찾도록 독려하기 위해 농촌 사람들에게 11.50달러의 인센티브를 제공했던 방글라데시의 실험을 다시 생각해 보자. 이때 도시로 갔던 사람들 대부분은 자기 돈을 들여서 갔더라도 충분히 만족했을 만큼 높은 소득을 올릴 수 있었다.[62] 하지만 소수이긴 했어도 자기 돈을 들여서 가야 했더라면 도시로 간 것이 경제적으로 손실이 되었을 사람들도 있었다. 그들은 도시에서 일자리를 찾지 못했고 빈손으로 돌아왔다. 11.50달러를 받아서 비용을 충당할 수 있었기 때문에 금전적으로 손실이 있었던 것은 아니지만, 만약 자기 돈을 들여 다녀와야 했다면 그 비용만큼 손실을 입었을 것이다. 대개 사람들은 위험을 좋아하지 않는다. 생계 수준에서 아슬아슬하게 살아가고 있는 사람들은 더욱 그렇다. 작은 손실이라도 발생하면 기아의 나락으로 떨어질 수 있기 때문이다. 그렇다면 이것이 많은 사람들이 이주를 시도하지 않는 이유일까?

그럴 법하긴 하지만 위의 설명에는 문제가 있다. [도시로 갈 생각이 있다면] 미리 저축을 해서 11.50달러를 마련해 둘 수도 있었을 것이기 때문이다. 미리 저축해 둔 11.50달러가 있었다면 도시에 갔다가 일자리를 못 찾고 그냥 돌아온다고 하더라도 저축도 안 하고 도시로도 가지 않는 경우에 비해 경제적으로 상황이 더 나빠지지 않는다. 여러 실증 자료에 따르면 농촌의 가난한 사람들도 11.50달러 정도는 저축을 할 수 있고, 실제로 다른 일들을 위해서는 종종 저축을 한다. 그런데도 도시로 일자리를 구하러 가는데 필요한 돈은 저축하지 않는다. 왜 그들은 도시로 가는 것을 시도하지 않는 것일까? 한 가지 가설은 그들이 위험을 과대평가하고 있을 가능성이다. 네팔에서 수행된 한 연구가 이를 잘 보여 준다.

오늘날 네팔의 생산가능인구 연령대 남성 중 5분의 1 이상이 적어도 한 번은 해외에 나갔던 적이 있고 대개는 일자리를 구하기 위해서였다. 이들은 주로 말레이시아, 카타르, 사우디아라비아, 아랍에미리트연합 등지로 가며 한 번 나갈 때 1~2년 정도 일하고 그 기간 내내 특정한 고용주 밑에서 일하도록 계약하는 경우가 많다.

현지의 일자리를 이미 구한 상태여야 비자를 받을 수 있다는 점을 생각하면, 이주자들이 이주의 비용과 편익에 대해 잘 알고 있으리라고 예상하기 쉬울 것이다. 그런데 우리가 만나 본 네팔의 당국자들은 네팔 이주자들이 해외로 나가서 어떤 상황에 처하게 될지 잘 모르는 상태로 떠나는 경우가 많다고 우려했다. 네팔 노동자들이 해외에 가서 올리게 될 소득에 대해 과장된 기대를 가진 채로, 그리고 그곳의 생활 여건이 얼마나 열악할지에 대해서는 잘 모르는 채로 떠난다는 것이었다. 우리의 박사 과정 학생인 네팔 출신 대학원생 마헤슈워

슈레스타Maheshwor Shrestha는 네팔 당국자들이 우려하는 바가 사실인지 알아보기로 했다.[63] 그는 카트만두의 여권 사무소에서 일자리를 얻었다. 해외로 나가려는 사람이 여권을 신청하러 오는 곳으로, 슈레스타는 이곳에서 일하면서 이주 계획이 있는 노동자 3,000명 이상을 인터뷰할 수 있었다. 슈레스타는 해외에 가면 얼마를 받을 것이라고 예상하는지, 어디로 갈 것이라고 예상하는지, 그곳에서의 생활 여건이 어떨 것이라고 예상하는지 등을 상세히 질문했다.

    슈레스타는 이주 희망자들이 정말로 소득을 실제보다 다소 낙관적으로 전망하는 경향이 있음을 발견했다. 그들은 자신이 벌게 될 소득을 25퍼센트 정도 과대평가하고 있었다. 여기에는 여러 가지 이유가 있을 수 있다. 가령 이주 알선 브로커들이 그들에게 거짓말을 했을 수 있다. 그런데 정작 이주 희망자들이 더 크게 잘못 생각하고 있는 것은 따로 있었으니, 그들은 해외에서 일하다가 사망할 가능성을 실제보다 굉장히 높게 생각하고 있었다. 평균적으로 이들은 2년의 체류 기간 사이에 1,000명 중 10명 꼴로 시신이 되어 돌아오게 될 것이라고 생각했는데, 실제 사망자 비중은 그보다 훨씬 낮은 1,000명 중 1.3명이었다.

    슈레스타는 여권을 신청하러 온 이주 희망자들 중 일부를 무작위로 선정해서 한 집단에는 해외의 실제 임금 수준을, 한 집단에는 실제 사망률 수준을, 또 한 집단에는 두 정보 모두를 알려 주고, 아무 정보도 주지 않은 집단과 비교해 보았다. 실험 결과, 정보 제공은 이주 희망자들에게 매우 유용하게 작용했다. 해외의 실제 임금 수준을 알게 된 사람들은 임금에 대한 기대치를 낮추었고 실제 사망률 수준을 알게 된 사람들은 사망률에 대한 예상을 낮추었다. 그뿐만 아니라, 새로 알게 된 정보를 자신의 의사결정에 반영했다. 몇 주 뒤에 확인했을 때,

임금 수준에 대한 정보를 받은 사람들은 (정보를 받지 않은 사람들에 비해) 아직 이주하지 않고 네팔에 남아 있을 가능성이 더 컸고, 사망률에 대한 정보를 받은 사람들은 이주했을 가능성이 더 컸다. 대체로 사람들이 임금 수준보다는 사망률 수준을 훨씬 더 과장해서 생각하고 있었으므로, 두 정보를 모두 들은 사람들은 이주를 했을 가능성이 더 컸다. 요컨대, 이주 희망자들이 실제와 다른 정보를 가지고 있었던 것은 맞지만, 네팔 당국자들이 생각하던 것과는 달리 그들의 잘못된 인식은 이주를 촉진하는 것이 아니라 저해하는 쪽으로 작용하고 있었다.

사람들은 왜 죽음의 위험을 체계적으로 과장했을까? 슈레스타는 어떤 지구district(네팔의 지구는 상당히 작은 면적이다) 출신 사람 한 명이 해외에서 사망했을 때 그 지구 사람들은 그가 사망한 나라로 이주하는 경우가 현저하게 줄어드는 것을 발견했다.[44] 분명 이주 희망자들은 이주하려는 지역의 정보에 관심이 많다. 그런데 어느 마을 출신 노동자가 해외에서 사망했다는 소식이 언론에 보도될 때 그 나라에서 일하고 있는 그 마을 출신 노동자가 총 몇 명인지까지는 자세히 보도되지 않는다. 그래서 사람들은 100명 중에 한 명이 사망한 것인지 1,000명 중에 한 명이 사망한 것인지를 알지 못하고, 이렇게 모수에 대한 정보가 없는 상태에서 뉴스에 더 과도하게 반응하는 경향을 보인다. 그나마 네팔은 고용 알선 기관이 많고, 해외로 나갔다 오는 사람도 많고, 해외에서 일하는 네팔 노동자의 후생을 진정으로 염려하는 당국자들도 많으므로 사람들이 이주에 대한 정보를 많이 알고 있는 편이다. 이런 네팔에서도 사람들이 가진 정보가 정확하지 못하다면, 다른 나라에서는 더할 것이다. 이론상으로는 잘못된 정보가 이주를 과도하게 저해하는 쪽으로도(네팔의 경우처럼), 과도하게 촉진하는 쪽으로도

(사람들이 과도하게 낙관적인 정보를 가지고 있을 경우) 작용할 수 있다. 그런데도 왜 사람들은 이주를 하지 않는 쪽으로 체계적인 편향을 보이는 것일까?

위험과 불확실성

슈레스타의 응답자들에게서 볼 수 있었던 사망률에 대한 과도한 인식은 더 포괄적으로 말해서 우리가 느끼는 '불길한 예감'을 의미한다고 보아도 무방하다. 뭐니 뭐니 해도 이주는 익숙한 것을 떠나 미지의 것을 받아들이는 것이고, '미지의 것'은, 경제학자처럼 표현해 보자면, '발생 가능한 미래의 결과들과 각각의 확률을 쭉 적어 놓은 것'보다 훨씬 많은 것을 의미한다. 실제로 경제학에서는 적어도 [20세기 초반의 경제학자] 프랭크 나이트Frank Knight 때부터 수량화가 가능한 **위험**risk과 수량화가 가능하지 않은 **불확실성**uncertainty의 개념을 구분했다.[65] '위험'은 벌어질 수 있는 사건에 확률을 부여할 수 있는 경우(가령, '50%의 확률로 이것이, 50%의 확률로 저것이 일어날 것이다'와 같은 식으로)를 말하고, '불확실성'은 그렇게 할 수 없는 경우를 말한다. 도널드 럼스펠드Donald Rumsfeld 전 미국 국방장관의 표현을 빌리면 불확실성은 "알려지지 않은 알려지지 않은 것unknown unknowns"[66]이라고도 표현할 수 있을 것이다.

프랭크 나이트는 인간이 위험과 불확실성에 매우 다르게 반응한다고 보았다. 대개 사람들은 '알려지지 않은 알려지지 않은 것'을 다뤄야 하는 상황을 좋아하지 않으며, 따라서 일이 정확히 어떤 경로로 펼쳐질지 감을 잡을 수 없는 경우에는 의사결정을 회피하기 위해 굉장히 애를 쓴다. 방글라데시의 농촌 사람들에게 도시는 (물론 외국도)

불확실성의 땅이다. 그는 시장이 내가 가진 기술의 가치를 인정해 줄지만이 아니라, 고용주를 어디에서 찾아야 할지, 내가 할 수 있는 종류의 직종에서 경쟁에 직면하게 될지, 고용주에게 착취를 당하지는 않을지, 어떤 종류의 평판이 필요할지, 일자리를 찾기까지 얼마나 오래 걸릴지, 그때까지는 어떻게 살아갈지, 어디에서 살지 등도 알지 못해 걱정해야 한다. 그리고 지침으로 삼을 만한 과거의 경험도 거의 없어서 '확률'을 가늠해 보기도 어렵다. 많은 이들이 이주를 주저하는 것은 이상한 일이 아니다.

어두운 창으로 어렴풋이 보다

이주는 미지의 곳에 뛰어드는 것이고, 이는 이주와 관련된 여러 재정적인 문제들을 감당할 만큼의 저축을 할 수 있는 경우에도 사람들이 이주를 꺼리게 만드는 요인이 된다. 이주는 '위험'보다 '불확실성'에 더 가깝다. 이에 더해, 여러 연구에 따르면, 사람들은 '자신이 저지른' 실수로 안 좋은 일이 발생하는 것을 매우 싫어한다. 이 세상은 불확실성으로 가득하고 많은 것이 인간의 통제 범위를 벗어나 있다. 내가 통제할 수 없는 상황 때문에 나쁜 일이 닥치면 당연히 불행할 것이다. 하지만 내가 '직접 내린' 의사결정이 순전히 불운에 의해 나쁜 결과로 이어진 경우보다는 나을 것이다. 즉 무언가를 내가 적극적으로 했는데 아무것도 안 하고 가만히 있었을 때보다 상황이 나빠지면 그냥 불운이 닥친 것보다 더 견디기 힘들다. 현 상태, 즉 아무것도 안 하고 가만히 있었을 때의 결과값이 자연스럽게 기준값이 되기 때문에, 내가 무언가를 결정했는데 그 결과값이 기준값보다 손실일 경우 특히나 괴로운 일이 된다.

심리학자이지만 경제학에 막대한 영향을 미친 대니얼 카너먼Daniel Kahneman과 아모스 트버스키Amos Tversky(카너먼은 2002년에 노벨 경제학상을 받았고, 트버스키는 노벨상을 충분히 받을 수 있었겠지만 안타깝게도 상을 받지 못하고 사망했다)는 이를 '손실 회피loss aversion' 성향이라고 불렀다. 카너먼과 트버스키의 독창적인 연구 이후로 수많은 연구가 손실 회피 성향이 실제로 존재하며 언뜻 보면 명백하게 불합리해 보이는 인간 행동들이 손실 회피 성향으로 상당히 많이 설명될 수 있음을 보여 주었다. 일례로 사람들 대부분은 주택 보험에 가입할 때 본인부담금을 낮추기 위해 기꺼이 높은 보험료를 지불한다.[67] 사고가 나서 집이 파손되었을 때, 과거에 본인부담금을 낮추지 않았던 의사결정 때문에 현재 많은 돈을 생으로 내야 하는(본인부담금이 크므로) 고통스러운 순간을 피할 수 있기 때문이다. 물론 본인부담금을 낮추려면 지금 다달이 더 비싼 보험료를 내야 하지만 이것은 고통이 덜하다. 이 결정이 실수였다는 사실에 직면해야 하는 상황은 생기지 않을 것이기 때문이다. 구매자들이 상당히 많은 돈을 내고 '무상 수리 기간 연장' 옵션을 선택하는 것도 동일한 논리로 설명할 수 있다. 손실 회피 성향 때문에 우리는 우리가 적극적으로 내린 선택의 결과로 발생할 수 있는 어떤 위험에 대해서도 (작은 위험일지라도) 극도로 우려하게 된다. 모든 사람이 이주를 하는 것이 아닌 한 이주는 내가 적극적으로 내리는 선택이고, 그것도 매우 큰 선택이다. 따라서 사람들이 이주를 시도하려하지 않는 것은 충분히 그럴 만한 일이다.

마지막으로, 이주를 했는데 실패하면 사람들은 주로 본인을 탓한다. 감탄스러운 성공 스토리를 너무나 많이 들은 터라, 나의 실패는 나에게 무언가 문제가 있어서라고 생각하게 되는 것이다. 남들이 아무도 내 잘못이라고 하지 않더라도 나 스스로는 그렇게 생각하게 된다. 에스테르의 외할아버지 알베르 그랭용Albert Granjon은 프랑스 르망에서 도축장을 운영하는 수의사였는데 1952년에 아내와 어린 네 아이를 데리고 아르헨티나로 가기로 했다. 당시에는 배를 타고 몇 주나 가야 하는 여정이었다. 그는 모험의 열망에 빠져 있었고 지인 몇 명과 소를 키우는 사업을 하겠다는 모호한 계획을 가지고 있었다. 그 계획은 아르헨티나에 도착한 지 1년이 채 안 돼서 무너졌다. 목장 운영은 예상했던 것보다 너무 힘들었고, 사업 파트너들이 그가 투자금을 충분히 가져오지 않았다고 비난을 하면서 동업자들 사이에 분쟁도 생겼다. 알베르의 가족은 미지의 나라에서, 소득을 올릴 길이 막막한 채로, 미지의 상황 한복판에 내던져졌다. 마음만 먹었더라면 그때 프랑스로 다시 돌아오는 것은 그리 어렵지 않았을 것이다. 당시는 전후의 호황기여서 알베르는 프랑스에서 쉽게 일자리를 구할 수 있었을 것이고, 중산층으로 꽤 괜찮게 사는 형제가 두 명 있었으므로 돌아가는 뱃삯 정도는 그들에게 부탁하면 마련할 수 있었을 것이다. 하지만 그는 돌아가지 않았다. 훗날 그의 아내[에스테르의 외할머니] 에블린Evelynne은 형제에게 뱃삯까지 구걸해 가며 빈손으로 돌아가는 것은 도저히 받아들일 수 없을 만큼 체면이 깎이는 일로 여겨졌다고 말했다. 그래서 이들 가족은 어떻게든 버텨 보기로 했다. 그들은 끔찍한 가난 속에서 2년을 살았고, 아르헨티나인보다 자신이 더 우월하다는 어이없는 착각은 더욱이 도움이 되지 않았다(아이들은 집에서 스페인어를 쓰는 것이 허락되지 않았다. 에스테르의 엄마 비올랭Violaine은 아르헨티나 학교를 다니지 않고 프랑스 통신 강좌로 학교 과정을 마쳤으며 남는 시간에는 심부름을 하면서 아이들이 신는 헝겊 실내화의 구멍을 기우는 일 등을 했다). 마침내 알베르가 프랑스 제약회사 메리유 연구소Institut Merieux의 실험 농장을 운영하는 일자리를 얻게 되면서 형편이 피기 시작했다. 그들은 아르헨티나에서 10년을 살았고 이어서 페루, 콜롬비아, 세네갈에서 살다가 알베르의 건강이 악화되자 프랑스로 돌아갔다. 이 무렵이면 경력 면에서 그가 성공적인 모험을 했다고 말할 수 있었다. 하지만 너무나 힘겨웠던 삶은 그의 건강을 크게 해쳤고, 그는 프랑스로 돌아온 지 얼마 되지 않아서 비교적 젊은 나이에 사망했다.

실패에 대한 두려움은 위험이 수반되는 일을 주저하게 만드는 커다란 요인이다. 그래서 많은 이들이 아예 시도하지 않는 편을 택한다. 우리는 자신이 똑똑하고 근면하고 도덕적으로 고결한 사람이라는 이미지를 유지하고 싶어 한다. 실제로는 내가 멍청하고 게으르고 방탕하다는 사실을 인정하는 것이 유쾌하지 않은 일이어서도 그렇지만, 자신을 긍정적으로 생각하는 것이 삶에서 난관에 처하더라도 지치지 않고 계속 노력하도록 동기부여해 주는 힘이 되기 때문이다.

긍정적인 자아 이미지를 유지하는 것이 중요하다면, 되도록 자아 이미지에 광을 내려 하는 것도 이상한 일이 아니다. 그렇게 하는 한 가지 방법은 부정적인 정보들을 솎아 내는 것이다. 또 다른 방법은 안 좋은 결과가 돌아올 가능성이 조금이라도 있는 행동을 그냥 피해 버리는 것이다. 가령 걸인 옆을 지나가지 않아도 되게 멀찍이서 미리 길을 건넌다면 내가 인색한 사람이라는 사실에 직면해야만 하는 상황을 피할 수 있다. 또 시험을 망쳤을 때 변명거리가 될 수 있도록 공부를 안 하는 것도 자신이 똑똑한 사람이라는 자아 인식을 유지하기 위한 방법일 수 있다. 마찬가지로 이주를 할 수도 있었지만 고향에 머물기로 선택한 사람들은 내가 안 가서 그렇지 가기만 했더라면 성공할 수

있었을 것이라는 생각(혹은 착각)을 유지할 수 있다.[68]

　　　이주를 하려면 꿈을 꾸는 능력이 있거나(에스테르의 외할아버지 알베르는 안 좋은 상황을 벗어나기 위해서가 아니라 모험을 추구하기 위해 이주했다) 엄청난 과잉 확신이 있어야 한다. 그래야 현 상태를 유지하려는 성향을 극복할 수 있다. 절박한 빈곤이나 재난으로 강제된 경우를 논외로 하면, 이주자들이 대체로 가장 부유하거나 가장 교육 수준이 높은 사람들이라기보다는 남다른 열정과 욕망을 가진 사람들인 이유가 아마도 여기에 있는 것으로 보인다. 이주자들 중에서 성공적인 기업가가 그렇게 많이 나오는 이유도 이와 무관하지 않을 것이다.

토크빌 이후

사람들은 이주를 꺼리기 마련이라는 일반적인 규칙에서 미국인만은 예외라고 흔히 여겨져 왔다. 미국인은 기꺼이 위험을 감수하면서 기회를 찾아 움직인다고 말이다. 적어도 신화가 내내 말해 온 바로는 그렇다. 19세기에 프랑스 귀족 알렉시 드 토크빌Alexis de Tocqueville은 미국이 자유로운 사회의 모델 국가라고 생각했다. 그리고 늘 동요하며 들썩이는 역동이야말로 미국을 특별하게 만드는 중요한 요소라고 보았다. 그가 보기에 미국 사람들은 분야와 직종을 가로지르며 늘 이동했다. 토크빌은 미국의 역동적인 불안정성이 세습적인 신분 체계가 없고 누구나 끊임없이 부를 축적하려는 야망을 가지고 있기 때문에 나오는 것이라고 설명했다.[69] 토크빌에게 미국은 모두가 부자가 되기 위해 무언가를 시도하는 나라였고, 기회가 있으면 어디든 가서 그것을 붙잡는 것이 각자의 의무와도 같은 나라였다.

　　　미국인들은 아메리칸 드림의 신화를 여전히 믿는다. 하지만 사실을 말하자면, 오늘날 부를 축적하는 데 세습이 더 중요한 영향을 미치는 곳은 유럽이 아니라 미국이다.[70] 이는 최근에 미국에서 토크빌이 말한 종류의 긍정적인 (역동적인) 불안정성이 감소하는 추세가 나타나고 있는 것과도 관련이 있을 것이다. 해외에서 들어오는 이주민에 대한 미국인의 관용이 줄어드는 것과 동시에, 미국인 본인들이 해외로 나가는 경우도 줄고 있다. 1950년대에는 미국 인구 중 7퍼센트가 매년 다른 나라로 이주했는데 2018년에는 이 숫자가 4퍼센트 이하로 떨어졌다. 이러한 감소세는 1990년에 시작되었고 2000년대 중반 이후에 한층 더 가속화되었다.[71] 또 국내 이주의 패턴도 놀랍게 달라졌다.[72] 1980년대 중반까지는 부유한 주에서 나머지 주보다 더 빠르게 인구가 늘었는데, 1990년 이후 어느 시점부터 이 상관관계가 사라졌다. 즉 평균적으로 부유한 주들은 더 이상 사람들을 끌어들이지 못했다. 고숙련 노동자들은 여전히 가난한 주에서 부유한 주로 이동했지만, 저숙련 노동자들은 이제 반대 방향으로 이동하는 것처럼 보인다. 고숙련 노동자와 저숙련 노동자가 상반되는 이주 경향을 보인다는 것은 1990년대 이후 미국의 노동시장이 숙련 수준에 따라 점점 더 심하게 분리되어 왔음을 말해 준다. 동부와 서부 연안 지역은 고학력 노동자들을 계속해서 끌어들이고 있지만 학력이 낮은 사람들은 내륙 지역, 특히 디트로이트, 클리블랜드, 피츠버그 같은 옛 산업 도시들에 집중되고 있다. 이러한 분리는 소득, 삶의 방식, 투표 패턴 등의 분리로도 이어졌고, 사람들 사이에서 국가가 분절되었다는 느낌을 불러일으켰다. 어떤 지역은 저 멀리 뒤처지고 어떤 지역은 저 멀리 앞서 나간다고 느끼게 된 것이다.

캘리포니아주의 팔로알토, 매사추세츠주의 케임브리지 등은 고도로 학력이 높은 소프트웨어나 바이오테크 인력을 끌어들이는데, 이는 이상한 일이 아니다. 이런 도시에서 고학력 노동자들은 더 높은 임금을 받을 수 있을 뿐 아니라 함께 어울릴 만한 친구나 동료, 그들이 원하는 고급 근린 시설들도 더 용이하게 찾을 수 있기 때문이다.[73] 그런데 저학력 노동자들은 왜 그들을 따라 이동하지 않는 것일까? 소프트웨어 전문가나 변호사가 잔디 깎는 사람, 요리사, 바리스타 등을 필요로 할 테니 이들에 대한 수요도 늘어야 하지 않는가? 즉 이론상으로는, 고학력 노동자가 집중되는 지역에서는 저학력 노동자에 대한 수요도 창출되기 때문에 저학력 노동자의 유입도 촉진되어야 한다. 또 방글라데시와는 다르게 미국은 거의 모든 사람이 국내 어디든 갈 수 있는 교통비 정도는 충분히 감당할 수 있는 나라이고 거의 모든 사람이 비교적 정보에 잘 접근할 수 있어서 어느 지역이 호황인지를 다들 아는 나라이니 만큼, 저학력 노동자의 이주가 더더욱 잘 촉진되어야 한다. 그런데 실제로는 그런 일이 벌어지고 있지 않다.

　　고학력 노동자가 집중되는 도시에 저학력 노동자는 이주하지 않는 한 가지 이유는 호황을 구가하는 도시(팔로알토, 케임브리지 등)에서 저학력 노동자가 얻을 수 있는 임금상의 이득이 고학력 노동자들에 비해 상대적으로 낮기 때문일 것이다.[74] 하지만 어쨌거나 저학력 노동자에게도 임금상의 이득이 없지는 않기 때문에 이것은 기껏해야 부분적인 이유밖에 될 수 없다. 임금 정보를 온라인으로 알려 주는 웹사이트들에 따르면, 스타벅스 바리스타가 아이다호주의 보이시에서는 시간당 9달러를 받지만 보스턴에서는 12달러를 받는다.[75] 고학력 노동자가 얻는 임금상의 이득보다는 훨씬 적지만, 그래도 적지 않은 이득이다(그리고 보스턴에서는 '있어 보이는' 척을 할 수 있다).

하지만 고숙련 인구가 많아질 때 저숙련 노동자들에 대한 수요가 증가한다는 바로 그 사실 때문에, 팔로알토나 보스턴, 뉴욕 같은 곳에서 주거 비용이 폭발적으로 상승했다. 변호사와 청소부 모두 '딥 사우스'(남부) 주들에서보다 뉴욕에서 돈을 더 많이 번다(변호사는 약 46퍼센트, 청소부는 약 28퍼센트 더 많이 번다). 하지만 뉴욕의 주거비[월세]는 변호사 임금 중에서는 21퍼센트만 차지하는 반면 청소부 임금 중에서는 무려 52퍼센트를 차지한다. 그래서 주거비를 빼고 난 실질 임금은 변호사의 경우에는 뉴욕이 딥 사우스보다 훨씬 높지만(39퍼센트) 청소부의 경우에는 오히려 딥 사우스가 뉴욕보다 7퍼센트 더 높다. 그러므로 청소부에게는 뉴욕으로 이주하는 것이 합리적이지 않다.[76]

최근에 샌프란시스코의 미션 지구가 이 현상을 단적으로 보여주는 상징이 되었다. 1990년대 말까지 미션 지구는 미국에 갓 건너온 히스패닉 이민자들이 주로 사는 노동자 계급 동네였다. 그러다가 이곳의 위치가 젊은 테크놀로지 분야 종사자들 사이에서 인기가 높아지면서 집세가 가파르게 올랐다. 방 1개짜리 아파트의 월세가 2011년 1,900달러에서 2013년에는 2,675달러가 되었고 2014년에는 3,250달러가 되었다.[77] 오늘날 미션 지구 아파트의 평균 집세는 최저임금 정도를 버는 저숙련 노동자들이 감당할 수 있는 수준을 한참 벗어나 있다.[78] "미션 지구에서 여피들을 몰아내기 위한 프로젝트"(저소득층 주민들이 고소득층 테크놀로지 분야 종사자를 동네에서 몰아내기 위해 그들의 자동차에 낙서를 하고 차를 훼손하는 등의 저항 행동을 벌였다)로 이곳의 젠트리피케이션이 일으킨 피해가 언론의 주목을 잠시 받았지만 이 마지막 시도도 결국 실패로 돌아갔다.[79]

물론 호황인 도시에 주택을 더 지으면 되지만 여기에는 시간이 걸린다. 게다가 미국의 오래된 도시들에서는 토지 용도 규제 때문에 건물을 높이 짓거나 조밀하게 짓기가 매우 까다롭다. 새 건물은 현재 존재하는 건물들과 크게 다르면 안 되고 부지 면적도 어느 정도 이상 되어야 한다. 이런 규제 때문에 주택 수요가 가파르게 올라가고 있어도 토지를 고밀도 주거지로 전환하기 어렵다. 개발도상국에서도 그렇듯이, 이는 도시로 온 가난한 이주자가 상당히 끔찍한 선택지에 직면하게 만든다. 일터에서 아주 먼 곳에 살아야 하거나 터무니없이 비싼 집세를 내야 하는 것이다.[80]

최근 미국의 경제 성장은 명문 대학이 있는 지역에 집중되는 경향을 보여 왔다. 이런 지역 대부분이 매우 비싸고 확장이 어려운 부동산을 가진, 오래된 도시다. 또 상당수가 개발의 힘에 맞서 역사의 유산을 지키고자 하는 '유럽식' 도시여서 엄격한 토지 용도 규제가 있고 집세가 비싸다. 이것은 평범한 미국인이 경제가 성장하고 있는 도시로 이주하는 것을 가로막는 한 요인일 것이다.

불황을 맞은 지역에 사는 노동자가 일자리를 잃어서 다른 곳으로 옮기는 것을 고려할 때, 그가 사는 곳의 부동산 문제도 이주를 어렵게 만든다. 만약 그가 주택을 소유하고 있다면, 불황으로 집값이 떨어지긴 했겠지만 그래도 그 집에 살 수는 있다. 만약 그가 주택을 소유하고 있지 않다고 해도, 지역 경제가 쇠락하면서 집세가 낮아졌을 것이므로 주거비 지출을 줄일 수 있다. 고숙련 노동자에 비해 저숙련 노동자는 지출에서 집세가 차지하는 비중이 더 크므로, 불황으로 집세가 낮아지면 고숙련 노동자보다 저숙련 노동자에게 상대적으로 더 이득이 된다.[81] 따라서 불황에 수반되는 주택 시장의 붕괴는 가난한 사람들이 경제적 기회가 있는 곳으로 옮겨 가지 않고 불황인 지역에 계속 머물게 만드는 뒤틀린 효과를 낳는다.

　　자신의 지역에서는 기회가 줄고 있고 다른 곳에는 기회가 많은 데도 사람들이 떠나지 못하는 데는 또 다른 이유도 있다. 가령 육아 문제가 그렇다. 미국에서는 규제가 엄격하고 공적인 보조가 적어서 아이를 돌보는 데 비용이 매우 많이 든다. 저임금 노동자들이 시장 서비스를 이용하는 것은 언감생심이고, 아이 할머니에게 맡기거나, 이도 여의치 않으면 친척이나 친구의 손을 빌리는 수밖에 없다. 따라서 이들을 모두 데리고 갈 수 있지 않는 한 이주를 하기란 불가능하다. 여성이 바깥 일을 하지 않아서 아이를 돌볼 수 있던 시절에는 그리 큰 문제가 아니었겠지만 오늘날에는 아이 돌보는 문제를 해결할 수 없다는 점이 결정적으로 이주를 포기하게 만드는 요인이 될 수도 있다.

　　게다가 이주를 해도 그곳에 일자리가 계속 있으리란 보장이 없다. 일자리를 잃으면 퇴거를 당하게 될 것이고, 그러면 주소지가 없으므로 다른 일자리를 구하기가 어려워진다.[82] 이런 시기에 가족은 재정적으로도, 정서적으로도 안전망을 제공한다. 가령, 일자리를 잃은 젊은이는 부모 집으로 다시 들어갈 수 있다. 2015년에 21~30세의 남성 실업자 중 67퍼센트는 부모나 가까운 친척과 함께 살고 있었다(2000년의 46퍼센트보다 크게 높아졌다).[83] 사람들이 이러한 안정성을 뒤로 하고 다른 도시로 가기를 주저하는 것은 당연한 일이다.

　　이 모든 어려움에 더해, 대부분의 직장 생활을 같은 지역에서 같은 회사를 다니면서 해 온 제조업 종사자가 막 일자리를 잃었을 경우, 새로운 곳에서 완전히 새로운 일을 처음부터 시작해야 한다는 데서 오는 트라우마가 이주를 한층 더 힘겹게 만든다. 그들의 아버지 세대가 그랬듯이 안정적으로 쭉 직장을 다니다가 명예롭게 은퇴하는 게 아니라, 자신을 알아주는 사람이 아무도 없는 곳으로 가서 기대치를 낮추고 자신이 하리라고는 상상도 해보지 못 했던 일을 하면서 직업 사다리의 바닥부터 다시 시작해야 하는 것이다. 그러느니 고향에 그냥 남기로 하는 것은 그다지 이상한 일이 아니다.

컴백 시티 투어

불황이 닥친 지역에서 사람들이 떠나기 어렵다는 것은 그렇다 치고, 왜 그 지역으로 일자리가 가지는 않는 것일까? 다른 곳의 기업들이 그곳으로 이전하면 새로이 노동시장에 나온 노동력(그곳 기업들이 문을 닫거나 구조조정을 해서 실직을 하고 다시 구직에 나선 사람들), 낮은 임금, 낮은 임대료의 이점을 누릴 수 있을 텐데 말이다. 실제로 이것은 많이 회자되는 개념이다. 2017년 12월에 AOL의 공동 창립자 스티븐 케이스Steven Case와 미국의 쇠락한 '심장부heartland'(번창하는 동부와 서부 연안 지역과 대조적으로 제조업이 쇠락하면서 낙후된 미국의 중부, 중서부 지역 - 옮긴이)에 대한 애가哀歌『힐빌리의 노래Hillbilly Elegy』의 저자 J. D. 밴스J. D. Vance는 '나머지 세상의 부상을 위하여Rise of the Rest'라는 이름의 펀드를 만들었다. 테크놀로지 분야 투자자들이 이제까지 눈여겨 보지 않았던 주들에 투자하는 펀드로, 제프 베조스, 에릭 슈미트Eric Schmidt 등 미국의 유명한 억만장자들이 투자에 참여했다. 펀드 운영자는 투어 버스에 실리콘 밸리 투자자들을 태우고 오하이오주의 영스타운과 애크런, 미시건주의 플린트와 디트로이트, 인디애나주의 사우스 벤드 같은 곳들을 보여 주면서 투자 설명 투어를 했다(이 투자 설명 투어의 이름은 '컴백 시티 투어Comeback Cities Tour'다). 이 펀드를 홍보하는 사람들은 이것이 '사회 임팩트 펀드'(투자 수익과 사회적 가치를 함께 고려하여 투자하는 펀드 – 옮긴이)가 아니라 이윤을 추구하는 통상적인 펀드라고 강조한다. 「뉴욕타임스」에 실린 컴백 시티 투어에 대한 기사[84]나 이 펀드 자체에 대한 기사[85]에서 실리콘 밸리의 많은 투자자들이 베이 에어리어의 혼잡함, 고립성, 높은 물가 등을 강조하면서 '심장부' 지역에 투자 기회가 많다고 이야기했다.

하지만 이러한 전망에 의구심을 가질 만한 이유 또한 없지 않았다. 우선 펀드의 규모가 1억 5,000만 달러밖에 되지 않았다. 이들에게는 푼돈이나 마찬가지인 규모다. 제프 베조스는 이 펀드를 지지하지만 아마존의 제2본사가 들어설 최종 후보지 목록에 디트로이트를 올리지는 않았다. 아마도 펀드 주창자들은 펀드의 취지에 관심을 불러일으키고, 몇몇 기업이 창업할 수 있게 하고, 초기 투자자들에 대한 이야기로 화제를 일으켜 또 다른 사람들의 투자를 독려하고자 했을 것이다. 할렘에서 가능했다면 애크런에서 안 될 이유는 무엇인가? 하지만 할렘은 뉴욕 맨해튼에 있는 곳이다. 맨해튼의 그 모든 활력과 흥분, 그리고 많은 근린 시설들을 생각할 때, 할렘은 언젠가는 다시 부흥할 곳이었다. 하지만 애크런에 대해서는 (디트로이트나 사우스 벤드에 대해서도) 그렇게 낙관하기 어렵다. 이런 곳에는 젊은 고소득자들이 원하는 종류의 근린 시설들(좋은 식당, 멋진 바, 고상한 바리스타가 뽑아 주는 비싼 에스프레소를 마실 수 있는 공간 등)이 들어서기 어려울 것이다. 여기에는 닭이냐 달걀이냐의 문제가 있다. 젊은 고학력 노동자들은 그런 근린 시설들이 없으면 오지 않을 것이다. 그런데 그런 근린 시설은 젊은 고학력 노동자들이 없으면 장사가 잘되기 어려울 것이다.

사실 거의 모든 산업은 클러스터화되는 경향이 있다. 동종 업종의 기업들이 지리적으로 한 곳에 집중되는 것이다. 미국 지도를 펴놓고 무작위로 다트를 던진다면 화살 구멍이 지도 전체에 고루 퍼져야 한다. 그런데 어느 산업이든 하나를 골라 거기에 속하는 기업을 지도에 찍어 보면 전혀 그런 모양이 나오지 않고 마치 모든 다트 화살을 한 곳에 던졌을 때와 비슷한 모양이 나온다.[86] 업종별로 클러스터가 형성되는 한 가지 이유는 평판이다. 소프트웨어 기업이 옥수수밭 한복판에 있다면 고객이 미심쩍어할 것이다. 또 직원을 채용해야 할 때마다 저 멀리서부터 시골로 이사오라고 설득해야 한다면 채용이 매우 어려울 것이다. 동종 기업들이 클러스터를 이루고 있으면 바로 근처에서 사람을 구할 수 있을 텐데 말이다. 몇몇 규제도 클러스터화를 촉진한다. 가령 토지 용도 규제는 오염을 일으키는 산업을 한 곳에 모으고 식당이나 바 같은 업종을 또 다른 곳에 모으는 식으로 집중화를 일으키는 경향이 있다. 마지막으로, 동종 업계에 종사하는 사람들은 종종 비슷한 선호를 갖는다(이를테면 테크놀로지 분야 사람들은 커피를 좋아하고 금융 분야 종사자들은 비싼 와인으로 과시하는 것을 좋아한다). 동종 업계의 기업들이 모여 있으면 그 분야 사람들의 취향에 맞는 것을 제공하는 근린 시설이 들어서기가 더 쉽다.

　　이런 이유들을 볼 때 지리적 집중은 합리적인 일이다. 하지만 작게 시작해서 규모를 키워 가기는 점점 더 어려워진다. 가령 애팔래치아산맥에서 유일한 바이오 기업으로 존재한다는 것은 늘 어려운 일일 것이다. 우리는 컴백 시티 투어가 성공하기를 진심으로 바라지만, 그것을 열광적으로 기대하지는 않는다(디트로이트에 부동산을 사지도 않을 것이다).

아이젠하워와 스탈린

이주의 '문제'는 너무 많은 이주민이 쏟아져 들어오는 게 아니다. 대체로 이주민의 유입은 현지인에게 경제적인 비용을 유발하지 않으며 이주민 본인에게는 명백한 이득을 제공한다. 이주와 관련한 진짜 문제는 국내적으로나 국제적으로나 이주가 너무 적게 이뤄지고 있는 것이다. 즉, 이주를 하면 경제적 기회를 잡을 수 있는데도 사람들이 이주할 수 없거나 이주할 의사가 없는 것이다. 그렇다면 이것은 정부가 개입해 이주를 촉진해야 한다는 의미일까? 미래를 생각하는 정부라면 이주하는 사람에게 보상을 하고 이주하기를 거부하는 사람에게는 처벌을 가해야 할까?

터무니없는 소리로 들릴지 모른다. 오늘날 이주에 대한 논의는 어떻게 하면 이주를 제한할 수 있을까에 온통 집중되어 있으니 말이다. 하지만 1950년대에는 미국, 캐나다, 중국, 남아프리카 공화국, 소련 모두가 모종의 강제 이주 프로그램을 가지고 있었다. 이러한 정책은 때로 가혹한 정치적 목적(가령 특정 인구 집단에 대한 탄압)을 은밀히 숨긴 채, 겉으로는 기존의 경제 구조가 갖는 단점을 강조하면서 '근대화'를 표방하는 언어로 포장되었고, 개발도상국의 근대화 의제들은 이러한 사례에서 영감을 얻는 경우가 많았다.

또 개발도상국에서는 정부가 가격 정책과 조세 정책을 이용해 농촌을 희생시키고 도시에 혜택을 주는 일이 오래도록 이루어졌다. 1970년대에는 아프리카의 많은 국가들이 '농업 마케팅 위원회'라는 것을 만들었다. 실제로는 농산물의 마케팅을 막기 위해 만들어진 것이었음을 생각하면 이 명칭은 잔인한 농담처럼 들린다. 이러한 위원회의 목적은 농산물이 시장에 나가는 것을 막아 정부가 아주 낮은 가격으로 사들일 수 있게 해서 도시 거주자들을 위해 식품 가격을 안정적으로 낮게 유지하는 것이었다. 또 인도와 중국 등은 도시에서 농산품 가격을 낮게 유지하기 위해 농산품 수출을 금지했다. 이러한 정책의 부작용으로 농업은 매우 수익성 없는 분야가 되었고, 사람들은 생계를 위해 농촌을 떠나야 했다. 물론 가장 크게 피해를 본 사람들은 가장 가난한 사람들, 이주 비용을 충당할 돈도 없어서 떠나지도 못했을 영세 소농이나 토지가 없는 농업 노동자들이었다.

이러한 사례들이 불행한 역사인 것은 맞지만, 그렇다고 이주의 경제적 합리성까지 부정하지는 말아야 한다. 이동성은 지역 간, 국가 간에 삶의 수준을 평등하게 하고 지역 경제의 요동을 완충해 줄 수 있는 핵심 채널이다. 이주를 하면 불황의 타격을 맞은 곳을 벗어나 새로운 기회를 잡을 수 있다. 이것은 경제가 위기를 흡수하고 구조적 전환에 적응하는 중요한 메커니즘이다.

이미 부유한 나라의 번성하는 도시에 살고 있는 사람들(우리와 대부분의 경제학자도 포함해서)에게는 이것이 너무나 자명해 보인다. 우리가 살고 있는 곳의 여건이 다른 곳들보다 너무나 명백하게 좋기 때문에 우리는 다른 이들도 모두 여기로 오고 싶어 할 것이라고 가정해 버린다. 경제학자들은 번성하는 지역이 경제의 자석과 같은 역할을 하는 것을 대체로 좋은 일로 여긴다. 하지만 개도국의 대도시 거주자나 부유한 나라의 거주자들에게는 전 세계 사람들이 자신의 도시나 나라로 우루루 몰려오리라는 전망이 매우 두려운 생각이다. 그들은 외지인들이 몰려오는 바람에 일자리, 공공주택, 주차 공간 등 희소한 자원을 놓고 싸워야 하게 되는 상황을 상상한다. 이러한 우려의 큰 부분인 '이민자들이 현지인의 임금과 고용을 악화시킬 것'이라는 생각은 근거가 없지만, 인구가 과도하게 밀집될지 모른다는 두려움은 전적으로 근거 없는 생각만은 아니며 인프라가 부족한 채로 계속 확장되어 가고 있는 제3세계의 대도시들에서는 더욱 그렇다.

밀려드는 외지인들에게 압도될지 모른다는 공포는 '동화同化'와 관련해서도 우려를 불러일으킨다. 다른 문화를 가진 사람이 대거 몰려오면(가령 인도에서 농촌 사람들이 대도시로 혹은 멕시코 사람들이 미국으로) 그들은 이곳의 문화에 동화될 것인가, 아니면 이곳의 문화를 바꿀 것인가? 혹은 너무나 잘 동화된 나머지 구별되는 문화는 사라져 없어지고 모두가 취향 없는 하나의 '글로벌 문화'로 뭉뚱그려질 것인가? 사람들이 경제적 기회에 조금만 차이가 있어도 그것에 즉각 반응해서 완전하게 조정이 이뤄지는 유토피아는 그 자신의 디스토피아가 될지도 모른다.

어떻든 간에, 유토피아든 디스토피아든 우리는 그런 상황과 거리가 멀다. 쇠락한 지역에 사는 사람들은 번성하는 지역으로 즉각 이동하지 않고, 경제적으로 고전하면서도 살던 곳에 계속 사는 쪽을 택한다. 이는 이주를 촉진하는 것이 실제로 정책의 우선순위가 될 필요가 있음을 의미한다. 하지만 과거에 그랬던 것처럼 사람들을 강제로 이주시키거나 경제적 인센티브를 왜곡하는 것은 올바른 방법이 아니다. 우리가 취할 정책은 이주를 가로막는 주요 장애물을 제거하는 방식으로 이루어져야 한다. 우선, 이주 과정 전체를 간소화, 효율화하고 이주에 대한 정보를 효과적으로 소통해서 사람들이 이주의 비용과 편익을 더 잘 알 수 있게 하면 큰 도움이 될 것이다. 또 이주자와 고향의 가족들 사이에 송금하는 절차를 더 쉽게 만들면 이주자가 고립되지 않을 수 있어서 이주를 촉진하는 데 도움이 될 것이다. 괜히 이주했다가 실패할 가능성에 대해 사람들이 느끼는 과도한 두려움을 생각할 때, 이주와 관련한 보험을 제공하는 것도 이주를 촉진하는 방법이 될 수 있다. 방글라데시에서 실험을 해 본 결과, 이주 보험은 이주 경비[교통비]를 인센티브로 제공했을 때에 못지않은 촉진 효과가 있었다.[87]

하지만 이주자를 돕는 (그럼으로써 이주를 촉진하는) 가장 좋은 방법은 이주민이 현지 공동체에 더 쉽게 통합되도록 만들어 주는 일이다. 이는 현지인들이 이주민들을 더 잘 받아들일 수 있게 하는 데도 일조할 것이다. 주거비를 보조하고(월세 보조금 같은 것?), 이주하기 전에 일자리를 먼저 구할 수 있게 하고, 아이를 돌봐 주는 서비스를 제공하는 것 등은 이주민이 새로운 사회에서 빠르게 자리를 잡는 데 도움을 줄 수 있다. 이러한 도움이 있으면 이주를 주저하던 사람들이 더 용기를 내서 나설 수 있을 것이고 새로운 곳에서 더 빠르게 그곳 공동체의 정상적인 일부로서 정착할 수 있을 것이다. 그런데 오늘날 이뤄지고 있는 일은 이와 거의 반대다. 몇몇 난민 지원 단체들이 하는 일을 제외하면, 이주민이 현지에 잘 적응하도록 돕는 활동은 없다시피 하다. 해외 이주민들은 합법적으로 일할 권리를 얻기까지 온갖 장애물이 가득한 과정을 밟아야 한다. 국내 이주민들도 아무리 기회가 많이 있는 것처럼 보여도 막상 머물 곳을 찾고 첫 일자리를 잡기까지 매우 고전하는 경우가 많다.

이주민에 대한 정치적인 반응이 경제적 합리성을 잘못 이해한 데서만 나오는 것이 아니라 매우 강력한 '정체성 정치identity politics'에서도 기인한다는 것 또한 잊어서는 안 된다. 정치와 경제의 괴리가 새로운 일은 아니다. 20세기 초에 유럽 이민자가 많이 들어왔던 미국 도시들은 이민자 유입으로 경제적인 이득을 많이 얻었는데도 정치적으로는 매우 적대적인 반응이 촉발되었다. 도시 당국은 이민자 증가에 대응하기 위해 조세와 공공 지출을 줄였다. 특히 학교처럼 타 인종, 타 민족 간에 접촉과 소통을 촉진할 법한 분야와 하수 시설, 쓰레기 수거처럼 저소득층 이민자에게 도움이 될 법한 분야의 공공 지출이 크게 삭감되었다. 또한 이민자 유입이 많았던 도시 대부분에서 민주당(이민을 지지했다)의 득표가 줄었고 더 보수적인 정치인들, 특히 1924년의 이민 제한법National Origins Act(이 법으로 외국인이 미국에 아무 제약 없이 들어올 수 있었던 시기가 끝났다)을 지지하는 정치인들이 선출되었다. 유권자들은 자신과 이민자들 사이의 문화적 거리에 반응하고 있었고, 당시에 도저히 융합 불가능한 이방인이라고 여겨지던 사람들은 가톨릭 교도와 유대인이었다. 그러나 점차로 이들은 미국 사회의 일부가 되었고 이들에 대한 적대도 사라졌다.[88]

역사가 되풀이된다고 해서 두 번째, 세 번째에 두려움과 불쾌감이 덜해지는 것은 아니다. 하지만 그 분노를 다루는 방법을 더 잘 알게 될 수는 있다(이에 대해서는 4장에서 더 자세히 다룰 것이다).

또한 우리는 어떤 인센티브가 제공되든 간에 아주 많은 사람이 이주하지 않기로 결정하리라는 점도 잊어서는 안 된다. 이러한 비이동성은 경제학자들이 인간 행동을 설명할 때 기본적으로 가정하는 바와 다르고, 경제 전체에 대해 매우 근본적인 함의를 갖는다. 또 비이동성은 경제 정책들이 가져올 결과에도 막대하게 영향을 미친다. 우리는 이 점을 이 책 전체에 걸쳐 계속 보게 될 것이다. 가령 다음 장에서 볼 수 있듯이 비이동성은 국제 무역의 이득이 흔히 기대되는 것보다 훨씬 적은 이유를 설명해 준다. 또 5장에서 볼 수 있듯이 비이동성은 경제 성장에도 [종종 통념과는 다른 방식으로] 영향을 미친다. 따라서 우리는 사회 정책이 비이동성을 염두에 두고 수립될 수 있도록 정책에 대한 관점을 바꿔야 할 필요가 있는데, 이것은 9장의 주제다.

3장
무역의
고통

2018년 3월 초, 트럼프 대통령은 헬멧을 손에 든 철강 노동자들이 둘러서서 지켜보는 가운데 외국산 철강과 알루미늄에 관세를 부과하는 행정 명령에 서명했다. 얼마 후, IGM 부스 패널은 여기에 등록된 경제학자들에게 이에 대한 견해를 물어보았다. 이들은 모두 저명한 경제학과 교수로, 민주당과 공화당 지지자가 모두 포함되어 있었다. "미국이 철강과 알루미늄에 새로이 관세를 부과하는 것이 미국인의 후생을 향상시킬 것으로 보는가"라는 질문에 대해 65퍼센트는 "강하게 동의하지 않는다"고 답했고 나머지는 "동의하지 않는다"고 답했다. 동의하는 사람은 아무도 없었고 "잘 모르겠다"고 답한 사람도 없었다.[1] "에어컨, 자동차, 쿠키 등의 제품에 (생산자들이 이런 제품을 미국 내에서 생산하도록 독려하기 위해) 추가적으로 더 높은 혹은 새로운 수입 관세를 물리는 것이 좋다고 보는가"라는 질문에 대해서도 IGM 부스 패널의 경제학자 모두가 좋지 않을 것이라고 답했다.[2] 진보 경제학자의 대표 주자 폴 크루그먼Paul Krugman도, 조지 W. 부시 대통령 시절 경제자문위원회를 이끌었고 크루그먼의 입장을 매우 자주 비판한 하버드 대학 교수 그레고리 맨큐Gregory Mankiw도 모두 무역을 옹호한다.

경제학자와 대조적으로, 미국의 일반 대중이 무역을 보는 견해는 긍정과 부정이 섞여 있거나 요즘에는 오히려 부정적인 쪽으로 치우쳐 있다. 철강과 알루미늄 관세에 대해 대중의 견해는 찬반이 비등하게 갈렸다. 2018년 가을, 우리는 미국 전체의 인구 구성을 대표하는 표본을 선정해 IGM 부스 패널이 한 것과 동일한 질문을 해 보았는데, 트럼프 대통령의 관세 부과에 동의하지 않는 사람은 37퍼센트에 그쳤고 동의하는 사람은 33퍼센트였다.[3] 이 사안에 대해서는 의견이 엇비슷하게 갈렸지만, 무역 전반에 대해 미국 대중은 진보, 보수를 막론하고 미국이 다른 나라 물건들에 너무 많이 개방되어 있다고 생각하는 것으로 보였다. 우리의 설문 조사에서 응답자의 54퍼센트가 추가 관세가 생산자들이 해당 제품을 미국 내에서 생산하도록 촉진하는 데 좋은 방법일 것이라고 답한 반면, 그렇지 않다고 생각하는 사람은 25퍼센트밖에 되지 않았다.

경제학자들은 주로 무역의 '이득'을 이야기한다. 자유 무역이 당사국 모두에 득이 된다는 개념은 현대 경제학의 가장 오래된 공리 중 하나다. 두 세기 전에 영국의 주식 중개인이자 의원이었던 데이비드 리카도David Ricardo는 무역을 하면 양국 모두 자신이 더 잘하는 일에 특화할 수 있으므로 전체적으로 양국 모두 소득이 오르고, 무역으로 득을 보는 사람의 이득이 해를 입는 사람의 손실보다 클 것이라고 주장했다.

지난 200년 동안 경제학자들은 이 이론을 수정하고 정교화했지만, 본질적으로 이 논리를 수긍하지 않는 경제학자는 매우 드물다. 그런데 경제학계의 사고방식과 문화에서는 너무나 당연하게 받아들여지다 보니 경제학자들이 종종 잊곤 하지만, '자유 무역은 좋은 것이다'라는 주장이 꼭 그렇게 '자명한' 것은 아니다.

일단 일반인 중 많은 사람이 명백히 이 주장이 자명하다고 생각하지 않는다. 이들도 무역의 이득을 모르지 않는다. 하지만 이들은 무역에 고통이 따른다는 것도 알고 있다. 이들도 해외에서 들어오는 물건을 싸게 살 수 있다는 장점을 모르지 않는다. 하지만 이들은 적어도 값싼 수입품 때문에 직접 피해를 입은 사람들에게는 무역의 이득이 비용에 훨씬 못 미친다는 것도 알고 있다. 우리의 설문 조사에서 응답자의 42퍼센트는 미국이 중국과 교역을 하면 미국의 저숙련 노동자들이 피해를 볼 것이라고 답했다(그들에게 도움이 될 것이라고 답한 사람은 21퍼센트였다). 그리고 무역으로 가격이 떨어지는 것이 모두에게 좋은 일이라고 생각하는 사람은 30퍼센트에 불과했다(27퍼센트는 모두에게 해가 될 것이라고 답했다).[4]

일반 대중은 경제에 대해 단순히 무지한 것인가? 아니면 경제학자들이 놓치고 있는 무언가를 직관적으로 알고 있는 것인가?

스타니스와프 울람의 도발

폴란드의 수학자이자 물리학자이며 열핵융합탄을 개발한 사람 중 한 명인 스타니스와프 울람Stanislaw Ulam은 경제학을 좀 얕잡아 보는 사람이었다. 아마 경제학자들도 그들 자신의 방법으로 세계를 날려 버릴 능력이 있다는 것을 과소평가했기 때문일 것이다. 어쨌거나 울람은 20세기의 위대한 경제학자 폴 새뮤얼슨Paul Samuelson에게 "사회과학 전체 중에서 진리이되 뻔하지 않은 정리를 하나만 말해 보라"고 도발했다.[5] 한참 후 새뮤얼슨이 생각해 낸 것은 무역 이론의 핵심 개념인 '비교 우위comparative advantage'론이었다. "이 개념이 논리적으로 참이라는 것은 수학자와 이견을 다툴 필요도 없을 것이다. 이 개념이 뻔하지 않다는 것은 수천 명의 똑똑하고 명망 있는 사람들이 이 원리를 스스로 파악하지 못했을 뿐 아니라 설명을 듣고 나서도 믿을 수 없어 한다는 데서 알 수 있다."[6]

비교 우위는 각 나라가 **상대적으로** 더 잘하는 일에 특화해야 한다는 개념이다. 이것이 얼마나 강력한 개념인지 이해하려면 절대 우위 absolute advantage 개념과 비교해 볼 필요가 있다. 절대 우위는 간단하다. 스코틀랜드에서는 포도가 자라지 않고 프랑스에는 스카치위스키를 만들기 좋은 토탄 지대가 없다. 따라서 프랑스는 와인을 만들어서 스코틀랜드에 수출하고 스코틀랜드는 위스키를 만들어서 프랑스에 수출하는 것이 합리적이다. 스코틀랜드는 위스키 생산에 절대 우위가 있고 프랑스는 와인 생산에 절대 우위가 있다. 문제는 한 나라(가령 오늘날의 중국)가 모든 물건을 다른 나라들보다 효율적으로 생산하는 경우에 발생한다. 그러면 중국은 모든 시장을 자국 제품으로 뒤덮게 될까? 다른 나라들은 팔려고 내놓을 만한 것이 하나도 없게 될까?

1817년에 데이비드 리카도는 중국(그의 시대에는 포르투갈)이 모든 제품에서 다른 나라보다 생산성이 높다고 해도 무역을 할 때 동시에 모든 제품에 대해 파는 쪽이 될 수는 없다고 설명했다. 구매하는 나라 쪽에서 팔 것이 없으면 중국 제품(혹은 그 밖의 다른 나라 제품도)을 수입해 올 돈이 없게 될 것이기 때문이다.[7] 리카도는, 따라서 영국이 자유로운 국제 교역을 한다 해도 영국의 '모든' 산업이 위축되지는 않는다고 설명했다. 그렇다면 자유 무역으로 영국에서 어떤 산업이 위축될 경우, 그것은 상대적으로 생산성이 가장 떨어지는 산업이어야 했다.

이 논리를 바탕으로, 리카도는 포르투갈이 와인과 의류 둘 다에서 영국보다 절대 우위에 있더라도 자유로운 교역이 이뤄지면 각자 **비교 우위**가 있는 분야(다른 분야에 비해 **상대적으로** 생산성이 더 높은 분야)에 특화하게 될 것이라고 결론 내렸다. 포르투갈은 와인에, 영국은 의류에 특화를 한 뒤 자유롭게 교역을 하면, 각자 자신의 나라에서 상대적으로 생산 효율성이 더 높은 제품을 만들게 되므로 자원을 생산성이 낮은 분야에 낭비하지 않게 되어서 전보다 GNP, 즉 국민들이 소비할 수 있는 제품의 총량이 양국 모두에서 증가하게 될 것이었다.

여기에서 리카도의 핵심적인 통찰은 모든 시장을 함께 고려하지 않고는 무역을 생각할 수 없다는 것이다. 시장을 **하나씩 따로 보면** 중국이 다 경쟁력 있을지 모르지만 중국이 **모든 시장에서** 동시에 승리할 수는 없다.

물론 포르투갈과 영국 모두 전체적으로 GNP가 오른다고 해서 무역으로 손해 보는 사람이 없다는 말은 아니다. 사실 폴 새뮤얼슨의 가장 중요한 논문들은 무역에서 구체적으로 누가 손해를 보고 누가 이득을 볼 것인지에 대한 것이다. 리카도의 이론은 생산 요소가 노동 하나뿐이고 모든 노동자가 동질적이라고 가정하고 있다. 그래서 경제가 더 부유해지면 모든 사람이 이득을 얻는다. 그런데 노동 외에 자본까지 고려하면 이야기가 그렇게 간단하지 않다. 새뮤얼슨이 25세의 젊은 학자이던 1941년에 이에 관해 펴낸 논문은 국제 무역에 대한 경제학적 접근 방식의 토대가 되었다.[8] 훌륭한 통찰들이 다 그렇듯이,

듣고 보면 상당히 간단하고 매우 설득력이 있다.

어떤 재화는 생산하는 데 자본보다 노동이 상대적으로 더 많이 필요하고 어떤 재화는 노동보다 자본이 더 필요하다. 가령 손으로 짜는 카펫과 기계로 조립하는 자동차가 있다고 해 보자. 두 나라가 두 재화에 대해 동일한 기술 수준을 가지고 있다면, 노동이 더 풍부한 나라가 노동 집약적인 제품에 비교 우위를 가지게 된다. 따라서 노동이 풍부한 나라는 노동 집약적인 제품에 특화하고 자본 집약적인 분야에서는 철수하게 될 것이다. 그러면 그 나라에서는 무역을 하지 않았을 때에 비해 (혹은 무역이 더 제한적이었을 때에 비해) 노동에 대한 수요가 늘고, 따라서 임금이 올라간다. 이와 반대로 자본이 풍부한 나라에서는 무역을 하게 되면 자본의 가격이 올라가고 임금이 내려간다.

노동이 풍부한 나라는 가난한 나라인 경우가 많고 대체로 노동자가 자본가보다 더 가난하므로, 무역 자유화는 가난한 나라의 가난한 사람들에게 도움이 되고 그 나라의 불평등을 감소시킨다. 부유한 나라에서는 반대로 노동자가 손해를 보고 자본을 소유한 사람들이 득을 보기 때문에 불평등이 증가한다. 가령 미국과 중국 사이에 무역 개방이 이루어지면 임금 면에서 미국 노동자는 손해를 보고 중국 노동자는 이득을 본다. 그렇다고 미국 노동자들이 꼭 전보다 못살게 된다는 말은 아니다. 새뮤얼슨이 이후의 논문에서 보여 주었듯이, 자유 무역을 하면 국가 전체적으로 GNP가 올라가므로 만약 미국 사회가 자유 무역의 수혜자들로부터 세금을 걷어 피해를 입은 사람들에게 재분배하면 미국 노동자들도 전보다 생활 수준이 나아질 수 있다.[9] 문제는 그 '만약'이 너무나 큰 '만약'이라는 데 있다. 노동자의 후생이 정치 과정에 좌우되어 버리는 것이다.

아름다움은 진리, 진리는 아름다움[10]

스톨퍼-새뮤얼슨 정리(위에서 살펴본 이론은 새뮤얼슨과 공저자인 볼프강 F. 스톨퍼Wolfgang F. Stolper의 이름을 따서 이렇게 불린다)는 아름답다. 적어도 경제학 이론이 아름다울 수 있는 한에서는 최고로 아름답다. 하지만 그것은 진리인가? 스톨퍼-새뮤얼슨 정리는 세 가지의 명백한 함의를 가진다. 두 가지는 긍정적이다. 무역 개방은 모든 나라의 GNP를 올리고, 가난한 나라의 불평등을 줄인다. 한 가지는 다소 부정적인 함의로, 부유한 나라에서는 (재분배 정책이 있기 전까지는) 불평등이 증가한다. 문제는 실증 근거들이 이러한 예측에 그리 협조적이지 않다는 데 있다.

중국과 인도는 무역으로 경제 성장을 추동한 모범 사례로 흔히 꼽힌다. 중국은 공산주의 실험을 시작한 지 30년이 지난 1978년에 무역을 개방했다. 그 30년 동안 중국은 '세계 시장'이란 것이 존재하지 않는 듯이 살았는데, 그로부터 40년이 더 지나자 세계의 수출 엔진이 되었고, 현재는 미국이 차지하고 있는 경제 규모 세계 1위의 자리를 넘보고 있다.

인도 이야기는 중국만큼 극적이지는 않지만 아마도 더 나은 사례일 것이다. 1991년까지 약 40년 동안 인도 정부는 '경제의 사령탑'을 세세하게 통제했다. 수입은 허가가 있어야만 할 수 있었는데 수입 허가는 잘 나오지 않았고 수입업자는 관세까지 내야 했다. 관세 때문에 수입 제품의 가격이 많게는 4배까지도 뛸 수 있었다.

사실상 수입이 불가능했던 제품 중 하나가 자동차다. 인도를 방문한 외국인들이 쓴 글에서는 평범한 1956년식 영국 자동차 '모리스 옥스퍼드'의 복제품인 "깜찍한" 앰배서더 자동차가 인도 도로에서 가장 많이 볼 수 있는 자동차라고 인상 깊게 언급한 대목을 종종 볼 수 있었다. 좌석 벨트나 크럼플 존 같은 안전장치는 전혀 없었다. 아비지트는 1975년 즈음에 1936년식 메르세데스 벤츠를 한번 타 본 적이 있는데, 진정으로 강력한 엔진을 가진 자동차를 타는 것이 너무 신났다고 한다.

인도가 무역을 개방한 해인 1991년은 사담 후세인Saddam Hussein 이라크 대통령이 쿠웨이트를 침공하고 이어 제1차 걸프전이 벌어진 이듬해다. 이라크와 걸프 지역의 석유 생산이 크게 교란되어 유가가 천정부지로 치솟았고 인도가 치러야 할 석유 수입 대금에 막대한 충격이 발생했다. 이에 더해 중동에 살던 인도 사람들이 전쟁을 피해 중동에서 대거 빠져나오면서 인도의 가족에게 돈을 송금할 수 없게 되어 인도는 막대한 외환 부족 상태에 빠지게 되었다.

인도는 IMF에 구제 금융을 요청해야 했고, 이는 IMF가 기다리고 있던 기회였다. 중국, 소련, 동유럽, 멕시코, 브라질 등은 이미 시장화를 위한 조치, 즉 누가 무엇을 얼마나 생산할 것인가의 의사결정이 [정부가 아니라] 시장에서 내려지게 하기 위한 조치를 시행하기 시작한 상태였고 인도는 비교적 규모가 큰 나라 중 아직 시장화를 추진하지 않고 있는 마지막 나라였다. 그때까지 인도는 1940년대와 1950년대에 유행했던 반反시장 이데올로기를 고수하고 있었다.

IMF와의 협상으로 이 모든 것이 바뀌게 된다. IMF는 인도가 절박하게 필요로 하는 자금을 지원하면서 인도가 경제를 대외 무역에 개방해야 한다는 조건을 붙였다. 인도 정부는 선택의 여지가 없었다. 수출입 면허제가 폐지되었고, 평균 90퍼센트에 육박하던 수입 관세도 35퍼센트 수준으로 빠르게 떨어졌다. 인도의 경제 관료들 중에서도 상당수가 이러한 개혁을 오래전부터 추진하고 싶어 했다는 점도 빠른

변화가 이뤄질 수 있었던 한 요인이었다.[11]

물론 시장주의적인 경제 개혁이 재앙으로 가는 길이 될 것이라고 보는 사람들도 있었다. 이들은 높은 관세 장벽의 보호막 아래에서 성장해 온 인도의 산업이 세계의 유수한 생산 기지들과 경쟁하기에는 아직 효율성이 너무 떨어진다고 지적했다. 또 외국 제품에 굶주려 있던 인도 소비자들이 수입품을 마구 구매하면 경제가 파산할지 모른다는 우려도 있었다.

하지만 놀랍게도 인도의 경제 개혁은 역습을 거의 맞지 않았다. 1991년에 GDP 성장률이 잠시 뚝 떨어지긴 했지만 이듬해에 곧바로 1985~1990년 수준인 5.9퍼센트로 회복되었다.[12] 경제는 붕괴하지 않았고, 그렇다고 극적으로 이륙하지도 않았다. 전반적으로 1992~2004년 사이에 성장률은 연 6퍼센트 수준으로 올라갔고, 2000년대 중반에는 7.5퍼센트로 더 올라갔으며, 그 이후로는 계속 이 수준이 유지되고 있다.

그렇다면 우리는 인도를 무역 이론의 지혜를 입증한 빛나는 사례라고 봐야 할까? 아니면 오히려 그 반대에 가깝다고 봐야 할까? 한편으로 보면, 인도는 무역으로 GDP가 성장한 덕에 경제 체제의 전환 과정을 순조롭게 겪을 수 있었다. 이것은 무역 낙관론자들의 예측과 부합하는 이야기로 보인다. 하지만 다른 한편으로 보면, 개혁 조치는 1991년에 도입되었지만 경제 성장이 속도를 내기까지는 10년이 넘게 걸렸다. 이것은 꽤 실망스러운 결과로 보인다.[13]

말할 수 없는 곳에서는 침묵해야 한다[14]

위의 질문에 명쾌한 답을 말하기는 사실 불가능하다. 세계에는 인도라는 나라도, 인도가 밟아 온 역사도 하나뿐이다. 인도에 경제 위기가 없어서 1991년에 무역 장벽이 철폐되지 않았더라도 1991년 이전의 성장이 지속되었을지 아닐지를 누가 말할 수 있겠는가? 게다가 무역은 이미 1980년대부터 차차로 자유화되고 있었다. 1991년의 조치들은 그것을 (아주 많이) 가속화했다. 이러한 '빅뱅'이 과연 꼭 필요했을까? 역사를 되감아서 다른 경로로 가게 해 보지 않는 한 답할 수 없는 문제다.

그러나 경제학자들은 이런 질문들을 그냥 흘려보낼 수 없었다. 여기에서 주된 사안은 인도 자체가 아니었다. 1980년대와 1990년대의 어느 시점에 인도 경제가 보인 도약이 (일종의) 사회주의에서 자본주의로 이행한 것과 관련이 있음은 명백하다. 1980년대 중반 이전에는 성장률이 4퍼센트 정도였는데 이제는 8퍼센트에 가깝다.[15] 이런 변화는 흔한 일이 아니며, 그 변화가 지금까지 계속 유지되고 있다는 점은 더욱 흔한 일이 아니다.

그와 동시에 불평등이 급격히 증가했다.[16] 1979년에 중국에서, 1960년대 초에 한국에서, 1990년대에 베트남에서도 매우 비슷한 상황이 (아마 더 극적으로) 벌어졌다. 이들 모두 경제 자유화 이전에 정부가 경제를 극히 엄격하게 통제했던 나라들이다. 따라서 정부의 통제가 성장을 막대하게 저해했지만 불평등을 억제하는 데는 효과가 있었다고 볼 수 있고, 이에 대해서는 이견이 거의 없을 것이다.

이보다 의견이 분분한 질문(따라서 우리가 더 많이 알아 갈 여지가 있는 질문)은, 일단 국가가 극도로 강력한 통제를 포기하기로 했다면, 그다음에는 경제를 어떻게 운영하는 것이 최선인가다. 인도에 아직 남아 있는 관세 장벽(예전에 비하면 사소한 수준이지만 그래도 여전히 상당히 높다)을 마저 없애는 것은 얼마나 중요한가? 남은 관세를 없애면 경제 성장률이 한층 더 높아질 것인가? 불평등에는 어떤 영향을 미칠 것인가? 트럼프의 관세 부과는 미국 전체의 성장을 저해할 것인가? 그것은 트럼프가 관세를 통해 보호하겠다고 하는 바로 그 사람들에게 도움이 될 것인가?

이런 질문에 답하기 위해 경제학자들이 많이 사용하는 방법은 국가 간 비교다. 기본적인 아이디어는 간단하다. 인도 등 몇몇 나라는 1991년에 무역을 자유화했고, 다른 면에서는 이들 나라와 비슷했던 몇몇 나라들은 무역을 자유화하지 않았다. 두 집단 중 1991년 직후에 어느 쪽이 더 빠르게 성장했는가?(절대 성장률과 1991년 이전 증가율 모두 비교가 가능하다). 1991년에 무역을 자유화한 나라들, 그 전부터도 무역이 개방되어 있었던 나라들, 1991년 이전과 이후 모두에 무역 개방을 하지 않은 나라들 중 어디가 가장 빠르게 성장했는가?

이에 대해 아주 많은 논문이 나와 있다. 무역은 경제학에서 매우 중요한 주제이고 언론에서도 단골로 다뤄지는 주제임을 생각하면 놀라운 일은 아니다. 그런데 이 수많은 연구들이 제시한 답변은 무역이 GDP에 매우 긍정적인 영향을 미친다는 결론부터 이에 대해 회의적인 결론까지 스펙트럼이 다양하다(한 가지 짚어 둘 것은, 무역이 GDP에 부정적인 영향을 미친다는 근거는 거의 없다).

회의적인 학자들이 지적하는 바는 크게 세 가지다. 첫째는 역逆인과관계다. 특정한 시점에 인도는 무역을 자유화했고 비교 가능한 다른 나라들은 그렇게 하지 않았다는 사실은 인도의 경제가 전환할 준비가 이미 되어 있었다는 점을 반영하는 것일 수 있다. 그렇다면 **무역정책의 변화가 없었더라도** 비교 대상인 다른 국가들보다 빠르게 성장했을 수도 있다. 즉 무역 자유화가 성장의 원인이었다기보다는 성장이 (혹은 성장 잠재력이) 무역 자유화의 원인이었을 수 있는 것이다.

둘째는 중요한 변수가 누락되었을 가능성이다. 인도의 무역 자유화는 더 광범위한 경제 개혁의 일부였다. 그 개혁의 일환으로 정부가 기업이 어디에서 무엇을 생산할지에 대해 이래라저래라 간섭하기를 멈추었다. 그리고 더 모호하긴 하지만 이에 못지않게 중요한 변화로, 기업을 정직한 사람들이 추구할 만한 합당한 영역으로, 심지어는 '쿨한' 영역으로 보는 쪽으로 정부와 정치권이 기업을 보는 시각도 달라졌다. 이러한 변화들이 일으킨 효과를 무역 자유화의 효과와 분리하는 것은 본질적으로 불가능하다.

셋째, 데이터에서 정확히 어느 부분이 무역 자유화를 의미하는지를 판단하는 게 늘 쉬운 것은 아니다. 가령, 기존에 어느 제품이 수입 관세가 350퍼센트나 되었다면 관세를 상당히 낮춘다 해도 실제로 무역이 자유화되는 효과는 미미할 수 있다. 실질적인 자유화 효과를 가져오는 정책과 명목상으로만 변화했을 뿐 실질적인 효과는 없는 정책을 어떻게 구분할 것인가? 또 관세가 높던 시절에 이에 불만이 있는 사람들은 관세를 회피하는 기발한 방법들을 개발했고, 정부는 정부대로 이러한 편법을 적발하기 위한 법과 규칙들을 만들었다. 무역 자유화가 도입되었을 때 이런 것들이 많이 바뀌긴 했지만, 세부적으로 무엇이 어떻게 어떤 속도로 변화했는지는 나라마다 차이가 있었다. 그런데 나라마다 다른 형태로 개혁이 도입되었다면, 어느 나라가 다른 나라에 비해 '더' 혹은 '덜' 자유화되었다는 판단은 어떻게 내릴 수 있는가?

이러한 점들 때문에 국가 간 비교는 쉽지가 않다. 연구자마다 무역 정책이 성장에 미치는 영향에 대해 다른 결론을 내놓는 이유는, 위에서 언급한 문제 각각에 대해, 즉 무역 정책의 변화를 어떻게 측정할 것인가, '인과관계' 여부를 판단하기 어렵게 만드는 수많은 요인 중 어느 것을 용인할 것인가와 같은 문제들에 대해 서로 다른 결정을 내렸기 때문이다.

따라서 각각의 결론을 강하게 신뢰하기는 어렵다. 연구자가 구체적으로 어떤 가정을 하는지에 따라 국가 간 비교를 하는 방법은 수없이 많이 존재한다.

무역과 성장과의 관계만이 아니라 스톨퍼-새뮤얼슨 정리가 시사하는 다른 예측들을 검증하고자 할 때도 동일한 난관이 존재한다. 가령 무역이 개방되면 가난한 나라에서 불평등이 줄어들 것인가? 이 질문에 대해서는 국가 간 비교 연구가 상대적으로 적은 편이다. 애초에 새뮤얼슨의 이론이 부유한 나라에서는 무역이 노동자들에게 해를 끼칠 수 있음을 시사하는 것이었는데도(혹시 그랬기 때문에?), 경제학자들은 '파이가 어떻게 분배되는가'를 연구하는 데서는 거리를 두는 경향을 보여 왔다(구체적인 승자와 패자를 분석하는 데 경제학자들이 관심을 덜 기울이는 경향을 앞으로도 계속 보게 될 것이다).

어쨌든 무역과 분배 문제를 다룬 소수의 연구들을 보면, 여기에서도 확고하게 신뢰할 만한 결론을 찾아보기는 어렵다. IMF 경제학자 두 명이 수행한 최근의 한 연구는 여러 나라와 국경이 인접해 있어서 교역을 더 많이 하는 나라들이 더 부유하고 더 평등하다는 것을 발견했다. 하지만 이 연구는 유럽이 바로 작은 나라들이 많이 인접해 있고 이들 간에 교역이 많은 지역이며, 세계의 다른 곳들에 비해 더 부유하고 평등한 경향도 보이지만, 주된 이유가 그 나라들이 교역을 많이 하기 때문은 아닐 것이라는 불편한 사실을 간과했다.[17]

무역과 분배에 대한 낙관적인 결론을 의심해 보아야 할 또 한 가지 이유는, 여러 개발도상국에서 드러난 실증 근거들이 그에 부합하지 않기 때문이다. 지난 30년간 많은 저소득 및 중위소득 국가가 무역을 개방했다. 그런데 그 이후에 그 나라에서 벌어진 소득 분배상의 변화는 거의 언제나 스톨퍼-새뮤얼슨 정리가 암시하는 것과 반대였다. 스톨퍼-새뮤얼슨 정리에 따르면 저숙련 노동력이 풍부한 나라에서는 무역이 개방되면 저숙련 노동자들의 임금이 올라서 불평등이 줄어야 한다. 하지만 실제로는 저숙련 노동자들이 고숙련, 고학력 노동자들보다 임금상의 이득을 덜 보는 것으로 나타났다.

1985년에서 2000년 사이에 멕시코, 콜롬비아, 브라질, 인도, 아르헨티나, 칠레가 관세를 대거 낮추면서 시장을 개방했다. 그 기간에 이 나라들 모두에서 불평등이 증가했다. 이러한 시점상의 일치를 보건대, 불평등 증가가 무역 자유화와 관련이 있었으리라고 생각해 볼 수 있다. 예를 들어 멕시코는 1985~1987년 사이에 수입 할당제 대상 품목과 수입 관세 모두를 대폭 줄였는데, 1987~1990년 사이에 블루칼라 노동자의 임금이 15퍼센트 줄었고 화이트칼라 노동자의 임금이 그만큼 늘었다. 불평등을 나타내는 다른 지표들에서도 모두 불평등이 증가한 것으로 나타났다.[18] 브라질, 콜롬비아, 아르헨티나, 인도에서도 무역 자유화 이후 비숙련 노동자보다 고숙련 노동자의 소득이 더 많이 증가했고 여타 불평등 지표들로 보아도 불평등이 증가했다. 마지막으로 중국도 1980년대부터 점진적으로 시장을 개방하고 2001년에 세계무역기구World Trade Organization, WTO에 가입하면서 무역을 자유화하는 동안 불평등이 폭발적으로 증가했다. 세계 불평등 데이터베이스World Inequality Database에 따르면 1978년에는 중국에서 소득 기준 하위 50퍼센트와 상위 10퍼센트가 전체 소득에서 차지한 몫이 비슷했는데(각각 27퍼센트였다), 그 이후로 하위 50퍼센트가 가져가는 몫은 줄고 상위

10퍼센트가 가져가는 몫은 늘면서 전체 소득에서 각각이 차지하는 비중이 벌어지기 시작했다. 2015년에 상위 10퍼센트는 전체 소득의 41퍼센트를 차지했는데 하위 50퍼센트가 차지한 몫은 15퍼센트에 불과했다.[19]

물론 상관관계가 꼭 인과관계인 것은 아니다. 어쩌면 세계화 자체는 불평등 증가의 원인이 아닐지도 모른다. 무역 자유화는 진공 속에서 일어나지 않는다. 위에서 언급한 모든 국가에서 무역 개혁은 더 큰 경제 개혁의 일부였다. 콜롬비아에서는 1990년과 1991년에 매우 급진적인 무역 자유화 정책이 실시되었는데, 이는 노동시장의 유연성을 대대적으로 제고하기 위한 규제 개혁과 함께 이뤄졌다. 멕시코의 1985년 무역 개혁도 민영화, 노동 개혁, 규제 완화와 함께 이뤄졌다. 또 앞에서 언급했듯이 인도의 1991년 무역 개혁은 산업 면허제 폐지, 자본 시장 개혁, 그리고 더 일반적으로 민간 영역의 영향력 증가와 함께 이뤄졌다. 또한 중국의 무역 자유화는 덩샤오핑이 실시한 대대적인 경제 개혁의 일환이었고, 이 개혁으로 30년간 금지되어 있었던 '민간 기업'이 합법화되었다.

멕시코 등 남미 국가들이 무역 개방을 한 시기가 중국이 무역 개방을 한 시기와 맞물렸다는 점도 고려해야 한다. 이 나라들은 무역을 개방하자마자 노동이 훨씬 더 풍부한 나라[중국]와의 경쟁에 직면했기 때문에 노동자들이 피해를 입었을 것이다.

요컨대, '국가 간' 비교만으로 무역의 영향에 대해 확실한 무언가를 입증하기는 어렵다. 경제 성장과 불평등에 영향을 미치는 요인은 아주 많으며 무역은 그 많은 재료 중 하나일 뿐이다. 또 무역이 원인이 아니라 결과일 수도 있다. 그런데 '국가 내'의 영향을 분석한 몇몇 흥미로운 연구는 스톨퍼-새뮤얼슨 정리가 말하는 무역의 효과에 의구심을 제기하는 결과를 보여 준다.

사실일 리가 없는 사실

한 **국가 내의** 서로 다른 지역을 비교하면, 무역 자체만의 효과를 분리해서 보기 어렵게 했던 다른 요인들을 상당히 많이 통제할 수 있다. 보통 한 국가 내의 서로 다른 지역들은 동일한 정부 아래에서 동일한 정책의 적용을 받고 역사와 정치를 공유하므로 이들을 비교해 얻은 결과는 더 설득력이 있다. 문제는, 무역 이론이 다루는 바가 '무역'이기 때문에 검증해야 할 주요 예측이 '국가 단위'라는 데 있다. 무역 이론이 내놓는 예측들이 수입품이 들어오고 수출품이 나가는 구체적인 장소들에 대한 것이 아니라 국가 안에 있는 모든 시장과 모든 지역을 포괄하는 국가 경제 전체에 대한 것이기 때문이다.

가령 스톨퍼–새뮤얼슨의 세계에서 숙련도가 동일한 노동자는 모두 동일한 임금을 받는다. 즉 노동자의 임금은 그가 일하는 지역이나 종사하는 분야에 영향을 받지 않고 그가 노동시장에 내놓을 수 있는 역량에만 영향을 받는다. 해외 업체와의 경쟁으로 일자리를 잃은 펜실베이니아의 철강 노동자가 그가 구할 수 있는 다른 일자리로 즉시 옮겨 갈 것이라고 가정되기 때문이다. 그 일자리가 몬태나주에 있든 미주리주에 있든 또 그것이 접시에 생선을 올리는 일이든 생선을 올릴 접시를 만드는 일이든 간에 말이다. 짧은 전환기를 거치고 나면, 동일한 숙련 수준을 가진 모든 노동자는 동일한 소득을 올린다. 이것이 옳다면, 무역의 효과를 검증하기 위한 비교 연구를 하고자 할 때 비교 단위로 삼을 수 있는 대상은 국가 단위의 전체 경제뿐이다. 펜실베이니아 노동자, 미주리 노동자, 몬태나 노동자를 비교해서는 아무 것도 알 수 없다. 그들은 모두 동일한 임금을 받고 있을 것이기 때문이다.

따라서 역설적이게도 스톨퍼-새뮤얼슨 정리의 함의를 믿는다면 그것을 검증하는 것이 거의 불가능하다. 무역의 관찰 가능한 효과는 국가 수준에서만 발생하는데, 국가 간 비교 연구나 국가 단위의 사례 연구는 앞에서 살펴본 것과 같은 많은 한계가 있기 때문이다.

하지만 이주를 다룬 2장에서도 보았듯이, 노동시장은 **경직적**이다. 고용 기회의 측면에서 보면 이주를 하는 게 당연히 더 유리해 보일 때조차 사람들은 잘 움직이지 않고, 따라서 임금은 경제 전반에 걸쳐 자동적으로 균등화되지 않는다. 한 나라 안에도 많은 소경제가 존재하고, 무역 정책의 변화가 그 소경제들 각각에 동질적으로 영향을 미치는 게 아닌 한 이들을 비교하면 많은 것을 알 수 있다.

한 젊은 경제학자가 이 개념을 진지하게 파고들어 보기로 마음먹었다. MIT 박사과정 학생이던 페티아 토팔로바Petia Topalova는 사람들이 장소와 업종 모두에서 대체로 자신이 있던 곳에 머물고자 할 것이라는 가정에서 출발해 보기로 했다. 이 가정을 바탕으로, 토팔로바는 2010년에 펴낸 매우 중요한 논문에서 인도에 대대적인 무역 자유화 조치가 도입된 1991년 전후로 어떤 변화가 있었는지 살펴보았다.[20] 우리는 흔히 '인도의' 무역 자유화라고 뭉뚱그려 말하지만 이때 도입된 많은 변화들은 인도 내의 각기 다른 지역에 서로 다른 영향을 미쳤다. 최종적으로는 모든 제품의 관세가 거의 비슷비슷한 수준으로 낮아졌지만, 개혁 전에 어떤 산업은 다른 산업보다 훨씬 더 많이 보호받고 있었기 때문에 관세 **인하 폭**이 훨씬 컸다. 게다가 인도에는 600개가 넘는 지구district가 있고 각 지구마다 주요 산업이 크게 다르다. 가령 어떤 곳은 농업 지역이고 어떤 곳은 철강 공장이나 직물 공장이 주된 산업이다.

그리고 산업마다 무역 자유화의 영향을 다르게 받았으므로 지구마다 주력 산업에서 관세가 인하된 정도도 매우 달랐다. 토팔로바는 인도의 각 지구가 무역 자유화 조치로 얼마나 크게 영향을 받았는지를 숫자로 나타낼 수 있는 지표를 개발했다. 예를 들어 어느 지구가 주로 철강 및 기타 제조업 제품을 생산하고 있었는데, 이들 제품의 관세가 100퍼센트에서 40퍼센트로 떨어졌다면 이 지구는 무역 자유화의 영향을 크게 받았다고 판단할 수 있다. 반면에 어느 지구가 주로 곡물과 기름용 작물을 생산하고 있었는데, 이들 제품에 대해서는 관세가 사실상 거의 달라지지 않았다면 이 지구는 무역 자유화 조치의 영향을 거의 받지 않았다고 볼 수 있다.

이 지표를 가지고 토팔로바는 무역 자유화 조치가 도입된 1991년 이전과 이후에 어떤 일이 벌어졌는지 알아보았다. 국가 전체적으로는 1990년대와 2000년대에 빈곤율이 급격히 줄었다. 1991년에는 35퍼센트이던 빈곤율이 2012년에는 15퍼센트가 되었다.[21] 이렇듯 국가 전반적으로는 긍정적인 결과가 나타났지만, 지구별로 보면 무역 자유화의 영향을 더 강하게 받은 지구에서는 빈곤의 감소가 더 느리게 일어났다. 스톨퍼-새뮤얼슨 정리가 암시하는 것과 달리, 무역에 더 많이 노출된 지구일수록 빈곤이 줄어드는 속도가 **더 느렸다**. 또 이후의 연구에서 토팔로바는 아동 노동이 줄어드는 속도도 무역에 더 많이 노출된 지구에서 더 느리게 일어났다는 것을 발견했다.[22]

이 연구 결과에 대한 경제학계의 반응은 놀라울 정도로 잔인했다. 토팔로바는 방법론은 정확했는지 몰라도 결론이 틀렸다고 지적하는 혹평을 무수하게 받았다. 무역 이론은 무역이 가난한 나라의 가난한 사람들에게 득이 된다고 분명하게 말하지 않는가? 그런데 어떻게 무역이 빈곤을 증가시킬 수 있다는 말인가? 토팔로바의 데이터가 잘 못된 것이 틀림없다! 기성 경제학자들의 벽에 부딪혀 토팔로바는 결국 대학이 아니라 IMF에서 일자리를 구했다. IMF가 애초에 많은 나라들이 급진적인 무역 자유화 조치를 취하도록 밀어붙였던 기관임을 생각한다면 몹시 역설적이게도, 토팔로바의 연구 결과에 대해 더 포용적인 태도를 보여준 곳은 학계가 아니라 IMF였다.

토팔로바의 논문은 저명한 학술지들에서도 게재가 거부되었다. 하지만 이후에 토팔로바의 논문은 무역을 다룬 수많은 연구에 영향을 미쳤고, 오늘날에는 토팔로바의 접근 방식을 적용한 논문이 많이 나오고 있다. 그리고 콜롬비아, 브라질, 미국 등 많은 곳에서 토팔로바가 발견한 것과 비슷한 결과들이 발견되었다(미국의 사례는 이 장에서 더 상세히 알아볼 것이다).[23] 몇 년이 더 지나서 토팔로바는 그 논문이 게재된 학술지에서 최고 논문상을 받음으로써 비로소 학계의 경제학자들에게 어느 정도 인정을 받았다.

경직적인 경제

토팔로바 본인이 매우 신경써서 강조했듯이, 그는 그 논문에서 누군가가 무역 자유화로 '피해를 입었다'고 주장하지 않았다. 한 나라 안의 여러 지역들을 비교함으로써 토팔로바가 말할 수 있었던 것은 어떤 지역(무역에 가장 크게 영향을 받은 지역)은 다른 지역보다 빈곤이 감소되는 정도가 낮았다는 것이었지 그 이상은 아니었다. 이 결론은 무역 자유화라는 물결이 모든 배를 들어 올리기는 하지만 어떤 배는 더 높게, 어떤 배는 더 낮게 들어 올린다는 가설과 완전하게 부합한다. 또한 토팔로바는 무역 때문에 인도 경제 전체적으로 불평등이 증가했다고 말하지도 않았다. 단지 무역의 영향을 더 크게 받은 곳에서 다른 곳들에 비해 불평등이 심해졌다고 말했을 뿐이다. 사실 무역 자유화로 가장 크게 영향을 받은 지역들은 애초에 더 부유한 지역들이었기 때문에 이곳들이 무역 자유화로 큰 이득을 보지 못했다는 것은 국가 전체의 불평등을 줄이는 효과를 낳았다. 또 다른 논문에서 토팔로바와 동료 연구자들은 경제 전체적으로 보면 인도의 무역 자유화가 명백히 긍정적인 결과를 가져왔음을 발견했다. 예를 들어 새로운 시장을 찾으려는 인도 기업들은 무역 자유화로 해외에서 팔 수 있게 된 새로운 제품들을 만들기 시작했다. 또 전에는 인도에서 찾을 수 없었던 양질의 중간재를 싸게 수입할 수 있게 되면서 (해외 시장뿐 아니라) 국내 시장을 위해서도 새로운 제품들을 만들 수 있게 되었다.[24] 즉 인도 기업들은 무역 자유화로 생산성이 높아졌고, 정부가 1990년대 초에 취한 다른 개혁들에도 힘입어 (그리고 전 세계적인 경제 성장이라는 행운에도 힘입어) 인도 경제는 1990년대 이후에 빠르게 성장할 수 있었다.

그런데도 토팔로바의 논문이 국제무역을 전공하는 경제학자들에게 왜 위협적으로 느껴졌을지 이해하기는 어렵지 않다. 전통적인 무역 이론에서 무역의 이득은 자원이 더 효율적으로 재배분되는 데서 나온다. 그런데 무역 자유화에 더 강하게 노출된 지역과 덜 노출된 지역 사이에 차이가 있다는 토팔로바의 발견은 자원(토팔로바의 논문에서는 노동력이지만 자본의 경우에도 마찬가지다)이 그리 쉽게 이동하지 않는다는 것을 말해 준다. 자원(노동력)이 쉽게 이동할 수 있다면 모든 곳의 임금이 동일해지겠지만 실제로는 그렇지 않다. 이 사실을 발견한 사람은 토팔로바만이 아니다. 많은 연구가 무역으로 자원의 재배분이 이뤄진다는 가설에 대해 실증 근거를 거의 발견하지 못했다.[25] 하지만 사람과 돈이 기회를 따라 움직인다는 개념을 포기하고 나면, 무역이 득이 된다는 우리의 신념을 어떻게 고수할 수 있겠는가?

노동자들의 지역적인 이동이 매우 느리게 일어난다면 하나의 일자리에서 다른 일자리로 옮겨 가는 것도 느리게 일어날 것이라고 예상할 수 있다. 실제로 이것은 노동시장에 대해 우리가 실증적으로 알고 있는 사실들과 완전히 부합한다. 토팔로바는 인도에서 엄격한 노동법이 있어서 기업이 수익성이 떨어져도 노동자를 해고하고 구조조정을 하기가 매우 어려운 (따라서 수익성 있는 기업이 수익성 없는 기업을 대체하기도 매우 어려운) 주에서 무역 자유화가 빈곤 감소에 미치는 효과가 더 저조하다는 사실을 발견했다.[26]

또한 여러 실증 근거에 따르면 토지도 쉽게 주인이 바뀌지 않는다(적어도 토지 시장이 발달되지 않은 개도국에서는 그렇다). 그리고 자본의 움직임도 경직성을 보인다.[27] 가령 은행이 저조한 실적을 내는 기업에는 신용을 낮추고 실적이 좋은 기업에는 대출을 늘려 주는 식의 조정을 하는 것이 매우 느리게 이뤄진다. 여신 담당자(대출 결정을 내리는 사람)가 대출이 훗날 악성 채무가 되어 그에 대해 자신이 책임을 져야 할 상황이 발생하는 것을 극도로 두려워하기 때문이다. 그런 상황을 피하는 가장 좋은 방법은 결정 자체를 내리지 않는 것이다. 즉 과거에 누군가 다른 사람이 내렸던 대출 결정에 그대로 도장을 찍고, 그 대출의 상환은 미래에 또 다른 누군가가 다루게 하는 것이다. 불행히도 이렇게 '묻어가는' 전략에 하나의 예외가 있으니, 대출을 받아 간 기업이 망하기 직전인 경우다. 이 경우에 은행은 전에 빌려 간 대출 이자를 상환할 수 있게 하려고 죽어가는 기업에 새로운 대출을 내어 준다. 일단 당장 디폴트를 미룰 수 있고 혹시라도 다시 행운이 들면 문제가 해결될 수도 있으리라고 기대하는 것이다. 이렇게 대출을 연장해서 부실기업을 연명시키는 것을 '에버그리닝evergreening' 대출이라고 한다. 이러한 관행은 왜 많은 은행이 멀쩡해 보이는 대차대조표를 가지고 있다가 어느 날 갑자기 재앙에 처하게 되는지를 설명해 준다. 대출이 경직적이라는 말은 퇴출되었어야 마땅한 기업이 계속 살아남아 있다는 것을 의미한다. 그와 동시에 새로운 기업이 자금을 조달하기가 어렵다는 의미이기도 하다. 특히 (가령 무역 자유화 등으로) 경제에 불확실성이 생긴 상황에서는 여신 담당자들이 새로운 위험을 감수하려 하지 않기 때문에 더욱 그렇다.

경제에 이렇게 다양한 형태로 경직성이 존재한다면, 해외에서 경쟁이 격화되리라는 안 좋은 소식이 있을 때 이 사실을 받아들이고 자원을 차선의 사용처로 옮기기보다는 꼼짝 않고 버티면서 문제가 사라지기를 기다리려는 경향이 생기게 된다. 노동자들은 해고되고, 퇴직한 노동자의 자리에 새로운 노동자가 채용되지 않으며, 임금은 내려가기 시작한다. 기업은 수익에 타격을 입고, 은행은 기업의 대출을 재조정한다. 이 모든 일이 현 상태를 최대한 오래 끌기 위해 이뤄진다. 그 결과, 무역으로 자원이 재배분되어 효율성이 향상되지는 않고, 보호장벽을 잃게 된 산업에 종사하는 사람들의 소득만 떨어진다.

이런 시나리오가 극단적인 경우로 보일지도 모르지만 토팔로바가 인도의 데이터를 분석해서 발견한 현상이 이와 크게 다르지 않다. 우선, 무역 자유화로 타격이 컸던 지역에서 사람들이 다른 곳으로 이주하는 경우는 거의 없었다.[28] 또한 같은 지역 내에서 기업 간에 자원이 이동하는 것도 매우 느렸다.

더 놀랍게도 **같은 기업 안에서도** 그랬다. 인도의 많은 기업이 하나 이상의 제품을 생산한다. 따라서 무역 자유화가 이뤄지면 기업들이 싼 수입품과 경쟁해야 하는 제품은 생산을 중단하고 무역 자유화가 되어도 덜 불리한 제품의 생산을 늘리는 식으로 제품 구성을 합리화하리라고 예상해 볼 수 있다. 노동법 때문에 직원을 해고하기는 어렵다고 해도 같은 기업 내에서 재배치하는 것은 얼마든지 가능하기 때문이다. 하지만 토팔로바의 연구에 따르면 이러한 "창조적 파괴"는 거의 나타나지 않았다. 기업들은 한물간 제품도 생산을 중단하지 않았다. 아마도 경영자들이 노동자들을 재교육하고 새로운 기계를 구매하고 설치해야 하는 등의 이행 비용이 너무 크리라고 예상해서였을 것이다.[29]

무엇으로부터의 보호인가?

이렇듯 자원이 이동하는 데는 장벽이 존재하지만, 그래도 결국에는 자원이 움직이고, 수출은 동아시아 국가들이 보여 준 놀라운 성공 스토리에서 빼놓을 수 없는 부분이다. 트럼프 대통령이 무엇이라 말하든 간에, 동아시아 국가들의 성공은 부유한 나라가 순진하게 이 나라들의 제품을 두 팔 벌려 환영해 주었기 때문이 아니었다. 사실 부유한 나라들은 수입을 상당히 많이 규제한다. 안전 규제, 노동 여건 규제, 환경 규제 등을 엄격하게 충족시키도록 하고 있기 때문이다.

　　실제로 안전, 노동, 환경 규제가 수입을 제한하기 위한 명분으로 쓰인다는 점이 종종 지적되어 왔다. 캘리포니아주 아보카도 생산자들의 성공적인 로비로 1914년부터 1997년까지 연방 차원에서 멕시코산 '하스' 아보카도의 수입이 완전히 금지되었다. 멕시코의 병충해를 막기 위해서라는 명분이었다. 멕시코와 미국은 국경이 인접해 있고 병충해는 비자 없이도 국경을 넘을 수 있는데도 말이다. 1997년에 연방 차원의 수입 금지는 없어졌지만 캘리포니아주에서는 2007년까지 하스 아보카도 수입이 실질적으로 금지되었다. 좀 더 최근의 사례로는 2008년 금융위기 동안 미국 식품의약국이 식품 안전을 이유로 개도국산 수입 식품의 선적을 불허하는 경향이 급증한 것을 들 수 있다. 이 기간에 개도국의 수출업체들은 선적 거부로 인한 비용이 무려 4배로 늘어났다. 미국의 서브프라임 모기지 사태로 멕시코에서 미국으로 수출하는 식품의 질이 갑자기 달라졌을 리는 없지만, 미국의 아보카도 수요가 줄었으므로 수입을 제한하면 미국 생산자를 보호하는 데 크게 도움이 되었던 것이다.[30] 불황기에는 국내 생산자를 보호해야 한다는 압력이 매우 강해지는데, 수입을 제한해 국내 생산자를 보호하고자 할 때 내세우는 핑계로 안전 규제가 종종 사용되곤 한다.

이런 일이 없는 것은 아니지만, 정말로 안전에 대한 소비자의 선호를 반영하는 안전 규제들도 있다. 가령 몇몇 중국산 장난감에 납성분이 포함된 사실이 밝혀진 적이 있는데 미국 소비자는 이런 제품이 미국 시장에 들어오지 못하도록 규제되기를 원할 것이다. 또 환경 규제(농산물 생산 시 살충제 사용 규제 등)나 노동 조건에 대한 규제(아동 노동이 사용된 제품에 대한 규제 등)도 소비자의 진정한 선호를 반영하는 것일 수 있다. 최근 공정 무역 제품의 성공은 소비자들이 환경 및 윤리 기준을 충족시켰다는 것을 확인해 주는 중개 기관에 기꺼이 돈을 지불할 의사가 있음을 말해 준다. 이를 반영해 유명 브랜드들이 법적인 규제가 요구하는 것보다 더 강화된 자체 품질 기준을 해외의 납품업체들에 요구하기도 하는데, 이는 새로운 국가가 수출 시장에 진입하는 것을 더 어렵게 한다.

이름이 뭐 대수냐고?

이 모든 어려움에 더하여 제2의 중국이 되고자 하는 개발도상국들이 직면하는 또 다른 어려움이 있다. 2006년에 WTO는 개발도상국의 무역 확대를 돕기 위해 '무역을 위한 원조Aid for Trade'라는 프로그램을 시작했다. 2017년 중반 현재까지 3,000억 달러 이상이 개발도상국의 무역을 지원하기 위한 다양한 프로그램에 집행되었다.[31] 여기에는 국제 무역이 가난한 나라가 빈곤을 벗어나게 해 주는 길이 될 수 있다는 믿음이 깔려 있다. 미국의 비정부기구인 '수공업자를 위한 원조Aid for Artisans, ATA'는 개도국의 수공업품 생산자들이 해외 시장에서 판로를 찾을 수 있게 돕는 일을 하는데, 한 연구팀이 ATA가 진행한 프로그램을 통해 위의 믿음이 어느 정도까지 사실인지 확인해 보았다.[32]

2009년 10월에 ATA는 자금 지원을 받아서 이집트에서 프로그램을 시작했다. 이 프로그램은 이런 유의 원조 사업의 정석대로 진행되었다. 우선 ATA는 수출에 적합한 제품을 물색했다. 고소득국 소비자들이 좋아할 만한 것이면서 이집트에서 더 싸게 생산될 수 있는 제품이어야 했다. ATA와 연구팀은 카펫을 골랐다. 손으로 짠 러그는 이집트에서 매우 중요한 일자리 원천이고 미국 소비자들 사이에서 수요도 있다.

둘째로, ATA는 러그를 생산할 지역을 물색했다. 선정된 곳은 알렉산드리아에서 남동쪽으로 2시간 정도 떨어진 포와Fowa라는 곳으로, 소규모 생산자 수백 명이 독특한 종류의 러그를 생산하고 있었다. 이곳 생산자들은 대부분 혼자서 베틀 하나를 가지고 자신의 집이나 헛간에서 작업을 하는 사람들이었다.

셋째로, ATA는 현지 사정을 잘 아는 이집트의 중개업체와 반드시 함께 일했다. 이 중개업체가 해외에서 주문을 받아 오고 현지에서 소규모 생산자들을 조직해 생산을 분배하는 일을 조정했다. ATA는 몇 년간 프로그램이 진행되고 나면 ATA가 철수한 후에도 이집트의 중개업체가 스스로 일을 계속해 나가면서 러그 수출 산업을 성장시킬 수 있게 되리라고 기대했다. 이와 관련해서도 포와는 특히나 매력적인 지역이었는데, 하미스 카펫Hamis Carpets이라는 뛰어난 중개업체가 있었기 때문이다. 하미스 카펫은 이미 포와에서 생산된 러그 제품의 마케팅을 상당히 많이 담당하고 있었다(수출용은 아니고 국내 시장용이었다).

이어서 ATA와 하미스 카펫은 어떤 러그를 만들지를 결정하고 해외에서 구매자를 찾아내 주문을 받아오는 일에 착수했다. 여기에는 엄청난 노력이 들었다. ATA는 하미스 카펫 CEO가 미국에서 교육을 받게 했고, 이탈리아 컨설턴트를 고용해 러그 디자인에 대한 조언을 받았으며, 하미스가 취급하는 제품을 선물 박람회에 빠짐없이 출품했고, ATA가 알고 있는 해외의 모든 수입상에게도 하미스의 제품을 선보였다. 이렇게 온갖 노력을 기울였는데도 하미스 카펫이 해외 구매자(독일의 한 수입업자였다)에게 유의미한 물량의 주문을 받아내기까지는 1년 반이나 걸렸다.

그 시점부터 사업은 도약했다. 2012년에서 2014년 사이에 주문이 급격하게 늘었고 프로그램이 시작된 지 5년 후에는 총 주문량이 15만 달러를 넘어섰다. 하지만 이것은 달리 말하면 자금과 네트워크가 아주 풍부한 미국 비정부기구와 헌신적이고 뛰어난 젊은 연구자들, 그리고 이집트에서 좋은 평판을 가진 중개업체가 있었는데도, 포와 지역에서 35곳의 영세 생산자에게 일감을 줄 수 있을 만큼의 주문을 받기까지 5년이나 걸렸다는 이야기이기도 하다. ATA를 통한 외부의 지원이 없었다면 현지의 중개업체 혼자서 이 일을 해낼 수는 없었을 것이다.

해외 시장 개척은 왜 이토록 어려운가? 한 가지 중요한 이유는 해외의 구매자(대형 유통업체, 유명한 온라인 상점 등) 입장에서는 이집트의 영세 생산자의 물건을 받아 와서 판매한다는 것이 매우 위험한 도박이기 때문이다. 소비자의 품질 기대치가 높아서 이들 소매업체로서는 품질을 보장하는 것이 매우 중요하다. 또 기한을 잘 맞춰서 물건이 들어오는 것도 매우 중요하다. 새로운 봄 컬렉션을 시작해야 할 시기에 맞춰서 러그가 도착하지 못하면 유통업체는 막대한 타격을 입게된다. 마지막으로 품질이나 납품 기한과 관련해서 손해를 입었을 때 그 피해를 생산자가 물게 할 수 있는 방법이 마땅히 없다. 물론 품질이 낮거나 납품 기일에 늦으면 생산자에게 대금을 지불하지 않거나 반품을 할 수도 있지만, 이미 발생한 평판의 피해(가령 화가 난 소비자가 웨이페어[온라인 가구 쇼핑몰]에서 산 물건이 너무 형편없었다는 글을 웹사이트에 올렸다고 생각해 보라)나 주요 시즌을 놓쳐서 입은 매출의 손실을 보상받을 수는 없다. 또한 이론상으로는 손해 발생 시 생산자가 보상하기로 계약서를 작성할 수 있지만(납품 지연에 대해 1일당 일정 액수의 벌금을무는 지체 상금이 그런 사례다) 하루아침에 사라질 수도 있는 이집트 시골의 영세 생산자에게서 보상금을 받아 내는 것은 현실적으로 불가능하다. 그렇다고 평판 위험을 피하려고 유통업체가 러그 하나하나를 검수할 수도 없는 노릇이다. 자사 직원이 들여야 할 시간 비용이 너무 크기 때문이다.

제품 가격을 아주 싸게 매겨서 (그리고 소비자가 반품을 할 수 있게 해서) 소비자가 구매 시점에 품질에 대한 위험을 감수하게 만드는 방법도 있긴 하다. 왜 소비자에게 늘 완벽에 가까운 품질의 제품을 제공하는 데 평판을 거는가? 가격을 낮춰서 품질에 대한 소비자의 기대치를 함께 낮추면 되지 않겠는가? 하지만 이 전략이 늘 통하지는 않는다. 많은 경우, 아무리 가격이 낮게 책정된다 해도 소비자가 품질을 신뢰할 수 없는 제품을 사는 데 기꺼이 시간을 낭비하게 할 만큼 낮지는 않을 것이기 때문이다.

　　우리가 파리에 잠깐 살았을 때 DVD 플레이어를 하나 구매한 적이 있다. 그런데 도착한 물건을 열어 보니 DVD를 넣는 곳이 튀어나오지를 않았다. 고쳐 보려고 1시간을 낑낑대고 제조업체 웹사이트를 뒤져 가면서 해결 방법을 찾느라 또 1시간을 낑낑대고 나서, 우리는 온라인 채팅으로 아마존 직원에게 문제를 상담했다. 친절한 아마존 직원은 전액 환불이 가능하다고 했다. 그런데 환불을 받으려면 DVD 플레이어를 집 근처 슈퍼마켓에 갖다 놓아야 했다. 그래서 아비지트가 DVD 플레이어를 가지고 슈퍼마켓에 갔는데, 슈퍼마켓에서 그것을 맡아 주려 하지 않았다. 이미 아마존 반품 물건이 너무 많이 와 있었던 것이다. 그날은 허탕을 치고, 며칠 뒤에 아비지트는 다시 DVD 플레이어를 가지고 슈퍼마켓에 갔다. 이번에는 슈퍼마켓 주인이 먼저 들어온 아마존 반품 물건들을 처리하는 동안 25분을 기다리고 나서야 겨우 DVD를 놓고 올 수 있었다. 한편 그 사이에 우리는 다른 유통업체에서 DVD 플레이어를 샀다(딸에게 생일 선물로 줄 생각이었기 때문에 우리는 좀 급했다). 불행히도 도착하고 나서 보니 새로 산 DVD 플레이어는 우리 집 텔레비전과 호환이 되지 않았다. 우리는 유통업체의 웹사이트를 통해 반품하려고 했지만 어쩐 일인지 우리의 구매 등록이 완료되어 있지 않아서 며칠이 더 지나서야 반품 신청을 할 수 있었다. 이 글을 쓰고 있는 현재, 두 번째 DVD 플레이어는 아직 반품되지 않은 채로 다시 상자에 들어가 우리 집 거실 탁자 위에 놓여 있다. 우리는 DVD 플레이어 사는 것을 포기하고 에스테르의 아버지 것을 빌려 왔다.

DVD 플레이어 구매 실패기를 이렇게 길게 늘어놓은 이유는, 소비자에게는 제품의 품질 만큼이나 시간도 돈이며 이 돈은 잃어버리면 보상이 불가능하다는 점을 이야기하기 위해서다. 아마존은 아비지트가 슈퍼마켓에 두 번 걸음해야 했던 것에 대해 시간당 임금을 주거나 DVD 플레이어를 고쳐 보려고 낑낑댔던 2시간을 보상해 주지 않는다. 당신이 어떤 웹사이트에서 싸고 예쁜 티셔츠를 발견해 구매했다고 가정해 보자. 그 티셔츠는 밝은 파란색이었는데 세탁기에 넣고 돌렸더니 같이 돌린 모든 옷에 파란 물이 들고 말았다. 파랗게 얼룩이 들어 버린 100달러짜리 블라우스는 누가 보상하는가? 또 근처의 모든 빈티지 가게를 돌아다니면서 그 블라우스를 찾기 위해 들였던 시간은 누가 보상하는가?

이런 이유로 아마존은 양질의 제품과 서비스를 제공한다는 평판을 유지하려고 매우 애를 쓴다. 가령 어떤 경우에는 환불을 받을 때 물건을 반품 장소까지 가져다 놓도록 요구하지 않는다. 소비자가 시간을 낭비하지 않게 하기 위해서다. 또 아마존은 자사에 물건을 공급하는 생산자를 신뢰할 수 있는 곳으로만 한정하고자 한다. 전에 거래를 해 본 기업이면 가장 좋고, 적어도 품질이 좋다는 평판을 가진 곳을 원할 것이다. 유통업체와 소비자 모두에게 시간은 돈이다.

손으로 짠 러그나 손으로 염색한 티셔츠를 생산하는 나라는 주로 가난한 나라이고(이 제품들은 가난한 나라에 비교 우위가 있는 노동 집약적 제품들이다) 소비자는 부유한 서구 사람들이다. 그런데 오늘날의 글로벌 불평등 구조에서 서구의 소비자들은 그 제품을 만드는 생산자들보다 훨씬 더 부유하기 때문에, 제품 가격이 아무리 낮다 한들 그로 인해 얻게 될 금전적인 이득은 아끼는 블라우스에 파란 물이 들었거나 불량품을 고치느라 낭비한 시간을 보상하기에는 턱없이 부족하다.

티셔츠를 해외 시장에서 팔고자 하는 이집트 업체가 있다고 해 보자. 이 업체는 중국산 제품과 경쟁해야 한다. 중국의 평균 임금은 월 915달러, 이집트는 월 183달러다.[33] 1주일에 40시간을 일할 경우, 시급으로 계산하면 중국은 5달러, 이집트는 1달러 정도 된다. 손으로 염색한 양질의 티셔츠 한 벌을 만드는 데 1시간이 걸린다고 하면, 중국에 비해 이집트에서 아낄 수 있는 노동 비용은 기껏해야 4달러다(티셔츠 공장이 주는 임금은 평균 임금보다 훨씬 낮을 것이므로 아낄 수 있는 비용은 사실 4달러도 안 될 것이다). 하지만 서구의 소비자들은 품질 걱정 안 하고 마음 편하게 제품을 구매하기 위해 기꺼이 4달러를 더 내려고 할 것이다. 아마존은 이 사실을 잘 알고 있다. 따라서 아마존 입장에서는 잘 알고 믿을 수 있는 중국 업체가 있는데 군이 잘 모르는 이집트 업체의 제품을 가져와 판매해 보는 실험을 하는 데 돈을 쓸 이유가 없다.

이 때문에 앞에서 이야기한 이집트 러그 사례에서는 중개자가 필요했다(사실은 중개자가 둘이었다. 하미스 카펫 외에 ATA도 중개자 역할을 했다). 개별 러그 생산자는 규모가 너무 작아서 스스로 평판을 쌓기가 불가능했기 때문이다. 하미스 카펫은 적어도 과거의 오랜 거래 경험으로 러그를 잘 만드는 생산자가 누구인지 알 수 있고 그들의 작업을 효과적으로 감독해서 품질에 대한 평판을 쌓을 수 있을 만큼의 규모를 가지고 있었다. 또한 하미스는 생산자들에게 품질을 향상시킬 수 있는 방법을 가르쳐 줄 수 있는 위치에 있었다. 실제로 ATA의 프로그램을 통해 러그를 수출한 생산자들(연구를 위해 무작위로 선정되었다)은 그렇지 못했던 생산자들에 비해 생산 기술을 매우 빠르게 향상시켰고, 품질도 매우 빠르게 개선할 수 있었다. 그런데도 하미스 카펫은 이집트 밖에서는 잘 알려져 있지 않았기 때문에 처음에는 해외 구매자 중 어느 곳도 하미스 카펫과 거래를 하거나 평판을 쌓을 기회를 주려고 하지 않았다.

그러다가 드디어 수출 기회를 갖게 되었을 때, 이번에는 반대쪽의 문제에 봉착했다. 해외의 구매자도 대금을 지급하지 않으려 하거나 주문했던 제품 사양에 대해 딴소리를 하는 식으로 행동할 가능성이 있기 때문이다. 중개자로서 하미스 카펫은 양쪽 모두로부터 신뢰를 얻어야 했다. 한번은 바이어가 골동품 느낌이 나도록 찻물에 담그고 산성 용액으로 처리해서 제품을 만들어 달라고 했다. 그런데 정작 물건을 받아 보고는 마음에 들지 않는다며 그에 대해 생산자 탓을 했다. 이런 일이 생길 때면 하미스는 돌바닥과 바위 사이에 낀 처지가 되었다. 이론상으로는 구매자에게 항의를 하고 손해에 대해 보상을 요구할 수 있지만, 그러려면 주문 체결 전에 오간 모든 대화를 문서로 증빙할 수 있어야 했다. 그런데 하미스 카펫이 그 문서들을 다 확보하고 있을 수는 없었다("이메일은 그렇게 되어 있지만 우리가 전화로 이야기한 게 있었잖아요"). 하미스 카펫은 이 사람 말이 다르고 저 사람 말이 다른 상황에 몰렸고, 이런 상황에서 하미스 카펫이 신규 진입자이고 이집트 업체라는 사실은 일이 유리하게 결론나는 데 도움이 되지 않았다. 한편 이집트의 생산자들은 하라는 대로 다 했다고 생각하고 있었기 때문에 대금을 받지 못하게 되었다는 말을 들으면 분노할 게 틀림없었다. 영세 생산업자인 이들은 그 돈을 받지 못하면 생계가 위기에 처할 수 있었다.

그래서 하미스 카펫은 손실을 종종 자신이 흡수해야 했다.

신규 진입자가 평판을 쌓는 과정에서 겪는 어려움을 우리가 처음 관찰하게 된 것은 1990년대 말에 막 생겨나고 있던 인도의 소프트웨어 산업에서였다. 당시에 소프트웨어 산업은 인도 남부 도시 방갈로르(지금은 외곽으로 엄청나게 퍼져 나가고 있고 끔찍한 교통 혼잡이 있는 대도시가 되었지만 당시 방갈로르는 기후 좋고 한적한 작은 마을이었다)에서 막 발달하고 있었다. 방갈로르의 신생 소프트웨어 기업들은 고객사 각각의 요구에 맞게 소프트웨어를 맞춤형으로 만들어 주는 데 특화되어 있었다. 만약 어느 기업이 새로운 회계 소프트웨어가 필요하면, 인도 업체에 의뢰해 표준적인 회계 소프트웨어를 자신의 필요에 맞게 수정하거나, 아니면 아예 맞춤으로 새 소프트웨어를 만들 수 있었다. 인도는 이 분야에서 몇 가지 명백한 강점이 있었다. 공대를 졸업한 뛰어난 인력이 많다는 것이 서구에 잘 알려져 있었고, 인터넷 연결 상태도 좋았으며, 영어를 모국어로 사용하는 사람이 많았고, 시간대가 달라서 인도 엔지니어들이 미국 시간으로 밤에 일할 수 있었다. 그리고 창업에 필요한 인프라도 많지 않았다. 사무실 하나, 엔지니어 몇 명, 컴퓨터 몇 대만 있으면 창업을 할 수 있었다. 특히 방갈로르에는 1978년 초부터 인포테크 분야 기업들을 위한 산업 단지 '일렉트로닉 시티Electronic City'가 조성되어서 전기와 통신이 안정적으로 공급되고 있었기 때문에 인프라 면에서 더 유리했다. 그래서 컴퓨터 공학 학위와 성실히 일할 의지만 있으면 누구라도 비교적 쉽게 소프트웨어 업체를 차릴 수 있었다. 하지만 생존은 쉽지 않았다.

1997~1998년 겨울, 우리는 100여 명의 인도 소프트웨어 업체 CEO에게 가장 최근에 진행한 프로젝트 두 개에 대한 경험을 물어보

았다. 신생 업체 CEO들의 삶은 멋있는 것과는 거리가 멀었고 고되기 짝이 없었다. 고객사가 원하는 사양을 요구하면 인도 업체는 최선을 다해 그것에 맞춘 제품을 만들지만, 결과물을 본 고객사는 요구 사항과 정확하게 맞지 않는다고 주장하기 일쑤였다. 이런 경우에 인도 업체는 늘 고객사가 마음을 바꾼다고 생각했고, 고객사는 늘 인도 업체가 요구 사항을 제대로 알아듣지 못했다고 생각했다. 어느 경우든지 인도 업체가 시시비비를 따지려 드는 것은 무의미했다. 신생 업체가 일감을 받을 때는 거의 언제나 (실제로 일을 한 시간에 상관없이) 고정 금액으로, 그것도 구매자가 결과물에 만족할 때만 지급받기로 계약을 하기 때문이었다.

우리는 고객사가 이런 유형의 계약을 원하는 이유는 먼 인도에 있는 잘 모르는 업체와 계약하는 것이 자신으로서는 위험을 감수하는 일이라고 여기기 때문일 것이라고 생각했다. 이 가설과 부합하게, 신생 단계를 지나 어느 정도 구력이 붙고 잘 알려진 업체가 되면 '고정 가격' 계약에서 '코스트 플러스' 계약(업체가 들인 물질적 비용과 시간 비용에 일정한 이익을 가산해 지급하는 방식의 계약)으로 계약 형태가 바뀌는 것을 볼 수 있었다.[34] 또 신생 업체라고 하더라도 해당 고객사와 전에 일해 본 적이 있어서 좋은 평판을 가지고 있는 경우에는(물론 이 경우는 소수였다) 코스트 플러스 계약을 하는 경향이 컸는데, 이것도 마찬가지 논리로 설명할 수 있다.

우리가 만난 한 젊은 CEO는 완전히 지쳐 있었다. 그는 흥미롭지 않은 일(그리고 고객사의 끝없는 수정 요구)에 낮이고 밤이고 매달리는데도 물 위에 겨우겨우 떠 있기조차 쉽지 않다고 느끼고 있었다. 최근에 그는 Y2K 프로젝트를 진행했다. 수천수만 줄의 코드에서 날짜가

"1/1/**1999**" 형태가 아니라 "1/1/**99**" 형태로 입력되어 있는 것을 찾아내 수정하는 일이었다. 당시에 [연도가 두 자릿수로 입력된 경우] 컴퓨터가 연도를 가령 2099년으로 인식하기 시작하면 엄청난 혼란과 피해가 발생할지도 모른다는 우려가 높았고, 회사마다 자사의 데이터베이스에서 이 문제를 급히 고치느라 법석이 벌어지고 있었다.

이것은 단순하고 예측 가능한(가령 비용이 예기치 않게 초과하거나 할 위험은 거의 없는) 일이었지만 너무나 지루한 일이었다. 이 CEO는 회사를 접고 더 큰 회사에 취직할 생각을 하고 있었다. 흥미 없는 프로젝트의 지루한 일과에 매여 있는 삶, 무엇을 원하는지 자기도 잘 모르고 있는 고객사와 실랑이를 벌여야 하는 삶, 게다가 그렇게 열심히 일하는데도 임대료나 무사히 낼 수 있을지 끊임없이 걱정해야 하는 삶은 그가 소프트웨어 회사를 창업할 때 꿈꾼 삶이 아니었다.

평판 없이 시작하는 신생 기업은 두둑한 자금이라도 있어야 한다. 1981년에 일곱 명의 엔지니어가 첫 CEO의 아내에게 250달러를 빌려서 창업한 뒤 지금은 인도에서 세 번째로 큰 소프트웨어 회사가 된 인포시스Infosys 이야기를 많이들 하지만, 인도의 1위와 2위 소프트웨어 회사가 위프로Wipro와 타타 컨설턴시 서비스TCS라는 것은 우연이 아니다. 위프로는 소프트웨어 산업에 뛰어들기 전에 식용유 사업으로 성공한 집안 소유이고, 타타 컨설턴시 서비스는 소금부터 철강까지 온갖 제품을 생산하는 타타 그룹의 계열사다. 물론 소프트웨어 사업에 새로 진출하는 것은 돈만 있다고 되는 일은 아니다. 위프로와 TCS 모두, 비전과 재능이 있는 누군가가 있었던 덕분에 설립이 가능했다. 그렇더라도 풍부한 자금은 분명 큰 도움이 되었을 것이다.

또한 '이름값'을 갖는 것도 크게 도움이 된다. 이런 면에서 명품

가죽 제품 업체로 시작한 구찌Gucci가 자동차 시트부터 향수까지 다양한 제품을 생산하고, 스포츠카로 시작한 페라리Ferrari가 안경과 노트북 컴퓨터까지 생산하는 것 역시 우연이 아니다. 구찌 향수나 페라리 노트북을 사는 소비자는 '구찌'와 '페라리'라는 브랜드를 보고 이 제품들에서 딱히 '혁신적인' 무언가를 기대하지는 않을 것이다. 그보다는 브랜드 가치가 매우 높은 구찌와 페라리가 자신의 평판을 손상시킬지 모를 질 낮은 제품을 판매하지는 않을 것이라는 믿음에서 (그리고 값비싼 명품을 쓸 때 으스댈 수 있다는 점이 주는 매력에서) 그 제품을 선택했을 것이다.

이름의 세계

브랜드 네임은 경쟁을 막아 준다는 데서 큰 가치를 갖는다. 소비자가 생산자보다 훨씬 더 부유한 경우, 판매자와 중개업자는 가격보다 질을 강조하는 게 훨씬 더 중요하다. 소비자가 값이 싼 것보다 질이 좋은 것을 더 중요시한다는 사실은, 비용상의 강점을 이용해 기존 업체를 가격으로 치고 들어오고자 하는 신규 진입자에게 어려움을 가중시킨다. 사실 많은 제품에서 브랜딩과 마케팅 비용이 제조 비용을 훨씬 능가하고, 제조 비용은 전체 비용의 10~15퍼센트 정도를 넘지 않는다. 이는 아무리 더 비용 효율적으로 생산을 한다 해도 최종 소비자 가격을 크게 낮추지는 못한다는 것을 의미한다. 가령 생산 비용을 50퍼센트 줄여도 소비자가 지불하는 최종 가격은 7.5퍼센트 정도만 줄일 수 있을 뿐이다.

금액 자체로는 그것도 꽤 큰돈일 수 있지만, 많은 연구에서 드러났듯이 소비자들은 금액 자체보다 가격의 '비례적인' 변화에 더 크게 반응한다. 한 유명한 실험에서, 한 집단에는 15달러짜리 계산기를

5달러 할인된 가격에 사기 위해 20분을 운전해서 갈 의사가 있느냐고 물어보았고, 다른 집단에는 125달러짜리 계산기를 5달러 할인된 가격에 사기 위해 20분을 운전해서 갈 의사가 있느냐고 물어보았다. 어느 경우든 20분은 20분이고 5달러는 5달러다. 그런데도 두 집단의 답변은 매우 달랐다. "15달러에서 5달러를 깎기 위해 시간을 들이겠다고 답한 응답자는 68퍼센트나 되었던 반면에 125달러에서 5달러를 깎기 위해 시간을 들이겠다고 답한 응답자는 29퍼센트에 불과했다." 핵심은, 5달러는 15달러의 30퍼센트가 넘지만 125달러에서는 4퍼센트밖에 안 된다는 데 있다. 그래서 (같은 5달러라 해도) 전자의 경우에는 30 퍼센트를 아끼기 위해 기꺼이 시간을 들이지만 후자의 경우에는 굳이 4퍼센트 아끼자고 시간을 들이지는 않는 것이다. 같은 맥락에서, 소비자들은 굳이 7.5퍼센트를 아끼겠다고 다른 업체 제품으로 갈아타려 하지는 않을 것이다.[35]

　　이는 중국 제품의 가격이 아무도 인식하지 못하는 사이에 슬금슬금 더 오를 수 있으리라는 것을 의미한다. 하지만 빠른 시일 안에 중국 제품의 가격이 소비자가 인식할 만큼 (그래서 더 싼 다른 생산자의 제품을 찾고자 할 만큼) 크게 오르지는 않을 것이다. 중국은 아주 큰 나라이고 현재의 임금 수준에서 일할 의사가 있는 가난한 사람들이 많다. 따라서 비용은 앞으로도 한동안 상대적으로 낮게 유지될 것이다. 제2의 중국이 되고자 하는 베트남이나 방글라데시 같은 나라, 그리고 싼 제조 비용으로 경쟁하고자 하는 전 세계의 모든 업체는 [중국 제품의 가격이 아주 많이 올라서 자신이 가진 가격 경쟁력이 품질에 대한 평판의 불리함을 상쇄할 수 있게 될 때까지] 앞으로도 한참을 기다려야 할 것이다. 또 베트남과 방글라데시의 제품 가격이 충분히 높아져서 라이베리아, 아이티, 콩고 민주공화국 같은 나라에 순서가 오려면 얼마나 오래 기다려야 할지를 생각하면 무서우리만큼 아득해진다.

평판의 역할이 매우 중요하다는 것은 국제 무역이 단지 제품 가격, 좋은 아이디어, 낮은 관세 장벽, 값싼 운송만의 문제가 아니라는 사실을 말해 준다. 평판이 없는 상태로 시작해야 하는 신규 행위자가 시장에 진입하고 시장을 점유하기는 매우 어렵다. 여기에 노동의 경직성까지 고려하면, 스톨퍼-새뮤얼슨 정리가 기초하고 있는 '노동과 자본이 쉽게 이동할 수 있고 거기에서 자유 무역의 이득이 발생한다'는 가정은 현실에서 일이 돌아가는 방식과 부합하지 않는다.

끼리끼리

국제 경쟁의 판에 진입하고자 하는 신참 국가의 기업으로서는 더욱 안 좋게도, 나 혼자 잘한다고 이름값이 구축되는 게 아니다. 일본 자동차는 튼튼하게 만들어진 것으로 유명하고, 이탈리아 자동차는 스타일이 좋은 것으로 유명하고, 독일 자동차는 승차감이 좋은 것으로 유명하다. 일본의 신규 업체, 가령 1982년에 미국 시장에 처음 진출한 미쓰비시 같은 기업은 더 먼저 미국 시장에 진입했던 일본 브랜드들의 성공에서 많은 이득을 얻을 수 있었다. 반대로 방글라데시나 브룬디 업체의 자동차는 아무리 기준에 정확하게 부합하게 제조되었고 가격도 싸고 제품 평가도 좋다고 해도 사려 하는 사람을 찾기 어려울 것이다. 괜히 샀다가 몇 년 뒤에 무엇이 잘못될지 누가 아는가? 그리고 소비자들의 이러한 걱정에는 실제로 타당한 면이 없지 않을 것이다. 좋은 자동차를 만드는 방법을 알기 위해서는 국내 시장에서의 오랜 생산 경험이 필요할 것이기 때문이다. 토요타, 닛산, 혼다 모두 다 그렇게 시작했다.

하지만 신규 진입자에 대한 의구심 자체가 '자기실현적인 예언 self-fufilling prophecy'이 될 수도 있다. 잘 알려지지 않은 브랜드의 자동차를 사려는 사람이 거의 없다면 그 회사는 곧 망할 것이고 그러면 고객 서비스가 중단될 것이다.

모두가 이집트 러그는 색이 잘 바랜다고 생각한다면 아주 낮은 가격에서만 팔 수 있을 것이고 이집트 제조업체들은 더 나은 품질의 카펫을 생산하기 위해 들인 투자비를 회수할 수 없을 것이다. 이렇게 해서 악순환 고리가 작동한다.[36]

이러한 '낮은 기대의 저주'는 극복하기가 매우 어려울 수 있다. 어떤 업체가 아무리 질 좋은 제품을 내놓으려 해도, 신규 업체에 대해 의구심을 갖고 있는 소비자는 그 업체 제품의 질이 떨어지는 것은 시간문제라고 생각할 것이다. 바로 이 지점에서 좋은 연줄이 중요하다. 즉 당신을 잘 알고 있고 당신에 대해 좋게 이야기해 줄 수 있는 누군가가 필요하다.

중국과 인도가 경제 체제의 전환을 시도했을 때 서구에 살았던 중국계, 인도계 사람들이 큰 역할을 했다. 그들은 서구에 살면서 자신이 쌓은 평판과 네트워크를 활용해 구매자들(종종 자신이 거래해 본 곳들)에게 중국과 인도의 제품이 믿을 만하다고 보장해 주는 역할을 했다.

성공 스토리가 있으면 선순환을 일으킬 수 있다. 구매자들이 성공적으로 도약을 한 업체 주위로 모이면, 또 다른 구매자가 이 업체와 거래를 하는 구매자들이 있는 것을 보고서 이 업체를 신뢰하게 된다. 따라서 거래가 성사되어 주문을 받은 신생 기업은 이것이 '낮은 기대의 저주'가 일으키는 악순환을 깰 수 있는 한 번뿐인 기회가 되리라는 것을 알고서 어떻게든 최선을 다해 납품을 맞추고자 한다.

예를 들어 케냐의 장미 생산자들은 (중개업자들과 함께 일하면서) 장미를 유럽에 수출한다.[37] 하지만 구매자도 생산자도 공식적인 계약서에만 의존해서는 상대가 꼭 상도의에 맞는 행동을 하리라고 신뢰할 수 없다. 장미는 손상되기 쉽기 때문에, 구매자가 도착한 물건을 보고 품질이 기준 이하라고 주장하면서 대금 지급을 거절할 가능성이 언제나 존재한다. 하지만 생산자도 구매자가 대금을 지불하지 않으려고 장미를 일부러 손상시켰을 것이라고 주장할 수 있다. 그래서 자신이 신뢰할 만한 행위자라는 평판을 구축하는 것이 매우 중요하다. 부정선거 의혹과 부족 간 분쟁으로 얼룩졌던 2007년의 대선 이후 케냐가 정치적으로 매우 불안정하던 시기에, 케냐의 신규 장미 생산자들은 인력도 부족하고, 교통도 위험하고, 해외 시장에서는 아직 평판을 쌓지 못한 상태에서 구매자들에게 자신이 믿을 만한 거래 상대라는 믿음을 주기 위해 어떻게든 계속해서 장미를 무사히 보낼 방법을 찾아야만 했다. 어떤 생산자는 운송 중에 장미를 보호하려고 무장 경비까지 고용했다. 케냐의 장미 산업은 이러한 노력으로 구매자들에게 신뢰를 얻을 수 있었고 불안정한 정치적 상황을 견디고 살아남았다.

물론 절박하게 온갖 방법을 다 동원해도 위기를 넘기는 데 도움이 되지 않을 수도 있다. 나 하나의 평판뿐 아니라 업계 전반의 평판도 중요한데, 업계의 평판을 망가뜨리는 데는 썩은 계란 한두 개면 충분하기 때문이다. 그래서 각국 정부는 품질을 속이는 생산자를 적발해 처벌할 수 있는 방법들을 강구해 왔다. 2017년에 중국 정부는 이러한 처벌의 수위를 한층 더 높이기로 했다. 「차이나 데일리China Daily」는 품질 감독 당국 책임자 황 구오량의 말을 인용해 이렇게 보도했다. "현재의 법은 일반적으로 품질 규정을 위반한 자에게 행정적인 처벌을 부과하는데, 이것은 너무 너그러운 것입니다. 법을 위반할 경우 **재앙에 가까운 결과**에 처하게 할 시스템이 있어야 그런 행동들을 막을 수 있을 것입니다"(강조 표시는 우리가 추가한 것이다).[38]

무너지기 쉽고 상호 연결된 평판의 세계에서, 이를 극복하기에 좋은 방법 하나는 '산업 클러스터'를 구축하는 것이다. 클러스터란 동종 업계의 기업들이 한 장소에 집중된 것을 일컫는데, 여기에 들어선 기업 모두가 그 클러스터가 가진 평판에서 이득을 얻을 수 있다.

1925년부터 편직물 의류 공장이 들어서 있었던 인도 티루푸르 지역은 1960년대와 1970년대에 남성 속옷용 면 메리야스를 주로 만들면서 성장했다. 1978년에 흰색 면 메리야스를 대량으로 납품할 수 있는 곳을 다급하게 찾고 있던 이탈리아의 수입상 베로나 씨에게 뭄바이의 의류수출업협회가 티루푸르를 알려 주었다. 첫 물량을 받아 보고 품질에 만족한 베로나 씨는 재주문을 했다. 그리고 베로나 씨에 이어 1981년에 유럽의 의류 체인업체 C&A가 티루푸르에 제품을 발주했다. 이것은 티루푸르가 유럽의 메이저 의류업체에서 주문을 받은 첫 번째 사례였다. 당시 티루푸르는 규모가 크지 않아서 1985년까지도 이곳의 수출액은 여전히 150만 달러 정도에 불과했다. 그러나 그 이후 기하급수적으로 성장해 1990년에는 수출액이 1억 4,200만 달러가 넘었고[39] 2016년에는 13억 달러로 정점을 찍었다(그 이후에는 중국, 베트남 그리고 그 밖의 신규 진입자들로부터 극심한 경쟁 압력을 받아 성장이 둔화되었다).[40]

중국에는 제품별로 특화된 대규모의 제조업 클러스터가 많다('양말 도시', '스웨터 도시', '신발의 수도' 등등). 예를 들어 저장성 후저우시의 즈리 클러스터에서는 1만 개 이상의 기업이 아동 의류를 생산하면서 30만 명을 고용하고 있다. 2012년에 이 클러스터는 그 지역 GDP의 무려 40퍼센트를 차지했다.

미국에도 클러스터가 있다. 대중적으로 잘 알려진 곳도 있고 상대적으로 덜 알려진 곳도 있는데, 보스턴에는 바이오테크 클러스터가 있고, LA 근처의 칼즈배드에는 골프 장비 클러스터가 있으며, 미시건주에는 시계 클러스터가 있다.[41]

티루푸르 의류 산업의 독특한 구조는 '이름값'의 가치를 잘 보여 준다. 이곳은 산업 전체가 '중간생산관리자'를 중심으로 조직되어 있다. 중간생산관리자는 특정한 주문 물량에 대해 생산의 일부 단계 혹은 전체 단계를 관리하는 생산 관리 외주업자다. 그런데 이들은 '보이지 않는' 행위자다. 옷을 주문하는 외국의 구매자들은 이름이 잘 알려진 소수의 업체와 계약을 한다. 이 업체들이 주문 물량을 확보한 다음 그것을 중간생산관리자들에게 분배한다. 이 생산 모델의 장점은, 커다란 공장을 짓는 데 투자할 수 있는 대규모 기업이 없더라도 엄청나게 큰 규모의 생산이 가능하다는 점이다. 각 생산자는 자신이 할 수 있는 만큼 투자를 하고, 그만큼의 생산을 하며, 이 물량들을 한데 결합하는 것은 중간생산관리자들이 맡는다. 이것은 산업이 클러스터를 이룰 때 생산자가 누릴 수 있는 또 하나의 장점이다.

이 시스템은 개도국의 대규모 수출 클러스터들에서 많이 쓰인다. 클러스터에 속한 기업 중 일부의 평판이 다른 업체에까지 일감이 돌아갈 수 있을 만큼 다량의 물량을 확보하는 역할을 하는 것이다. 이곳에서도 이집트의 하미스 카펫이나 티루푸르의 [계약을 따오는] 판매업체처럼 이름이 알려진 중개업자들이 해외 구매자들과 생산자 혹은 생산을 관리하는 중간생산관리자 사이에 다리를 놓는다. 이들은 중간

생산관리자 중 누구에게서라도 품질에 문제가 생기면 큰 손실이 나기 때문에 품질 관리에 매우 신경을 쓴다. 그리고 하미스 카펫의 사례에서 보았듯이, 고충이 많기는 하겠지만 결과적으로는 아마도 꽤 괜찮은 수익을 올릴 수 있을 것이다.

흥미롭게도 이러한 구조의 생산 모델이 이제 또다시 변화를 맞고 있는 것으로 보인다. 세계에서 가장 성공적인 기업에 속할 두 기업 아마존과 알리바바가 온라인 플랫폼을 열어 중개상 역할을 대신하면서, 개별 생산자가 중개업체에 의존할 필요 없이 (물론 비용을 내고) 그 플랫폼에서 스스로의 평판을 구축하게 하는 새로운 비즈니스 모델을 선보였기 때문이다(플랫폼 비즈니스는 아마존과 알리바바의 사업에서 매우 큰 비중을 차지한다). 소비자가 아마존 마켓플레이스에서 주문한 상품을 받고 나면 아마존 셀러로부터 "최근 구입하신 제품에 대한 리뷰를 올려 달라"는 메시지를 계속해서 받게 되는 이유가 여기에 있다. 좋은 리뷰를 받기 위해 판매자들은 제품(양말, 장난감, 그 밖의 무엇이든)을 불합리할 정도로 낮은 가격에 내놓는다. 리뷰 수가 늘어나고 또 '좋은 리뷰'의 수가 늘어나면, 나중에 가격을 올릴 수 있기 때문이다. 물론 새로운 플랫폼에서 신규 업체가 소비자들에게 품질에 대한 신뢰를 줄 만큼 평판을 쌓기까지는 시간이 필요하다(어쩌면 영영 성공하지 못할지도 모른다). 그리고 평판 구축에 성공하기 전까지는 제3세계에 고립된 생산자가 국제 시장에 진입해 경쟁을 시작하는 것은 본질적으로 불가능하다. 그가 만드는 제품이 얼마나 품질이 좋든지, 얼마나 값이 싸든지 간에 말이다.

그것은 2.4조 달러의 가치가 있었는가?

이탈리아의 마르크스주의자 안토니오 그람시Antonio Gramsci는 20세기 초에 『그람시의 옥중수고Prison Notebooks』에서 이렇게 언급했다. "위기는 옛것이 죽어가고 있고 새것은 태어나지 못하고 있는 데서 발생한다. 이러한 공백기에는 온갖 방식으로 치명적인 부패의 증상이 나타난다."[42] 그는 무역 자유화 이후의 세계에 대해서도 이렇게 말할 수 있었을 것이다. 앞에서 보았듯이, 개도국에서 자원의 이동이 경직적인 경향을 보이고 수출 시장에 신규로 진입하기가 어려운 데는 매우 합당한 이유들이 있다. 이는 어느 나라에서 무역 자유화가 이뤄진다고 해서 경제학자들이 흔히 이야기하는 것처럼 반드시 성공적인 결과가 뒤따르는 것은 아님을 말해 준다. 노동이 풍부한 개도국에서도 노동자들의 임금이 오르지 않을 수 있고 오히려 임금이 내려갈 수도 있다. 이론상으로 보면 무역으로 노동자들이 득을 봐야 하는 나라(노동이 풍부한 가난한 나라)라 해도 노동력이 생산적으로 사용되기 위해 필요한 것들(자본, 토지, 관리자, 혁신적인 기업가, 다른 노동자들 등)이 옛 분야에서 새 분야로 이동하는 데는 시간이 걸리기 때문이다.

기계, 자본, 노동력이 옛 분야에 계속 머물러 있으면 수출 잠재력이 있는 분야로 들어갈 수 있는 자원이 제한된다. 1991년에 인도에서 무역이 자유화 되었을 때 무역량이 갑자기 대대적으로 증가하지는 않았다. 1990년과 1992년 사이에 무역 개방 비율(GDP 대비 수출입액 비중)은 15.7퍼센트에서 18.6퍼센트로 약간만 올랐을 뿐이었다. 그러다가 점차 수입과 수출이 모두 증가해, 오늘날에는 인도가 중국이나 미국보다 무역 개방 비율이 더 높은 나라가 되었다.[43]

이렇듯이 결국에는 자원이 새로운 분야로 이동했고 새로운 제품이 생산되었다. 그리고 기존 분야의 생산자들도 중간재를 더 쉽게 수입할 수 있게 되어서 무역 자유화로 이득을 보았다. 그렇게 해서 품질이 좋아지면 수출도 할 수 있게 된다. 소프트웨어 산업은 필요한 하드웨어를 쉽게 수입할 수 있었던 데서 이득을 얻었고, 이는 소프트웨어 수출 붐으로 이어졌다. 인도 기업들은 필요로 하는 중간재에 대해 싼 수입품이 들어오면 빠르게 그쪽으로 공급원을 바꾸었고, 양질의 수입산 중간재를 사용할 수 있게 된 이점을 활용해 국내 시장과 해외 시장 모두에 새로운 제품군을 선보였다. 그러나 여기에는 시간이 오래 걸렸다.[44]

많은 정책 결정자들이 수출업체가 수출을 더 많이 할 수 있도록 돕는 '수출 촉진 정책'이 이 과정의 속도를 높이는 데 가장 좋은 방법이라고 생각하며, 실제로 이 견해에는 상당한 근거가 있다. 전후에 동아시아 국가들(일본, 한국, 타이완, 더 최근에는 중국)의 성공 스토리를 보면 정부가 수출 확대의 속도를 높이기 위해 이런저런 종류의 강력한 촉진책을 전략적으로 사용했다. 가령 많은 전문가들은 중국이 수출 제품의 가격 경쟁력을 인위적으로 높이기 위해 2000년대 내내(2010년 정도까지) 위안화를 팔고 외국 통화를 사들여 체계적으로 위안화 가치를 평가절하했다고 보고 있다. 2010년에 폴 크루그먼은 한 칼럼에서 이를 "주요 국가가 취한 가장 왜곡된 환율 정책"이라고 불렀다. 이를 위해 들어간 비용도 만만치 않았다. 크루그먼이 그 칼럼을 썼을 때 중국은 이미 무려 2.4조 달러의 외환을 보유하고 있었고 여기에 매달 300억 달러씩을 더 보태고 있었다.[45] 중국이 수출을 많이 하는 나라이고 중국 소비자들이 매우 검약적인 생활을 하기 때문에, 중국은 국제 시장에서 수입보다 수출이 더 많은 경향을 보인다. 원래대로라면 이는 위안화 가치를 올려서 수출 증가를 제어하게 된다. 그런데 중국 정부가 환율 정책으로 그 효과를 인위적으로 막은 것이었다.

중국의 수출 촉진 정책은 '좋은 경제학'이었는가? 수출업체 입장에서는 위안화 표시 매출을 높여 주어서 도움이 되었을 수 있다(신발 업체가 해외에 달러로 신발을 팔고 그 돈을 중국에서 위안화로 바꾸면, 달러 표시 가격이 동일해도 위안화 가치가 낮으면 위안화 표시 매출이 커진다). 그리고 수출품의 달러 표시 가격을 낮추는 데도 도움이 되었을 것이다. 이는 외국 구매자들 사이에서 중국 제품의 수요를 증가시켰고, 그에 따라 사용자가 많아지면서 중국 제품이 평판을 쌓는 데도 도움이 되었을 것이다. 또 이렇게 해서 높은 수익을 올리게 된 수출업체들은 더 많은 자본을 축적하고 더 많은 노동자를 고용할 수 있었을 것이다. 하지만 중국의 소비자들에게는 해가 되었다. 외국 통화가 위안화에 비해 비싸져서 수입품 가격이 올라갔기 때문이다.

중국 정부가 이러한 환율 정책을 사용하지 않았다면 중국의 무역이 어떻게 되었을지는 분명하게 말하기 어렵다. 우선 중국 정부는 위안화 평가절하 외에 다른 수출 촉진 정책들도 사용했다. 2010년에 환율 조작을 그만둔 뒤에도 중국은 계속해서 수출 시장에서 경쟁력을 유지하고 있다. 둘째, 환율 정책이 없었다면 수출 확대가 더 느리게 이뤄졌을 수는 있지만 국내 시장이 더 빠르게 증가해서 생산량을 흡수할 수 있었을 것이다. 오늘날 중국 GDP에서 수출이 차지하는 비중은 20퍼센트밖에 되지 않고, 나머지는 중국에서 소비된다.

또한 수출 촉진 정책이 중국에서 효과가 있었다고 해도(실제로 효과가 있었을 것이다) 다른 나라들에서도 동일한 전략이 효과가 있을 가능성은 커 보이지 않는다. 적어도 가까운 미래에는 그렇다. 한 가지 이유는 바로 중국이다. 중국의 막대한 규모와 수출 경쟁력은 다른 나라들이 수출 시장에서 성공하는 것을 어렵게 만드는 커다란 요인이다. 평판을 얻는 과정이 얼마나 불안정한지, 딱 맞는 연줄을 갖는 것이 얼마나 중요한지, 수출 시장에서 성공하기 위해 얼마나 많은 장벽을 깨야 하는지 등을 생각할 때, 국제 시장에 진입하는 데 정책 역량을 집중하는 것이 일반적으로 가난한 나라의 경제를 향상시키는 데 가장 좋은 방법일지는 의심해 볼 필요가 있다.

중국 쇼크

J. D. 밴스의 2016년 저서 『힐빌리의 노래』는 1인칭 시점으로 서술한, 미국의 뒤처진 사람들에 대한 애가다. 그 책에는 어디까지 피해자를 탓할 수 있는가에 대해 저자가 느끼는 양면적인 심정이 잘 드러나 있다.[46] 이 책의 배경인 애팔래치아 지역의 경제가 공동화된 원인 중 하나는 중국과의 무역이었다. 여기에서 가난한 사람들이 피해를 보리라는 것은 스톨퍼-새뮤얼슨 정리가 시사하는 바다. 이 이론에 따르면, 부유한 나라에서는 교역을 하면 노동자들이 피해를 본다. 정작 놀라운 것은 교역이 야기한 고통이 얼마나 지리적으로 집중되어 있는지다. 뒤처진 사람들은 뒤처진 지역에 산다.

　　데이비드 오터David Autor, 데이비드 돈David Dorn, 고든 핸슨Gordon Hanson은 인도에서 무역 자유화가 미친 영향을 지구별로 살펴본 토팔로바의 접근 방법을 미국에 적용해 보았다.[47] 중국의 수출은 제조업, 그중에서도 특정 제품군에 강하게 집중되어 있다. 예를 들어, 의류 중에서만 보더라도 운동용이 아닌 여성 신발류, 아웃도어용 방수 의류 등은 전적으로 중국 제품이 미국 시장을 지배하고 있지만, 코팅 직물 같은 것은 미국에 중국산 제품이 거의 없다.

1991~2013년 사이에 미국은 '중국 쇼크'를 맞았다. 세계 제조업 수출에서 중국이 차지하는 비중이 1991년 2.3퍼센트에서 2013년에는 18.8퍼센트가 되었다. 이것이 미국의 노동시장에 미친 영향을 알아보기 위해, 오터, 돈, 핸슨은 미국 내 각 '통근 지역commuting zone'(하나의 노동시장을 형성하고 있는 카운티들의 집합으로, 출퇴근이 가능한 범위를 의미한다고 보면 된다)이 중국 쇼크에 얼마나 많이 노출되었는지를 양적으로 측정할 수 있는 지표를 만들었다. 만약 중국이 어떤 제품을 미국 외의 국가들에도 많이 수출한다면 그 제품은 중국이 매우 강한 경쟁력을 가진 제품이라는 의미일 것이므로 미국에서 그 제품을 많이 생산하는 지역['통근 지역']이 그렇지 않은 지역보다 중국과의 교역에서 더 큰 타격을 입게 될 것이다. 예를 들어 중국의 무역 개방 이후 운동용이 아닌 여성 신발류 수출이 급증했다. 따라서 중국의 무역 개방 전(1990년)에 미국에서 운동용이 아닌 여성 신발류를 많이 생산하던 지역은 코팅 직물을 주로 생산하던 지역보다 중국 쇼크에 더 크게 영향을 받았다. 오터, 돈, 핸슨은 각 통근 지역의 산업 구성을 분석해 그곳에서 주로 생산되던 제품들을 알아낸 뒤 중국이 그 제품들을 유럽에 얼마나 많이 수출하는지로 가중치를 부여해 각 통근 지역이 중국의 수출 경쟁력에 대해 얼마나 취약한지 나타내는 '중국 쇼크 지수'를 계산했다.

미국의 각 지역은 주된 생산품이 무엇이었는지에 따라 중국과의 무역에서 서로 다르게 영향을 받았다. 중국 쇼크로 타격을 가장 크게 입은 지역에서는 제조업 분야에서 상당한 고용 감소가 발생했다. 놀라운 사실은, 이들 지역에서 노동력이 새로운 종류의 일자리로 옮겨가는 재분배 효과가 발생하지 않았다는 점이다. 그 지역에서 사라진 전체 일자리 수는 중국 쇼크로 타격을 받은 업종에서 사라진 일자리들을 합한 것보다 대체로 더 많았고 더 적은 경우는 거의 없었다. 이는 아마도 산업이 클러스터화되어 있었던 탓도 있을 것이다. 일자리를 잃은 사람들은 허리띠를 졸라맸고 이는 지역의 경제 활동을 더 위축시켰다. 비제조업 분야로 제조업 실업자들이 흡수되지도 않았다. 만약 흡수되었다면 무역의 타격을 크게 입은 지역에서 비제조업 분야 고용이 증가해야 하지만, 비제조업 분야의 저숙련 노동자 고용은 무역의 영향을 크게 받은 지역이 다른 지역보다 **낮았다**. 임금도 이들 지역에서 더 많이 하락했고(가뜩이나 전반적으로 임금 상승이 정체되어 있었던 시기였는데 말이다), 특히 저임금 노동자들의 임금이 크게 하락했다.

인근에 중국과의 교역으로 영향을 받지 않은 지역들(그리고 특정한 중국 제품이 수입되면서 오히려 이득을 얻은 지역들)이 있는 경우에도 노동자들은 그리로 옮겨 가지 않았다. 무역으로 타격을 입은 지역들에서 생산가능인구 연령대인 노동자 수는 줄지 않았다. 그러나 노동을 할 일자리가 없었다.

이것은 미국만의 현상이 아니다. 스페인, 노르웨이, 독일 등이 모두 이와 비슷한 방식으로 중국 쇼크에 영향을 받았다.[48] 즉 이들 국가 모두에서 경제의 경직성은 덫이 되었다.

'뭉쳐야 산다'와 '공도동망共倒同亡'의 사이에서

이 문제는 산업이 클러스터화되어 있었던 탓에 더 악화되었다. 앞에서 보았듯이, 동종 산업의 기업들이 한데 모여 클러스터를 이루는 데는 여러 가지 타당한 이유가 있다. 하지만 여기에서 생길 수 있는 단점 하나는 무역 충격이 훨씬 더 심각하게 닥칠 수 있다는 점이다. 모여 있는 모든 기업이 한꺼번에 타격을 입게 되기 때문이다. 2016년 10월에서 2017년 10월까지 겨우 1년 사이에 인도의 티셔츠 생산 클러스터 티루푸르에서는 수출이 41퍼센트나 급감했다.[49]

이는 악순환을 촉발할 수 있다. 해고된 노동자들은 허리띠를 졸라매고 가게나 식당 등의 지역 경제에서 돈을 덜 쓴다. 주택 가치도 (때로는 매우 급격히) 떨어진다. **내** 집의 가치는 **당신이** 집을 어떻게 유지관리 하는지에도 상당히 영향을 받기 때문이다. 동네의 대부분이 쇠락하기 시작하면 모두가 함께 쇠락한다. 주택 가격이 크게 떨어진 집은 신용 한도가 줄고 재금융을 할 수 있는 여지도 줄어든다. 그러면 그들은 소비를 더 줄이게 된다.[50] 다시 이는 지역의 가게와 식당에 타격을 입히고 일부 가게와 식당이 문을 닫는다. 이러한 근린 시설들이 사라지고, '좋은 동네'가 줄어들고, 지역 당국의 조세 수입이 급감해 수도, 학교, 가로등, 도로 등이 제대로 운영되지 못하면, 이곳은 되살리기가 어려울 만큼 매력을 잃게 된다. 죽어 버린 장소가 된 이 지역에 더는 어느 기업도 들어오려 하지 않는다.

인도나 중국만이 아니라 미국의 제조업 클러스터도 마찬가지다. 예를 들면 테네시주에는 가구부터 직물까지 중국과 직접적으로 경쟁하는 제품들의 클러스터가 있었다. 그런데 이 기업들이 문을 닫으면서 유령 도시들이 속속 생겨났다. 이 문제를 다룬 「애틀랜틱*Atlantic*」지의 한 기사에 따르면 테네시주 브루스턴에는 헨리 I. 시걸 컴퍼니HIS의 공장이 있었고 한창 때는 HIS의 커다란 공장 세 개에서 청바지와 양복을 만들기 위해 1,700명이 고용되어 일하고 있었다. 그러나 HIS는 1990년대부터 쇠락하기 시작해서 2000년에 마지막으로 남아 있던 55명이 해고되었다.

그 이후에 브루스턴은 생존의 위기에 내몰렸다. 세 개의 커다란 HIS 공장은 이제 텅 비었다. 창문은 깨졌고 페인트는 벗겨졌다. 몇몇 제조업체가 새로 들어왔지만 곧 다시 떠났다. 브루스턴과 이웃 도시 할로우록의 중심가에서 상점들이 하나둘 문을 닫으면서 현대판 유령 도시가 생겨났다. 브루스턴 중심가에서는 은행이 없어졌고 슈퍼마켓과 옷가게가 문을 닫았으며 또 다른 슈퍼마켓이 있던 곳은 주차장이 되었다. 남아 있는 것은 약국 하나뿐이었는데 처방전을 받으러 온 노인들로 북적였다.

1990년대에 파자마 공장과 신발 회사가 문을 닫은 이웃 도시 매켄지는 새로운 기업을 유치하려는 노력을 지금도 하고 있다. 관심 있는 공장이 있다는 소식을 들을 때마다 도시 당국자들은 그 기업의 의사 결정자에게 전화를 해서 열심히 도시의 장점을 알린다. 하지만 관심을 보인 곳들은 있었어도 이 도시에 들어오기로 한 곳은 아직 없다.

홀랜드[매켄지 시장]는 [아무리 장점을 이야기해도] 공장들이 선뜻 들어오려 하지 않는 한 가지 이유가 쇠락한 중심가 때문일 것이라고 말했다. 매켄지로 들어오는 것을 고려했던 한 기업은 임원들이 중심가의 빈 상점들을 보더니 가족과 함께 살고 싶은 곳이 아니라며 들어오지 않기로 했다. "그들은 이곳이 원자폭탄이 떨어진 곳 같다고 말했습니다. 그리고 오지 않기로 결정했지요. 한 번 더 재고해 주지도 않았습니다."[51]

물론 그렇다고 클러스터화를 막아야 한다는 의미는 아니다. 클러스터에는 장점도 많다. 하지만 클러스터가 무너질 때 발생할 일들을 염두에 두고 그것에 대처할 방도를 생각해야 한다는 의미이기는 하다.

루저는 잊어라?

경제학자들은 무역으로 직격탄을 맞은 사람들을 시장이 알아서 돌볼 것이라고 과도하게 낙관적으로 생각하는 경향이 있지만, 무역으로 누군가는 **피해를 보리라는 것** 또한 늘 알고 있었다. 이에 대해 경제학자들이 내놓는 설명은, 피해를 보는 사람이 있더라도 무역이 더 많은 사람에게 이득을 가져다준다면 사회가 [재분배 정책을 통해] 피해를 본 사람들의 피해를 상쇄해 줄 수 있고 기꺼이 그렇게 하리라는 것이었다.

그래서 오터, 돈, 핸슨은 중국과의 무역으로 피해를 본 지역 사람들의 피해를 상쇄하기 위해 정부가 얼마나 많은 지원을 했는지 알아보았다. 무역으로 피해를 본 지역 사람들이 정부의 복지 프로그램을 통해 약간 더 많은 돈을 받긴 했지만 잃어버린 소득을 상쇄하기에는 턱없이 모자랐다. 무역으로 가장 크게 영향을 받은 지역과 가장 적게 영향을 받은 지역을 비교한 결과, 전자의 지역에서 성인 1인당 소득은 549달러나 더 줄었는데 정부의 이전 지출transfer payment을 통해 받은 돈은 겨우 58달러 증가했다.[52]

그뿐 아니라 이들에게 지원된 정부의 소득 이전 프로그램이 구체적으로 무엇이었는지를 보면, 일자리를 잃은 노동자들의 상황이 정부의 지원으로 오히려 더 악화되었을 가능성마저 시사한다. 원칙적으로, 실직한 노동자들을 돕기 위해 가장 주되게 사용되어야 할 정부 프로그램은 무역조정지원TAA 프로그램이다. 수급 자격이 되는 노동자[무역으로 인한 피해로 실직한 노동자]는 다른 분야에서 일자리를 찾을 수 있도록 재훈련을 받는 것을 조건으로 실업 보험을 3년까지 연장할 수 있다. 또 이사, 구직 활동, 의료비 등을 위해 금융 지원도 받을 수 있다. TAA는 1974년에 생긴 상당히 오래된 프로그램이다. 하지만 무역으로 피해를 입은 지역으로 가는 정부 보조금 전체(이것 자체도 많지 않은데) 중 매우 작은 비중만 차지한다. 무역 피해 지역으로 들어간 1인당 58달러 의 이전 지출 중 TAA 프로그램에서 나온 것은 23**센트**에 불과했다. 이 들에게 들어간 정부의 이전 지출 중 늘어난 부분은 장애 보험이었는 데, 무역으로 일자리를 잃은 노동자 10명 중 1명이 장애 보험 수당에 의존했다.

　　장애 보험 수당을 신청한 사람이 급증한 것은 매우 놀랍다. 무 역이 노동자들의 신체적인 건강에 직접 영향을 미쳤을 가능성은 거의 없다(게다가 육체적으로 가장 힘들고 위험한 일자리가 무역으로 사라진 전형 적인 일자리들이라는 점을 생각하면 더욱 그렇다). 물론 몇몇 노동자들은 우울증 같은 정신적인 질환으로 장애 보험을 신청했을 것이다. 하지만 어떤 노동자들은 생계를 잇기 위한 생존 수단으로 장애 보험을 신청 해야 했다. 어느 쪽이든, 대체로 장애 보험을 신청하는 것은 노동시장 을 영구적으로 떠나는 일방통행 도로나 마찬가지다. 일례로, 참전 용 사들을 위한 정부 지출 프로그램에 대한 한 연구에 따르면, 오렌지제 [베트남 전쟁 당시 사용된 고엽제] 노출 피해자 중 제2형 당뇨에 걸린 사 람도 장애 수당 수급 자격을 가질 수 있도록 2001년에 법이 바뀌면서 새로이 장애 수당을 받게 된 사람 중에서 노동시장을 영구적으로 나 간 사람이 100명에 18명꼴이나 되는 것으로 추산된다.[53] 장애 수당을 받기 시작한 사람들 중 수급을 중단하는 사람은 거의 없다.[54] 부분적으 로는 장애인으로 분류되면 채용이 잘 안 되기 때문이다. 무역 충격 이 후에 노동자들이 생계를 유지하기 위해 장애 수당을 신청한다는 것은,

그렇지 않았더라면 새로운 일자리를 잡을 수도 있었을 사람들을 노동 시장에서 완전히 몰아내는 결과로 이어질 수도 있다는 의미다.

　　장애 수당이라도 받지 않으면 생존하기 어려울 정도로 경제적 상황이 안 좋은 노동자들에게 장애 등급 판정은 상처에 소금을 뿌리는 격이다. 장애 등급을 받으면 많은 신체적 역량을 요하는 일을 평생 해 왔던 사람들은 일자리만 잃는 게 아니라 존엄도 잃는다. 미국의 복지 프로그램은 실직을 겪은 노동자들에 대해 그만큼의 금전적인 보상을 못해 주고 있을 뿐 아니라, 그나마 조금이라도 소득을 보전해 주는 현재의 사회 보호 장치들은 그 대가로 모멸감을 감수해야만 하게끔 고안되어 있는 듯하다.

　　당파적인 정당 정치도 이러한 재앙에 일조했다. 일자리를 잃은 누군가가 치료를 받아야 할 일이 생겼다고 가정해 보자. 가장 먼저 기댈 곳은 '오바마 케어'일 것이다. 하지만 공화당이 주도하는 주(캔자스, 미시시피, 미주리, 네브라스카 등)는 오바마 행정부에 반대한다는 표시를 공공연히 드러내기 위해 자신의 주 주민들에게 이 선택지를 제공하지 않기로 결정했다('오바마 케어'는 각 주가 저소득층 의료 지원 제도인 메디케이드 지원 대상을 확대하도록 하고, 그에 따른 지원금을 연방 정부가 제공하는 것을 포함하고 있었다. 그런데 이들 공화당이 주도하는 주는 오바마 케어에 따라 주의 메디케이드를 확대하는 것을 거부했다 — 옮긴이). 그 바람에, 오바마 케어에 따라 메디케이드 지원 대상이 확대되었더라면 그것을 이용할 수 있었을 저소득층 주민들이 이들 주에서는 그것을 이용할 수 없어서 대신 장애 보험 수당을 신청해야 했다. 실제로 오바마 케어 도입 이후 메디케이드를 그에 맞게 확대한 주에서는 장애인 사회보장급여인 '보충적보장소득Supplemental Security Income' 신청이 2퍼센트 줄어든 반면,

메디케이드 확대를 거부한 주에서는 1퍼센트 증가했다.[55]

하지만 무역 피해 지역의 노동자들에게 정부의 공공 지출이 제대로 이뤄지지 않는 원인은 뿌리가 더 깊다. 미국 정치인들은 특정한 분야를 타겟팅해 보조하는 것을 매우 꺼린다. 다른 분야가 자신은 배제되었다고 느낄 수 있고, 그래서 자기 분야도 보호를 받기 위해 로비에 나설 수 있기 때문이다. 이 역시 TAA의 규모가 확대되지 못한 한 가지 이유일 것이다. 또 전통적으로 경제학자들은 장소 기반의 정책을 선호하지 않는 경향을 보여 왔다('장소가 아니라 사람을 도와야 한다'). 엔리코 모레티Enrico Moretti는 장소 기반의 지원 정책들을 연구한 몇 안 되는 경제학자 중 한 명인데, 이러한 정책에 대해 매우 비판적이다. 그는 공공 자금이 경제적 성과가 안 좋은 지역으로 가게 하는 것은 이미 헛돈을 쓴 곳에 돈을 또 낭비하는 일이라고 생각한다. 그에 따르면, 쇠락하는 도시는 쇠락해야 하고 다른 도시가 그 자리를 채워야 한다. 이것이 역사가 전개되는 방식이고 공공 정책의 역할은 사람들이 미래의 장소로 옮겨 가도록 돕는 방향이어야 한다는 것이다.[56]

하지만 모레티의 분석은 사람들이 겪는 현실의 무게를 너무 가볍게 생각한 것 같다. 클러스터화를 촉진하는 동일한 요인이 클러스터가 빠르게 쇠락하게 하는 요인이 되기도 한다. 이론적으로 말하자면, 클러스터가 통째로 흔들려 사람들이 대거 풀려나오는 경우에 발생해야 하는 일은 사람들이 그 지역을 떠나 다른 곳에서 기회를 찾는 것이다. 하지만 현실에서 사람들은 떠나지 않는다. 적어도 충분히 빠르게 떠나지는 않는다. 무역으로 타격을 받은 지역에서 실제로 벌어지는 일은, 사람들이 결혼을 덜 하고, 아이를 더 적게 낳고, 태어난 아이들 중 더 많은 아이가 결혼 상태가 아닌 부모에게서 태어나고, 젊은 남성

(특히 젊은 백인 남성)이 대학을 졸업할 가능성이 더 줄어드는 것이다.[57] 또 약물이나 알코올 의존증, 자살 등으로 인한 '절망의 죽음'이 증가한다.[58] 한때는 이러한 절망의 징후가 도심의 흑인 거주지를 주로 연상시켰지만, 이제는 미 동부 해안 지역과 중서부 동쪽 지역의 부침에 따라 백인들이 주로 사는 교외 지역과 산업 도시들에서도 나타나고 있다. 이러한 피해는 (적어도 단기적으로는) 되돌리기 어렵다. 아이들이 학교를 중퇴하고 마약을 하고 알코올에 중독되고 아버지나 어머니 없이 자라는 것은 미래의 일부를 영원히 잃는 것이다.

무역은 가치가 있는가?

도널드 트럼프 대통령은 관세가 무역의 부정적인 영향을 해결하는 방법이라고 생각했다. 그는 무역 전쟁을 두 팔 벌려 환영했다. 무역 전쟁은 2018년 초에 트럼프 대통령이 수입산 알루미늄과 철강 제품에 관세를 부과하면서 촉발되었고, 곧이어 중국 제품에 500억 달러의 관세를 물리는 방안을 논의하겠다고 이야기했으며, 중국이 보복에 나서자 다시 추가로 1,000억 달러의 관세 부과를 고려하겠다고 했다.

그 발표에 주식시장은 곤두박질쳤다. 하지만 진보와 보수를 막론하고 많은 미국인들은 너무 개방된 미국 경제의 문을 닫아야 하며 특히 중국으로부터 미국 시장을 지켜야 한다고 느끼고 있다.

한편 경제학자들은 [관세 부과에 대해] 펄쩍 뛰었다. 그들은 '역사상 최악의 관세' 조치였던 1930년의 스무트-홀리 관세법이 얼마나 공포스러운 결과를 가져왔는지에 대해 이야기했다. 스무트-홀리 관세법은 미국으로 수입되던 2만 개의 품목에 관세를 부과해 글로벌 무역 전쟁을 촉발했다. 이때는 대공황이 닥친 시기이기도 했는데, 스무트-홀리 관세법이 대공황의 원인이었을 수도 있고 아니었을 수도 있지만 어쨌든 관세는 엄청나게 부정적인 이미지를 갖게 되었다.

경제학 학위를 받은 모든 사람에게는 (플러스 마이너스를 감안한 순이득으로 볼 때) 무역이 많이 이루어질수록 좋은 일이라는 개념이 뿌리 깊게 박혀 있다. 1930년 5월에도 1,000명이 넘는 경제학자들이 스무트-홀리 법안에 거부권을 행사해 달라고 후버 대통령에게 요청하는 서신에 서명했다. 하지만 경제학자들이 알고 있는 사실이 하나 더 있는데, 이 사실에 대해서는 별로 이야기를 하지 않는다. 바로 무역으로 인한 이득의 총합이 미국같이 규모가 큰 나라에서는 매우 미미하다는 사실이다. 미국이 완전한 고립 경제로 돌아가서 아무 나라하고도 무역을 하지 않는다고 해도, 무역을 할 때에 비해 다소 가난해지기는 하겠지만 아주 많이 가난해지지는 않을 것이다. 아노드 코스티노트Arnaud Costinot와 그의 오랜 공동 연구자 안드레 로드리게스-클레어Andres Rodriguez-Clare는 이 사실을 명시적으로 지적하는 논문을 발표해서 국제무역을 전공하는 경제학자들 사이에서 엄청난 악명을 얻었다. 2018년 3월에 그들은 「미국이 무역에서 얻는 것The US Gains from Trade」이라는 제목의 매우 시의적절한 논문을 펴냈는데, 그 논문의 첫 단락은 다음과 같다.

미국에서 지출되는 돈 1달러당 8센트가 수입품에 쓰인다. 장벽이나 그 밖의 극단적인 정책적 개입으로 그 수입품들이 미국에 들어오지 못하게 된다면 어떻게 될까? 그리고 미국 소비자들은 이러한 정책 변화를 막기 위해 얼만큼의 돈을 쓸 용의가 있을까? 그 액수는 고립 경제로 인한 후생 비용, 달리 말하면 무역에 따르는 후생 편익을 의미한다고 볼

수 있다.[59]

코스티노트와 로드리게스-클레어가 수년 동안 진행한 일련의
연구(둘이 진행한 것과 또 다른 연구자들과 협업해 진행한 것 모두 포함)를
토대로 작성된 이 논문의 핵심은 어느 나라가 무역에서 얻을 수 있는
이득이 대체로 두 가지에 달려 있다는 것이다. 하나는 얼마나 많이 수
입하는가, 다른 하나는 이러한 수입품들이 관세, 교통 비용, 기타 국제
교역에 수반되는 비용들에 의해 얼마나 영향을 받는가. 우리가 아무
것도 수입하지 않는다면 장벽을 세우고 수입 금지 조치를 취해도 아
무 영향이 없을 것이다. 또 우리가 수입을 많이 하더라도 수입품을 들
여오는 비용이 증가해 수입품 가격이 조금이라도 오를 때 수입을 쉽
게 중단할 수 있다면, 이는 그 수입품의 대체재가 국내에 많이 존재한
다는 뜻이므로 수입품의 가치가 그리 높지 않다는 말이 된다.

무역의 이득 계산

이 개념을 바탕으로 우리는 무역의 이득이 얼마인지를 추산할 수 있
다. 미국이 바나나 한 가지만 수입하고 사과 한 가지만 생산한다면 계
산은 꽤 쉬울 것이다. 미국인의 소비에서 바나나가 차지하는 비중을
구하고 바나나 가격과 사과 가격이 변할 때 소비자가 이 둘 사이에서
어떻게 옮겨 갈 것인지를 알아보면 된다. 이것을 교차 가격탄력성이
라고 부른다. 그런데 미국은 8,500개 범주의 제품을 수입한다. 따라서
이 계산을 제대로 하려면 모든 상품들 사이의 교차 가격탄력성과 전
세계의 모든 다른 상품의 가격을 알아야 한다. 사과와 바나나, 일본 자
동차와 미국 대두, 코스타리카 커피와 중국 속옷 등등.

하지만 실제로는 제품을 꼭 하나하나 살펴볼 필요는 없다. 모든 수입품을 뭉뚱그려 하나의 상품으로 간주하고 분석해도 꽤 합리적으로 진실에 근접할 수 있다. 이 가상의 '수입품'은 미국에서 최종 소비자가 소비하거나(미국 내 소비의 8퍼센트를 차지한다) 아니면 생산에서 중간재로 사용될 것이다(미국 내 소비의 또 다른 3.4퍼센트를 차지한다).[60]

무역의 최종 이득이 얼마인지를 계산하기 위해서는 '수입품'이 무역의 비용에 얼마나 민감하게 반응하는지만 알면 된다. 매우 민감하다면 '수입품'을 미국 내에서 생산되는 제품으로 쉽게 대체할 수 있다는 뜻이고, 이 경우 무역은 크게 가치가 없다. 반면, 만약 비용이 달라져도 '수입품'에 대한 수요가 크게 변하지 않는다면 이것은 사람들이 해외에서 들어오는 물건을 정말로 좋아한다는 뜻이고, 이 경우 무역은 사람들의 후생을 크게 증대시킨다고 판단할 수 있다. 물론 여기에는 약간의 추측이 개입된다. 실제로는 존재하지 않는 제품(매우 상이한 수천 개의 제품을 하나로 뭉뚱그린 가상의 '수입품')에 대해 이야기하고 있는 것이기 때문이다. 그래서 코스티노트와 로드리게스-클레어는 '수입품'이 국내 상품으로 쉽게 대체될 수 있는 경우부터 대체하기 매우 어려운 경우까지 시나리오별로 결과를 계산했다. 전자의 경우에는 무역의 이득이 GDP의 1퍼센트 정도, 후자의 경우에는 GDP의 4퍼센트 정도로 추산되었다.

규모는 중요하다

1퍼센트와 4퍼센트 사이의 스펙트럼 중에서 코스티노트와 로드리게스-클레어가 생각하는 무역의 이득은 GDP의 2.5퍼센트 정도다. 이것은 그리 많다고 할 수 없다. 미국 경제 성장률이 2017년에 2.3퍼센트였으므로[61] 한 해 동안만 괜찮게 성장하면 미국 경제를 완전히 고립된 자급자족 경제로 꾸려가기 위한 비용을 감당할 수 있다. 영구적으로 말이다! 저자들이 무언가 계산을 잘못한 것은 아닌가? 코스티노트와 로드리게스-클레어가 추산한 과정의 세부사항에 대해 이런저런 반론과 반박을 개진할 수도 있을 것이다. 하지만 그렇더라도 이들이 제시한 규모는 대체로 옳다. 간단히 말해서, 미국은 무역에 개방되어 있지만 미국의 수입품 소비 비중(8퍼센트)은 다른 나라에 비해 매우 낮은 편이다.[62] 따라서 무역이 미국에 주는 이득도 그리 클 수 없다. 반면에 작은 개방 경제인 벨기에는 수입품 소비 비중이 30퍼센트가 넘는다. 따라서 이곳은 무역이 훨씬 더 중요하다.

이 발견은 사실 놀랍지 않다. 미국 경제는 규모가 매우 크고 다양해서 소비에 필요한 것들을 대부분 자체 조달할 수 있다. 게다가 미국에서 이루어지는 소비의 많은 부분이 서비스(은행부터 청소까지)이고 아직 서비스 분야는 국제 교역이 이뤄지기 어렵다. 수입한 제조품을 소비할 때도 미국 내에서 생산되는 서비스가 상당 부분 관여된다. 가령 중국에서 조립된 아이폰을 구매할 때 우리는 미국의 디자인 회사와 광고 회사와 마케팅 회사에도 돈을 지출한다. 또 아이폰은 애플 매장에서 판매되는데 애플 매장은 미국 기업이 지은 건물에 있고 미국의 테크놀로지 애호가들이 고용되어 일한다.

하지만 미국 사례에 너무 경도되어서는 안 된다. 물론 미국이나 중국처럼 규모가 큰 경제는 자국 내 어딘가에서 대부분의 제품을 상당히 효율적으로 생산할 만한 자본과 기술을 가지고 있다. 또 국내 시장 규모가 커서 국내 기업들이 일정 규모 이상으로 생산을 해도 국내 시장에서 소화할 수 있다. 즉, 무역을 하지 않아도 잃을 것이 비교적 많지 않다.

무역은 기술과 자본이 희소한, 규모가 작고 가난한 나라에서 더 중요하다. 아프리카, 동남아시아, 남동부 유럽 등지가 그렇다. 또 이들 나라는 소득이 낮고 인구가 적으므로 국내 수요만으로는 자동차나 철강 산업 등에서 적정한 생산 규모를 유지할 수가 없다. 불행히도 바로 이러한 나라들이 국제 시장에 진입하는 데 가장 큰 어려움을 겪고 있다.

한편 인도, 중국, 나이지리아, 인도네시아와 같은 규모가 큰 개발도상국은 국내 시장의 통합이 적절하게 이뤄지지 못한 것이 더 큰 문제다. 많은 개도국이 국내의 각 지역 간에 연결이 열악해 어려움을 겪는다. 전 세계에서 거의 10억 명의 사람이 포장도로에서 2킬로미터 이상 떨어진 곳에 산다(그중 3분의 1이 인도에 산다).[63] 가까이에 철도도 없다. 국내 정치가 상황을 더 악화시키기도 한다. 중국은 좋은 도로망을 가지고 있지만 중국의 각 지방은 다른 지방에서 제품이 들어오는 것을 막는 지역적인 보호 장벽들을 많이 두고 있다.[64] 인도도 최근에는 재화와 서비스에 대해 전국 단일 조세가 도입되었지만 그전까지는 각 주가 알아서 세율을 정할 수 있었는데, 주 정부는 종종 자신의 지역 생산자들에게 혜택을 주는 쪽으로 이를 활용했다.

작은 것이 아름답다?[65]

하지만 어쩌면 비교 우위라는 개념은 과장된 것인지도 모른다. 어쩌면 작은 나라도 고립 경제가 될 수 있을지 모른다. 이 논리를 더 밀고 나가면, 어쩌면 모든 공동체가 필요한 것을 자급자족할 방법을 터득할 수 있을지도 모른다.

이 개념에는 오래된, 그리고 다소 악명 높은 족보가 있다. 중국의 '대약진 운동' 시기에 마오쩌둥은 굳건한 의지만 있다면 산업화는 각각의 마을에서 모두 일어날 수 있다고 설파했다. 가령 철강은 뒷마당의 화로에서 생산될 수 있을 것이었다. 농민들은 땅을 그냥 놀리고 수확을 못 해 들판에 곡물이 썩어 가게 두면서, 국가 주석의 소망에 부응하기 위해 냄비, 프라이팬, 농기구 등을 모조리 녹여 철강 제품을 생산했다. 그리고 이 프로젝트는 비참하게 실패했다. 중국의 많은 논평가들은 이것이 중국에서 3,000만 명의 목숨을 앗아간 것으로 추산되는 1958~1960년 대기근의 한 원인이 되었을 것이라고 본다.

'자급자족하는 마을 공동체'라는 개념은 간디의 경제 철학에서도 핵심이었다. 간디가 그린 이상 사회는 손으로 짠 옷을 입고 땅에서 나는 것들을 가지고 자급자족하면서 살아가는 작은 공동체를 기반으로 하고 있다. 이 개념은 독립 후에도 오랫동안 인도의 경제 정책을 구성하는 데 영향을 미쳤다. 일례로 2002년까지 인도에서는 피클, 만년필, 염색약, 몇몇 의류 제품 등을 포함한 799개 재화의 생산이 마을 단위의 작은 기업들에만 허용되었다(2002년에 WTO의 압력으로 이 정책은 없어졌다).

문제는 작은 것이 꼭 그렇게 아름답지만은 않다는 데 있다. 기업들이 특화된 분야에 전문성이 있는 노동자를 고용하거나 생산성이 높은 기계를 사용하려면 일정 수준 이상의 규모가 필요하다. 1980년대 초에 좌파 성향의 경제학자 니르말라 배너지Nirmala Banerjee(아비지트의 어머니)는 콜카타 및 인근 지역의 소기업들을 대상으로 진행한 설문 조사에서 이 기업들이 얼마나 비효율적인지를 발견하고 깜짝 놀랐다.[66] 이는 이후에 나온 실증 연구에서도 확인되었다. 즉, 소기업이 대규모 기업보다 생산성이 훨씬 낮았다.[67]

하지만 시장이 크지 않으면 기업 규모가 커질 수 없다. 일찍이 1776년에 애덤 스미스Adam Smith가 『국부론The Wealth of Nations』에서 언급했듯이, "분업의 정도는 시장의 범위에 의해 제약된다."[68] 바로 이 지점에서 국제 교역이 가치를 갖는다. 고립된 공동체에는 생산적이고 효율적인 기업이 존재하기 어렵다.

실제로 많은 나라가 철도가 놓이면서 지역 간 장벽이 극복되어 국가 단위의 시장이 형성되었을 때 대대적인 경제 변화를 경험했다. 인도에서는 1853~1930년 사이에 영국의 식민지 행정가들이 4만 2,000마일(약 6만 8,000킬로미터)에 달하는 철도를 깔았다. 철도가 없었을 때는 달구지를 끌고 흙길을 달려 상품을 운송해야 했는데, 기껏해야 하루에 20마일(약 30킬로미터) 정도를 이동할 수 있었다. 그런데 철도는 하루에 400마일(약 640킬로미터)이나 물건을 나를 수 있게 해 주었다. 게다가 비용도 훨씬 덜 들었고 제품이 손상될 위험도 훨씬 적었다. [철도가 들어서기] 전에는 인도의 나머지 지역들과 거의 단절되어 있었던 내륙 지역이 다른 곳들과 연결될 수 있었다.[69] 철도 네트워크는 지역 간 교역의 비용을 극적으로 낮춰 주었다. 단위 거리당 교통 비용은 도로가 철도보다 2배 반이나 높았다. 그리고 철도로 연결성이 높아진 지역들은 더 많이 교역했고 더 부유해졌다. 실제로 철로가 있는 지역은 그렇지 않은 지역에 비해 농업 생산의 소득이 16퍼센트나 빠르게 증가했다.

미국도 비슷한 시기에 방대한 철도 네트워크를 통해 국내 시장의 통합이 이뤄졌다. 미국 경제의 발달에 철도가 정확히 어떤 역할을 했는지에 대해서는 논쟁이 있지만, 최근의 한 연구는 [1879년에서 1890년 사이에] 철도 건설이 없었더라면 농경지의 가치가 64퍼센트 더 낮았을 것이라고 추산했다.[70] 토지 가격이 오른 것은 농민들이 다른 카운티들과 연결되면서 시장이 확대된 데서 기대할 수 있게 된 이득이 반영된 것이다. 그리고 이러한 이득의 상당 부분은 각 지역이 더 잘 기를 수 있는 작물에 특화할 수 있게 되었다는 것과 관련이 있었다. 1890년에서 1997년 사이에 농업은 점점 더 지역적으로 특화되었다. 즉 농민들은 기후, 토양 등을 고려해 가장 잘 자랄 수 있는 작물에 집중했다. 그리고 모든 지역이 그곳에서 가장 잘 자랄 수 있는 작물을 선택하면서 전체적으로 농업 생산성과 소득이 크게 증가했다.[71]

국내 시장이 잘 통합되어 있지 못하면 경제의 경직성은 더 심해진다. 그러면 국내 각지에 사는 평범한 사람들이 국제 교역의 이득을 누릴 수 없게 되거나 오히려 손해를 입는다. 가령 도로가 좋지 않으면 사람들이 도시로 가서 새로운 일자리를 잡으려는 시도를 하지 않게 된다. 인도에서 이뤄진 한 연구에 따르면, 마을에서 주요 도로까지 이어지는 길이 비포장이면 농촌 주민들이 자신의 마을을 떠나 비농업 일자리를 찾고자 하는 시도를 상당히 덜 하는 것으로 나타났다.[72] 또한 도로가 열악하면 외진 마을의 소비자들로서는 재화의 최종 가격이 너무나 많이 올라가게 되기 때문에 국제 교역으로 얻는 이득이 거의 다 사라지게 된다. 예를 들어 나이지리아와 에티오피아에서는 수입품이 외딴 마을에 도착할 무렵이면 (도착을 할 경우에 말이지만) 너무 비싸서 살 수 없는 가격대가 되는 경우가 많다.[73] 최종 재화와 중간재 모두, 운송 수단이 열악하면 값싼 노동력이 풍부하다는 비용상의 장점이 상쇄된다. 이런 면에서, 국내 시장의 연결을 향상시키면 국제 시장에 통합되는 데에도 도움이 될 것이다.

무역 전쟁을 시작하지 말라

이 장에서 살펴본 사례와 분석은 경제학의 최신 연구들에서 나온 것이다. 그런데 이 연구들의 주요 결론은 과거 수십 년간 경제학계에서 통용되어 온 지식과 상충한다. 경제학과의 모든 학부생은 교역이 가져다주는 이득의 총합이 매우 크고, 그것이 재분배되는 한 모든 이가 혜택을 본다고 배운다. 하지만 이 장에서 소개한 연구들은 세 가지 면에서 상황이 그렇게 장밋빛은 아니라는 점을 보여 준다.

첫째, 미국처럼 규모가 큰 경제에서는 교역의 이득이 꽤 작다. 둘째, 잠재적으로 교역의 이득이 클 수 있는 소규모 국가나 더 가난한 국가에서도 교역은 만병통치약이 아니다. 이주를 다뤘던 2장에서도 보았듯이, 국경만 연다고 해서 모두가 이동할 수 있는 것은 아니다. 무역 장벽을 없애는 것만으로는 이전에 고립되었던 국가들이 새로이 국제 시장에 진입하리라고 보장할 수 없다. 교역이 자유화되었다고 '선언'하는 것은 경제 성장과 개발을 불러오는 묘약이 아니고, 심지어 교역을 불러오는 묘약도 아닐 수 있다. 셋째, 교역의 이득을 재분배하는 것은 매우 어렵다. 그래서 교역의 피해자들은 상당히 많은 고통을 받았고, 계속 고통받고 있다.

종합하면 국가 간에 재화, 사람, 아이디어, 문화를 교환하면 세계는 매우 부유해질 수 있다. 실제로, 딱 맞는 곳에서 딱 맞는 시점에 딱 맞는 기술과 딱 맞는 아이디어를 가지고 있었던 운 좋은 사람들은 부유해졌고, 때로는 아주 많이 부유해졌으며, 자신의 역량을 전 세계적인 규모에서 발휘할 수 있었다. 하지만 나머지 사람들의 경험은 좋지만은 않았다. 사라진 일자리는 대체되지 않았다. 일부 사람들의 소득 증가는 새로운 일자리(주방장, 운전기사, 정원사, 유모 등)를 창출하는

데 쓰였지만, 교역은 일자리가 어느 곳에서 갑자기 사라지고 수천 킬로미터나 떨어진 곳에서 생겨나는 등의 불안정한 세계를 불러왔다. 교역의 이득과 고통은 매우 불균등하게 배분되었고, 이는 오늘날 명백한 역습을 가하고 있다. 이주민에 대한 공포와 더불어 무역이 초래한 고통은 오늘날 정치판을 뒤흔드는 핵심 이슈가 되었다.

그렇다면 보호 관세는 이 문제를 해결하는 데 도움이 되는가? 그렇지 않다. 현재로서 관세를 재도입하는 것은 대부분의 미국인에게 도움이 되지 않는다. 이유는 간단하다. 이제까지 우리가 개진한 핵심 주장은 어떻게 하면 '이행'의 과정에서 발생하는 고통을 줄일 수 있을지에 초점을 맞춰야 한다는 것이었다. 중국 쇼크로 타격을 입은 많은 사람들의 여건이 회복되지 못한 이유는 경제가 경직적이어서 그들이 더 전망 있는 분야나 지역으로 옮겨 가지도 못했고 자원이 그들이 있는 지역으로 옮겨 오지도 못했기 때문이었다.

하지만 지금 중국과의 교역을 닫으면 이는 새로운 분야에서 탈구를 일으킬 것이 명백하고, 이번에 몰려나게 될 사람들은 이제까지는 상황이 좋았었기 때문에 우리가 별로 들어본 적이 없었던 지역의 사람들일 것이다. 실제로 중국이 2018년 3월 22일과 4월 2일에 관세 부과를 선언한 128개 품목 대다수가 농산품이었다. 지난 몇십 년간 미국의 농산품 수출은 꾸준히 늘어 1995년 560억 달러에서 2017년에는 1,400억 달러가 되었다. 오늘날 미국에서 생산되는 농산품 중 5분의 1이 수출되는데 가장 큰 수출 상대국은 동아시아다. 중국만 해도 미국에서 수출되는 농산품의 16퍼센트를 구매한다.[74]

따라서 중국과의 무역 전쟁이 미국에 1차적으로 미칠 영향은 농업 및 관련 분야의 일자리 감소일 가능성이 크다. 미국 농무부가

2016년에 추산한 바에 따르면, 미국에서 농산품 수출과 관련한 일자리는 100만 개가 넘으며, 그중 4분의 3이 비농장 영역의 일자리다.[75] 농업 분야의 고용이 가장 많은 다섯 개 주는 캘리포니아, 아이오와, 루이지애나, 앨라배마, 플로리다다.[76] 제조업에서 일자리를 잃은 펜실베이니아주 노동자가 집 근처의 다른 분야 일자리로 옮겨갈 수 없었던 것과 같은 이유로, 캘리포니아주 등에서 사라질 농업 분야의 일자리도 그 지역의 제조업 일자리로 대체되지 못할 것이다. 그리고 일자리를 잃은 제조업 노동자들이 다른 지역으로 이주할 수 없었던 것과 같은 이유로, 일자리를 잃은 농업 노동자들도 다른 곳으로 이주하기 어려울 것이다. 앨라배마와 루이지애나는 미국에서 가장 가난한 10개 주에 속하는데,[77] 무역 전쟁은 이곳의 노동자들을 버스 밖으로 내던져 버리게 될 것이다.

미국 입장에서 말하자면, 무역 전쟁이 우리가 아는 세계를 끝장내지는 않을 것이다. 하지만 철강 분야의 일자리를 일부 지킬 수는 있을지 몰라도 다른 분야에서 막대한 피해를 새로이 초래할 것이다. '미국 경제'는 괜찮겠지만 수십만 명의 '미국 사람들'은 괜찮지 않을 것이다.

관세가 아니라면, 무엇이어야 하는가?
비이동성의 현실을 인정하고 이동성을 촉진하라
교역과 관련해 주된 문제는, 교역이 스톨퍼-새뮤얼슨 정리가 시사하는 것보다 훨씬 더 많은 패자를 만들어 낸다는 것이다. 그렇다면 해법은 새로운 일자리로 옮겨 가는 것을 도움으로써 패자의 수를 줄이거나 그들에게 손실을 더 잘 보상해 줄 수 있는 방법을 찾는 것이어야 한다.

교역의 피해가 영역과 지역의 면에서 매우 집중되어 나타난다는 점이 주는 부수적인 장점 하나는 패자가 어디에서 발생할지를 우리가 알 수 있다는 점이다. 그렇다면 중국 쇼크로 타격을 입게 될 분야의 노동자들을 직접적으로 목표 집단으로 삼는 정책을 시행하는 것이 어떻겠는가? 실제로 이것이 무역조정지원TAA 프로그램의 논리였다. TAA는 무역의 여파로 실직한 노동자에게 1년에 1만 달러까지 재훈련 비용을 지원하고, 실직 노동자들은 재훈련을 받는 조건으로 3년까지 실업 급여를 지급받을 수 있다. 이를 통해 노동자들은 다른 분야에서 다시 자리를 잡을 때까지 시간을 벌 수 있다. 유일한 문제는 이 프로그램의 규모가 너무 작다는 것이다.

　슬프게도 TAA의 규모가 작은 이유는 이것이 효과가 없는 정책이어서가 아니라 단지 예산이 부족해서다. TAA 수혜 자격을 얻으려면 노동자는 노동부에 신청을 해야 한다. 그러면 사례 조사자가 할당되어서 해당 노동자가 일했던 기업에서 일자리가 없어지게 된 이유가 수입품과의 경쟁 때문인지, 기업이 해외로 이전했기 때문인지, 교역으로 피해를 본 다른 회사와 거래 관계에 있다가 연쇄적으로 피해를 본 것인지 등을 조사한다.

　수급 자격이 결정되기까지는 매우 복잡한 판단 과정을 거쳐야 하고, 그 과정에서 담당 사례 조사자의 성향이 크게 영향을 미친다. 개인의 성향에 따라 어떤 사례 조사자는 더 후하게 판단을 내리고 어떤 사례 조사자는 더 깐깐하게 판단을 내린다. 따라서 동일한 조건의 노동자라 해도 후한 성향의 사례 조사자가 배정되면 TAA 수급을 받을 수 있는 가능성이 더 커진다. 한 연구에 따르면,[78] TAA를 신청한 노동자가 어떤 성향의 사례 조사자에게 배정될지는 대체로 무작위적이다. 이 연구는 30만 건의 TAA 신청자 데이터를 분석해서 너그러운 사례 조사자에게 할당된 사람들과 깐깐한 사례 조사자에게 할당된 사람들이 이후에 어떻게 되었는지를 비교해 보았다. 그 결과, 너그러운 사례 조사자에게 할당된 사람들이 TAA를 통해 재훈련을 받을 가능성, 성공적으로 다른 분야에서 일자리를 잡을 가능성, 더 높은 소득을 올릴 가능성이 모두 더 높았다. 전체적으로, 처음에는 TAA 수혜를 받은 노동자들의 소득이 1만 달러 정도 더 적었다. 재훈련을 받는 동안에는 일을 할 수 없기 때문이다(재훈련 비용은 정부가 지출하고, 이들은 이 기간에는 실업 보험이 연장되어 소득을 충당한다). 하지만 10년 동안을 **누적적**으로 보면 TAA를 통해 재훈련을 받은 노동자가 그렇지 않은 노동자보다 총 5만 달러를 더 벌었고, 10년이 지난 시점에야 두 집단 사이의 **연간** 소득이 다시 비슷하게 수렴했다. 즉, TAA를 통한 재훈련은 노동자들에게 매우 가치 있는 투자다(재훈련을 받지 않은 경우보다 10년간 총 5만 달러를 더 벌 수 있었다). 또한 정부의 지원이 없다면 할 수 없는 투자다. 실직자가 재훈련을 위해 은행 대출을 받는 것은 매우 어렵기 때문이다.

TAA처럼 효과 있는 프로그램이 왜 예산을 충분히 받지 못해 널리 사용되지 못하고 있을까? 우선 이 연구가 나오기 전까지는 TAA가 효과가 있다는 것이 정책 결정자에게나 일반 대중에게 알려져 있지 않았을 수 있다(이 연구는 2018년에야 나왔다). 아마도 이것은 무역 경제학자들이 이런 종류의 정책을 연구하는 데 별로 관심이 없었다는 사실과 무관하지 않을 것이다. 또한 경제학자들은 개인의 판단에 좌우되는 프로그램을 좋아하지 않는 경향이 있다. 오남용될 가능성이 크다고 생각하기 때문이다. 정치적인 면에서의 이유도 생각해 볼 수 있다. '무역 조정 지원'에 많은 돈을 지출한다는 것은 무역이 유발하는 조정 비용이 상당히 크다는 사실을 명시적으로 드러내기 것이기 때문에 아마도 정치적으로 그다지 유리한 이야기가 아닐 것이다.

　　우리가 취해야 할 명백한 조치 중 하나는, TAA 같은 프로그램을 확장해서 더 쉽게 그리고 더 후하게 적용될 수 있게 하는 것이다. 가령, 제대군인원호법GI bill을 본따 TAA를 개편해서 교역의 충격을 겪은 '참전 용사'들이 교육을 다시 받을 수 있도록 지원할 수 있다. 제대군인원호법은 최대 36개월까지 공립학교의 학비 전액과 주거 지원금 등을 포함하는 교육 수당을 제공한다.[79] TAA도 이와 같은 식으로 확대하고, 여기에 실직한 노동자가 학교에 다니는 동안 실업 보험을 연장하는 조치 등을 결합할 수 있을 것이다. 또 교역의 충격이 지역적으로 크게 차이를 보이므로, 타격을 더 많이 받을 만한 지역들에서(우리는 여러 실증 근거를 통해 어느 지역이 더 크게 영향을 받을지 알고 있다) 더 후하게 적용되도록 하면 그곳의 지역 경제가 악순환 고리에 올라타게 되는 것을 막을 수 있다. 더 일반적으로, 교역이 일으키는 고통의 상당 부분은 사람과 자원이 이동하기 어렵다는 데서 나온다. 재화는 국경을 넘어 자유롭게 이동하는데 국가 내에서 사람과 자원의 이동은 그에 미치지 못하는 것이다. 따라서 2장의 끝에서 소개한 국내 이주 촉진 정책, 그리고 이주자가 새로운 지역 사회에서 순조롭게 통합되게 돕는 정책(보조금, 주거 지원, 이주 보험, 육아 지원 등) 모두가 교역의 충격을 더 잘 흡수하는 데도 도움이 될 것이다.

　　하지만 이동성을 촉진하는 것(TAA를 통해서건 다른 정책을 통해서건)이 피해를 입은 모든 노동자에게 꼭 능사는 아니리라는 것도 분명한 사실이다. 어떤 이들은 재훈련을 원하지 않을 것이고, 어떤 이들은 재훈련을 받는 것이 불가능할 것이며, 어떤 이들은 직업을 바꾸고 싶어 하지 않을 것이다. 특히 직업을 바꾸기 위해 이주를 해야 한다면 더욱 그럴 것이다. 그리고 젊은 노동자들보다 나이가 많은 노동자들에게서 이 문제는 더욱 극명할 것이다. 이들에게는 재훈련을 받는 것이 쉬운 일이 아니고, 재훈련을 받은 다음에도 젊은 노동자들보다 취업에 성공할 가능성이 더 낮기 때문이다. 실제로 한 연구에서, 나이가 많은 노동자들이 해고 후 새 일자리를 구하는 데 큰 어려움을 겪는 것으로 나타났다. 대대적인 구조조정이 있었던 시점에 55세였던 사람 중에서 해고가 된 사람과 해고되지 않고 살아남은 사람의 2년 뒤와 4년 뒤의 고용 상태를 비교한 결과, 심지어 4년 뒤에도 해고된 사람이 실업 상태일 가능성이 약 20퍼센트포인트 더 높았다.[80] 구조조정으로 해고가 되는 것은 젊은 노동자들에게도 영구적인 악영향을 미치지만, 나이가 많은 노동자들만큼 크게 미치지는 않는다.[81] 나이가 많은 노동자들은 특정한 직종에서 오랜 세월 동안 일한 사람들인 경우가 많다. 이들에게는 자신이 하는 일이 자부심과 정체성, 그리고 공동체에서의 자신의 위치에 대한 감각의 원천이다. 이들에게 전혀 다른 직종으로 가는 것을 돕는 재훈련 프로그램은 상실감을 완전히 보상해 줄 수 없을 것이다.

그렇다면 나이 많은 노동자들을 해고하지 않는 조건으로 무역으로 피해를 입은 기업들(특히 가장 피해가 큰 지역의 기업들)에 보조금을 지급하면 어떻겠는가? 최근에 래리 서머스Larry Summers(2009년에서 2012년까지 국가경제위원회 위원장이었다)와 에드워드 글레이저Edward Glaeser는 몇몇 분야에서 급여세payroll-tax를 감면해 주자고 제안했다.[82] 하지만 조세 감면은 시장에서 경쟁력이 없어진 기업이 노동자들을 계속 유지하게 하는 데 충분한 유인이 되지 못한다. 지원할 분야와 지역을 더 구체적으로 특정하고 55~62세(퇴직 후 사회보장급여 개시 연령이 62세다)인 노동자들에게 집중한다면, 기업들이 노동자들을 전일제 직원으로 유지하는 비용을 감당할 수 있게 하는 데 도움이 될 것이다. 이것으로 모든 기업을 구제하지는 못하겠지만, 도움이 가장 절실한 장소와 분야에서 상당수 노동자들의 고용을 유지하는 데는 도움이 될 것이고, 지역 공동체의 붕괴를 막을 수 있을 것이며, 길고 오랜 과정일 수밖에 없는 이행 과정의 중요한 일부가 될 수 있을 것이다.

여기에 들어갈 비용을 충당하는 올바른 방법은 일반 세수를 이용하는 것이다. 우리 모두가 무역에서 득을 얻는 한, 우리 모두가 그 비용을 감당해야 한다. 철강 노동자들의 일자리를 유지하기 위해 농업 노동자들에게 일자리를 잃으라고 요구하는 것(관세가 하는 일이 이것이다)은 말이 되지 않는다.

물론 이런 정책을 시행하는 데는 현실적인 어려움이 있다. 우선, 무역으로 타격을 입은 기업이 어디인지를 가려내야 하는데 여기에서 로비와 꼼수가 생겨날 가능성이 있다. 또한 이 정책은 WTO의 규칙을 위반하는 보호 무역의 일종으로 보일 수도 있다. 하지만 이런 문제는 해결 불가능하지 않다. 수혜 대상 기업을 무역의 피해를 입은 기업으로만 한정한다는 원칙은 이미 TAA 프로그램에서 사용되고 있고, 신청 기업이 실제로 수혜 대상에 해당하는지 여부를 확인하는 메커니즘들도 이미 개발되어 있다. WTO 규칙을 위반하는 보호 무역처럼 보일지 모른다는 문제에 대해서는, 기술 변화의 충격으로 일자리를 잃은 사람들까지 포괄하도록 범위를 확대하는 방식이 하나의 해법이 될 수 있다.

핵심은, 변화해야만 하는 것, 이동해야만 하는 것, 좋은 삶과 좋은 일자리에 대한 기존의 생각을 버려야만 하는 것이 일으키는 고통에 눈감지 말고 그것을 더 적극적으로 해결해야 한다는 것이다. 경제학자들과 정책 결정자들은 무역으로 부유한 나라의 노동자들은 고통을 받고 가난한 나라의 노동자들은 이득을 볼 가능성이 크다는 것을 오래전부터 알고 있었다. 그런데도 아무것도 하지 않고 있다가 자유 무역에 대한 대중의 적대적인 반응에 어쩔 줄 몰라 하고 있다. 무역으로 타격을 입은 노동자들이 당연히 다른 장소와 일자리로 옮겨 갈 것이고 만약 그렇게 하지 못한다면 그것은 그들 자신의 책임이라고 생각했기 때문이다. 이러한 믿음은 사회 정책에 영향을 미쳤고, 오늘날 너무나 통렬하게 드러나고 있는 '루저'와 나머지 사람들 사이의 극심한 갈등을 촉발했다.

4장
좋아요, 원해요,
필요해요

다른 인종, 종교, 민족, 심지어는 다른 성별에 대해서까지 점점 더 노골적으로 표출되고 있는 적대감은 오늘날 전 세계의 포퓰리스트 정치인들에게 일용할 양식이 되었다. 미국부터 헝가리까지, 이탈리아부터 인도까지 세계 곳곳에서, 정책 공약이라고는 인종주의와 편견밖에 없는 듯한 사람들이 정치판의 주요 인물이자 선거와 정책에 막중한 영향력을 미치는 핵심 세력으로 점점 더 부상하고 있다. 2016년 미국 대선 때는 어떤 사람이 자신의 정체성을 백인이라고 느끼는 정도가 얼마나 강한지가 도널드 트럼프를 지지하는지 여부를 매우 잘 예측해 주는 변수였다. 경제적 불안감 같은 변수보다도 예측력이 컸다.[1]

정치 지도자들이 거침없이 사용하는 적대적인 언사는 몇몇 사람들이 아마도 전부터 가지고는 있었겠지만 차마 입 밖에 내거나 행동으로 옮기지는 못했던 견해를 거리낌이 없이 드러내도록 독려하고 정당화하는 효과를 낳았다. 그래서 인종주의적인 말이나 행동을 일상에서 심심치 않게 목격할 수 있게 되었다. 그런 사례 중 하나로, 미국의 한 슈퍼마켓에서 어느 백인 여성이 흑인 여성의 전화 통화를 우연히 듣게 되었는데 그 흑인 여성이 푸드 스탬프(미국의 저소득층 식비 지원 제도로, 식품을 구입할 때 현금처럼 사용할 수 있는 바우처나 전자카드를 지급한다. 현재는 영양보충지원프로그램SNAP, Supplemental Nutrition Assistance Program이라고 불린다 – 옮긴이)를 불법으로 팔려 한다고 의심해 경찰을 불렀다. 그 과정에서 백인 여성은 의미심장하게도 이렇게 소리쳤다. "아 진짜 장벽을 꼭 지어야겠어!" 말 자체로 보면 이 말은 앞뒤가 맞지 않는다. 그 여성이 비난한 흑인 여성도 미국 시민이므로 이 둘은 "장벽"의 같은 쪽에 있는 사람들이기 때문이다.

하지만 우리 모두 그 백인 여성이 말하고자 한 바가 무엇인지 잘 안다. 그 여성은 미국이 자신과 다른 부류의 사람은 존재하지 않는 사회였으면 좋겠다는 **선호**preference를 드러내고 있었다. 흑인을 "장벽"으로 분리해서 말이다. 이것은 트럼프 대통령이 말한 [국경] "장벽"이 미국 정치에서 왜 그렇게 엄청난 폭발력을 발휘하는지를 잘 보여 준다. "장벽"은 누군가는 바라 마지않고 누군가는 두려워해 마지않는 무언가를 상징하는 이미지가 되었다.

어느 면에서 보자면, 선호는 말 그대로 선호다. 경제학자들은 '선호'와 '믿음'을 분명하게 구분한다. 선호는 케이크를 좋아하느냐 과자를 좋아하느냐, 해변을 좋아하느냐 산을 좋아하느냐, 황인종을 좋아하느냐 백인종을 좋아하느냐에 대한 것이다. 선호는 각각의 장단점을 모르는 채로 휩쓸려서 내리는 판단이 아니라, 알아야 할 모든 정보를 알고 있는 상태에서 내리는 판단이다. 누군가가 잘못된 '믿음'을 가지고 있을 수는 있지만 잘못된 '선호'를 가지고 있을 수는 없다. 슈퍼마켓에 있었던 백인 여성은 자신이 꼭 앞뒤가 맞는 말만 해야 할 의무는 없다고 주장할 수도 있을 것이다.

하지만 인종주의 자체를 논하기 전에, 사람들이 왜 그러한 선호를 갖게 되는지를 먼저 살펴볼 필요가 있다. 우리가 이 책에서 다루고자 하는 사안들에 대한 정책적 선택은 그러한 선호가 무엇을 반영하는지 또 어디에서 오는 것인지를 알지 않고는 논할 수 없는 문제들이기 때문이다. 경제 성장의 한계, 불평등의 고통, 환경 보호의 비용과 편익 등 앞으로 알아볼 주제들은 사람들이 '필요로 하는 것'과 '원하는 것'이 어떻게 구분될 수 있는지, 사회가 이러한 욕망들에 어떻게 가치를 부여해야 하는지를 생각하지 않고는 논의를 진전시키는 것이 불가능하다.

불행히도 이런 점들을 알아보기에 경제학은 그리 만족스러운 도구가 못 된다. 주류 경제학은 사람들의 견해와 선호에 대해 매우 관용적이다. 누군가의 의견이 우리가 동의하지 못할 의견이라 하더라도 그것에 대해 우리가 가치 판단을 내릴 수는 없다는 것이다. 대체로 경제학자들은, '우리는 사람들이 올바른 정보를 가질 수 있도록 사실관계에 대해서만 말할 수 있을 뿐이며 그들이 무엇을 좋아하고 무엇을 싫어할지는 오로지 그들 자신만이 결정할 문제'라고 본다. 또한 경제학자들은 편견 문제도 시장에 맡기면 해결될 수 있다고 생각한다. 관용이 사업에 더 유리하므로 옹졸하고 편협한 선호를 가진 사람은 시장에서 살아남을 수 없으리라는 것이다. 가령 어느 빵집 주인이 동성커플의 결혼식을 위한 케이크를 만들지 않기로 한다면 결혼하는 모든 동성 커플로부터 케이크 주문을 받지 못할 터이므로 그만큼 매출을 잃고 그 매출은 다른 빵집으로 가게 된다. 그러면 다른 빵집은 돈을 벌고 그는 돈을 벌지 못할 것이다.

　　문제는, 많은 경우에 일이 꼭 그런 식으로 돌아가지는 않는다는 데 있다. 동성 커플에게 결혼식 케이크 판매를 거부하는 빵집도 망하지 않을 수 있다. 비슷한 생각을 가진 사람들의 지지를 얻을 것이기 때문이다. 적어도 몇몇 경우에서는 편견이 비즈니스에 도움이 된다. 그리고 편견은 정치에도 도움이 되는 것처럼 보인다. 이런 문제들 때문에 최근에 몇몇 경제학자들이 선호의 문제를 더 깊이 파고들었고, 그 덕분에 우리는 적대가 난무하는 현 상황을 어떻게 빠져나올 수 있을지에 대해 몇 가지 유용한 통찰을 얻을 수 있었다.

취향은 논의의 대상이 아니다?

1977년에 노벨상 수상자이자 시카고 학파의 거목인 게리 베커Gary Becker와 조지 스티글러George Stigler는 "취향은 논의의 대상이 아니다De Gustibus Non Est Disputandum"라는 유명한 논문에서 경제학자는 사람들의 선호를 구성하는 기저 요인들을 파고들려 해서는 안 된다고 매우 설득력 있게 주장했다.[2]

　　베커와 스티글러에 따르면 선호는 사람들 각자의 자아를 규정하는 본질의 일부다. 만약 어느 두 사람이 모든 정보를 가지고도 바닐라가 더 좋은지 초콜릿이 더 좋은지, 북극곰을 구해야 하는지 아닌지 등에 의견이 일치하지 않는다면, 이것은 각자의 자아를 구성하는 내재적인 무언가라고 보아야 한다는 것이다. 즉 이들에 말에 따르면 선호는 변덕도, 실수도, 사회적 압력에 의한 반응도 아니며, 사람들 각자가 무엇을 가치 있게 보느냐가 반영된, 숙고에 의한 판단으로 간주되어야 한다. 베커와 스티글러는 물론 늘 그렇지는 않을 수 있다고 인정했지만, 그렇더라도 우리가 인간의 행위를 분석하고자 할 때는 선호를 자아를 구성하는 본질이자 숙고에 의한 판단으로 간주하는 것이 가장 좋은 출발점이라고 주장했다.

인간이 변덕스러운 행위들의 무작위적인 집합이 아니라 사려 깊게 생각한 다음에 결정을 내리는 존재라는 점에서, 우리도 사람들의 선택에 일관성이 있다는 개념에 어느 정도 동의하는 편이다. 누군가가 내가 했을 법한 행동과 다르게 행동한다고 해서 그가 엉망진창으로 판단하는 사람이리라고 가정하는 것은 잘난 척하는 견해일 뿐 아니라 틀린 견해다.

그럼에도 사회는 종종 사람들이 내리는 선택을 억제하고 그들 자신을 위해서라는 명분으로 다른 선택을 강제한다. 특히 가난한 사람들에게 더 그렇다. 빈곤층에게 현금 보조를 하기보다 [식품 구입에만 쓸 수 있는] 푸드 스탬프를 지급하는 것이 그런 사례다. 이는 그들에게 정말로 필요한 것이 무엇인지를 우리[가령 정책 결정자]가 알고 있다는 가정을 근거로 정당화된다.

우리는 전작 『가난한 사람이 더 합리적이다Poor Economics』에서 이와 같은 가정을 부분적으로 반박하고자 했다('부분적으로만'이었다. 우리는 사람들이 판단 착오를 내리는 경우가 많다는 것 또한 알고 있으며, 따라서 위의 가정에 '전적으로' 반대하지는 않는다). 그 책에서 우리는 많은 경우에 가난한 사람들을 대신해 우리[혹은 정책 결정자]가 정해 주는 선택보다 그들 자신이 내리는 선택이 더 합리적이라는 것을 여러 사례와 연구 결과들을 들어 주장했다.[3] 일례로, 그 책에는 모로코의 한 남성에 대한 사례가 나온다. 우리에게 그는 자기 집에 먹을 것이 부족하다고 말했고, 그가 이야기한 구체적인 내용들을 보건대 먹을 것이 부족하다는 말은 명백히 사실이었다. 그런데 그의 집에 가보니 위성이 연결된 커다란 텔레비전이 있었다. 우리는 그가 텔레비전을 [불합리하게] 충동구매하고서 곧 후회했으리라고 생각했다. 하지만 그의 설명은 달랐다. 그는 "텔레비전이 식품보다 더 중요하다"고 주장했다. 처음에 우리는 어떻게 그것이 말이 되는지 이해가 가지 않았는데, 그의 설명을 들어보니 [식품보다 텔레비전을 구매함으로써] 그가 표현한 선호의 기저에 있는 논리가 쉽게 수긍이 되었다. 그 마을에는 할 만한 일이 거의 없었고 그는 다른 곳으로 이주할 계획도 없었기 때문에 영양 섭취를 좀 더 한다고 해서 당장 배가 조금 덜 고파지는 것 외에는 별달리 득이 될 만한 여지가 없었다. 그 마을에서 구할 수 있는 소소한 일거리를 할 만큼의 체력은 이미 되었기 때문이다. 반면 텔레비전은, 일상의 끔찍한 단조로움을 누그러뜨려 줄 찻집 하나 없는 이 외진 마을에서 만성적인 지루함을 극복할 수 있게 해 주는 소중한 수단이었다.

그는 텔레비전을 선택한 자신의 선호가 합리적이라고 강하게 주장했다. 그리고 이제는 텔레비전이 있으니만큼, 돈이 더 생기면 그 돈으로는 먹을 것을 살 것이라고 여러 차례 말했다. 이것은 텔레비전이 식품보다 더 긴요한 필요를 충족시킨다는 그의 견해와 완전하게 부합한다. 하지만 이러한 선호는 대부분의 사람들이 으레 생각할 법한 바와도, 또 경제학의 많은 표준 공식들과도 배치된다. 사람들은 그가 먹을 게 부족한데도 텔레비전을 산 것을 보고서 앞으로도 그가 돈이 생기면 족족 쓸데없는 데 써 버릴 게 틀림없다고 가정한다. 텔레비전을 구매했다는 사실이 그가 불합리한 충동을 가진 사람임을 입증한 것이라고 보는 것이다. 이 논리는 가난한 사람에게 현금을 지원해서는 안 된다는 주장의 근거로 쓰인다. '필요한' 데 돈을 쓰지 않고 엉뚱한 데 낭비할 게 뻔하므로, 현금을 주지 말고 그들에게 정말로 '필요한' 것을 현물로 지원하는 게 더 낫다는 것이다.

하지만 최근에 다양한 나라에서 이뤄진 여러 실험 연구(『가난한 사람이 더 합리적이다』가 출간된 후에 나온 연구들이다) 결과, 가난한 사람들이 정부 프로그램을 통해 현금을 지원받을 경우 그 돈의 많은 부분을 실제로 식품 구매에 사용하는 것으로 나타났다.[4] 모로코의 그 남성도 그렇게 할 것이라고 말했듯이, 이들도 아마 텔레비전[이나 그 밖에 더 절실히 '필요한' 것]을 먼저 구매한 다음에는 식품을 샀을 것이다.

우리의 의구심을 잠시 접고 그들이 스스로에게 무엇이 중요한지를 잘 알고 있다고 간주했더니 정말로 무언가를 배울 수 있었다. 그런데 베커와 스티글러는 여기에서 한발 더 나가야 한다고 말한다. 선호가 '합리적'일 뿐 아니라 '안정적'이라고도 가정해야 한다는 것이다. 즉 그들에 따르면 선호가 주변에서 벌어지는 일에 영향을 받지 않는다고 간주해야 한다. 학교도, 부모의 잔소리도, 광고판과 화면에 나오는 메시지도 우리의 '진정한' 선호에 영향을 미치지 않는다. 이렇게 가정하면, 사회적 규범에 순응하거나 동료 집단의 영향을 받아 의사결정을 하는 가능성(다들 하니까 나도 문신을 한다거나, 마땅히 그래야 한다고 하니까 히잡을 쓴다거나, 이웃이 다들 가지고 있으니까 나도 고급 자동차를 산다거나 하는 가능성)은 배제된다. 물론 뛰어난 사회과학자인 베커와 스티글러는 선호가 외부의 영향을 받는 경우도 있다는 것을 모르지 않았다. 하지만 그들은 누군가의 불합리해 보이는 선택을 설명해야 할 때 그것이 사실은 합리적일 수 있는 이유들을 고찰하는 것이, 그 안에 있을 수도 있는 논리에는 완전히 마음을 닫고서 단순히 그것을 '집합 히스테리' 때문이라고 설명해 버리는 것보다 훨씬 유용한 접근 방식이라고 보았다. 이 견해는 경제학에 매우 큰 영향을 미쳤다. 많은, 아니 거의 모든 경제학자가 베커와 스티글러가 말한 '표준적인 선호 체계' 개념, 즉 선호가 일관되고 안정적이라는 가정을 받아들였다.

몇 해 전에 아비지트는 맨해튼에 살면서 프린스턴 대학에서 강의를 했다. 그래서 뉴욕에서 프린스턴까지 기차를 탈 일이 많았는데, 사람들이 [여기저기 흩어져서 서 있기보다는] 플랫폼의 특정한 장소에 우르르 서서 기차를 기다리는 경우가 많다는 사실을 발견했다. 그런데 사람들이 서 있는 곳과 기차 문이 열리는 곳이 전혀 가깝지 않은 경우가 꽤 많았다. 이것은 그저 대세를 따라가는 군중 행동으로 보였다.

이 현상을 보고 가장 자연스럽게 내릴 수 있는 결론은, 사람들이 대충 남들 하는 대로 따라하는 것을 좋아하기 때문에 흐름을 따라갔으리라는 것이다. 그런데 이 결론은 선호가 '안정적'이라는 개념과 부합하지 않는다. 플랫폼의 특정한 지점을 다른 지점보다 선호하는 것이 그 지점에 다른 사람들이 얼마나 많이 서 있느냐에 의존하고 있기 때문이다. [베커와 스티글러의 조언대로] 아비지트는 사람들이 흐름을 따라가는 현상을 그들이 그저 남들 하는 대로 따라하는 것을 좋아하기 때문이라고 단순히 설명해 버리지 않고, 각자의 의사결정 안에 놓인 합리성을 도출해 보기 위해 다음과 같은 논리를 구성해 보았다. 당신이 다른 사람들은 무언가 정보를 알고 있는 모양이라고 생각한다고 가정해 보자. 아비지트의 기차 사례로 말하자면, 당신이 다른 사람들은 기차 문이 열리는 정확한 위치를 아는 모양이라고 생각한다고 가정해 보자. 그렇다면 당신은 합리적으로 다른 사람들이 가는 대로 따라갈 것이다. 사람들이 서 있는 곳이 당신이 생각하는 기차 문 위치와 다를 경우, 당신은 자신의 정보를 억누르면서까지도 남들이 서 있는 곳으로 갈 것이다. 자, 이제 당신이 합류해서 그 지점에 서 있는 사람들의 규모가 더 커진다. 당신보다 뒤에 도착한 사람은 더 많은 사람이 한 지점에 몰려 있는 것을 보고 더더욱 사람들이 무언가 유용한 정보를 가지고 있는 모양이라고 생각하게 될 것이다. 그래서 그도 다들 서 있는 곳에 서 있기로 결정한다. 즉 겉보기에는 단순한 집단 순응의 행위로 보이는 것이, 다른 사람들이 나보다 유용한 정보를 가지고 있으리라는 전제 아래 각 개인이(집단에 순응하려는 의도는 전혀 없는 상태에서) 합리적으로 내린 선택의 결과일 수 있다.[5] 아비지트는 이 내용을 담은 논문의 제목을 "군중 행동에 대한 간단한 모델A Simple Model of Herd Behavior"이라고 붙였다.

물론 개개인의 의사결정이 합리적이라고 해서 그 결과가 꼭 바람직한 것은 아니다. 군중 행동herd behavior은 '정보 폭포informational cascade' 현상을 낳는다. 처음 몇 사람의 의사결정에 토대가 된 정보가 이후에 다른 모든 사람들의 의사결정에 과도하게 영향을 미치는 것이다. 최근에 이뤄진 한 실험은 첫 번째 사람 **단 한 명**의 무작위적인 행동으로도 그러한 폭포 효과를 낳을 수 있음을 보여 주었다.[6] 이 연구는 레스토랑 등 서비스업에 대한 정보를 올리는 웹사이트와의 협력으로 진행되었다. 이 웹사이트에 사용자가 평을 올리면 다른 사용자들이 그 평에 대해 '좋아요'나 '싫어요'를 누를 수 있었다. 연구자들은 약 10만 개의 평 중에서 일부에는 평이 올라오자마자 '좋아요'를, 일부에는 올라오자마자 '싫어요'를 눌렀다. 어떤 평에 대해 최초의 반응이 '좋아요' 이면 다음번 사용자도 '좋아요'를 누를 가능성이 32퍼센트나 올라가는 것으로 나타났다. 5개월 뒤, 최초의 반응이 '좋아요'였던 평들은 최초의 반응이 '싫어요'였던 평들보다 상위에 올라갈 가능성이 더 컸다. 이 웹사이트에서 평을 본 사람이 수백만 명이나 되었는데도, 최초의 반응 **단 하나**가 이후로도 지속적으로, 그리고 점점 더 강하게 영향을 미친 것이다.

이렇듯, 군중 행동으로 보이는 것이 꼭 '표준적인 선호 체계' 가정에 부합하지 않는 것은 아니다. 우리의 선호가 다른 이들의 행동에 직접 영향을 받지는 않더라도 다른 이들의 행동은 우리의 믿음과 행동을 바꿀 수 있는 신호를 실어 나를 수 있다. 특별히 그렇지 않다고 생각해야 할 이유가 없는 한, 나는 다른 사람들의 행동[즉 그 행동이 실어 나른다고 생각되는 정보]을 통해서 문신을 하면 예쁘고, 바나나 주스를 마시면 살이 빠지고, 멀쩡해 보이는 멕시코계 남성이 실제로는 잠재적인 강간범일 것이라고 판단하게 될 수도 있다.

하지만 때때로 사람들은 자신의 이익과는 명백히 배치된다는 것을 알면서도 단지 친구들이 그렇게 한다는 이유만으로 어떤 행동을 하기도 한다. 가령 자신이 보기에는 영 흉하게 보이는 문신을 하거나 체포될 수 있는데도 무슬림을 집단 폭행하는 데 가담하는 것처럼 말이다. 이런 행동은 어떻게 설명할 수 있을까?

집합 행동

군중 행동이 '표준적인 선호 체계'에 의한 개개인의 합리적인 선택으로 설명될 수 있듯이, 사회적 규범을 고수하는 행동도 그렇게 설명될 수 있다. 여기에서 핵심은 규범을 깨면 공동체의 다른 일원들로부터 처벌을 받게 된다는 데 있다. 그리고 규범을 깨는 사람을 처벌하지 않는 사람, 규범을 깨는 사람을 처벌하지 않는 사람을 처벌하지 않는 사람

등등도 마찬가지로 처벌을 받는다. 게임 이론 분야의 훌륭한 이론 중 하나로 위의 주장이 논리적 일관성을 갖춘 정리로 표현될 수 있음을 보여 준 '구전 정리folk theorem'라는 것이 있는데, 공동체에서 사회적 규범이 왜 그렇게나 강력하게 유지되는지에 대해 하나의 설명을 제공한다.[7]

첫 여성 노벨 경제학상 수상자 엘리너 오스트롬Elinor Ostrom은 연구자로서의 경력 내내 이 이론의 실제 사례들을 찾아내고 분석했는데, 오스트롬이 제시한 많은 사례가 스위스의 치즈 생산자, 네팔의 숲 이용자, 미국 메인주나 스리랑카의 어부와 같이 소규모 공동체를 이루고 살면서 공동체 성원 모두가 마땅히 지켜야 한다고 여겨지는 규범에 따라 생활하는 사람들의 경우였다.[8] 예를 들어, 스위스 알프스의 치즈 생산자들은 수세기 동안 공동 소유인 목초지에서 소를 방목해 키우며 살아왔다. 이곳 사람들이 '공공성'의 개념을 가지고 있지 않았더라면 이 시스템은 재앙으로 이어졌을 것이다. 공동 목초지는 주인 없는 땅이므로 모두가 (다른 이들에게 잠재적으로 해를 끼치면서) 자기 소를 더 많이 풀어 놓고자 할 유인을 갖게 되는데, 그렇게 해서 방목이 과다하게 이뤄지면 목초지가 황폐해질 수 있다. 하지만 알프스 치즈 생산자들의 경우에는 공동 목초지에서 무엇을 해도 되고 무엇은 하면 안되는지에 대한 분명한 규칙이 있었고 사람들은 그 규칙을 잘 따랐다. 규칙을 위반하면 공동 목초지에 들어올 수 있는 권리를 잃게 되기 때문이었다. 오스트롬은, 이 경우에는 집합적[공동] 소유권 체제가 사적 소유권 체제보다 모든 사람에게 더 득이 된다고 주장했다. 사적 소유권 체제, 즉 목초지를 작게 나눠서 각자가 소유하는 체제에서는 병충해가 목초지 중 일부만 훼손시키는 경우와 같이 각자가 직면해야 하는 위험이 커지기 때문이다.

　　많은 개도국에서 토지의 일부(마을에 인접해 있는 삼림 등)가 늘 공동 소유 형태로 존재했던 이유도 이 논리로 설명이 가능하다. 지나치게 집약적으로 사용되지 않는 한, 공동의 토지는 개별 구성원이 자신이 가진 경제적 수단이 불의의 사건으로 타격을 입을 경우 기댈 수 있는 자원을 제공해 준다. 공동의 숲에서 필요한 것들을 채집하거나 공동의 토지에서 풀을 베어 판매할 수 있다면 생존에 크게 도움이 될 수 있다. 그리고 이러한 공동 소유 환경에 사적 소유가 도입되면 재앙적인 결과로 이어지곤 했다(이런 유의 개혁은 현지 맥락의 논리를 이해하지 못한, 그리고 사적 소유의 장점을 지나치게 신봉하는 경제학자들에 의해 도입되는 경우가 많았다).[9]

　　마을 사람들이 다른 사람들을 도우려 하는 데에도 종종 이기적인 이유가 깔려 있을 수 있다. 내가 다른 사람을 돕는 이유는 내게 그런 도움이 필요할 때 나 역시 마을 사람들로부터 도움을 받을 수 있으리라고 기대하기 때문일 수도 있는 것이다.[10] 여기에서, 상호부조의 사회적 규범을 유지시키는 처벌 기제는, 다른 사람을 돕지 않는 사람은 본인도 다른 사람의 도움을 받을 수 없게 되는 것이다.

　　이와 같은 상호부조 체제는 공동체 구성원 중 일부가 공동체 외부에서 기회를 가질 수 있을 경우 쉽게 무너진다. 공동체에서 배제될지도 모른다는 것이 더는 그리 두려운 일이 아니게 되고, 따라서 규범을 준수하지 않으려는 유혹이 생기기 때문이다. 그리고 이를 예상한다면 공동체의 다른 구성원들도 서로 돕기를 더 꺼리게 될 것이고, 그러면 위반의 유혹이 한층 더 커진다. 이렇게 해서 상호부조 체제 전체가 무너지면 결국 모든 사람의 후생이 감소한다. 그 때문에 공동체는 이런 일의 가능성을 매우 예의주시하고 경계하며, 공동의 규범을 위협한다고 여겨지는 행동이 있을 경우에는 매우 강하게 규범을 방어하려는 태도를 취한다.

집합적 반응

일반적으로 경제학자들은 공동체의 긍정적인 역할을 강조한다.[11] 하지만 규범이 스스로 강제력을 갖는다고 해서 그 규범이 꼭 좋다는 의미는 아니다. 규범이 부과하는 규칙이 반동적, 폭력적, 파괴적인 대의를 향한 것일 수도 있다. 이제는 고전이 된 1992년의 한 논문에서, 연구자들은 인종 차별이나 인도의 악명 높은 카스트 제도 모두, 위에서 본 것과 같은 논리에서, **실제로는 아무도 인종이나 카스트에 신경을 쓰지 않는 상황에서도** 계속 유지될 수 있음을 보여 주었다.[12]

아무도 카스트에 신경을 쓰지 않지만 성관계나 결혼에서 카스트의 경계를 넘으면 '잡혼'을 했다는 이유로 사회적으로 비난을 받고 배제된다고 생각해 보자. 가령 아무도 그의 가족과는 결혼을 하지 않을 것이고 친구도 되지 않을 것이며 교류도 하지 않을 것이다. 또 누군가가 사회적 처벌에 동참해야 한다는 규범을 어기고 그 집 사람과 결혼을 하면 그 역시 사회적으로 배제된다고 가정해 보자. 사람들이 미래의 결과를 숙고해 결정을 내리는 한, 그리고 결혼이 하고 싶은 한, 이 규칙만으로도 '잡혼'을 하지 않는다는 규범을 모든 사람이 지키게 하기에 충분하다. 모두가 그 규범이 자의적이라고 생각해 동의하지 않는다고 해도 말이다. 물론 충분히 많은 사람이 규칙을 깨기 시작하면 달라질 수도 있지만, 그런 일이 일어나리라는 보장은 없다.

파타비 라마 레디Pattabhi Rama Reddy 감독의 유명한 인도 영화

「삼스카라Samskara」(1970년작)에서 이런 상황을 볼 수 있다. 브라만(가장 높은 카스트)인 사람이 낮은 카스트의 매매춘 종사자와 잠을 자서 '오염'이 되었다. 그가 갑자기 숨졌을 때 그와 접촉해서 자신도 오염이 될까 봐 브라만 중에서는 그의 시신을 화장해 주려는 사람이 아무도 없었고, 그의 시신은 그냥 썩도록 내버려졌다. 공동체의 규칙이 효과적으로 강제되고 있다는 바로 그 이유 때문에 사회적 규범은 집단적인 도착이 되어 버렸다.

박사와 성자

구성원을 유대감으로 묶어 주는 공동체냐 구성원에게 괴롭힘을 가하는 공동체냐 사이의 긴장은 새로운 일이 아니고 특수한 일도 아니다. 이는 사람들을 보호하는 국가냐 공동체를 흔들고 약화시키는 국가냐 사이의 긴장으로도 이야기해 볼 수도 있다. 이것이 파키스탄이나 미국처럼 다양성이 큰 국가들에서 벌어지고 있는 싸움의 핵심이다. 이 싸움은 부분적으로는 국가의 개입에 따라오기 마련인 관료제와 비인간화에 맞서는 싸움이고, 부분적으로는 공동체가 스스로의 목적을 추구할 권리를 지키기 위한 싸움이다. 그것이 (종종 그렇듯이) 다른 민족이나 다른 성적 선호를 가진 사람들을 차별하는 것이나 국가의 법 위에 종교적 강권을 행사하려 하는 것(가령 학교에서 창조과학을 가르치려 하는 것)을 포함하더라도 말이다.

　　잘 알려져 있듯이 간디는 식민지 시절에 인도의 독립운동을 하면서 독립된 새 인도의 비전으로 탈중심적이고 자립적인 마을들로 구성된, 평화와 동료애를 나누는 낙원으로서의 국가 공동체를 제시했다. 그는 "인도의 미래는 마을에 있다"고 역설했다. 인도 독립 운동가 중에서 간디의 비전에 반대하는 사람들도 있었다. 그중 가장 저명한 인사이자 훗날 인도 헌법의 초안을 작성하게 되는 B. R. 암베드카르B. R. Ambedkar는 최하층 카스트 출신이었고 학교에도 들어갈 수 없었다. 그럼에도 매우 영민했던 그는 박사 학위 두 개와 법학 석사 학위를 받았다. 그는 인도의 마을을 "지역주의의 하수구이고, 무지와 편협한 사고와 공동체 충성주의의 구덩이"라고 묘사한 것으로 유명하다.[13] 그는 규범을 강제하는 수단은 법이어야 하고 그 강제력은 국가가 가져야 하며 국가의 권위는 법에 의해 부여되어야 한다고 보았다. 그리고 이것이 불리한 계층 사람들이 지역에서 매우 강력한 통제력을 행사하는 공동체의 압제에 **맞서서** 권리를 획득할 수 있는 최선의 방법이라고 주장했다.

카스트 간의 통합이라는 면에서 보면, 독립 국가 인도의 역사는 꽤 성공적이었다. 전통적으로 불리한 처지이던 계층('지정 카스트'와 '지정 부족')과 다른 사람들 사이의 임금 격차가 1983년에 35퍼센트이던 데서 2004년에는 29퍼센트로 줄어들었다.[14] 감소폭이 그리 대단치 않아 보일지 모르지만, 이는 미국에서 비슷한 기간 동안 흑인과 백인 사이의 임금 격차가 줄어든 것보다 더 많이 줄어든 것이다. 이러한 성과에는 암베드카르가 도입한 적극적 우대 조치affirmative action가 일조했다. 역사적으로 차별받아 온 집단이 학교, 정부 일자리, 입법 기관 등에 일정 부분 우선적으로 접근할 수 있게 하는 조치였다. 경제 구조가 대폭 전환된 것도 크게 기여했다. 도시화는 사람들에게 익명성을 제공하고 전통적인 마을 공동체의 조밀한 유대에 의존해야 할 필요성을 줄여 줌으로써 서로 다른 카스트의 사람들이 만나고 섞일 수 있는 여지를 넓혀 주었다. 또한 새로운 일자리들이 생겨나면서 카스트 인맥에 의존하지 않아도 고용 기회를 가질 수 있었고, 낮은 카스트 출신 젊은 이들에게 교육의 인센티브도 높아졌다. 그리고 마을 공동체들도 암베드카르가 묘사한 것만큼 끔찍하게 압제적이지는 않았던 것 같다. 카스트에 상관없이 모든 아동에게 교육을 제공하는 보편 초등 교육과 무료 학교 급식 등을 받아들인 것을 보면, 분명 마을 공동체들도 카스트의 경계를 넘어 공공선을 위해 집합 행동을 할 역량이 있었다.

그러나 카스트 차별 문제가 해소되었다는 말은 아니다. 지역에는 카스트에 기반한 편견이 아직 견고하게 남아 있다. 인도 11개 주의 565개 마을에서 진행된 한 연구에 따르면, 법으로는 금지되어 있는데도 약 80퍼센트의 마을에서 이런저런 형태로 불가촉천민에 대한 차별이 행해지고 있었다. 대략 절반의 마을에서는 달리트(최하층 카스트) 사람들이 우유를 팔 수 없었다. 3분의 1 정도의 마을에서는 달리트 사람들이 시장에서 어떠한 재화도 팔 수 없었고, 식당에서도 별도의 식기를 써야 했으며, 자신의 밭에 물을 대기 위해 수원을 사용하는 데에도 제약이 있었다.[15] 또한 전통적인 형태의 차별은 사라지고 있지만 상류 카스트 사람들이 낮은 카스트 사람들의 경제적 성공을 자신의 계층에 대한 위협으로 인식해 폭력으로 대응하는 사례가 나타나고 있다. 2018년 3월에 구자라트주의 한 달리트 젊은이가 말을 소유하고 그 말을 탔다가 살해당했다. 명백히 상류 카스트 사람들의 방조 아래 발생한 사건이었다.

이에 더해 새로운 양상의 갈등도 생겨났다. 가령 각 카스트 집단들은 이제 서로를 동등하게는 여기지만 권력과 자원을 두고 경쟁하는 적대 관계로 여긴다.[16] 선거에서는 카스트에 따라 투표가 갈리는 경향이 강하게 나타나고 있다. 예를 들어 상류 카스트에 속한 사람들은 적극적 우대 조치에 반대하는 인도국민당BJP을 점점 더 많이 지지하고 있으며,[17] 다른 정당들도 카스트 계층 사이의 차이를 전략적으로 이용하면서 부상했다. 이러한 극단화는 심각한 악영향을 초래했다. 우타르프라데시주(인도에서 인구가 가장 많은 주다)는 1980년에서 1996년 사이에 정치의 양상이 극명하게 달라졌다. 낮은 카스트에 속한 사람들이 주로 사는 지역에서는 사람들이 낮은 카스트와 밀착된 두 개의 정당에 투표를 하는 경향이 점점 더 극명하게 두드러졌다. 반면, 상류 카스트가 주로 사는 지역에서는 계속해서 사람들이 전통적으로 그들에게 더 친화적이었던 정당에 투표했다. 이렇게 투표가 카스트에 따라 극명하게 갈리는 동안, 부정부패가 폭발적으로 증가했다. 많은 정치인이 감옥에 갔고 옥중에서 선거를 치르는 경우도 왕왕 있었는데, 감옥에 간 이유가 부정부패 때문이었는데도 당선되었다. 아비지트와 로히니 판데Rohini Pande는 정치적 극단화와 부정부패의 증가가 관련이 있음을 발견했다. 부정부패는 상류 카스트와 하류 카스트 중 어느 한쪽이 압도적 다수인 지역에서 가장 크게 증가했다.[18] 이러한 지역에서는 사람들이 거의 전적으로 카스트를 보고 투표하기 때문에 그곳의 지배적인 카스트 출신 후보가 따 놓은 당상으로 승리했다. 아무리 그가 심각한 부정부패 의혹이 있고 상대 후보는 그렇지 않다고 해도 말이다. 반면, 카스트들 사이에 인구가 균형을 이루고 있는 지역들에서는 이런 현상이 나타나지 않았다.

또한 카스트 충성도가 막대한 중요성을 띠게 되면 마을 공동체가 국가의 법이 정하는 바를 명시적으로 위반하면서까지 구성원들에 대해 강력한 통제력을 행사할 수 있게 된다. 마을의 카스트 위원회인 판차야트panchayat가 성관계나 결혼에 대해 국가가 정하고 있는 바를

'전통'의 이름으로 적극적으로 위배하는 것이 그런 사례다. 차티스가 르주에서 이를 단적으로 보여 주는 끔찍한 사건이 있었다. 14세 소녀가 65세 남성에게 강간을 당했는데 마을의 판차야트는 피해자에게 이 사건을 경찰에 신고하지 말라고 했다. 피해자가 경찰에 신고하겠다고 계속 주장하자 마을 공동체의 원로 몇 명이 그 소녀를 심하게 구타했다. 그 원로 중에는 남성뿐 아니라 여성도 있었다. 강한 공동체는 가장 약한 구성원(어제의 달리트, 오늘의 젊은 여성 등)을 억압할 수 있고, 국가는 그 억압을 멈추는 데서 무력할 수 있다. 공동체 구성원 다수가 공동체의 통제력을 유지하는 데에 자신의 이해관계가 걸려 있다고 여기기 때문이다. 그들이 공동체의 규범에 순응하는 한 공동체는 그들이 필요로 할 때 지원과 도움의 네트워크를 제공할 것이다. 규범을 따르기 위해 감수해야 하는 잔혹함에 때로 마음이 불편하기는 하겠지만, 그렇다고 공동체 전체에 맞서는 것은 너무나 큰 용기가 필요한 일이다.

흑인이 국가에 변화를 요구하다[19]

"흑인이 국가에 변화를 요구하다"는 2008년에 풍자 신문 「어니언 Onion」이 버락 오바마의 대선 출마에 대해 쓴 기사의 제목이다. 여기에서 언어유희의 포인트는, 푼돈을 구걸하면서 빌붙어 사는 전형적인 흑인에 대한 이미지와 영감을 주는 지도자로서 국가의 문화적인 변혁을 요구하는 오바마의 이미지 사이의 대조다. 우리가 자주 잊기는 하지만, '자유 행진Freedom March'(1960년대에 있었던 인종 차별 반대 행진 – 옮긴이)에서부터 미국에서 첫 흑인 대통령이 탄생하기까지는 45년도 채 걸리지 않았다. 민권 운동 이래로 미국의 인종 관계에서 많은 것이 달라졌고, 대개는 좋은 쪽으로 달라졌으며, 이는 오바마가 대통령으로 선출될 수 있는 토대가 되었다. 2019년 인도에서 하층 카스트 출신 대통령과 총리가 나온 것도 마찬가지다. 45년 전에는 '미국의 흑인 대통령'만큼이나 불가능해 보였던 일이었다.

한편 오늘날 미국의 흑인들이 1965년에 비해 훨씬 더 교육을 많이 받고 있긴 해도 교육 수준이 비슷한 백인 남성과 흑인 남성 사이의 소득 격차는 증가하고 있고 현재는 거의 30퍼센트에 달한다. 이는 인도의 '지정 카스트'와 나머지 사람들 사이의 임금 격차보다도 큰 것이다.[20] 미국의 흑인은 백인에 비해 계층의 상향 이동성이 매우 작고 하향 이동성은 크다.[21] 이에 대한 이유로 많이 지적되어 온 것은 흑인 남성의 수감률이 과도하게 높아진 것이다.[22] 하지만 동네와 학교의 인종 간 분리가 끈질기게도 사라지지 않고 있다는 것도 무시할 수 없는 이유다.

백인 남성이 흑인에게 경제적으로 위협을 받는다고 느낄 이유는 사실상 없는데도 최근 들어 반反흑인 정서가 크게 증가했다(적어도 공개적으로 표출되는 경향으로 보면 크게 증가했다). 연방수사국FBI에 따르면 2017년에 증오 범죄가 [전년 대비] 17퍼센트나 늘었다. 2015년까지는 오랫동안 안정적이거나 하락하고 있었는데 그때부터 추세가 뒤집혀 증오 범죄가 3년 연속 증가했다. 그리고 증오 범죄 5건 중 3건은 인종과 관련이 있었다.[23] 또한 2018년 미국 중간선거에서는 자칭 백인 우월주의자라고 이야기하거나 백인 우월주의자와 가까운 관계인 후보가 9명이나 출마했다.[24]

이번에는 다르다?

그러나 2016년 대선 이래 미국에서 지배적인 이슈로 부상한 것은 흑인에 대한 불신이 아니라 이민자에 대한 노골적인 적대다. 이것은 단순히 경제적인 면에서의 분노를 훨씬 넘어선다. 이민자는 "우리의 일자리"만 "가로채는" 게 아니라 백인의 존재를 위협하는 "범죄자이고 강간범"이라고 이야기된다. 흥미로운 사실은, 이민자가 적은 주일수록 그렇게 생각하는 사람이 많다는 것이다. 이민자가 거의 없는 주(와이오밍, 앨라배마, 웨스트버지니아, 켄터키, 아칸소 등)에서 주민의 절반 가까이가 이민자들이 미국의 문화와 가치를 위협한다고 생각한다.[25] 이는 이민자에 대한 두려움이 경제적인 불안보다는 '정체성'과 더 관련이 있다는 것을 보여 준다. 많이 접해 보지 못하면, 자신이 본 적이 거의 없는 집단의 사람들을 자신과 근본적으로 다른 사람이라고 생각하게 되기 쉬워서인 듯하다.

이러한 현상은 2016년 이전에도 있었지만 트럼프가 대통령으로 당선되면서 그러한 정서를 노골적으로 드러내기가 더 쉬운 분위기가 형성되었다. 이 동학을 잘 보여 준 영리한 실험이 하나 있다.[26] 연구자들은 공화당 성향이 매우 강한 8개 주(앨라배마, 아칸소, 아이다호, 네브라스카, 오클라호마, 미시시피, 웨스트버지니아, 와이오밍)에서 참가자를 모집해 반反이민자 단체에 돈을 기부하도록 금전적인 인센티브를 제공했다. 구체적으로, 참가자가 온라인상에서 기부에 동의하면 그를 대신해 연구팀이 반이민자 단체에 1달러를 내주고 이에 더해 그 참가자에게 50센트를 주겠다고 했다. 그런데 참가자 중 한 집단에는 그가 어떻게 결정했는지에 대해 비밀이 보장될 것이라고 말했고, 다른 집단에는 연구팀 중 한 명이 그의 결정을 재차 확인하기 위해 따로 연락할 수 있다고 말했다. 즉, 후자의 경우 반이민자 단체에 기부를 할지 말지에 대한 내 결정을 적어도 누군가 한 명이 알게 되고 내 결정에 대해 그와 이야기를 나눠야 할 수 있다는 의미였다. 연구팀은 이 실험을 2016년 대선 이전에도 실시했고 이후에도 실시했는데, 대선 이전에 진행한 실험에서는 두 번째 집단 사람들이 첫 번째 집단 사람들보다 반이민자 단체에 기부를 하기로 결정할 가능성이 현저하게 낮았다(두 번째 집단에서는 34퍼센트, 첫 번째 집단에서는 54퍼센트였다). 하지만 동일한 실험을 대선 이후에 했더니 이 차이가 거의 사라졌다. 공공연히 이민자에게 반대하는 견해를 내세운 후보가 승리하면서 기존에 사람들을 조심하게 했던 억제 요인이 풀려서, 자신이 이민자에 대해 적대적인 견해를 가지고 있음을 남들이 알게 되어도 개의치 않게 된 것이다.

한 가지 위안이 되는 사실은 과거에 미국으로 이민자들이 대거 들어오는 파도가 일었을 때도 처음에는 이민자들이 심하게 배척되었지만 결국에는 미국 사회의 일원으로 받아들여졌다는 것이다. [1700년대에] 벤자민 프랭클린Benjamin Franklin은 독일계 이주민을 혐오해서 이렇게 언급했다. "여기에 온 사람들은 일반적으로 독일 사람들 중 가장 멍청한 족속이다. 자신이 갖게 된 자유에 익숙하지 않아서 자유를 절제하며 사용하는 법을 모르는 자들이다." 제퍼슨도 독일인들이 도저히 통합이 불가능한 족속이라고 생각했다. "다른 외국인들은 자기들끼리만 정착촌을 이루며 사는 것이 좋지 않다는 인식을 가지고 있다. 그런데 독일 정착촌 사람들은 그들의 언어, 습관, 정부 원칙 등을 계속해서 고집한다."[27] 또 미국은 19세기부터도 중국인 이민자를 제한하려 했고 이어서 중국인 이민을 금지했다. 그리고 1924년에는 동유럽과 남유럽(이탈리아와 그리스) 이민자를 제한하기 위해 이민자 할당제를 도입했다.[28]

그러나 매번의 파도마다 이민자들은 결국 미국 사회에 받아들여겼고 동화되었다. 그들이 아이에게 지어 주는 이름, 그들이 갖게 되는 직업, 그들이 투표하는 방식, 그들이 먹고 구매하는 것 모두가 점차 현지인과 융합되었다. 이는 다시 현지인들이 한때는 낯설었던 이름과 먹거리를 받아들이게 했다. 록키는 미국의 영웅이고, 피자는 미국의 기본적인 5가지 식품군 중 하나다.

프랑스에서도 마찬가지였다. 프랑스 사람들은 처음에 이탈리아 이민자를 배척했고, 그다음에는 폴란드 이민자를 배척했고, 그다음에는 스페인과 포르투갈 이민자를 배척했다. 이들 모두 차차로 프랑스 사회에 통합되었다. 하지만 프랑스 사람들은 매번 "이번에는 다르다"고 했고, 2016년 현재는 무슬림을 배척하고 있다.

이러한 선호와 태도는 어디에서 오는 것일까? 우리는 과거에 배척했던 '적'과 결국에는 화합한 경험이 그렇게 많이 있는데도 왜 늘 새로운 적을 또 찾아내려 하는 것일까?

통계적 차별

타 집단에 대한 편견과 차별의 행위에도 베커와 스티글러의 표준적인 가정에 부합하는 간단한 경제학적 설명들을 적용해 볼 수 있다. 첫째, 타 집단에 대한 폭력의 기저에 경제적인 이유가 있는 경우다. 인도에서 1995~2000년 사이에 벌어진 힌두-무슬림 간 폭력 사태를 분석한 결과, 무슬림들의 소득이 크게 증가했던 시기와 지역에서 폭력 사태가 벌어지는 경향이 컸다. 그러나 힌두교인들의 소득 증가는 폭력 사태 발생과 상관관계가 없거나 마이너스 상관관계가 있었다.[29] 이는 몇몇 대규모 폭력 사태를 묘사한 세부적인 내용과도 잘 부합하는데, 겉보기에는 마구잡이로 폭력이 횡행한 것 같았어도 무슬림 사업가들이 타깃

이 된 경우가 많았다. 폭력은 종종 약탈을 위한 편리한 위장술이다.

둘째, 본인은 편견을 가지고 있지 않더라도 자신이 속한 집단에 충성심을 나타내기 위해 불관용과 편견을 겉으로 내보여야 한다는 압박을 느끼는 경우다. 일례로 인도네시아에서 경제 위기가 있었던 시기에 코란 공부 모임에 참가하는 사람이 크게 증가했다. 강렬한 신앙심을 겉으로 내보이는 행동은 집단에 대한 충성도를 드러냄으로써 상호부조의 공동체 안에서 자신의 입지를 분명히 해 둘 수 있는 징표였다.[30] 일자리나 자신이 의존하고 있는 사회적 네트워크를 잃지 않기 위해 자기 집단이 가지고 있는 인종주의나 성차별주의에 대해 침묵하거나 맞장구를 치는 것도 이런 맥락으로 볼 수 있다.

셋째, '통계적 차별'의 메커니즘이 작동하는 경우다. 우리는 파리에서 자기 일에 매우 열정과 자부심을 가진 북아프리카 출신 우버 운전사 한 명을 만난 적이 있다. 그가 말하길, 우버가 없던 시절에는 북아프리카 사람이 좋은 자동차를 모는 것을 보면 다들 마약 거래상이거나 훔친 차일 것이라고 추측했다고 한다. 사람들은 북아프리카 출신들이 비교적 가난하기 때문에 비싼 차를 살 여력이 없을 가능성이 크다는 '통계적인 사실'을 알고 있었고, 이 '통계적인' 사실에 기초해 좋은 차를 모는 '특정한' 북아프리카 사람을 범죄자(마약 거래상이거나 훔친 차를 모는 사람)라고 판단했다. 하지만 이제는 사람들이 그를 보고 마약 거래상이나 자동차 도둑이 아니라 우버 운전사라고 생각한다. 명백히 이것은 진보다.

'통계적 차별'이라는 개념은 미국 경찰이 흑인 운전자를 더 자주 불러 세우는 것을 어떻게 정당화하는지, 힌두교가 다수인 우타르프라데시주가 경찰에 의해 '우발적으로' 사망한 사람들(우타르프라데시주 정부는 이들을 "우연히 사망하게 된" 사람들이라고 표현한다) 다수가 무슬림인 이유를 어떻게 설명하는지 등을 이해하는 데도 도움이 된다. 통계적으로 미국의 범죄자 중에는 흑인이, 우타르프라데시주의 범죄자 중에는 무슬림이 많다는 사실이 근거가 되는 것이다. 다른 말로, 노골적인 인종주의로 보이는 것이 정말로 노골적인 인종주의에서 비롯된 것은 아닐 수 있다. 몇 가지 특성(마약 거래, 범죄 등)을 주의 깊게 고려했을 뿐인데 하필 그것이 특정한 인종이나 종교를 가진 사람들과 통계적으로 더 강한 연관관계가 있을 수도 있는 것이다. 어쩌면 오늘날 벌어지고 있는 차별적 행위는 사람들이 실제로 가진 편견에서 비롯한 옛날 방식의 차별(경제학자들은 이것을 '취향에 기반한 차별taste-based discrimination'이라고 부른다)보다 통계적 차별이 더 큰 원인일지도 모른다. 하지만 당신이 흑인이거나 무슬림이라면 원인이 어느 쪽이건 결과는 마찬가지다.

이력서에 범죄 이력을 적는 칸을 없애게 한 '밴 더 박스Ban the Box, BTB' 정책이 젊은 흑인 남성의 실업률에 어떤 영향을 미쳤는지 알아본 최근의 한 연구는, 통계적 차별이 실제로 존재한다는 것을 매우 강력하게 보여 주었다. BTB 정책은 고용주가 입사 지원서에 범죄 이력이 있는지 체크하는 칸을 두지 못하게 하는 것으로, 젊은 흑인 남성들의 고용을 증진시키기 위해 23개 주에서 이 정책을 도입했다. 젊은 흑인 남성은 다른 인구 집단보다 전과가 있을 확률이 높고 이들의 실업률은 전국 평균의 2배다.[31]

이 정책이 어떤 영향을 미쳤는지 알아보기 위해, 연구자들은 뉴저지주와 뉴욕시가 BTB 정책을 도입하기 직전과 직후에 이 지역에서 채용 공고를 낸 고용주들에게 1만 5,000장의 가짜 온라인 지원서를 제출했다.[32] 고용주가 지원서를 보고 지원자의 인종을 알아차릴 수 있도록 전형적인 백인 이름과 흑인 이름을 사용했고, BTB가 도입되기 전에 작성한 지원서 중에 범죄 이력을 적는 칸이 있을 경우에는 무작위로 범죄 이력 여부를 표시했다.

우선 전체적으로 (이전의 수많은 연구에서도 드러난 바대로) 흑인에 대한 차별이 존재했다. 이름만 차이가 나고 다른 면에서는 동일한 내용의 이력서를 보내도 백인 지원자가 서류를 통과해 이후의 면접 절차에 대한 연락을 받을 가능성이 23퍼센트나 더 높았다. 또 (이 역시 예상하시다시피) 범죄 이력이 있으면 취업에 매우 불리했다. BTB 정책이 도입되기 전에 범죄 이력을 지원서에 쓰게 되어 있었던 곳들 중에서 비교해 본 결과, 다른 조건이 동일할 경우 범죄 이력이 없는 지원자가 서류를 통과할 가능성이 62퍼센트나 더 높았다. 이 효과는 흑인과 백인 모두에게 비슷했다.

정작 이 연구에서 드러난 놀라운 결과는 따로 있었다. BTB가 도입되어 범죄 이력을 표시하는 칸이 없어지자 서류를 통과하는 사람의 비중이 인종별로 **더 큰 격차**를 나타낸 것이다. BTB 도입 전에는 백인 지원자가 서류를 통과할 가능성이 비슷한 조건을 가진 흑인 지원자에 비해 7퍼센트만 더 높았는데, BTB가 도입되자 이 격차가 43퍼센트로 뛰었다. **개개인의** 범죄 이력에 대한 **실제 정보**를 얻을 수 없게 되자 고용주들이 (통계적 사실에 기초해서) **모든** 흑인 지원자가 범죄 이력이 있을 가능성이 크다고 **가정**하게 되었다. 즉 BTB가 도입된 후 고용주들은 지원자의 범죄 이력 여부를 가늠하기 위해 인종을 대용 지표로 활용했다. 이것은 명백히 통계적 차별이다.

통계를 근거로 사용한다고 해서 늘 올바른 추론을 하는 것은 아니다. 이스라엘에서 수행된 한 실험에서 연구자들은 아슈케나지 유대인(유럽과 미국의 유대인)과 동방 유대인(아시아와 아프리카 유대인)을 참가자로 모집해 실험 경제학에서 사용되는 주된 기법 중 하나인 '신뢰 게임trust game'을 진행했다. 두 명이 한 팀이 되어 한 명은 발송인, 다른 한 명은 수취인 역할을 하고, 발송인은 일정한 액수의 돈을 받은 뒤 그중 얼마를 수취인에게 나눠 줄지 결정한다. 이 결정은 전적으로 발송인에게 달려 있고, 1원도 나눠 주지 않기로 결정할 수도 있다. 그런데 발송인이 수취인에게 돈을 나눠 주기로 할 경우, 그 액수의 3배가 수취인에게 들어간다. 그러면 다시 수취인은 자신이 받은 돈 중 얼마를 발송인에게 다시 나눠 줄지 결정한다. 발송인과 수취인 모두 이러한 규칙을 숙지한 상태로 게임을 시작한다. 이 실험이 알아보고자 하는 바는, 발송인이 수취인을 어떤 사람으로 여기고 있는지다. 발송인이 수취인을 덜 이기적인 사람이라고 생각할수록 더 많은 몫을 나눠 주려고 할 것이다.

신뢰 게임을 이용한 연구는 굉장히 많이 이뤄져 왔는데, 일반적으로 발송인은 처음에 받은 금액의 절반 혹은 절반보다 약간 많은 액수를 수취인에게 나눠 주고 최종적으로 자신이 나눠 준 것보다 더 많은 돈을 다시 받았다. 즉 발송인은 대체로 수취인을 신뢰하며 수취인은 그 신뢰에 부응하는 행동을 보인다. 이스라엘 연구팀이 진행한 실험에서도, 발송인과 수취인이 둘 다 아슈케나지 유대인일 경우에는 이와 비슷한 결과가 나왔다. 그런데 수취인이 동방 유대인이면 결과가 크게 달라졌다. 이 경우 발송인이 수취인에게 나눠 주는 돈은 수취인이 아슈케나지 유대인이었을 경우의 절반 정도에 불과했다. 그 결과 발송인과 수취인 모두 최종적으로 받게 되는 돈이 더 적어졌다.

이에 대해 두 가지 해석이 있을 수 있다. 하나는 불신이다. 즉, 동방 유대인이 받은 돈을 다시 나눠 주리라고 발송인이 신뢰하지 않았을 경우다. 두 번째 해석은 적대다. 아슈케나지 유대인인 발송인이 동방 유대인을 너무나 싫어한 나머지 자신이 손해를 보는 것을 감수하면서까지 동방 유대인 수취인에게 손해를 입히고자 했으리라는 것이다. 그런데 나눠 준 돈을 다시 돌려받지 않는 것으로 게임 규칙을 수정하면 발송인은 아슈케나지 유대인에게나 동방 유대인에게나 거의 동일한 액수를 나눠 주는 것으로 나타났다. 따라서 위 실험에서 드러난 차이는 적대 때문이 아니라 불신 때문이었다고 볼 수 있다.

그런데 흥미롭게도 동방 유대인도 동방 유대인을 불신하는 것으로 나타났다. 동방 유대인이 발송인이 되었을 때, 그들도 다른 사람들보다 동방 유대인을 더 신뢰하지는 않았다. 즉 동방 유대인에 대한 모종의 고정관념이 존재하고 모든 사람이 그 고정관념을 받아들이고 있는 것으로 보인다. 문제는 이 고정관념이 전적으로 부당하다는 데 있다. 이 게임에서 동방 유대인이 신뢰할 만하지 않게 행동한다는 증거는 전혀 발견되지 않았다. 그들이 돈을 나누는 패턴은 아슈케나지 유대인들과 거의 같았다. 이 실험의 참가자들은 다들 자신이 합리적으로 판단해 행동한다고 생각했을 것이다. 하지만 그들은 실제가 아니라 상상의 이미지에서 나오는 불신 때문에 잘못된 의사결정을 내리고 있었다.

자기 강화적인 차별

자기 차별, 즉 스스로가 자신의 집단을 차별하는 현상이 매우 만연해 있다는 사실은 미국 심리학자 클로드 스틸Claude Steele의 유명한 실험을 통해 널리 알려졌다. 스틸은 동일한 과제에 대해 '실험용 문제풀기 과제'라고 묘사하면 흑인 학생과 백인 학생 사이에 성과 차이가 거의 나지 않았는데, '지능 테스트'라고 묘사하면 흑인 학생이 백인 학생보다 현저히 낮은 성과를 보인다는 사실을 발견했다.[33] 이 결과는 '고정관념 위협stereotype threat'(스틸이 쓴 표현이다)이 얼마나 강력한지를 잘 보여준다.

인종적 소수자만 고정관념 위협에 취약한 것이 아니다. 여대생들에게 "당신은 여성이 남성보다 수학을 못한다는 이야기를 들었을지 모르지만 이 시험지에 있는 문제들은 그렇지 않습니다"라고 적혀 있는 시험지에 수학 문제를 풀게 하면 성과가 더 좋아졌다.[34] 또 수학과 공학을 전공하는 백인 남성 대학생 중 SAT의 수학 점수가 높았던 학생들(즉 자신의 수학 실력에 대해 매우 자신 있는 학생들)은 "아시아인이 왜 수학 시험을 더 잘 보는지"를 알아보는 시험이라고 묘사하고 문제를 풀게 하면 성과가 낮아졌다.[35] 이 밖에도 자기 차별적 편견이 존재하는지 알아보기 위한 실험이 다양한 맥락에서 많이 수행되었고, 자기 차별이 존재한다는 것이 반복적으로 확인되었다.

많은 경우에 자기 차별은 자기 강화적이다. 사람들은 자신의 집단 정체성을 상기시키는 이야기를 들을 때마다 그 정체성에 맞게 행동하고, 다시 이는 그들이 스스로를 더 의심하게 만든다. 자기 차별뿐 아니라 타 집단에 대한 차별에서도 자기 강화의 동학이 발생한다. 이제는 악명 높은(한때는 유명했던) 1960년대의 한 심리학 실험에서, 연구팀은 교사들이 일군의 학생(학급의 5분의 1 정도)이 다른 학생들보다 유독 더 뛰어나다고 생각하게끔 유도했다. 그래서 교사들은 이 학생들이 다른 학생들보다 IQ가 더 빠르게 발달할 것이라고 예상하게 되었다. 사실 그 아이들은 무작위로 선택되었고 나머지 아이들과 대체로 동일했다.[36] 하지만 교사들이 더 높은 기대치를 갖게 된 집단의 학생들은 1년 동안 IQ 테스트 점수가 12점 오른 반면 나머지 학생들은 점수가 8점만 올랐다. 이 실험 자체는 이런 종류의 개입이 갖는 도덕적 문제 등 여러 가지 이유로 비판을 받았다. 하지만 자기실현적 예언이 강력한 효과를 발한다는 점은 수많은 다른 실험에서도 드러났다.

일례로, 프랑스에서 진행된 한 연구는 슈퍼마켓 계산대에서 일하는 젊은 직원들을 대상으로 이를 알아보았다. 이들 중에는 북아프리카와 사하라 이남 아프리카 출신이 상당히 많았다. 연구 결과, 아프리카 출신에 대해 편견을 가진 감독관은 아프리카 출신 직원들에게 투자[격려 등]를 덜 하는 것으로 나타났다.[37] 계산대 직원들에게는 날마다 다른 감독관이 배정되었다. 따라서 직원들은 어느 날 누구의 감독 아래 일하게 될지를 자신이 정할 수 없었다. 이 연구에서 아프리카 출신 직원에 대해 편견을 가진 감독관이 배정되느냐 아니냐는 아프리카 출신 직원과 그렇지 않은 직원의 성과에 서로 다르게 영향을 미치는 것으로 나타났다. 아프리카 출신 직원들은 편견을 가진 감독관이 배정된 날에 결근하는 경우가 많았고 결근을 하지 않았을 경우에도 업무에 시간을 덜 들였다. 바코드를 더 느리게 스캔했고 다음 고객을 응대하기까지도 더 오래 걸렸다. 반면, 아프리카 출신이 아닌 직원들에게서는 감독관이 누구인지에 따라 업무 성과에 차이가 나타나지 않았다. 아프리카 출신 직원들에게서 나타난 업무 성과의 차이가 편견을 가진 감독관이 이들에게 명시적으로 적대나 적의를 보였기 때문인 것 같지는 않다(아프리카 출신 직원들은 편견을 가진 감독관과 일하는 것이 더 싫다고 응답하지 않았고, 편견을 가진 감독관이 자신을 싫어하는 것 같다고 응답하지도 않았다). 그보다는 편견을 가진 감독관이 아프리카 출신 직원들에 대해 효과적인 근무 관리를 하지 않아서였던 것으로 보인다. 가령 아프리카 출신에 대해 편견을 가진 감독관은 아프리카 출신 직원이 있는 계산대로 와서 일을 더 잘하도록 독려하는 등의 행동을 취하지 않았다.

　　여성이 지도자의 위치에 있게 되었을 때 [남성에 비해] 평가절하되는 것과 관련해서도 자기실현적 예언이 작동하곤 한다. 한 연구에서 연구자들은 말라위의 농촌 마을에서 무작위로 선정된 남성 농민과 여성 농민에게 새 농업 기술에 대한 교육 과정을 이수하게 한 뒤 여기에서 배운 것을 다시 다른 농민들에게 가르쳐 주도록 했다.[38] 교육 과정에 참여한 여성 농민들은 남성 농민들에 비해 교육에서 배운 지식을 더 잘 기억했고, 이 여성 농민들에게 농업 기술을 배운 사람들 중 이들이 가르치는 것을 귀담아 들은 사람들은 실제로 더 많은 것을 배웠다. 하지만 사람들 대부분은 여성의 역량이 더 떨어진다고 생각해 여성 농민들이 가르쳐 주는 것을 귀담아 듣지 않았다. 마찬가지로 방글라데시에서 작업 감독이 되기 위한 교육을 받은 여성 노동자들은 리더십과 실무 능력에 대한 객관적인 평가에서는 남성과 동일한 능력이 있는 것으로 나타났다. 하지만 그들의 감독을 받게 된 노동자들은 여성 감독이 남성 감독보다 덜 유능하다고 생각했고, 아마도 노동자들의 이러한 인식 탓에 여성 감독이 이끄는 작업팀은 성과가 더 낮았다. 그리고 이는 여성 감독은 역량이 떨어진다는 편견을 입증하는 증거로 여겨졌다.[39] 처음에는 여성에 대한 부당한 '편견'이었던 것이 정작 그 여성들에게는 아무런 잘못이 없었는데도 여성이 '실제로' 더 무능해지는 결과로 이어진 것이다. 그리고 이는 다시 남성 감독에 비해 여성 감독이 열등한 지위에 있게 되는 현상을 한층 더 강화했다.

흑인이 골프를 친다고?

이러한 자기실현적 예언의 사례들을 보면, 이것의 영향을 받는 집단이 누구인지가 너무나 예측 가능하다는 사실에 새삼 놀라게 된다. 자기실현적 예언의 피해자가 되는 사람은 언제나 전통적으로 불리한 사회 집단이었던 사람들이다. 백인 남성이 (스포츠만 빼고) 무언가에 체계적으로 열등하다고 평가받는다는 이야기를 들어 본 적이 있는가? 요컨대, 편견을 일으키는 고정관념은 사회적 맥락에 뿌리를 두고 있다.

프린스턴 대학에서 흑인 학생과 백인 학생을 대상으로 이뤄진 한 연구가 이러한 사회적 뿌리가 얼마나 깊은지를 잘 보여 준다.[40] 연구자들은 골프를 쳐 본 적이 없는 학생들을 모집해 난이도를 높여 가며 여러 가지 골프 기술을 배우게 했다. 첫 번째 실험에서, 일군의 학생에게는 자신의 인종(자신이 가장 많이 동일시하는 '주요 인종')을 표시하는 칸이 포함되어 있는 질문지를 먼저 작성하게 했고, 다른 학생들에게는 질문지를 주지 않았다. 그리고 모든 학생에게 이 골프 실험이 "일반적인 스포츠 능력"을 평가하는 실험이라고 설명했다. 인종을 표시하게 되어 있는 질문지를 받지 않은 학생들 사이에서는 백인이나 흑인이나 성과가 비슷했다. 하지만 골프를 치기 전에 자신의 인종을 먼저 상기해야 했던 학생들 사이에서는 골프가 백인 스포츠라는 생각 때문에(아직 타이거 우즈Tiger Woods가 유명해지기 전이었다) 흑인 학생들은 성과가 낮아지고 백인 학생들은 성과가 올라가서 흑인과 백인 사이에 큰 격차가 생겼다.

두 번째 실험[41]에서는 인종을 질문하는 대신 일군의 학생에게는 이 테스트가 "타고난 운동 신경"과 관련된 개인적인 요소들을 측정하기 위한 것이라고 묘사했고, 또 다른 일군의 학생에게는 동일한 테스트에 대해 "스포츠 지능"을 측정하기 위한 것이라고 묘사했다. 전자의 학생들에게 "타고난 운동 감각"은 "손과 눈이 조화롭게 행동하도록 하기 위해 필요한 복잡한 과정들을 수행하는 타고난 능력, 가령 발차기, 던지기, 공이나 움직이는 물체 맞추기 등"이라고 설명되었고, 후자의 학생들에게 "스포츠 지능"은 "운동을 하는 과정에서 전략적인 사고 역량이 개인적인 특성들과 어떻게 관련이 되는지"를 알아보는 것이라고 설명되었다. 그리고 두 집단 모두에게 테스트는 점점 난이도가 높아지는 방식으로 진행될 것이라고 알려 주었다. 실험 결과, "타고난 운동 감각"을 알아보기 위한 테스트라는 설명을 들은 집단에서는 흑인이 백인보다 성과가 훨씬 좋았다. 반면, "스포츠 지능"을 알아보기 위한 테스트라는 설명을 들은 집단에서는 백인이 성과가 훨씬 좋았다. 흑인 학생 본인들도 포함해서 모든 학생이 운동 신경은 흑인이 더 뛰어나고 전략적인 사고는 백인이 더 뛰어나다는 고정관념을 가지고 있었다. 그리고, 다시 말하지만, 이들은 모두 프린스턴 대학 학생들이었다.

이러한 실증 근거들을 베커와 스티글러가 말한 '일관되고 안정적인 선호 체계'라는 개념과 합치시키기는 쉽지 않다. 어느 집단이 스스로에 대해 그리고 다른 집단에 대해 생각하는 방식은, 개개인의 본질적인 자아와 관련된 고정적인 무언가라기보다 사회적으로 구성된 산물일 가능성이 크다. "스포츠 지능"과 "타고난 운동 감각"이라는 개념 그리고 그것과 인종과의 관련에 대한 우리의 인식이 [모종의 '실재'와 관련이 있다기보다는] 사회적으로 형성된, 상당히 자의적인 인식이라는 데서 알 수 있듯이 말이다.

백인 행세

베커와 스티글러는 경제학자가 사람들이 가진 선호의 기저에 있는 사회적 맥락을 파고들지 않는 것이 더 좋다고 주장했다. 하지만 사회적 맥락은 계속해서 사람들의 선호에 스며들며 영향을 미친다. 그리고 '선호'에는 무엇을 먹을까, 어디에서 물건을 살까에 대한 선호만 있는 것이 아니라 '누구와 함께 어울릴까'에 대한 선호도 있다.

우리는 의심스러운 사람을 피하고 싶어 하고 우리와 비슷한 사람들이 사는 동네에 살고 싶어 한다. 이러한 분리는 삶의 기회에 영향을 미치고 불평등을 강화한다. 가난한 흑인이 많은 동네에는 자원도 덜 유입될 것이다. 이 모든 것이 그곳에서 자라는 아이들에게 영속적인 영향을 미친다. 1915~1970년 사이에 흑인들이 백인 동네에 들어오기 시작하자(이 시기를 '흑인 대이동Great Migration'의 시대라고 부른다) 백인들은 그 동네를 떠나기 시작했다. 그리고 그 동네에는 더 안 좋은 학교, 쇠락하는 인프라, 더 적은 일자리 기회가 남게 되었다.[42]

이런 동네는 더 가난해지고 더 쇠락하고 범죄도 더 증가했으며 사람들이 경제적으로 성공할 가능성도 줄었다. 소득 기준으로 하위 20퍼센트에서 태어난 흑인 아이가 상위 20퍼센트로 올라갈 확률은 흑인 대이동 시기에 백인이 이탈한 동네들이 그렇지 않은 동네들보다 훨씬 낮았다.[43] 많은 요인이 영향을 미쳤겠지만, 그중 하나는 사람들이 의식적, 무의식적으로 자기 동네에 걸맞은 규칙에 따라 행동하게 된 것이었다. 으레 폭력적인 행동이 나타날 것이라고 서로서로 예상하는 동네에서는 실제로 폭력적인 행동이 일종의 표준이 되었다. 네 과목만 들어도 되는데 다섯 과목을 듣는 것이 MIT 학부생들 사이에서 일종의 표준이 되었듯이 말이다.

이러한 '표준'이 사람들의 행동에 얼마나 큰 영향력을 갖는지 알아보기 위해, 연구자들은 LA의 고등학생들(히스패닉 학생이 대부분이었다)에게 본인이 원할 경우 SAT 대비 학원에 무료로 등록할 수 있는 기회를 제공했다.[44] 이 학생들 중 일부는 우수반 학생들이었고 일부는 비우수반 학생들이었다. 연구자들은 각각에서 무작위로 학생을 두 집단으로 나눠서 한 집단에는 학원에 다니기로 했는지 아닌지가 다른 아이들에게 알려지지 않을 것이라고 이야기했고, 다른 집단에는 학원에 다니기로 했는지 아닌지가 공개될 것이라고 이야기했다. 비우수반 학생들 사이에서는 학원에 다닐지 여부가 공개될 것이라는 말을 들은 학생들이 그 결정이 비밀에 부쳐질 것이라는 말을 들은 학생들보다 학원에 등록할 가능성이 11퍼센트포인트나 낮았다(61퍼센트 대 72퍼센트). [우수반 학생들 사이에서는 양자 사이에 학원에 등록하는 학생 비율이 차이를 보이지 않았다] 비우수반 학생들은 자신이 공부를 잘하고 싶어 한다는 것이 친구들에게 알려지기를 원치 않았던 것으로 보인다.

이 현상은 '구전 정리'로도 어느 정도 설명이 된다. 가령 비우수반 학생들 사이에서 공부벌레는 왕따가 되고 그 학생과 이야기하거나 어울리는 학생도 왕따가 된다는 암묵적인 규칙이 있었을지 모른다. 하지만 이러한 규칙이 유독 히스패닉 학생들에게서만 나타난다는 것은 결코 우연이 아니다. 히스패닉 사람들은 백인의 문화적 규칙들에 분노하고 저항해 온 오랜 역사가 있다(그리고 그들의 저항에는 충분히 그럴 만한 이유가 있었다). 그렇다면 히스패닉 고등학생들로서는 '백인 행세'를 하는 것이 매우 조심스러운 일이었을 것이다. 이는 그들의 역사에 뿌리를 두고 있는 우려다. 우리는 미국에서 아시아계 학생이 공부를 열심히 하는 친구와 거리를 두려고 한다는 이야기를 들어 보지 못했다.

하지만 베커와 스티글러가 상정한 세계에서는, 규범이란 사람들이 따르는 한에서만 규범인 것이므로, 때로 히스패닉계 학생이 열심히 공부하고 아시아계 학생이 농땡이를 치는 일이 생기지 말라는 법이 없다. 하나의 규범이 다른 규범을 누르고 지배적이 되게 하는 요인, 즉 우리를 특정한 규범 쪽으로 치우치게 만드는 요인은 역사적, 사회적 맥락인 것으로 보인다.

취향을 논의의 대상으로 삼아 보자[45]

사회적 맥락이 어떻게 사람들에게 영향을 미치는지 알아보기 위해 취리히 대학 연구자들은 은행가들을 대상으로 다음과 같은 실험을 진행했다.[46] 연구팀은 참가자들에게 각자 집에서 동전을 10번 던지고, 그 결과를 온라인으로 알려 달라고 했다. 그리고 앞면이 일정 횟수 이상 나오면 추가적인 횟수당 20스위스프랑(약 20달러)씩을 주겠다고 했다. 동전 던지기 결과를 정직하게 보고하는지 아닌지 확인하는 사람은 아무도 없었으므로, 여기에는 참가자들이 결과를 속이고자 할 매우 강한 경제적 인센티브가 있었다.

　　이 실험의 핵심은, 실험이 시작되기 전에 "가장 좋아하는 여가 활동"이 무엇이냐는 질문을 받은 사람들과 "은행가로서 하는 업무"가 무엇이냐는 질문을 받은 사람들이 어떤 차이를 보이는가다. 전자는 '평범한 사람'으로서의 정체성을 상기시키려는 질문이고 후자는 '은행가'로서의 정체성을 상기시키려는 질문이었다. 실험 결과, 은행가로서의 정체성을 상기했던 사람들은 동전의 앞면이 압도적으로 더 많이 나왔다고 답변했다. 순전히 우연의 결과라고 보기에는 지나치게 많았다. 연구팀이 추산한 바로, 속임수를 쓴 사람의 비율이 전자의 경우에는 3퍼센트 정도로 추산된 데 비해 후자의 경우에는 16퍼센트 정도로 추산되었다.

이것은 은행가들이 주사위 게임을 더 잘해서가 아니었다. 실험에 참가한 사람은 모두 은행가였고, 누가 '평범한 사람' 질문을 받고 누가 '은행가' 질문을 받았는지는 무작위로 정해졌다. 아마도 이들이 직업적 정체성을 상기시키는 질문을 받을 경우 내면에서 또 다른 도덕적 자아(더 속임수를 잘 쓰는 자아)를 끄집어내게 되었기 때문이 아닐까 싶다. 즉, 사람은 각각 다른 선호 체계를 가진 여러 개의 인성을 가지고 있고, 특정한 상황에서 어떤 인성이 선택되는지는 맥락에 따라서 좌우되는 것이라고 생각해 볼 수 있을 것 같다. 스위스 은행가 실험에서는, 자신을 은행가로 생각하는지 평범한 사람으로 생각하는지가 중요한 맥락이었다. 일상적인 현실에서는 우리가 어울리는 사람이 누구인지, 어느 학교를 다니는지, 일할 때나 놀 때 무엇을 하는지, 어느 동아리에 속해 있는지, 어느 동아리에 속하고 싶어 하는지 등이 우리의 자아와 선호를 결정하는 중요한 맥락이다. 경제학자들은 '표준적인 선호 체계' 개념에 충실하기 위해 이 모든 것을 고려 사항에서 몰아내려고 애써 왔다. 하지만 그렇게 하는 것은 불가능하다는 것이 점점 더 명백해지고 있다.

동기부여된 믿음

우리의 믿음, 심지어는 우리가 자아에 내재된 선호 체계라고 생각하는 것조차 사실은 사회적 맥락에 의해 결정된다는 것을 일단 인정하고 나면, 상당히 많은 것이 설명된다. 노벨상 수상자인 장 티롤Jean Tirole은 롤랑 베나부Roland Benabou와 공동으로 진행한 연구에서 "동기부여된

믿음motivated beliefs"이라는 중요한 개념을 제시했다.[47]

티롤과 베나부는 '믿음'이라는 것이 무엇인지를 알려면 그것을 너무 문자 그대로 생각해서는 안 된다고 보았다. 우리가 스스로에 대해 갖고 있는 '믿음'의 상당 부분은 우리의 감정적인 '필요' 때문에 생긴다. 우리는 자신에게 실망하게 되는 것을 두려워한다. 이렇게 자신에 대한 믿음에 감정적인 가치를 부여하기 때문에 타인에 대해 왜곡된 믿음을 갖게 되기도 한다. 이를테면, 우리는 스스로를 편견을 가진 존재라고 생각하고 싶지 않아서 자신의 편견을 객관적인 진리의 언어로 꾸민다("나는 북아프리카 출신 직원들에 대해 아무 감정이 없어. 다만, 그들은 내가 독려를 해도 어차피 반응하지 않을 것이기 때문에 내가 굳이 독려하지 않을 뿐이야").

또한 애초에 내가 틀렸었다는 것을 인정하고 싶지 않기 때문에 우리는 생각을 잘 바꾸지 않는다. 그래서 아비지트는 이것이 소프트웨어상의 오류라고 주장한다. 우리는 도덕적으로 양면적인 상황에 직면하게 만드는 정보를 회피하려 한다. 가령, 우리는 이민자 수용 시설에서 아이들이 받은 부당한 처우에 대한 뉴스를 못 본 척 지나치려고 한다. 아이들을 그런 식으로 대우하는 정부를 내가 지지했다는 사실에 직면해야 하는 상황이 싫기 때문이다.

하지만 이러한 전략은 우리를 덫에 걸리게 만든다. 자신이 인종주의자라고 생각하기는 싫기 때문에 타 집단에 대해 안 좋은 생각이 들 때면 그들에게서 비난거리를 찾아내서 내 생각을 정당화하고 싶어진다. 가령 이민자가 애초에 아이를 데리고 국경을 넘은 것 자체가 잘못이라고 나 자신을 더 잘 설득할 수 있을수록 나는 이민자 수용 시설 아이들의 처지에 대해 걱정을 덜 할 수 있다. 그래서 나는 그 아이들의 처우를 개선하기 위한 방법을 고민하기보다는 그들이 자초한 일이라는 내 생각이 옳다고 말해 주는 근거를 찾는 데 관심을 집중하게 된다. 그리고 아무리 허술한 것이더라도 이 입장을 뒷받침해 주는 듯한 뉴스가 있으면 과도하게 가중치를 부여하고 그렇지 않은 뉴스는 무시한다. 처음에는 본능적인 자기방어적 반응으로 시작된 생각이 점차 시간이 지나면서 마치 탄탄한 논리와 근거로 뒷받침된 주장처럼 재구성된다. 이 시점이 되면, 내 견해와 불일치하는 어떤 의견에 대해서도 내 견해의 도덕적, 지적 타당성을 의심하는 도전이나 다름없다고 생각하게 된다. 내가 믿기에는 내 견해가 매우 탄탄하게 뒷받침된 것이니만큼, 마음 놓고 상대에 대해 폭력적인 태도를 보인다.

　　이러한 패턴을 인식하고 나면, 몇 가지 중요한 시사점을 얻을 수 있다. 첫째, 사람들을 인종주의자라고 비난하거나 (힐러리 클린턴이 그랬듯이) "개탄스러운 자들the deplorables"이라고 부르는 것은 전혀 도움이 되지 않는다. 스스로에 대해 가지고 있는 도덕적 감각을 공격하는 셈이 되어서 그들을 분노하게 만들기 때문이다. 그들은 즉각 귀를 닫고 더는 듣지 않으려 할 것이다. 둘째, 이것은 (트럼프 대통령이 그랬듯이) 끔찍한 인종주의자를 "좋은 사람들fine people"이라고 부르고 "양편 모두에on both sides" 나쁜 사람들이 있다고 말하는 것이 도덕적으로 얼마나 비난받을 만하든 간에 인기를 얻는 데는 매우 효과적인 전략일 수 있는 이유도 설명해 준다(2017년 8월, 미국 버지니아주 샬로츠빌에서 열린 백인 우월주의자 시위에서 한 참가자가 백인 우월주의에 반대하는 대항 시위대 쪽으로 자동차를 몰고 돌진해 한 여성이 사망했다. 이에 대해 트럼프 대통령은 "양쪽 모두에 좋은 사람들이 있다"고 말해 극단주의자의 테러를 사실상 두둔한다는 비난을 받았다 - 옮긴이). 인종 혐오적인 말을 하는 사람들이 스스로에 대해 더 좋게 생각할 수 있게 해 주기 때문이다.

이주를 다룬 2장에서도 보았듯이, 이것은 '사실 확인'이 사람들의 견해를 바꾸는 데(적어도 단기적으로는) 왜 그렇게 영향력이 없는지도 설명해 준다. 장기적으로는 "어떻게 네가 감히 내가 믿는 것들에 도전을 할 수 있는가"라는 초기의 감정적인 반응이 잦아들면서 사람들이 자신의 견해를 수정하기 시작할 수 있고, 따라서 우리는 사실을 말하는 것을 멈추지 말아야 한다. 하지만 상대에 대해 도덕적인 가치 판단을 들이미는 것은 사실을 표현하는 유용한 방법이 아니다. 사람들은 스스로를 좋은 사람이라고 여기고 싶어 하기 마련이므로, 나의 가치 판단을 상대에게 부여하기 전에 먼저 상대가 스스로의 가치를 긍정하게 하는 것이 상대의 편견을 줄이는 데 오히려 더 좋은 방법이다. 오늘날 심리학자들은 부모가 아이에게 "착하게 행동해야 해"라고 말하기보다 "너는 착한 아이야"라고 말하라고 조언한다. 그러면 이제 아이는 자신이 어떤 사람인지와 일관되는 방식으로 행동하기만 하면 된다. 이것은 우리 모두에게도 적용되는 전략이다.

이 전략은 자존감이 아직 망가져 버리지 않은 경우에 더 잘 작동할 것이다. 저소득층 백인들이 보이는 이민자 혐오, 흑인 혐오 감수성은 그들이 경멸해 마지않는 '타인'들의 삶이 사실은 자신의 삶과 매우 비슷하다는 것을 깨달았을 때 가장 강하게 발현되는 경향이 있다. 1997년에 윌리엄 줄리우스 윌슨William Julius Wilson은 도심 빈민가의 흑인 마을에서 어떤 일이 벌어지고 있는지에 대해 이렇게 묘사했다. "동네에 실업이 많으면 빈곤이 심한 것보다 상황이 더 안 좋아지곤 한다. (…) 오늘날 도심 게토의 많은 문제들, 즉 범죄, 가족 해체, 후생 감소, 사회적 조직의 붕괴 등은 근본적으로 일자리가 사라진 것의 문제다."[48]

그리고 20년 뒤, J. D. 밴스는『힐빌리의 노래』에서 이렇게 언급했다. "윌슨의 책은 정통으로 내게 말하는 듯했다. 그에게 편지를 써서 내 고향을 정말 정확하게 묘사했다고 알려 주고 싶기까지 했다. 그런데 이 사실을 깨닫자 몹시 이상한 느낌이 들었다. 윌슨이 묘사한 사람들은 애팔래치아 촌 구석에서 온 [백인] 힐빌리들이 아니라 도심 게토의 흑인들이었기 때문이다."[49]

흑인 동네에서 발견되는 사회 문제에 대한 윌슨의 묘사가 러스트 벨트의 백인 마을을 너무나 잘 묘사한다는 사실은 상처에 모욕까지 더하는 상황이 되었다. 가난한 백인 미국인들에게는 자신이 흑인이나 이민자보다 우월하다는 인식이 자존감의 큰 원천이었는데, 사회경제적 상황이 흑인이나 이민자들의 상황과 다를 바 없게 되어 버리면서 자존감이 붕괴할 위험에 더 크게 직면하게 된 것이다.

이 경우에 자존감을 회복하는 데는 두 가지 방법이 있을 수 있다. 하나는 현실을 부인하는 것이다. 가령, '우리 공동체에는 임신하는 10대가 없으므로 우리는 엄격하게 낙태 반대 운동을 할 수 있다'고 생각하는 것이다. 또 다른 방법은 흑인이나 이민자와 같은 타자들을 편견을 바탕으로 매우 단순하게 환원해 인식함으로써 '우리'와 '그들' 사이의 심리적 거리를 벌리는 것이다. 생계를 위해 어쩔 수 없이 장애 수당을 신청해야 하는 백인에게는 흑인이나 라티노 미혼모를 '복지 여왕'이라고 비난하는 것만으로는 이제 자신의 자존감을 유지하기가 어렵다. 레이건 시대에는 통했는지 모르지만, 이제는 백인들도 복지 수당을 받고 있으니 흑인이나 라티노 미혼모에 대한 모욕은 수위가 한층 더 높아져야 한다. 가령, '아마 저 미혼모는 갱단과 관련이 있을 거야'라고 생각해야 하는 것이다.

이 때문에 기술 진보나 무역과 같은 교란으로 일자리가 위협에 처한 사람들에게 경제적인 생존 보장을 넘어서 존엄을 회복시켜 줄 수 있는 정책이 필요하다. 그 정책은 그들이 자존감의 상실에 효과적으로 대처할 수 있게 돕는 것이어야 하고, 옛날처럼 단순히 정부가 무언가를 나눠 주는 것 자체만으로는 별로 소용이 없을 것이다. 따라서 우리는 사회 정책이라는 수단 전체를 새롭게 다시 생각해야 할 필요가 있는데, 이에 대해서는 9장에서 상세히 다룰 것이다.

일관된 자의성[50]

사람들은 자신의 핵심 가치(타 인종이나 이민자에 대한 견해도 포함해서)를 바꾸도록 압박하는 증거에 직면하는 상황을 피하기 위해 매우 노력할 것이다. 그러한 핵심 가치가 자아에 대한 견해와도 관련이 있기 때문이다. 안타깝게도 그렇다고 해서 핵심 가치가 애초에 그리 사려 깊게 형성되었다는 말은 아니다.

대니얼 카너먼과 리처드 세일러Richard Thaler는 행동 경제학 분야의 가장 유명한 실험으로 꼽히는 한 실험에서 대학생들에게 무작위로 머그 컵이나 펜을 나눠 주고 곧바로 그 선물을 각자가 제시하는 가격에 되사겠다고 제안했다. 그리고 자신이 받지 않은 품목에 대해서는 그들이 원하는 가격에 그것을 살 수 있는 기회를 주었다. 놀랍게도 자신이 받은 품목을 팔 때 받고 싶어 하는 가격은 그 품목을 받지 않은 사람이 그것에 대해 지불하고자 하는 가격보다 훨씬 높았다.[51] 누가 머그 컵을 받고 누가 펜을 받을지는 무작위로 정해졌으므로 우연히 그중 하나를 받게 된 것이 물건의 가치에 대한 판단에 이렇게 큰 차이를 가져올 내재적인 이유는 없었다. 이 실험에서 드러난 차이는 아마도 머그 컵을 받은 사람은 곧바로 머그 컵을 더 좋아하게 되었고 펜을 받은 사람은 곧바로 펜을 더 좋아하게 되었기 때문에 나타난 결과로 보인다. 즉, 머그 컵과 펜에 얼마나 가치를 부여하는가는 그 사람의 내재적이고 근본적인 선호 체계나 본능과는 별로 상관이 없었던 것이다.

이러한 자의성이 더 극적인 형태로 드러난 실험도 있다. 연구자들은 실험 참가자(경영학과 대학생들)에게 트랙볼, 와인, 책을 살 수 있는 경매에 참여하도록 했다. 경매에 들어가기 전에 연구자들은 각 제품을 간단히 설명했지만 그것의 실제 시장 가격은 언급하지 않았다. 그리고 학생들에게 달러 표시($)가 적혀 있는 종이를 나눠 주고 각자 자신의 사회보장번호 끝 두 자리를 적은 뒤 그것이 각 제품의 가격이라고 상상하게 했다. 그다음에 각 제품에 대해 얼마의 돈을 지불할 의사가 있는지 물어보았다. 물론 학생들은 자신의 사회보장번호 끝 두 자리가 가령 와인 가격과 아무 상관도 없다는 것을 알고 있었다. 그런데도 그들이 경매에서 부르는 호가는 처음에 각인된 '가격'에 영향을 받았다. 사회보장번호가 80 이상으로 끝나는 학생들은 20 이하로 끝나는 학생들에 비해 동일한 재화에 대해 200~350퍼센트나 더 비싸게 응찰했다. 그 외의 측면들에서는 다들 표준적인 경제 모델이 암시하는 바에 부합하게 행동했다. 이를테면, 가격이 올라가면 구매 의사가 떨어졌고 더 싼 물건이 있으면 그것을 구매하려 했다. 하지만 이 물건들이 '절대적인' 가치가 얼마인지에 대해서는 전혀 알지 못하는 것 같았다.[52]

하지만 머그 컵이나 펜은 이민자나 무슬림이 아니지 않은가? 설마 지금 우리가 위와 같은 선호의 자의성이 인종이나 종교와 같은 더 심각한 사안에도 적용된다고 말하려는 것일까? 그렇다.

로버스 케이브

'사회적 선호', 즉 인간이 다른 인간에 대해 갖는 선호에서도 위와 비슷한 자의성을 볼 수 있다. 1954년에 무자퍼 셰리프Muzafer Sherif와 캐롤린 우드 셰리프Carolyn Wood Sherif는 11~12세 소년 22명을 오클라호마주 로버스 케이브에 있는 여름 캠프장으로 불러 실험을 진행했다.[53] 연구자들은 참가자를 무작위로 두 집단으로 나누고, 얼마간 각 집단이 다른 집단이 존재한다는 것을 모르는 채로 로버스 케이브 내의 서로 다른 지역에서 보내게 했다. 그다음 어느 시점에 두 집단을 서로에게 소개하고 줄다리기 같은 경쟁적인 게임을 시켰다. 경쟁은 금세 두 집단 사이에 적대감을 불러일으켰다. 타 집단 구성원을 비난하거나 타 집단의 소유물을 파손하려는 시도 등이 발생했다. 그리고 마지막 며칠 동안 연구자들은 인위적으로 물 부족 상황을 만들었다. 두 집단이 협력을 하면 더 좋을 법한 상황을 만들기 위해서였다. 그런 상황이 되자, 처음에는 주저했지만 아이들은 곧 협력하기 시작했고 적대감도 대부분 사라졌다.

이 실험을 변형한 실험들이 이후에도 반복적으로 수행되었고, 기본적으로 동일한 결론이 나왔다. 흥미롭게도 자의적으로 집단을 나누고 이름을 붙이는 것이 자신의 집단에 충성심을 불러일으키는 효과는 초기에 상대 집단의 존재를 모르는 상태에서 내부적으로 유대를 쌓게 하는 과정이 없어도 나타났다. 무작위로 집단을 나누고 각 집단에 이름을 붙여 주는 것만으로도 참여자들은 외집단 구성원보다 내집단 구성원에게 더 호의를 베푸는 경향을 보였다. 11세 아동뿐 아니라 성인들도 마찬가지였다.

로버스 케이브 실험에서 나온 결론의 앞부분과 뒷부분이 모두 중요하다. 사람들은 분열되기 쉽다. 그리고 다시 통합될 수 있다. 사람들이 분열되기 쉽다는 것은 이민족 혐오자들, 그리고 자신의 이익을 위해 이민족 혐오를 정치적으로 부추기는 오늘날의 많은 정치인들에 대해 우리가 매우 우려해야 한다는 점을 말해 준다. 그들이 저지르는 일의 해악이 영원하지는 않겠지만, 그러한 혐오와 해악을 신중하고 주도면밀하게 없애지 못한다면 국가에 끔찍한 상처를 남기게 될 것이다. 르완다가 벨기에 식민지이던 시절, 벨기에 식민주의자들은 투치족이 후투족보다 우월하다는 신화를 만들었다. 사실은 두 부족 사이에 우열을 가릴 만한 차이는 거의 없었는데도 말이다. 이는 식민 통치에 협력할 현지인 지배 계층을 만들기 위한 수단이었다. 그런데 식민 통치가 끝난 후에도 투치족은 자신이 더 우월하다는 믿음을 계속 유지했고, 이에 후투족은 분노했으며, 이는 1994년의 끔찍한 인종 학살로 이어졌다.[54]

그렇지만 희망은 있다. 선호 체계가 꼭 내재적으로 일관된 것은 아니라면, 우리는 특정 집단에 붙은 인신공격적인 이름표("인종주의자", "무슨무슨 주의자", "개탄스러운 자들" 등)가 진정으로 그 집단의 속성과 관련된 게 아니라고 생각할 수 있게 된다. 많은 사람이 인종주의자이기도 하고 아니기도 하다. 그리고 인종주의적 편견이 표현될 때는 [인종주의 그 자체의 표현이라기보다] 그 사람이 겪는 고통이나 좌절의 표현인 경우가 많다. 2008년과 2012년에는 오바마에게 투표를 하고서 2016년에는 트럼프에게 투표한 사람들이 두 후보가 각각 어떤 정치적 의제를 대표하는지에 대해 잘 몰랐을 수는 있겠지만, 이들이 트럼프에게 투표했다고 해서 인종주의자라고 몰아붙이는 것은 정당한 일이 아닐 뿐더러 도움이 되는 일도 아니다.

동종 선호

우리가 누구와 어울리는지가 우리의 선호에 강하게 영향을 미치므로, 사회적 분열은 특히나 심각한 문제를 일으킨다. 이 분열을 가로지르는 혼합이 매우 드물게 일어날 것이기 때문이다. 사람들은 자신과 비슷한 사람들과 어울리려는 경향이 있다. 미국의 학교를 보면 흑인 청소년은 대체로 흑인 청소년과 어울리고, 백인 청소년은 대체로 백인 청소년과 어울린다.[55] 사회학자들은 이를 '동종 선호'라고 부른다. 동종 선호는 규모가 큰 집단에서 특히 두드러진다. 규모가 작은 집단에 속하는 학생들은 자기 집단 내부하고만 어울리는 것이 불가능할 것이기 때문이다.[56]

같은 집단 사람들하고만 어울리는 것이 꼭 다른 집단에 대한 편견이 심해서 그런 것은 아니다. 규모가 큰 집단에 속한 학생들이 외부인에게 잘 다가가지 않는 것은 딱히 편견이 있어서라기보다 그저 주변에 같은 집단 사람들이 많으니 자연스럽게 그들과 어울리게 되어서일 수도 있다. 이 경우, 자신의 집단에 대해 '온건한' 선호만 가지고 있어도 자신의 집단을 넘어서서 더 다양한 사람들과 교류해야 할 이유가 별로 없게 된다.

또한 내집단에 대한 '온건한' 선호가 꼭 외집단에 대한 부정적인 감정에서 나오는 것도 아니다. '온건한' 선호는 그저 같은 언어와 같은 제스처를 사용하고, 비슷한 유머 감각을 가지고 있고, 같은 TV 프로그램을 보고, 같은 음악을 즐기고, 무엇이 적절하고 무엇이 적절하지 않은지에 대해 암묵적으로 동일한 가정을 공유하고 있는 사람들과 어울리는 것이 더 수월하다는 데서 나오는 것일 수 있다. 인도 출신인 아비지트는 파키스탄 출신 사람들과 이야기하는 것이 얼마나 편하고 쉬운지에 늘 놀라곤 한다. 인도와 파키스탄 사이에 70년간이나 분쟁이 있었는데도 말이다. 아비지트에 따르면, 무엇이 재미있는지, 무엇이 사적인 것인지(남아시아 사람들은 시끄럽다), 무엇이 친밀함을 형성하는지, 무엇이 친밀함을 훼손하는지 등은 모든 남아시아 사람들에게 본능과도 같아서 심지어 국가가 분할되어도 깨뜨려지지 않는다.

이 매우 당연한 행동 패턴의 단점은 타 집단 사람들과 교류해야 할 때 나타난다. 우리는 괜히 움츠러들고 상대를 화나지 않게 하려고 매우 조심하게 되며, 오해를 사지는 않을까 걱정하면서 인간적인 따뜻함을 마치 배급이라도 하듯이 조금씩 분배하게 된다. 혹은 너무 대담하게 행동한 나머지 그럴 의도가 없었는데 상대에게 모욕을 주기도 한다. 어느 경우든 간에 소통에서 무언가 중요한 것을 잃게 되어서 자연스러운 소통이 어려워진다.

사람들이 자신과 비슷한 사람과 결혼하려 하는 이유도 이와 무관하지 않다. 1967년에 "러빙 대 버지니아주Loving v. Virginia" 사건에서 연방대법원이 흑인과 백인의 결혼을 금지하는 버지니아주 법이 위헌이라고 선언한 지 50년이나 지났는데도, 미국에서 타 인종 간에 결혼하는 경우는 여섯 쌍 중 한 쌍에 불과하다.[57] 인도에서 최근에 진행된 한 설문 조사에서는 응답자의 74퍼센트가 결혼은 동일한 카스트 내에서 해야 한다고 생각하는 것으로 나타났다. 우리가 수행한 또 다른 연구가 시사하는 바에 따르면, 이것은 어느 카스트인지를 막론하고 남성이 자신의 여동생이나 누나와 비슷한 (즉 익숙한) 여성을 배우자로 찾고자 하고, 그런 사람을 찾기에 가장 좋은 곳은 자신이 속한 카스트일 가능성이 크기 때문으로 보인다.[58] 여성도 마찬가지일 것이다.

반향실과 홀로그램

이러한 행동은 의도치 않게, 그리고 아마도 대체로 우리가 깨닫지 못하는 사이에 사회적 분리를 낳는다. 비슷한 친구하고만 어울린다면 자기도 모르게 외부와 완전히 동떨어져 '우리끼리만의 섬'에 살게 될 수 있다. 그러면 명백하게 기이한 선호나 극단적인 정치적 견해가 더 강화되기 쉽다. 자신과 비슷한 견해에만 고착되는 것의 분명한 단점 하나는 다른 견해에 노출될 가능성이 차단된다는 것이다. 그 결과 서로 다른 견해들이 조정되거나 화합되지 않고 계속해서 유지되며 반목한다. 백신이 자폐를 유발하는지 아닌지, 오바마가 어디에서 태어났는지처럼 사실관계에 해당하는 문제들에 대해서까지 말이다. 심지어 명백하게 각자의 취향 문제인 것도 그렇다. 앞에서 보았듯이, 때로 사람들은 합리적으로 자신의 견해를 억누르고 대세를 따른다. 하지만 대세인 것 이외의 어떤 견해에도 노출되지 않을 경우에는 당연히 상황이 악화된다. 그렇게 되면 우리 사회는 적대적이고 상충하는 의견을 가진, 그리고 서로를 존중하면서 소통할 역량을 갖지 못한 여러 개의 폐쇄된 집단들이 존재하는 상태가 되고 말 것이다. 하버드 대학 법학 교수이자 오바마 행정부의 일원이기도 했던 캐스 선스타인Cass Sunstein은 이를 '반향실echo chamber'이라고 표현했다. 비슷한 생각을 가진 사람들이 서로에게 메아리가 되어서 자기들끼리의 말만 듣는 와중에 견해가 점점 더 극단적인 쪽으로 고착되는 것을 일컫는다.[59]

반향실 효과의 악영향 중 하나는 객관적인 사실관계에 해당하는 주제에서마저 견해가 양극화된다는 것이다. 예를 들어, 퓨 리서치 센터의 조사에 따르면, 미국인 중 41퍼센트가 인간의 행위가 기후 온난화의 원인이라고 믿지만, 기후 온난화가 자연적인 순환 과정이라거나

(21퍼센트) 기후 온난화 자체가 존재하지 않는다고 믿는(20퍼센트) 사람도 그만큼 많다.[60] 기후변화에 대한 견해는 정치적 입장에 따라 갈린다. 지구의 기온이 상승했다는 것이 탄탄한 근거로 입증된 과학적 사실이라고 믿는 사람은 민주당 지지자들이 공화당 지지자들에 비해 훨씬 더 많고(81퍼센트 대 58퍼센트), 그것이 인간 활동에 의해 유발되었다고 생각하는 사람도 민주당 지지자들이 훨씬 더 많다(54퍼센트 대 24퍼센트). 민주당 지지자가 더 과학적이어서 그런 것은 아니다. 이를테면, GMO 식품이 건강에 해롭지 않다는 사실은 과학계에서 일반적으로 합의된 바이지만, 민주당 지지자의 대다수가 GMO가 해롭다고 생각하고 GMO 함유 식품 표기를 의무화해야 한다고 생각한다.[61]

지속적으로 동일한 사람들하고만 이야기할 때 나타나는 또 다른 문제는 같은 집단의 구성원들이 대부분의 사안에 대해 공통된 견해를 갖게 된다는 점이다. 선출직 공직자는 확고한 의견을 가진 대중과 직면하면 대중의 의견이 확고하게 틀린 경우에도 절충적인 입장을 유지하기가 점점 더 어려워진다. 사실 민주당 지지자와 공화당 지지자는 이제 동일한 언어로 이야기하지 않는다.[62] 미디어 분야를 주로 연구하는 경제학자 매튜 젠츠코우Matthew Gentzkow와 제시 샤피로Jesse Shapiro는 미국 하원의원들의 화법에 대해 다음과 같이 설명했다. "민주당 의원들은 '유산세', '미등록 이주 노동자', '부유층에 대한 조세 감면'이라고 이야기하는데 공화당 의원들은 '사망세', '불법 체류 외국인', '조세 개혁'이라고 이야기한다. 2010년의 건강보험개혁법(일명 오바마 케어)에 대해 민주당 의원들은 '종합 의료 개혁'이라고 말했지만 공화당은 '워싱턴이 의료를 장악하는 것'이라고 말했다. 어떤 단어를 쓰는지만 봐도 어느 정당 의원인지 알 수 있을 정도다." 그리고 아마도 누구나 예상하듯이, 최근 몇십 년 동안 정당 당파주의(어느 의원이 어느 정당인지를 그가 말한 한 문장만 보고 판단하는 것이 얼마나 쉬운지로 측정했을 때)가 폭발적으로 증가했다. 1873년부터 1990년대 초까지는 내내 55퍼센트 수준으로 거의 차이가 없다가(54퍼센트에서 55퍼센트로 미미하게 증가했다) 1990년 이후 급증해서 110회기 의회에서는(2007~2009년) 무려 83퍼센트가 되었다.

바로 사람들의 견해와 어휘가 이렇게 수렴된다는 것이 페이스북의 사용자 데이터가 '케임브리지 애널리티카'에, 그리고 미국과 영국의 선거 운동에 그렇게나 유용했던 이유다(정치 컨설팅 업체 케임브리지 애널리티카가 페이스북 사용자들에게 설문을 돌리는 방식으로 해당 사용자뿐 아니라 그들의 페이스북 '친구'에 대한 정보까지 개인정보를 대거 수집해 유출했다는 사실이 2018년에 폭로되었다. 케임브리지 애널리티카가 수집한 정보는 2016년 미국 대선 등 주요 선거에 활용된 것으로 알려졌다 – 옮긴이). 가령 대부분의 매사추세츠주 민주당 지지자들은 아주 다양한 범주의 질문에 대해 서로 비슷한 견해를 가지고 있고 동일한 단어를 사용한다. 한두 가지 주제에 대한 견해만 들어 봐도 정치적 성향을 예측할 수 있고, 따라서 어떻게 타겟팅할지, 어떤 종류의 이야기를 좋아하고 좋아하지 않을지 등을 쉽게 알아낼 수 있다. 그리고 이렇게 마분지에서 오려 낸 예측 가능한 속성들을 현실에서 실제 사람들이 받아들이고 나면, 가짜 캐릭터를 만들고 가짜 프로필을 붙여서 온라인상의 대화에 밀어 넣기가 더 쉬워진다.[63]

이러한 폐쇄성은 노련한 정치인들이 집단마다 자신을 다른 모습으로 내보일 수 있는 기회가 되기도 한다. 2014년 선거에서 압승해 인도 총리가 된 나렌드라 모디Narenda Modi는 실물 크기의 3차원 홀로그램을 이용해 여러 유세장에서 동시다발로 연설을 했는데, 많은 유권자들이 그것을 실제로 여겼다. 그는 이데올로기적인 면에서도 하나 이상의 장소에서 동시다발로 존재할 수 있었다. 야망 있고 글로벌 마인드를 가지고 있는 도시 젊은층에게 모디는 근대화(혁신, 벤처 캐피탈, 세련된 기업 친화적 정신 등)를 대표하는 사람이었고, 확대되고 있는 중산층에 새로이 진입한 사람들에게는 힌두 전통에 기반한 민족주의의 비전을 가장 잘 수호해 줄 사람이었으며, 경제적으로 위협을 받는다고 느끼는 상류 카스트 사람들에게는 무슬림과 하류 카스트들이 제기하는 (대체로는 사실이 아닌) 위협에서 자신을 지켜 줄 성채였다. 이들이 한데 모여 각자 자신의 모디를 묘사할 기회가 있었다면 모두 어리둥절했을 것이다. 하지만 세 집단은 충분히 분절되어 있었기 때문에 모디는 일관성 있는 메시지와 이미지를 갖출 필요가 없었다.

새로운 공론장?

선거에서의 극명한 분절은 정책에 대한 의견 불일치의 수준을 훨씬 넘어선다. 서로 다른 정치적 견해를 가진 미국인들은 이제 서로를 증오하기 시작했다. 1960년에는 공화당 지지자와 민주당 지지자 모두에게서 자녀가 상대 정당을 지지하는 사람과 결혼하면 "기분이 좋지 않을 것"이라고 답한 비중이 약 5퍼센트였는데, 2010년에는 공화당 지지자의 약 50퍼센트와 민주당 지지자의 30퍼센트 이상이 [가족 중에 누군가가] "지지하는 정당이 다른 사람과 결혼할 수 있다는 생각이 다소 혹은 매우 언짢다"고 답했다. 또 1960년에 미국 사람들은 약 33퍼센트가 자신과 같은 정당을 지지하는 사람이 평균적으로 지적이라고 생각했고 상대 정당 지지자에 대해서도 약 27퍼센트가 그렇게 생각했는데, 2008년에는 자신과 같은 정당 지지자들이 지적이라고 생각하는 사람은 62퍼센트였던 반면 상대 정당 지지자들이 지적이라고 생각하는 사람은 14퍼센트에 불과했다.[64]

이러한 양극화는 무엇으로 설명할 수 있을까? 정당 당파주의가 급격하게 증가하기 시작한 1990년대 이래 우리 사회가 경험한 가장 중요한 변화 중 하나는 인터넷의 팽창과 소셜 미디어의 폭발적인 확산이다. 2019년 1월 현재 페이스북의 전 세계 월 유효 사용자 수는 22억 7,000만 명에 달하고, 트위터의 월 유효 사용자도 3억 2,600만 명이나 된다.[65] 2014년 9월에 미국 성인 인구의 58퍼센트와 미국 온라인 사용자의 71퍼센트가 페이스북을 사용하고 있었다[66](우리는 여기에 포함되지 않는다. 따라서 우리가 소셜 네트워크에 대해 말하는 것은 모두 직접 경험이 아니라 다른 원천에서 들은 것이다).

온라인 소셜 네트워크는 처음 등장했을 때 다양한 연결을 촉진시켜 동류의식의 고착화를 줄여 줄 새로운 공론장이 될 것으로 각광받았다. 원칙적으로 소셜 네트워크는 구체적인 관심사(발리우드 영화든, 바흐의 칸타타든, 육아든, 그 밖에 무엇이든 간에)를 공유하는 사람들이 멀리 떨어져 있어도 연결될 수 있는 기회를 제공한다. 이들은 해당 관심사 이외의 측면에서는 비슷한 점이 별로 없는 사람들일 수 있다. 따라서 소셜 네트워크는 물리적으로 가까이에 있는 친구들보다 더 다양한 친구들을 가질 기회를 준다. 소셜 네트워크에 모인 사람들은 서로 전혀 모르는 사람들일 수 있고, 따라서 해당 주제 이외의 이슈들에 대해 이야기를 나누게 되면 서로서로 다양한 견해에 노출될 가능성이 생긴다. 실제로 한 연구에 따르면, 페이스북 20억 사용자 중 99.91퍼센트가 하나의 "거대 덩어리giant component"에 속해 있는 것으로 나타났다.[67]

그 덩어리 안에서는 모든 사람이 모든 다른 사람과 친구이거나, 친구의 친구이거나, 친구의 친구의 친구다. 즉 몇 다리만 건너면 그 덩어리 안의 누구와도 연결이 된다. 더 구체적으로 말하면, 99.91퍼센트를 차지하는 거대 덩어리 안에 있는 임의의 두 사람 간 '관계 거리degree of separation'(몇 다리를 거쳐야 도달할 수 있는지)는 평균 4.7인 것으로 나타났다. 소셜 네트워크를 통해 전 세계 거의 모든 사람의 견해에 그리 어렵지 않게 접할 수 있다는 의미다.

하지만 현재로서 소셜 네트워크는 분열된 이슈에 대해 사용자들을 통합하는 데 실패했다. 트위터 사용자 중 정치 고관여층(2012년 선거 기간 동안 미국 하원의원 후보 중 적어도 한 명과 연결된 사람으로 정의했다)인 220만 명을 분석한 한 연구에 따르면, 이들 사이에 거의 9,000만 건에 이르는 연결이 있었지만 보수적인 사용자는 팔로워의 84퍼센트가 보수적인 사용자이고 진보적인 사용자는 팔로워의 69퍼센트가 진보적인 사용자인 것으로 나타났다.[68]

페이스북과 트위터는 '반향실' 노릇을 한다. 민주당 지지자들은 민주당 후보들이 생산한 정보를 유통시키고 공화당 지지자들은 공화당 후보들이 제공한 정보를 유통시킨다. 민주당 후보가 올린 트윗에 대한 첫 리트윗의 86퍼센트가 진보적 성향의 사용자에 의해 이뤄졌다. 공화당 후보가 올린 트윗에 대해서는 첫 리트윗의 무려 98퍼센트가 보수적 성향의 사용자에 의해 이뤄졌다. 리트윗을 포함해서, 진보 성향 사용자는 92퍼센트가 진보 성향 사용자로부터 메시지를 받았고 보수 성향 사용자는 93퍼센트가 보수 성향 사용자로부터 메시지를 받았다. 놀랍게도 이것은 정치 메시지에만 해당되는 이야기가 아니었다. 정치 고관여층인 사람들 사이에서는 정치적이지 않은 내용의 트윗에서도 그만큼이나 강하게 연결의 편향성이 나타났다. 가령 낚시에 대해 수다를 떨 때도 사람들은 자신과 정치적 성향이 같은 사람과 이야기하고 싶어 한다. 소셜 네트워크가 창조한 가상의 공동체가 '공론장'이라면, 이것은 애초의 기대와는 매우 다른 '분절된 공론장'이다.

하지만 이것이 소셜 미디어가 유독 견해의 극단화를 잘 일으키는 특성을 가져서 그런 것인가? 사람들을 분열시키고 가짜 뉴스를 퍼트리는 정치 전략은 페이스북이 나오기 한참 전부터도 있었다. 신문은 늘 매우 당파적이었다. 식민지 시대 미국에서 정치적 비난과 욕설은 인쇄 매체의 주식主食이나 다름없었고, 미합중국 초창기 시절에도 마찬가지였다(뮤지컬 「해밀턴Hamilton」에도 나오듯이, [미국 최초 재무장관] 알렉산더 해밀턴Alexander Hamilton이 그의 정치 여정을 밟게 된 데는 언론의 천박하고 악의적인 보도가 일조했다). 그리고 1990년대에 "공화당의 노이즈 머신Republican Noise Machine"은, 데이비드 브록David Brock이 같은 제목의 책에서 더 없이 명쾌하게 보여 주었듯이, 케이블 TV와 라디오 토크쇼를 통해 한층 더 완벽해졌다.[69]

올드 미디어가 얼마나 파괴적일 수 있는지를 보여 주는 더 강력한 사례는 르완다에서 벌어졌던 인종 학살이다. 인종 학살 직전과 인종 학살 도중에 RTLM(Radio Television Libre des Mille Collines) 방송은 투치족을 "바퀴벌레"라고 부르면서 박멸해야 한다고 선동했다. 또 투치족 학살이 후투족의 "자기방어"라고 정당화했고, '르완다 애국 전선Rwandan Patriotic Front'(투치족 무장 세력)이 자행했다고 하는 적대 행위들을 언급했다. 한 연구에 따르면, 산맥이 전파를 방해해서 방송이 나오지 않은 마을에 비해 RTLM 방송이 나온 마을에서 훨씬 더 많은 학살이 발생했다. 종합적으로 RTLM의 프로파간다는 투치족 학살의 약 10퍼센트

정도에 책임이 있는 것으로 추산된다. 이것은 사람 수로 환산하면 투치족 5만 명의 목숨에 해당한다.[70]

　　2009년에 젠츠코우와 샤피로는 인터넷이 미국 유권자들 사이에서 이데올로기적 분절을 증가시키는지 알아보기 위해, 온라인 뉴스와 오프라인 뉴스에 대해 각각 '분절 지수isolation index'를 계산했다(지금은 2009년이 고릿적처럼 느껴지지만 그때도 인터넷은 꽤 활성화되어 있었다). 분절 지수는 보수주의자가 보수 성향의 기사에 노출된 비중과 진보주의자가 보수 성향의 기사에 노출된 비중의 차이다. 여기에서 드러난 결과는 양극화가 오프라인에서도 온라인에서 못지않게 일어난다는 것을 보여 주는 듯하다. 평균적으로 보수주의자가 보수적 견해를 담은 온라인 뉴스에 노출되는 경우는 온라인 뉴스 소비 전체 중 60.6퍼센트를 차지했다. 이것은 어떤 사람이 모든 뉴스를 'USA투데이닷컴'에서만 보았을 경우와 비슷하다. 한편, 평균적으로 진보주의자가 보수적 성향의 온라인 뉴스에 노출되는 경우는 전체 온라인 뉴스 소비 중 53.1퍼센트였다. 이것은 'CNN 닷컴'으로만 모든 뉴스를 보았을 경우와 비슷하다. 온라인 뉴스의 분절 지수는 이 두 숫자의 차이인 7.5퍼센트포인트가 된다. 방송 뉴스나 케이블 TV 뉴스의 분절 지수보다는 약간 높지만 전국 신문의 분절 지수보다는 낮았다. 그리고 대면 접촉의 분절 지수보다는 한참 더 낮았다. 2009년에도 이미 보수주의자들은 대체로 보수적인 친구를 가지고 있었고, 진보주의자들은 진보적인 친구를 가지고 있었다. 그럼에도 온라인 뉴스의 분절 지수가 비교적 낮게 나온 이유는, 보수주의자와 진보주의자 모두가 대체로 '중도적'인 사이트를 방문하고 있었기 때문이다. 그리고 극단적인 사이트([극우 사이트] '브레이트 바트' 등)를 방문하는 사람들의 경우에도 반

대편 성향의 사이트를 포함해 다른 사이트들도 많이 방문하는 경향을 보였다.[71]

온라인 사용자들 사이에서 견해의 극단화가 증가한 것은 맞지만, 그것은 삶의 다른 영역에서도 마찬가지다. 사실 극단화는 1996년 이래 모든 인구 집단에서 증가했지만 온라인을 가장 덜 사용할 법한 사람들인 65세 이상에서 가장 크게 증가했고 젊은층(18~39세) 사이에서 가장 적게 증가했다.[72] 그리고 극단화는 전통 뉴스 미디어에서도 증가했다. 한 연구에서 케이블 TV 뉴스를 분석한 결과, 2004년 이래로 폭스 뉴스에서 사용된 언어는 점점 더 강하게 우파 성향을 띠게 되었고, MSNBC에서 사용된 언어는 점점 더 좌파 성향으로 기운 것으로 나타났다.[73] 시청자들도 점점 더 극명하게 분열되었다. 2008년에 폭스 뉴스는 시청자 중 60퍼센트 정도가 공화당 지지자였고, 이 수치는 그때까지 꽤 안정적이었지만 2008~2012년 사이에 70퍼센트로 증가했다. 그 기간에 폭스 뉴스의 기사는 점점 더 보수화되었고, 점점 더 보수적인 시청자를 끌어모았으며, 다시 그들은 폭스 뉴스의 기사가 더 보수화되도록 견인했다. 이것은 투표 패턴에도 영향을 미쳤다. 미국에서 (순전히 우연적인 요인으로 인해) 폭스 뉴스 채널 번호가 더 안 좋은 번호였던 카운티들(따라서 사람들이 폭스 뉴스를 볼 가능성이 적었던 카운티들)에서 보수적인 쪽으로 투표하는 경향이 더 작았다.[74]

그렇다면 최근에 정확히 무엇이 달라진 것일까? 젠츠코우와 샤피로에 따르면, 의회에서는 1994년이 터닝 포인트였다. 그해는 뉴트 깅그리치Newt Gingrich 하원의원 등의 주도로 공화당 의원들이 "미국과의 계약" 운동(중간선거를 6주 앞두고 공화당 의원들과 의원 후보들이 공화당이 다수당이 된다면 다음 회기 의회에서 꼭 관철시키겠다며 극우 의제들을 내걸고 벌인 운동. 선거에서는 공화당이 승리했지만 균형 예산을 헌법으로 강제하자는 안 등 지나친 극우 의제들은 입법화에 실패했다 - 옮긴이)을 벌인 해다.[75] 또한 정치 컨설턴트들이 정치 메시지를 개발하고 효과를 검증하는 데서 비중 있는 역할을 하기 시작한 첫 번째 해이기도 하다. 혁신(메시지의 혁신도 포함해서)을 개발하고 검증하는 데 관심 있는 사회과학자로서, 우리는 이것이 꽤 우려스럽다.

반사회적인 소셜[사회적] 네트워킹

인터넷 없이도 정치적 극단화가 얼마든지 가능하다고는 해도, 소셜 네트워크와 인터넷이 사람들의 정책적 선호가 구성되고 표출되는 데 어떤 영향을 미치는지에 대해 낙관만 하기는 어렵다. 무엇보다도 우리는 '그렇지 않았다면 어떻게 됐을지' 즉 인터넷 혁신이 없었다면 세상이 어떻게 됐을지를 정말로 알지는 못한다. 인터넷에 접할 수 있는 사람과 그렇지 못한 사람(가령 젊은이와 노인)을 비교하는 것으로도 이 질문에 대한 답을 알 수는 없다. 종종 인터넷은 전통 매체가 곧 이어 받아서 보도할 루머를 제조하고 유통하는 원천 노릇을 한다. 즉 노년층이 폭스 뉴스에서 루머 기사를 볼 때 사실 그것의 원천은 인터넷일 수 있다. 또한 젊은층은 인터넷에 오류와 과장이 있다는 것을 알고 그것을 감안해 정보를 받아들이기 때문에 인터넷 루머에 영향을 덜 받는 반면, 좀 더 나이가 있는 사람들은 TV 앵커의 권위를 신뢰하는 데 익숙해져 있어서 루머를 더 잘 믿을지도 모른다.

　　인터넷에 대해 우려해야 할 점들은 또 있다. 첫째, 뉴스가 유통되는 주된 장의 기능을 소셜 미디어가 하게 되면, 신뢰할 만한 기사와 논평의 생산이 크게 위축될 수 있다. 가짜 뉴스는 생산 비용이 적게 들고 경제적으로 보상이 크다. '현실'에 의해 제약을 받지 않으므로 타깃 독자와 시청자에게 그들이 보고 싶어 하는 것만 보여 줄 수 있기 때문이다. 뉴스를 가짜로 만들어 내는 것이 좀 너무하다 싶다면, 뉴스를 어디선가 복사해 오면 된다. 한 연구에 따르면, 프랑스의 경우 온라인 뉴스 사이트에서 유통되는 콘텐츠의 55퍼센트가 "오려다 붙인cut and paste" 콘텐츠인 것으로 나타났으며 출처가 명기된 것은 그중 5퍼센트 미만이었다.[76] 아무리 신뢰할 만한 저널리스트가 뉴스를 생산한들 다른 사이트들이 곧바로 그것을 오려다 자기 사이트에 붙인다면 그 뉴스의 원생산자인 저널리스트와 매체가 어떻게 보상을 받을 수 있겠는가? 미국에서 저널리스트 수가 지난 몇 년간 뚝 떨어진 것은 우연이 아니다(2007년에는 5만 7,000명이었는데 2015년에는 거의 3만 3,000명으로까지 줄어들었다[77]). 전체 저널리스트 수도 줄었고 신문사 한 곳당 저널리스트 수도 줄었다. 공론장으로서의 (그리고 정확한 정보의 원천으로서의) 저널리즘을 지탱했던 비즈니스 모델은 무너지고 있다. 그리고 합당한 사실관계 정보에 접하지 못하면 우리는 불합리한 내용에 더 쉽게 빠져들게 된다.

둘째, 인터넷이 무한한 반복을 허용한다는 점도 견해가 극단화, 양극화되는 데 일조할 수 있다. '반향실'의 문제는 단지 사람들이 자기 마음에 드는 콘텐츠에만 노출된다는 것만이 아니다. 그것에 하루 종일, 무한히, 반복적으로 노출된다는 점도 문제다. 가짜 계정들을 동원해 페이스북에서 기사들을 '띄우고' 진짜 유저들을 동원해 '좋아요'를 누르게 하면 메시지가 무한히 반복되면서 영속적으로 떠도는 것을 매우 가속화할 수 있다. 무한한 반복은 사람들을 광기로 몰아넣으며(정치 시위에서 반복적으로 구호를 외칠 때와 비슷하다), 따라서 기사의 진위를 확인하거나 확산을 멈추기가 더 어려워진다. 그리고 나중에 진실이 드러나더라도 이미 가짜가 많이 반복되고 난 뒤이므로 사안이 단순화, 선명화되고 극단적인 견해가 고착화된 것을 교정하지는 못한다. 가령 멕시코 이민자들(어쨌거나 우리가 결코 믿지 않았던 사람들)을 비난하는 끝없는 이야기만 기억이 나고, 실제로는 이민자들(합법적 이주자와 미등록 체류자 모두 포함해서)이 미국에서 태어난 현지인들보다 범죄자 비중이 훨씬 적다는 사실은 기억이 나지 않는다.[78] 그래서 "대안적 사실 alternative fact"(2017년 1월 트럼프 대통령 취임식에 숀 스파이서 백악관 대변인이 "취임식 최대 인파"가 몰렸다고 사실과 다른 말을 한 데 대해 지적이 일자 캘리앤 콘웨이 백악관 고문이 방송에 출연해 "스파이서는 거짓을 말한 것이 아니라 대안적 사실을 말했을 뿐"이라고 옹호해 빈축을 샀다 – 옮긴이)의 홍수로 콘텐츠 시장을 뒤덮어 버리고자 하는 강한 유인이 생긴다. 2016년 선거 직전에 유통된 115건의 친트럼프 가짜 뉴스는 조회수가 무려 3,000만 회였다(친클린턴 가짜 뉴스도 있었지만 조회수는 800만 회 정도였다).[79]

셋째, 분절적이고 읽기 힘든 인터넷 언어가 직설적이고 축약적인 표현을 촉진한다는 점도 우려스럽다. 특히 트위터에서 이것이 잘 드러나는데, 이러한 언어 사용은 시민적 담론의 규범을 훼손하는 데 일조했다. 그 결과 트위터는 최신의, 그리고 가장 높은 수위의 거친 언사들을 실험하는 장이 되었다. 정치 기획자들은 가장 과격한 주장을 트위터에 띄워서 이것이 너무 과한지 아닌지 반응을 살핀다. 리트윗, 좋아요 등의 횟수로 판단할 때 그러한 언사가 (적어도 타깃 집단 사이에서) 먹히는 것 같으면 그것을 미래에 쓸 수 있는 잠재적 전략 중 하나로 챙겨 놓는다.

넷째, 자동으로 '맞춤화'가 이뤄지는 것과 관련해서도 우려되는 점이 있다. 2001년에 선스타인이 '반향실' 문제를 언급했을 때 우려한 것은 사용자들이 입맛에 맞는 뉴스만 골라서 볼 수 있게 되었다는 것이었다. 그런데 입맛에 맞는 뉴스를 고르는 선택을 할 필요가 점점 없어지고 있다. 정교한 알고리즘이 머신러닝을 통해 예측해서 우리가 누구인지, 전에 무엇을 검색했는지 등의 데이터를 가지고 우리 각자의 입맛에 맞을 법한 콘텐츠를 알아내고 있기 때문이다. 이러한 테크놀로지들은 사람들이 자신이 좋아하는 것만 볼 수 있도록 혹은 자신이 좋아하는 것을 보는데 시간을 더 많이 쓸 수 있도록 돕겠다는 목적을 꽤 명시적으로 밝히고 있다.

　　페이스북은 사용자들에게 콘텐츠를 보내 주는 알고리즘과 관련해 맞춤화의 요구가 높아지자 2018년에 피드의 우선순위를 재조정해 친구와 가족의 포스팅이 미디어 콘텐츠보다 먼저 보이도록 했다. 하지만 맞춤형 콘텐츠를 받아 보기 위해 꼭 페이스북 사용자가 되지 않아도 된다. 2018년 7월 2일에 에스테르의 구글 메인 페이지에 올라온 콘텐츠에는 "무역 적자는 중국의 문제인가"라는 제목의 「애틀랜틱」 기사, 폴 크루그먼의 「뉴욕타임스」 최근 칼럼, "밀레니얼 사회주의자"에 대한 「뉴욕타임스」 기사, 월드컵 축구 기사, 하버드 대학 총장으로 임명된 로렌스 바카우Lawrence Bacow에 대한 「보스턴 글로브」 기사, 시몬 베이유Simone Beil의 장례식 기사, [앤서니 케네디 대법관 사임으로] 공석이 된 대법관에 누가 임명될 것인가에 대한 상원의원 수전 콜린시의 견해를 보도한 「허핑턴 포스트」 기사, 그리고 [구글의 스마트 워치] '픽셀 워치'에 대한 기사(이 기사가 빠질 수는 없었을 것이다) 등이 있었다. 에스테르의 관심사가 분명하게 아닌 기사는 두 개뿐이었다. 하나는 프랑스 감옥을 헬기로 탈출한 한 범죄자의 이야기였고(읽어 보니 매우 재미있는 기사였다), 다른 하나는 비지 필립스Busy Philpps가 자신과 어린 딸을 각기 다른 비행기 편에 재예약해 놓은 델타 항공과 한판 붙은 것에 대한 「폭스 뉴스」기사였다. 이 비지 필립스 기사가 그날 에스테르가 접한 유일한 우파 매체 기사였다.

이러한 맞춤화는 도처에서 일어나고 있다. [미국 공영 라디오 방송국] '내셔널 퍼블릭 라디오NPR'의 앱("NPR 원NPR One")마저 스스로를 "라디오 뉴스계의 판도라"라고 묘사했다. "판도라"는 과거에 당신이 들은 음악 정보에 비추어 맞춤형으로 콘텐츠를 보내 주는 음악 스트리밍 서비스다. NPR 원은 진보적 개념들의 반향실(그러니까, 이 경우에는 NPR의 클라우드)에서 알고리즘이 각각의 사용자가 정확하게 듣고 싶어 할 만한 콘텐츠를 골라내어 보내 주는 역할을 하게 될 것이다.

자동 맞춤화가 우려스러운 이유는, 사용자가 자신이 읽을 것을 직접 선택할 때는 적어도 자신이 무엇을 하고 있는지를 인식하지만 자동 맞춤화에서는 그 인식마저 사라지기 때문이다. 입맛에 맞는 기사를 직접 골라서 읽을 때는 비록 편향적으로 고르더라도 적어도 자신이 읽고 있는 기사가 편향적으로 선택되었다는 것은 알고 있다. 한국에서 수행된 한 독특한 실험 결과, 사용자들이 스스로 기사를 골라서 소비할 때 실제로 자신의 편향을 인식하고 있는 것으로 나타났다. 연구자들은 2016년 2월~11월 사이에 주제별로 언론 기사를 큐레이팅해서 보내 주는 앱을 만들고 그것을 사용하는 사람들에게 기사에 대한 견해 그리고 주제에 대한 견해를 주기적으로 질문했다. 처음에는 모든 사용자에게 주제별로 무작위로 선택된 기사를 발송했다. 그리고 몇 차례가 지난 뒤에, 사용자 중 무작위로 두 집단을 선정해 한 집단은 자신이 원하는 뉴스 매체를 선택할 수 있게 했고, 다른 집단은 계속해서 무작위로 선택된 기사를 받게 했다. 이 실험에서 세 가지의 중요한 결과가 드러났다. 첫째, 사용자들은 자신이 읽은 내용에 반응했다. 즉 자신이 본 기사의 내용에 따라 견해를 조정했다. 둘째, 예상하시다시피, 선택의 여지가 주어진 사람들은 일반적으로 자신의 당파적 선호에 따라 매체를 골랐다. 셋째, 놀랍게도, 그렇게 매체를 직접 선택한 사람들은 무작위로 기사를 받아 본 사람들보다 자신의 견해를 더 많이 조정했고, 그것도 더 중도적으로 조정했다! 반향실 효과와 반대되는 효과가 나타난 것이다. 종합적으로, 선호에 따라 매체를 선택할 기회를 갖게 된 사람들은 당파적 편향을 덜 갖게 되었다. 자신이 택한 매체가 편향되어 있다는 것을 알고 있기 때문에 부분적으로 그 편향을 교정했고, 사실정보에 대해서는 기사의 내용을 더 잘 받아들였다. 반면에 무작위로 선택된 기사를 받은 사용자들은 기사의 편향성을 판단할 수 없어서 기사의 내용에 계속해서 의구심을 가졌고, 따라서 견해가 많이 달라지지 않았다.[80]

이 실험을 미국에서 해 본다면 매우 흥미로울 것 같다. 아마도 결과는 얼마나 정치 관여도가 높은 사람인지에 따라 달라질 것이다. 미국의 인터넷 사용자들이 자신이 읽고 있는 내용의 편향성을 교정하기 위해 의식적인 노력을 할 것인지 아닌지는 확실히 예측하기 어렵지만, 어쨌든 이 연구는 '매끄러운 맞춤화'의 핵심적인 문제가 무엇인지를 잘 보여 준다. 그러니까, 너무나 매끄럽다는 문제 말이다. 편향을 교정하려면 먼저 편향을 인지해야 한다. 늘 동일한 매체에서 기사를 읽으면 우리는 그 매체에 대해 잘 알게 된다. 하지만 알고리즘이 알아서 인터넷을 훑어보고 우리에게 기사를 골라 대령해 주면, 어떤 기사는 우리가 잘 아는 매체에서 오겠지만 어떤 기사는 잘 모르는 매체에서

올 것이고, 어떤 기사는 완전히 가짜 뉴스일 수도 있다. 그리고 우리는 그러한 신호들을 어떻게 읽어야 할지 판단할 수 없을 것이다. 게다가 우리가 그 선택을 스스로 한 것이 아니기 때문에 그러한 교정을 해야 한다는 것 자체를 생각하지 못할 것이다.

함께 섞이기

우리는 서로의 이야기를 듣는 능력을 잃어 버렸다. 민주주의는 퇴색되었고 마치 여러 부족 간의 합의와 비슷한 것으로 변질되었다. 부족들은 우선순위들 사이에서 균형을 잡기 위해 신중하게 고려하기보다 부족적 충성심에 기반해 투표를 하고 가장 규모가 큰 부족들의 연합이 승리한다. 그들의 후보가 아동학대자인지, 그보다 더 심한 짓을 저지른 사람인지 등은 상관없다. 상대편이 집권할 가능성을 지지자들이 몹시 우려하는 한, 승리자는 자신의 지지자들에게조차 경제적, 사회적 혜택을 가져다줄 필요가 없다. 정치인들은 이를 너무나 잘 알고서 공포심에 불을 지피는 데 매진한다. 최악의 경우에는, 선거에서 승리해 권력을 잡고 나면 그 권력을 이용해 공포를 조장하고, 정치적 이득을 얻기 위해 언론을 통제하며, 대안적인 목소리를 닫아 버리려 한다. 더이상 '경쟁'을 걱정해야 할 필요가 없도록 말이다. 헝가리 총리 빅토르 오르반Viktor Orban이 대표적인 사례이지만, 그에 못지않은 다른 사례도 많이 찾아 볼 수 있다.

그뿐 아니라, 극단적으로 분열된 현재의 분위기에서 노골적인 매도와 비난의 표현이 특히 지도자들의 입에서 완화되지 않고 쏟아져 나오면서, 미국에서는 흑인, 여성, 유대인에 대한, 인도에서는 무슬림과 낮은 카스트 계층에 대한, 유럽에서는 이민자에 대해 폭력의 범위가 확대되고 있다. 인도와 브라질에서 유혈 사태를 일으킨 군중, 최근 미국과 뉴질랜드에서 총기를 난사한 사람들과 우편으로 파이프 폭탄을 보낸 사람들 모두가 이러한 망상적 사고의 소용돌이에서 나온 결과다. 그 소용돌이에서는 동일한 가짜 뉴스와 잘못된 정보가 사라지지 않고 계속해서 되살아난다. 아직 내전이나 인종 학살로 치닫지는 않았지만, 역사에서 교훈을 얻는다면, 그럴 가능성도 없지는 않다고 보아야 한다.

이미 살펴보았듯이, 타인에 대한 나의 반응은 나의 자존감과 밀접하게 관련이 있다. 개인의 존엄을 존중한다는 원칙에 바탕을 둔 정책만이 평범한 사람들이 관용적인 생각에 더 많이 열려 있게 해 줄 수 있을 것이다.

국가 단위에서뿐 아니라 집단 수준에서도 할 수 있는 일이 있다. 인종주의, 반이민자 정서, 정당 간의 소통 부족은 상대방과 접해 본 경험이 부족한 데서 나오는 경우가 많다. 일찍이 1954년에 하버드 대학 심리학 교수 고든 올포트Gordon Allport는 적절한 여건하에서 타 집단 사람들과의 접촉을 늘리면 편견을 줄이는 데 매우 효과가 있다는 '접촉 가설contact hypothesis'을 제시했다.[81] 누군가와 함께 시간을 보내면 그들을 이해하고 존중하게 되고, 따라서 편견을 줄일 수 있게 된다는 것이다. 그 이후로 접촉 가설을 검증하는 연구가 많이 이뤄져 왔다. 최근의 한 리뷰 논문은 올포트의 가설을 토대로 이뤄진 27개의 무작위 통제 실험을 종합적으로 살펴보았는데, 어떤 종류의 접촉인지가 갖는 중요성을 간과해서는 안 된다는 것을 전제로, 전반적으로 접촉이 편견을 줄인다는 결과가 발견되었다.[82]

접촉 가설이 옳다면, 학교와 대학이 매우 중요한 공간이 될 수 있다. 사고가 더 유연한 젊은 시기에 서로 다른 배경을 가진 사람들이 하나의 공간에 모이기 때문이다. 미국의 한 대학에서 학생들의 룸메이트를 무작위로 배정하는 실험을 한 결과, 백인 학생이 흑인 학생과 룸메이트가 되면 적극적 우대 조치를 현저히 더 많이 지지하게 되는 것으로 나타났다. 소수자(흑인뿐 아니라 다른 소수자도)와 룸메이트가 된 백인 학생은 그 룸메이트와 생활한 첫 해가 지난 뒤에도, 즉 누구와 어울릴지를 전적으로 자신이 선택할 수 있게 된 뒤에도, 다른 인종 집단의 사람들과 계속해서 교류를 하는 것으로 나타났다.[83]

이러한 사회화는 더 어린 시절에 시작될 수도 있다. 인도의 델리에서 수행된 한 연구가 어린 시기에 상이한 배경 출신의 아이들이 한데 모이게 하는 것이 얼마나 큰 위력을 갖는지를 잘 보여 주었다.[84] 델리는 2007년부터 명문 사립학교들이 입학생 중 일정 비율을 가난한 가정 학생에게 할당하도록 의무화했다. 이 정책이 미친 영향을 알아보기 위한 한 독창적인 연구에서, 무작위로 선정된 아이들에게 계주 경기를 함께 할 팀원을 뽑도록 했다. 이 아이들 중 일부는 가난한 가정 아이를 받은 학교에 다니고 있었고, 일부는 아직 가난한 아이를 받지 않은 학교에 다니고 있었다[2008년부터 시행한 학교도 있었고 소수이지만 일부 학교는 이 정책에서 제외되어 계속 부유한 아이들로만 학생을 받을 수 있었다]. 또 몇몇 학교의 학급에서는 조별 학습을 위해 이름의 알파벳순으로 조를 짰는데, 따라서 어떤 아이들은 가난한 아이와 섞인 조에서 활동을 해 보았고, 어떤 아이들은 그렇지 않았다. 연구자들은 아이들이 달리기 실력을 가늠할 수 있도록 모든 아이가 의사결정을 하기 전에 다른 아이들이 시험 경주에서 달리기하는 것을 볼 수 있게 했다. 이 실험의 핵심은, 계주 팀원으로 누군가를 선택하면 반드시 그 아이와 함께 놀면서 일정 시간을 보내도록 요구한 것이었다. 실험 결과, 부유한 아이 중 교실에서 가난한 아이를 접해 보지 못한 아이들은 달리기 실력이 좋더라도 가난한 아이를 계주 팀원으로 선택하기를 꺼리는 경향이 컸다. 가난한 아이와 함께 놀며 일정 시간을 보내야 하는 상황을 피하고 싶었기 때문이다. 하지만 델리에 새로 도입된 정책 때문에 교실에서 가난한 아이들을 접해 본 경우에는 가난하지만 달리기를 잘하는 아이를 선택하는 경향이 컸다. 이 아이들에게는 가난한 아이와 함께 놀며 일정 시간을 보내야 하는 것이 더 이상 두렵거나 걱정스러운 일이 아니었다. 이에 더해, 가난한 아이와 같은 조에서 조별 학습을 해 본 경험까지 있었던 경우에는 계주 팀원으로 가난한 아이를 받아들이는 경향이 한층 더 높았다. 익숙함은 마법을 부린다.

'공정한 입학을 위한 학생들 대 하버드 대학' 사건

이러한 실증 연구들은 학교에서 학생 구성이 다양해지는 것 자체가 매우 가치 있는 일임을 시사한다. 다양한 사람들의 존재 자체가 안정적으로 선호에 영향을 미치기 때문이다. 적극적 우대 조치는 미국에서 역사적인 불의를 바로잡기 위해, 그리고 여러 세대에 걸쳐 교육에서 이득을 보아 온 백인과 그렇지 않은 집단 사이의 기울어진 운동장을 바로잡기 위해 도입되었다. 하지만 이 정책의 효용은 그보다 더 크다. 위에서 언급한 27개의 무작위 통제 실험의 결과가 의미하는 바는, 다양성을 높이는 것은 사회를 더 관용적이고 포용적으로 만들기 위해 우리가 쓸 수 있는 매우 강력한 수단이라는 것이다. 문제는, 적극적 우대 조치 자체가 오늘날 극단화된 싸움의 소재가 되어 버렸다는 데 있다.

2018년 봄, 뉴욕시는 명문 공립학교들의 입학 사정 절차를 새로

만드느라 고전했다. 현재는 시험으로 선발하는데, 라티노와 흑인 입학생 수가 인구 비례 대비 지나치게 적다. 한편, 최근 아시아계 미국인들이 하버드 대학에 차별을 이유로 소송을 제기했다. 다양성 목표치를 달성하기 위해 학교가 아시아계 학생의 입학을 인위적으로 제한하고 있다는 것이었다. 이에 더해, 트럼프 행정부는 학교가 입학 사정에서 지원자의 인종을 고려하는 것을 중단해야 한다고 촉구했다. 미국 대법원은 아직까지는 인종에 기반한 어떤 차등 대우도 금지해야 한다는 판결을 내리지는 않았지만, 얼마나 오래 그럴 수 있을지는 알 수 없다.

인도에서는 학교와 공직에 적용되는 할당제의 혜택이 차별받아 온 사람들에게 정말로 돌아가고 있는지를 둘러싸고 논쟁이 벌어지고 있다. 낮은 카스트에 대한 할당제는 상류 카스트 사람들 사이에서 분노를 일으켰고, 할당제의 합법성에 대해 항의와 소송도 종종 제기됐다. 특히 그렇게 할당된 자리 중 많은 수가 낮은 카스트 출신이긴 하지만 사회경제적으로는 특권층에 해당하는 사람들, 즉 아마도 적극적 우대 조치가 덜 필요할 사람들(이들은 '크리미 계층creamy layer'이라고 불린다)에게 돌아가면서 더욱 논란이 일었다. 인도의 사법부는 이제까지 이러한 항의에 매우 우호적인 입장이었고, 할당제의 자격 기준에 소득을 포함하라고 결정했다. 즉, 이제는 할당제 수혜 자격이 되려면 가난해야 한다. 한편, 다른 집단들도 할당제의 대상이 되기 위해 맹렬히 로비를 했다. 하지만 그렇게 되면 할당제의 취지가 희석될 것이다. 이 복잡한 상황에서, 할당제는 늘 인도의 어딘가에서는 반드시 분쟁이 벌어지고 있는 소재가 되었으며 폭력 사태로 이어지는 경우도 드물지 않다.

이 싸움의 핵심에는 '능력'이라는 개념이 놓여 있다. 할당제에 이의를 제기하는 측의 주장에는 시험 점수가 능력에 대한, 즉 학교나 회사에 해당 지원자가 얼마나 적합한가에 대한 객관적인 척도라는 가정이 깔려 있다. 따라서 [그것 이외의 다른 특성을 고려사항에 넣는] 적극적 우대 조치는 능력 있는 지원자에 대한 차별이 된다. 이 장에서 살펴본 모든 내용에 비추어 볼 때 이것은 매우 개연성이 없는 주장이다. 자기 차별은 자신감을 낮춰서 시험 점수를 떨어뜨린다. 단지 특정한 인구 집단에 속한다는 이유만으로 교사나 상사에게 과소평가되고 업신여김을 당하고 무시와 경멸을 받아 온 긴 세월은 당신이 좋은 성적을 내는 것을 더 어렵게 만든다. 또한 집 여기저기에 책이 놓여 있고 식사 자리에서 종종 수학이나 철학 같은 주제를 두고도 깊이 있는 대화가 이뤄지는 가정에서 자라면 (당신이 그것을 늘 좋아했든 아니든 간에) 대학 입시 에세이를 쓸 때 매우 유리하다. 저자인 우리 둘 모두 그랬다. 낮은 카스트 출신의 학생은 아비지트와 고등학교 졸업 시험에서 동일한 점수를 받았더라도 거기까지 도달하기 위해 장애물을 훨씬 더 많이 넘어야 했을 것이고, 따라서 아비지트보다 더 능력 있는 사람일 가능성이 크다.

'공정한 입학을 위한 학생들 대 하버드 대학' 사건을 두고 두 명의 저명한 실증 경제학자 데이비드 카드와 피터 아치디아코노Peter Arcidiacono가 벌인 논쟁도 상당 부분 '능력'이라는 개념이 가진 모호함과 관련이 있다. 카드와 아치디아코노는 이 소송에서 각각 피고 측과 원고 측에서 논거를 개진했다. 원고 측에서 아치디아코노는 아시아계 학생들의 점수와 등급이 더 높은 것은 이들이 입학에서 차별을 받고 있는 증거라고 주장했다. 동일한 점수를 받을 경우 아시아계 학생들이 백인 학생들보다 (또 흑인 학생들보다도) 입학할 가능성이 낮다는 의미일 수 있기 때문이다.

반면에 하버드 대학 측(피고 측)의 카드는 아치디아코노의 분석에 대해 여러 가지 반박을 제기했다. 가령 카드는 부모의 사회적 배경과 학생들이 선택하는 전공에서 다양성을 기한다는 목적이 합당하다고 주장했다. 하지만 가장 두드러진 쟁점은 지원자의 리더십과 성격적 특성을 평가하는 '인성 등급'을 어떻게 해석할 것이냐에 있었다. 아시아계 학생들은 학업 성적과 교과 외 활동에서는 일관되게 높은 점수를 받았지만 인성 등급은 일관되게 낮았다. 따라서 인성 등급까지 고려하면 아시아계 학생들이 백인 학생들보다 '동일한 실력일 때 입학 가능성이 더 낮다'는 아치디아코노의 주장이 성립하지 않을 수 있었다. 즉, 카드는 아시아계 학생들의 인성 등급이 낮은 것이 입학 사정에서 차별이 존재하지 않음을 말해 주는 증거라고 주장했다. 하지만 아치디아노코는 인성 등급 제도가 바로 하버드 대학이 아시아계 학생들을 차별하는 메커니즘이라고 주장했다. 원고 측은 1920년대에 있었던 비슷한 사례를 놓치지 않았다. 1920년대에 하버드 대학 총장 애봇 로렌스 로웰Abbott Lawrence Rowell은 유대인 입학을 제한하기 위해 할당제를 도입하고자 했다. 이 시도는 실패했지만, 대신 그는 '종합적 평가' 시스템을 도입했다. 학업 점수에 더해, 성격에 대한 평가까지 입학 사정에서 고려하기로 했는데 사실상 유대인 학생들의 입학을 제한하는 데 사용되었다. 그리고 '공정한 입학을 위한 학생들' 소송에서 원고 측은 바로 이런 일이 지금 다시 일어나고 있다는 논변을 폈다.

이 논쟁은 '능력'이라는 개념, 무엇이 우월한 특질을 구성하느냐라는 개념 자체가 매우 미심쩍은 것임을 보여 준다. 한편으로 보면, '인성 특질'은 그가 어울리던 집단이 누구였는지를 자신도 모르게 반영할 수 있다. 가령 평균적인 공립학교에서 가르치지 않는 비밀스러운 악수법 등을 통해서 말이다. 그러므로 인성 등급 제도는 정말로 특정 유형의 학생들(아시아계이건, 또 다른 집단이건 간에)을 몰아내고 기득권이 세대 간 계층 전승을 용이하게 하기 위해 사용하는 투박한 방법일지도 모른다. 하지만 다른 한편으로 보면, 흑인 지원자들은 인성 점수에서 백인이나 아시아계 지원자들보다 일관되게 더 높은 점수를 받는데, 앞에서 언급했듯이, 하버드 대학에 입학하려면 성적이 굉장히 좋아야 한다는 점을 생각할 때, 불리한 배경의 아이는 입학 사정 단계에 들어오기라도 할 수 있으려면 매우 특출난 인성적 역량이 있어야 하리라는 점을 의미하는 것일 수 있다. 특히 그 아이가 더 안 좋은 학교에서, 더 힘겨운 가정 환경에서 살아남아야 했다면 더욱 그럴 것이다.

여기에 명쾌하고 확실한 해법은 없다. 차세대 리더를 배출하는 대표적인 기관으로서 하버드 대학은 분명 모든 사회적 집단에서 학생들을 받을 필요가 있고, 특정 집단의 지원자가 인구 비례 대비 과도하게 하버드에 입학한다면 민주 사회에서 바람직하지 않은 일일 뿐 아니라 정치적으로도 문제 있는 일일 것이다. 하지만 적극적 우대 조치를 구체적으로 어떻게 구성할 것인가에 대해서는 더 투명한 사회적 대화가 필요하다. 현재의 정책은 인종 문제를 직접적으로 다루기보다 에둘러 가도록 되어 있다. 이것이 최선의 방법이라고는 말할 수 없을 것이다. 하버드 대학이 어려운 논쟁에 봉착한 것은 불가피한 일이었을 것이다. 또한 우리 사회가 스스로의 비일관성을 인식하고 직시하게 만들었다는 점에서 바람직한 일이기도 하다.

서로 다른 사회적 집단 간에 접촉을 늘려서 사람들의 선호에 영향을 미친다는 좁은 목적에서 보자면, 적극적 우대 조치를 둘러싼 불만이 증가하고 있는 것은 우려스럽다. 올포트가 제시했던 원래의 접촉 가설은 접촉이 편견을 줄인다는 것이기도 했지만 몇몇 조건이 만족될 때만 그렇다는 것이기도 했다. 올포트는 특히 상이한 집단들이 동등한 위치에서 접촉이 이뤄질 때, 또 공동의 목적과 집단 간 협동, 그리고 법과 관습과 권위자의 지원이 있는 상태에서 접촉이 이뤄질 때만 편견을 줄이는 효과가 발생한다고 강조했다. 그런데 적대적인 상태로 접촉이 이뤄지면 이러한 조건이 형성되기 어렵다. 가령 고등학교 학생들이 대학의 좁은 문을 놓고 서로 경쟁하고 있다고 느끼고, 더 나쁘게는 경쟁이 상대 집단 쪽으로 유리하게 기울어져 있다고 느낀다면 상대 집단에 대해 오히려 더 분노하게 될 것이다.

크리켓의 교훈

이것이 매우 현실적인 우려임을 잘 보여 준 연구가 하나 있다.[85] 인도 우타르프라데시주에서 연구자는 8개월에 걸쳐 크리켓 시합을 진행했다. 1,261명 중에서 무작위로 젊은 남성 800명을 선정해 3분의 1 정도는 같은 카스트로 구성된 팀에, 나머지는 혼합된 카스트로 구성된 팀에 배치했다. 우선 다른 연구들에서와 마찬가지로, 여기에서도 "협업적인 접촉"에서 여러 가지 긍정적인 효과가 나타났다. 동일한 카스트로만 구성된 팀 선수들에 비해 혼합 카스트 팀에서 경기를 한 선수들은 실험이 끝난 후에도 꼭 자신의 팀원이었던 사람이 아니더라도 다른 카스트 사람들과 친구가 되는 경향이 더 컸다. 그리고 자신이 선수들을 뽑아 팀을 직접 구성할 기회를 갖게 되었을 때는 경기를 더 잘할 수 있는 팀을 구성하는 경향이 있었다. 카스트가 아니라 실력에 기반해 팀원을 선택했기 때문이다.

　하지만 누구와 경기를 하느냐도 큰 영향을 미쳤다. 무작위로 자신이 속한 카스트가 아닌 카스트의 팀과 경기를 하게 되었던 사람들은 자신과 동일한 카스트의 팀과 경기를 하게 되었거나 아예 경기를 하지 않은 사람들보다 다른 카스트 사람들과 친구가 될 가능성이 낮았다. 경쟁이 접촉을 훼손한 것이다. [즉, "적대적인 접촉"은 통합을 방해한다].

다소 힘 빠지는 이 결과는, 접촉만으로는 관용이 생기지 않는다는 것을 말해 준다. 공동의 목적을 갖는 것도 중요한 영향을 미친다. 1998년과 2018년에 프랑스 축구팀이 월드컵 우승을 했을 때 국가 전체적으로 바로 이러한 공동체 감각이 생겨났다. 특히 몇몇 우수한 선수들이 악명 높게 쇠락한, 그리고 차를 불태우는 등의 험한 폭동이 자주 일어나는 공공주택 단지에서 자랐다는 소식은 사람들 사이에 선의와 공동의 목적에 대한 감각을 고양시켰다. 그 순간에는 모두가 93지구(파리 북쪽의 쇠락한 지구) 출신 아이들이 학교나 빼먹고 나쁜 짓이나 일삼는 게으른 놈팡이가 아니라는 것을 알고 있었다. 프랑스가 블랙-블랑-뵈르(흑인-백인-아랍인)로 구성된 승리의 팀을 구성할 수 있었던 것은 성실히 노력한 수만 명의 아이들이 있었던 덕분이었다는 것을 말이다.

평화를 위한 토지 용도 지정

대학을 통한 통합만으로는 당연히 한계가 있다. 매우 가능성 있는 또한 가지 방법은 혼합된 주거지를 구성하는 것이다. 그런데 노벨상 수상 경제학자 토머스 셸링Thomas Shelling이 일찍이 보여 주었듯이, 혼합된 주거지는 불안정성이 높은 경향이 있다.[86] 어느 동네의 주택 소유자들이 자기 동네가 혼합된 동네인 것은 좋지만 타 집단 사람들이 다수가 되는 것은 싫어한다고 해 보자. 그들은 그들 중 일부가 이사를 가고 타 집단 사람들이 이사를 오게 될 경우에 대해 걱정할 것이다. 그러면 이런 사람들에게는 이 동네가 다소 덜 매력적으로 느껴지게 된다. 그리고 이제 그들은 다른 집이 몇 집 더 떠나면(나와 비슷한 생각을 가지고 있어서이든, 타 집단에 대한 관용이 나보다 더 낮아서이든 간에) 나도 이사를 가야 하는 것이 아닌가 생각하게 된다. 그러다가 그런 일이 일어날지 또 언제 일어날지 마음 졸이는 긴장이 견딜 수 없게 되는 순간, 다들 할 수만 있다면 당장 이사를 가려 하게 된다. 셸링은 이 시점[긴장 상태가 이어지다가 갑자기 균형이 깨지고 탈주가 발생하는 시점]을 '티핑 포인트 tipping point'라고 불렀다.

데이비드 카드는 미국에서 1970년대, 1980년대, 1990년대에 주거지 분리가 증가한 현상을 연구하다가 실제로 티핑 포인트와 비슷한 현상이 있었다는 것을 발견했다.[87] 어느 동네에 흑인 비중이 일정 숫자보다 적으면 백인 인구가 안정적으로 유지되었지만 흑인 비중이 그보다 높아지면 그 이후 몇 년 동안 백인 인구가 대거 빠져나갔다. 시카고는 특히나 티핑 포인트가 낮았다. 1970년대에 흑인 인구가 5퍼센트 미만이었을 때는 안정적이다가 그보다 높아지자 백인들이 대거 이탈했다. 카드의 연구에서, 평균적으로 미국 도시들의 티핑 포인트는 12~15퍼센트 정도였다.

티핑 포인트에 도달해 주거지가 분리되는 것을 극복하는 한 가지 방법은 저소득층을 위한 공공주택을 짓되 공공주택 단지가 도시 전체에 퍼지게 해서 [주민의 계층 구성이 동질적인] '순수한' 동네가 존재하지 않도록 하는 것이다. 우리는 1년간 파리의 아주 좋은 동네에 살았는데 우리 집 바로 옆에 공공주택 단지가 있었다. 아이들은 모두 동네의 같은 학교에 다녔고 같은 공원에서 놀았다. 그 나이대의 아이들은 같은 세계에 살았다. 싱가포르만큼 과감하게 하기는 어려울지 몰라도(싱가포르는 인종 집단 간의 혼합을 유지하기 위해 주거지마다 할당량을 둔다) 모든 동네에 일정 숫자 이상의 공공주택을 두는 것은 가능해 보인다.

이러한 정책을 실현하고자 할 때 부딪히게 되는 난점은 기술적인 것이라기보다 정치적인 것이다. 정치적 의지만 있다면 실행은 그리 어렵지 않다. 공공주택을 널리 퍼지게 배치하고, 모두에게 주택 복권 기회를 주고, 빈집이 나올 때마다 추첨을 하고, 당첨자가 실제로 그 집에 거주하는지를 더 쉽게 확인할 수 있는 시스템을 구축하면 된다. 어려운 점은, 소위 '좋은 동네'에 공공주택 단지가 있으면 정치인들이 공공주택을 [지지의 대가로 분배하는] 콩고물 용도로 사용하기가 매우 쉬워진다는 것이다. 하지만 이 문제는 충분한 정치적인 의지가 있다면 극복할 수 있을 것이다.[88]

그럼에도 당분간은 가난한 사람들 대부분이 여전히 저소득층 동네에 거주할 것이므로, 주거지가 분리된 현 상태에서도 학교의 학생 구성이 혼합적으로 이뤄지게 할 방법이 필요하다. 그러려면 아이들이 동네에서 먼 곳에 있는 학교까지 이동할 수 있어야 한다. 다수의 주민에게 통학 버스를 의무적으로 타게 하는 '버싱busing' 정책도 학교의 학생 다양성을 높이는 방법이 되겠지만, 과거에 미국에서 [인종 분리 철폐 정책의 일환으로] 이 방법이 도입되었을 때 그다지 인기가 없었다. 아주 어린 아이들의 경우 버스 타는 것을 싫어했다는 점도 한 이유였다. 이보다는 저소득층 동네의 아이들이 원할 경우, 다른 학군의 학교에 다닐 수 있도록 지원하는 게 아마도 더 좋은 방법일 것이다. 보스턴 인근 지역에서 운영되는 METCO 프로그램은 보스톤의 저소득층 동네 아이들

(주로 흑인과 히스패닉 아이들이다)이 부유한 교외 동네의 학교에 다닐 수 있도록 통학 버스를 운행한다. [기존의 버싱 정책과 달리 의무가 아니라 다른 동네에 있는 학교에 다니고자 하는 저소득층 학생들과 그 학생들을 받을 부유한 교외 동네의 학교 모두가 자발적으로 참여한다.] 이 프로그램은 백인 아이들의 학업 성과에 부정적인 영향을 미치지 않고, 흑인과 히스패닉 아이들의 학업 성과에 긍정적인 영향을 미친 것으로 나타났다. 또 삶의 대부분을 '백인끼리의 섬'에서 보냈던 백인 아이들은 더 다양한 집단을 접할 수 있게 되었고, 앞에서 살펴보았듯이 이러한 접촉은 세계관과 선호 체계에 오래 지속되는 영향을 남긴다.[89]

다 쓸데없는 일이라고?

여기에서 제시된 방안들을 다 더해도 편견의 쓰나미에 대처하기에는 너무 미미하지 않느냐는 생각이 들지도 모른다. 하지만 그것은 이 장에서 우리가 주장하고자 하는 핵심을 놓치는 것이다. 편견에 기반한 선호가 표출되는 것은 질병의 원인이기만 한 것이 아니라 증상이기도 하다. 오히려 원인보다 증상에 더 가까울 것이다. 때로 편견은 잘못 돌아가고 있다고 느껴지는 세상에 대한, 우리의 경제적 고통에 대한, 우리가 더 이상 존중받지 못하고 가치를 인정받지 못하고 있다고 느끼게 된 데 대한 방어적인 반응이다.

이는 네 가지의 중요한 시사점을 가진다. 첫째, 가장 명백한 시사점은 인종주의자로 보이는 사람, 인종주의자들과 가까운 사람, 인종주의자에게 투표하는 사람("개탄스러운 자들")을 경멸하는 것은 세상이 자신을 존중하지 않는다고 느끼는 데서 나오는 그들의 견해를 더 강화할 뿐이다.

둘째, 편견은 '절대적인' 선호 체계에서 나오는 것이 아니다. 소위 인종주의자인 유권자도 다른 면에서는 사려 깊은 사람일 수 있다. 인도 북부에서는 1990년대와 2000년대 초까지 카스트에 기반한 극단주의가 크게 발흥했지만 2005년에는 이러한 분위기가 사그라들었다. 전에는 무조건 (카스트 지향이 덜 명백한 BJP 같은 정당보다) 카스트 지향이 분명한 정당에 투표했던 낮은 카스트 사람들이 자신이 지지해 온 정당이 지지자들을 위해 무언가를 충분히 하고 있는지에 대해 의구심을 갖기 시작했다. 그래서 카스트 지향이 분명하던 정당 중 하나를 이끌던 마야와티 쿠마리Mayawati Kumari는 (단지 낮은 카스트뿐 아니라) 높은 카스트 출신이지만 가난한 사람들까지 포함하는 "모든 가난한 이들"의 친구로 새롭게 자리매김했다. 이러한 새 정체성을 바탕으로 그는 2007년에 우타르프라데시주 선거에서 승리했다. 협소한 분파주의가 아니라 폭넓은 포용성을 향해 나아간 중요한 한 걸음이었다.

더 최근에 우리는 미국에서 한때 맹렬하게 미움을 샀던 건강보험개혁법의 흥미로운 반전 하나를 알게 되어 깜짝 놀랐다. 오바마 케어라고도 불리는 건강보험개혁법은 '케냐 출신 무슬림 흑인'이라고 매우 혐오를 받았던 버락 오바마 대통령의 대표적인 정책이었고, 그 때문에 많은 공화당 주지사들이 정치적인 이유에서 오바마 케어와 관련된 어떠한 후속 조치도 실행하기를 거부했다. 예를 들면, 많은 공화당 주지사들이 메디케이드를 확대하기 위한 연방 보조금을 받지 않겠다고 했다(각 주가 메디케이드를 확대하고 그것에 연방 정부가 보조금을 지원하는 것은 오바마 케어가 사람들의 의료 접근권을 확대하는 핵심 메커니즘이었다). 그런데 2018년에 중간선거를 치를 시점이 되기 전에 공화당이 우세한 주인 유타, 네브래스카, 아이다호에서 메디케이드 확대가 주민

투표에 부쳐졌고, 세 주 모두에서 통과되었다. 또한 캔자스와 위스콘신에서는 메디케이드 확대를 거부했던 전임 공화당 주지사들을 누르고 메디케이드 확대를 약속한 민주당 후보들이 주지사로 당선되었다. 이곳 주민들이 갑자기 민주당을 지지하게 되어서가 아니었다. 이들은 연방 상하원 선거에서는 여전히 공화당에 투표했고 여러 사안에서 매우 보수적인 견해를 가지고 있기도 했다. 하지만 적어도 의료 문제에 대해서는 이들 중 많은 수가 당파적인 공화당 정치인들이 외치는 경고를 무시하고, 자신에게 정말로 도움이 되는 것이 무엇인지에 대한 스스로의 판단을 따르기로 결정했다. 경제학이 트럼프Trump를 이겼다 trumped.

이것은 세 번째 시사점과 관련이 있다. 유권자들이 인종, 민족, 종교에 과도한 중요성을 부여하고 심지어는 명시적으로 인종주의적인 견해를 드러낼 때도, 꼭 그들이 정말로 인종주의적이어서 그러는 것은 아니다. 유권자들은 정치인이 정치적 유불리에 따라 인종 카드나 종교 카드를 편할 대로 사용한다는 것을 알고 있다. 그런데도 그 정치인에게 계속 투표하는 이유는 정치 시스템에 대해 깊이 냉소적인 태도를 갖게 되어서 모든 정치인이 다 똑같다고 여기기 때문이다. 어차피 다 똑같다면 그냥 나와 더 비슷해 보이는 후보나 찍어 주자고 생각하게 되는 것이다. 즉 인종주의적인 혹은 그 밖의 편견에 기반한 투표로 보이는 것이 사실은 '무관심'의 표현일 수 있다. 이는 이 선거에 정말로 걸려 있는 것이 무엇인지를 말해 주면 그들이 놀라울 정도로 쉽게 인종주의와 편견을 버리고 견해를 바꿀 수 있으리라는 것을 의미한다. 2007년에 카스트에 따라 정치 지형이 분열된 것으로 유명한 우타르프라데시주에서 아비지트와 동료들은 "카스트가 아니라 발전 공약을 보고 투표하라"는 간단한 메시지를 노래, 연극 등 몇몇 길거리 공연을 통해 전하는 것만으로도 전에는 무조건 카스트만 보고 투표했던 유권자 10퍼센트의 표를 돌릴 수 있었다.[90]

　　이것은 네 번째, 그리고 가장 중요한 시사점으로 이어진다. 편견과 싸우는 가장 효과적인 방법은 직접 그것을 물고 늘어지는 것이 아니다. 편견을 직접 반박하는 것이 얼핏 생각하기에는 가장 효과적인 방법처럼 보이지만, 그것 말고 다른 사안들을 논의하는 게 더 가치 있다는 확신을 주는 것이 효과가 더 클 수 있다. 거창한 약속을 하고 심지어 그것을 위해 굉장히 희생하는 제스처까지 취하는 정치인들은 사실 그 이상의 것을 가져다주지 못할 것이다. 이는 거창한 약속과 제스처 이상의 실질적인 변화를 가져오는 것 자체가 쉽지 않은 일이기 때문이기도 하다. 다른 말로, 우리는 정책에 대해 신뢰할 수 있는 공공 담론을 다시 세워야 한다. 정책 담론이 거대한 말만 쏟아 내고 행동은 거의 하지 않는 것을 정당화하는 수단이 되지 않게 해야 한다. 또 우리는 너무나 많은 사람들이 느끼고 있는 분노와 박탈감을 완화시키기 위해 노력해야 한다. 이것이 쉬운 일도, 빠르게 이뤄질 수 있는 일도 아니라는 것을 충분히 인식한 상태로 말이다.

　　1장에서 언급했듯이, 이것이 바로 우리가 이 책에서 시작하고자 하는 여정이다. 우리는 비교적 많은 것이 알려져 있는 사안인 이주와 무역에 대한 논의로 이 책을 시작했다. 하지만 2장과 3장에서 보았듯이, 이 사안들에 대해서도 경제학자들은 관련된 내용이나 주의해야 할 핵심 전제 등에 대해서는 상세히 설명하지 않은 채로 "이주는 득이 된다"라든가 "자유 무역이 보호 무역보다 좋다"는 식으로 선언적인 주장을 펴곤 한다. 그러나 이것은 담론의 신뢰성을 크게 훼손하는 일이다.

5장부터 우리는 이주와 무역보다 더 논쟁적이고 경제학자들 사이에서도 의견이 분분한 주제들로 넘어가 보려고 한다. 빠른 경제 성장은 가능한가? 불평등의 원인은 무엇인가? 기후변화의 위험은 어떻게 해결할 것인가? 이주와 무역을 다룰 때도 그랬듯이, 이 사안들에 대해서도 우리는 선언적인 주장들에서 신화를 벗겨내는 작업을 하고자 한다. 이주와 무역에 비해, 이 사안들에 대해 우리가 말할 수 있는 것은 때로 너무 추상적으로 느껴질 수도 있고 실증 근거가 덜 분명할 수도 있다. 그럼에도 이 사안들은 미래(와 현재)에 대한 우리의 견해에서 너무나 핵심적이기 때문에 이것들을 논하지 않고는 더 나은 경제 정책을 수립할 수 있는 방법도 논할 수 없다.

이 모든 사안에서 '선호'는 결정적으로 중요하다. 성장, 불평등, 환경을 인간의 필요와 욕망을 이야기하지 않고 논하는 것은 불가능하다. 앞에서 보았듯이, 욕망이 필요가 아닐 수도 있고(사람들은 와인의 가치를 와인 마시는 것이 주는 즐거움['효용']의 양으로가 아니라 자신의 사회보장번호 뒷자리 숫자에 기초해서 가늠한다) 필요가 욕망이 아닐 수도 있다(텔레비전은 필요인가, 욕망인가?). '인간이 무엇을 원하는가'라는 질문은 5장 이후에 우리가 개진할 주장과 관점에서도 때로는 명시적으로, 때로는 암묵적으로 중심에 놓여 있을 것이다.

5장
성장의
종말?

'성장은 1973년 10월 16일(혹은 그즈음)에 종말을 고했고 다시는 돌아오지 않을 것이다.'

로버트 고든Robert Gordon은 엄청나게 강한 견해를 담은 책 『미국의 성장은 끝났는가*The Rise and Fall of American Growth*』에서 이렇게 주장했다.[1]

그날은 석유수출국기구OPEC가 전격적으로 석유 수출 제한을 발표했던 날이다. 제한이 풀린 이듬해 3월에 유가는 네 배로 뛰어 있었다. 이 무렵 세계 경제는 석유 의존도가 계속해서 높아지고 있었고 그 외의 천연자원도 전반적으로 공급이 부족해 가격이 치솟고 있었다. 이 시점 이후로, 부유한 나라들에서는 '스태그플레이션stagflation'(경제 불황과 인플레이션이 함께 오는 것)이라고 불리는 활력 없는 10년이 이어졌다. 성장의 둔화는 언젠가 사라질 일시적인 현상이리라고 여겨졌지만 지금까지도 사라지지 않고 계속되고 있다.

당시 부유한 나라 사람들은 성장과 경제적 번영이 끝없이 지속되리라는 것을 당연하게 여기고 있었다. 그들이 자란 세계가 그랬다. 정치 지도자들도 자신의 성공을 'GDP 성장률'이라는 단 하나의 척도로만 재는 것에 익숙해져 있었다. 이 점은 사실 지금도 크게 다르지 않다. 그리고 우리는 여전히 1970년대에 있었던 그 전환점에 대해 이야기한다. 도대체 무엇이 잘못되었던 것인가? 정책상의 실수가 있었나? 성장을 되불러 오고 다시는 우리를 떠나가지 않게 만들 수 있을까? 어떤 마법의 단추를 눌러야 그것이 가능할까? 중국은 이 불황의 파도에서 예외일까?

경제학자들은 이러한 질문에 답을 찾느라 바빴다. 수많은 논문과 저술이 나왔고 많은 경제학자가 관련된 주제로 노벨상을 받았다. 자, 이렇게나 많은 연구가 이루어지고 난 지금, 부유한 국가에서 경제 성장의 속도를 높이려면 무엇을 해야 하는지에 대해 우리가 확실하게 말할 수 있는 것은 무엇인가? 아니면 혹시 그렇게나 많은 연구가 있었다는 것 자체가 실은 우리가 이에 대해 아는 게 없다는 것의 방증인가? 아니, 다른 것 다 떠나서 우리가 이 주제에 관심을 쏟아야 하는 게 맞기는 한가?

영광의 30년

2차 대전 직후부터 1차 석유 파동까지의 약 30년 동안, 서유럽, 미국, 캐나다는 전례 없는 성장을 구가했다.

1870~1929년 미국의 1인당 GDP는 당시로서는 유례가 없었던 연간 1.76퍼센트의 성장세를 보였다. 1929년 이후 4년 동안 1인당

GDP가 20퍼센트나 떨어지면서 '대공황Great Depression'이라는 이름에 실로 걸맞은 재앙적인 불황이 닥쳤지만, 경기는 꽤 빠르게 회복되었다. 사실 1929~1950년의 연평균 성장률은 그 이전 시기보다 조금 높았다. 그리고 1950~1973년에는 연 성장률이 2.5퍼센트로 더욱 올라갔다.[2] 1.76퍼센트와 2.5퍼센트는 보기보다 굉장히 큰 차이다. 성장률이 1.76퍼센트면 1인당 GDP가 2배가 되기까지 40년이 걸리지만 2.5퍼센트면 28년밖에 안 걸린다.

유럽도 1945년 이전에는 전쟁 등으로 미국보다 곡절이 많았지만 1945년 이후에는 폭발적인 성장세를 보였다. 에스테르가 태어난 1972년 말에 프랑스의 1인당 GDP는 에스테르의 엄마 비올랭이 태어난 1942년의 4배였다.[3] 프랑스만이 아니라 서구 유럽의 일반적인 경험이 그랬다. 1950~1973년에 유럽의 1인당 GDP는 매년 3.8퍼센트씩 늘었다.[4] 가히 '영광의 30년les Trente Glorieuses'(프랑스어로 이렇게 불린다)이라고 불릴 만했다.

경제 성장을 견인한 것은 노동생산성의 급격한 증가였다. 노동생산성이란 투입된 노동 시간당 산출량을 말한다. 미국에서 노동자의 생산성은 매년 2.82퍼센트씩 성장했다. 이는 25년마다 생산성이 2배가 될 수 있는 속도다.[5] 이 시기에 1인당 노동 시간은 **줄어들었는데도**(20세기 후반부에 미국과 유럽에서 주당 노동 시간은 평균 20시간이나 감소했다. 그리고 전후의 베이비붐은 전체 인구 중 생산 가능 연령대 인구의 비중을 낮추는 효과를 가져왔다. '부머'가 그때는 '베이비'였기 때문이다), 노동생산성이 워낙 빠르게 증가해서 이를 상쇄하고도 남았다.

무엇이 노동자의 생산성을 그렇게 높였는가? 우선 꼽아 볼 수 있는 요인은 교육이다. 1880년대에 태어난 사람들은 평균적으로 7학년까지밖에 교육을 못 받았지만 1980년대에 태어난 사람들은 대학 2학년까지 교육을 받았다.[6] 두 번째 요인은 노동자들이 사용하는 기계와 장비가 양적, 질적으로 크게 개선된 것이다. 전기와 내연기관이 생산에서 핵심적인 위치를 차지하게 된 시기가 바로 이 시기다.

다소 대담한 가정을 몇 가지 하고 나면, 이 두 가지 요인이 노동생산성 증가에 어느 정도 기여했는지를 추측해 볼 수 있다. 로버트 고든은 이 시기의 노동생산성 증가 중 교육으로 설명되는 부분이 14퍼센트, 자본 투자의 증가(더 많은 기계와 더 좋은 기계)로 설명되는 부분이 19퍼센트라고 추산했다.

노동생산성 증가 중 이 두 요인을 제외한 나머지는 경제학자들이 측정할 수 있는 지표로 설명이 되지 않는다. 경제학자들은 조금 덜 민망하기 위해 이 '나머지'에도 이름을 붙였다. 그 이름은 **총요소생산성**total factor productivity이다(경제발전론 분야의 저명한 경제학자 로버트 솔로우Robert Solow는 이것을 "우리의 무지를 나타내는 지표"라고 표현한 바 있다). 노동생산성 증가분 중 우리가 측정할 수 있는 요인들을 다 동원하고 나서도 여전히 설명되지 않는 부분을 '총요소생산성의 증가'라고 설명하는 것이다. 가령, 지난해와 동일한 교육 수준의 노동자가 동일한 기계 및 투입 요소(경제학에서 말하는 '자본')를 가지고 일하고 있는데도 올해의 시간당 산출량이 지난해보다 많아졌다는 사실을 '총요소생산성의 증가'로 설명할 수 있다. 물론 이러한 생산성 증가는 충분히 가능하다. 사람들은 같은 자원이라도 더 효율적으로 사용할 수 있는 방법을 늘 강구한다. 때로는 테크놀로지의 발달과 관련이 있다. 가령, 컴퓨터 칩이 더 싸고 빨라져서 예전 같으면 한 '팀'이 필요했을 일을 이제는 비서 한 명이 한두 시간만에 처리하고, 새로운 합금과 신소재가 발명되[어 생산성을 높여 주]며, 물을 덜 먹으면서 더 빠르게 자라는 밀 종자가 도입된다. 또한 때로는 낭비를 줄이고 물자나 노동자가 유휴 상태로 있는 시간을 최소화하는 방법을 찾아냄으로써 총요소생산성이 높아진다. 여기에는 '공급망 관리'나 '린 제조lean manufacturing(제조 과정에서 유휴와 낭비를 줄여 생산성을 높이는 제조 방식 – 옮긴이)' 같은 생산 방법상의 혁신도 있을 수 있고, 효율적인 트랙터 임대 시장을 만드는 것 같은 제도상의 혁신도 있을 수 있다.

인류 역사 대부분의 시기와 비교해 보았을 때 1970년대와 그 직전 몇십 년 동안 이루어진 총요소생산성의 증가는 입이 떡 벌어질 정도다. 1920~1970년에 총요소생산성은 1890~1920년에 비해 네 배나 빠른 속도로 증가했다.[7] 사실 이 시기를 마법 같은 시기로 만들어 준 주역은 교육 수준이나 노동자 1인당 자본 투입의 증가가 아니라 총요소생산성의 증가다. 심지어 유럽은 미국보다도 총요소생산성이 빠르게 성장했다. 전후 시기에는 특히 더 그랬는데, 부분적으로는 미국이 이미 개발해 놓은 혁신을 가져다 쓸 수 있었기 때문이다.[8]

이 시기의 놀라운 성장은 국민소득 통계에서만 나타나는 것이 아니다. 어떠한 지표를 보아도 1970년의 삶의 질은 1920년과 극명하게 달라졌다. 서구 사람들은 평균적으로 전보다 더 잘 먹게 되었고, 겨울에 난방이 더 잘되는 집에 살게 되었으며, 여름에 더 시원하게 지낼 수 있게 되었고, 더 다양한 재화를 소비할 수 있게 되었고, 더 건강하게 살게 되었고, 더 오래 살게 되었다.[9] 또 일하는 시간이 줄고 적당한 나이에 은퇴를 할 수 있게 되면서, 평생을 고된 노동에 매여 있어야만 하는 삶에서 벗어났다. 19세기에 널리 행해졌던 아동 노동도 서구에서는 거의 사라졌고, 이제 (적어도 서구에서는) 아이들은 '어린 시절'을 누릴 수 있게 되었다.

덜 영광스러운 40년

하지만 1973년(혹은 그즈음)에 이 모든 것이 멈추었다. 그 이후 25년 동안 총요소생산성의 성장 속도는 1920~1970년의 3분의 1에 불과했다.[10] 경기 침체는 시작 날짜도 특정할 수 있고 비난을 돌릴 만한 명백한 행위자(석유수출국 정부들)도 존재했던 특수한 경제 위기에서 시작되었지만, 이제는 '뉴 노멀new normal'(새로운 정상 상태)이 되었다. 당시 사람들은 침체가 이렇게 오래 지속되리라고는 생각하지 못했다. 경제 성장의 황금기에 나고 자란 학자들과 정책 결정자들은 이것이 일시적인 교란이며 곧 스스로 해소되리라고 생각했다.

성장의 둔화가 일시적인 현상이 아니라는 게 명백해졌을 무렵, 사람들은 컴퓨터 기술이 추동하는 새로운 산업혁명이 곧 도래하리라는 데 희망을 걸었다. 전기와 내연기관이 과거에 그랬듯이, 컴퓨터는 도처에서 도입되었고 전산 처리 역량은 가속적으로 증가했다. 사람들은 이러한 기술 진보가 생산성이 빠르게 성장하는 시대로 우리를 다시 데려가 줄 것이고, 그와 함께 경제도 성장 가도를 달리게 될 것이라고 기대했다. 그리고 정말로 그러한 시기가 찾아왔다. 1995년부터 몇 년간 총요소생산성이 (황금기만큼에는 못 미쳤지만) 상당히 빠른 속도로 성장하는 시기가 도래한 것이다. 하지만 이 호황은 곧 사라졌다. 2004년 이후로 유럽과 미국 모두에서 총요소생산성과 GDP 성장률 둘 다 1973~1994년의 안 좋았던 시절로 되돌아갔다.[11] 미국에서는 2018년 중반에 GDP 성장률이 회복되었지만 총요소생산성의 성장은 여전히 낮은 수준에 머물러 있다. 2018년의 총요소생산성 성장률은 0.94퍼센트였는데,[12] 이는 1920~1970년의 연평균 1.89퍼센트보다 많이 낮은 것이다.

이 새로운 둔화세는 경제학자들 사이에서 열띤 논쟁을 불러일으켰다. 주위에서 들어 왔던 모든 이야기가 성장의 '둔화'와는 도무지 합치되지 않는 것 같았기 때문이다. 실리콘 밸리는 우리가 지속적인 혁신과 교란의 세계에 살고 있다고 늘상 말했다. 개인용 컴퓨터, 스마트폰, 머신러닝 등등, 혁신은 도처에 존재하는 것처럼 보였다. 이 모든 혁신이 경제 성장의 징후를 전혀 보이지 않는 채로 발생하는 것이 대체 어떻게 가능한가?

논쟁은 쟁점은 두 가지였다. 첫째, 언젠가는 생산성의 고속 성장이 다시 돌아오고 지속될 것인가? 둘째, (결국 GDP도 상당 부분 추측이 개입되는 지표라는 것을 생각할 때) 새로운 경제가 우리에게 가져다 준 행복과 효용을 GDP라는 지표가 다 포착하지 못해서 지표상으로 놓친 부분이 있는 것은 아닌가?

성장은 끝났는가?

첫 번째 질문을 둘러싼 논쟁의 중심에는 노스웨스턴 대학의 경제사학자 두 명이 있다. 로버트 고든은 높은 성장률을 구가하는 시기가 되돌아오기는 어려울 것이라고 본다. 우리는 그를 딱 한 번 만나 보았는데, 상당히 내성적인 사람으로 보였다. 그러나 그의 책은 몹시 저돌적이다. 반대쪽 주자는 조엘 모키어Joel Mokyr다. 모키어는 우리와 조금 더 안면이 있는데, 사람 좋고 쾌활하며 매우 외향적인 사람이다. 미래를 대체로 낙관적으로 보는 그의 성향에 딱 맞게 그의 글도 읽는 이까지 전염될 만큼 에너지가 넘친다.

사람들이 별로 듣고 싶어 하지 않을 주장으로 다소 불리하게 전장에 나선 고든은 향후 25년간 경제 성장률이 연 0.8퍼센트밖에 안 될 것이라고 내다보았다.[13] 모키어와 함께 참석한 토론장에서 고든은 이렇게 말했다. "어디를 둘러보아도 정체된 상태만 보입니다. 사무실에서는 10년, 15년 전과 똑같은 데스크톱 컴퓨터에서 똑같은 소프트웨어가 돌아가고 있습니다. 소매상점에서는 여전히 전과 동일한 방식으로 바코드를 찍고 있습니다. 진열대는 여전히 로봇이 아니라 인간이 채웁니다. 매대 뒤에서는 여전히 사람이 고기를 썰고 사람이 치즈를 자릅니다." 그는 과거와 같은 고도성장을 일으키기에는 오늘날의 발명이 전기와 내연기관만큼 급진적이지 않다고 본다. 몹시 대담하고 저돌적인 저서 『미국의 성장은 끝났는가』에서 고든은 미래학자들이 '미래의 혁신'이라고 예견한 것들을 하나씩 가져다가 왜 그것이 엘리베이터나 에어컨만큼 변혁적인 기술이 될 수 없는지, 왜 그것이 우리를 고성장 시대로 다시 데려다줄 수 없는지 조목조목 지적한다. 로봇은 빨래를 갤 수 없다. 3D 프린팅은 대규모 제조업에 그리 큰 영향을 미칠 수 없다. 인공지능과 머신러닝은 "새로운 것이 아니다."[14] 그것은 적어도 2004년부터 있었고 이제까지 성장에 별로 이바지한 것이 없다. 기타 등등, 기타 등등.

물론 고든이 제시한 논거 중 어느 것도 어느 날 전적으로 새로운 무언가(혹은 기존에 있던 것들의 전적으로 새로운 결합)가 나타나서 예기치 못했던 대대적인 변혁을 불러올 가능성을 배제하지는 않는다. 그러한 일이 일어나지 않으리라는 것은 그의 '감'이 그렇다는 것이다.

한편 모키어는 각국이 과학기술을 선도하는 나라가 되고자 맹렬히 경쟁하는 와중에 다양한 혁신이 빠르고 광범위하게 전 세계에

퍼짐으로써 세계 경제가 성장해 나가는 밝은 미래를 그린다. 그는 레이저 기술, 의료 과학, 유전 공학, 3D 프린팅 등에 진보의 잠재력이 있다고 본다. 지난 몇십 년간 이 중 어느 것도 생산 방식을 근본적으로 변혁하지는 못했다는 고든의 주장에 대해 모키어는 이렇게 반박했다. "오늘날 우리가 사용하는 도구를 보면 1950년에 쓰였던 도구조차 엉성한 장난감처럼 보일 정도인데요."[15] 하지만 무엇보다 모키어의 낙관은 세계 경제가 변화하고 세계화되어 온 방식이 다양한 혁신이 나타나 세상을 바꾸기에 최적인 환경을 창출했다는 견해에서 나온다. 그는 이러한 혁신이 우리가 지금은 미처 예견하지 못하는 방식으로 세상을 변혁할 수 있을 것이라고 본다. 예시를 들기 위해 그는 한 가지 방식을 예견하긴 했다. 기술 혁신이 뇌의 노화 속도를 늦춰 줄 것이고, 이것이 가속적인 성장을 가능케 할 하나의 여건이 되리라는 것이다. 뇌의 노화가 늦어지면 일생 중 좋은 아이디어를 생각하는 데 쓸 수 있는 시간이 더 길어질 테니 말이다. 72세의 나이에도 여전히 팔팔하고 창조적으로 연구 활동을 펴고 있는 모키어 본인이 그 가능성을 보여 주는 좋은 사례다.

뛰어난 학자 두 명이 향후 경제 성장 가능성에 대해 이토록 상반된 결론을 내놓았다는 사실은 이것이 얼마나 어렵고 골치 아픈 질문인지를 단적으로 보여 준다. 경제학자들이 예측하고자 하는 (그리고 대개는 실패하는) 온갖 것들을 통틀어 경제 성장은 특히나 적중률이 형편없는 분야다. 딱 한 가지만 예를 들면, 1938년 미국 경제가 드디어 대공황을 다 지나서 고도성장기로 전환하던 시점에 앨빈 한센 Alvin Hansen은 당시의 경제 상태를 묘사하기 위해 "구조적인 장기 불황 secular stagnation"이라는 개념을 제시했다. 한센은 결코 그저 그런 경제학자가 아니다. 하버드 교수였던 그는 거시경제학 첫 시간에 다들 배웠을 그 유명한 'IS-LM 모형'을 발명한 사람 중 하나다. 그런 한센도 성장의 모든 요소가 이미 다 소진되었으므로, 특히 기술 진보와 인구 증가가 끝났기 때문에 미국 경제가 다시는 성장하지 못할 것이라고 전망했다.[16]

서구에서 자란 우리 대부분은 본인이나 부모가 고성장 시기를 살았기 때문에 그것을 당연히 여기는 세대다. 하지만 로버트 고든은 더 긴 역사를 보아야 한다고 말한다. 인류 역사를 길게 보면 1970년 이후에 닥친 저성장이 예외가 아니라 1820~1970년 사이의 고성장이 예외라는 것이다. 1820년대 전까지는 '높은 성장률이 안정적으로 지속된다'는 것이 서구에서도 완전히 생소한 개념이었다. 1500~1820년에 서구의 연간 1인당 GDP는 780달러에서 1,240달러로 증가했는데(고정달러 기준), 이는 연평균 0.14퍼센트의 성장률에 불과하다. 그리고 1820~1900년에 연평균 성장률이 1.24퍼센트로 이전 300년의 9배가 되었지만 1900년 이후에 도달하게 될 2퍼센트보다는 여전히 한참 낮았다.[17] 향후에 성장률이 0.8퍼센트 수준에서 정체될 것이라는 고든의 추산이 맞는다면, 이는 장기 추세(1700~2012년)의 평균치로 가고 있는 것일 뿐이다.[18] 이것은 새로운 정상 상태가 아니라 그냥 정상 상태다.

물론 20세기에 목도했던 것과 같이 고성장이 장기간 지속되는 게 인류 역사에 없었던 일이라고 해서 앞으로도 없으란 법은 없다. 세계는 그 어느 때보다 더 부유하고, 더 많이 배웠으며, 혁신의 인센티브도 그 어느 때보다 강하고, 혁신의 새로운 붐을 선도할 수 있을 법한 국가도 늘어나고 있다. 기술 예찬론자들이 주장하듯이, 향후 몇 년 사이에 인공지능(아마도 스스로 학습하면서 법원에 제출할 서면도 인간보다 잘 쓰고 농담도 인간보다 잘하는?)의 막대한 역량에 힘입어 4차 산업혁명이 추동하는 폭발적인 성장이 일어나는 것도 꼭 불가능한 일은 아니다. 하지만 고든의 주장처럼 전기와 내연기관에 의해 인류의 생산 및 소비 역량이 도약한 것은 '1회적인 도약'이었을 뿐이라고 보는 견해도 얼마든지 타당하다. 이 고지대에 도달하기까지 얼마간의 시간이 걸렸고 그동안 매우 빠른 성장이 있었지만, 그런 일이 반복되리라고 기대할 만한 이유는 딱히 없다. 그렇다고, 또 그렇지 않으리라고 볼 만한 이유가 딱히 있는 것도 아니다. 분명하게 말할 수 있는 게 하나 있다면 우리가 이 문제의 답을 모른다는 것과 기다리면서 지켜보는 것 외에는 알아낼 방도도 없어 보인다는 것이다.

꽃들의 전쟁

아비지트의 부모님은 장난감이 아이에게 별로 유익하지 않다고 생각하는 분들이셨다. 그래서 아비지트는 긴 오후를 꽃과 풀을 가지고 전쟁놀이를 하면서 보냈다. 긴 줄기에 뾰족한 끝을 한 익소라 꽃봉오리가 적군이었고 길가의 채송화가 아군이었다. 아비지트는 익소라 꽃이 채송화 보병 군단을 투석전으로 공격하고 있다고 생각했다. 부상병은 야전 의무병인 월하향이 이쑤시개로 수술했고 재스민 잎으로 붕대를 감았다.

아비지트는 이 시간을 하루 중 가장 즐거웠던 시간으로 기억하고 있다. 이것은 '후생'으로 여겨져야 마땅하다. 하지만 그가 누린 즐거움은 표준적인 GDP 산출 방식에 포착되지 않는다. 이것은 경제학자들이 늘 알고 있었던 것이라 새로울 것은 없는 문제지만, 그래도 강조할 필요가 있다. 콜카타의 릭샤꾼이 오후에 일을 쉬고 사랑하는 애인과 시간을 보내면 GDP는 내려간다. 하지만 그의 후생은 틀림없이 올라가지 않았을까? 또 나이로비에서 숲을 베면 투입된 노동과 산출된 목재는 GDP에 잡히지만, 아름다운 숲과 시원한 그늘이 사라진 것은 반영되지 않는다. GDP 계산에는 가격이 붙어 시장에서 거래되는 것만 포함된다.

이는 성장이 GDP로 다 측정되지는 않는다는 의미이기 때문에 매우 중요하다. 총요소생산성의 성장은 1995년에 시동이 걸렸다가 2004년에 둔화되었다. 그런데 2004년은 페이스북이 우리 삶에서 막대한 영향력을 갖기 시작한 해다. 그리고 2006년에는 트위터가, 2010년에는 인스타그램이 그 대열에 동참했다. 이러한 플랫폼들의 공통점은 명목 가격이 공짜이고, 쉽게 사용할 수 있으며, 매우 많은 사람들에게 널리 사용된다는 것이다.

현재의 GDP 계산법은 우리가 동영상을 보거나 프로필 사진을 업데이트하는 것 등의 가치를 그러한 서비스를 이용하기 위해 우리가 지불하는 가격으로 판단하는데, 현재 그 가격은 제로다. 페이스북을 설립하고 운영하는 생산자 측 비용으로 잡더라도 페이스북이 후생에 기여하는 바를 막대하게 과소평가할 수 있다. 물론, 다른 한편으로 방금 올린 포스팅에 사람들이 '좋아요'를 눌러 주기를 안달복달 기다리는 게 전혀 즐겁지 않지만 친구들이 모두 페이스북에 있으니 어쩔 수 없이 페이스북을 하는 사람이 많다면 [이 경우 마이너스 효용이 발생하므로] GDP가 후생을 실제보다 과장하고 있을 수도 있다.

어느 쪽이든 페이스북을 운영하는 데 들어가는 비용(이것이 GDP에 잡히는 부분이다)은 그것이 일으키는 후생(혹은 마이너스 후생)과 별로 관련이 없다. **'측정된'** 생산성의 성장이 둔화를 보이기 시작한 시점이 소셜 미디어가 폭발적으로 성장하기 시작한 시점이기도 하다는 것은 한 가지 문제를 제기한다. 바로 여기에서 GDP에 '잡힌 것'과 '잡혀야 마땅한 것' 사이에 격차가 벌어졌을 가능성을 충분히 생각해 봄 직하기 때문이다. 혹시 진정한 후생의 증가라는 면에서는 소셜 미디어로 인해 생산성이 성장했는데도 GDP 통계가 이 부분을 통째로 놓치고 있는 것은 아닐까?

로버트 고든은 이러한 가능성을 일축한다. 그는 오히려 페이스북을 생산성의 둔화에 일조한 요인이라고 보는 편이다. 너무 많은 사람이 업무 중에 '상태 업데이트' 하는 데 시간을 허비한다는 것이다. 하지만 이것은 논점에서 빗나간 이야기다. 사람들이 전보다 더 행복하다면 그들이 무가치한 일에 시간을 쓰는 것이라는 가치 판단을 우리가 함부로 내릴 수 없고, 그 행복이 후생의 계산에 들어가지 말아야 한다고 판단해야 할 이유도 없다.[19]

무한한 기쁨

소셜 미디어의 가치가 계산에서 누락되었을 가능성을 감안하면 부유한 국가들에서 수치상으로 생산성의 성장이 둔화된 것을 다 설명할 수 있을까? 이것을 확인하기는 쉽지 않다. 소셜 미디어 같은 공짜 서비스에 어떻게 가치를 매겨야 할지가 불분명하기 때문이다. 하지만 사람들이 소셜 미디어에 지불할 용의가 있을 법한 금액이 얼마일지를 추산해 볼 수는 있다. 이를테면, 사람들이 인터넷에 들이는 시간을 그들이 인터넷 서비스에 부여하는 가치의 대용지표로 삼아 가치를 추산해 보려는 시도들이 있었다. 사람들이 그 시간에 인터넷을 하지 않았더라면 일을 해서 돈을 벌 수 있었으리라는 것을 전제로 인터넷 사용의 기회비용을 계산하는 것이다. 이렇게 계산해 보면, 평균적으로 미국인이 인터넷에서 얻는 가치는 2004년 연간 3,000달러에서 2015년에 연간 3,900달러로 증가했다.[20] 이것을 2015년의 GDP에 추가하면 그해의 '잃어버린 산출'(2004년 이후에 성장률이 둔화되지 않았더라면 달성되었을 GDP와의 차이) 3조 달러 중 3분의 1이 설명된다.[21]

　　이 추산법의 한 가지 문제점은 사람들이 인터넷에 시간을 쓰지 않는다면 그 시간만큼 일을 더 해서 소득을 올릴 수 있으리라고 가정한 것이다. 그런데 9시 출근, 5시 퇴근인 직장인들은 대부분 그것이 가능하지 않다. 인터넷에 시간을 쓰지 않는다면 [그 시간만큼 일을 하는 게 아니라] 즐길 만한, 아니면 시간을 때울 만한 다른 여가 활동을 찾아야 한다. 인터넷에 시간을 쓴다는 것은 친구나 가족과 시간을 보내거나 책을 읽는 것보다 인터넷 하는 것을 더 좋아한다는 의미일 뿐이다. 딱히 사교성이 있지도 않고 책도 좋아하지 않는 사람이라면 그러한 활동 대신 인터넷을 선택했다고 해서 인터넷이 그에게 엄청나게 후생을 가져다준다고 판단하기는 어렵다. 적어도 3,900달러보다는 가치가 훨씬 적을 것이다.

　　반대의 문제도 있다. 인터넷 없는 삶은 상상도 못하는 어떤 사람이 있어서 매일 아침 반드시 트위터에 1시간을 써야 한다고 생각해 보자. 그 시간은 그에게 거의 무한한 기쁨을 준다. 하지만 1시간이 끝날 때쯤이면 모든 적은 다 무찔렀고 기발한 언어유희와 반짝이는 문장도 다 지나가 버려서, 그다음 1시간은 지루하고 밋밋하게 느껴진다. 그래서 그는 2시간만 트위터를 하고 멈춘다. 한편, 바빠서 반쯤 잊고 사는 친구들과 잊고 사는 게 나을 것 같은 '친구'들의 포스팅에 건성으로 '좋아요'를 누르거나 댓글을 달면서 매일 페이스북에 2시간을 쓰는 사람이 있다고 해 보자. 통계에는 두 사람이 동일하게 잡힌다. 즉, 둘 다 인터넷을 2시간 사용했다. 하지만 이 둘의 인터넷 사용은 명백하게 다르고, 그것을 동일하게 취급하면 인터넷의 가치를 매우 과소평가하게 될 수 있다.

이 계산법이 인터넷의 가치를 매우 과대 계상하거나 매우 과소 계상할 수 있다는 점을 인지하고서, 학자들은 인터넷이 소비자에게 갖는 가치를 측정하는 또 다른 방법들을 고안했다. 그중 하나가 무작위로 선정한 사용자들에게 페이스북(더 일반적으로, 소셜 미디어)을 일정 기간 끊게 한 뒤 그들의 후생 변화를 다른 이들과 비교해 보는 것이다(물론 당사자들의 동의를 받고 진행한다). 이러한 실험 중 하나에서(2,000명 이상이 참여한 대규모의 실험이었다), 참가자들은 소정의 돈을 받고 한 달 동안 페이스북 계정을 '비활성화'했다. 한 달 뒤 연구자들이 설문을 통해 행복과 후생에 대한 여러 지표들을 측정한 결과, 페이스북 계정을 중지했던 사람들이 그렇지 않았던 사람들보다 행복도가 더 높게 나타났다. 흥미롭게도 이들이 지루함을 더 많이 느끼지도 않았다(오히려 지루함을 덜 느꼈을 수 있다). 페이스북을 중지한 사람들은 시간을 즐겁게 보낼 다른 방법들을 발견한 것으로 보이고, 아마도 여기에는 친구나 가족과 시간을 더 많이 보내는 것도 포함되었을 것이다.[22]

실험 기간 한 달이 지나서 페이스북 계정을 다시 활성화한 다음에도 이들이 페이스북 습관으로 되돌아오는 것은 매우 느렸고, 몇 주 뒤에 측정해 보니 실험 이전보다 페이스북에서 쓰는 시간이 23퍼센트 적었다. 또 얼마를 받으면 페이스북을 한 달 더 끊겠느냐고 질문했을 때, 이들이 첫 한 달의 마지막에, 즉 페이스북을 끊는 경험을 해 보고 나서 말한 금액은 그전에 말한 금액보다 훨씬 적었다.

이러한 결과들은, 쓰고 있는 동안에는 그것 없는 삶을 상상하기 어렵지만 막상 없이 살아 보면 삶이 더 나아진다는 면에서 페이스북에 '중독성'이 있음을 말해 주는 듯하다. 하지만 페이스북을 끊어 본 사람들이 [그 경험을 좋아했으면서도] 한 달 더 페이스북을 포기하려면 여전히 자신이 돈을 '받아야' 한다고 생각했다는 점은 흥미롭다. 페이스북 없는 삶이 그저 고맙기만 하지는 않았다는 의미다. 연구자들은 이를 참가자들이 페이스북을 안 하던 동안 생각만큼 많이는 아니었어도 페이스북이 그립기는 했다는 뜻으로 보고, 이런 점을 감안해서 페이스북이 사용자 1인당 연간 2,000달러의 후생을 창출한다고 결론지었다.

페이스북을 끊었던 동안 사람들이 평균적으로 더 행복했는데도 페이스북이 [후생의 감소가 아니라] 후생을 창출했다는 계산이 나올 수 있는 이유로는 몇 가지를 생각해 볼 수 있다. 우선, 모든 '평균'이 다 그렇듯이 페이스북을 아주 많이 좋아하는 일부 사람들이 뭉뚱그려졌을 가능성이 있다. 둘째, 친구들 사이에서 나 혼자 페이스북을 하지 않으면 후생이 감소할 수 있다. 이러한 불편함은 페이스북을 안 하는 기간이 길수록 더 커질 것이다. 잠시 페이스북 안식일을 갖는 것은 좋지만 완전히 끊는 것은 비용이 크다. 물론, 페이스북 자체가 존재하지 않았다면 이 문제는 존재하지 않았을 것이다.

자, 그래서 결과적으로 우리가 알게 된 것은 무엇인가? 딱 떨어지게 알게 된 것은 없다. 어느 정도나마 확실하게 말할 수 있는 것이 있다면, 우선 페이스북이 (일부 예찬론자가 주장하는 것과는 달리) 인류 전체에 꼭 명백하게 득이 되는 것은 아니다. 그렇더라도 사람들은 현재 그 서비스를 이용하기 위해 지불하는 돈보다는 그것의 가치를 높이 산다(적어도 모든 친구가 페이스북이나 인스타나 트위터에 있는 상황에서는 그렇다). 그렇다면, 이러한 소셜 미디어의 '진짜 가치'를 계산에 넣을 경우 성장률은 훨씬 높게 나타날까? 현재 우리가 가지고 있는 증거들로 보건대, 아마도 아닐 것이다.

어쨌든 어느 정도 분명한 것은, **측정된 GDP를 기준으로 할 때** 현재 존재하는 어떤 실증 근거도 '영광의 30년'의 유럽과 황금기의 미국을 특징짓던 높은 성장률이 되돌아오리라고 약속해 주지는 않는다는 점이다.

솔로우의 예측

사실 이것이 완전히 놀랄 만한 말은 아니어야 마땅하다. 전후의 높은 성장세가 한창이던 1956년에도 장기적으로는 성장이 둔화될 것이라는 예측을 내놓은 경제학자가 있었다. 바로 로버트 솔로우Robert Solow다.[23] 그가 개진한 논리는 기본적으로 다음과 같다. 1인당 GDP가 성장하면 사람들이 저축하는 돈이 늘어날 것이고 따라서 투자에 쓰일 수 있는 자금도 늘어날 것이다. 그러면 노동자 1인당 사용 가능한 자본량이 증가한다. 그런데 이는 자본의 생산성을 떨어뜨린다. 가령 기계가 한 대만 있던 공장에 기계가 두 대로 늘면 이제는 전과 동일한 수의 노동자가 기계 두 대를 동시에 관리해야 한다. 물론 **개별 공장으로서는** 기계를 하나 더 들여올 때 노동자도 추가로 고용하면 되지만, 사람들이 다 노동시장에 진입해 있는 상태라고 치면(그리고 국외 이주는 변화가 없다면) **경제 전체가** 그럴 수는 없다. 따라서 저축이 증가하면서 생산 과정에 추가로 들어온 기계는 한 대당 전보다 적은 수의 노동자가 활용하게 된다. 따라서 기계가 하나씩 더 도입될 때마다(더 일반적으로 말해서 자본 한 단위가 더 추가될 때마다) 그것이 GDP 산출에 기여하는 분은 점점 줄게 되고, 그에 따라 성장 속도가 둔화된다. 이에 더해, 자본 생산성이 낮으면 투자 수익이 낮아지므로 저축에 대한 인센티브가 줄어든다. 따라서 사람들은 점차 저축을 하지 않게 되고 성장은 계속 둔화된다.

이 논리는 양방향으로 작용한다. 자본이 희소한 가난한 나라에서는 경제의 성장 속도가 빠르다. 추가로 투자되는 자본의 생산성이 매우 높기 때문이다. 반면, 자본이 풍부한 부유한 나라에서는 경제 성장의 속도가 느리다. 추가로 투자되는 자본의 생산성이 더 낮기 때문이다. 이는 어느 나라에 두 투입 요소(노동과 자본)가 매우 불균등하게 존재해도 불균형이 저절로 조정될 수 있음을 의미한다. 노동이 자본에 비해 과도하게 풍부한 나라는 빠른 속도로 성장해 소득과 저축이 빠르게 증가하고, 따라서 자본을 빠르게 축적할 수 있게 되어서 자본이 점점 더 풍부해진다. 역으로 자본이 노동보다 풍부한 나라는 자본의 축적 속도가 더 느릴 것이다.

그 결과, 자본이 축적되는 속도와 노동력이 증가하는 속도 사이의 격차가 크게 벌어지는 일은 오래 지속될 수 없다. 자본이 노동력보다 빠르게 증가하면 곧 노동에 비해 자본이 너무 많아져서 성장이 둔화될 것이기 때문이다. 따라서 단기적으로는 불균등이 존재할 수 있지만(오늘날 미국에서 GDP 중 노동자들에게 가는 몫이 떨어지고 있는 데서 이러한 불균등을 볼 수 있다),[24] 장기적으로는 자연스럽게 모든 경제가 자본과 노동이 대략 동일한 속도로 성장하는 '균형 성장 경로balanced growth path'를 향해 가려는 경향을 보인다. 비슷한 이유로 균형 성장 경로에서는 '인적자본'(숙련과 역량의 형태로 노동자에게 체화되어 있는 자본)도 같은 속도로 성장한다. 그리고 노동, 자본, 인적자본이 모두 같은 속도로 성장한다면, GDP(결국 GDP란 노동, 자본, 숙련의 산물이므로)도 그와 동일한 속도로 성장하게 된다.

자, 이제 여기에서 유효 노동력의 증가가 과거의 출산율과 현재 일할 의사가 있는 사람 수에 의해 결정된다고 할 때, 솔로우는 이 두 요인 모두 경제학보다는 인구학에, 따라서 그 나라의 경제 상황이나 경제 정책보다는 역사와 문화에 더 크게 좌우된다고 보았다. 물론 총요소생산성의 증가도 유효 노동력을 증가시킬 수 있는데(가령, 기술 발전 덕분에 노동자의 생산성이 매우 높아져서 이제 한 사람이 두 사람 몫을 하게 되었을 경우), 솔로우는 기술 변화도 그 나라의 현재 경제 상황이나 경제 정책과는 관련이 없다고 가정했다. 즉, 유효 노동력의 성장률이 사실상 경제나 경제학의 영역 외부에 놓여 있는 문제라고 보았다. 그래서 솔로우는 이것을 "자연" 성장률natural rate of growth이라고 불렀는데, 그의 이론에 따르면 장기적으로 GDP의 성장은 유효 노동의 성장과 같은 속도로, 즉 자연 성장률과 동일한 속도로 이루어져야 한다.

솔로우의 이론은 여러 가지 함의를 가진다. 첫째, 대대적인 변혁에 뒤이어 고성장이 있을 수 있지만 그 단계를 지나 경제가 다시 균형 성장 경로에 도달하면, 성장은 둔화된다. 이 예측은 1973년 이후의 유럽 상황과 잘 부합한다. 전쟁으로 파괴된 직후에는 자본이 희소해서 빠르게 따라잡을 여지가 많았지만, 따라잡기 성장의 시대는 1973년에 끝났다. 미국의 경우에는, 전후에 솔로우가 상정한 '투자 주도' 성장은 명백하게 둔화되었지만 편리하게도 총요소생산성의 성장이 1973년까지 그 자리를 메워 주었다. 하지만 1973년 이후로는 미국에서도 성장이 둔화되었다. 그때 이래로 서구 사회 전반에서 이자율이 계속 떨어졌는데 이것은 자본이 이미 풍부하게 축적되었음을 반영한다고 볼 수 있고, 이는 솔로우 모델이 예측하는 바와 정확하게 부합한다.

수렴?

솔로우의 이론이 갖는 두 번째의, 그리고 아마도 가장 놀라운 함의는 경제학자들이 '수렴convergence 가설'이라고 부르는 것이다. 자본이 희소하고 노동이 풍부한 나라들(가령, 가장 가난한 나라들)은 아직 균형 성장 경로에 도달하지 않았으므로 자본이 풍부한 나라에 비해 빠른 속도로 성장할 것이다. 이 나라들은 노동과 자본 사이의 불균등을 개선해서 더 성장할 여지가 있다. 그 결과, 시간이 지남에 따라 국가들 사이에 노동자 1인당 GDP의 차이는 줄어들게 된다. 즉 다른 조건이 모두 동일하다면 가난한 나라들은 점차 부유한 나라들을 따라잡을 것이다.

정작 솔로우 본인은 이렇게 전망하는 것을 매우 조심스러워했다. 어느 나라가 노동이 많고 자본이 매우 적다면(가난한 나라들의 출발선이 대체로 이렇다) 생계유지가 충분할 정도의 임금에서 고용이 가능한 사람의 비중이 전체 가용 노동력의 극히 일부에 불과할 것이어서 풍부한 노동력의 이점을 누릴 수 없다. 따라서 수렴이 일어난다 해도 매우 느리게 일어날 것이다.

솔로우의 조심스러운 경고에도 불구하고, 가난한 나라가 부유한 나라를 따라잡아 가면서 극심한 빈곤 상태로부터 비교적 풍요로운 상태로 질서 있게 이행하고 그다음에는 균형 성장의 낙원에 도달한다는 비전, 그리고 전 세계적으로 생활 수준이 비슷하게[높은 수준으로] 수렴할 것이라는 약속은 '자본주의에서의 진보'에 대해 너무나 안심이 되는 서사를 제공했다. 그 바람에 이 모델이 현실과 부합하지 않는다는 것을 경제학자들이 깨닫기 시작하기까지는 30년이 걸렸다.

우선, **가난한 나라들이 부유한 나라들보다 대체로 더 빠르게 성장한다는 것은 사실이 아니다.** 1960년 시점의 1인당 GDP와 그 이후의 성장률 사이의 상관관계는 거의 제로다.[25] 물론 전후에 서구 유럽이 미국을 따라잡기는 했지만, 사실 이 두 경우의 차이는 솔로우의 이론으로 설명할 수 있다. 솔로우의 모델이 실제로 이야기하고 있는 것은, **다른 조건은 동일한** 나라들 사이에서 수렴이 발생하리라는 것이다. 서구 유럽과 미국은 많은 면에서 매우 비슷하므로 유럽이 미국을 따라잡고 수렴할 수 있었을 것이다. 그렇지 않은 경우, 가령 어떤 나라가 다른 나라보다 더 검약적인 습성이 있어서 산출된 것 중 더 많은 부분을 투자할 경우 이 나라는 장기적으로 더 부유해진다. 또한 자연 성장률에 도달하기 전까지의 기간 동안, 똑같이 가난하게 출발해도 투자를 더 많이 하는 나라는 더 빠르게 성장할 것이다.

그렇다면, 부족한 투자가 개도국이 서구 유럽이나 미국과 차이를 보이게 된 주요 원인일까? 뒤에서 보겠지만, 답은 '아니오'인 것 같다.

성장은 그냥 일어난다

솔로우 모델의 세 번째, 그리고 가장 급진적인 예측은 균형 성장에 도달하고 나면 부유한 나라들 사이에서는 1인당 GDP 성장률이 그리 차이 나지 않으리라는 것이다. 솔로우의 세계에서는 1인당 GDP 성장률의 차이가 기본적으로 총요소생산성 성장률의 차이에서 나오는데, 솔로우는 적어도 부유한 나라들 사이에서는 총요소생산성 성장률이 대체로 비슷해져야 한다고 생각했다.

앞에서 언급했듯이, 솔로우의 견해에서 총요소생산성의 성장은

'그냥' 일어나는 것이다. 즉, 정책 결정자가 의도적으로 영향을 미칠 수 있는 것이 아니다. 많은 경제학자들이 이 견해를 마음에 들어 하지 않았다. 각국이 국제 경쟁의 장에서 받아 보는 성적표가 '성장률'인데, 솔로우의 모델이 '좋은 경제 정책을 추구하면 총요소생산성을 더 높일 수 있다'는 말로 안심시켜 주지를 않으니 마음에 들 리가 없었다. 솔로우는 단지 일부러 괴짜 노릇을 하고 있었던 것일까? 어쨌거나 가장 최신의 테크놀로지들이 부유한 나라들에서 훨씬 더 많이 사용되고 있는 것은 사실이 아닌가?

이러한 반응, 즉 정책을 통해 균형 성장률에 영향을 미치기 어렵다는 개념에 대한 반발은 충분히 나올 법한 반응이었을 것이다. 하지만 이것은 솔로우가 개진한 이론의 정교함을 여러 가지 면에서 놓치는 것이다. 첫째, 솔로우는 **이미 첨단에 도달한** 국가들에서 테크놀로지의 발달을 한층 더 추동하는 요인이 무엇일지를 질문하고 있다. 이 나라들에서는 새로운 아이디어가 성장의 관건일 텐데, 아이디어의 흐름이 국경에서 멈추어야 할 이유는 없다. 가령 독일에서 발명된 새로운 제품은 여러 나라에서 동시에 생산될 수 있다. 적어도 독일 모기업의 해외 현지 법인에서라도 생산될 것이다. 그렇다면 그 발명 자체는 어느 한 나라에서 이루어진 것이지만 그것을 생산하는 나라들 모두에서 생산성이 대체로 동일하게 올라간다.

둘째, 솔로우는 국가들이 균형 성장 경로에 도달한 이후의 성장에 대해 이야기하고 있다. 부유한 나라들은 이미 도달했는지 모르지만 자본이 희소한 나라들은 균형 성장 경로에 도달하기까지 아주 멀고 오랜 길을 가야 한다. 케냐나 인도가 솔로우가 말하는 균형 성장 경로에 도달했을 때쯤이면 더 부유해져 있을 것이고 최신 기술들도 모두 사용하고 있을 것이다. 현재 이 나라들이 기술 측면에서 보이는 후진성은 단지 자본의 부족을 반영하는 징후일 수 있다.

　　마지막으로 이 부분이 가장 이해하기 어려울 법해 보이는데, 아직 균형 성장 경로에 도달하지 않은 나라들[가난한 나라들]에서 이미 도달한 나라들[부유한 나라들]에서보다 더 빠르게 기술이 업그레이드되고 있을 수도 있다. 자율주행차나 3D 프린터처럼 가장 최첨단에 있는 혁신은 가장 발달된 선진국만 사용하고 있을 테지만, 기술 업그레이드의 대부분은 '그제의 기술'에서 '어제의 기술'로 이동하는 것이고, 이것은 최첨단에서 기술을 개척하는 것보다 쉽다. 이미 개발된 것, 어떻게 활용하는지가 정확히 알려져 있는 것을 도입하는 것이기 때문이다. 이것은 선반에서 물건을 꺼내는 것이지 어떤 물건을 처음부터 새로 만드는 것이 아니다.

　　이런 이유들(모두 타당한 이유들이다)에서, 솔로우는 국가들 사이에 균형 성장률이 왜 차이를 보이는지는 이야기하지 않기로 했다. 즉, 솔로우는 어느 나라에서 총요소생산성이 향상되는 속도는 해당 국가가 가진 정책 체계의 속성이나 문화 제도적 요인 등과는 상관없고, 우리로서는 파악하기 어려운 신비로운 요인들에 의해 결정된다고 가정했다. 이것은 자본의 축적이 성장에서 수행하던 역할을 거의 다 해서 자본 투자의 수익률이 충분히 낮아진 다음에는 장기적으로 성장을 촉진하기 위해 우리가 무엇을 할 수 있는지에 대해 솔로우의 모델이 알려 주는 바가 별로 없다는 뜻이다. 경제학자들은 솔로우의 모델을 **외생적** 성장 모델이라고 부른다. 여기에서 '외생적'이라는 말은 외부에서 주어진 요인에 의해 추동된다는 의미이고, 이는 장기 성장률과 관련해서 우리가 개입할 수 있는 것이 없음을 인정하는 것이다. 요컨대 솔로우에 따르면 성장은 우리가 영향을 미칠 수 있는 범위 내에 존재하는 문제가 아니다.

나에게 지렛대를 달라[26]

가난한 나라들 상당수가 성장하지 않고 있다는 현실과 솔로우의 모델이 장기 성장에 영향을 미칠 수 있는 방법에 대해 별달리 유용한 이야기를 해 주지 못한다는 사실은 경제학자들이 또 다른 이론을 찾는 쪽으로 노력의 방향을 돌리게 했다. 경제학자들은 무엇이 국가의 성장을 촉진할 수 있는가에 대해 무언가 할 수 있는 이야기가 있기를 너무나 간절히 바라고 있었다. 시카고학파의 반反케인즈주의적 거시경제학의 거두이자 우리 시대의 가장 영향력 있는 경제학자 중 한 명이기도 한 로버트 루카스Robert Lucas는 1985년에 한 마셜 강연(굉장히 많이 인용되는 유명한 강연이다)에서 그러한 열망을 고백한 바 있다. 루카스는 "인도 경제가 인도네시아나 이집트 경제처럼 성장하도록 하기 위해 인도 정부가 취할 수 있는 행동이 있는지, 있다면 그것은 정확히 무엇인지, 없다면 그것을 불가능하게 만드는 인도 특유의 속성은 무엇인지" 알고 싶다며 "이러한 질문은 인간의 후생에 미칠 수 있는 결과가 어마어마하기 때문에 일단 이에 대해 생각하기 시작하면 다른 어떤 것도 생각하기 어려워진다"고 말했다.[27]

여기에서 루카스는 열망만 말하고 있는 게 아니었다. 그는 경제학자들이 무언가 중요한 것을 놓치고 있으며 인도가 가난한 이유를 숙련과 자본의 희소성만으로 설명할 수는 없다는 경제학적 주장도 개진하고 있었다. 그는 인도가(아마도 식민지 시절의 역사나 카스트 제도 등 때문에) 미국보다 자본과 숙련이 부족한 것은 사실이지만, 두 나라의 1인당 GDP가 보이는 막대한 격차가 자원의 희소성만으로 설명되려면 인도에서 자원이 극도로 희소해야 하고, 그렇다면 인도에서는 자원의 가치가 매우 높아야 한다고 지적했다. 가령 트랙터 한 대를 밭 백 군데에서 농민 수천 명이 사용한다면 트랙터 임대료는 극히 높은 수준에서 형성될 것이다. 루카스의 계산에 따르면, 미국과 인도의 1인당 GDP 격차가 인도에 자본이 희소하다는 요인만으로 모두 설명된다고 가정할 경우 인도에서 자본 가격(자원을 소유한 사람이 경제에서 그 자원을 융통할 때 받을 수 있는 대금)은 미국에서보다 무려 58배나 높아야 했다.[28] 하지만, 그렇다면 왜 미국의 모든 자본이 인도로 가지 않는가? 자본이 미국을 빠져나와 인도로 몰려가고 있지 않다는 것은 명백한 사실이므로, 루카스는 실제로 인도의 자본 가격이 그렇게 높지 않을 것이라고 결론내렸다. 다른 말로, 인도에서 자본이 분명히 희소한데도 루카스의 계산이 예측한 것만큼의 높은 수익을 내지 못하고 있다는 사실이 설명되려면, 인도에서의 자본 생산성이 내재적으로 미국에서보다 낮아야 했다. 솔로우의 표현을 빌리자면, 인도의 총요소생산성이 미국보다 훨씬 낮아야 했다.

물론 여기에서 루카스는 시장의 작동을 너무 낙관적으로 보고 있다(아마 그리 놀라운 일은 아닐 것이다). 오늘날 우리는 경제가 루카스의 가정과는 달리 매우 경직적이라는 것을 알고 있다. 경제의 모든 요소가 그렇게 빨리 움직일 수는 없고, 미국에서 인도로 자본이 이동하는 것도 그렇게 빨리 이루어질 수 없다. 그럼에도 그가 제시한 기본적인 통찰은 총요소생산성의 수수께끼를 풀고자 계속 도전하고 있는 수많은 경제학자들에 의해 끊임없이 재발견되고 정교화되었다. 가령 국가 간 1인당 GDP의 차이가 자원량의 차이만으로 완전하게 설명된다고 가정하고 계산을 해 보면, 가난한 나라들의 1인당 GDP 예상치가 실제보다 훨씬 높게 나온다. 즉, 가난한 나라에 자본과 숙련이 매우 부족한 것을 감안하더라도 그것으로 예상되는 정도보다 1인당 GDP가 훨씬 더 낮다.[29] 이는 가난한 나라들이 단순히 자원이 부족해서만이 아니라 있는 자원을 효율적으로 활용하지 못해서 가난한 것이라는 의미로 볼 수 있다. 또 가난한 나라들 사이에서만 비교해 보더라도 동일한 자원 수준에서 어떤 나라는 1인당 GDP가 더 높고 어떤 나라는 더 낮다. 그렇다면, 이런 일은 왜 생기는 것인가?

루카스의 박사 과정 학생이던 폴 로머Paul Romer는 경제 성장을 설명하는 더 나은 이론이 필요하다는 루카스의 열정적인 호소에 감명받은 수많은 사람 중 한 명이었다. 그런데 솔로우의 모델이 경제학에서 가장 기본적이라 할 만한 두 가지 개념에 토대를 두고 있어서 그것보다 나은 방법을 찾기가 쉽지 않았다. 첫째, 자본가는 더 높은 수익을 위해 투자한다. 수익성이 낮아지면 자본 축적도 낮아진다. 둘째, 경제 전체적으로 자본가들이 자본을 더 많이 축적할수록 추가적인 자본의 생산성은 점점 낮아진다. 경제 내에 그 추가적인 자본을 가지고 일할 노동자가 충분하지 않기 때문이다. 경제학 용어로 이것을 '수확 체감diminishing returns'이라고 부른다. 이 개념은 역사적으로 뿌리가 깊다. 짧은 기간이었지만 프랑스 재무장관을 지내기도 했고 프랑스가 경제적 재앙의 나락으로 떨어지는 것을 막고자 필사적으로 노력했던(그러나 성공하지는 못했고, 경제적 재앙은 결국 프랑스 혁명으로 이어진다) 프랑스 경제학자 안느 로베르 자크 튀르고Anne Robert Jacque Turgot는 일찍이 1767년에 이 현상에 대해 언급한 바 있다.[30] 또한 칼 마르크스는 아예 수확 체감을 전제로 삼아 논의를 전개했다. 그가 보기에 이것은 왜 자본주의가 망할 수밖에 없는 운명인지를 설명해 주는 핵심 요인이었다. 더욱더 많은 자본을 축적하려는 자본가 계급의 그치지 않는 욕심이 결국 자본의 투자 수익을 바닥까지 떨어뜨리는 자가당착으로 귀결된다는 것이다. 마르크스는 이것을 "이윤율 저하 경향의 법칙falling rate of profit"이라고 불렀는데, 그에 따르면 이 때문에 자본 축적에 위기가 발생해 자본주의는 종말을 맞게 된다.[31]

수확 체감 개념은 직관적으로도 이해하기 쉽다. 추가로 들여온 기계를 작동할 노동자가 없는데 (혹은 추가로 들여온 기계에 필요한 프로그래밍을 담당할 엔지니어가 없거나 추가로 들여온 기계로 만든 추가적인 제품을 판매할 판매원이 없는데) 기계를 들여오는 것이 무슨 소용인가? 물론 수확 체감 원칙에 반례가 되는 사례도 존재한다. 가령 아마존은 어마어마한 규모 덕분에 비용을 크게 절감할 수 있었다. 아마존의 유명한 물류 시스템은 아마존이 판매하는 막대한 양의 물건들에 대해 지속적인 수요가 없다면 합리적인 시스템이 아니었을 것이고, 이런 시스템을 구축하는 데는 어마어마한 자본이 필요하다. 아마존의 규모가 현재의 100분의 1밖에 안 된다면 수익을 내기 어려울 것이다. 실제로 규모가 매우 커지기 전까지 아마존은 수익을 거의 혹은 전혀 내지 못했다. 그러다가 일정 규모에 도달하자 수익이 급증했고, 2018년 2분기에는 25억 달러를 기록했다.[32]

솔로우 세대의 경제학자들도 이러한 수확 '체증'increasing returns이 벌어질 가능성을 알고 있었다. 수확 체증은 규모가 커질수록 좋다는 것을 설명해야 할 때 경제학자들이 사용하는 개념 중 하나다(아마존이 현재 누리고 있는 시장 지배적인 위치가 어디에서 기인한 것인지를 설명할 수 있는 개념이기도 하다). 하지만 수확 체증의 명백한 함의 하나는,

규모가 가장 큰 기업이 가장 수익이 높기 때문에 경쟁자들을 낮은 가격으로 압박해 시장에서 몰아내기에 가장 유리하다는 것이다. 그러면 시장은 '독점'으로 귀결되며, 온라인 소매 유통 분야에서 실제로 이런 일이 일어났다. 하지만 극소수의 지배적인 기업이 시장을 장악하고 있는 몇몇 업종(소셜 네트워크, 하드웨어 판매 등)이 있긴 해도 또 다른 많은 시장들(자동차, 의류, 초콜릿 등)에는 다수의 기업이 존재한다. 그래서 경제학자들은 수확 체증 개념에 이론적으로 너무 크게 의존하는 것을 되도록 피하려 했다.

로머 역시 개별 기업들은 여전히 수확 체감의 법칙의 적용을 받는다는 개념을 고수했다. 그가 제시한 새로운 통찰은, 솔로우 효과[경제 전체적으로 자본량이 증가할 때 수확 체감이 발생한다]를 상쇄하기 위해서는 **경제 전체적으로** 자본량이 증가할 때 전체 자본의 생산성이 더 높아진다는 가정만으로 충분하다는 것이었다. 그는 개별 기업들은 모두 수확 체감 법칙의 적용을 받더라도, 즉 어느 업종에서도 시장을 혼자 장악하는 거대 독점 기업이 출현하지 않더라도, 이 개념[경제 전체적인 수확 체증]이 여전히 성립할 수 있다고 생각했다. 그것이 어떻게 가능한지를 설명하기 위해 로머는 이를테면 오늘날의 실리콘 밸리 같은 곳에서 새로운 아이디어가 생산되는 메커니즘에 주목할 것을 제안했다[33](실리콘 밸리 자체를 언급한 것은 아니다. 그의 논문이 나온 것은 실리콘 밸리가 오늘날 같은 상징적인 지위에 오르기 전이다).

실리콘 밸리의 기업들은 솔로우의 세계에 있는 기업들과 매우 비슷하지만 한 가지 면에서 중요한 차이가 있다. 실리콘 밸리 기업들은 통상 우리가 '자본'이라고 생각하는 것(기계, 건물 등)보다는 경제학자들이 '인적자본'이라고 부르는 것(특화된 전문성 등)에 더 크게 의존한다. 실리콘 밸리의 많은 기업은 시장화시킬 수 있는 뛰어난 아이디어를 얻을 수 있기를 바라면서 똑똑한 사람들에게 투자를 하고, 때로 정말로 그런 일이 일어난다.

기업에 수확 체감을 일으키는 일반적인 요인들은 실리콘 밸리 기업에서도 마찬가지로 작동한다. 가령 괴짜 같은 천재가 너무 많은데 현금을 관리하고 업무 시간에 게임을 너무 많이 하지 않도록 관리하는 등의 지원 업무를 할 사람이 부족하다면 회사가 돌아가지 않을 것이다. 로머는 실리콘 밸리 기업들과 솔로우 세계의 기업들 사이에 차이를 가져오는 요인은 실리콘 밸리의 전반적인 환경에 있다고 주장했다. 실리콘 밸리 사람들은 카페나 바, 파티장이나 대중교통 등 모든 곳에서 아이디어를 들을 수 있다. 심지어 굳이 들으려고 안 해도 들린다. 평생 만날 일이 없을 웬 모르는 사람이 이야기한 희한한 아이디어가 당신에게서 새로운 아이디어를 촉발한다. 이런 식으로 아이디어가 축적되면서 세상을 바꾸는 새로운 아이디어들이 무더기로 생기게 된다. 여기에서 중요한 것은 단지 당신의 회사에서 함께 일하는 똑똑한 사람이 얼마나 많은지만이 아니다. 경쟁사에, 아니면 더 폭넓게 실리콘 밸리 전체에 똑똑한 사람이 얼마나 많은지도 중요하다. 로머의 이론으로 설명해 보자면, 실리콘 밸리는 아이디어의 교차 수분이 가능한 환경에 세상에서 가장 뛰어난 사람들이 모이게 할 수 있었던 덕분에 지금의 위치에 오를 수 있었다. 여기에서 수확 체증은 개별 기업 수준이 아니라 산업 전체, 도시 전체, 또는 지역 전체의 수준에서 발생한다. 개별 기업은 모두 수확 체감의 법칙에 직면해 있다고 해도 실리콘 밸리 전체에 고도의 전문성과 숙련을 갖춘 똑똑한 사람이 2배로 많아지면 모두가 더 생산적이 될 수 있다.

로머는 성공한 모든 산업 도시에서 이와 같은 동학이 존재했다고 주장했다. 18세기 중반의 맨체스터, 금융 혁신기의 뉴욕과 런던, 오늘날의 중국 선전이나 캘리포니아 베이에어리어 등 모두에서 토지와 노동의 희소성(부분적으로, 노동이 희소해지는 이유는 토지가 희소해서 집값이 너무 비싸기 때문이다)이 유발하는 수확 체감이, 고숙련 인력들이 서로 지식과 영감을 주고받는 과정에서 발생하는 새로운 아이디어와 막대한 활력으로 상쇄되었다는 것이다. 그에 따르면, 이는 다시 고숙련 인력들이 한층 더 이곳에 모여들게 하며 이러한 과정을 통해 높은 성장률이 영속적으로 지속될 수 있다. 솔로우 모델이 상정한 '외생적으로 주어지는 생산성 향상'이라는 신비로운 요인의 도움이 없더라도 말이다.

개별 기업 단위에서의 수확 체감이 경제 전체 단위에서 상쇄될 수 있다는 것을 받아들이면, 자본이 왜 미국에서 인도로 흘러가지 않는지도 설명이 된다. 로머의 세계에서는, 인도가 미국보다 자본이 훨씬 희소하더라도 인도와 미국에서 자본의 투자 수익이 대체로 비슷하다. 솔로우 모델에서는 표준적인 수확 체감의 법칙이 가난한 나라(자본이 희소한 나라)인 인도에 유리하게 작용했지만 로머의 모델에서는 이 유리한 점이 부유한 나라가 갖고 있는 '아이디어의 빠른 생산과 유통'이라는 강점으로 상쇄된다.

자, 그렇다면 이제 우리가 풀어야 할 질문은 이것이 사고실험을 통한 하나의 영리한 가설에 불과한 것인지(그러니까 경제학자들이 자기들끼리 이야기하는, 꽤 안심되는 하나의 '스토리'에 불과한 것인지), 아니면 로머가 강조한 요인들이 정말로 현실에서 경제에 영향을 미치고 있는지다.

성장에 대한 '스토리'들

그 질문에 들어가기에 앞서 한 가지 짚어 둘 것이 있다. 세심한 독자라면 이미 알아차렸겠지만, 경제 성장 이론을 논의하기 시작하자마자 이야기가 엄청나게 추상적인 수준으로 올라가 버린다. 솔로우의 이론과 로머의 이론 모두 경제 전체에 장기적으로 어떤 일이 벌어질 것인가에 대한 일종의 '스토리'다. 그 스토리를 구성하기 위해 솔로우와 로머 모두 현실 세계의 엄청난 복잡성을 최소한의 뼈대만으로 환원했다. 이를테면, 솔로우는 경제 전체적인 수확 체감이라는 개념에 핵심 역할을 부여했다. 로머는 기업들 사이에서 벌어지는 아이디어들의 흐름이라는 개념에 판돈을 걸었다. 하지만 그 아이디어들 자체에 대해서는 경제 전체에 이득이 되리라는 가정을 제외하면 구체적으로 말해 주는 바가 없다. 하나의 경제를 구성하는 직업, 기업, 기술이 얼마나 다양한지를 생각하면 이러한 포괄적인 개념 중 어느 것에 대해서도 구체적으로 감을 잡기가 쉽지 않고, '입증'을 할 수 있는 실증 근거들을 찾기는 더욱 어렵다. 가령 솔로우의 이론을 따라가려면, 우리는 하나의 경제 전체에 가용 자본량이 증가하면 어떤 일이 벌어질지를 생각해 보아야 한다. 하지만 자본을 축적하는 것은 '경제 전체'가 아니라 개별 기업이나 개인이다. 그다음에 개별 기업이나 개인이 그 자본을 가지고 무엇을 할지, 가령 빌려줄지, 새 빵집을 열지, 새집을 살지 등을 결정한다. 각각의 결정은 많은 변화를 일으킨다. 집값이 올라갈 수도 있고, 빵값이 내려갈 수도 있고, 유능한 제빵사를 구하기가 어려워질 수도 있다. 솔로우는 이 모든 복잡성을 '경제 전체의 가용 자본량 대비 가용 노동량'이라는 하나의 변수로 뭉뚱그린다. 마찬가지로, 어떤 도시에 고급 테크놀로지 인력이 대거 유입되면 많은 것이 달라진다. 근사한 에스프레소 카페가 생길 수도 있고, 저임금 노동자들이 집세를 감당하지 못해 도시를 떠나게 될 수도 있다. 그런데 로머는 '아이디어의 교환'이라는 하나의 움직임에만 초점을 맞춘다. 솔로우와 로머 모두 '정말로 중요한 것이 무엇인가'에 대한 추측에서는 옳았을지 모르지만, 그들의 추상적인 모델을 현실 세계에 대입해 그림을 그려 보기는 매우 어렵다.

설상가상으로, 앞 장까지 우리가 논의를 전개하는 데 크게 의존했던 '데이터'가 이 문제에서는 크게 도움을 주지 못한다. 이론이 전체 경제 수준에서 이야기되고 있기 때문에 실증 데이터로 검증을 하려면 개별 기업이나 개인이 아니라 '경제권'(국가, 아니면 적어도 도시)을 비교 대상으로 삼아야 하는데, 무역을 다룬 장에서도 언급했듯이 '경제권'을 비교 단위로 삼는 데는 언제나 굉장한 어려움이 따른다. 각 경제권들(가령 각 국가들)은 매우 많은 면에서 차이가 있기 때문에 동일선상에서 '비교'하기가 곤란한 경우가 많은 것이다.

게다가 국가 경제 전체를 비교 단위로 삼아 분석을 수행하고자 한다 해도 그것을 통해 무엇을 알 수 있을지가 불분명하다. 가령 '경제 전체 수준에서의 수확 체감'이라는 개념, 즉 어느 나라에 자본이 추가될 때 자본의 생산성이 떨어지는지를 검증하려 한다고 해 보자. 앞에서 말했듯이, 자본은 '경제 전체'가 축적하는 게 아니라 개별 기업과 개인들이 축적한다. 그다음에 그들은 축적된 자본을 가지고 무엇을 할지 결정한다. 예를 들어 어느 기업이 그 자본을 기계와 건물을 사는 데 쓰고 그것을 사용할 노동자를 추가로 고용하려 한다고 가정해 보자. 그러면 노동시장에서 경쟁[노동자를 구하려는 경쟁]이 증가하고 결국 기업은 원하는 정도보다 적은 수의 노동자를 고용하게 되며, 이는 자본의 생산성을 낮추는 요인이 된다. 이것이 솔로우가 상정한 메커니즘이다. 자, 그럼 이제 우리가 현실에서 자본이 유입되면서 자본의 생산성이 낮아진 현상을 관찰했다고 해 보자. 이것이 솔로우가 상정한 메커니즘 때문에 발생한 것이라고 어떻게 확신할 수 있는가? 자본이 엉뚱한 곳, 비생산적인 곳에 투자되었을 수도 있지 않은가? 혹은 투자가 아예 안 되었을 수도 있지 않은가? 솔로우는 자본의 증가가 자본의 한계 생산성을 낮춘다고 보았지만, 잘못 투자되어서 그렇지 적절하게만 투자되었다면 추가적인 자본의 투자 수익이 사실은 증가했을 수도 있지 않을까?

그뿐 아니라 성장 이론이 '장기' 변화를 이야기한다는 점도 현실에서의 검증을 어렵게 만든다. 솔로우의 세계에서는 장기적으로 성장이 둔화하고 로머의 세계에서는 그렇지 않다. 그런데 얼마나 길어야 장기인가? 성장의 둔화가 관찰될 정도의 시간이면 장기인가? 아니면 그것도 여전히 '단기'의 일시적인 교란이고 '장기'적으로는 회복될 것이라고 보아야 하는가?

이 장에서 경제 성장과 관련한 여러 이론들을 가장 탄탄한 실증 근거들과 맞추어 보고자 최선을 다해 보겠지만, 결국 명쾌한 답이 되기는 어려울 것이다. 이미 언급했듯이, 성장은 측정하기가 어렵고, 무엇이 성장을 추동하는지를 알아내기는 그보다도 더 어렵다. 따라서 성장을 촉진할 수 있는 정책이 무엇인지를 알아내는 것도 어렵다. 이런 점을 염두에 두고서, 우리는 경제학자들이 이제 '성장'을 논하는 것에 대한 집착을 버려야 할 때가 되었다고 주장하려 한다. 부유한 나라들의 경우 우리 경제학자들이 유용한 답을 제시할 수 있는 가장 중요한 질문은 어떻게 이 나라들을 더 부유하게 만들 것인가가 아니라 평범한 시민들의 삶의 질을 어떻게 높일 것인가여야 한다. 개도국의 경우에는 경제 논리를 심하게 무시하거나 오용해서 성장이 크게 저해되는 경우가 있으므로 성장에 대해 경제학자들이 말할 수 있는 유용한 이야기가 조금 더 많겠지만(이 장에서 다룰 것이다), 이 역시 그리 많지는 않을 것이다.

백만 달러짜리 공장

로머가 제시한 행복한 스토리의 핵심에는 **스필오버**spillover라는 개념이 있다. 숙련 기술과 역량이 서로서로를 발판 삼아 발달해 나가면서 고도로 숙련된 전문 인력이 한데 모여 전체적으로 커다란 변화를 만들어 낸다는 것이다. 분명히 이것은 실리콘 밸리 사람들이 굳게 믿고 있는 바일 것이다. 캘리포니아주에는 실리콘 밸리보다 아름답고 집값도 싼 곳이 많이 있다. 그런데도 기업들은 꼭 실리콘 밸리에 입지하고 싶어 한다. 다른 주와 도시들(미국과 해외 모두에서)은 막대한 보조금을 주겠다고 약속하면서 기업들을 유치하기 위해 갖은 애를 쓴다. 2017년 9월에 위스콘신주는 100억 달러 규모의 LCD 공장 투자를 유치하기 위해 폭스콘에 적어도 30억 달러의 재정적 혜택을 제공했다.[34] 이것은 폭스콘이 창출하겠다고 약속한 일자리 하나당 20만 달러에 해당한다. 마찬가지로, 파나소닉은 북미 본부를 뉴저지주 뉴와크로 옮기면서 1억 달러 이상의 혜택을 받았고(일자리 하나당 12만 5,000달러꼴), 일렉트로룩스는 테네시주 멤피스에 새로운 공장을 짓는 데 1억 8,000만 달러의 조세 감면을 받았다(일자리 하나당 15만 달러꼴).[35] 가장 최근 사례로는 아마존의 두 번째 본사 'HQ2'를 유치하기 위해 각 도시들이 노골적으로 벌였던 맹렬한 경쟁을 들 수 있다. 아마존은 총 238개 도시에서 제안서를 받았다(2018년 11월에 아마존은 버지니아주 알링턴과 뉴욕시 두 곳에 새 본사를 나누어 짓겠다고 발표했다).[36] 이 238개 도시(뉴욕이 철회하기로 결정할 경우에는 237개 도시)는 스필오버 효과를 분명히 믿고 있었을 것이다.

아마존도 그렇다. HQ2의 입지를 공모할 때 아마존이 제시한 요건에는 "인구 100만 명 이상의 대도시 권역"이거나 "기술 기반의 유능한 인력을 끌어올 잠재력이 있는 도시 및 교외 지역"을 선호한다고 명시되어 있었다.[37] 이는 아마존이 수많은 판매자(여기에서는 고숙련 전문 인력)가 존재하는 "두터운thick" 시장 안에 있는 것이 매우 득이 되는 일이라고 생각하고 있다는 것을 말해 준다. 뛰어난 인력을 구하고, 유지하고, 유지하지 못했을 경우 새로운 인력으로 대체하기가 더 용이할 것이기 때문이다.

앞에서 언급했듯이, 로머의 이론에서 핵심은 비슷한 분야에서 일하는 사람들이 한데 모여 있을 때 '비공식적인' 대화를 통해 발생하는 아이디어의 교환이다. 이런 유의 스필오버 현상이 존재한다는 데는 어느 정도 실증 근거도 있다. 예를 들면 발명가들은 같은 도시에 있는 다른 발명가의 특허를 인용하는 경향이 많다. 그 발명가[같은 도시에 있는 다른 발명가]가 무엇을 개발했는지를 알고 있을 가능성이 더 크기 때문이다.[38]

로머 가설의 일종으로 실리콘 밸리 같은 도시 이외에까지 더 광범위하게 적용될 수 있는 또 하나의 가설은 교육 수준이 높은 사람들이 많이 모여 있을수록 모두가 더 생산적이 된다는 것이다. 하지만 주위에 고학력자들이 많을 때 모두가 더 생산적이 된다는 가설은 실증 근거가 약한 편이다. 도시에는 [농촌에 비해] 교육 수준이 높은 사람이 더 많고 모두가 더 높은 소득을 올리는 경향이 있긴 하지만, 여기에는 다양한 이유가 있을 수 있다. 가령 교육 수준이 높은 사람들이 많이 사는 도시에는 임금을 많이 주는 기업들(하이테크 기업, 더 수익성 있는 기업, 인력의 질에 신경을 더 많이 쓰는 기업 등)이 딱 맞는 인력을 구하기가 더 용이하리라고 생각해서 더 많이 입지해 있을 수 있다. 위의 가설을 입증하려면 어느 도시에서 다른 모든 조건(정책, 투자 등)은 달라지지 않은 상태로 거주민들의 교육 수준만 상당히 오른 사례를 찾아야 하는데, 이것은 쉽지 않다.

하지만 도시에 큰 투자가 이루어졌을 경우에 도시 전체적으로 상당한 이득이 발생한다는 데는 꽤 명백한 실증 증거가 있다. 『직업의 지리학The New Geography of Jobs』의 저자 마이클 그린스톤Michael Greenstone, 릭 혼벡Rick Hornbeck, 엔리코 모레티Enrico Moretti(이 책에서 그들은 도시는 성장하는데 농촌은 그렇지 못한 이유가 스필오버라고 주장했다)[39]는 도시가 양질의 공장이나 기업(가령 아마존의 'HQ2')을 유치할 때 도시 전체 수준에서 실제로 이득이 발생하는지를 알아보고자 했다.[40] 이를 위해, 기업 유치 경쟁에서 최종적으로 승리한 곳을 차점자로 아슬아슬하게 떨어진 곳과 비교해 보았다. 그 결과, 승리한 카운티에서 기존 공장들의 총요소생산성이 크게 증가한 것으로 나타났다. 막대한 스필오버 효과가 존재한다는 가설과 부합하는 결과다. 새 기업이 유치된 지 5년 후에 그곳에 있던 기존 공장들의 총요소생산성이 새 기업 유치에 아슬아슬하게 실패한 도시의 공장들보다 평균적으로 12퍼센트 더 높았다. 이는 새 기업 유치에 성공한 도시에 연간 4억 3,000만 달러의 소득이 생겼다는 의미이고, 임금과 고용이 모두 증가했다.

어느 도시나 어느 주가 새 공장이나 기업을 유치하기 위해 평균적으로 얼마를 들였는지는 알기 어렵지만, 몇몇 알려진 사례가 있긴 하다. 예를 들어, BMW 새 공장의 입지는 사우스캐롤라이나주의 그린빌-스파르탄버그로 낙점되었고 차점자는 네브라스카주의 오마하였으며, BMW가 제공받은 재정적 혜택은 1억 1,500만 달러였다. 만약 그린빌-스파르탄버그가 평균 12퍼센트의 이득을 얻는다면, 무척 괜찮은 투자인 셈이다. 이것은 뉴욕시가 아마존의 HQ2를 유치하기 위해 아마존에 보조금을 제공해야 한다고 주장했을 때 제시한 논거이기도 하다. 즉, 그만한 투자 가치가 있다는 것이다.[41]

재정적 혜택을 주는 것 외에 기업을 끌어올 수 있는 또 다른 방법은 인프라를 짓는 것이다. 1930~1960년에 '테네시강 유역 개발공사Tennessee Valley Authority, TVA'가 테네시주 및 인접 주들을 위해 도로, 댐, 수력 발전소 등을 짓는 데 막대한 공공 자금을 사용한 것이 그런 사례다. 인프라가 기업들을 끌어들이면 그 기업들이 또 다른 기업들을 끌어들이는 식으로 선순환이 이뤄지리라는 논리에서였다. 회의적인 목소리도 없지 않았다. 일례로, 20세기 미국에서 가장 영향력 있는 도시학자 중 한 명인 제인 제이콥스Jane Jacobs는 1984년에 "왜 TVA는 실패했는가Why TVA Failed"라는 글을 쓰기도 했다.[42]

하지만 TVA는 실패하지 않았다. 엔리코 모레티와 패트릭 클라인Patrick Kline은 TVA 해당 지역들을 원래는 그와 동일한 유형의 투자를 받기로 되어 있었으나 여러 정치적인 이유로 투자가 이루어지지 못했던 다른 지역 여섯 곳과 비교해 보았다. 그 결과, 1930~1960년에 TVA 사업이 진행되었던 카운티들이 농업과 제조업 모두에서 고용상의 이득이 더 컸다. 1960년에 TVA에 들어오는 외부 자금이 끊기면서 농업 분야에서의 이득은 사라졌지만, 제조업 분야에서의 이득은 계속 이어졌고 2000년까지 계속해서 더 강화되었다. 이것은 스필오버 효과가 농업보다는 제조업에서 더 중요하다는 일반적인 견해와 부합한다. 그리고 스필오버 효과의 규모도 상당히 컸다. 모레티와 클라인은 장기적으로 TVA가 해당 지역에 일으킨 소득 측면의 이득이 거기에 들어간 비용보다 65억 달러나 많을 것이라고 추산했다.[43]

　　그렇다면 이것이 국가가 지역적인 개발을 (아마도 여러 곳에서 동시에) 촉진하면 영속적인 고성장의 조건을 창출할 수 있으리라는 의미일까? 꼭 그렇지는 않다. 첫째, 첫 투자에서 기업들이 이득을 얻는 것만으로는 충분하지 않다. 기업들은 성장을 둔화시키는 여러 제반 요인(토지, 노동, 숙련의 부족)을 극복할 수 있을 만큼 충분한 이득을 얻어야 한다. 모레티는 현재의 고용에서 10퍼센트가 변화하면 이것이 미래의 고용에서 2퍼센트의 변화를 유발할 것이라고 추산했는데, 이 정도의 효과는 장기적으로 성장을 지속시키기에는 부족하다. 따라서 초기의 성장률은 곧 수그러들게 될 것이다.[44]

　　둘째, 한 지역의 성장은 국가 전체의 성장과 다르다. 한 지역의 성장이 다른 지역에서 자본, 숙련, 노동을 빼내서 다른 지역의 성장을 잠식해 가면서 이루어지는 것일 수도 있기 때문이다. 아마존이 입지한 도시는 성장하겠지만 다른 도시들에 피해를 유발하게 될 수 있다. 모레티와 클라인은 이 두 효과가 서로 상쇄되어서 국가 수준에서의 성장에는 사실 그리 영향을 미치지 못할 것이라고 추산했다.[45]

　　모레티는, 이러한 근거들을 종합해 볼 때 지역적인 발전이 '성장의 종말' 시나리오를 피하거나 극복하는 데 기여할 지렛대 역할을 할 가능성은 적어 보인다고 결론지었다.[46] 지나치게 비관적인 결론일지는 모르지만, 분명히 귀담아들을 가치가 있는 경고다. 어떤 한 도시가 다른 도시에서 일자리를 가져오는 것은 가능하겠지만 이것이 국가 전체적으로 크게 이득이 될 가능성은 적어 보인다. 다른 나라들에 비용을 유발하면서 성장하는 것이 가능한 매우 작은 국가(가령 도시 국가인 싱가포르)라면 모르지만 말이다.

차터 시티

그러나 위와 같은 실증 근거가 주로 미국과 유럽에서 나왔다는 점을 짚고 넘어갈 필요가 있다. 개도국은 이와 상당히 다를 수 있기 때문이다. 개도국에서는 양질의 인프라가 소수의 도시에만 집중되어 있으므로, 더 많은 '양질의' 도시를 건설하고, 기존에 있던 소수의 거대 도시들을 더 살기 좋은 환경이 되게 만드는 것이 국가 전체적으로 경제 성장을 촉진할 수 있을지도 모른다.

이것은 세계은행이 정책 초점으로 삼고 있는 바이기도 하다. 예를 들어, 세계은행은 2016년에 인도의 도시화에 대한 보고서에서 이곳의 도시화 과정이 맹렬한 수평적 확장과 슬럼 거주 환경이 지배적인, "엉망진창"이고 "숨겨진" 형태를 띠고 있음을 강조해서 지적했다.[47] 인도의 도시는 양질의 고층 건물들을 통해 수직으로 성장하기보다는 행정 구역상의 경계를 넘어 수평으로 무질서하게 퍼져 나간다. 남아시아 전체적으로 1억 3,000만 명(멕시코 전체 인구보다 많다)이 '비공식' 거주지에 살고 있다. 일터와 주거지 사이의 거리는 멀고, 교통은 상상을 초월할 정도로 혼잡하며, 오염도 매우 심각하다. 이것은 뛰어난 사람들을 끌어들이기에 좋은 여건이 아니다. 또한 이는 도시가 생산과 교역의 장소로서 기능할 수 있는 역량도 제약한다. 이러한 국가에서는 도시 환경을 더 잘 정비하면 국가 내의 다른 곳에서 성장을 잠식하지 않으면서 완전히 새로운 성장의 기회를 일으킬 수 있을지 모른다.

　　오랫동안 로머 본인도 제3세계 도시들에 초점을 두어 왔고(그는 세계은행 수석경제학자로 짧은 기간 일하기도 했는데, 그전에도 제3세계 도시들을 연구했다) 현재도 이 도시들이 그의 연구에서 우선순위다. 그는 제3세계 국가들이 도시를 창조적인 사람들이 몰려와 머물고 싶어 하는 곳, 교차 수분을 통해 새로운 아이디어들이 생겨나는 곳, 기업 친화적이면서 살기 좋은 곳이 되기를 바란다. 중국 도시 선전에서 교통 체증과 오염을 뺀 버전의 도시를 생각해 보면 될 것 같다. 학계에서 성공한 경제학자치고는 이례적으로, 로머는 자신의 이론이 시사하는 비전을 현실에서 실천하기 위해 비영리 싱크탱크도 만들었다. 제3세계에 '차터 시티'들을 만든다는 것이 그의 계획이었다. 차터 시티는 외부 압력으로부터 잘 보호된 일종의 거대 계획도시로, 해당 국가에서 마치 섬처럼 그 국가의 규제를 벗어나 로머의 규칙에 따라 운영된다. 이를 위해 해당 국가 정부와 합의를 맺고, 제3국 정부(선진국 정부)가 차터 시티에서 로머의 규칙이 집행되도록 감독하는 역할을 맡는다. 로머는 전 세계에 100만 명 이상 규모의 차터 시티가 수백 곳 생겨나기를 바라고 있다. 현재까지 차터 시티 계약을 한 정부는 온두라스 정부 하나뿐이다. 온두라스는 "고용 및 경제 개발 특별 구역Zone for Employment and Economic Development, ZEDE"을 많게는 20개까지 세울 예정이다. 안타깝게도 겉으로는 ZEDE가 로머의 개념에서 영감을 얻은 것이라고 말하긴 하지만 온두라스 정부가 실제로 그리는 비전은 예전 유나이티드 프루트 컴퍼니 같은 미국 다국적 기업들이 남미에서 운영했던 바나나 플랜테이션 마을에 더 가까워 보인다. 지난 세기 초반에 많이 존재했던 이러한 플랜테이션 마을에서는 기업이 곧 법이었다. 온두라스 정부는 제3국 정부의 감독을 받아야 한다는 규정을 없앰으로써 처음부터 로머의 구상에서 이탈했다. 온두라스 정부는 로머의 개념이나 조언보다는 로머의 이름값에 더 관심이 있었던 것 같다. 온두라스가 ZEDE 개발을 위해 '규제를 완전히 벗어난 자본주의'를 지향하는 미국 기업과 계약했을 때, 로머는 손을 뗐다. 이 사례는 국내의 정치적 요인들, 즉 '차터'(계약 문서)를 통해 몰아내고자 했던 바로 그 요인들이 다시 돌아와 역습을 가할 수 있다는 매우 현실적인 이유 때문에 개도국에서 차터 시티들이 지속적인 성장을 이끌 핵심 요인이 되기는 어려우리라는 것을 시사한다.

창조적 파괴

이제까지의 내용을 요약하면, 지역적인 스필오버 효과는 실제로 존재하는 것으로 보인다. 그러나 제한적이나마 우리가 현재 가지고 있는 증거들로 볼 때, 스필오버 효과가 국가 수준에서 성장을 지속시킬 수 있을 만큼 강력한 것 같지는 않다. 아마도 이를 예상해서인지, 로머는 두 번째 스토리도 가지고 있었다. 이 스토리에서는 생산적인 테크놀로지로 전환될 수 있는 아이디어를 발달시키는 기업들이 성장을 추동한다.[48]

여기에서 로머는 테크놀로지의 지속적인 향상을 가능하게 해주는 요인을 제시하고 있다. 그리고 그 요인은 혁신 친화적인 정책을 가진 나라에서 테크놀로지의 지속적인 향상이 더욱더 크게 일어날 수 있음을 설명하는 요인이기도 하다. 따라서 솔로우의 세계에서와 달리 로머의 모델에서 기술 진보는 더 이상 우리가 영향을 미칠 수 없는 외부의 신비로운 요인이 아니다.

지속적인 혁신과 제약 없는 성장이 가능한 모델을 만들기 위해 로머는 모든 공학자와 과학자라면 잘 알고 있을 한 가지 사실을 상쇄할 수 있는 요인이 필요했다. 기존에 발명되어 있는 것이 많을수록 독창적인 아이디어를 새로 찾아내기가 어렵다는 사실 말이다. 이것을 상쇄하기 위해 로머는 누군가가 일단 새로운 아이디어를 생산하면 다른 이들이 그 아이디어를 자신의 아이디어를 짓기 위한 원재료로 자유롭게 사용할 수 있다고 가정했다. 즉, 지식의 스필오버가 발생한다고 가정한 것이다. 과거의 아이디어들을 토대로 새 아이디어를 지을 수 있다면 새로운 발명가는 거인의 어깨 위에 서 있는 이점을 누릴 수 있다. 새로운 것을 맨 처음부터 만들 필요 없이 이전의 발명들을 수정하거나 고치면 되는 것이다. 로머는 이런 식으로 성장이 수그러들지 않고 높은 수준에서 지속될 것이라고 보았다. 악명 높은 온두라스의 국내 정치 요인으로부터 자신의 차터 시티를 완전히 보호할 수 있으리라 믿었다는 데서도 알 수 있듯이, 로머는 진정한 낙관주의자다. 혁신 과정에 대한 그의 비전도 만만치 않게 낙관적이다. 로머의 세계에서 새로운 아이디어는 여름날 미풍에 실려 오는 장미 향기처럼 자연스럽게 퍼져 나간다.

하지만 현실 세계에서 새로운 아이디어가 생산되는 과정은 훨씬 더 힘겹고 충돌과 알력도 많다. 시장화로 이어질 수 있는 아이디어를 많이 생산하는 행위자는 기업인데, 기업은 자신의 아이디어에 대해 배타적인 소유권을 유지하고 싶어 한다. 가령 제약 회사나 소프트웨어 기업들은 자사가 개발한 아이디어에 대해 배타적인 통제력을 획득하고 유지하기 위해 때로는 합법적이지 않은 수단까지 동원하면서 갖은 노력을 기울인다. 오늘날 산업 스파이는 꽤 비중 있는 글로벌 산업이며 산업 스파이를 저지하기 위한 특허법 분야도 비중 있는 글로벌 산업이다. 물론 필립 아기온Philip Aghion과 피터 호이트Peter Howitt의 유명한 논문(로머의 논문이 나오고 한두 해 뒤에 나왔다)에 따르면, 인정사정없는 경쟁의 여건에서도 혁신 주도의 성장이 벌어질 수 있기는 하다.[49] 아기온과 호이트가 상정한 세계에서 기업은 지식에 대한 열망에서 혁신하기보다는 경쟁이 발생하기 전에 먼저 지식을 확보하기 위해 혁신을 한다. 그렇더라도, 특허가 과거의 아이디어를 활용하는 것을 완전히 막지 않는 한 새로운 아이디어들이 생산되기는 한다.

그러나 혁신 과정에 대한 관점의 전환은 매우 상이한 결론으로 이어졌다. 로머의 세계에서 혁신은 혁신가들이 세상에 주는 혜택이다. 그들도 돈을 벌긴 하겠지만 경제가 얻는 혜택이 훨씬 더 크다. 다음 세대의 혁신가들이 그들의 아이디어를 공짜로 활용할 수 있기 때문이다. 따라서 로머는 최대한 세상을 혁신가들에게 친화적이 되게 만들어야 한다고 주장한다. 혁신에서 나오는 수익과 자본 이득에 대해 세율을 낮추고, 벤처 인큐베이팅과 혁신 공간 등을 지원하며, 특허를 통해 혁신가의 권리를 최대한 오래 보장해 주는 것 등이 그가 생각하는 정책적 수단이다.

한편 아기온과 호이트는 혁신가들에 대해 로머보다 훨씬 덜 낭만적인 견해를 가지고 있다. 흥미롭게도 아기온은 혁신 과정을 가까이에서 지켜볼 기회를 가질 수 있었던 몇 안 되는 경제학자 중 하나다. 프랑스계 유대인인 그의 어머니는 1950년대 초에 이집트를 강제로 떠나야 했을 때 프랑스로 들어와서 지금은 유명 브랜드가 된 '끌로에'를 창립했다. 끌로에가 드레스 업체에서 글로벌 브랜드로 성장하던 시기는 아기온이 성장하던 시기이기도 했다.

그럼에도 아기온은 슘페터(거창한 허풍으로도 유명한[50] 20세기 중반의 하버드 경제학자)의 개념을 빌려 와서 혁신이 "창조적 파괴"의 과정이라고 보았다. 그에 따르면, 각각의 혁신은 새로운 것을 창조하지만 동시에 옛것을 파괴한다.[51] 아기온의 세계에서는 때로는 창조가 지배하지만 때로는 파괴가 지배한다. 가령 새로운 혁신은 유용해서라기보다 누군가가 가지고 있었던 기존의 특허를 파괴하기 때문에 승리하기도 한다. 따라서 혁신에 대해 보상과 수익이 더 커지게 하는 정책은 역습을 가져올 수 있다. 물론 혁신가들이 자신이 기존의 혁신가를 밀어내는 시점과 누군가에 의해 자신이 밀려나는 시점 사이의 기간이 너무 짧을지 모른다고 우려한다면 혁신이 위축될 수 있다. 이런 면에서는 특허를 통해 혁신가를 보호하는 것이 혁신의 인센티브를 높이는 데 중요하다. 하지만 그 때문에 특허 보유자가 왕관을 너무 오래 쓰고 있게 되면 혁신을 저해할 수 있다. 따라서 그린필드 혁신[완전히 새로운 종류의 혁신]과 기존 아이디어를 활용할 수 있는 가능성 사이에 균형이 필요하다.

조세 감면

앞에서 말했듯이, 루카스 같은 경제학자들이 솔로우 모델에 만족하지 못한 이유는 정책 결정자들에게 말해 주는 것이 별로 없기 때문이었다. 그런데 로머의 모델은 말해 주는 바가 있다. 게다가 편리하게도 그 조언은 '혁명'이 필요하다는 게 아니다. 로머의 조언은 정부가 (궁극적으로는 모두에게 득이 될) 새로운 테크놀로지 개발에 투자하려는 성실한 기업의 인센티브를 질식시킬지도 모르는 개입을 하지 말아야 한다는 것이다. 다른 말로, 세금을 감면해야 한다는 것이다.

로머는 민주당 지지자다(경제학자들 사이에서는 그렇게 알려져 있다). 콜로라도 주지사였던 그의 아버지도 민주당이었다. 하지만 세율을 낮추면 혁신이 촉진되어 장기적인 성장을 가져올 수 있다는 개념은 공화당 사람들이 매우 좋아하는 개념이다. 레이건부터 트럼프까지, 공화당 정치인들은 일관되게 조세 감면을 공약으로 내세웠고 이 공약을 정당화하는 근거는 늘 조세 감면이 성장을 촉진한다는 논리였다. 이들은 특히 가장 꼭대기 쪽의 세금을 낮추어야 한다고 주장했다. 빌 게이츠 같은 사람이 창조적으로 일에 몰두해서 우리 모두를 더 생산적으로 만들어 줄 다음번의 마이크로소프트를 발명할 수 있도록 인센티브를 주어야 한다는 것이다.

하지만 늘 이랬던 것은 아니다. 1936년에서 1964년까지 최고 세율은 77퍼센트가 넘었고 그 기간 중 절반은 90퍼센트가 넘었다. 대부분 1950년대 중도 우파 공화당 정부 아래에서였다. 그러다가 1965년에 좀 더 좌파적인 민주당 정부에서 최고세율이 70퍼센트로 낮아졌고, 그 이래로 지속적으로 낮아지면서 30퍼센트대 중반에 도달했다. 물론 이 시기에 모든 공화당 정부는 세율을 더 낮추려고 했고, 모든 민주당 정부는(늘 매우 조심스러워하면서) 세율을 약간 올리려고 했다. 흥미롭게도 2018년 들어 40년 만에 처음으로 최고한계세율이 70퍼센트 이상으로 올라야 한다는 주장이 민주당에서 어느 정도 호응을 얻고 있다.

어쨌든 1960년대 이래의 성장률을 살펴보면 레이건이 촉발한 낮은 세율의 시대에 빠른 성장이 발생하지는 않았다. 레이건 정부 초기에 불황이 있었고 그다음에 겨우 따라잡아서 정상 수준으로 회복됐다. 성장률은 클린턴 시기에 약간 더 높았고 그 이후에 떨어졌다. 장기적으로 보면(10년 간의 이동 평균으로 비교할 때) 1974년 이래로 경제 성장률은 내내 3~4퍼센트 정도로 안정적이었다. 레이건의 조세 감면이나, 클린턴의 최고세율 인상이나, 부시의 세금 감면이나, 장기적인 성장률에 그다지 유의미한 차이를 가져온 것 같지는 않다.[52]

물론 전 하원의장이었던 공화당의 폴 라이언Paul Ryan이 지적했듯이, 그렇다고 조세 감면이 경제 성장에 효과가 없었다는 근거가 딱히 있는 것도 아니다. 조세뿐만이 아니라 그 시기에 함께 달라진 것들이 많기 때문에 조세의 효과만을 분리하기는 어렵다. 라이언은 한 기자에게 그러한 다른 요인들이 어떻게 세금 인하를 나쁜 것으로 보이게 만들고 세금 인상을 좋은 것으로 보이게 만들었는지를 열심히 설명했다.

> 상관관계는 인과관계가 아니라는 말씀입니다. 클린턴 시절에는 테크놀로지가 주도한 엄청난 생산성 붐이 있었습니다. 그 시기에 무역 장벽도 낮아졌습니다. 또한 그는 평화 배당peace dividend(분쟁이나 갈등 상황이 종결되어 안보 비용 축소 등으로 얻어질 사회적, 경제적 이득 – 옮긴이)을 누릴 수 있었습니다. (⋯) 반대로 부시 시절에는 미국 경제에서 테크놀로지 거품이 터졌고, 9.11 테러와 한두 차례의 전쟁이 발생했고, 금융 붕괴가 있었습니다. (⋯) 그중 어떤 것은 사람의 문제가 아니라 단순히 타이밍이 좋지 않았습니다. (⋯) 케인즈주의자들이 [오바마가 서명한] 부양책이 없었더라면 경제가 그만큼도 회복되지 못했을 것이라고 말하듯이, 우리 생각으로는, 거꾸로도 [부시 시절에 조세 감면이 없었더라면 경제가 그보다도 더 안 좋았을지 모른다고] 말할 수 있다고 생각합니다.[53]

적어도 한 가지 측면에서는 폴 라이언의 말이 맞다. 한 국가 내의 추이만 보면 세율 변화와 성장률 사이에 어떤 인과관계가 있는지 결론을 내리기 어렵다. 정말로 인과관계가 있을 수도 있지만 그 시기에 함께 발생했던 많은 일들 때문에 인과관계를 명확히 판별할 수 없다. 그런데 국가 간 비교를 해 보아도 세율의 변화와 성장률 사이에는 상관관계가 없어 보인다. [OECD 18개국에 대해] 1960년대와 2000년대 사이에 각국에서 있었던 조세 삭감의 정도와 성장률의 변화 사이에는 아무 상관관계가 없었다.[54]

미국 안에서 개별 주들의 경험 또한 의미심장하다. 2012년에 캔자스주의 공화당 지도자들은 경제 성장을 촉진해 주리라고 믿으면서 대대적인 조세 감면안을 통과시켰다. 하지만 기대했던 성장은 일어나지 않았다. 오히려 캔자스주의 경제는 더 망가졌고, 그에 따라 교육 예산을 삭감해야 했으며, 주당 수업 일수를 4일로 줄여야 했고, 교사들이 파업에 돌입했다.[55]

시카고 대학 부스 경영대학원(사회주의적인 경향이 있다고는 결코 보기 어려운 곳이다)은 최근 매우 영리한 연구 설계를 통해, 부유층에게 혜택을 주는 조세 감면과 동일한 액수의 혜택을 부유층이 아닌 사람들에게 주는 조세 감면이 성장에 어떻게 영향을 미치는지에 대해 연구했다. 주마다 소득 분포가 상이하기 때문에(예를 들어, 코네티컷주에는 메인주보다 부유한 사람이 많다) 연방 차원에서 부유층을 위한 조세 감면이 실시될 경우 이는 주마다 매우 다른 결과를 낳는다. 이 연구는 전후에 있었던 서른한 차례의 [연방] 조세 개혁을 추적해서, 조세 감면이 상위 10퍼센트에게 이득을 주었을 때는 고용과 소득의 성장에 유의미한 영향이 없었던 반면에 하위 90퍼센트에게 혜택을 주었을 때는 효과가 있었다는 것을 보여 주었다.[56]

또한 고소득자들에게 세금을 많이 물리면 이들이 일을 안 하고 태만해지는 경향이 있는지에 대해서도 직접적인 관찰이 가능하다. 이 문제는 조세가 전반적으로 성장에 어떤 영향을 미칠지보다 더 정확하게 답할 수 있다. 조세 개혁이 [소득 수준에 따라] 사람마다 다르게 영향을 미치기 때문에 영향을 더 많이 받은 사람과 덜 받은 사람 사이에 행동의 변화를 비교하는 것이 가능하기 때문이다. 저명한 두 경제학자 이매뉴얼 사에즈Emmanuel Saez와 조엘 슬렘로드Joel Slemrod는 이와 관련된 기존 연구들을 종합적으로 살펴본 리뷰 논문에서 그러한 연구들이 보여 주는 핵심 결론을 다음과 같이 요약했다. "현재로서, 소득 분포의 꼭대기에서 세율 변화에 대해 **실질적인** 경제적 반응이 있으리라고 볼 만한 설득력 있는 근거는 없다."[57]

이제는 고소득자의 세금을 낮추는 것이 그 자체로 경제 성장을 보장하지는 않는다는 데 많은 경제학자들 사이에 합의가 이루어진 듯하다. 이것은 트럼프의 2017년 조세 감면안에 대한 IGM 부스 패널의 답변에서도 드러난다. 이 감면안은 연방 법인 세율을 35퍼센트에서 21퍼센트로 낮추는 것을 포함해서 기업의 세금을 큰 폭으로, 또 장기적으로 인하하는 내용을 담고 있었다. 또한 개인 소득세 최고세율을 39.6퍼센트에서 37퍼센트로 낮추었고 '최고소득자'의 기준을 상향 조정했으며 유산세estate tax를 폐지했다. 하지만 가장 부유한 계층이 아닌 사람들에게는 조세 감면이 훨씬 적었고 대부분 일시적이었다. "미국이 현재 상하원에서 논의되고 있는 법안과 비슷한 조세안을 입법한다면, 조세와 정부 지출에서 그 밖에 다른 변화는 없다는 가정 아래, 조세를 현재대로 유지하는 경우에 비해 미국의 GDP가 10년 뒤에 상당히 높아질 것이라고 생각하십니까"라는 질문에 딱 한 명만 동의했고

52퍼센트가 동의하지 않거나 강하게 동의하지 않는다고 답했다(나머지는 잘 모르겠다고 응답했거나 응답하지 않았다).[58]

학계에 이러한 합의가 형성되어 있음에도, 트럼프 행정부의 재무부가 이 법안이 미칠 경제적 영향을 추산한 메모에는 세금 인하로 연 성장률을 0.7퍼센트 증가시킬 수 있을 것이라고 적혀 있었다. 어떤 명시적인 근거도 제시하지 않고 말이다.[59] 어떻게 이들은 진지하게 확신할 수 있는 근거들과 그렇게 동떨어진 발표를 하고서도 아무런 비난을 받지 않고 넘어갈 수 있었을까? 물론 한 가지 답은 정부가 자신의 결정을 지지하기 위해 사실과 다른 이야기를 하는 경우가 이번만은 아니었다는 데 있다. 하지만 우리는 부유한 사람들에게 세금을 감면해 주면 경제 성장을 견인할 수 있다는 논리가 대중적으로 너무나 받아들여지기 쉽다는 점도 중요한 이유라고 생각한다. 다들 이전 시대의 너무나 많은 저명한 경제학자들로부터 너무나 오랫동안 이 이야기를 귀에 못이 박히도록 들어온 것이다. 그 당시에는 실증 근거가 부족해 직관에 기초한 "제1원리"에서부터 연역을 통해 논지를 전개하는 것이 일반적이었다. 수세대에 걸쳐 진지한 경제학자들이 되풀이해 읊으면서, 이 주문은 마치 자장가처럼 모두에게 편안하고 익숙해졌다. 지금도 우리는 실증 데이터에 전혀 구속받지 않는 것처럼 보이는 기업 전문가들로부터 날마다 이런 이야기를 듣는다. 그래서 이 개념은 이제 '상식'에 속하게 되었다. 우리가 설문 조사에서 미국의 일반인들에게 비슷한 질문을 해 보았더니 응답자 중 42퍼센트가 조세 감면이 5년 안에 성장률을 높여 줄 것이라는 언명에 강하게 동의하거나 동의한다고 답했다(경제학자 중에서 이렇게 답한 사람은 한 명뿐이었다). 그리고 동의하지 않거나 강하게 동의하지 않는다고 답한 사람은 20퍼센트에 불과했다. 명성은 있지만 옛 세대에 속하는 보수적인 경제학자 9명이 "장기적으로 GDP에 향후 10년간 약 3퍼센트, 연간으로는 0.3퍼센트의 이득이 발생할 것"이라며 행정부에 지지 서한을 보낸 것은 상황을 더욱 악화시켰다.[60] 이 역시 "제1원칙"과 매우 선택적으로 취합한 근거에 기반한 주장이라는 비판이 곧바로 제기되었지만,[61] 이 주장은 대중과 언론이 경제학자들에게 으레 기대하는 이야기와 너무나 잘 부합했고 따라서 너무나 합당하게 들렸다.

이 에피소드 역시 이데올로기를 옆으로 치워 두고 최신의 연구들이 제시하는 근거에 기반해서 경제학자 대부분이 합의한 내용을 적극적으로 옹호하는 것이 매우 긴요한 일임을 말해 준다. 이성을 거의 내버리다시피 한 정책의 세계에서, 우리가 목소리를 내지 않으면 합당한 주장과 논리가 되레 엉뚱한 소리로 들리게 될지 모른다. 그러니 분명하게 말하자. 부유한 사람에게 세금을 깎아 주는 것은 경제 성장을 가져다주지 않는다.

은밀한 왜곡

세금의 변화는 적어도 드러난 채로 벌어지는 일이어서 사람들이 변화를 알 수 있다. 그런데 경제 성장과 직접적으로 관련 있는 또 하나의 매우 중대한 변화가 미국에서 슬금슬금 벌어져 왔다. 경제의 집중이 심화된 것이다. 솔로우 모델과 로머 모델 모두에서 장기 성장을 추동하는 요인은 기술 혁신이다. 새로운 제품과 더 나은 생산 방법을 찾는 데 지속적으로 투자가 이루어지면 총요소생산성이 증가할 수 있고, 그와 함께 경제가 성장할 것이기 때문이다. 하지만 아기온과 호이트가 지적했듯이 혁신은 허공에서 뚝 떨어지지 않는다. 누군가가 새로운 무언가에 투자하게 할 금전적인 인센티브가 있어야 한다.

혁신을 한 기업은 그 혁신을 바탕으로 생산한 제품을 판매할 시장이 필요하다. 그런데 실증 근거들에 따르면 신규 진입자가 시장을 찾는 것이 점점 더 어려워지고 있다. 미국의 경우 대부분의 업종(테크놀로지 분야가 대표적이지만 다른 많은 업종도 그렇다)에서 소수의 기업이 시장을 지배하는 경향이 심해져 왔다. 2016년에 발간된 경제자문위원회의 보고서에 따르면, 1997~2012년에 미국 내 대부분의 업종에서 상위 50대 기업(매출 기준)이 차지하는 비중이 증가했다.[62] 한 가지 원인은 미국이 인수합병에 매우 너그러운 태도를 보였던 데 힘입어 '슈퍼스타' 기업의 점유율이 높아진 것이다.[63] 이를테면 모든 업종에서 상위 4대 기업(매출 기준)의 점유율이 증가했다. 제조업의 경우 1980년에는 상위 4대 기업이 시장의 38퍼센트를 차지했는데 2012년에는 43퍼센트로 점유율이 높아졌다. 유통업은 상위 4대 기업 점유율이 14퍼센트에서 30퍼센트로 2배가 되었다.[64]

집중화가 심해지는 것이 소비자에게 좋은지 나쁜지는 딱 잘라 말하기 어렵다. 어떤 데이터와 어떤 추산 방식을 사용하는지에 따라, 어떤 경제학자는 기업의 마크업(기업이 지출한 비용과 부과하는 가격 사이의 차이)이 과도하게 증가한다는 것을 발견하기도 했고 어떤 경제학자들은 그렇지 않다는 것을 발견하기도 했다.[65] 이제까지 소비자가 보호될 수 있었던 한 가지 기제는 유통 분야에서 기업의 집중화가 국가 단위에서는 발생했지만 지역 단위에서는 발생하지 않았다는 점이었다. 어느 동네에 월마트 같은 슈퍼스토어가 들어오면 소규모 상점들이 밀려나게 된다. 하지만 최종 소비자 입장에서 시장이 덜 '경쟁적'이 되지는 않는다. 대개 슈퍼스토어가 더 다양한 제품을 더 낮은 가격으로

공급하기 때문이다.[66] 그리고 아마존 플랫폼은 사실 판매자들 사이의 맹렬한 경쟁을 촉발했다.[67]

하지만 국가 수준에서 기업 집중화의 문제는 거대 독점 기업이 경쟁에 직면하지 않는 만큼 혁신이 감소하게 될 수 있다는 데 있다. 독점 기업이 신규 업체의 진입을 가로막는 장벽을 만들어 새로운 행위자가 새로운 혁신으로 산업을 교란할 기회를 차단하기 때문이다. 아기온과 호이트에 따르면, 물론 특허를 통해 일시적으로 독점권을 부여하는 것은 발명가에게 인센티브를 부여해 혁신을 추동한다는 데서 장점이 있고, 이렇게 해서 나온 혁신은 궁극적으로 모든 이가 자유롭게 사용하게 될 새로운 기술을 낳는다. 그리고 이것은 성장의 한 요인으로 작용한다. 하지만 독점적 지위가 영구적으로 유지될 것이 확실한 경우에는 혁신과 성장이 둔화될 가능성이 있다. 독점 기업은 새로운 것에 투자하기보다 현 상태를 유지하는 쪽에 더 집중할지 모르고, 이러한 일이 실제로 일어나고 있음을 시사하는 실증 근거들이 있다. 일례로, 한 연구에 따르면 대규모의 인수합병이 계획되었다가 예기치 못한 이유로 아슬아슬하게 실패한 분야(거래가 뜻밖에 깨지는 경우, 판사가 생각보다 너무 깐깐한 경우 등)는 그 이후 몇 년 동안 시장이 더 '경쟁적인' 상태를 유지하는 것으로 나타났다. 아슬아슬하게 인수합병이 안 된 분야에 새로운 기업이 더 많이 진입했고, 더 많은 투자가 이루어졌으며, 더 많은 혁신이 있었다. 이러한 결과는 총요소생산성의 성장이 저조한 것이 부분적으로는 기업 집중화에서 기인했을 수 있음을 시사한다.[68]

글로벌로 가자!

기업의 집중화가 미국에서 성장의 둔화를 가져온 한 요인이었다 해도,

무조건 독점을 분쇄하면 빠른 성장이 회복되리라고 기대하는 것은 불합리하다. 독점을 막는 데 더 공격적으로 나섰던 유럽도 성장의 둔화를 겪었다. 이 역시 지난 몇십 년간 우리가 알게 된 유일하게 분명한 교훈을 다시 한 번 말해 준다. '영속적인 고도성장을 다시 불러올 방법을 우리는 알지 못한다.' 성장은 그냥 일어나는 것이다. 아니면 그냥 일어나지 않는 것이거나.

하지만 성장이 폭발적으로 일어나리라는 기대는 하지 않는다고 해도, 부유한 나라들의 경우 점점 더 풍부해지는 자본을 가지고 무엇을 할 것인가를 질문해 볼 수는 있다(곧 중국이나 칠레 같은 중위소득 국가들도 그렇게 될 것이다). 때로 기업계는 자신이 대중에게 설파하는 이데올로기에 스스로 속지는 않을 만큼 똑똑해서, 지난 몇 년 동안 풍부한 자본을 투자할 새로운 출구를 찾는 데 관심을 쏟았다. 우리가 이러한 움직임을 알아차리기 시작한 것은 약 20년쯤 전이다. 갑자기 기업인들이 우리가 잘 아는 국가들, 즉 개발도상국들에 대해 우리에게 질문을 하기 시작한 것이다. 아마도 서구 국가들이 안정적으로 경제성장을 하리라는 전망을 믿고 투자를 할 수는 없으리라는 것을 기업인들이 감지했기 때문이었을 것이다. 그전까지는 우리가 가난한 나라를 연구한다는 것을 알면 기업인들이 곧바로 난처한 기색을 드러내곤 했다. 명백히 그들은 [투자의 수익성과 관련해] 자신에게 더 도움이 될 만한 이야기를 해 줄 사람을 만나고 싶었을 것이므로, 결례를 범하지 않으면서 최대한 빠르게 우리와의 이야기를 중단하고 싶어 했다. 그런데 20년 전쯤에 갑자기 가난한 나라가 기업인들이 매우 관심을 보이는 곳이 되었다.

몇몇 가난한 나라가 매우 빠르게 성장하고 있었기 때문이다. 빠르게 성장하는 곳에는 투자가 필요하고, 그 투자는 부유한 나라의 재무장관들을 걱정스럽게 만들고 있던 수확 체감이라는 유령을 쫓아내 줄 해독제가 될 수 있을 터였다. 우리나라에서 성장의 둔화를 막는 한 가지 방법은 생산성이 더 높은 다른 나라에서 우리의 자본을 사용하는 것이다. 물론 우리나라 노동자들에게는 도움이 되지 않는다. 생산이 우리나라에서 이루어지지 않기 때문이다. 하지만 자본 소유자가 해외 투자에서 높은 수익을 올리면 적어도 국민소득은 계속 성장할 수 있다.

몇 가지 좋은 소식

물론 대부분의 경제학자와 많은 기업인들이 가난한 나라의 경제 성장을 중요하게 생각하는 이유는 그것이 사람들의 후생에 막중한 의미를 갖기 때문이다. 지난 몇십 년은 전 세계의 가난한 사람들에게 비교적 좋은 시절이었다. 1980~2016년에 세계 인구 중 (소득 기준) 하위 50퍼센트의 소득이 그 위의 49퍼센트의 소득보다 빠르게 증가했다. 이 49퍼센트에는 거의 모든 유럽인과 미국인이 포함된다. 이보다 더 소득이 빠르게 성장한 집단은 상위 1퍼센트인데, 여기에는 부유한 나라들의 부유한 사람들 그리고 점점 늘고 있는 개도국의 슈퍼 리치들이 포함된다. 이들은 1980~2016년의 세계 GDP 성장분 중에서 무려 27퍼센트를 가져갔다. 같은 기간 하위 50퍼센트가 가져간 몫은 13퍼센트였다.[69]

어쨌든 가장 가난한 사람들의 후생이 상당히 증가했는데도 미국인 20명 중 19명은 이 기간에 전 세계의 빈곤 인구 비중이 증가했거나 제자리걸음이었을 것이라고 추측한다.[70] 아마도 가장 부유한 사람들이 계속 더 부유해지는 것을 보면서 그렇게 생각하게 되었을 것이다. 하지만 현재 절대 빈곤율(전체 인구 중 구매력 평가 환산으로 하루 1.90달러 이하로 살아가는 사람의 비중)은 1990년의 절반 수준으로 낮아졌다.[71]

그리고 이것은 명백히 경제 성장의 결과다. 극도로 가난한 사람은 소득이 조금만 늘어도 그 상황에서 벗어날 수 있다. 아주 약간만 더 벌어도 하루 1인당 1.90달러 미만으로 살던 사람이 그 위로 올라가기에는 충분하다. 어쩌면 극빈곤의 기준이 너무 낮아서인지도 모른다. 하지만 극빈곤 인구 비중만 줄어든 것이 아니라 가난한 사람들의 '삶의 질' 측면에서도 지난 30년간 중요한 향상이 있었다. 1990년 이래 영아 사망률과 모성 사망률이 절반으로 줄었다.[72] 그 덕분에 그 기간 중 1억 명의 영유아 사망을 막을 수 있었다.[73] 또 대대적인 사회적 격동을 겪는 곳을 제외하면 오늘날에는 거의 모든 아이(남아와 여아 모두)가 초등 교육을 받고,[74] 성인 인구의 86퍼센트가 문해자다.[75] 에이즈로 인한 사망도 2000년대 초에 최고치를 기록한 이후에 감소하고 있다.[76] 요컨대 가난한 사람들이 소득 증가를 통해 얻은 이득은 통계 숫자로만 존재하는 이득이 아니다.

2015년에 [유엔에서] 새로 수립된 '지속가능발전목표Sustainable Development Goals, SDG'(전 세계 빈곤 근절을 위한 국제개발협력 어젠다. 2000년에 2015년까지 15년간 전 세계 빈곤 인구 비중을 1990년 대비 반으로 줄일 것을 목표로 설정되었던 새천년개발목표Millennium Development Goals, MDG가 종료되면서, 그 후속으로 2015년에 2030년까지 15년간 달성할 것을 목표로 17개의 목표가 새로 수립되었다 - 옮긴이)는 극빈곤(하루 1인당 1.25달러 기준) 인구를 2030년까지 없애는 것을 목표로 하고 있으며, 달성 가능하리라고 기대해 봄 직하다. 세계가 지금까지와 비슷하게 성장한다면 적어도 목표 달성에 상당히 가깝게 도달할 수는 있을 것이다.

성장의 묘약을 찾아서

위와 같은 사실은 아주 가난한 나라들에서는 경제 성장이 여전히 매우 중요하다는 것을 말해 준다. 솔로우 모델이나 로머 모델을 믿는 사람들의 입장에서 보면, 세계 곳곳에서 여전히 볼 수 있는 극빈곤은 빠져나올 길이 있는데도 겪는 고통이라는 점에서 비극적인 낭비다. 솔로우 모델에 따르면 가난한 나라들에서는 저축과 투자를 통해 성장을 가속화할 수 있는 여지가 있다. 만약 가난한 나라들이 부유한 나라들보다 빠르게 성장하고 있지 않다면, 로머 모델이 말하는 바로 이것은 잘못된 정책 때문이다.

2008년에 로머는 "가장 가난한 나라 사람들에게 알려 주어야 할 정보가 하나 있다면, 선진국에서는 매우 높은 생활 수준이 이미 가능하다는 것"이라고 말했다.

이어서 그는 성장을 불러일으켜 줄 묘약을 다음과 같이 요약했다.

어느 가난한 나라가 교육에 투자를 하고 자국 국민들이 세계 각국으로부터 아이디어들을 가져오려는 인센티브를 파괴하지 않는다면, 그 나라는 전 세계의 지식 중 공공에 공개된 것들로부터 빠르게 이득을 얻을 수 있을 것이다. 이와 더불어, 그 나라가 민간이 소유한 지식들이 자국 내에서 적극적으로 활용될 수 있게끔 인센티브를 제공한다면, 가령 해외의 특허, 저작권, 면허를 보호하고, 외국인 직접 투자를 허용하고, 무거운 규제나 높은 한계 세율을 피하는 식의 조치들을 도입한다면, 머지 않아 그 나라의 국민들은 최첨단의 생산적인 활동에 종사할 수 있게 될 것이다.[77]

로머의 제안은 우파의 표준적인 주문처럼 들린다. 낮은 세금, 적은 규제, 더 전반적으로 정부 개입의 축소(교육, 재산권 보호 등 일부 영역만 예외로 하고)…. 로머가 이 글을 쓰던 2008년 무렵이면 이 주문은 이미 익숙해져 있었고 이 주문에 충분히 의구심을 품게 할 만큼 이와 상반되는 실증 근거도 많이 존재했다.

1980년대와 1990년대에 경제발전론 분야에서 널리 쓰이던 실증 분석 기법은 '국가 간 성장 회귀분석cross-country growth regression'이라는 기법이었다. 기본적으로 이것은 교육, 투자, 부패, 불평등, 문화, 종교, 바다로부터의 거리, 적도로부터의 거리와 같은 온갖 변수의 데이터를 돌려서 나라별 성장을 예측하는 기법이다. 특정 국가의 정책 중 어느 것이 그 나라의 경제 성장을 예측하는 데 (그리고 바라건대 그 나라의 경제 성장에 영향을 미치는 데) 유용할지를 알아내려는 것이었다. 하지만 이러한 연구들은 곧 벽에 부닥치고 말았다.

크게 두 가지의 문제가 있었다. 첫째, 윌리엄 이스털리William Easterly가 설득력 있게 지적했듯이, 딱히 달라진 요인이 없는데도 한 국가의 성장률이 지난 10년이 다르고 이번 10년이 또 다르고 하는 식으로 널뛰곤 했다.[78] (이스털리는 '전문가들'이 알려 줄 수 있는 경제 성장의 방법 같은 것은 없다고 보는 회의론자다). 브라질은 1960년대와 1970년대에 세계 수위권의 경제 성장률을 달성했지만 1980년부터 20년 동안 성장이 거의 멈추었다. 그러다가 2000년대에 다시 성장이 시작되더니 2010년 이후에는 성장이 또다시 멈추었다. 한편, 루카스가 성장에 실패한 나라의 대표 사례로 꼽았던 인도는, 루카스가 인도의 성장률이 왜 그렇게 낮은지를 설명하는 논문(앞에서 인용한 논문)을 썼던 바로 그 시점에 빠르게 성장하기 시작했다. 그리고 지난 30년간 인도는 경제 성장의 면에서 세계적인 스타 국가 중 하나였다. 반면 루카스가 인도가 본받아야 한다고 보았던 인도네시아와 이집트에서는 성장이 둔화되었다. 또 1970년에 헨리 키신저Henry Kissinger가 "사지 절단된 환자bastet case"나 다름없다고 불렀던 방글라데시는 1990년대와 2000년대에 대체로 연 평균 5퍼센트 이상씩 성장했고, 2016년과 2017년에는 7퍼센트 이상씩 성장했다. 세계에서 가장 빠르게 성장하는 20개국에 드는 성장률이었다.

둘째, 더 근본적인 문제는 성장을 예측하게 해 주는 변수가 무엇인지 알아내려는 노력 자체가 별로 합리적이지 못하다는 데 있다. 국가 단위에서는 거의 모든 것이 다른 무언가의 산물이다. 가령 국가 간 성장 회귀 연구의 초창기에 매우 강조되었던 변수인 교육을 생각해 보자. 명백히 교육은 어느 정도 학교를 운영하고 교육에 자금을 지원하는 정부 활동이 얼마나 효과적인가에 달려 있다. 그런데 교육 서비스를 잘 제공하는 정부는 추측하건대 다른 것도 잘할 것이다. 이를테면, 교사들이 결근 없이 학교에 잘 나오는 나라는 도로도 더 잘 정비된 나라일 것이다. 그러므로 교육 수준이 높은 나라에서 높은 성장률이 관찰되었다면 교육 때문이 아니라 좋은 교육을 제공하는 데 수반되는 다른 정책들 때문이었을 수도 있다. 또 경제가 잘 돌아가면 사람들은 자녀의 교육에 더 신경을 쓰게 될 것이므로 이 경우 성장은 교육의 결과가 아니라 원인이다.

더 일반적으로 국가도 또 국가의 정책도 너무나 여러 가지 방식으로 서로 차이가 나기 때문에 사실상 우리는 성장을 국가의 수보다 더 많은 변수를 가지고 설명하려 하는 셈이 된다. 그리고 그중에는 우리가 미처 모르고 있거나 측정할 방법이 없는 변수들도 많이 있을 것이다.[79] 그렇다 보니 이러한 시도가 얼마나 가치 있는지는 무엇을 고려 대상에 넣을 것이냐에 대한 연구자의 선택을 얼마나 신뢰할 것인가에 달려 있게 된다. 하지만 그러한 선택 중 어느 것도 그리 만족스럽게 정당성을 확신시켜 주기는 어려우므로, 우리는 이러한 종류의 프로젝트 자체를 생각하지 않는 것이 유일하게 합리적인 입장이라고 생각한다.

우리가 알게 된 것이 하나도 없다는 말은 아니다. 원인과 결과를 더 정교하게 구분하고자 시도한 몇몇 연구들로부터 상당히 놀라운 결과들을 얻을 수 있었다. 고전의 반열에 오른 대런 애쓰모글루Daron Acemoglu, 사이먼 존슨Simon Johnson, 짐 로빈슨Jim Robinson(이 세 사람을 아울러 'AJR'이라고 부른다)의 논문 두 편이 특히 놀라운 결과를 보여 주었다.[80] 이들은 유럽 식민주의의 초창기에 정착민들의 사망률이 높았던 지역이 오늘날까지도 경제 성과가 좋지 않다는 사실을 발견했다. 이에 대해 AJR은 유럽 사람들이 그 땅에 정착하지 않는 쪽을 선호했기 때문이라고 주장했다. 그 사람들은 새로 발견한 땅에 직접 정착하기보다 식민지를 세워 착취하는 편을 택했고, 이를 위해 소수의 유럽인이 방대한 원주민 인구를 지배하는 데 유리한 제도를 마련했다. 이런 곳에서는 다수를 차지하는 원주민 인구가 사탕수수, 면화, 다이아몬드 광산 등에서 노동력을 제공했고 유럽인은 그 산출물을 가져와서 판매했다.

대조적으로 뉴질랜드나 호주처럼 초창기에 비교적 비어 있었고 말라리아 등으로 인한 정착민의 사망률이 낮은 편이었던 곳에서는 유럽인들이 대대적으로 옮겨 와 직접 정착했다. 그 결과 이곳에서는 당대에 유럽인들이 발달시키고 있었던 제도들이 들어오게 되었고, 이것이 점차 현대 자본주의가 발달할 수 있는 토대를 제공했다. AJR은 수백 년 전의 정착민 사망률이 현재 그 나라의 제도, 가령 경제 제도가 얼마나 기업 친화적인가에 대한 훌륭한 예측 변수가 됨을 보여 주었다. 그리고 옛날 옛날에 정착민의 사망률이 낮았고 오늘날 기업 친화적인 제도를 가진 곳들은 상당히 부유한 나라일 가능성이 크다.

이것이 기업 친화적인 제도가 성장의 원인임을 입증하는 것은 아니지만(유럽인이 가지고 온 그 밖의 문화나 정치적 전통 때문이었을 수도 있고 아예 전적으로 다른 무언가 때문이었을 수도 있다), 어쨌든 이 논문에서 드러난 바는 매우 장기적인 요인이 경제적인 성공과 크게 관련되어 있을 수도 있다는 점을 시사한다. 이러한 광범위한 시각에서의 통찰은 다른 연구에서도 많이 입증되었고, 사실 어느 면에서 이것은 역사학자들이 늘 주장해 온 바이기도 하다.

하지만 이러한 사실들이 어느 나라가 **지금** 무엇을 해야 하는지에 대해 알려 주는 것은 무엇인가? 위의 논문은 당신이 **지금** 높은 성장률을 원한다면 당신이 있는 곳이 1600~1900년에 말라리아가 적고 대체로 비어 있었으며 유럽 정착민이 많았던 곳일 경우에 더 유리할 것이라고 말해 준다(물론 당신이 당시에 그곳의 원주민이었다면 결코 위안이 안 되겠지만). 그렇다면 그때와는 완전히 상황이 다른 오늘날에도 국가들이 유럽 정착민을 끌어들이기 위해 노력해야 한다는 말인가? 단언컨대 그렇지 않을 것이다. 근대 이전에는 유럽인들이 새로운 곳의 관습이나 생활을 막무가내로 무시하고 자신의 제도를 이식할 수 있었을지 모르지만 오늘날에는 그럴 수 없다(하느님, 감사합니다).

또한 이것은 지금 이러저러한 종류의 제도를 짓는 것이 도움이 될지에 대해서도 **말해 주는 바가 없다**. 위 연구가 강조하는 제도상의 차이가 수백 년 전에 뿌리를 두고 있기 때문이다. 이것은 제도가 효과가 있으려면 수백 년 동안 발달되어야 한다는 말인가?(하긴, 미국 헌법 도 200년 동안 법리가 실험되고, 공공 논쟁이 벌어지고, 대중들이 관여하면서 훨씬 더 풍성해져서 처음의 초안과는 많이 다르다) 그렇다면, 케냐와 베네 수엘라 사람들은 그저 한참을 기다려야 하는 것인가?

게다가 '기업 친화도'의 정도가 대략 비슷한 나라들 사이에서 비교해 볼 때, '좋은 거시경제 정책'(가령 무역 개방, 낮은 인플레 등 로머가 강조한 거시경제 환경)과 관련해 우리가 가지고 있는 어떤 지표도 국가 별 1인당 GDP를 충분히 잘 예측해 주는 것 같아 보이지 않는다.[81] 이와 반대로 '안 좋은' 정책들을 가진 나라에서 성장이 저조한 것은 맞지만, 이 나라들은 (위의 논문이 지표로 삼은 '기업 친화도' 등의 면에서) 더 안 좋은 '제도'를 가지고 있을 가능성이 크다. 따라서 이 나라들이 정책 때문에 경제 성과가 안 좋은 것인지 빈약한 제도의 부수 효과 때문에 경제 성과가 안 좋은 것인지는 명확히 알 수 없다. 정책이 제도의 질과 별개로 독립적으로 영향을 미친다는 근거는 거의 없다.

종합해 볼 때, 결국 우리가 알게 된 것은 무엇인가? 우선 무엇을 피해야 할 것인지는 비교적 명확한 듯하다. 초인플레, 극도로 고평가된 고정 환율, 소비에트나 마오쩌둥 시절의 중국 또는 북한과 같은 종류의 사회주의, 1970년대에 배부터 신발까지 온갖 것을 국영화했던 인도 정부의 정책처럼 민간 기업을 질식시키는 정책 등은 피해야 한다. 하지만 이것은 오늘날 대부분의 국가가 알고 싶어 하는 질문에는 그다지 도움이 되는 답이 아니다. 이러한 극단적인 선택지에 진지하게 관심을 갖는 사람은 아무도 없을 것이기 때문이다(베네수엘라의 몇몇 황당한 지도자들이라면 모르지만). 가령 베트남이나 미얀마가 오늘날 답을 알고 싶어 하는 질문은 엄청난 성공을 거둔 중국 모델을 따라야 하느냐이지, 북한 모델을 따라야 하느냐가 아니다.

그런데 문제는, 오늘날 중국이 매우 시장화된 경제이긴 하지만 (베트남이나 미얀마도 마찬가지다) 자본주의 시스템에 접근하는 방식은 고전적인 앵글로색슨 모델과 전혀 다르고 유럽식과도 다르다는 점이다. 가령 포춘 글로벌 500에 속한 중국 기업 95곳 중 75곳이 (민간 기업과 유사한 구조를 가지고 있긴 해도) 국영 기업이다.[82]

중국은 은행도 대부분 국가 소유다. 토지와 신용의 배분을 결정하는 데 정부(지역 정부와 중앙 정부 모두)가 핵심적인 역할을 한다. 또 정부는 누가 어디로 이사할 수 있는지도 결정한다. 따라서 다양한 산업에 노동 공급이 어떻게 이루어질 것인지도 정부의 결정에 따라 달라진다. 환율은 미국에 수십억 달러를 거의 제로 금리로 빌려주는 비용을 치러가면서 25년가량 저평가 상태로 유지되었다. 농업에서는 누가 토지 사용 권리를 갖는지를 지방 정부가 결정한다. 모든 땅이 국가 소유이기 때문이다. 이것을 자본주의라고 부를 수 있다면, 여타의 자본주의 모델과는 매우 다른, '중국식' 자본주의라고 불러야 할 것이다.

사실 오늘날에는 중국의 기적이 엄청난 찬사를 받고 있지만 1980년이나 심지어 1990년에도 이를 예측한 경제학자는 거의 없었다. 컨퍼런스에서 우리가 어느 나라에 대해 발표를 하고 나면 마지막에 꼭 누군가가 일어나서 그 나라가 왜 중국을 따라하지 않느냐고 묻는다. 좋은 질문이다. 중국의 경험 중에 정확히 무엇을 따라해야 하는지를 알 수 없다는 점만 빼면 말이다. 상대적으로 훌륭한 교육과 의료 시스템이 있었고 굉장히 평등한 소득 분포를 가지고 있었지만 매우 가난한 경제였던 덩샤오핑의 중국에서 시작해야 하는가? 아니면 기존 지배 계급의 문화적 특권을 모조리 쓸어 없애고 모든 사람을 평평한 운동장 위에 놓고자 했던 '문화 혁명'에서 시작해야 하는가? 아니면 일본의 침략을 받아 중국의 자존심이 막대하게 훼손되었던 1930년대에서 시작해야 하는가? 아니면 중국 5,000년 역사를 처음부터 밟아야 하는가?

일본과 한국을 본받자고 말할 때도 같은 문제가 발생한다. 일본과 한국은 초기에 정부가 매우 적극적인 산업 정책을 폈다(지금도 어느 정도 그렇다). 어떤 제품을 세계 밀어주어서 수출 주력 제품이 되게 할 것인지, 더 일반적으로 말하자면 투자의 배분이 어떻게 이루어지게 할 것인지를 정부가 주도적으로 결정했다. 싱가포르를 본받자고 말할 때도 그렇다. 싱가포르는 모든 사람이 소득의 상당 부분을 중앙 집중적으로 관리되는 펀드에 넣고 국가가 그 저축을 주택 인프라에 사용한다.

이 모든 사례에 대해 경제학자들 사이의 논의는 어느 나라의 성장이 그 나라가 어떤 독특한 정책을 선택했기 때문에 일어난 것인지, 아니면 그런 선택을 했음에도 불구하고 일어난 것인지를 논의하는 것 위주였다. 그리고 예상하시다시피 각각의 경우에서 논의는 결론 없이 끝났다. 동아시아 국가들이 단지 운이 좋았던 것인가, 아니면 그들의 성공에서 실질적으로 무언가 배울 것이 있는가? 이 나라들은 고도성장을 시작하기 전에 모두 전쟁으로 폐허가 된 나라들이기도 했다. 그러면 그 나라들이 경험한 빠른 성장의 일부는 자연스러운 반등이었을 수도 있다. 동아시의 국가들의 경험을 예찬하는 사람들은 어떤 특정한 접근 방식이 유용하다는 것을 입증하고 싶어 하지만, 그것을 입증할 방도는 사실 존재하지 않는다.

결국 핵심은, 부유한 국가들에 대해서도 그랬듯이 가난한 국가들에 대해서도 어떻게 하면 성장하게 할 수 있을지를 우리가 알지 못한다는 것이다. 경제학자들도 이 사실을 인정하기 시작한 듯하다. 2006년에 세계은행은 노벨상 수상자인 마이클 스펜스Michael Spence에게 '성장과 발전 위원회Commission of Growth and Development'(줄여서 '성장 위원회Growth Commition'라고도 불린다)의 위원장을 맡아 달라고 청했다. 그는 처음에는 고사했지만 위원으로 참여할 경제 전문가들의 면면과 열정을 보고서(로버트 솔로우를 포함해 매우 저명한 학자들로 구성되어 있었다) 유의미한 결론을 내놓을 수 있겠다는 확신이 들어서 참여를 수락했다. 하지만 위원회가 내놓은 최종 보고서는 경제 성장에 대해 일반 원칙은 존재하지 않으며, 어떤 두 성장 사례도 동일하지 않다는 것을 인정하고 있다. 윌리엄 이스털리는 다소 가혹하지만 매우 정확하게 이 위원회의 결론을 다음과 같이 요약했다. "2년 동안 21명의 세계적인 지도자와 전문가, 11명으로 구성된 실무 그룹, 300명의 학계 전문가, 12차례의 워크숍, 13차례의 자문 회의, 400만 달러의 예산이 투입된 뒤, 어떻게 하면 높은 성장을 일굴 수 있을 것인가에 대해 최종적으로 나온 '전문가의 결론'은 대략 이렇다. '우리도 모른다. 하지만 전문가들이 알아낼 수 있을 것이라고 믿어 달라.'"[83]

기적을 가져다줄 기술?

실리콘 밸리가 뿜어내는 열정의 빛에 푹 잠긴 젊은 사회적 기업가들은 아마도 스펜스 보고서를 아직 안 읽었을 것이다. 이들에 따르면, 개도국이 성장하게 하려면 무엇을 해야 하는지를 우리는 이미 알고 있다. 개도국에 필요한 것은 최신의 테크놀로지, 특히 인터넷을 받아들이는 것이다. 페이스북 CEO인 마크 저커버그Mark Zuckerberg는 인터넷이 가능하게 해 주는 '연결성'이 막대하게 긍정적인 효과를 불러일으키리라는 개념을 강하게 주창한다. 그리고 이 개념은 수백 개의 보고서와 성명서 등에도 등장했다. 가령 컨설팅 업체인 달버그가 펴낸 한 보고서는 이렇게 언급했다. "인터넷은 [아프리카의] 경제 성장과 사회 변화를 가져올 어마어마한, 그리고 **논쟁의 여지가 없는** 요인이다"(강조 표시는 우리가 추가한 것이다).[84]

너무나 자명하다고 생각했는지, 이 보고서는 위의 주장에 대해 실증 근거는 제시하지 않았다. 그럴 만도 한 것이, 그 주장에 대해 제시할 만한 실증 근거가 존재하지 않는다. 선진국에서도 인터넷의 도래가 새로운 성장의 시대를 열었다는 근거는 없다. 세계은행은 『세계개발보고서World Development Report』 2016년판에서(『세계개발보고서』는 세계은행의 대표적인 간행물이다) 디지털화의 이득을 특별 주제로 다루었는데 이런저런 변죽을 울리다가 '인터넷이 미치는 영향에 대해서는 아직 확실히 말할 수 없다'고 결론지었다.[85]

인터넷은 기술 예찬론자들이 상업적으로 성공할 수 있고 가난한 나라에서 성장의 엔진도 될 수 있다고 믿는 여러 테크놀로지 중 하나다. 이들이 말하는 소위 'BOP'(bottom of the pyramid, '피라미드의 바닥') 테크놀로지, 즉 가난한 개도국 사람들의 삶을 바꾸고 바닥에서부터 성장을 가져다줄 것이라고 기대되는 혁신적인 기술의 목록은 아주 길다. 청정한 스토브, 원격 의료, 크랭크로 돌아가는 컴퓨터, 물에 비소가 있는지를 빠르게 테스트할 수 있는 시약 등등.

이 기술들의 한 가지 공통점은(인터넷은 예외다) MIT의 D-랩(빈곤 해결을 위해 개도국의 실정에 맞는 '적정 기술appropriate technology'을 개발하는 연구소 – 옮긴이) 학생들이나 '어큐먼 펀드Acumen Fund'의 지원을 받은 사회적 기업가들처럼 '절약적' 기술을 추구하는 엔지니어들이 개발한 기술이라는 점이다. 어큐먼 펀드는 저명한 '사회적' 벤처 캐피탈 펀드인데, 이러한 펀드는 개도국이 가난한 이유 중 하나는 글로벌 북부[선진국]에서 개발된 기술이 그들에게 적합하지 않기 때문이라는, 상당히 수긍이 가는 개념을 토대로 활동하고 있다. 이 개념에 따르면, 글로벌 북부의 테크놀로지들은 너무 많은 에너지, 너무 많은 숙련 노동력, 너무 비싼 기계를 쓰도록 되어 있고, 상당수가 글로벌 북부의 독점 기업들이 개발한 것이어서 글로벌 남부의 국가들은 그것을 사용하려면 로열티를 내야 한다. 따라서 글로벌 남부 국가들은 그들 자신의 기술을 가질 필요가 있고, 그 기술을 개발하기 위한 자본이 필요하다. 그런데 그들은 그 자본을 자금 시장에서 조달하기 어렵다. 이것이 많은 개도국이 스스로 성장을 일으키지 못하는 이유다. 어큐먼 펀드와 같은 사회적 벤처 캐피탈 펀드는 이 간극을 메우는 것을 목표로 삼는다.

어큐먼 펀드는 스스로를 전적으로 새로운 유형의 조직이라고 생각하지만('원조 단체'가 아니라 가난한 나라를 위한 '벤처 캐피탈 펀드'), 기술 주도 성장이라는 개념의 기원은 1960년대까지 거슬러 올라간다. 그때는 엔지니어들이 원조의 세계를 지배하고 있었는데, 이들은 '인프라 격차'를 줄이기 위해 가난한 나라들에 대규모 대출을 제공해서 댐, 철도 등 부유한 나라의 경제 수준을 따라잡는 데 필요한 인프라를 짓고자 했다. 많은 경우, 엄청난 돈을 쏟아부었지만 프로젝트는 잘 돌아가지 않았다. 이런 유의 투자가 해당 국가들의 성장에 기여했다는 근거는 부족하지만, 어쨌든 '전기'가 성장과 발전의 원천으로서 사람들에게 가졌던 매력은 결코 멀리 사라지지 않았다. 현재 에콰도르는 거대한 댐을 건설하느라 중국으로부터 대규모 차관을 받았던 것 때문에 심각한 재정 압박에 시달리고 있다. 그 댐은 완전한 가동 용량에 도달한

적이 없다. 어큐먼 펀드의 대출은 이보다 규모가 작고 정부보다는 민간 분야로 투자되지만, 기본적으로 세계의 문제들을 엔지니어가 고칠 수 있다고 본다는 데서는 크게 다르지 않다. 전기는 어큐먼 펀드의 핵심 영역 중 하나이기도 하다. 물론 이들이 상정하는 이상적인 에너지 원은 거대한 댐이 아니라 곡물 겨, 태양 등으로 바뀌었고, 대규모의 공공 송전망을 통하지 않고도 가난한 마을에 낮은 비용으로 전기를 공급할 수 있다는 것은 최신의 '쿨한' 아이디어 중 하나다. 하지만 전기에 초점을 둔다는 점은 50년 전과 마찬가지다.

하지만 이제까지 드러난 바로 보건대, 가난한 나라에서 쓰기에 적합하면서 수익성도 있는 테크놀로지를 발명하는 것은 쉽지 않아 보인다. 어큐먼 펀드가 집행한 투자의 상당 부분이 실패했다. 사회적 투자 분야 전체를 볼 때, 벤처 프로젝트 중 성과를 내는 것은 대개 10퍼센트 정도이고(나머지는 실패한다) 상당한 규모에 도달하는 것은 1퍼센트 정도에 불과하다. 삶을 바꾸는 새로운 재화와 서비스가 무엇인지를 알아내기 어렵다는 점만 문제인 게 아니다. 이러한 기술들로 삶이 바뀌어 이득을 볼 것으로 기대되는 바로 그 사람들이 정작 이 프로젝트들에 절망적일 정도로 관심이 없다는 점도 문제다.

전기는 주목할 만한 사례다. 최근에 케냐에서 '농촌 전기 보급국Rural Electrification Authority'과 협업으로 진행된 무작위 통제 실험에서 연구자들은 [전기가 들어오지 않았던 마을들을 대상으로] 서로 다른 마을에 서로 다른 가격으로 전기를 제공했다. 가격이 오를 때 수요는 매우 급격히 떨어졌고, 마을 사람들은 전기 공급 비용[송전망에 연결되는 데 필요한 비용]을 충당하기에도 한참 못 미치는 가격조차 지불하기를 꺼렸다. 송전망 자체를 짓는 비용을 충당하는 것은 고사하고 말이다.[86]

세계의 가난한 아이들에게 교육을 제공하는 100달러짜리 노트북(실제 비용은 200달러였고, 효과에 대한 증거, 즉 아이들이 그것을 통해 정말로 무언가를 배운다는 데 대한 근거는 발견되지 않았다),[87] 더 청정하지만 아무도 쓰고 싶어 하지 않는 화덕,[88] 온갖 다양한 정수 도구,[89] 혁신적인 변소[90] 등등 '절약적 엔지니어링'의 세계에는 이와 비슷한 재앙이 가득하다. 문제의 상당 부분은 이러한 혁신이 정작 그들이 바꾸고자 하는 사람들의 삶과 충분히 연결되지 않은 채 진공에서 만들어졌다는 점에 있는 듯하다. 아이디어는 매우 뛰어나지만, 또 어느 날 그것이 세상을 바꾸는 기술이 될 가능성도 여전히 있지만, 이러한 전망에 많은 기대를 걸기는 어려워 보인다.

휴대전화와 어업

우리가 알아 본 모든 성장 이론이 토대를 두고 있는 핵심 신조는 가장 생산적인 사용처로 자원이 부드럽게 이동하리라는 것이다. 시장이 완벽하게 기능하는 한에서는 당연한 가정이다. 가장 좋은 기업이 가장 좋은 노동자를 끌어올 수 있어야 한다. 가장 비옥한 땅이 가장 집약적으로 경작되어야 한다. 가장 비옥도가 낮은 땅은 [농업이 아니라] 공장에 쓰여야 한다. 돈이 있는 사람은 가장 유망한 기업가에게 돈을 빌려주어야 한다. 이 가정은 거시경제학자들이 어느 하나의 '경제'가 가진 자본량이나 인적자본량을 논할 수 있게 해 준다. 현실의 '경제'는 물론 하나의 커다란 기계가 아니지만, 자원이 가장 좋은 사용처로 자연스럽게 흘러가는 한 각각의 기업은 경제 전체를 아울러 부드럽게 작동하는, 하나의 커다란 기계의 일부라고 볼 수 있다는 것이다.

하지만 때로 이것은 사실이 아니다. 어느 나라 경제를 보아도 생산적인 기업과 비생산적인 기업이 모두 존재하며, 자원이 늘 가장 좋은 사용처로 흘러가는 것도 아니다. 사용할 수 있는 테크놀로지가 이미 나와 있는데도 도입이 잘되지 않는 것은 단지 가난한 가정들만의 문제가 아니다. 개도국에서 이 문제는 산업 단위에서도 발생하는 것으로 보인다. 많은 경우, 어느 업종에서 수위권인 소수의 기업은 최신의 테크놀로지를 사용하지만 훨씬 많은 기업이 그러지 않는다. 그 테크놀로지를 사용하는 게 경제적으로 합리적일 때도 그렇다.[91] 한 가지 이유는 기업의 생산 규모가 너무 작아서다. 아주 최근까지도 인도의 전형적인 의류업체는 대량 생산을 하는 공장이라기보다 재단사 혼자 가게를 열고 맞춤옷을 만드는 1인 기업이었다. 총요소생산성이 낮은 이유는 재단사가 안 좋은 테크놀로지를 사용하고 있어서가 아니라 사업 규모가 너무 작아서 가장 좋은 테크놀로지를 활용할 수 없기 때문이다. 그런데, 어떻게 그런 작은 기업들이 도태되지 않고 계속 존재할 수 있는 것일까?

개도국의 테크놀로지 문제는 수익성을 높여 줄 테크놀로지에 접근할 수 없다는 게 아니라 접근이 가능한 테크놀로지조차 최선으로 이용되고 있지 못하다는 데 있다. 테크놀로지뿐 아니라 토지, 자본, 숙련도 마찬가지다. 어떤 기업은 필요로 하는 것보다 노동자가 많고 어떤 기업은 노동자를 충분히 고용하지 못해 어려움을 겪는다. 어떤 기업은 굉장한 아이디어를 가지고 있지만 그 아이디어를 현실화할 자금이 없고, 어떤 기업은 딱히 경영을 잘하고 있는 것이 아닌데도 퇴출되지 않고 계속 시장에 남아 있다. 거시경제학자들은 이러한 상황을 일컬어 '자원 배분상의 문제'가 있다고 말한다.

예를 들어 인도 케랄라주의 어민들이 휴대전화를 사용하게 되었을 때 어떤 변화가 일어났는지는 그 이전에 존재했던 자원 배분상의 문제를 잘 보여 준다. 케랄라주의 어민들은 새벽에 고기를 잡으러 나가서 아침 시간 즈음에 잡은 고기를 가지고 돌아온다. 휴대전화가 없었을 때는 가장 가까운 바닷가에 내려서 그곳에서 기다리고 있는 고객들과 흥정해 물고기를 팔았다. 장은 고객이 다 돌아가고 없거나 물고기가 다 팔리면 파했다. 고기가 얼마만큼 잡히는지는 날마다 차이가 컸으므로 어느 날에는 물고기가 너무 많이 남아 바닷가에 버려졌고 어느 날에는 너무 일찍 동나서 허탕을 치고 돌아가는 고객들이 있었다. 이는 커다란 자원 배분상의 문제를 보여 준다. 그러다가 휴대전화를 사용할 수 있게 되자, 어민들은 바다에서 들어오기 전에 미리 전화로 어디에 고객이 많이 모여 있는지, 어디에 다른 고깃배가 아직 많이 들어와 있지 않은지를 확인한 후 배를 정박시킬 위치를 정했다. 그 결과, 낭비가 사라졌고 가격은 안정화되었으며 고객과 어민 모두 경제적으로 더 나아졌다.[92]

이 이야기는 두 번째 이야기로 이어진다. 어민들이 사용하는 주된 도구는 고깃배이고 좋은 배는 나쁜 배보다 내구성이 훨씬 좋다. 고깃배를 만드는 기술은 늘 동일하지만 어떤 제조업자는 실력이 더 뛰어나다. 휴대전화가 없던 시절에 어민들은 그냥 가장 가까이에 있는 제조업자에게 가서 고깃배를 구매했다. 하지만 휴대전화가 생긴 뒤로 물고기를 더 잘 팔 수 있을 만한 장소를 물색하며 바닷가 여러 곳을 다녀 보게 되면서 더 실력 있는 고깃배 제조업자가 있다는 것을 알게 되었고 그 업자에게 고깃배를 주문하기 시작했다. 그 결과 실력 있는 제조업자는 더 많은 일감을 얻게 되었고 실력이 가장 떨어지는 제조업자는 시장에서 퇴출되었다. 이에 따라 평균적으로 어민들이 사용하는 고깃배의 품질이 개선되었고, 실력이 뛰어난 고깃배 제조업자는 일감이 늘어나면서 가지고 있는 장비를 더 효율적으로 사용할 수 있게 되어 고깃배 가격을 낮출 수 있었다. 이렇게 해서, 고깃배 제조에서 자원 배분상의 문제가 해소되었다. 고깃배 제조에 들어가는 노동, 장비, 목재, 못, 밧줄 등 모든 투입 요소가 전보다 효율적으로 쓰이게 된 것이다.[93]

두 이야기의 공통점은 의사소통의 장벽이 자원 배분상의 문제로 이어졌다는 점이다. 통신이 개선되면서 동일한 자원이 더 잘 쓰일 수 있게 되었고, 동일한 투입 요소로 더 많은 산출을 낼 수 있게 되면서 총요소생산성이 높아졌다.

자원 배분상의 문제는 개도국에 굉장히 만연해 있다. 3장에서 보았던 인도 남부의 티셔츠 생산 중심지 티루푸르에는[94] 두 부류의 기업가가 있다. 한 부류는 외지 출신으로 이곳에 와서 티셔츠 사업을 시작한 사람들이고, 다른 부류는 이곳에서 태어난 사람들이다. 후자는 거의 예외 없이 부유한 지역 농민인 '가운더'의 자제로, 농사 말고 다른 할 일을 찾다가 티셔츠 분야에 들어온 경우다. 일반적으로 두 부류 중 외지에서 온 사람들이 티셔츠를 더 잘 만든다. 이들 중 많은 수가 가족 중에 티셔츠 사업에 관련된 사람이 있고 (아마도 그 덕분에) 동일한 물량도 더 적은 기계로, 즉 더 효율적으로 만들며, 사업체의 성장 속도도 더 빠르다.

그런데 아비지트와 카이반 문시Kaivan Muhchi가 진행한 연구에 따르면, 생산성이 더 높은데도 외지 출신이 운영하는 기업이 현지인이 운영하는 기업보다 규모도 작고 장비도 덜 갖추어져 있는 것으로 나타났다. 부유한 '가운더'들이 자신의 돈을 좀 더 '효율적'으로 쓰기보다는 자식의 사업에 자금을 대 주는 데 쓰고 있었기 때문이다. 외지 출신이 운영하는 효율적인 기업에 그 돈을 빌려주고 거기에서 얻은 수익을 자녀에게 물려 줄 수도 있을 텐데 말이다. 그 결과, 효율적인 기업과 비효율적인 기업이 같은 마을에 계속해서 같이 존재하고 있었다.[95]

아비지트가 '가운더'들에게 왜 더 뛰어난 외지인에게 돈을 빌려 주어서 이자 소득을 올리지 않고 아들에게 돈을 쏟아붓느냐고 물었보았더니, 외지인에게 빌려준 돈을 돌려받을 수 있을지 확신할 수 없기 때문이라고 답했다. 신뢰할 수 있는 금융 시장이 형성되어 있지 않은 상황에서, 차라리 무능한 아들에게 돈을 대 주는 편을 택한 것이다. 낮은 수익이나마 비교적 안전하게 얻을 수 있을 것이기 때문이다. 또한 아들에게 단지 돈만이 아니라 스스로 번 돈으로 생활을 영위할 수단을 마련해 주어야 한다는 아버지로서의 의무감도 작용했을 것이다.

영세한 가족 농장부터 일가가 소유한 거대 기업 그룹까지, 가족 기업은 전 세계에서 흔하게 볼 수 있으며, 이들이 다 '경제적'인 인센티브에 온전히 반응하는 것은 아니다. 어떤 기업은 딸이 경영을 더 잘해도 아들에게 기업을 물려준다.[96] 집안이 소유한 비료를 모든 밭에 골고루 나누어 사용하는 것이 더 합리적인데도 한 명의 자녀(아들)가 소유한 땅에 몰아 준다.[97] 이는 부르키나파소, 인도, 태국과 같은 나라의 영세 농장에서만 볼 수 있는 문제가 아니다. 한 연구에 따르면, 미국에서도 가족 소유 기업 335곳의 CEO 승계를 조사한 결과 122곳의 새 CEO가 이전 CEO(종종 창업자)의 자녀이거나 배우자였다. 승계가 이뤄진 날의 주가를 비교해 보았을 때, 예전 CEO의 가족이 승계하지 않은 기업은 주가가 크게 올랐고 반면에 가족이 승계한 경우에는 그렇지 못했다. 명백히 시장은 외부인이 CEO를 승계한 쪽에 보상을 했다. 그리고 시장이 그렇게 한 데는 이유가 있었다. 가족이 승계한 기업은 그렇지 않은 기업에 비해 이후 3년 동안 실적이 크게 떨어진 것으로 나타났다. [전에는 양쪽의 자산 수익률이 비슷했으나] 승계 이후 3년간 가족이 승계한 기업들의 자산 수익률이 14퍼센트 더 낮았다.[98]

이 모든 것이 말해 주는 바는, 자원이 늘 가장 좋은 사용처로 자연스럽게 흘러가리라고 가정해서는 안 된다는 것이다. 한마을 안에서 혹은 한 가족 안에서도 그럴진대, 경제 전체에서는 더더욱 그렇게 기대하기 어렵다. 그런데 자원이 잘못 배분되면 생산성이 전반적으로 낮아진다. 가난한 나라가 가난한 이유 중 하나는 자원 배분상의 문제가 더 심각하기 때문이다. 이 말은 가지고 있는 자원을 더 적절하게 배분하는 것만으로도 성장할 여지가 많다는 뜻이다. 지난 몇 년간 거시경제학자들은 자원 배분을 향상시키면 얼마나 더 성장할 수 있을지를 수량화하기 위해 노력했다. 완전히 정확하게 측정하기는 어렵지만, 몇몇 결과는 매우 고무적이다. 그 예로 1990년에 나온 한 연구에 따르면, 업종 내에서만 투입 요소의 배분이 개선되어도 인도의 경우에는 총요소생산성을 40~60퍼센트 높일 수 있고, 중국의 경우에는 30~50퍼센트 높일 수 있는 것으로 나타났다. 자원 배분의 범위를 업종 간으로까지 확대하면 총요소생산성은 이보다도 더 많이 증가할 것으로 추산되었다.[99]

그리고 우리 눈에 보이지 않는 자원 배분 문제도 있다. 좋은 아이디어가 세상에 나와 보지도 못하고 소멸할 수도 있는 것이다. 벤처 캐피탈이 인도보다 미국에서 더 적극적으로 새로운 아이디어를 찾아나선다는 것을 생각할 때, 인도에서는 천재적인 아이디어가 미처 드러날 기회를 얻지 못해서 활용될 기회도 잃고 있는지도 모른다.

믿을 곳은 은행?

자원의 배분상의 문제는 왜 생기는 것일까? 인도 기업은 미국 기업보다 훨씬 느리게 성장하지만 문을 닫을 가능성은 훨씬 작다.[100] 미국은 새로운 것을 시도해서 그것으로 크게 성공하거나 아니면 한두 해 뒤에 망해서 나가는, '뜨거나 나가거나'의 경제다. 반면에 인도는 좋은 기업이 성장하지도 않고 나쁜 기업이 죽지도 않는, 매우 경직적인 경제다.

이 둘은 사실 매우 밀접하게 관련이 있다. 좋은 기업이 빠르게 성장하지 않는 것은 나쁜 기업이 퇴출되지 않고 계속 생존할 수 있는 이유가 된다. 좋은 기업이 빠르게 성장한다면 제품 가격을 낮출 수 있을 것이고, 그러면 충분히 낮은 가격에서 경쟁할 능력이 되지 않는 기업은 시장에서 밀려나게 된다. 또 좋은 기업이 빠르게 성장하면 노동자의 임금과 원자재의 가격을 끌어올릴 수 있고 그러면 나쁜 기업은 한층 더 경쟁하기 어려워진다. 이와 반대로 좋은 기업들이 성장하지 않고 계속 작은 규모로 지역 시장만을 대상으로 운영되는 한, 그보다 효율성이 떨어지는 기업도 그 옆의 시장에서 쉽게 생존할 수 있다.

자원 배분상의 문제를 일으키는 주범 중 하나는 자본 시장이다. 앞에서 본 티루푸르 사례가 자본 시장이 발달하지 못해 자원 배분상의 문제가 발생한 경우다. 인도의 가장 생산적인 티셔츠 클러스터에서 가장 생산적인 기업이 현지 출신의 별로 생산적이지 않은 기업의 규모를 따라잡는 데 필요한 자금을 자본 시장에서 조달할 수 없는 것이다. 한 연구에 따르면, 단순히 기업 간에 자본을 더 잘 배분하는 것만으로도 인도와 중국에서 자원 배분상의 문제로 발생한 총요소생산성 손실의 대부분을 해소할 수 있는 것으로 나타났다.[101]

이러한 연구 결과는 중국과 인도의 은행 업계에 심각한 문제가 있다는 일반적인 인식과도 부합한다. 인도 은행들은 블루칩이 아닌 기업에 대출해 주는 것을 꺼리기로 유명하다. 어제의 블루칩이 오늘의 재앙으로 귀결되는 사례가 비일비재한데도 말이다. 중국은 1990년대에 상당히 강도 높은 은행 개혁을 했다. 신규 행위자의 진입을 허용하고 국영 은행의 거버넌스를 개선한다는 목적에서였다. 하지만 4대 국영 은행은 여전히 정치적 입김과 관련 있어 보이는 미심쩍은 프로젝트에 기꺼이 돈을 댄다.[102] 아무리 좋은 아이디어가 있어도 권력층에 지인이 없는 한 야망 있는 젊은 기업가가 자금을 구하기는 매우 어렵다.

　　인도 은행들도 유사한 문제를 가지고 있다. 게다가 인도 은행들은 직원이 과도하게 많은 것으로도 유명하다. 많은 직원을 유지하면서도 수지가 맞으려면 예대 마진이 커야 한다. 그래서 인도 은행들은 예금자에게 주는 이자율은 매우 낮은데도[103] 대출 이자율이 다른 나라들보다 높은 편이다.[104] 또한 이러한 상황은 사업에 투자를 하려면 돈을 빌려야만 하는 사람들이 사업을 키우도록 독려하지 못하고, (티루푸르의 '가운더'처럼) 부유한 가족이나 친척이 자금을 대줄 수 있는 사람들이 훨씬 더 유리해지게 만든다. 여기에서 나쁜 은행은 예금과 대출 모두에서 효율성을 저해한다. 예금 이자가 낮아 저축을 많이 유치하지 못하고, 저축된 돈도 형편없이 운용되는 것이다.

　　게다가 기업에는 경영 위험을 감수하고 들어오는 자본인 '리스크 캐피탈'도 필요하다(은행 대출은 리스크 캐피탈이 아니다). 주식시장이 그러한 역할을 하는 제도지만 중국의 주식시장은 아직 투자자의 신뢰를 많이 얻지 못하고 있고, 인도의 주식시장은 역사가 더 깊고 운영도 더 잘 되고 있지만 여전히 블루칩 주식 위주로 돌아간다. 발달되지 않은 토지 시장도 기업의 성장을 가로막는다. 생산적인 기업이 성장을 하려면, 즉 규모를 키우려면, 새로운 기계와 노동자가 일할 공간을 마련하기 위해 땅과 건물이 더 많이 필요하다. 또 땅과 건물은 대출을 받을 때 담보로도 쓸 수 있다. 하지만 토지 시장이 제대로 작동하지 않으면 큰 문제가 생길 수 있다. 아주 흔한 예로, 많은 나라에서 토지와 부동산의 소유권이 불명확해 분쟁이 흔히 벌어진다. A가 B의 땅에 대해 소유권을 주장해서 법원에 가게 되면, 분쟁이 해결되는 데는 수년이나 걸린다. 최근의 한 연구에 따르면, 인도가 겪고 있는 자원 배분상의 문제 중에 토지와 건물이 매우 큰 비중을 차지하는 것으로 나타났다.[105] 사실 인도의 지구district 중 절반가량에서 생산성이 더 높은 기업이 그렇지 않은 기업보다 토지와 건물을 **더 적게** 소유하고 있는 것으로 나타났다! 토지와 부동산에 대한 권리가 법적으로 분명하게 규정되어 있지 않은 나라에서 이러한 문제는 경제의 효율성을 크게 저해하는 요인일 가능성이 크다.

한 번뿐인 인생

인도, 나이지리아, 멕시코 등지에서 왜 가장 뛰어난 기업이 시장을 장악하지 못하는지에 대해서는 조금 더 심리적인 측면에서의 이유도 있다. 기업 소유주는 아들에게 가업을 물려주고 싶을 수도 있고, 외부의 자금을 받을 때 감수해야 하는 외부의 통제를 피하고 싶을 수도 있다. 또 주식시장에서 자금을 조달하면 독립적인 이사회를 만들어야 하고 이사들이 기업 경영에 간섭을 하게 될지 모른다.

또한 회사를 성장시키는 게 모든 관심을 집중할 만큼의 최우선순위가 아닐지도 모른다. 가령 아무도 빠르게 성장하지 않고 있다면 내가 시장에서 밀려날 위험이 별로 없다. 충분히 괜찮은 생활 수준을 누리고 있고 적당한 일거리도 있는데 왜 굳이 성장을 더 하겠다고 스트레스를 받는가? 최근에 수행된 한 흥미로운 연구에서 연구자들은 미국 기준에서 '좋은 경영'이라고 여겨지는 경영 행태와 인도 기업들의 경영 행태 사이의 '경영 격차'를 조사했다.[106] 물론 미국의 표준을 기준 삼아 개도국 기업들이 형편없이 경영되고 있다고 판단하는 것은 대안적인 경영 방식을 비하하는 편견일 수 있다. 특히 인도 사람들은 그들이 '주가드jugaad'라고 부르는, 어떻게든 있는 것을 가지고 알뜰살뜰 변통해서 운영해 나가는 특유의 절약적 경영 방식을 자랑스러워한다.[107] 어떻게든 가진 것의 범위 안에서 알뜰하게 경영을 하려면 독창성이 필요하고, 인도 경영자들은 비효율적인 경영을 하는 것이 아니라 주가드식 경영을 실천하고 있는 것인지도 모른다. 하지만 인도 기준으로 보더라도 불합리한 경영 방식은 매우 흔하게 관찰된다. 예를 들면, 가게 바닥에 쓰레기가 쌓여서 불붙기 쉬운 지경인데도 그대로 방치한다. 사용하지 않은 자재들을 그냥 봉지에 담아 창고에 방치해 두기도 한다. 라벨을 붙이지도, 목록을 만들지도 않아서 그 자재들을 다시 사용하는 것은 사실상 불가능하다. 연구자들(그중 한 명은 전직 경영 컨설턴트였다)은 무작위로 선정된 기업들에 고급 컨설턴트 팀을 보내서 5개월간 무료로 경영 개선 작업을 도와주었다. 그랬더니 기업당 30만 달러나 수익이 올라갔다. 참여한 기업들은 상대적으로 규모가 큰 기업이었지만 그들에게도 이것은 사소한 금액이 아니었다. 게다가 이만한 수익을 추가로 올리게 해 준 변화의 대부분은 재고에 라벨을 붙이고 쓰레기를 치우는 것과 같은 비교적 간단한 일들이었다. 수익을 올릴 생각이 있었다면, 경영자들이 왜 이런 일들을 하는 데 외부의 고급 컨설턴트까지 필요했을지 의아한 일이다(이 컨설팅 서비스를 돈 내고 써야 했다면 족히 25만 달러는 내야 했을 것이다). 이 경영자들은 누군가가 지적을 했을 때는 변화를 보였지만 이렇게나 명백한 것들에 대해서도 스스로는 변화하지 않았다. 이는 이들 기업 소유자들이 수익을 최대한 올리기 위해 매진하겠다는 생각이 그리 강하지 않았으리라는 점을 말해 준다.

영원한 기다림

기업은 노동력도 필요하다. 노동력이 풍부한 가난한 나라에서는 적어도 이것만큼은 문제가 안 될 것 같지만, 실제로는 그렇지가 않다. 인도에서 가장 가난한 주 중 하나인 오디사주의 비숙련 노동자들은 자신이 생각하기에 공정한 임금이 아니라고 여겨지면 일자리를 받아들이지 않는다. 그 일을 하지 않으면 아예 할 일이 없게 되는데도 그렇다. 더 낮은 임금을 받아들이려는 노동자는 다른 노동자들로부터 막대한 견책과 압력을 받게 된다.[108] 2009~2010년에 전국 표본을 대상으로 조사한 결과, 10년 이상의 교육을 받은 20~30세 인도 남성 중 26퍼센트가 일을 하고 있지 않았다. 일자리가 없어서가 아니었다. 같은 연령대에서 교육 연수가 8년 이하인 남성 중에서는 일하지 않고 있는 사람이 1.3퍼센트에 불과했다. 또 10년 이상의 교육을 받았더라도 나이가 30세가 넘은 남성 중에서는 일하지 않는 사람이 2퍼센트에 불과했다.[109] 1987년, 1999년, 2009년에도 동일한 패턴이 발견되었으므로 '요즘 젊은이'들이 딱히 더 채용에 적합하지가 않아서 그런 것이라 볼 수는 없다.[110]

일자리는 많지만, 교육 수준이 높은 젊은이들이 원하는 일자리는 없다. 그러다가 나이가 들면서 경제적 압박이 심해지거나(이를테면,

자신이 얹혀살고 있는 부모가 은퇴하거나 사망해서 혹은 결혼하고 싶어져서) 일자리의 선택지가 줄어들면서(특히 정부 일자리는 연령 제한이 있는데, 주로 30세가 제한 연령이다), 예전에는 거부했던 일자리를 받아들이게 된다.

가나에서 에스테르도 매우 비슷한 현상을 발견했다. 10여 년 전에 에스테르의 연구팀은 들어가기가 매우 어려운 고등학교 입학시험에 통과했지만 입학금이 부족해서 첫 학기에 등록을 할 수 없게 된 청소년 2,000명을 대상으로 연구를 진행했다.[111] 연구팀은 무작위로 3분의 1을 선정해서 고등학교 기간 3년 전체에 대해 전액 장학금을 주겠다고 제안했다. 이들이 장학금 대상자로 선정되기 전에 연구팀은 부모들에게 아이가 고등학교에 가면 경제적으로 어떤 이득이 있으리라고 생각하는지 물어보았다. 대체로 부모들은 매우 낙관적이었다. 평균적으로 그들은 자신의 아들이나 딸과 같은 사람이 고등학교를 마치면 중졸이었을 경우에 비해 소득이 4배 정도 많아질 것이라고 예상했다. 또한 이러한 소득상의 이득은 고등학교를 마치면 교사나 간호사와 같은 정부 일자리를 갖기가 더 용이해지기 때문에 생기게 될 것이라고 생각했다. 부모들이 이러한 기대를 갖고 있다는 것을 생각하면 당연하게도, 장학금을 제안받은 학생 중 4분의 3이 고등학교를 졸업했다. 반면, 장학금을 받지 못한 학생 중에서는 절반만 고등학교를 마쳤다. 에스테르와 동료 연구자들은 이후로 이 청소년들을 1년에 한 번씩 인터뷰하면서 25세까지 추적 조사를 진행했다. 그 결과, 고등학교 교육이 여러 가지 긍정적인 영향을 가져온 것으로 나타났다. 학생들은 고등학교에서 유용한 것들을 배웠고 그것은 많은 면에서 그들의 삶을 바꾸었다. 지식을 구체적인 상황에 적용하는 능력을 테스트하는 시험에서 더 좋은 점수를 냈으며, 여아들은 더 늦은 연령에 결혼했고 더 적은 수의 아이를 낳았다.

안 좋은 소식은, 예상과 달리 고등학교 교육이 소득에 미친 영향이 그리 크지 않았다는 것이다. 물론 정부 일자리를 얻을 수 있었던 소수는 높은 소득을 올렸다. 한 가지 면에서는 부모들의 예상이 옳았다. 대학에 가려면 고등학교 교육이 꼭 필요하고 대학을 나오면 모두들 갖고 싶어 하는 직업(공직 등)을 얻을 수 있는 길이 열린다. 이 연구에서 고등학교 졸업자들이 그렇지 않은 사람들에 비해 실제로 교사, 정부 일자리 혹은 고정적으로 급여가 나오고 부가급부가 제공되는 민간 기업의 좋은 일자리를 가질 가능성이 더 높은 것으로 나타났다. 하지만 부모들이 잘못 생각한 것이 있었다. 고등학교 교육이 여기에 필요조건이긴 하지만 충분조건은 아니라는 사실 말이다. 고등학교 장학금을 받은 아이들(특히 여아들) 사이에서 대학에 갈 가능성이 더 높아지긴 했지만 그렇더라도 대학 진학률은 여전히 꽤 낮은 수준이었다(장학금을 받은 학생 중에서는 16퍼센트, 대조군 학생 중에서는 12퍼센트가 대학에 갔다). 그리고 그들 중 일부만이 정부 일자리를 얻을 수 있었다. 고등학교 장학금을 받은 집단에서는 정부 일자리를 가질 가능성이 2배로 높긴 했지만, 3퍼센트에서 6퍼센트로 늘어났을 뿐이었다. 즉, 굉장히 굉장히 낮은 확률에서 굉장히 낮은 확률 정도로 오른 것에 지나지 않았다.

한편 이 실험에서 고등학교를 마친 사람들 대부분은 25, 26세가 되었는데도 여전히 무언가 더 나은 일자리가 나타나기를 기다리고 있었고, 상당수가 일을 하지 않고 있었다. 우리의 표본 중에서(실험군, 대조군 모두) 지난달에 무언가를 해서 돈을 벌었다고 답한 사람은 겨우

70퍼센트였다.

이들이 일을 하지 않고 무엇을 하고 있는지 궁금해진 우리는 몇 명을 방문해 보았다. 우리는 상냥하고 말주변이 좋은 스티브를 그의 집에서 만났다. 그는 2년 전에 고등학교를 졸업했지만 졸업 이후 아직까지 일을 하지 않고 있었다. 라디오 앵커가 되기를 꿈꾸는 스티브는 대학에 가서 정치학을 공부하고 싶어 했는데, 시험 점수가 너무 낮아서 계속 다시 시험을 치르는 중이었다. 생계는 할머니가 받는 연금으로 유지하고 있었다. 그는 아직 자신이 꿈을 접어야 할 이유를 알지 못한다. 언젠가는 접어야 할지도 모르지만, 그러기에 지금은 너무 젊다고 생각한다.

이 현상의 동전의 이면으로, 실업률이 매우 높은 나라에서조차 (가령 15~24세 실업률이 54퍼센트에 달하는 남아프리카 공화국 같은 나라에서도)[112] 기업들은 원하는 노동자를 구할 수가 없다고 고충을 토로한다. 기업이 원하는 노동자는 교육 수준이 어느 정도 되고, 일하는 태도가 성실하며, 기업이 제시하는 수준의 임금을 받아들일 의사가 있는 노동자인데, 이러한 노동자를 찾기가 너무 어렵다는 것이다. 인도 정부는 경제에서 많이 창출되고 있는 종류의 일자리에 구직자들이 잘 준비될 수 있게 하기 위한 정책에 막대한 공공 재원을 투자해 왔다. 몇 년 전에, 아비지트는 서비스 분야 구직자들에게 직업 훈련과 일자리 알선을 제공하는 기업 한 곳과 협업으로 연구를 진행한 적이 있다. 이 기업은 자신이 제공하는 교육 과정을 이수한 학생들의 취업 성적이 저조한 것 같다고 걱정하고 있었다. 실제로 데이터를 보아도 그랬다. 이 기업의 직업 훈련 프로그램에 등록한 538명 중 450명만 수료를 했고 그중에서 179명만 (이 회사의 알선 서비스를 통해) 일자리를 제안받았다.

또 그중에서 99명만 제안받은 일자리를 수락했고 6개월 뒤에는 58명만 그 기업에서 계속 일하고 있었다.[113] 프로그램에 등록한 전체 인원의 구직 성사율이 10퍼센트밖에 안 되는 것이다. 일을 시작했던 99명 중 또 다른 12명은 이직을 해서 다른 곳에서 일하고 있었다. 일을 하고 있지 않은 사람들(일자리를 제안받았지만 수락하지 않은 사람들과 수락을 했지만 금방 그만둔 사람들)은 '경쟁적인 시험competitive exams'이라고 불리는 것(정부 기관이나 국영 은행 등의 준정부 기관에 들어가기 위한 시험)을 준비하고 있거나, 대학에 다니고 있거나(이들은 대학을 졸업하고 나서 정부 일자리를 구하고 싶어 했다), 아니면 가족이 그들을 부양할 만큼 넉넉한 형편이 아닌데도 그냥 집에서 놀고 있었다.

왜 그들은 제안이 들어온 일자리를 받아들이지 않았을까? 이에 대해 우리는 여러 가지 이유를 들었지만 결국에는 모든 이유가 '그 일을 하기 싫다'는 것으로 요약되었다. 일을 너무 많이 해야 한다, 너무 오랜 시간 해야 한다, 너무 오랜 시간 서서 일해야 한다, 너무 이곳저곳을 많이 돌아다니면서 일해야 한다, 보수가 너무 적다….

이 문제의 원인 중 하나는 '기대의 불일치'다. 인도에서 우리가 만난 젊은이들은 초등교육 이상의 교육을 받는다는 것이 여전히 생소한 개념인 가정에서 자랐다. 그들의 아버지는 평균적으로 8년의 교육을 받았고 어머니는 4년 이하의 교육을 받았다. 그리고 그들은 공부를 열심히 하면 좋은 직업을 가질 수 있을 것이라는 말을 누누이 들으며 자랐다. 여기에서 좋은 직업이란 사무직이나 교직을 의미한다. 사실 이러한 이야기는 그들의 부모 세대에서나 잘 맞았던 이야기지(역사적으로 불리한 계층 출신이어서 적극적 우대 조치의 혜택을 볼 수 있었으면 더더욱 그랬을 것이다), 오늘날의 젊은이들에게는 잘 맞는 이야기가 아니

다. 재정 압박으로 정부 일자리의 개수는 증가세가 둔화되다가 멈추었
는데,[114] 교육을 많이 받은 사람의 수는 역사적으로 불리한 계층이었던
사람들 중에서도 계속 늘었다.[115] 다른 말로, 목표 지점이 더 위로 이동
했다.

인도보다 소득이 높은 상태에서 시작한 중동과 북아프리카 나
라들, 남아프리카 공화국, 이집트 등에서도 비슷한 현상이 발견되었
다. 이 나라들에서는 예전에도 고등학교를 마치는 것만으로는 충분하
지 않았지만 대학을 나오면 좋은 직업군에 진입할 수 있는 길이 거의
확실하게 열리곤 했다. 가령 학사 학위가 있으면 정부 일자리를 얻을
수 있었다. 그런데 이제는 더 이상 그렇지 않은데도 아랍어 문학이나
정치학 같은, 시장에서 수요가 거의 없는 분야를 전공한 학사 학위자
가 수백만 명씩 쏟아져 나온다. 물론 오늘날 대졸자가 기업에서 필요
로 하는 기술이나 역량을 가지고 있지 못하다는 불만은 세계적인 것
이고, 미국도 예외가 아니다. 하지만 위에 언급한 나라들에서는 상황
이 꽤 극단적이다.

현실과 기대의 불일치는 젊은이들이 실제 노동시장을 접해 보
는 경험이 부족하기 때문에 한층 더 강화된다. 아비지트와 산드라 세
퀘이라Sandra Sequeira는 남아프리카 공화국에서 진행되었던 '청년 일자
리 찾아 주기' 프로그램의 효과를 평가한 적이 있다. 이 프로그램은 타
운십(아파르트헤이트 시기의 흑인 게토)의 젊은 노동자들 중에서 무작위
로 표본을 선정해 집에서 멀리 떨어진 곳까지 가서 구직 활동을 할 수
있도록 교통비를 제공했다. 교통비 보조를 받은 사람들은 실제로 훨
씬 멀리까지 돌아다니며 일자리를 찾았지만 구직으로 이어지는 데는
별 효과가 없었다. 하지만 노동시장의 현실에 대한 인식은 크게 달라

졌다. 거의 모두가 처음에는 과도하게 낙관적이었다. 그들이 기대한 임금은 그들과 비슷한 조건의 노동자들이 실제로 받고 있는 임금보다 1.7배나 높았다. 그런데 실제 노동시장을 접해 본 다음에는 임금에 대한 기대치가 현실에 가깝게 조정되었다.[116]

기대의 불일치 때문에 노동시장이 제대로 움직이지 못하고 뭉쳐 있으면 자원이 낭비된다. 이 젊은이들은 가질 수 있는 확률이 매우 낮은 일자리를 마냥 기다리고 있다. 인도 언론에는 공무원 시험 열풍에 대한 기사가 자주 나온다. 이를테면 국영 철도 회사가 낮은 직급의 직원 9만 명을 뽑는데 2,800만 명이 지원하기도 했다.[117]

개도국의 경우 이 문제는 스스로 자초한 면도 있다. 이러한 문제가 발생하는 한 이유는 대부분의 일자리보다 훨씬 매력적인 매우 소수의 일자리가 존재하며 그 소수의 일자리가 그토록 매력적인 이유의 상당 부분이 생산성과 상관이 없다는 데서 나온다. 대표적인 사례가 정부 일자리다. 가장 가난한 나라들에서는 공공 부문과 민간 부문 사이에 임금 격차가 매우 크다. 공공 부문 노동자들이 민간 부문 노동자들보다 평균적으로 임금이 2배다. 이에 더해 공공 부문 일자리에서는 민간 부문에서는 거의 제공되지 않는 의료 혜택과 연금 등 너그러운 부가급부도 제공된다.[118]

이러한 격차는 노동시장 전체의 기능을 악화시킬 수 있다. 정부 일자리가 민간 부문 일자리보다 훨씬 더 가치가 높은데 매우 희소하다면, 모든 이가 그 좁은 문을 통과하기 위해 오랜 시간을 들이는 것이 그럴 만한 가치가 있는 일이라고 생각하게 된다. 또 그 기다림의 과정에 시험을 치르는 것이 포함된다면(대개 그렇다), 사람들은 가족에게 얹혀사는 등의 생계 수단을 확보할 수 있는 한 노동 가능 연령대 시기의 상당 부분을 시험 준비를 하면서 보내게 될 가능성이 크다. 모든 이가 정부 일자리를 그토록 좋은 일자리로 여기는 풍조가 누그러진다면, 갖지 못할 것이 뻔한 일자리를 좇느라 낭비되는 시간만큼의 노동력이 생산적인 곳에 사용될 수 있으므로 경제에 득이 될 것이다. 물론 가난한 개도국이 아닌 나라들에서도 정부 일자리는 직업 안정성 등의 장점 때문에 매력적인 일자리다. 하지만 정부와 민간의 임금 격차가 이렇게까지 크지는 않고 이렇게 오랜 세월을 취업 준비에 매진하며 기다리지도 않는다.

정부 일자리의 임금을 삭감하기란 사실상 어려울 수 있다. 하지만 응시 횟수나 연령을 더 엄격히 제한하는 것은 비교적 어렵지 않을 것이다. 이러한 조치는 모든 이가 좁은 문의 취업 준비에 매진하며 보내는 시간의 낭비를 막대하게 줄일 수 있을 것이다. 일자리가 배분되는 방식에 '운'이 개입된다는 문제가 있을 수 있지만, 얹혀살 만한 가족이 있는 사람들에게 더 유리하게 작동하는 현재의 일자리 배분 방식보다 결과가 더 나쁘지는 않을 것이다. 가나에서 우리가 만난 취업 준비생 스티브가 아무 일도 하지 않고 지내는 동안, 그와 마찬가지로 고등학교를 졸업한 몇몇 다른 젊은이들은 가정 형편이 허락하지 않아서 일을 해야 했다. 그리고 그들은 진로를 개척해 나가는 데서 결코 상상력이 부족하지 않았다. 우리가 만나 본 사람들 중에는 땅콩 재배농, 장례식 전문 디제이, 교육 중인 예비 목사, 마이너 리그에서 뛰는 축구 선수 두 명 등이 있었다.

개도국 노동시장의 문제는 정부 일자리가 과도하게 매력적이라는 데만 국한되지 않는다. 가나에서 높은 임금, 부가급부, 고용 안정성을 제공하는 소수의 민간 부문 일자리도 고등학교를 마친 고학력자들에게 매우 인기가 많다. 개도국의 노동시장은 대개 이중적으로 구성되어 있다. 한편에는 막대한 비공식 분야가 존재하는데, 대체로 영세자영업자들로 구성된 이 영역에서는 어떠한 노동 보호나 고용 보호도 제공되지 않는다. 다른 한편에는 공식 분야가 존재하는데, 여기에 고용된 노동자들은 좋은 대우와 높은 수준의 보호를 누린다. 고용 보호는 물론 필요하다. 노동자들이 고용주의 변덕에 좌우되면 안 된다. 하지만 노동시장에 대한 규제가 너무 엄격하면 자원의 효과적인 배분이 질식될 수 있다.

모두가 맞았고 모두가 틀렸다

이제까지 살펴본 모든 논의에서 우리는 경제 성장에 대해 무엇을 알게 되었는가?

로버트 솔로우는 옳았다. 1인당 소득이 어느 수준 이상을 넘어가면 그 나라의 성장은 둔화되는 경향을 보인다. 테크놀로지를 선도하는 부유한 나라들의 경우 이것은 총요소생산성이 대체로 '미스터리'라는 것을 의미한다. 우리는 무엇이 총요소생산성의 성장을 일으키는지 알지 못한다.

로버트 루카스와 폴 로머도 옳았다. 가난한 나라들이 [높은 경제 수준에] 자동적으로 수렴해 가지는 않는다. 하지만 주된 이유는 스필오버가 일어나지 않기 때문이라기보다는 시장 실패 때문에 총요소생산성이 너무 낮아서일 것이다. 따라서 기업 친화적인 제도가 시장 실패를 고칠 수 있는 한 애쓰모글루, 존슨, 로빈슨도 옳았다.

하지만 이들 모두 틀리기도 했다. 이 학자들 모두 경제의 성장과 가용한 자원량을 경제 전체를 단위로 하는 '총계aggregate' 개념으로 이야기하고 있는데('노동력', '자본량', 'GDP' 등), 이러한 추상적인 개념들이 중요한 지점을 놓치고 있을 수 있기 때문이다. 자원 배분상의 문제에 대해 우리가 살펴보았던 모든 사례가 예외 없이 말해 주는 것이 하나 있다면, 추상적인 모델을 넘어서 자원이 **실제로 어떻게 사용되느냐**에 초점을 맞추어야 한다는 점일 것이다. 만약 어느 나라가 자원 배분이 매우 왜곡된 상황에서 출발했다면(가령 공산주의 시절의 중국이나 정부가 극도로 경제를 통제하던 시절의 인도처럼), 개혁을 통해 처음에 발생하게 될 이득은 주로 자원이 더 잘 사용될 수 있는 곳으로 옮겨 가는 데서 나올 가능성이 크다. 아마도 중국 같은 몇몇 나라가 한동안 매우 빠르게 성장할 수 있었던 것도 가용한 자원과 인력이 너무나 잘못 사용되던 상태에서 출발했기 때문일 수 있다. 이것은 어느 나라가 성장하려면 새로운 자원이나 새로운 아이디어가 있어야 하는 솔로우의 세계나 로머의 세계와 다르다. 하지만 동시에 이것은 낭비된 자원이 모두 제자리를 찾게 되면 그 이후부터는 성장이 빠르게 둔화할 수도 있다는 말이기도 하다. 그 시점 이후부터는 추가적인 자원이 투입되어야 성장이 가능하다. 중국의 성장 둔화에 대해 최근 많은 연구가 이루어졌다. 중국의 성장은 분명히 둔화하고 있고, 이것은 아마도 예견되었던 바일 것이다. 중국의 지도자가 지금 무엇을 하건 간에 이 경향이 지속되리라는 것은 거의 분명하다. 이제까지 중국은 '따라잡을' 여지가 아주 많았기 때문에 자원을 빠르게 축적할 수 있었고 그 과정에서 가장 두드러졌던 종류의 자원 배분상의 문제는 해결되었다. 이 말은 이제는 향상될 여지가 별로 없다는 뜻이다. 중국 경제는 노하우, 투자, 그리고 무한한(적어도 한동안은 무한해 보였던) 글로벌 수요를 활용하기 위해 수출에 의존했다. 하지만 이제 중국은 이미 세계에서 가장 큰 수출국이 되었고, 따라서 더 이상은 세계 전체적인 성장률보다 훨씬 빠른 속도로 수출을 증가시킬 수는 없을 것이다. 중국은 (그리고 세계의 나머지도) 빠른 성장의 시기가 종말을 고할 가능성이 크다는 현실을 직시해야 한다.

　미국은 닥쳐올 앞날에 대해 그보다는 약간 더 마음을 놓아도 될 듯하다. 1979년에 하버드 대학의 에즈라 보겔Ezra Vogel은 저서 『우리가 일본에서 배울 것은Japan as Number One』에서 일본이 다른 모든 나라를 따라잡고 세계 경제의 슈퍼 파워로서 "넘버 원" 국가가 될 것이라고 예측했다. 그는 서구 국가들이 일본 모델을 배워야 한다며 좋은 노사 관계, 낮은 범죄율, 양질의 학교, 뛰어난 관료, 장기적인 전망 등을 영속적인 고성장을 일굴 새로운 조리법으로 꼽았다.[119] 실제로 일본이 1963~1973년 사이에 보였던 평균 성장률만큼 그 이후로도 계속 성장했다면 1985년에 미국의 1인당 GDP를 따라잡았을 것이고, 총 GDP도 1998년이면 미국을 따라잡았을 것이다. 하지만 그런 일은 일어나지 않았다. 저주라도 걸린 듯이, 보겔의 책이 나오고 나서 바로 이듬해인 1980년에 일본의 성장률은 무너졌고 다시는 회복되지 못했다.

　솔로우의 모델에 의거하면 간단한 이유를 한 가지 찾을 수 있다. 일본은 출산율이 낮고 이민자가 거의 존재하지 않아서 빠르게 고령화되었다(지금도 그렇다). 노동 가능 연령대의 인구가 1990년대 말에 정점을 친 뒤 계속 하락세를 보이고 있다. 이러한 상황에서 빠른 성장이 지속되려면 총요소생산성이 매우 빠르게 성장해야 한다. 일본이 보유하고 있는 [점점 줄어드는] 노동력이 훨씬 더 생산적이 되게 할 '기적의 방법'을 알아내야 한다는 뜻이다. '기적의 방법'이라고 말한 이유는, 총요소생산성을 높이는 데 효과가 있는 믿을 만한 해법을 우리가 아직 모르기 때문이다.

　　1970년대의 환희와 낙관의 분위기 속에서 어떤 이들은 그것이 가능하리라고 보았다. 아마도 이러한 낙관이 1980년대에 일본 사람들이 경기가 불황인데도 계속해서 저축과 투자를 했던 이유 중 하나일 것이다. 저축과 투자가 남아돌다 보니 1980년대의 '버블 경제' 시대에 너무나 많은 좋은 돈이 너무나 적은 좋은 프로젝트를 맹렬히 쫓아다니게 되었고, 그 결과 1990년대에 은행들이 막대한 부실 자산과 위기에 봉착했다.

　　중국도 몇 가지 비슷한 문제에 직면해 있다. 인구가 (부분적으로는 한 자녀 정책 때문에) 빠르게 고령화되고 있으며 이제까지 이 추세는 역전시키기가 매우 어려웠다. 또 1인당 GDP도 결국에는 미국을 따라잡겠지만 성장 속도가 둔화하고 있으므로 그러기까지 시간이 오래 걸릴 것이다. 중국의 성장률이 연 5퍼센트 정도로 둔화되고 (그럴 가능성이 충분히 있다) 그 수준에 계속 머문다면 (이마저도 낙관적인 전망일 것이다), 그리고 미국이 계속해서 연 1.5퍼센트의 성장률을 유지한다면, 중국의 1인당 소득이 미국을 따라잡는 데 적어도 35년이 걸리게 된다. 동시에, 중국 지도자들은 조금 더 느긋하게 마음을 먹고 솔로우의 판결, 즉 '성장은 둔화될 것이라 판결'을 받아들이고 그에 적응하고자 할 수도 있을 것이다.

　　중국 정부는 성장이 둔화하리라는 사실을 알고 있고, 이를 중국 사람들에게 경고하기 위해 의식적으로 노력을 기울여 왔다. 하지만 성장률 목표치는 여전히 너무 높다. 이것이 위험한 이유는, 정부가 높은 성장률 목표치에 매달리면 성장을 부양하기 위해 안 좋은 의사결정들을 내리게 될지도 모른다는 점이다. 과거 일본에서 그랬듯이 말이다.

경제 성장을 추동한 근본 요인이 그 전에 자원 배분이 잘못되어 있었다는 점이라면, 정통 경제학이 말하는 것과는 다른 유형의 성장 촉진 전략을 다양하게 생각해 볼 수 있다. 자원이 사용되는 방식에 왜곡이 있을 수 있다는 점에 주목해 그 특정한 왜곡에 구체적으로 대응하는 것이다. 중국과 한국에서는 규모가 너무 작아서 국가 경제가 필요로 하는 수요를 충족시키지 못하고 있었던 산업 분야들을 잘 선정하고(주로 철강, 화학 등 다른 산업에 기본적인 원자재를 제공하는 중공업 업종들이었다) 정부 투자 및 기타 다양한 개입을 통해 그쪽으로 자본을 집중시켰다. 이는 자원이 더 효율적으로 사용되는 시스템으로 전환하는 속도를 높이는 데 도움이 되었을 것이다.[120]

하지만 중국과 한국에서 이러한 정책이 작동했다고 해서 모든 나라가 따라해야 한다는 말은 아니다. 사실 경제학자들은 국가 주도의 산업 정책을 매우 경계하는데, 여기에는 그럴 만한 이유가 있다. 국가 주도로 이루어진 투자의 역사를 보면, 경제 성장에 좋은 방법이라고 확신하기에는 실패 사례가 상당히 많이 등장한다. 자원을 집중할 업종을 잘못 판단했거나, 일부에게 특혜를 주기 위해 의도적으로 판단을 왜곡한 경우도 많았다. 이러한 '정부 실패'는 '시장 실패'만큼이나 명백하게 실패이며, 승자를 고르는 것을 정부의 결정에 전적으로 의존하는 것은 매우 위험할 수 있다. 하지만 막대한 시장 실패가 존재하는 것도 엄연한 사실이므로, 자원의 적절한 배분을 오로지 시장에만 의존하는 것도 합리적이지 않다. 따라서 우리는 정치적 제약들을 충분히 고려한 산업 정책을 고안해야 한다.

자원의 배분이 잘못되어 성장이 둔화할 수 있다는 개념의 또 한 가지 함의는 인도처럼 빠르게 성장하고 있는 나라들의 경우 현실

안주를 경계해야 한다는 점이다. 형편없는 상태에서 시작하면 초기에 빠르게 성장하기 쉽다. 자원이 더 효율적으로 사용되게 만드는 것만 으로도 큰 이득을 얻을 수 있기 때문이다. 인도의 제조업 분야에서는 2002년 이후에 개별 공장 수준에서 기술 업그레이드가 급격하게 가속 화되었고, 산업 단위에서도 가장 좋은 기업들로 빠르게 자원의 재배 분이 일어났다. 이것은 어떤 경제 정책과도 뚜렷한 관련이 없는 것처 럼 보였기 때문에 "인도 제조업의 신비로운 기적"이라고 묘사되곤 한 다.[121] 하지만 이것은 '기적'이 아니다. 본질적으로 이것은 시작점이 너 무 엉망이었던 데서 나온 온건한 향상이었다. 그리고 이러한 향상이 일어나게 된 이유도 미스터리가 아니다. 여기에는 충분히 생각해 볼 수 있는 이유들이 있다. 가령, 부모에게서 자식에게로 경영이 넘어가 면서 해외에서 교육을 받고 사업적 성공에 대해 더 야망이 있으며 테 크놀로지와 세계 시장에 더 민감한 세대가 경영을 맡게 된 것이 한 가 지 이유일 것이다. 또한 조금씩이나마 이윤을 축적하게 되면서 공장의 규모를 키우고 설비를 개선하는 데 드는 비용을 전보다 더 많이 감당 할 수 있게 되었을 것이다.

하지만 엉망이었던 상태를 벗어나면 추가적인 향상의 여지는 자연히 사라진다. 중국에서 그랬듯이 인도에서도 성장은 둔화될 것이 다. 심지어 인도에서는 중국의 1인당 GDP 수준에 미처 도달하기 전에 둔화가 일어날지 모른다. 중국의 1인당 GDP가 오늘날의 인도 수준이었 을 때는 연평균 성장률이 12퍼센트였는데 지금 인도의 성장률 목표치 는 8퍼센트다. 이 숫자로 추산해 보면 인도는 중국보다 낮은 1인당 GDP 에서 성장률이 정점에 도달하게 될 것이다. 성장의 조류는 모든 배를 들어 올리지만 모두를 동일한 정도로 들어 올리지는 않는다. 많은 경제학자들이 '중진국 함정middle-income trap'의 발생 가능성을 우려한다. 1인당 GDP 수준이 중간 정도인 나라들이 현 수준에서 정체될 수 있다는 것이다. 세계은행에 따르면, 1960년에 중위소득국이던 101개국 중 2008년에 고소득국이 된 나라는 13개뿐이었다.[122] 말레이시아, 태국, 이집트, 멕시코, 페루 모두 고소득국으로 올라가는 데 어려움을 겪고 있는 것으로 보인다.

물론 모든 추산에는 단점이 있으므로, 인도는 추산치에 과도하게 의미를 부여하기보다 경고와 경계의 의미로서만 받아들여야 한다. 인도의 성장은 '자원 배분상의 문제'의 동전의 이면, 즉 제대로 사용되지 않고 있던 방대한 자원과 기회를 활용할 수 있게 되었던 데서 주로 기인한 것이며 인도가 가진 특유의 장점들과는 관련이 매우 적은 것일 수도 있다.

성장의 신기루를 좇아서

위의 말이 옳다면, 인도는 그 기회들이 다 소진되기 시작할 때 어떤 일이 일어날지에 대해 걱정해야 한다. 불행히도 우리가 성장을 어떻게 일으킬 수 있을지 알지 못하듯이 왜 어떤 국가는 정체되고 어떤 국가는 그렇지 않은지에 대해서도 우리는 별로 많은 것을 알지 못한다. 왜 한국은 계속 성장했는데 멕시코는 그렇지 못했는가? 또 정체에서 어떻게 빠져나올 수 있을지에 대해서도 우리는 그다지 아는 게 없다. 매우 현실적인 한 가지 위험은, 빠른 성장에 집착하느라 인도가 (그리고 급격한 성장 둔화에 직면한 다른 나라들도) 미래의 성장이라는 이름으로 현재의 가난한 사람들을 희생시키는 정책을 추진할 가능성이다. 성장을 유지하기 위해 '기업 친화적'이 되어야 한다는 말이 자칫 성장에는 도움이 되지 않으면서 다른 이들의 희생 위에 부유층만 살찌우는 온갖 종류의 반反빈민층 정책과 친親부유층 정책(과도하게 빚을 진 기업과 부유한 개인들을 구제하는 것 등)에 물꼬를 열어야 한다는 식으로 해석될지도 모른다. 레이건과 대처 시절 미국과 영국에서 그랬듯이 말이다.

꼭대기 쪽 사람들에게 후하게 베풀면 '낙수 효과trickle down effect'가 일어날 것이라며 가난한 사람들에게 일단 허리띠를 졸라매도록 요구했던 미국과 영국의 경험에서 우리가 무언가 교훈을 얻는다면, 그것이 성장에 도움이 되지 않았으며 가난한 사람들에게는 더더욱 도움이 되지 않았다는 사실일 것이다. 다른 것 다 떠나서, 성장이 멈춘 경제에서 불평등만 폭발적으로 늘어난 상황은 정치적인 백래시가 일어나 효과가 없을 것이 뻔하고 베네수엘라식의 재앙으로 귀결될 가능성이 큰 '기적의 해법'을 약속하는 포퓰리스트 정치인들이 당선되는 결과로 이어질지 모른다는 면에서, 성장을 다시 도모하기에 매우 안 좋은 소식이다.

흥미롭게도, 오랫동안 성장 우선주의적 정통 경제학의 성채였던 IMF도 이제는 가난한 사람들을 희생시켜 성장을 촉진하는 것이 나쁜 정책이라고 인정하고 있다. 이제 IMF는 각 국가 담당팀이 정책 지침을 만들 때, 그리고 어떤 조건에서 해당 국가가 IMF의 자금 지원을 받을 수 있을지를 정할 때, 불평등을 명시적으로 고려하도록 요구한다.[123]

궁극적으로 핵심은 GDP가 수단이지 목적이 아님을 잊지 않는 것이다. 물론 GDP는 유용한 수단이다. 특히 GDP를 높이는 것이 일자리를 창출하고, 임금을 올리고, 정부 재정을 풍부하게 해서 정부가 재분배 정책을 잘 펼 수 있게 해 준다면 더욱 그렇다. 하지만 궁극적인 목적은 GDP 자체가 아니라 평범한 사람들의 삶의 질을 높이는 것,

특히 가장 열악한 상황에 처한 사람들의 삶의 질을 높이는 것이어야 한다. 삶의 질은 물질적인 소비만을 의미하지 않는다. 앞 장에서 보았듯이 인간 대부분은 자신이 가치 있는 존재이며 존중받고 있다는 느낌을 갖기를 원한다. 사람들은 스스로가 실패작이라고 여겨지면, 또 가족이 자신을 실패작으로 여긴다고 느껴지면 괴로워한다. '더 나은 삶'이 어느 정도까지는 '더 많은 소비'를 의미하긴 하지만, 아무리 가난한 사람이라 해도 부모의 건강, 자녀의 교육, 자신의 목소리를 낼 수 있는 권리, 꿈을 추구할 수 있는 권리 등을 원한다. GDP의 증가가 가난한 사람들에게 이러한 것들을 가능하게 해 주는 수단일 수는 있지만, 이는 많은 수단 중 하나일 뿐이며 늘 가장 좋은 수단인 것도 아니다. 사실 같은 중위소득국 사이에서도 삶의 질은 막대하게 차이가 난다. 이를테면 스리랑카는 1인당 GDP가 과테말라 수준이지만 모성 사망률, 영아 사망률, 유아 사망률이 훨씬 낮다(미국과 비슷한 수준이다).[124]

중요한 것은 사람들의 후생

더 일반적으로 말해서, 지난 몇십 년간 있었던 중요한 성공 사례들이 구체적인 목표에 초점을 두고 정책을 추진한 데서 나온 결과라는 점은 꽤 분명해 보인다. 매우 가난했던 (그리고 지금도 가난한) 나라들에서도 그러한 성공 사례를 볼 수 있다. 예를 들어, 5세 미만 영유아 사망률은 경제 성장률이 그리 높지 않았던 저소득국에서도 크게 감소했는데, 이것은 신생아 돌봄, 백신 접종, 말라리아 예방 같은 구체적인 부분에 방점을 둔 정책을 추진한 덕분이었다.[125] 교육, 숙련, 기업가 정신, 건강 등 빈곤과 싸우는 데 지렛대가 되는 다른 영역들도 마찬가지다. 우리는 핵심적인 문제들에 집중해야 하고, 그 문제들을 다루는 데 구체적으로 무엇이 효과가 있는지 알아내야 한다.

여기에는 인내가 필요하다. 돈을 쓰는 것 자체만으로 교육이나 건강의 진정한 향상이 보장되지는 않는다. 한 가지 좋은 소식은, 우리가 경제 성장에 대해서는 잘 몰라도 이 부분에서는 어떻게 하면 향상을 일굴 수 있을지를 꽤 잘 알고 있다는 점이다. 분명하고 구체적으로 규정된 문제에 초점을 맞추는 것의 커다란 장점은 측정 가능한 목표를 설정할 수 있고, 따라서 정책을 직접적으로 평가하는 것이 가능하다는 점이다. 이러한 구체적인 정책들을 가지고 실험을 해 봄으로써, 우리는 잘 작동하지 않는 정책을 버리고 잠재력이 있는 정책을 향상시킬 수 있다.

말라리아 퇴치 노력과 관련한 최근의 사례가 이를 잘 보여 준다. 말라리아는 모기에 물리는 것을 막으면 예방이 가능한데도 많은 어린아이들의 목숨을 앗아가는 질병이다. 1980년대 이래로 말라리아로 인한 사망자 수는 매년 증가했고 2004년에 180만 건으로 정점에 올랐다. 그런데 2005년에 극적인 전환점이 찾아왔고, 2005년에서 2016년 사이에 전 세계 말라리아 사망자 수는 75퍼센트나 감소했다.[126]

많은 요인이 영향을 미쳤겠지만 살충제를 바른 모기장이 널리 보급된 것이 핵심적인 역할을 했다는 데는 이견이 없다. 모기장의 효과에 대해서는 탄탄한 실증 근거가 존재한다. 이를테면, 2004년에 22건의 무작위 통제 실험을 종합적으로 분석한 한 연구에 따르면, 1,000개의 모기장이 더 분배되면 말라리아로 인한 사망이 평균적으로 1년에 5.5건 줄어드는 것으로 나타났다.[127] 우리가 전작 『가난한 사람이 더 합리적이다』에서도 설명했듯이, 당시에 모기장을 (보조금이 지급된 낮은 가격으로) 판매해야 하느냐, 공짜로 분배해야 하느냐를 두고 논쟁이 있었다.[128] 그러나 파스칼린 두파스Pascaline Dupas와 제시카 코언Jessica Cohen이 수행한 무작위 통제 실험에서(이 실험은 그 이후로 여러 연구에서 반복되었다), 공짜로 나눠 주었을 때도 돈을 받고 판매했을 때에 못지않게 모기장 사용도가 높았으며, 실효 사용율에서는 공짜 분배 방식이 비용 분담 방식[보조금이 지급된 낮은 가격으로 판매하는 것]보다 성과가 더 좋았던 것으로 드러났다.[129] 2011년에 『가난한 사람이 더 합리적이다』가 출간된 이후 이 실증 증거는 대대적으로 모기장을 무료 배분하는 것이 말라리아와 싸우는 데 더 효과적인 방법이라는 확신을 주요 의사결정자들에게 줄 수 있었고, 2014~2016년에 전 세계적으로 총 5억 8,200만 개의 모기장이 배분되었다. 그중 5억 500만 개가 사하라 이남 아프리카 지역에 배분되었고, 아프리카에서 배분된 것 중 75퍼센트가 대규모 배분 프로그램을 통해 공짜로 배분되었다.[130] 『네이처Nature』는 모기장 분배로 2000~2015년에 말라리아 발병을 4억 5,000만 건이나 막을 수 있었다고 보도했다.[131]

증거를 쌓는 데는 시간이 걸렸지만 효과가 있었다. 회의적이던 사람들도 설득되었다. 한 예로 2011년에는 공개적으로 공짜 모기장 분배를 반대했던 윌리엄 이스털리도 트위터에서 이 문제에 대해서만큼은 그의 숙적 제프리 삭스Jeffrey Sachs가 더 옳았다고 인정했다.[132] 증거에 기반해 올바른 정책이 수립되었고 끔찍한 고통과 맞서는 싸움에서 커다란 진보를 이룰 수 있었다.

여기서 핵심은 수세대에 걸쳐 경제학자들이 매우 진지하게 노력을 기울였음에도 경제 성장의 근본 메커니즘이 무엇인지는 여전히 모호하다는 것이다. 누구도 부유한 나라에서 성장이 다시 시작될지, 그 가능성을 높이려면 무엇을 해야 할지 알지 못한다. 좋은 소식은 그것을 알게 되는 게 언제이든 간에 당장 우리가 할 수 있는 일이 있다는 것이다. 우선 가난한 나라와 부유한 나라 모두 자국 경제 내에서 명백한 낭비 요인들을 없앨 수 있다. 이것으로 영속적인 고도성장에 불을 당길 수는 없을지 몰라도 사람들의 후생을 크게 향상시킬 수는 있을 것이다. 또 우리가 성장의 기관차가 다시 달리게 될지, 언제 그렇게 될지는 알지 못하지만, 가난한 사람들이 더 건강해지고, 읽고 쓸 수 있게 되고, 당장의 절박한 처지를 넘어서 생각할 수 있는 여유를 갖게 되면 성장의 기차에 올라탈 가능성이 더 높아진다는 것은 알고 있다. 세계화의 승자인 나라 중 많은 수가 공산주의 시기 동안 인적자본에 많은 투자를 한 나라(중국, 베트남 등)이거나 공산주의의 위협에 직면해 인적자본에 많은 투자를 한 나라(타이완, 한국 등)라는 것은 우연이 아니다. 따라서 인도 같은 나라가 가용한 자원을 가지고 국민의 삶의 질을 높일 수 있는 방법은 교육과 건강을 향상시키고 법원과 은행이 더 잘 기능하도록 만들며 더 나은 인프라(도로망과 더 살기 좋은 도시 등)를 구축하는 일일 것이다.

정책의 세계에서 이것이 의미하는 바는, 가장 가난한 사람들의 후생에 분명하게 초점을 맞추는 정책을 펴는 것이 부유한 나라의 성장률을 2퍼센트에서 2.3퍼센트로 끌어올릴 수 있는 조리법을 찾는 것보다 수백만 명의 삶에 근본적인 변화를 가져다줄 가능성이 훨씬 크리라는 점이다. 한 발 더 나가서, 이후의 장들에서 우리는 그 조리법을 찾으려 하지 **않는** 것이 이 세계에 오히려 더 나을 수 있다고 주장하고자 한다.

6장
뜨거운 지구

2019년인 지금 경제 성장을 논하려면 경제 성장의 가장 직접적인 함의 하나를 피해갈 수 없다.

다음 100년 동안 지구가 더 뜨거워지리라는 데는 이미 이견이 없다. 문제는 얼마나 많이 뜨거워질 것이냐다. 기후변화가 유발하게 될 비용은 지구가 1.5도 더 더워지느냐 2도 더 더워지느냐 그보다 더 더워지느냐에 따라 매우 다르다. '기후변화에 관한 국가 간 패널 Intergovernmental Panel on Climate Change, IPCC'이 2019년 10월에 펴낸 보고서에 따르면, 지구 연평균 기온이 1.5도 높아지면 산호초의 70퍼센트가, 2도 높아지면 99퍼센트가 사라지게 된다.[1] 해수면이 상승하거나 경작지가 사막화되어 직접 영향을 받게 될 인구수도 1.5도냐 2도냐에 따라 매우 다르다.

기후변화가 인간의 활동으로 유발되었고, 재앙을 피할 수 있는 경로로 갈 유일한 방법은 탄소 배출을 줄이는 것이라는 점은 이제 과학계에서 압도적으로 합의가 이루어져 있는 사실이다.[2] 2015년 파리협약에서 각국은 기후변화를 2도 이내 상승에서 막는다는 목표를 정했고, 더 야심차게는 1.5도 목표를 염두에 두기로 했다. 과학적 근거를 기초로, IPCC 보고서는 온난화를 2도 상승에서 막으려면 이산화탄소로 환산한 온실가스(이산화탄소 등가량^{CO_2e}) 배출이 2030년까지 2010년 대비 25퍼센트가 줄어야 하고 2070년에는 제로가 되어야 한다고 추산했다.[3] 1.5도 상승에서 막으려면 2030년까지 45퍼센트를 줄여야 하고 2050년까지 제로가 되어야 한다.

기후변화는 정말로 형평성이 없다. 온실가스는 대부분 부유한 나라에서 나오거나 부유한 나라 사람들이 소비하는 물건을 생산하는 데서 나온다. 하지만 기후변화의 비용은 가난한 나라 사람들이 가장 크게 부담하고 있고 앞으로도 그럴 것으로 보인다. 그렇다면, 문제를 해결해야 하는 쪽에서 강한 추동력을 갖기 어렵다는 뜻이니 이 문제는 해결이 불가능한 것일까? 아니면 우리에게 약간이나마 희망이 있는 것일까?

50-10 법칙

IPCC 보고서는 온난화를 1.5도 상승에서 막을 수 있을 만큼 탄소 배출을 줄이려면 무엇을 해야 하는지에 대해서도 매우 상세하게 설명하고 있다. 벌써 취해지고 있는 조치들도 있다. 전기차로 바꾸고, 탄소 배출이 없는 건물을 짓고, 철도를 더 개설하는 것 모두 도움이 될 것이다. 하지만 본질적인 문제는 아무리 기술적인 면에서 향상이 이루어진다 해도, 또 설령 우리가 석탄에서 완전히 벗어날 수 있다고 해도, 우리의 소비가 더 지속 가능한 방식으로 바뀌지 않는 한 향후의 어떤 경제 성장도 기후변화를 직접적으로 악화시키게 되리라는 점이다. 소비가 증가하면 그것들을 생산하는 데 에너지가 들기 마련이다. 우리는 자동차를 몰 때만 탄소를 배출하는 것이 아니다. 차고에 자동차를 세워 놓고 있을 때도 탄소를 배출한다. 자동차와 차고를 만드는 데 에너지가 들어갔기 때문이다. 전기차도 예외가 아니다. 소득 수준과 탄소 배출 사이의 관계를 살펴본 연구가 많이 나와 있는데, 기후, 가족 규모 등에 따라 다소간 차이는 있지만 이 둘의 경로가 매우 밀접하게 관련 있다는 점만큼은 분명하다. 평균적으로, 당신의 소득이 10퍼센트 높아지면 당신의 탄소 배출이 9퍼센트 증가한다.[4]

이 말은 유럽과 미국이 현재까지의 탄소 배출에 막대한 책임이 있는 것은 맞지만, 이제는 탄소 배출에서 신흥경제국(특히 중국)이 점점 더 많은 비중을 차지하고 있다는 의미다. 사실 중국은 현재 단일 국가로서는 최대의 탄소 배출국이다. 하지만 중국에서 배출되는 탄소의 많은 부분이 생산은 중국에서 이루어지지만 소비는 다른 나라에서 이루어지는 제품들을 생산하는 데서 나온다. 소비가 일어나는 곳을 기준으로 탄소 배출을 다시 계산해 보면, 북미가 이산화탄소 등가량 기준 1인당 연간 22.5톤, 서구 유럽이 13.1톤이며, 중국은 6톤, 남아시아는 2.2톤에 불과하다.

개도국 안에서 보면, 부유한 사람들이 가난한 사람들보다 이산화탄소를 훨씬 많이 배출한다. 인도와 중국에서 가장 부유한 사람들은 세계에서 탄소 배출을 가장 많이 일으키는 10퍼센트에 속한다(이들은 이 10퍼센트의 배출량 중에서는 각각 1퍼센트와 10퍼센트를 차지하고, 전 세계 배출량 중에서는 0.45퍼센트와 4.5퍼센트를 차지한다). 반면 인도에서 가장 가난한 7퍼센트는 1인당 연간 탄소 배출(이산화탄소 등가량 기준)이 0.15톤밖에 안 된다. 전체적으로 보면, '50-10 법칙'이 나타난다. 세계 인구 중 온실가스로 오염을 가장 많이 시키는 10퍼센트가 온실가스 배출량의 50퍼센트를 차지하고 있는 반면, 가장 오염을 덜 시키는 50퍼센트의 인구가 전체 배출량에서 차지하는 비중은 10퍼센트를 약간 넘는 정도다.

부유한 나라 사람들, 더 일반적으로 세계의 부유한 사람들은 미래에 발생할 어떤 기후변화에 대해서도 막대한 책임이 있다.

발트해에서 수영하기

1990년대 초 6월의 어느 날, 아비지트는 친구이자 동료 경제학자인 외르겐 베이불Jörgen Weibull이 가자고 해서 발트해로 수영을 하러 갔다. 아비지트는 물에 뛰어들었다가 화들짝 놀라 튀어나왔다. 그리고 이후 3일 동안 이가 덜덜 떨렸다고 한다. 시간이 지나 2018년, 역시 6월에 우리는 스톡홀름 근처의 발트해 해변에 또 놀러 갔다. 아비지트가 전에 갔던 곳보다 몇백 킬로미터 더 북쪽이었다. 하지만 이번에는 말 그대로 아이들 장난이었다. 우리 아이들은 물속에서 신나게 장난을 치며 놀았다.

스웨덴 어디를 가든 너무 따뜻해진 날씨가 화제에 오르곤 했다. 아마 모두가 느끼는 불길한 현상이었을 것이다. 우려를 하면서도, 당장은 그 덕분에 야외 활동 기회가 많아져서 조금 즐겁기는 하다는 이야기도 했다.

하지만 가난한 나라들에서는 기후변화가 '나쁜 점도 있지만 좋은 점도 있다'고 말할 수 있는 일이 아니다. 지구가 1, 2도 더 더워지면 노스다코다 주민들은 반길지 모르지만 댈러스 주민들은 그리 반기지 않을 것이고 델리나 다카 사람들은 견딜 수 없이 뜨거운 날들을 더 많이 견뎌야 하는 상황에 처하게 될 것이다. 하나만 예를 들면, 1957~2000년에는 인도에서 1년 중 하루 평균 기온이 35도가 넘는 날이 평균 5일이었다.[5] 하지만 기후 위기에 대해 전 세계가 적극적인 정책으로 대응하지 않는다면 금세기 말에는 하루 평균 기온이 35도가 넘는 날이 연간 무려 75일이 될 것으로 보인다. 한편, 미국에서는 그러한 날이 26일 정도가 될 것으로 예상된다. 가난한 나라들 중에 적도에 가까운 나라들이 많기 때문에 가난한 나라들이 기후변화의 고통을 더 많이 겪게 될 것이다.

설상가상으로, 가난한 나라 사람들은 뜨거워진 기후의 영향에서 스스로를 보호할 방법도 더 적다. 가령 에어컨이 부족하고(가난하니까), 에어컨이 선택지 자체가 될 수 없는 논밭, 건설 현장, 벽돌 굽는 가마 등에서 일하는 사람도 많다.

기온이 오르면 이들 나라에 어떤 영향을 미치게 될까? 단순히 더 추운 곳과 더 더운 곳을 비교해서는 이에 답할 수 없다. 기온 이외에 수백 가지의 다른 면에서도 차이가 있기 때문이다. 우리가 기후변화가 미칠 영향에 대해 말할 수 있는 것이 무엇이라도 있다면, 그것은 특정한 지역에서 같은 날짜의 기온이 해마다 변동을 보이기 때문에 가능한 일이다. 어느 해에는 여름이 특히 덥고, 어느 해에는 겨울이 특히 추우며, 어느 운 좋은 해에는 여름이 시원하고 겨울이 온화하다. 환경 경제학자 마이클 그린스톤Michael Greenstone은 해마다의 기후 변동 데이터를 사용해서 미래에 기후변화가 미칠 영향을 알아보는 연구를 시작했다. 예를 들어, 인도의 어느 특정한 지역이 특정한 해에 매우 더웠다면 그 해에 그곳의 농업 산출이 다른 지역이나 아니면 다른 해보다 작을 것인가?

물론 이 방법론을 맹목적으로 신뢰하지는 말아야 할 여러 가지 이유가 있다. 기후의 차이가 영속적으로 이어지면 그 영향을 최소화하기 위한 혁신이 추동될 수 있는데, 이것은 해마다 발생하는 기후 변동의 영향을 알아보는 모델에 반영되지 않는다. 혁신에는 시간이 걸리기 때문이다. 다른 한편으로, 기후의 차이가 영속적으로 이어지면 일시적인 변동의 경우에는 발생하지 않았을 비용이 발생한다. 지표수가 고갈되는 것이 그런 사례다. 요컨대, 위의 방법론을 사용한 추산치는 너무클 수도 있고 너무 작을 수도 있다. 하지만 추산의 편향이 부유한 나라와 가난한 나라에서 동일한 방향으로 작용하는 한, 양자 간의 비교는 여전히 유의미하다. 자, 그럼 이러한 연구들에서는 어떠한 결과가 나왔는가? 일반적인 결론은, 기후변화의 피해가 가난한 나라들에서 훨씬 더 크리라는 것이다. 미국의 농업도 손실을 보겠지만 인도, 멕시코, 아프리카 등지의 손실이 훨씬 더 클 것이다. 반면, 모젤 밸리 같은 유럽의 일부 지역은 일조량 증가로 포도 품질이 좋아져서 모젤 와인의 품질과 생산량이 더 향상될 수도 있다.[6]

기온 상승이 생산성에 미치는 영향은 농업에만 국한되지 않는다. 사람들은 더워지면 생산성이 떨어지고, 옥외에서 일을 하는 경우에는 더욱 그렇다. 예를 들어, 미국의 한 자료에 따르면 기온이 38도 이상이 되면 24~26도일 때에 비해 옥외에서 하는 일의 노동 공급량이 하루에 많게는 1시간가량 떨어지는 것으로 나타났다.[7] 외부 기후에 노출되지 않는 업종(비제조업 실내 활동 등)에서는 통계적으로 포착 가능한 영향이 나타나지 않았다. 또 아이들은 유난히 더운 해의 경우 연말에 시험 점수가 더 낮다. 그런데 학교에 에어컨이 있으면 이 효과는 나타나지 않는다. 따라서 기후 상승은 가난한 아이들에게 더 크게 영향을 미칠 것이라고 볼 수 있다.[8]

인도에는 에어컨이 있는 공장이 별로 없다. 인도의 의류 공장에서 기온에 따라 노동 생산성이 어떻게 달라지는지 알아본 연구에 따르면 일평균 기온이 27~28도 아래일 경우에는 기온과 효율성이 별로 상관이 없었지만 기온이 이보다 높으면(이런 날은 생산 일수의 4분의 1 정도에 해당했다) 1도 올라갈 때마다 효율성이 2퍼센트씩 떨어지는 것으로 나타났다.[9]

종합적으로, 전 세계적으로 어느 해에 기온이 1도 오르면 1인당 소득이 1.4퍼센트 줄어들지만, 이 효과는 가난한 나라에서만 나타났다.[10]

물론 기온 상승은 소득에만 영향을 미치는 것이 아니다. 여러 연구에 따르면 기후가 더 더워질 경우 사람들의 건강에도 악영향을 미칠 것으로 우려된다. 미국에서는 시원한(섭씨 21~23도) 날에 비해 폭염(섭씨 35도 이상)인 날이 하루 늘어날 때마다 연령표준화 사망률이 [연간] 0.03퍼센트 증가하는 것으로 나타났다. 인도에서는 이 효과가 미국의 25배였다.[11]

생명을 구하는 기술

사람들이 더 부유해지고 적절한 기술에 더 잘 접할 수 있게 되면 기후 위기의 충격을 완화하는 데 도움이 된다. 미국은 이를 잘 보여 주는 사례다. 1920년대와 1930년대에는 미국에서 폭염이 사망률에 미친 영향이 현재보다 6배나 높았던 것으로 추산된다. 이 차이는 더 많은 사람이

에어컨을 사용하게 되었다는 점으로 거의 대부분 설명된다. 에어컨은 부유한 나라 사람들이 더워진 기후에 적응하는 데 사용한 핵심 메커니즘이다.[12] 이 때문에 더운 해에는 부유한 나라에서 에너지 수요가 급증한다. 에어컨 사용이 여전히 흔치 않은 가난한 나라들에서는(2011년에 미국에서는 전체 가구의 87퍼센트가 에어컨을 가지고 있었는데 인도에서는 이 비중이 5퍼센트에 불과했다)[13] 기온이 오를 때 생산성이 크게 낮아지고 사망률이 크게 오른다. 이 나라들에서는 향후에 에어컨이 핵심적인 기후변화 적응 수단이 될 수 있을 것이다. 지금은 사실상 사치품이지만 이 나라들에서도 에어컨은 사치품이 아니어야 마땅하다.

가난한 나라들이 부유해지면 에어컨이 더 많이 보급될 수 있을 것이다. 1995년과 2009년 사이 중국 도시 가구 중 에어컨이 있는 가구의 비중은 8퍼센트에서 100퍼센트 이상으로 올랐다(한 가구당 에어컨이 한 대 이상이 되었다).[14] 그런데 문제가 있다. 에어컨이 기후 위기 자체를 악화시키는 것이다. 에어컨에 일반적으로 사용되는 수소화불화탄소는 이산화탄소보다 훨씬 강력한 온실가스다. 그래서 우리는 매우 곤란한 딜레마에 처하게 된다. 사람들을 기후변화의 영향에서 보호하는 데 도움이 되는 바로 그 기술이 기후변화를 가속화하는 것이다. 수소화불화탄소를 사용하지 않는 신형 에어컨이 나와 있긴 하지만 현재로서는 너무 비싸다. 이제 막 사람들이 더 대중적인 에어컨을 구매할 여력이 생기기 시작한 인도 같은 나라들은 특히나 첨예하게 상충적인 교환 관계에 직면해 있다. 에어컨을 돌려 오늘의 생명을 구할 것인가, 기후변화를 완화해 미래의 생명을 구할 것인가?

2016년 10월 르완다의 키갈리에서 열린 몬트리올 의정서(오존층을 파괴하는 화학물질을 규제하기 위한 합의 ─ 옮긴이) 당사국 회의에서 수년간의 협상 끝에 합의된 수정안은 위와 같은 상충적 교환 관계를 헤쳐 나가기 위해 세계 각국이 어떻게 해야 하는지에 대해 매우 구체적인 지침을 제시하고 있다. 키갈리 수정안은 세계 각국을 세 범주로 나누어 각각이 따라야 할 경로를 제시했다. 미국, 일본, 유럽 등 부유한 국가들은 2019년까지 수소화불화탄소 사용을 중단한다. 중국 등 100곳의 개도국은 2024년까지 중단한다. 인도, 파키스탄, 걸프 지역의 몇몇 국가 등 나머지 소수의 나라들은 수소화불화탄소를 감축하기 시작하는 시점을 2028년 이후로 유예한다. 인도 정부는 인도 국민들이 기후변화의 피해자이자 원인이라는 점을 인식하면서도, 기후변화의 문제를 다루기보다는 국민들의 현재 생명을 구하겠다는 입장을 취했다. 아마도 인도 정부는 유예 기간에 인도 경제가 성장하면 2028년 무렵에는 기후에 피해를 덜 미치는 더 비싼 장비들을 사용할 수 있게 되리라는 데 기대를 걸고 있을 것이다(그 사이에 이 장비들의 가격도 낮아질 것이다). 하지만 그때까지 10년 동안 옛 모델의 에어컨이 인도에서 매우 빠르게 퍼질 것이다. 특히 수소화불화탄소를 사용하는 에어컨을 만드는 제조업체들의 입장에서는 제품을 밀어낼 판매처가 필요할 것이기 때문에 더욱 그렇다. 또한 이 에어컨들은 2028년 이후에도 계속 돌아가면서 그 후로도 오랫동안 오염을 지속적으로 발생시킬 것이고 이는 지구에 엄청난 비용을 초래할 것이다.

지금 행동하라?

에어컨이 제기하는 난제는 인도가 특히 첨예하게 봉착해 있는 현재-미래 간 상충 관계의 한 사례다. 2015년 파리 협약 전까지 인도는 자국의 배출량 목표치를 설정하는 것 자체를 거부했다. 인도는 자국이 경제 성장을 저해하는 조치를 감당할 여력이 없다며, [기후 관련] 조정 부담은 부유한 나라들이 감당해야 한다고 주장했다. 그런데 이 입장은 인도가 파리 협약을 비준하고 구체적인 행동 계획을 내면서 달라졌다. 인도는 감축 계획에 동참하는 대신 에너지 전환의 비용을 댈 수 있도록 부유한 국가들이 국제 펀드를 구성해 유의미한 수준의 자금을 지원해 달라고 요구했다. 현재는 인도가 전 세계 온실가스 배출량 중에서 차지하는 비중이 그리 크지 않지만 앞으로는 인도가 주요 배출국이 될 가능성이 크다. 늘어나고 있는 중산층이 소비를 점점 더 많이 할 것이기 때문이다. 한편, 미국과 달리 인도에서는 인구 중 상당 부분이 기후변화에 이미 직간접적으로 영향을 받고 있다. 따라서 인도는 오늘 내리는 선택이 유발하게 될 비용을 가장 잘 이해할 수 있는 나라이기도 하다. 그런 면에서, 인도가 행동에 나서기를 꺼리는 것은 깊이 우려스럽다. 기후에 미칠 직접적인 영향 때문에도 그렇지만, 더 일반적으로 정치인들 사이에서 근시안적 사고가 얼마나 지배적인지를 인도의 태도에서 단적으로 볼 수 있다는 점에서도 그렇다.

우리가 풀어야 할 핵심 질문은, 이 상충적 교환 관계가 인도 사람들(혹은 미국 사람들)이 생각하는 것만큼 정말로 큰 문제이냐다. 정말로 우리는 오늘 무언가를 포기해야 하는가? 현재의 삶의 방식을 크게 포기하지 않으면서도 온난화의 진행을 억제할 수 있을 법한 기술을 개발해 그쪽으로 전환한다면, 오늘도 파이를 가질 수 있고, 또 먹을 수도 있지 않을까?

몇 년 전만 해도 에너지 전문가들은 재생 가능 에너지원(태양과 바람)이 너무 비싸서 화석연료의 대체 에너지원이 되리라는 기대를 가지고 거기에 투자하는 것은 매우 멍청한 일이라고 단호하게 말했다.

하지만 현재 재생 가능 에너지원의 가격은 훨씬 더 싸졌다. 주로는 그 분야의 기술 진보에 힘입은 것이다. 또한 에너지 효율성도 상당히 개선되었고 앞으로 더 개선될 여지도 크다. 2006년에 영국 정부는 전직 세계은행 수석 경제학자였던 니콜러스 스턴Nicholas Stern에게 기후변화의 경제적 시사점을 알아보는 연구를 발주했다. 최종 보고서(『스턴 보고서Stern Review』라고 불린다)에서 그는 다음과 같이 낙관적인 결론을 내렸다.[15]

> 하지만 과거의 패턴에도 불구하고, 또 지금의 추세가 그대로 이어진다는 가정 아래에서도, 세계는 기후변화를 피하는 것과 성장 및 발전을 촉진하는 것 사이에서 꼭 양자택일하지 않아도 된다. 에너지 기술과 경제 구조의 변화를 통해, 소득 성장에서 유발되는 온실가스 배출량의 규모를 줄일 수 있다. 가장 부유한 나라들에서는 더욱 가능하다. 강력하고 의식적인 정책적 선택이 있다면 선진국과 개도국 모두에서 경제 성장을 유지하면서도 기후를 안정화할 수 있을 정도의 규모로 "탈탄소화"를 하는 것이 가능하다.

아멘! 하지만 여기에는 돈이 든다. 『스턴 보고서』는 최근의 추세를 토대로 친환경 분야의 기술 진보 속도를 가정했을 때 온난화를 막기에 충분한 수준으로 탄소 배출을 막으려면 연간으로 전 세계 GDP의 1퍼센트 정도에 해당하는 비용이 들 것이라고 추산했다. 우리가 알고 있는 바대로의 세계를 지키는 비용이라고 생각하면 그리 많은 것은 아니다. 한 가지 희망은 연구개발이 경제적 인센티브에 반응하리라는 것이다.[16] 연구개발 지출은 그것을 통해 만들어질 혁신적인 제품의 예상 시장 규모에 크게 영향을 받는다.[17] 따라서 오염을 일으키는 기술을 대체할 수 있는 청정 기술을 연구하는 데 일시적으로 인센티브를 제공하면(옛 기술을 사용하는 것이 더 비싸지게 만드는 탄소세, 청정 에너지 연구에 대한 직접적인 보조금 등) 수요를 창출함으로써 눈덩이 효과를 낼 수 있다. 청정 기술은 더 싸지고 따라서 더 매력 있어질 것이고, 그러한 기술을 개발하는 연구개발에 대한 수요와 투자 수익이 증가할 것이다. 점차적으로 청정 기술은 오염을 일으키는 기술을 몰아내기에 충분할 정도로 매력 있어질 것이고, 우리는 한고비를 넘기게 될 것이다. 우리 경제의 엔진은, 이번에는 바람, 물, 태양으로 동력을 공급받으면서, 전과 같은 성장률을 가지고 균형 경로에 돌아오게 될 것이다. 또 어느 정도 자리를 잡으면 청정 기술을 촉진하기 위해 들였던 조세 혜택과 보조금을 모두 중단할 수도 있을 것이다.

이것이 어떻게 효과를 낼 수 있을지는 매우 이해하기 쉽다. 하지만 이것이 어떻게 효과를 낼 수 **없을지도** 섬찟할 정도로 이해하기 쉽다. 어쨌거나 오염을 일으키는 기술은 계속 존재할 것이다. 석탄과 석유를 사용하는 사람이 줄면 석탄과 석유 가격이 낮아질 것이고 그러면 사람들이 다시 석탄과 석유로 돌아가고자 할 유인이 생기게 된다. 석탄과 석유가 '재생 가능'하지 않다는 말은 언젠가는 가격이 오르리라는 의미이긴 하지만(결국에는 공급이 줄어들 것이므로), 아마도 우리를 아마겟돈으로 데리고 가기에는 부족함이 없을 만큼의 석탄과 석유가 여전히 남아 있을 것이다. 따라서 너무 낙관하기는 어려울 것으로 보인다.

공짜 점심?

낙관주의자들은 궁극적으로 공짜 점심이 가능하리라고 기대한다. 연구개발로 청정 기술 가격이 낮아지면 기업에도 사람들에게도 청정 기술을 사용하는 것이 비용상 이득이 된다. 그렇다면, 청정 기술을 받아들이는 것은 개인과 지구에 '윈-윈'이 될 수 있다. 공짜 점심이 가능하리라는 전망은 언제나 유혹적이다. 사실 너무나 유혹적인 나머지, 이것이 기후변화 담론을 온통 지배하고 있다. 전문가들은 에너지 효율성을 높여서 에너지 사용 요금을 낮추어 줌으로써 투자 비용이 저절로 회수될 수 있는 종류의 투자들에 대해 상세한 기술적 추산치들을 계속해서 내놓는다. 가령, 많은 주목을 받은 2009년 매킨지 보고서 「미국 경제에 에너지 효율성의 빗장을 풀자Unlocking Energy Efficiency in the U.S. Economy」는[18] 에너지 효율성 투자의 이득을 "종합적인 접근 방식"으로 추산해 보았을 때 달성 가능하리라고 예상되는 "총 에너지 절약분이 1.2조 달러에 달할 것으로 보인다"며 "이것은 2020년까지 효율성을 제고하기 위한 조치에 필요한 투자금 5,200억 달러를 훨씬 능가하는 것"이라고 설명했다. 또 2013년에 국제에너지기구International Energy Administration는 "다른 것을 변화시키지 않은 채로" 에너지 효율성만 개선해도 우리가 절감해야 하는 탄소 배출량의 49퍼센트 정도를 줄일 수 있을 것"이라고 내다보았다.[19]

이러한 전망이 옳다면 우리 앞의 문제는 비교적 쉬운 문제다. '에너지 효율성 격차'를 줄이기만 하면 된다. 즉 기업과 소비자들이 에너지 효율화에 투자하는 것을 무엇이 가로막고 있는지를 찾아내 그 장벽을 없애기만 하면 된다. 사람들이 잘 모르고 있어서인가? 초기 비용을 충당할 대출을 받기가 어려워서인가? 너무 단견을 가지고 있어서인가? 관성 때문인가?

안타깝게도 이러한 '쉬운 해결책'들에 대해 기술적 모델이 예측한 추산치 말고 그러한 것들이 실제로 시도되었을 때 현실에서 얼마나 성과를 내고 있는지를 보면 상황은 그리 장밋빛이 아니다. '연방 주택 에너지 효율화 지원 프로그램Weatherization Assistance Program, WAP'은 미국의 가구들을 대상으로 지원되는 가장 큰 규모의 에너지 효율화 프로그램으로, 1976년에 도입된 이래 700만 가구가 혜택을 받았다. 마이클 그린스톤과 경제학자들로 이뤄진 연구팀은 미시건주에 거주하는 3만 가구 중 무작위로 7,500가구를 선정해서 5,000달러 상당의 에너지 효율화 투자 비용(단열, 창문 교체 등의 비용)을 제공하겠다고 제안하고 선정된 사람들과 그렇지 않은 사람들이 어떤 반응을 보이는지 알아보았다.[20] 이 실험에서 세 가지의 주목할 만한 결과가 나왔다. 첫째, 이 프로그램 자체에 대한 수요가 매우 낮았다. 매우 적극적으로 홍보를 했는데도 투자 비용을 대 주겠다는 제안을 받은 가구 중 겨우 6퍼센트만 그 제안을 받아들였다. 둘째, 에너지 효율화 투자를 하면 에너지 절약 면에서 실제로 이득이 있기는 했지만(참여 가구들의 에너지 요금이 10~20퍼센트 낮아졌다), 기술적 모델이 추산했던 예상 절약분의 3분의 1밖에 되지 않았고 들어간 비용을 충당하기에는 크게 부족했다. 셋째, 예상보다 저조한 절약 실적이 나온 것은 사람들이 에너지 요금이 낮아질 것을 예상하고서 에너지를 더 많이 쓰는(가령 전보다 난방을 더 세게 하는 식으로) '리바운드 효과' 때문이 아니었다(이들은 집 온도를 예전보다 더 높이거나 하지 않았다). 즉, 기술적 모델이 현실의 가구들이 실제로 어떻게 행동하는지를 제대로 파악해 계산에 넣지 않았던 것이라고 보아야 한다. 기술적 모델을 설계한 사람들은 너무 낙관적이었다.

장미빛 추산치와 현실 사이의 괴리는 가정 단위에서만 해당되는 이야기가 아니다. 한 연구자는 구자라트주 정부의 기후변화 담당 부서와 함께(구자라트주는 인도에서 가장 산업화되고 가장 오염이 심한 주다) 무작위로 선정된 중소기업들에 무료로 에너지 효율화 컨설팅을 제공했다.[21] 컨설턴트들은 각 기업의 에너지 사용 실태를 조사해서 이들이 실천할 수 있는, 그리고 이미 존재하는 프로그램들을 통해 주 정부에서 상당한 보조금을 받을 수 있는 에너지 효율화 투자 목록을 제시했다. 그다음에 자문을 받은 기업 중에서 다시 일부를 무작위로 선정해 주기적으로 그곳을 찾아가 에너지 효율화 투자를 독려했다. 실험 결과, 컨설팅 자체만으로는 기업들이 에너지 효율적인 새 기술을 받아들이게 하는 데 별로 효과가 없었다. 컨설팅을 받은 기업이 새 기술을 더 많이 도입하긴 했지만, 생산량도 같이 늘어서 종합적인 에너지 소비량에는 영향이 없었다. 즉, 여기에서는 '리바운드 효과'가 발생했다. 어쨌든 이 사례에서도 엔지니어들의 기술적 모델이 상정한 기대, 즉 새로운 기술을 통해 에너지 사용을 줄임으로써 온실가스 배출을 상당히 저감할 수 있으리라는 기대는 너무 낙관적이었다.

요컨대, 공짜 점심은 존재하지 않는 것으로 보인다. 더 나은 기술을 통해 배출을 저감하는 것으로 공짜 점심을 얻을 수 있을 것 같지는 않다. 결국, 사람들의 소비가 줄어야 한다. 단지 더 청정한 자동차를 타는 것만이 아니라, 더 작은 자동차를 타거나 자동차 없이 사는 삶에도 만족해야 한다.

친환경에 대한 선호를 만드는 방법들

사람들이 소비를 줄여야 한다는 결론은 경제학자들이 듣고 싶어 하는 이야기가 아니다. 우선, 경제학자들은 여전히 물질적 소비를 후생의 척도로 삼는 버릇이 있다. 둘째, 경제학자들은 사람들의 행위를 변화시키려는 시도를 의심스럽게 본다. 선호를 바꾸는 것과 관련될 때는 더욱 그렇다. 많은 경제학자들이 선호를 '조작'하는 것에 대해 철학적인 거부감을 가지고 있다.

이러한 거부감은, 선호는 내재적이고 '진정한' 것이며 그에 따른 사람들의 행위는 그들의 깊은 열망을 반영하는 것이라고 보는 경제학자들의 오랜 믿음에서 나온다. 그렇다면 사람들에게 행동을 바꾸도록(가령, 소비를 줄이거나 다른 방식으로 소비를 하도록) 설득하고 확신시키는 것은 그들의 내재적인 선호 체계를 거스르는 것이 된다. 하지만 4장에서 보았듯이, 본질적이고 일관성 있는 '선호 체계'라는 것은 존재하지 않는다. 사소한 것들에 대해서도 어떻게 느껴야 하는지를 잘 모르는데(가령, 초콜릿이나 와인의 가치를 얼마라고 느껴야 하는지도 잘 모르는데), 기후변화에 대해 사람들이 명백한 선호 체계를 가지고 있다고 가정할 근거가 무엇인가? 그들이 자신의 손주가 어떤 세상에서 살게 할 것인가에 대해, 몰디브가 해수면 상승으로 가라앉아서 그곳 사람들이 삶의 터전을 잃는 것에 관심을 가질 것인가에 대해, 그러한 재앙을 막기 위해 자신의 생활 양식을 얼마나 바꿀 것인가에 대해, '명백한 선호 체계'를 가지고 있다고 가정할 근거가 무엇인가?

일반적으로 경제학자들은 사람들이 아직 태어나지 않은 미래 세대나 아주 멀리 있는 사람들을 위해 자발적으로 무언가를 희생하지는 않는다고 가정한다. 하지만 이 책을 읽고 있는 당신에게는 이 가정이 사실이 아닐 것이다(사실이라면 당신은 진작에 이 책을 덮었을 테니 말이다). 사실 경제학자들 본인들도 그렇다. 많은 경제학자들이 자신에게 직접적으로 영향을 미치지 않는 수많은 사안에 신경을 쓰고 관심을 갖는다. 그렇게 하는 것에 금전적 가치를 부여하기 어려운데도 말이다.

이 사실이 중요한 이유는, 이 점을 고려하면 '정책적 개입'을 새로운 방식으로 생각할 수 있기 때문이다. 모든 사람이 잘 규정된 선호 체계(가령, '나는 다른 이들의 피해에 대해서는 신경을 쓰지 않는다'는 선호 체계)를 가지고 있고 그에 따라 행동한다면, 환경을 보호하기 위한 이상적인 정책은 환경 피해에 가격을 붙인 후 그다음은 시장에 맡기는 것이어야 한다. 탄소세가 이러한 접근 방식에 해당한다. 이것은 우리 저자들도 포함해서 대부분의 경제학자가 받아들이고 있는 아이디어이며 2018년에 노벨상을 받은 윌리엄 노드하우스William Nordhaus의 핵심 연구 주제이기도 하다. 오염에 명시적으로 가격표를 붙이면 기업은 자신의 활동에서 그것을 진지하게 계산에 넣게 될 것이다. 오염을 배출해야 하는 기업이 적극적으로 오염을 줄인 다른 기업으로부터 오염 물질 배출 권리를 구매하게 한다는 개념(탄소배출권carbon credit)도 오염을 일으키지 않는 기업이 적극적으로 '탈오염 활동'(나무를 심는 것 등)에 나서고자 할 인센티브를 제공한다는 면에서 좋은 아이디어일 수 있다. 그리고 오염을 일으키는 기업으로부터 거두게 되는 조세 수입은 새로운 친환경 기술을 개발하는 데 필요한 자금으로 유용하게 쓸 수 있을 것이다.

하지만 탄소배출권을 넘어서는 정책이 필요하다는 데도 탄탄한 논거가 존재한다. 기후변화와 싸우는 데 일조하고자 하는 마음은 강하지만, LED 전구에 대해 알지 못해서, 혹은 가게에 갈 때 LED 전구 사는 것을 깜빡 잊어서, 혹은 기후변화를 막는 것의 중요성을 금전적으로 환산하기 어려워 LED 전구에 얼마나 돈을 더 지불할지 마음을 정하지 못해서, 기타 등등의 이유로 아직 LED 전구를 사용하지 않고 있는 사람이 있다고 해 보자. 이 경우 정부가 LED가 아닌 전구를 아예 금지하면 이 사람에게 더 좋지 않을까?

금지가 너무 심한 조치라면, 사람들이 환경에 더 좋은 쪽을 선택하도록 정부가 쿡 찔러 주는 '넛지' 전략을 활용하는 것은 어떨까? 예를 들어 스마트 미터를 사용하면 전기 수요가 피크인 시간에는 전기 요금을 더 비싸게 물리고 그 외의 시간에는 전기 요금을 낮추는 식으로 과금하는 것이 가능하다. 이는 분명히 환경에 도움이 될 것이다. 하지만 캘리포니아주 새크라멘토에서 최근에 수행된 한 연구에 따르면, 사람들에게 이러한 과금 방식을 선택할 수 있는 옵션을 제공했을 때 이쪽으로 옮겨 온 사람은 20퍼센트에 불과했다.[22] 그런데 이 시스템을 초기 설정으로 두고 원치 않는 사람들이 다른 방식으로 옮겨 가도록 했더니 사용자의 90퍼센트가 설정되어 있는 시스템을 그대로 사용했다. 이 경우 그들의 '진정한 선호'는 무엇인가? 적극적으로 선택한 것인가, 아니면 설정된 대로 그냥 있기로 한 것인가? 이 질문에 대해 명백한 답은 존재하지 않으므로, 정부는 그냥 환경에 좋은 쪽을 도입하기로 결정해도 좋을 것이다.

정답이 없는 또 하나의 질문은 에너지 소비가 어느 정도까지 습관의 문제이냐다. 어떤 소비 양태는 중독과 비슷하게 작동한다. 단지 그 소비 방식에 익숙해져 있어서 계속 그렇게 소비를 하는 것이다. 파리경제대학은 난방을 매우 적게 하는 '녹색' 건물을 새로 도입했다. 우리는 파리에서 연구년을 보낼 때 그 건물에서 일했는데, 봄과 겨울에는 너무 추워서 늘상 춥다고 불평을 달고 살았다. 그런데도 사무실에 스웨터를 하나 놓아두자는 간단한 아이디어를 몇 개월 동안이나 생각하지 못했다. 그렇지만, 사실 그렇게까지 힘들지는 않았다. 그전에 미국 사무실에서 우리는 오히려 난방이 너무 과해서 몇 년이나 괴로워했다. 그리고 스웨터를 가져다 놓은 뒤로는 난방이 잘되는 건물에서 일할 때에 비해 후생이 감소하지도 않았다. 지구를 위해 내가 할 수 있는 작은 실천을 하고 있다는 뿌듯함은 약간의 불편함을 보상하기에 충분했다.

자동차 대신 기차를 타는 것, 방에서 나갈 때 불을 끄는 것 등 에너지 소비에 영향을 미치는 많은 행동이 반복적이고 습관적이다. 습관적인 행동은 하던 대로 하는 게 가장 쉽다. 변화에는 비용이 든다. 하지만 일단 바꾸고 나면, 그다음에 계속 그렇게 가는 것은 쉽다. 아예 기계적으로, 온도조절장치를 하나 사서 일단 설치하고 나면 아침과 저녁에는 난방을 더 세게 하고 집에 사람이 없는 낮에는 난방을 줄일 수 있다. 즉, 오늘의 에너지 소비 선택이 미래의 에너지 소비에 영향을 미친다. 특정한 에너지 행동의 선택이 실제로 습관처럼 오래 지속된다는 것을 직접적으로 보여 준 연구도 나와 있다. 한 실험에서, 연구자들은 무작위로 선정된 일부 가구에 얼마나 에너지를 많이 썼는지 알려 주는 에너지 보고서를 정기적으로 발송했다. 보고서를 받은 집은 그렇지 않은 집보다 에너지 사용이 줄었다. 그리고 **보고서 발송이 중단된 이후에도** 이 가구들은 계속해서 에너지를 더 적게 썼다. 습관이 바뀌었기 때문일 것이다.[23]

오늘 많은 에너지를 쓰는 것이 미래에도 에너지를 많이 쓰게 한다는 점에서 에너지 소비가 중독과 비슷하다면, 그에 대한 적절한 대응은 세금을 올리는 것이다. 담배에 그렇게 하듯이 말이다. 높은 세금이 도입되면 처음에 그 행동을 줄이도록 독려하는 효과가 나타날 것이고, 일단 적절한 행동으로 사람들의 행동이 조정되고 나면 아무에게도 피해를 주지 않으면서 조세를 계속 높게 유지할 수 있을 것이다. 사용을 덜하는 쪽으로 (따라서 세금을 덜 내는 쪽으로) 다들 습관이 조정되었기 때문이다. 물론 '에너지 소비'는 냉난방과 교통수단의 사용만 의미하는 것이 아니다. 우리가 구매하는 모든 것이 에너지 소비를 일으킨다. 하지만 이러한 소비 전반과 관련해서도 우리의 취향이 하늘에서 뚝 떨어지지는 않았을 것이다. 오늘날 몇몇 경제학자들은 우리의 선호에 습관이 중요한 영향을 미친다는 것을 인정하고 있다. 우리가 무엇을 어떻게 소비하면서 자랐는지는 현재 우리가 가진 소비 취향을 구성한다. 이민자들은 새로 정착한 나라에서도 어렸을 때 고향에서 먹던 것을 계속 먹는다.[24] 가격이 더 비싼데도 말이다. 한편, '습관'은 그것을 바꾸고자 할 때 단기적으로 고통이 따른다. 하지만 바꿀 수 없는 것은 아니다. 실제로 사람들은 미래의 변화에 대비하기 위해 스스로 행동을 바꾸려는 시도를 하기도 한다.[25] 에너지를 잡아먹는 재화들에 대해 **미래에** 세금이 급격히 인상될 것이라고 발표하면 그것을 예상해서 미리 익숙해지고자 사람들이 **현재** 습관을 조정하게 하는 데 효과가 있을 것이다.

대기 오염은 사람을 죽인다

부유한 나라들은 에너지 소비와 관련해 희생해야 하는 것들이 대체로 비본질적인 것들이라는 데서 운이 좋다(슈퍼마켓에 걸어갈 것인가 차를 타고 갈 것인가, 기존 전구를 계속 쓸 것인가 LED 전구로 바꿀 것인가 등이 이들이 고려하는 문제다). 정말 중대한 결정에 직면한 곳은 개도국이다. 지난 20년 동안 석탄 소비는 미국과 기타 선진국에서는 약간 줄었지만 인도에서는 3배, 중국에서는 4배로 증가했다. 앞으로 몇십 년 동안 OECD 이외 국가들의 에너지 소비는 OECD 국가들보다 4배나 빠르게 증가할 것으로 예상된다.

하지만 대부분의 인도 사람들에게 조금 더 소비를 많이 하는 것, 특히 에너지를 조금 더 많이 소비하는 것은 사치가 아니다. 인도 농촌의 에너지 소비가 현재 매우 낮은 이유는 그들이 매우 위험하고 쾌적하지 못한 환경에서 살고 있기 때문이다. 그들은 지금보다 더 적게 소비하는 것이 불가능하고, 마땅히 지금보다 많이 소비할 권리가 있다. 그렇다면, 이것은 기후 위기 대응에서 가난한 나라들을 완전히 면제해 주어도 된다는 의미일까? 아니면 적어도 인도 같은 나라의 경우 기후변화 대응에 수반되는 불이익을 부유층(이들은 이미 부유한 미국인 수준의 생활 양식을 가지고 있고 그만큼의 탄소를 배출하고 있다)만 감수하도록 한정하고 가난한 사람들은 여기에서 면제해 주어야 한다는 의미일까?

이해 대해 안 된다고 말하기는 어려울 것이다. 부유한 나라들이 펑펑 쓰면서 저질러 온 일에 세계의 가난한 사람들이 비용을 치러야 한다는 것은 매우 불공정하다. 하지만 개도국을 기후 위기 대응에서 면제해 주어야 한다는 입장에는 불행하게도 두 가지 문제가 있다. 첫째, 앞에서도 이야기했듯이 개도국에 대한 일시적인 유예 조치는 앞으로 한참 동안 심각한 오염을 일으키는 기술이 사용되도록 촉진하는 결과를 낳을 수 있다. 그렇다면 일시적인 유예라 해도 그 효과는 그렇게 일시적이지가 않을 것이다. 그리고 대부분의 피해자는 개도국에 있을 것이므로 선진국 사람들은 그것에 대해 크게 불만이 없을 것이다.

둘째, 이 문제의 진짜 핵심은 기후 위협을 차치하더라도 개도국이 현재 수준의 대기 오염을 지속할 (혹은 더 증가시킬) 여력이 있는지다. 개도국의 온실가스 배출은 **현재** 개도국 국민들에게 심각하게 피해를 입히고 있는 또 다른 문제, 즉 대기 오염과 매우 밀접한 관련이 있다. 중국과 인도는 환경이 너무나 빠르게 악화된 나머지, 대기 오염이 긴급한 조치를 요하는 공중 보건상의 유해 요인이 되었다. 다른 신흥 경제권 국가들에서도 대기 오염은 매우 심각해지고 있다.

대기 오염은 사람을 죽인다. 중국의 화이허강 북쪽에서는 실내에서 석탄 난방을 할 때 보조금이 제공되고 화이허강 남쪽에는 그런 보조금이 없는데(북쪽이 더 춥기 때문이다), 그 때문에 강을 남쪽에서 북쪽으로 건너가면 대기 질이 급격히 떨어지는 것을 체감할 수 있다. 기대 수명도 강을 건너 북쪽으로 가면 감소한다.[26] 중국의 미세먼지 농도가 세계 표준 수준으로 개선되면 무려 37억 년에 해당하는 수명을 구할 수 있을 것으로 추산된다.

그나마 중국의 대기는 인도 대도시들에 비하면 원시의 대기처럼 깨끗한 편이다. 수도 뉴델리를 포함해 몇몇 인도 도시는 지구상에서 대기 오염이 가장 심한 도시에 꼽힌다.[27] 2017년 11월에 델리 시장은 델리를 가스실에 비유했다. 미국 대사관의 측정에 따르면 당시에 뉴델리의 대기 오염 수준은 세계보건기구 가이드라인 값의 48배에 달했다. 중국에서와 마찬가지로, 이 정도의 대기 오염은 명백하게 생명에 치명적이다.[28] 대기 오염이 치솟는 11월에는 입원 환자 수가 급증한다. 환경 오염과 보건에 관한 '랜싯 위원회Lancet Commission'의 보고서에 따르면, 2015년에 전 세계적으로 900만 명이 대기 오염으로 때 이른 죽음을 맞았다.[29] 그중 250만 명 이상이 인도인이었는데, 단일 국가로서는 가장 큰 피해였다.[30]

델리에서 겨울에 대기 오염을 일으키는 원인은 복합적이다. 순전히 지리적인 불운의 탓도 있다. 하지만 몇몇 요인은 인간이 바꿀 수 있는 행위 탓이다. 중요한 대기 오염원 중 하나는 델리 인근 주들의 농촌에서 추수를 하고 난 뒤에 그루터기를 태우는 것이다. 도시 외곽에서 나오는 이 연기는 건설 공사 현장의 먼지, 자동차의 매연, 쓰레기를 태우고 난 연기, 가난한 사람들이 음식을 조리하거나 겨울철 난방을 위해 밖에서 불을 피우는 연기 등 도시 내부에서 발생하는 다양한 오염 물질과 뒤섞인다. 델리의 스모그는 지금 당장 조치를 취해야 할 필요가 있을 정도로 심각하다. 여기에는 미래의 생명과 현재의 생명 사이에 상충적인 교환 관계가 없다. **지금** 사람들이 죽고 있기 때문이다. 상충적인 교환 관계를 굳이 말하자면 소비를 덜할 것이냐 질식해 죽을 것이냐의 문제일 텐데, 이것도 사실은 상충적인 교환 관계가 아니다. 직물 제조업 노동자들에 대한 연구[31]와 [서비스업인] 중국의 여행사 콜센터 노동자들에 대한 연구[32]에 따르면, 대기 오염이 높은 날에는 생산성이 낮아진다. 오염이 심해지면 [생산과] 소비가 줄어들게 된다는 의미다.

델리는 비교적 부유한 도시다. 인근의 농민들이 농작물을 태우지 않고 묻어서 토질을 높일 수 있는 기계를 사용하도록 도시 주민들이 비용을 감당해 주는 것은 그다지 어렵지 않을 것이다. 또 정부는 도시의 옥외에서 불을 피우는 것을 금지하고, 추운 밤에 가난한 사람들이 들어와 있을 수 있도록 난방이 되는 공간을 제공할 수 있을 것이다. 사람들이 쓰레기를 태우지 않도록 정부가 현대적인 쓰레기 수거 시스템을 도입할 수도 있을 것이다. 낡은 자동차 혹은 디젤 자동차를 금지하고, 혼잡통행료 등 교통 혼잡을 관리하는 정책도 도입할 수 있을 것이다.[33] 또한 법전에는 있지만 실제로는 지켜지지 않는 산업 오염 규제가 실질적으로 집행되도록 강제할 수도 있을 것이다. 대중교통 체계를 개선하고 도시 안에 있는 대규모 화력발전소를 폐쇄하거나 업그레이드하는 방법도 있을 것이다. 이 중 어느 것도 개별적으로는 문제 해결에 충분치 않겠지만 합쳐지면 분명히 상황을 개선할 수 있을 것이다.

그리고 이 중 어느 것도 불가능하지 않다. 한 가지 사례로, 인도 대법원에 제출된 한 전문가 소견서에 따르면, 200억 루피(약 3억 달러)의 보조금이면 펀자브주와 하리아나주 농민들이 농작물을 태우지 않고 묻는 데 필요한 장비를 구매할 수 있을 것으로 추산된다. 이것은 광역 델리 지구 거주자 한 명당 1,000루피(현재 환율로는 14달러, 구매력 평가 환율로는 70달러가 약간 넘는다) 정도에 불과하다. 하지만 놀랍게도(그리고 절망스럽게도) 대기 오염이 긴급히 해결해야 할 문제라는 것이 이토록 명백해 보이는데도 이러한 대응은 정치적으로 수요가 그리 많지 않다. 한 가지 이유는 오염을 줄이는 일이 수많은 사람들의 협동을 필요로 하는 일이어서일 것이다.

또 대기 오염이 건강에 직결되는 문제라는 인식이 부족한 것도 문제다. 최근 「랜싯*The Lancet*」에 게재된 한 연구에 따르면, 사망을 일으키는 실외 대기 오염은 대개 바이오매스(낙엽, 나무 등)을 태우는 데서 발생한다.[34] 그런데 실내의 아궁이에서도 바이오매스가 상당히 많이 태워지고 있고, 이는 막대한 양의 실내 대기 오염을 일으킨다. 그렇다면 실내와 실외 모두의 대기를 개선할 수 있는 더 청정한 방식의 화덕에 대해 강한 수요가 존재할 것이라는 예상을 하게 된다. 하지만 여러 연구에서 반복적으로 드러난 바로, 사람들 사이에 청정한 화덕에 대한 수요가 있어 보이지는 않는다.[35] 한 비정부기구가 청정한 화덕을 공짜로 나누어 주었지만 사람들은 크게 관심을 보이지 않았고 고장 났을 때 굳이 고치려 하지 않았다.[36] 깨끗한 대기에 대한 수요가 낮은 것은 극빈층에 속한 많은 사람들이 청정한 대기를 건강, 행복, 생산적인 삶 등과 잘 연결시켜 생각하지 못하기 때문일 것이다.

하지만 이 상황은 달라질 수 있을 것 같다. 도시 슬럼 거주자들에게 농촌에 살았을 때에 비해 도시 생활이 어떤지 물어보면, 대부분은 델리[도시]에서 사는 것을 더 좋아했다. 다만 유일하게 환경에 대해서만은 매우 불만을 가지고 있었는데, 특히 대기 오염에 대해 불만이 컸다.[37] 2017~2018년 겨울에 드디어 몇몇 분노한 델리 사람들이 저항에 나섰다. 대기 오염이 너무 심해 학교가 임시 휴교를 하자 학생들이 거리로 나온 것이다. 민주 사회가 아닌 중국에서도 정부는 대기 오염에 대해 조치를 취해야 한다는 여론의 강한 압력을 받아 행동에 나서고 있다. 인도에서는 대기 오염 문제가 머지않아 주요한 쟁점이 되고 그에 따라 변화가 이루어질 가능성이 있다. 그 과정에서 우선순위는, 비용이 들더라도 더 청정한 소비 패턴으로 이끌어 주는 정책 쪽에 놓여야 한다. 그리고 그 비용은 그리 크지 않을 것이다. 많은 부분에서 인도는 기존의 기술을 건너뛰고 청정한 신기술로 곧바로 도약할 수도 있을 것이다(가령, 가난한 사람들의 가정에 드디어 전기가 들어오게 되었을 때 그들은 [구식 알전구가 아니라] 곧바로 LED 전구부터 사용하게 될 것이다). 물론 어떤 경우에는 새 기술이 옛 기술보다 비용이 많이 들 것이고(가령, 친환경 자동차는 기존의 자동차보다 비쌀 것이다), 이는 가난한 사람들에게 그만큼을 상쇄해 줄 보상이 필요하다는 것을 의미한다. 하지만 여기에 들어가는 전체 비용은 크지 않을 것이고, 정치적 의지만 있다면 부유한 계층이 충분히 부담할 수 있을 것이다.

그린 뉴딜?

2018~2019년 겨울에 미국에서 꽤 화제가 되었던 '그린 뉴딜Green New Deal' 개념을 가지고 미국 민주당 정치인들은 기후변화에 대한 대응을 경제적 정의 및 재분배 사안과 연결시키고자 노력했다. 이것은 정치적으로 매우 힘겨운 싸움이었다. 파리부터 웨스트버지니아주까지, 또 델리까지 모든 곳에서, '기후변화에 대한 대응'은 불리한 계층에게 세금을 부과해 그 돈으로 근사하게 들리는 조치를 취하는, 엘리트 계층의 소일거리나 사치품으로 여겨지곤 했기 때문이다.

예를 들어, 2018년 말에 토요일마다 파리의 거리를 마비시킨 '노란 조끼' 시위는 유류세 인상에 반대하는 저항에서 시작되었다. 시위대는 유류세 인상이 부유한 파리 사람들(지하철을 타고 통근할 수 있는 사람들)이 돈으로 양심의 평화를 사려 하면서 그 비용은 교외와 시골 사람들(차를 모는 것 말고는 대안이 없는 사람들)에게 부담시키는 것이라고 주장했다. 동일한 정부가 부유세를 폐지했다는 점을 생각하면 이 주장에는 일리가 있다. 곧 이 시위는 프랑스 정부에 막대한 압박이 되었고 유류세 인상안은 유예되었다. 미국에서는 진보 엘리트에 대한 대중의 불만이 '석탄에 대한 전쟁'을 둘러싸고 들끓고 있다. 석탄을 끊자는 취지가 [특히 탄광 노동자들에 대한 공격으로 받아들여지면서] 진보 엘리트들이 가난한 사람들에게 공감하지 못하고 있음을 보여 주는 상징으로 여겨진 것이다. 그리고 물론 개도국 정치인들은 과거에 부유한 나라들이 내린 선택의 비용을 오늘날 가난한 나라들이 치러야 하는 상황에 대해 늘 분통을 터뜨린다(매우 타당한 분노다).

그린 뉴딜은 바로 이러한 간극을 좁히기 위한 시도다. 그린 뉴딜 담론은 친환경 인프라(태양열 패널, 초고속 철도 등)를 새로이 구축하면 일자리도 창출하고 기후변화에도 대응할 수 있다고 강조하면서, 기후 위기에 대한 논의가 '탄소세' 위주로만 이루어지는 데서 벗어나고자 한다. 좌파에서는 많은 사람들이 탄소세를 과도하게 시장 메커니즘에 의존하는 해법이라고 보고 있으며, 프랑스 '노란 조끼' 시위대의 주장과 비슷하게 기후 대응의 비용을 가난한 사람이 부담하게 하는 방법이라고 비판한다.

우리도 탄소세가 쉽게 대중적 동의를 얻기는 힘들 것이라고 생각한다(다수에게 영향을 미치는 세금이 다 그렇다). 하지만 탄소세가 정부의 세수를 올리려는 목적에서 부과되는 게 아님을 명시적으로 밝힌다면 탄소세에 대해 대중의 지지를 얻는 것이 정치적으로 불가능한 일만은 아니다. 정부는 탄소세를 '세수 중립적'인 방식으로 부과되도록 고안해야 한다. 즉, 탄소세로 들어온 조세 수입을 저소득 계층에 대한 일괄적인 보상으로 다시 지출해 저소득 계층이 혜택을 볼 수 있게 해야 한다. 이러한 구조라면, 탄소세가 에너지를 보존하고 전기차를 몰고자 하는, 혹은 차를 덜 몰고자 하는 사람들의 인센티브를 낮추지 않을 것이고, 가난한 사람들이 비용을 부담하는 것이 아니라는 점도 확실하게 못 박아 둘 수 있을 것이다. 또한 에너지 소비가 습관의 문제임을 생각할 때, 탄소세 도입은 사람들이 준비할 시간을 넉넉히 가질 수 있도록 충분히 미리 발표되어야 한다.

더 일반적으로 말해서, 우리는 추가적인 기후변화를 막고 이미 진행되고 있는 기후변화에 적응하는 데 비용이 든다는 것을 잘 알고 있다. 새로운 인프라에 투자가 필요하고 생계에 영향을 받는 사람들에 대한 재분배도 필요하다. 그 비용은 가난한 나라들에서 평범한 사람들이 세계의 미래를 덜 위협하는 방식으로 전보다 높은 삶의 질을 누리게 하는 데 쓰일 수 있을 것이다. 에어컨 문제만 해도 그렇다. 왜 세계는 인도가 구형 에어컨을 건너뛰고 더 청정한 모델로 넘어가도록 돕지 않는가? 가난한 사람들의 현재 소비 수준 자체가 높지 않다는 것을 생각할 때, 전 세계의 가난한 사람들이 소비를 조금 더 할 수 있게 하는 데 들어가는 비용, 또 그들이 더 좋은 공기를 누리고 탄소를 덜 배출하는 생활 양식을 도입할 수 있게 하는 데 들어가는 비용은 그리 크지 않을 것이다. 부유한 나라들은 그 돈을 대기에 충분할 만큼 부유하다.

관건은, 이 문제를 가난한 나라의 가난한 사람들과 부유한 나라의 가난한 사람들이 싸우는 구도로 몰고 가지 않는 것이다. 부유한 나라가 조세와 규제로 자국의 탄소 배출을 줄이고 가난한 나라의 에너지 및 기술 전환에 필요한 비용을 부담한다면 부유한 나라의 경제 성장이 둔화될지도 모른다(물론 둔화되지 않을 수도 있다. 다시 말하지만 성장을 일으키거나 저해하는 요인에 대해 우리는 아는 것이 없다). 하지만 그 비용의 상당 부분이 가장 부유한 나라들의 가장 부유한 사람들에게서 나오고 그로 인해 지구에 득이 된다면, 우리는 그렇게 하지 말아야 할 이유를 찾지 못하겠다.

델리와 워싱턴과 베이징에서 또 그 밖의 많은 곳에서, 정책 결정자들은 성장을 위해서라는 명목에 숨어 오염 규제를 매우 강화해야 할 바로 이 시점에 되레 발을 질질 끌고 있다. 하지만 그렇게 달성한 GDP 성장에서 누가 이득을 보는 것인가?

모든 논의가 성장을 중심으로 돌아가게 만든 데 대해 경제학자들은 비난을 받아야 마땅하다. 경제학자들이 가지고 있는 이론과 데이터

중 어느 것도 1인당 GDP를 최대한으로 높이는 게 반드시 바람직하다는 것을 입증하지 못한다. 그런데도 우리 경제학자들은 자원이 재분배될 수 있으며 재분배되리라고 믿고서 전체적인 파이를 키우는 데만 온 관심을 집중하는 덫에 빠져 있다. 이것은 최근 몇십 년간 이루어진 연구와 경험이 말해 주는 바와 상충한다. 지금 우리가 근거를 가지고 명확하게 말할 수 있는 것은, 최근 몇십 년 사이에 불평등이 극적으로 증가했고 이것이 세계 전역에서 폭발 직전으로 끓어오르고 있는 숱한 악영향을 야기했다는 사실이다.

7장
자동
피아노

『자동 피아노*Player Piano*』는 미국의 위대한 소설가 커트 보네거트Kurt Vonnegut의 매우 초기 작품이다.[1] 1952년작인 이 책은 대부분의 일자리가 사라진 디스토피아를 묘사하고 있다. 전후의 경제 호황으로 일자리가 아주 많았던 시절에 나온 것을 생각하면, 저자가 지극히 선견지명이 있었거나 엄청나게 현실을 잘못 파악하고 있었거나 둘 중 하나였을 것이다. 어느 경우든, 지금의 우리 시대를 이야기하기에는 더없이 완벽한 소설인 것 같다.

자동 피아노는 스스로 작동하는 피아노다. 보네거트의 세계에서는 기계가 스스로 작동하기 때문에 사람이 더 이상 필요하지 않다. 사람들은 시간을 때울 이런저런 일거리들을 제공받긴 하지만 그들이 할 수 있는 일 중에 유의미하거나 유용한 것은 하나도 없다. 1956년에 나온 보네거트의 또 다른 소설 속 등장인물 킬고어 트라우트는 이 문제를 이렇게 요약했다. "문제는 이겁니다. 쓸모없는 사람을 도대체 어떻게 사랑할 수 있겠습니까?"[2] 혹은 쓸모없는 사람이 어떻게 스스로를 혐오하지 않을 수 있겠는가?

로봇이 점점 더 정교해지고 인공지능이 발달하면서 보람 있고 유의미한 일자리는 매우 소수의 사람만 가질 수 있고 다른 모든 이들은 일이 없거나 끔찍한 일만 갖게 된다면, 그리고 그 결과 불평등이 폭발적으로 증가한다면 우리 사회가 어떻게 될지에 대해 많은 우려가 제기되어 왔다. 특히 이런 상황이 우리가 통제할 수 없는 요인들에 의해 일어난다면 우리 사회는 어떻게 될 것인가? 테크놀로지 업계의 거물들은 자신이 만든 테크놀로지가 야기할지도 모르는 끔찍한 문제들을 해결해 줄 수 있을 법한 아이디어를 절박하게 구하고 있다. 하지만 그렇게까지 먼 미래를 상상해 보지 않아도 경제 성장이 국민 대부분을 뒤에 내던져 놓고 갈 경우 어떤 일이 일어날지는 충분히 감을 잡을 수 있다. 1980년대 이래로 미국에서 이미 벌어지고 있는 일이기 때문이다.

러다이트를 위하여

점점 더 많은 경제학자들(과 경제학에 대해 논평하는 사람들)이 인공지능, 로봇, 더 일반적으로 자동화 기술과 같은 새로운 테크놀로지가 그것이 창출하는 일자리보다 더 많은 일자리를 파괴함으로써 많은 노동자를 쓸모없게 만들고 GDP 중 노동자들에게 임금으로 돌아가는 몫을 줄이게 될 것이라고 걱정한다. 사실 오늘날 성장 낙관주의자들과 노동 비관주의자들은 종종 같은 사람들이다. 성장은 가능하겠지만 그 성장이 주로 인간 노동자를 로봇이 대체함으로써 달성되리라는 것이다.

MIT의 경제학자 에릭 브린욜프슨Erik Brynjolfsson과 앤드류 맥아피Andrew McAfee는 『제2의 기계 시대*The Second Machine Age*』에서 디지털화가 미국의 고용에 미칠 영향에 대해 매우 어두운 전망을 제시했다.[3] 이들에 따르면, 디지털화로 '평범한' 정도의 숙련을 가진 노동자들이 점점 더 쓸모없어지게 될 것으로 보인다. 가령, 자동차에 도료를 칠하는 것이나 스프레드시트를 다루는 것 같은 일을 로봇이나 컴퓨터가 수행하게 되면, 높은 수준의 프로그래밍 능력이나 로봇 설치 능력을 가지고 있으며 고도의 적응성을 갖춘 고학력 노동자의 가치는 점점 더 높아지겠지만 로봇과 기계로 대체될 가능성이 높은 나머지 노동자들은 극히 낮은 임금을 받아들이지 않는 한 일자리를 잃게 될 것이다. 이렇게 보면, 평범한 노동자들에게 인공지능은 관 뚜껑이나 다름없다.

노동 자동화의 역사를 다룬 논문에서 데이비드 오터David Autor가 언급했듯이, 1차 정보기술 혁명에서 반복적이고 일상적인 업무를 하는 일자리는 사라졌고 빠른 판단력과 주도력을 필요로 하는 일자리는 살아남았다.[4] 타자수와 어셈블리 라인 노동자 수는 줄었지만 임원 비서와 패스트푸드 매장 직원은 일자리를 유지했다. 그런데 많은 전문가들이 '이번에는 다를 것'이라고 예측한다. 인공지능은 기계가 스스로 학습할 수 있다는 것을 의미하므로, 이번에는 바둑을 두거나 빨래를 개는 것처럼 단순 반복이 아닌 업무까지 기계가 대체하게 되리라는 것이다. 2018년 6월 샌프란시스코에 로봇이 버거를 만드는 '로봇제' 버거 레스토랑이 생겼다. 주문을 받는 것과 소스를 만드는 것은 사람이 하지만, 버거를 만드는 것은 로봇이 한다. 로봇은 '투마미 버거'("훈제한 굴 아이올리 소스, 표고버섯 소스, 후추와 소금, 피클, 양파, 양상추"가 들어간 것으로 「톱 셰프Top Chef」 시즌 15에 나온 "셰프 투Chef Tu"가 개발한 요리라고 한다)[5]와 같은 고급 버거를 5분만에 대령하는데, 가격은 6달러다. 또 에스테르의 여동생 애니 뒤플로Annie Duflo는 큰 비정부기구의 사무총장인데 인간 비서가 없다. 애니를 돕는 업무는 모두 '핀'이라는 이름의 인공지능 비서가 맡는다. 핀은 호텔 예약을 잡고, 비행기 표를 예매하고, 일정을 관리하고, 출장 경비 정산을 처리한다. 애니는, 좀 슬프지만 핀과 일하는 것이 인간 비서와 일하는 것보다 낫다고 말한다. 지불하는 돈은 인간 비서보다 훨씬 적은데도 핀이 훨씬 더 안정적인 서비스를 제공한다는 것이다. 물론 분명히 말하자면 핀의 뒤에는 인간이 있다. 하지만 그 수는 점점 적어지고 있으며 이 비즈니스 모델은 명백히 인간에게서 멀어지는 방향으로 가고 있다.

따라서 인공지능 혁명은 상당히 광범위한 스펙트럼의 일자리에 영향을 미칠 것으로 보인다. 회계사, 모기지 대출업자, 경영 컨설턴트, 금융 플래너, 법무사, 스포츠 기자 등이 이미 이런저런 인공지능과 경쟁하고 있고, 아직은 아니라 해도 곧 그렇게 될 것이다. 고소득 직종이 위기에 처했기 때문에 이제야 사람들이 자동화의 위협을 진지하게 논의하기 시작한 것이라고 냉소적으로 말하는 사람들도 있다. 그 말이 맞을지도 모른다. 하지만 인공지능은 선반에 물건 쌓는 사람, 사무실 청소하는 사람, 식당 노동자, 택시 운전사에게도 영향을 미칠 것이다. 매킨지가 각 일자리별로 수행되는 업무의 형태를 분석해 내린 결론에 따르면, 미국 일자리의 45퍼센트가 자동화의 위험에 처해 있는 것으로 추산된다.[6] 또 OECD는 OECD 국가 노동자 중 46퍼센트가 자동화로 대체되거나 하는 일이 근본적으로 달라지게 될 위험에 처해 있다고 언급했다.[7]

하지만 이러한 계산은 어떤 업무는 자동화되어 인간이 필요 없어지겠지만 다른 업무에서는 여전히 인간 노동력이 필요하리라는 점을 감안하지 않고 있다. 그렇다면 이 부분까지 감안한 순효과는 어느 정도일까? 경제학자들은 이 문제에 관심이 아주 많지만 합의에 도달해 있지는 못하다. IGM 부스 패널이 "노동시장 제도와 직업 교육에 변화가 없다고 전제할 때, 선진국에서 로봇과 인공지능 사용의 증가가 장기 실업자의 수를 상당히 증가시키게 될 것이다"라는 언명에 대해 경제학자들의 의견을 물었을 때, 응답자의 28퍼센트가 이에 동의하거나 강하게 동의한다고 답했고, 20퍼센트가 동의하지 않거나 강하게 동의하지 않는다고 답했다. 24퍼센트는 잘 모르겠다고 답했다.[8]

이에 답하기가 어려운 이유 중 하나는 종말의 날이 아직 오지 않았기 때문이다. 로버트 고든(앞에서 보았듯이 그는 오늘날의 혁신들을 그리 높이 평가하지 않는다)은 출장이나 여행을 갈 때면 '로봇 찾기 놀이'를 해 보는데, 로봇이 일자리를 대체할 것이라는 그 모든 우려와 예측이 무색하게 호텔에서 체크인을 해 주는 것도 아직 사람이고 커피를 타 주는 것도 여전히 사람이라고 말한다.[9]

현재로서 인간은 쓸모없어지지 않았다. 미국에서는 2019년 1분기 현재 실업률이 역사적으로 낮은 수준이고 더 낮아지는 추세다.[10] 여성이 노동시장에 점점 더 많이 진입하면서 2000년까지 경제활동인구가 크게 늘었다(2000년에 정체 혹은 감소세를 보이기 시작했다).[11] 또 노동 절약적인 기술이 빠르게 발달했는데도 일하고 싶어 하는 사람 모두가 대체로 일자리를 잡았다.

물론 현재 우리가 인공지능이 추동하는 자동화의 초기 단계에 진입한 것일 수도 있다. 인공지능이 완전히 새로운 범주의 기술이라는 점은 그것이 미칠 영향을 예측하기가 매우 어렵다는 의미이기도 하다.

미래학자들은 무한하게 지적인 기계들을 통해 생산성 성장률이 극적으로 비약하는 지점인 '특이점'에 대해 즐겨 이야기한다. 경제학자들은 우리 사회가 '특이점' 가까이에 와 있다고 보는 데는 대체로 회의적이지만, 앞으로 한두 해 안에 로버트 고든이 '로봇 찾기 놀이'에서 훨씬 더 흥미로운 현상들을 발견하게 되리라고 예상해 봄 직한 징후들은 상당히 많다.

다른 한편으로, 이번의 자동화 파도는 이제 막 시작되었는지 모르지만 과거에도 자동화의 파도가 여러 차례 있었다. 오늘날의 인공지능처럼, 과거의 제니 방적기, 증기기관, 전기, 컴퓨터 칩, 컴퓨터 기반 학습 기계와 같은 기술 모두가 자동화를 불러왔고 인간 노동력을 필요 없게 만들었다.[12]

그다음에 일어난 일은 다들 예상하시는 바대로다. 몇몇 직무에서 인간 노동자의 일을 기계가 대신하면서 자동화는 강력한 대체 효과를 일으켰다. 노동자가 불필요해졌다. 숙련된 장인이었던 직조공과 직물공 등이 산업혁명 시기에 정면으로 이 문제에 부닥쳤다. 그들은 기계에 밀려났고, 잘 알려져 있듯이 그것을 전혀 좋아하지 않았다. 그래서 19세기 초의 러다이트들은 숙련된 장인으로서의 그들의 생계를 위협하는 기계를 부수며 직물 산업의 기계화에 저항했다. 오늘날에는 '러다이트'라는 용어가 진보에 맹목적으로 저항하는 사람을 경멸조나 조롱조로 일컬을 때, 그리고 대체로는 (러다이트의 우려가 맞지 않았음을 지적하면서) 기술이 대대적인 실업을 유발할지 모른다는 우려를 일축하기 위해 사용된다. 일자리는 없어지지 않았고 임금과 생활 조건은 오늘날이 그때보다 훨씬 높으니 러다이트가 틀렸다는 것이다.

하지만 러다이트가 그렇게 틀린 건 아니다. 산업혁명 시기에 그들이 속했던 직군에서는 정말로 기계 때문에 일자리가 사라졌다. 또 그들의 직종 이외에도 장인들이 하던 많은 일이 사라졌다. 장기적으로 는 모든 것이 훨씬 좋아지지 않았냐고들 말하지만, '장기'는 정말로 긴 기간이다. 영국에서 블루칼라 노동자들의 임금은 1755년에서 1802년 사이에 반토막이 났다. 1802년이 유독 임금이 낮은 해이기는 했지만, 1755년부터 그다음 세기로 넘어갈 때까지 블루칼라 임금은 내내 하락 추세였다. 1800년대에 들어서면서는 오르기 시작했지만 그래도 1755 년 수준을 회복한 것은 1820년이 되어서였다. 1755년 수준을 회복하 는 데 65년이나 걸린 것이다.[13]

영국에서 이렇게 강도 높은 기술 진보가 일어났던 시기는 강도 높은 빈곤화가 발생하면서 사람들의 생활 여건이 매우 열악해진 시기 이기도 하다. 경제사학자 로버트 포겔Robert Fogel에 따르면 이 시기 영 국의 남아들은 미국 남부의 노예들에 비해서도 심각한 영양실조 상태 였다.[14] 프랜시스 트롤로프Frances Trollope부터 찰스 디킨스까지, 당대 사람들이 남긴 작품에는 당시 사회와 경제에서 벌어지고 있던 일을 엄청난 공포를 느끼며 관찰한 내용이 생생하게 담겨 있다. 진실로 "어 려운 시절"이었다.

역사를 되돌아보는 입장인 우리는 그 이후에 영국에 전환점이 있었다는 것을 알고 있다. 일부 노동자는 일자리를 잃었지만 노동 절 약적인 혁신들이 다른 요소들의 생산성을 높여 주었고 그 요소들을 생산하는 노동자에 대한 수요가 증가했다. 존 케이John Kay의 '플라잉 셔틀' 같은 직조 기술의 향상은 방적사의 수요를 증가시켰고 방적사 생산 분야에서 일자리를 창출했다. 그리고 이러한 혁신에서 소득과 수익을 올리게 된 사람들은 새로운 제품과 서비스에 대한 수요를 증가시켰다. 변호사, 회계사, 엔지니어, 양장사, 정원사 등 여러 영역에서 더 많은 사람이 필요해졌고 이는 더 많은 일자리를 만들었다.

그러나 이러한 사실 중 어느 것도 이러한 전환점이 또 오리라고 보장해 주지는 않는다. 오늘날 자동화와 인공지능의 파도로 낮아진 노동 수요는 앞으로도 반등하지 못할지 모른다. 자동화로 수익성이 높아진 영역들은 더 많은 노동자를 고용하는 데 돈을 쓰기보다 노동 절약적인 기술을 더 개발하는 데 투자할지도 모른다. 또 새로이 창출된 부가 국내에서 소비되어 국내 노동력에 대한 수요를 창출하지 않고 다른 나라에서 생산된 재화를 구매하는 데 쓰일지도 모른다.

이번 파도에 어떤 일이 일어날지, 장기적으로 어떤 변화를 일으킬지 우리는 아직 알지 못한다. 아직 '장기'가 다 지나가지 않았기 때문이다. 하지만 현재까지의 결과(이번 판의 자동화 파도가 1990년에 시작되었다고 본다면 우리에게는 25년이 넘는 관찰 기간이 있었던 셈이다)는 부정적으로 보인다. 대런 애쓰모글루와 파스쿠알 레스트레포Pascual Restrepo는 자동화의 영향을 알아보기 위해 지역별로 산업에 로봇이 얼마나 많이 도입되어 있는지를 조사해 로봇에 '노출'된 정도를 계산했다.[15] 그리고 로봇에 가장 크게 노출된 지역과 가장 적게 노출된 지역 사이에 고용과 임금의 변화를 비교한 결과, 로봇이 막대하게 부정적인 영향을 초래한 것으로 나타났다.[16] 이들은 이전의 논문에서 '반등'을 가져다줄 요인을 강조한 적이 있었기 때문에 이 결과를 보고 크게 놀랐다. 어느 지역('통근 지역' 기준임)에 로봇 하나가 추가되면 고용이 6.2명만큼 줄었고 임금도 내려갔다. 고용 감소는 제조업에서 가장 컸고, 특히 노동자가 대졸이 아니고 업무의 속성이 단순하고 일상적인 직종에서 영향이 컸다. 그렇다고 다른 직종이나 교육 수준이 더 높은 사람들 사이에서 이를 상쇄할 만한 이득이 발생하지도 않았다. 로봇이 지역별로 고용과 임금에 미친 영향은 국제 무역이 지역별로 고용과 임금에 미쳤던 영향을 상기시킨다. 로봇의 영향도 몇 가지 동일한 이유에서 놀랍다. 특정 업종에서 대대적인 자동화가 이루어지면 우리는 으레 밀려난 노동자들이 다른 업종에서 일자리를 찾으리라고 예상한다. 새로이 활용 가능하게 된 풍부한 노동력을 보고 그 지역으로 기업들이 들어오면 그곳에서 일자리를 찾거나, 아니면 다른 곳으로 이사를 가서 일자리를 찾을 것이라고 말이다. 하지만 실제 결과는 그렇지 않았다. 또 자동화로 단순 직무가 대체될 때 로봇을 감독하기 위해 더 많은 엔지니어가 고용되는 것이 아니라는 점도 우려스럽다. 이러한 점들은 [무역으로 인한] 중국과의 경쟁이 저숙련 노동자들에게 해가 되는 이유와 비슷하다. 요컨대, 경직된 경제에서는 자원의 '매끄러운 재배분'이 결코 보장되지 않는다.

　　설령 전체 일자리 개수가 줄어들지는 않는다 해도 현재의 자동화 파도는 어느 정도의 숙련이 필요한 일자리(부기, 회계 등)에서 노동자를 몰아내고, 매우 고숙련인 노동자(그 기계들을 돌리는 소프트웨어를 짜는 프로그래머 등)와 완전히 비숙련인 노동자(개를 산책시켜 주는 사람 등)에 대한 수요를 늘리게 될 것이다. 이 두 범주는 기계로 대체하기가 상대적으로 더 어렵다. 소프트웨어 엔지니어는 부유해질 것이고, 그 소득으로 개 산책시켜 주는 사람을 고용해 자신의 반려견을 산책시킬 수 있을 것이다. 그리고 개를 산책시켜 주는 사람이 받는 보수는 점점 낮아질 것이다. 즉, 이 사람은 소득이 점점 낮아질 것이다. 대학 교육을 받지 않은 저숙련 노동자가 갈 수 있는 다른 직장이 없기 때문이다. 따라서 고임금 노동자들이 맨 꼭대기에 있고 나머지 모두는, 딱히 특별한 기술을 요하지 않고 임금과 노동 조건이 열악한 일자리로 모이게 되면서, 설령 사람들이 일자리를 가진다 해도 불평등은 심화될 것이다. 이것은 1980년 이래 발생해 온 경향(대학을 나오지 못한 노동자들이 사무직이나 행정직 등 중간 수준의 숙련이 필요한 직종에서 밀려나 청소나 경비 같은 저숙련 업무로 계속해서 옮겨 갔던 경향)을 가속화할 것이다.[17]

가벼운 러다이즘?

그렇다면, 우리는 자동화의 진전을 멈추기 위해 노력해야 할까? 사실 최근의 몇몇 자동화는 과도하다고 볼 만한 여지가 없지 않다. 이를테면 때때로 기업들은 로봇이 사람보다 생산성이 **낮은데도** 자동화를 도입하는 듯 보인다. 이렇게 과도한 자동화는 GDP를 높이는 게 아니라 낮춘다.

기업들이 그렇게 하는 한 가지 이유는 미국 세법이 편향되어 있어서다. 미국에서는 노동에 대한 세금이 자본에 대한 세금보다 높다. 고용주들은 노동력에 대해 급여세를 내야 하지만(이것은 사회보장과 메디케어를 위한 재원으로 쓰인다) 로봇에 대해서는 세금을 내지 않는다. 그리고 로봇에 투자할 때는 즉각적인 세금 환급을 받는다. 자본 지출에 대한 '가속감가상각'에 해당한다고 주장할 수 있기 때문이다. 또한 로봇 도입에 필요한 자금을 대출로 조달한 경우에는 대출 이자를 소득에서 공제할 수 있다. 이러한 세제 혜택은 인간 노동력을 쓰는 것이 더 효율적인데도 자동화를 도입하고자 할 인센티브를 제공한다.[18] 세제 혜택 외에도, 경영자들은 노사 관계상의 복잡한 문제를 피하기 위해 노동자 없는 공장을 원한다. 로봇은 출산 휴가를 요구하지 않고 불황기에 임금을 삭감한다고 저항하지도 않는다. 유통 분야에서 자동화(무인 계산대 등)가 노조가 강한 유럽에서 먼저 시작된 것은 우연이 아니다.

산업의 집중 증가와 독점화도 이러한 경향을 강화한다. 독점 기업은 경쟁 기업의 존재를 두려워할 필요가 없고, 따라서 소비자에게 제공하는 제품이나 서비스의 질을 높이기 위해 굳이 지속적으로 재투자할 이유도 없다. 그보다는 비용을 절감해 수익 마진을 높여 줄 혁신 쪽으로 투자를 더 집중시키게 된다. 이와 달리 경쟁 시장의 기업이라면 시장 점유율을 높이기 위해 새로운 제품이나 서비스를 계속 시도할 것이다.

물론 기업이 생산성이 매우 높은 테크놀로지를 도입하면 그 때문에 이 기업에서는 노동자가 대체된다 해도 생산성의 향상이 새로운 영역에서 수요와 일자리를 창출하는 데 기여할 수 있다. 노동자의 입장에서 볼 때 가장 위험한 기술은 '그저 그런' 정도의 자동화 기술이다. 왜곡된 조세 혜택이 있을 경우에 도입되어 노동자를 몰아낼 수 있을 정도로는 생산적이지만 전체적인 생산성을 올릴 수 있을 정도로 생산적이지는 않은 기술 말이다.[19]

'특이점'에 대한 거창한 이야기들에도 불구하고, 오늘날 연구개발에 들어가는 자원의 상당 부분은 노동자들에게 새로운 업무와 새로운 일자리를 창출해 줄 수 있는 혁신적인 제품 개발보다 '기존의' 업무를 자동화하기 위한 머신러닝이나 빅데이터 기법 개발에 들어간다.[20] 노동자를 로봇으로 대체하는 것이 주는 재정적 이득을 생각하면 기업의 입장에서는 경제적으로 합리적인 선택일 것이다. 하지만 이는 과학자, 공학자, 연구자들의 노력이 '진정으로 혁신적인' 혁신 쪽으로 쓰이지 못하고 다른 곳에 쏠리게 만든다. 예를 들어, 수술을 받은 환자들이 회복기에 병원이 아니라 집에서 치료를 받을 수 있도록 의료 종사자를 돕는 소프트웨어나 하드웨어를 발명하면 보험 회사는 많은 돈을 절약할 수 있고 후생도 증대시키면서 새로운 일자리도 창출할 수 있을 것이다. 하지만 오늘날 보험 회사가 자동화를 위해 노력을 많이 기울이는 부분은 보험 청구 승인을 자동화하는 알고리즘 개발이다. 아마도 비용을 절감해 주겠지만 일자리를 없애게 될 것이다. 이렇듯 기존의 일자리를 자동화하는 데 연구개발의 강조점이 쏠리면 이번 판의 혁신 파도가 노동자들에게 매우 큰 피해를 야기할 가능성이 크다.

좌우를 막론하고 미국인 대부분은 규제받지 않는 자동화가 노동자들에게 해로울 수 있다는 것을 본능적으로 느끼고 있다. 공화당과 민주당이 여론 조사에서 놀랍게도 의견이 일치하는 것이 한 가지 있는데, 자동화의 범위를 기업이 정하게 두는 데 반대한다는 점이다. 민주당 지지자, 공화당 지지자 할 것 없이 미국인의 85퍼센트가 자동화를 '위험하고 더러운 일'로만 제한해야 한다고 본다. 질문의 언명이 더 정치적인 용어로 제시되었을 경우에도("설령 기계로 대체하는 것이 인간 노동력을 쓸 때보다 성능이 뛰어나고 값이 싸다 해도, 기업이 기계로 대체할 수 있는 일자리의 수를 제한해야 한다") 공화당 지지자 중 절반도 포함해 58퍼센트의 미국인이 그에 동의한다고 답했다.[21]

자동화가 노동자를 몰아낼 수 있다는 점은 늘 우려되었던 문제 하나를 한층 더 악화시킨다. 노동자 한 명이 해고되면 해당 기업은 그에 대해 손을 털지만 사회는 여전히 그의 후생을 신경 써야 할 책임이 있다. 사회는 그가 굶주리거나 그의 가족이 노숙을 하게 되기를 바라지 않는다. 사회는 그가 만족할 수 있는 다른 일자리를 찾게 되기를 바란다. 사회는 그의 분노를 두려워한다. 특히 그 분노가 오늘날 세계 곳곳의 정치에 스며들어 있는 극단주의적인 입장 쪽으로 그를 이끌게 될 가능성을 우려한다. 반면, 기업은 그의 재훈련이나 복지 수당에도, 또 그의 분노가 유발하는 사회적 비용에도 돈을 낼 필요가 없다.

이와 같은 우려는 이제까지 노동자를 해고하기 어렵게 만드는 규제를 정당화하는 논리였다. 인도의 노동법에 따르면 큰 기업에서는 사실상 해고가 불가능하다. 프랑스에서는 해고가 매우 어렵고 불확실하다. 노동자가 이의를 제기해 복직을 시켜야 할 수도 있는데, 그 기간 중의 임금도 지급해야 한다. 하지만 해고 비용이 이렇게 높으면 업무 능력이 떨어지는 노동자가 있거나 기업의 생존을 위해 다운사이징을 할 긴요한 필요가 있을 때 경영자가 적절하고 시의성 있게 대응하기가 매우 어려울 수 있다는 문제가 있다. 따라서 경영자는 되도록 애초에 직원을 고용하지 않으려는 경향을 보이게 될 수 있고, 그러면 실업 문제가 악화된다.[22]

노동자의 해고를 어렵게 하거나 일부 영역에서 로봇 도입을 금지하는 것 외에 노동자를 보호하기 위해 생각해 볼 수 있는 또 한 가지 대안은 로봇 사용에 세금을 물리는 것이다. 로봇의 생산성이 어느 정도 이상 높지 않으면 기업이 로봇을 도입하지 않도록 이 세금은 충분히 높은 수준으로 매겨져야 한다. 로봇세는 현재 매우 진지하게 논의가 벌어지고 있는 주제다. 빌 게이츠가 이러한 종류의 세금을 주장하고 있고,[23] 2017년에는 유럽의회에서도 로봇세 안이 논의되었다. 유럽의회에서는 로봇세가 혁신을 저해할 수 있다는 우려 때문에 부결되었지만[24] 비슷한 시기에 한국은 기업이 자동화에 투자할 때 제공되던 조세 혜택을 줄이는 방식으로 [취지 면에서 볼 때 일종의] 로봇세를 도입하겠다는 계획을 발표했다. 자동화에 대한 과세[혹은 세제 혜택 축소]가 과도한 외주화로 이어지지 않도록 [고용 유지 및 확대를] 유도하는 세제들도

도입되고 있다.[25]

문제는, 자율주행차를 금지하기는 쉽지만(좋은 아이디어이건 아니건 간에), 대부분의 로봇은 영화 「스타워즈」에 나오는 알투디투처럼 생기지 않았다는 데 있다. 로봇은 일반적으로 기계 안에 체화되어 있고 전보다 더 적은 수일지언정 여전히 인간 오퍼레이터가 그것을 작동한다. 그렇다면 어디까지가 단순한 기계이고 어디에서부터가 로봇인지를 규제 당국이 어떻게 판단할 수 있는가? 로봇세가 도입되면 기업들은 그것을 에둘러 가는 방법들을 찾을 것이고 경제는 더 왜곡될 것이다.

이러한 이유들을 고려할 때, 인간을 대체하는 방향으로 치우치고 있는 현재의 로봇화 추세가 먼저 부유한 국가들에서, 그리고 곧 모든 곳에서, 가뜩이나 줄고 있는 '괜찮은 저숙련 일자리'에 매우 심각한 피해를 끼치는 것을 막기는 어려워 보인다. 이는 중국 쇼크를 비롯해 앞 장들에서 묘사한 여러 변화들이 선진국 노동자들에게 끼쳐 온 악영향을 한층 더 강화할지 모른다. 즉 실업이 증가하거나 보수가 적고 불안정한 일자리가 늘어나게 될지 모른다.

로봇화가 야기할지 모르는 암울한 상황에 대해 자신에게 모종의 책임이 있다고 느끼는, 그리고 이 상황이 매우 위험하다고 느끼는 일부 지배층은 이에 대해 굉장히 우려하고 있다. 실리콘 밸리에서 보편기본소득 개념이 인기를 얻고 있는 이유가 여기에 있다. 이와 달리, 아직 대부분의 사람들은 로봇이 야기할 절망을 더 먼 미래, 기술이 더 발달한 미래의 이야기라고 생각한다. 하지만 이미 많은 나라가 심각한, 그리고 점점 더 심화되고 있는 불평등 문제를 겪고 있고 미국은 특히 더 심하다. 지난 30년간의 미국 역사가 분명히 말해 주는 바는,

불평등의 증가가 우리가 통제할 수 없는 외부적인 기술 변화의 부산물이 아니라 정책적인 선택과 의사결정의 결과라는 점이다.

우리가 자초한 피해

1980년경이면 미국과 영국은 그때까지 익숙해져 있던 성장률에 비해 성장이 둔화하고 있을 뿐 아니라 대륙 쪽 유럽 국가들과 일본이 맹렬히 추격해 오고 있다는 위기의식까지 느끼고 있었다. 성장은 국가의 자존심이 걸린 문제였다. 성장하는 것만이 문제가 아니라 여타의 부유한 국가들과 벌이는 '경주'에서 이기는 것 또한 중요했다. 그리고 몇십 년의 고성장 시기를 지내면서 국가의 자존심은 GDP의 규모 및 지속적인 확대로 규정되고 있었다.

　　마가렛 대처와 로널드 레이건 모두에게 1970년대 말의 슬럼프는 원인이 명확했다(이제 우리는 사실 그들이 아무것도 모르고 있었다는 것을 알지만 말이다). 그들은 경제가 좌파 쪽으로 너무 기운 게 문제라고 생각했다. 노조는 너무 강하고, 최저 임금은 너무 높고, 세금은 너무 많고, 규제는 너무 과도했다. 성장을 회복시키려면 기업인을 더 잘 대우해야 했다. 즉 기업을 위해 세율을 낮추고 규제를 줄이고, 노조를 없애고, 나머지 사람들이 정부에 덜 의존하게 해야 했다. 하지만 앞에서도 언급했듯이 세율이 낮아져야 경제적 재앙을 피할 수 있다는 개념은 최근의 것이다. 미국에서는 1951~1963년까지 최고한계세율이 90퍼센트가 넘었고 그 이후에 낮아지긴 했지만 그래도 한동안 꽤 높은 수준이었다. 그러다가 레이건과 조지 H. W. 부시 대통령 시절에 최고세율이 70퍼센트 수준에서 30퍼센트 이하로 낮아졌다. 빌 클린턴 대통령 시절에 다시 조금 올라갔지만 그래도 겨우 40퍼센트였다. 그 이후로 미국 대통령이 민주당에서 공화당으로 또 민주당으로 바뀌면서 최고세율은 오르락내리락했지만 그래도 40퍼센트보다 그리 많이 올라가지는 않았다. 낮은 세금과 함께, 레이건 시대와 클린턴 시대에는 '복지 개혁'도 대대적으로 이루어졌는데, 여기에서 복지 개혁은 복지를 줄이는 방향으로의 개혁이었다(클린턴 시기의 복지 개혁이 더 강력했다). 이 조치는 원칙상으로도 정당화되었지만('가난한 사람들은 더 책임감이 있어져야 하고, 따라서 복지 수당은 그들이 노동을 하는 것을 조건으로 제공되어야 한다') 예산의 압박 때문에 정당화된 면도 있었다(세수가 줄어서 예산 압박이 컸다). 또한 노조는 법 제도가 불리하게 바뀌면서, 그리고 국가 권력이 직접적인 탄압까지 자행하면서 벼랑에 내몰렸다(레이건이 군을 동원해 항공관제사의 파업을 분쇄한 사건은 유명하다). 노조 가입률은 그 이후로 계속 감소했다.[26] 반면, 기업에 대한 규제는 점점 느슨해졌고, '정부의 무거운 손'이 기업 활동에 개입하기 전에 그 개입을 정당화할 명백한 근거가 있어야만 한다는 새로운 불문율이 만들어졌다.

영국에서도 비슷한 일이 일어났다. 최고세율은 1978년 83퍼센트에서 이듬해인 1979년에 60퍼센트가 되었고, 곧이어 40퍼센트로 내려간 후 이 수준에서 계속 유지되고 있다. 전후 시기에 매우 (너무?) 강력했던 노조는 가차 없이 분쇄되었고(1984년 광산 노동자 파업이 무위로 돌아간 것은 마가렛 대처의 통치 방침을 결정적으로 보여 준 순간이었다) 다시는 회복되지 못했다. 기업 규제 완화는 '정상적인' 것이 되었다(영국은 규제에 더 적극적인 유럽과 시장이 통합되어 미국에 비해서는 규제 완화가 어느 정도 제약되기는 했지만, 그렇더라도 규제 완화는 기본적인 추세였다). 영국과 미국이 차이를 보인 한 가지 지점은 영국에서는 복지를 줄이려는 움직임이 두드러지지 않았다는 점이다(대처 총리 본인은 복지를 줄이고 싶었지만 내각의 동료들이 말렸다). 대처 시기에 공공 지출이 GDP 의 45퍼센트에서 34퍼센트로 줄긴 했지만 이후의 정부들에서 어느 정도 회복되었다.[27]

이렇게 대대적인 변화가 가능했던 것은 성장의 둔화에 대한 공포와 관련이 있다. 부자들에게 조세를 대거 감면해 주는 것이 경제 성장을 촉진한다는 근거는 없는데도(미국과 영국 모두 성장이 되돌아오리라는 약속을 아직도 기다리고 있다) 당시에는 그게 그렇게 분명하지 않았다. 1973년에 성장이 멈춘 이래 이에 대한 자연스러운 반응은 1960년대와 1970년대에 지배적이던 케인즈주의적 거시경제 정책을 비난하는 사람들의 조언에 기대는 것이었다. (우파 성향의) 시카고학파 경제학자이자 노벨상 수상자인 밀튼 프리드먼과 로버트 루카스 등이 대표적이다.

이 시기의 경제 원칙이던 소위 '레이거노믹스'는 성장에는 불평등이라는 비용이 따른다는 사실을 꽤 명시적으로 인정했다. 기본적인 아이디어는, 부유한 사람들이 먼저 이득을 얻으면 차차로 가난한 사람들에게도 이득이 돌아가리라는 것이었다. 이것이 그 유명한 '낙수 효과' 이론이다. [진보 성향의] 하버드 교수 존 케네스 갈브레이스John Kenneth Galbraith는 이 개념이 1890년대에 유행했던 '말과 참새 이론'과 다를 게 없다며 다음과 같이 훌륭한 한 줄 요약을 제시했다. "말에게 귀리를 충분히 먹이면 일부가 길에 떨어져 참새에게 간다."[28]

1980년대에 미국과 영국에서는 '사회 계약'에 극적인 변화가 있었고, 경제 성장이 얼마나 저조하게 이루어졌든 간에 그 혜택은 부유한 사람들에게로 막대하게 흘러갔다. 레이거노믹스(와 그것의 영국 버전)가 이것의 원인이었을까?

거대한 역전

성장이 여전히 굼벵이 걸음이던 1980년대에 불평등은 폭발적으로 증가했다. 토마 피케티와 이매뉴얼 사에즈의 뛰어난, 그리고 각고의 노력이 들어간 연구 덕분에 이제 우리는 1980년 이래로 어떤 일이 벌어졌는지 알고 있다. 1980년은 레이건이 당선된 해이자 미국에서 국민소득 중 상위 1퍼센트에게 가는 몫이 50년 동안 하락세를 보이다가 급격히 오르기 시작한 해다. '광란의 20년대Roaring Twenties'가 끝날 무렵이던 1928년에 미국에서 가장 부유한 1퍼센트는 미국 전체 소득의 24퍼센트를 가져갔는데 1979년에는 이 숫자가 3분의 1로 줄었다. 그런데 2017년(우리가 이 글을 쓰는 시점에 구할 수 있는 가장 최근 자료다)에는 다시 1929년 수준으로 돌아갔다. 소득 불평등의 증가는 부의 불평등 증가를 수반했다(소득은 사람들이 매년 벌어들이는 것이고 부는 그들이 번 것이 쌓인 것이다). 부의 불평등은 아직 1920년대 수준까지 도달하지는 않았지만, 상위 1퍼센트가 전체 부에서 차지하는 비중은 1980년 22퍼센트에서 2014년 39퍼센트로 증가했다.[29]

영국도 매우 비슷하다. 미국처럼 영국에서도 대처가 집권한 1979년 무렵이 전환점이었다. 1920년부터 1979년까지는 최상위 소득자가 전체 소득에서 차지하는 비중이 계속 하락했지만 1979년 이후로 급격하게 증가했다(2009년에 글로벌 금융위기로 잠시 주춤하긴 했다). 미국과 달리 불평등이 아직 1920년대 수준에는 도달하지 않았지만, 그렇게 될 날이 그리 멀지 않은 것 같다.[30]

그런데 대륙 쪽 유럽 국가들의 패턴은 매우 다르다. 1920년 이전에는 프랑스, 독일, 스위스, 스웨덴, 네덜란드, 덴마크에서 최상위 소득자가 전체 소득에서 차지하는 비중이 미국이나 영국과 별로 다르지 않았고 1920년 이후 불평등이 급격히 감소했다. 여기까지는 미국, 영국과 같지만, 이 나라들에서는 그 이후로도 불평등이 계속 낮은 수준으로 유지되고 있다. 다소의 부침은 있었고 스웨덴은 1980년대 이후 어느 시점부터 불평등이 증가하고 있기도 하지만, 미국에 비하면 여전히 매우 낮은 수준이다.[31]

이 수치들은 "세전" 소득을 기준으로 한 것이다. 즉 부유한 사람들이 세금을 내고 가난한 사람들이 이전移轉 소득을 받기 전의 숫자다. 따라서 여기에는 부유한 사람에게서 가난한 사람에게로 소득이 얼마나 재분배되었는지가 감안되어 있지 않다. 미국에서는 세율이 낮아졌으므로 1979년 이후 세후 소득 불평등은 세전 소득 불평등보다 심지어 더 크게 증가했으리라고 예상해 볼 수 있다. 실제로 1986년 조세 개혁 이후 세후 불평등이 세전 불평등보다 약간 더 높았다. 하지만 세전 소득과 세후 소득 어느 것을 기준으로 하든 불평등 추이는 대체로 비슷하다.[32] 조세는 중요한 재분배 기제이지만, 이 시기 불평등의 증가는 조세의 기계적인 소득 재분배 효과가 낮아진 것보다 훨씬 근본적인 현상이다.

그와 동시에, 1980년 무렵에 임금 상승세가 멈추었다. 이는 교육 수준이 가장 낮은 계층에서 특히 두드러졌다. 경영자가 아닌 미국 노동자들의 급여는 평균 시급(인플레로 조정) 기준으로 1960년대와 1970년대 내내 증가하다가 1970년대 중후반에 정점에 도달했고 그 이후 레이건, 부시 시절까지 그 수준을 유지하다가 그다음에 서서히 떨어지기 시작했다. 그 결과 2014년에 평균 실질 소득은 1979년과 비슷한 수준이 되었고, 교육 수준이 가장 낮은 계층의 노동자들은 실질 임금이 사실 하락했다. 대졸 이하(고등학교 중퇴, 고졸, 대학 중퇴) 전일제 남성 노동자의 주간 실질 소득은 2018년이 1980년에 비해 10~20퍼센트 낮았다.[33] 세금 감면을 주장한 사람들의 논리대로 세금 감면 이후 낙수 효과가 있었다면 레이건, 부시 시절에 임금이 올랐어야 하지만 실제로 일어난 일은 그와 반대였다. 매출 중 노동자에게 가는 비중은 1980년대 이래 지속적으로 하락했다. 1982년에는 제조업에서 매출의 거의 50퍼센트가 임금으로 지급되었는데, 2012년에는 이 숫자가 10퍼센트 근처로 떨어졌다.[34]

이 거대한 역전이 레이건과 대처 시기에 일어났다는 것은 우연이 아닐 것이다 하지만 꼭 레이건과 대처가 원인이라고 가정할 만한 이유가 있는 것도 아니다. 그들의 당선은 '성장의 종말'이라는 두려운 전망에 대한 공포에 온통 지배되어 있었던 당대 정치의 한 징후였다. 그들이 졌더라도, 누구라도 선거에서 이긴 사람은 동일한 길을 갔을 가능성이 있다.

더 중요하게, 레이건과 대처의 정책이 불평등 증가의 주된 이유라는 평가 또한 따져 보지 않고 받아들여도 될 만큼 꼭 그렇게 명백한 것은 아니다. 이 시기에 실제로 무슨 일이 벌어졌는가에 대한 진단, 그리고 그 진단에서 나오는 정책적 함의는 경제학계에서 아직 명확한 결론 없이 논쟁이 벌어지고 있는 주제이며 앞으로도 그럴 것이다. 토마 피케티 같은 사람들은 전적으로 당시의 정책 변화에 탓을 돌리지만 다른 경제학자들은 대체로 기술 변화를 포함한 경제의 구조적인 전환을 더 강조한다.[35]

이 질문에 답하기가 어려운 이유는 당시가 세계 경제에 중대한 전환이 있었던 시기였기 때문이다. 1979년부터 중국이 시장 개혁에 돌입했고, 1984년에는 인도가 자유화 조치를 시작했다. 곧 이 두 나라는 세계에서 가장 큰 시장의 대열에 합류했다. 이 시기에 전 세계의 GDP 대비 무역 비중은 50퍼센트나 늘었고,[36] 이는 3장에서 논의했던 결과들을 낳았다.

컴퓨터 기술의 도래도 이 시기의 특징적인 변화다. 1975년에 마이크로소프트가 설립되었고 1976년에는 '애플 I '이 선을 보였으며 1977년에 베스트 셀러가 된 '애플 II '가 나왔다. 1981년에는 IBM이 첫 개인용 컴퓨터를 내놓았고 1979년에는 일본에서 NTT가 처음으로 대중적으로 판매된 휴대용 전화기를 선보였다. 2018년 8월에 애플은 휴대전화 판매 강세에 주되게 힘입어 처음으로 조 단위(달러) 시가총액을 가진 회사가 되었다.

기술 변화와 세계화가 미국과 영국에서 발생한 불평등 증가를 어느 정도까지 설명할 수 있을까? 그리고 두 나라의 정책, 특히 조세 정책은 불평등 증가에 어느 정도 역할을 했을까?

컴퓨터와 함께 다른 기술적인 변화들도 찾아왔다. 로버트 고든이 주장하듯이 산업혁명을 불러온 증기기관처럼 '혁명적인' 변화는 아니었을지 몰라도, 증기기관과 그것의 자매 기술인 내연기관처럼 컴퓨터 및 전산화 관련 기술은 굉장히 많은 일자리를 없앴다. 오늘날 타자수로 생계를 잇는 사람은 없을 것이다(아비지트가 어렸을 때 살았던 콜카타 동네에서는 아직 그런 사람을 볼 수 있다. 나무 아래에 세 명 정도가 앉아서 약간의 수수료를 받고 정부가 발급한 문서에 사람들의 이름과 주소를 타자로 입력해 준다). 속기사도 거의 없어졌다. 백악관에서조차 속기사를 볼 수 있을 날은 얼마 남지 않은 것 같다. 그리고 이러한 기술 진보의 상당 부분은 숙련도가 더 낮은 노동자들에게 더 불리하게 작용한다.

이러한 '숙련-편향적skill-biased'인 기술 변화는 대학 교육의 투자 수익이 왜 급증했는지를 설명해 준다.[37] 하지만 소득 분포의 맨 꼭대기에서 무슨 일이 벌어졌는지를 설명해 주지는 않는다. '숙련'이 소득 분포의 가장 꼭대기에서 갑자기 뛰지 않았다면 말이다. 우리는 일반적으로 숙련이 교육 및 임금 수준과 함께 비교적 연속적으로 증가한다고 예상한다. 따라서 맨 꼭대기에서 소득 불평등이 폭발적으로 증가한 것이 단지 기술 진보 때문이라면 소득 분포상에서 슈퍼 리치들의 구간만이 아니라 '그냥 리치'들의 구간도 아래와 격차가 크게 벌어졌어야 한다. 하지만 50만 달러 이상 버는 사람들의 소득은 폭발적으로 증가했는데 '그냥 리치'(연 소득이 10만~20만 달러인 사람들)의 임금은 평균보다 약간만 빠르게 상승했다.[38]

이는 성층권으로 치솟은 맨 꼭대기층의 소득 증가를 기술 변화로는 설명할 수 없다는 뜻이다. 또 기술 변화는 부유한 나라들 전반적으로 모두 비슷했으므로 미국과 대륙 쪽 유럽 국가들 사이의 차이도 설명하지 못한다.

승자 독식?

테크놀로지는 경제가 조직되는 양상도 변화시켰다. 하이테크 혁명의 가장 성공적인 발명 중 많은 것이 '승자 독식' 제품이다. 전 세계가 페이스북을 쓰는데 나 혼자 마이스페이스에 남아 있는 것은 무의미하다. 누군가가 내 트윗을 리트윗해 주지 않는다면 트위터에 있는 것은 무의미하다. 기술 혁신은 첨단 산업뿐 아니라 기존의 산업에도 변혁을 가져왔고, 요식숙박업이나 운수업처럼 전에는 하이테크 분야와 거의 관련이 없어 보였던 산업에도 도입되어 커다란 이득을 창출했다. 이를테면, 운전사들이 모든 승객이 특정한 차량 공유 플랫폼을 사용한다는 것을 안다면 자신도 그 플랫폼에 등록되어 있고자 할 것이다. 역으로 승객들 또한 모든 운전사가 특정한 플랫폼에 등록되어 있다는 것을 안다면 그 플랫폼을 사용하고자 할 것이다. 이러한 '네트워크 효과'는 구글, 페이스북, 애플, 아마존, 우버, 에어비앤비 같은 거대 테크놀로지 기업들의 시장 지배력을 어느 정도 설명해 준다. 또 월마트, 페더럴익스프레스 같은 '옛 경제'의 거대 기업들이 가진 장악력도 어느 정도 설명해 준다. 이러한 기술 혁신으로 수요가 세계화되면서 브랜드의 중요성도 더욱 커졌다. 중국이나 인도의 부유한 고객들이 이제 동일한 물건들을 원하게 되었기 때문이다. 이에 더해, 검색과 비교가 가능해지고 페이스북 등 자랑하고 과시할 수 있는 일상적인 채널이 생기면서 소비자는 가격과 품질의 차이, 그리고 유행에 더 민감해지게 되었다.

그 결과 승자가 독식하는 (전체는 아니더라도 거의 다 독식하는) 경제가 생겨났다. 이 시장에서는 한두 개의 기업이 시장의 방대한 부분을 점유한다. 5장에서 경제 성장을 논의하면서 살펴보았듯이, 많은 업종에서 시장 점유율이 한두 개의 기업에 점점 더 집중되는 추세이고, '슈퍼스타' 기업의 지배력이 점점 더 커지고 있다. 그리고 기업의 집중도가 더 높은 업종에서는 매출 중에서 임금으로 가는 몫의 비중이 더 감소했다. 독점 혹은 준독점이 된 기업들이 더 높은 수익을 올리면서 그 수익을 [노동자보다는] 주주들에게 분배하는 경향이 있기 때문이다. 따라서 기업 집중화의 심화는 임금의 상승 속도가 GDP의 증가 속도를 따라가지 못하는 이유를 부분적으로 설명해 준다.[39]

또한 슈퍼스타 기업의 부상은 전반적으로 임금 불평등이 심화되어 온 이유도 설명해 준다. 몇몇 기업은 이제 다른 기업들보다 수익성이 훨씬 높아서 직원들에게 더 높은 임금을 지급한다. 그리고 더 일반적으로 기업들 사이의 수익성 격차가 전보다 커졌다. 슈퍼스타 기업들 외에도 명백한 승자와 명백한 패자가 존재하게 되었기 때문이다.[40] 사실 미국의 불평등 증가 중 3분의 2 정도는 기업 간 임금 격차로 설명할 수 있다(나머지는 동일한 회사 내에서의 격차 증가로 설명된다). 기업 간 격차가 증가한 것은 상당 부분 누가 어느 회사에서 일하는지가 달라진 데서 기인했다. 낮은 임금을 주는 회사에서 가장 높은 임금을 받던 노동자가 더 많은 보수를 주는 회사로 이직을 한 것이다. 임금을 더 많이 받는 게 그 노동자의 생산성이 더 높다는 것을 반영한다고 가정하면(평균적으로는 그럴 것이다), 더 생산적인 노동자들이 점점 더 또 다른 생산적인 노동자들과 함께 일하게 되리라 예상해 볼 수 있다.[41]

이것은 슈퍼스타 기업들이 자본과 양질의 인력 모두를 끌어들인다는 이론과 잘 부합한다.[42] 생산적인 사람이 생산적인 동료들과 함께 일할 때 더 큰 이득을 얻는다면, 시장은 그런 사람들이 한데 모여서 더 생산적인 기업을 형성하게 해야 하고, 그 결과로 이런 기업에서는 다른 기업들에서보다 임금이 높아져야 한다. 이에 더해, 어느 기업이 인재를 모으는 데 막대하게 투자를 했다면 그런 기업의 성과는 CEO가 어떻게 하느냐에 따라 큰 차이가 생기게 된다. 가령 CEO가 그 인재들을 잘못된 방향으로 밀어붙이는 경우, 엄청난 생산 역량을 낭비하게 된다. 따라서 이런 기업은 다른 이들이 보기에는 가당치 않게 과도하다고 여겨질 만한 막대한 봉급을 제시해서라도 최고의 CEO를 데려오고자 할 것이다.[43] 이러한 견해에서 보면, 꼭대기 쪽에서 소득이 폭발적으로 증가한 것은 유능한 경영자를 데려오는 것의 가치를 매우 높이 사서 기꺼이 막대한 보수를 지불하려 하는 슈퍼스타 기업이 많아진 것을 반영하는 현상일 뿐이다.

412

경제가 경직적이라는 점도 기업 간 불평등 증가에 일조한다. 몇몇 업종에서 생산이 슈퍼스타 기업에 집중되면, (무역과 기술 변화의 충격으로 문을 닫는 기업들이 생기는 것에 더해) 그 업종의 다른 기업들이 곳곳에서 문을 닫게 된다. 아마존이 생기고서 각지에서 지역 백화점들이 문을 닫은 것이 그러한 사례다. 그런데 노동자들이 이사를 가지 않으므로 문을 닫은 기업들이 있는 지역에서 임금의 증가 속도가 둔화하거나 하락으로 반전된다. 임대료도 마찬가지다. 이것은 그 지역에서 문을 닫지 않고 생존한 기업 입장에서는 일단 좋은 소식이다. 특히 현지 수요가 아니라 다른 지역의 고객들에게 주로 판매하는 기업이라면 더욱 그럴 것이다. 하지만 이 기업들은 이러한 기회를 통해 얻게 된 수익을 재투자한다 해도 지역의 쇠락을 막기에는 결국 충분치 않을 것이다. 그렇다면, '좋은 기업'과 '나쁜 기업'이 갈리는 것은 (생산성의 차이를 반영한다기보다) 전적으로 운에 달린 일인지도 모른다. 만약 당신의 기업이 쇠락하는 지역에 있는데 다행히 다른 지역의 시장이나 세계 시장에서 계속 판매를 이어갈 수 있다면 당신의 사업은 당분간 번창할 것이다. 하지만 지역이 너무 쇠락해서 전체적으로 인재들이 빠져나가고 나면, 당신의 회사도 피해를 입기 시작할 것이다.

요컨대, 세계화와 IT산업의 부상이 경제의 경직성과 결합해서 (그리고 지역 특유의 변화들을 포함한 그 밖의 요인들과도 결합해서) 좋은 기업과 나쁜 기업의 위계가 존재하는 세계를 만들었고, 이는 불평등 증가에 기여했다. 이렇게 보면, 불평등의 증가는 안타까운 일이기는 했어도 멈출 수 있는 일은 아니었을 것이다.

덴마크 정부에서 무언가는 썩지 않았다

하지만 '승자 독식' 논리도 불평등의 증가를 설명하기에 여전히 불충분하다.

'숙련-편향적 기술 진보' 설명도 그랬듯이, 이 설명은 미국만이 아니라 덴마크에도 적용될 수 있어야 하는데, 덴마크에서는 불평등이 그렇게 증가하지 않았기 때문이다. 1920년대에는 덴마크도 미국처럼 전체 소득 중 상위 1퍼센트가 차지하는 비중이 20퍼센트에 달하는 불평등한 자본주의 국가였다. 하지만 그 이후 불평등이 감소했고 계속 낮은 수준을 유지하고 있다. 현재 상위 1퍼센트가 전체 소득에서 차지하는 비중은 5퍼센트 정도다.[44] 덴마크는 작은 나라지만 거대 해운회사 머스크, 전자 소비재 업체 뱅 앤 올룹슨, 투보그 맥주 등 규모가 크고 잘 알려져 있는 기업이 많은 나라다. 그런데도 덴마크에서 꼭대기층의 소득은 그렇게 많이 치솟지 않았다. 서구 유럽의 많은 나라와 일본도 마찬가지다.[45] 이 나라들과 미국은 왜 차이가 날까?

한 가지 답은 금융 분야에서 찾을 수 있다. 미국과 영국은 투자은행, 정크 본드, 헤지 펀드, 모기지 담보부 증권, 민간 에쿼티 펀드, 퀀트 등 '하이엔드' 쪽 금융을 지배하고 있는 나라다. 그리고 하이엔드 금융은 최근에 천문학적인 수익이 발생한 영역이기도 하다. 하버드 경영대학원(다른 데도 아니고)의 금융 전문 교수 두 명이 추산한 바에 따르면 전문적인 자산 운용사를 통해 투자하는 투자자들이 **매년** 펀드매니저에게 지불하는 금액이 전체 투자금의 1.3퍼센트에 달하는 것으로 나타났다. 어느 투자자가 은퇴를 위해 저축한 돈을 30년간 투자한다고 쳤을 때, 처음 투자한 자산의 3분의 1이 펀드매니저에게 가게 되는 셈이다.[46] 그리고 이것도 하이엔드 금융을 상징하는 헤지 펀드, 민간

에쿼티 펀드, 벤처 캐피털 펀드를 운용하는 펀드매니저가 가져가는 몫에는 비할 바가 아니다. 이들은 **매년** 투자 금액의 3~5퍼센트를 받는다 (적어도 최근까지는 그랬다). 그리고 하이엔드 금융에 투자된 금액이 꾸준히 증가해 왔으므로 펀드매니저 중 일부가 매우, 매우, 부유해진 것은 놀라운 일이 아닐 것이다.

금융 분야 종사자들은 엇비슷한 역량을 가진 다른 분야의 종사자들보다 소득이 50~60퍼센트나 높다. 1950년대, 60년대, 70년대에는 이렇지 않았다.[47] 금융 분야 종사자의 소득 증가는 꼭대기층 소득이 급상승하는 데서 매우 큰 부분을 차지했다. 영국(경제 규모가 큰 나라 중 가장 금융 지배적인 나라)에서는 1998~2007년에 소득 상위 1퍼센트에 속하는 사람 중 금융 분야 종사자가 차지하는 비중이 5분의 1에 불과했지만 이 소수의 사람이 상위 1퍼센트의 소득 증가분 중 60퍼센트를 가져갔다.[48] 미국에서는 1979년에서 2005년 사이 꼭대기층 소득 중 금융 종사자에게로 가는 비중이 거의 2배가 되었다.[49] 프랑스(이곳에서는 금융이 아직도 대체로 은행과 보험을 의미한다)에서는 불평등의 증가가 훨씬 완만해서 1996~2007년에 국민소득 중 가장 부유한 0.1퍼센트에게 가는 비중이 1.2퍼센트에서 2퍼센트로만 증가했을 뿐이지만(그다음에 금융위기로 줄었다가 2014년에 다시 증가했다),[50] 그 증가분의 절반이 금융 분야에서의 소득 증가 때문인 것으로 추산된다.[51]

위에서 언급한 '슈퍼스타' 서사는 금융 분야에는 잘 맞지 않는다. 금융은 팀 스포츠가 아니다. 흔히 금융에서는 시장을 왜곡하고 있는 특정한 불합리를 예리하게 짚어 내거나, 다음번의 구글, 다음번의 페이스북이 될 싹수가 보이는 곳을 남들보다 먼저 알아보는 개인적인 천재성과 안목이 핵심이라고 말한다. 하지만 이것이 어떻게 '평범한'

펀드매니저가 매년 막대한 수수료를 챙기는 이유가 된다는 것인지는 이해하기 어렵다. 사실 '액티브 펀드'(시장 평균 수익률보다 높은 수익률을 추구하는 펀드)는 '패시브 펀드'(시장 지표를 따라가는 것을 추구하는 펀드)보다 대체로 실적이 **좋지 않다**. 미국에서 뮤추얼 펀드는 평균적으로 주식시장보다 성과가 저조하다.[52] '개인의 능력'이라는 언어만 빌려 왔을 뿐 능력 자체는 가져오지 않은 듯 보인다. 금융 분야 종사자들이 얻는 프리미엄의 대부분은 순전히 **지대**라고 보는 것이 더 정확한 규정인 것 같다. 능력이나 노력에 대한 보상이 아니라 특정한 직업에 안착할 수 있었던 행운에 대한 보상인 것이다.[53]

가난한 나라에서 정부 일자리가 갖는 지대처럼(5장 참조), 금융 종사자들의 지대도 노동시장의 전체적인 기능을 왜곡한다. 한 연구에 따르면, 글로벌 금융위기(많은 부분 금융 장인들의 무능과 무책임이 결합해 생긴 위기였다)가 한창 전개되고 있었던 2008년에 하버드의 졸업생의 28퍼센트가 금융 분야에 취업한 것으로 나타났다.[54] 1969~1973년에는 이 비중이 6퍼센트였다.[55] 이것이 우려할 만한 일인 이유는 어떤 직업이 유용성과 상관없이 프리미엄을 받으면(가령 펀드매니저가 아무 것도 안 하면서 엄청난 수수료를 받거나, 뛰어난 MIT 엔지니어와 과학자들이 주식을 천 분의 1초 단위의 초단타로 거래할 수 있는 소프트웨어를 개발하는 데 고용되는 것처럼), 사회적으로 더 유용한 일을 하는 기업이 재능 있는 인재들을 활용할 수 없게 되기 때문이다. 더 빠른 속도로 주식 거래를 하면 수익이 올라갈 수 있다. 거래인이 새로운 정보에 더 빨리 대응할 수 있기 때문이다. 하지만 그 대응 속도라는 것이 이미 초 단위보다 작다는 것을 생각하면 이것이 어떻게 경제에서 자원 배분을 유의미하게 향상시킨다는 것인지는 이해하기 어렵다. '가장 뛰어난 인재가 들어오는 곳이 바로 여기'라는 것은 금융 기업이 홍보와 마케팅에서 단골로 드는 이야기지만 그 뛰어난 인재들을 데리고 유용한 일을 하지 않는다면 세상은 그 인재들의 역량을 잃는 것이나 마찬가지다. 더 정상적인 사회였다면 그들은 위대한 교향곡을 작곡하고 있거나 췌장암을 치료하고 있었을지 모른다.

문제는 여기에서 그치지 않는다. 거대 기업 CEO의 보수와 보너스는 이사회의 '성과 보상 위원회'에서 결정되는데 여기에서 위원들은 다른 회사가 CEO에게 지급하는 보수와 보너스를 잣대로 삼는 경우가 많다. 따라서 전염 효과가 발생한다. 한 회사(가령, 금융 회사)가 CEO에게 보수를 더 많이 지급하면 금융 회사가 아니더라도 다른 회사들 역시 자사의 뛰어난 CEO가 떠나지 않게 하기 위해 그만한 보수를 지급해야 한다는 압박을 느끼게 된다. 보수를 더 지급하지 않으면 우리 회사의 CEO가 자신이 함께 골프를 치는 다른 CEO들에 비해 저평가받고 있다고 느끼게 될 것이기 때문이다. CEO들에게 '비교 대상이 될 만한' 다른 기업들에서는 CEO의 보수가 어떤지 목록을 작성해서 알려 주는 컨설턴트도 있다. 이들은 CEO에게 매우 높은 보수를 주는 곳들로만 목록을 뽑는 데 아주 능숙하다. 이렇게 해서, 금융 회사 CEO의 높은 보수는 다른 영역으로도 전염된다. CEO들이 타사 CEO들의 보수를 비교 대상으로 놓고 연봉 협상을 하면서 CEO들의 보수가 증가했고, 이 현상은 거대 기업들 사이에서뿐 아니라 더 작은 기업들로도, 또 비영리 기구로도 확산되었다.

CEO들(금융 분야뿐 아니라 전반적으로)이 이사회를 자신이 통제할 수 있을 법한 사람들(아니면 그냥 이사 수당을 받는 데만 관심 있는 사람들)로 구성하면서 이 상황은 한층 더 심화된다. 그 결과, CEO들은 종종 순전히 운에 의해 막대한 보상을 받는다. 가령, 주식시장에서 순전히 운이 좋아서 기업 가치가 올라갈 때(유가가 상승한다든지, 환율이 유리하게 변동한다든지) 보수가 올라가는 것이다. 한 가지 예외(규칙을 입증할 뿐인 예외이긴 하지만)는 대주주가 이사회를 장악하고 있는, 그리고 대주주가 자신의 돈이 걸려 있으므로 CEO가 어떻게 경영하는지에 대해 매우 관심을 가지고 있는 회사인 경우다. 이러한 경우에는 CEO가 생산적인 경영보다 운으로 보상을 받는 정도가 덜하다.[56]

스톡옵션도 CEO의 보수를 치솟게 하는 데 일조했다. 스톡옵션은 CEO의 보수가 다른 무엇도 아니고 오로지 주주 가치하고만 연결되는 것을 정상적인 것으로 여겨지게 만들었다. 또한 경영자의 보수를 주식시장과 연계하는 것은 경영자의 보수가 기업 내의 임금 분포 스케일에 영향을 받지 않는다는 이야기도 된다. 모든 사람이 동일한 스케일상에 있으면 CEO가 자신의 보수를 올리기 위해서는 아래쪽의 임금도 함께 올려야 한다. 하지만 스톡옵션이 있으면 기업 내에서 아래쪽의 임금을 올릴 필요가 없다. 오히려 인건비를 포함해 비용을 쥐어짜야 할 필요가 있다. 한때는 직원들에게 기업에 대한 충성도를 요구하는 대신 직원들을 챙겨 주었던 가부장적 온정주의가 거대 기업의 특징이었지만 이제 그러한 온정주의는 소프트웨어 기업의 최상층 노동자들에게만 해당되는 것이 되었고 장시간 노동의 대가로 공짜 음식과 드라이클리닝 서비스를 제공해 주는 형태를 띠게 되었다.

요컨대, 덴마크의 사례가 제기하는 수수께끼의 한 가지 답은 대륙 쪽 유럽 국가들보다 미국과 영국에서 금융이 훨씬 더 지배적이었다는 데서 찾을 수 있다.[57] 그리고 미국과 영국에서는 명문대를 나온 우수한 인력이 금융 분야를 더 매력적인 진로로 여겼을 가능성이 크다.

또 스톡옵션(더 일반적으로, 주식시장과 연계된 보상)도 앵글로색슨 국가들에서 더 많이 사용되었을 가능성이 크다. 주식시장에 익숙한 사람이 더 많고 주식시장에서 가장 적정한 규모의 기업들이 거래되고 있는 나라들이기 때문이다.

최고세율과 문화적인 변화

토마 피케티가 주장했듯이, 낮은 세금 역시 불평등에 크게 일조했을 것이다. 소득 분포의 최상층에서 세율이 70퍼센트, 혹은 그 이상이면 기업은 경영자에게 막대한 임금을 지급하는 것이 낭비라고 생각하게 될 것이고 따라서 그 액수를 줄이려 할 것이다. 최고세율이 그렇게 높으면 기업의 이사회는 명백한 상충적 교환 관계에 직면한다. 최고세율이 70퍼센트이면 경영자가 받는 보수 1달러당 30센트만 경영자의 손으로 들어가는데 기업이 지출한 돈은 여전히 1달러다. CEO 입장에서는 높은 보수의 실질적인 가치가 줄어들고, 이사회로서는 CEO에게 그가 꼭 해 보고 싶었던 프로젝트를 할 수 있게 허용해 주는 등 '다른 화폐'로 보상하는 것이 비용이 덜 든다. CEO가 해 보고 싶은 사업이 주주들이 원하는 것과 꼭 일치하지 않을 수도 있고(주주들은 기업 자체가 커지는 것보다는 수익이 높아지는 것을 원한다) 실제로 1960년대와 1970년대에 경영 전문가들은 CEO들이 [주주의 이익을 희생시켜 가면서] 자신들의 거대 제국을 건설하고 있다고 우려하기도 했다. 하지만 그 회사의 노동자나 사회에는 더 좋을 수 있다. 가령, CEO는 기업을 성장시키는 것, 노동자에게 좋은 회사가 되는 것, 세상에 도움이 될 새 제품을 개발하는 것에 우선순위를 둘 수 있다. 이러한 우선순위가 주가를 부양하는 데 꼭 최선이지는 않을 수도 있지만, 주주들은 CEO가 만족해하면서 계속해서 그 회사의 경영을 맡게 하기 위해 이를 용인할 수 있을 것이다. 최고세율이 높을 때 노동자들의 임금이 올라가는 것도 이와 무관하지 않을지 모른다.

따라서 1950년대와 1960년대에 초고소득자에게 적용되었던 매우 높은 세율의 핵심은 '거부들을 등쳐 먹는 것'이라기보다 '거부들의 존재를 없애는 것'이라고 보는 게 더 적합해 보인다. 그때는 초고소득자들이 사라졌기 때문에 최고세율을 적용받는 사람이 거의 없었다.[58] 그러다가 최고세율이 30퍼센트 아래로 떨어지면서 천문학적인 보수를 지급하는 것이 기업에나 그것을 받는 CEO에게나 다시 매력적인 선택지가 되었다.

다른 말로, 높은 최고세율은 세후 불평등만 줄이는 것이 아니라 **세전** 불평등을 줄이는 효과도 낸다. 이것은 매우 중요하다. 앞에서 언급했듯이, 유럽과 미국의 불평등이 최근 몇십 년간 차이를 보인 이유가 세전 불평등이기 때문이다. 그리고 몇몇 실증 근거가 시사하는 바로, 미국에서 최고세율이 크게 인하된 것이 이에 일조한 것으로 보인다. 가령, 국가 간 비교를 해 보면 1970년부터 현재까지 최고세율의 감소 규모와 불평등 증가 사이에 강한 상관관계가 있는 것으로 나타났다. 독일, 스웨덴, 스페인, 덴마크, 스위스 등 최고세율이 계속 높게 유지된 나라에서는 최고소득자가 전체 소득에서 차지하는 몫이 그리 급격하게 증가하지 않았다. 반면, 미국, 아일랜드, 캐나다, 영국, 노르웨이, 포르투갈 등 최고세율을 현저하게 줄인 나라에서는 최고소득자가 가져가는 몫이 크게 늘었다.[59]

하지만 미국에서는 세율 외에 최고소득자의 존재가 사회적으로 더 잘 받아들여질 수 있는 분위기를 불러온 문화적 변화도 중요한 요인으로 보인다. 우리의 분석대로 금융 분야 종사자들이 받는 높은 보수가 '지대'라면, 그들은 자신이 가져가는 어마어마한 보수가 자신이 제공하는 서비스에 대한 정당한 대가라고 주주들에게, 또 세상의 많은 사람들에게 어떻게 확신시킬 수 있었을까?

우리는 레이건-대처 혁명의 기저가 된 '인센티브' 서사가 부유하지 않은 사람 상당수(그리고 최고소득자들의 천문학적 보수에 대해 조금이나마 의구심을 가지고 있었던 부유한 사람 대부분)에게 초고소득자의 천문학적인 보수가 '정당한' 것으로 보이게 만든 면이 있다고 본다. 아마도 세금 인하는 이러한 문화적, 이데올로기적 전환을 반영하는 한 가지 징후였을 것이다. 문화적, 이데올로기적 전환은 세율의 변화보다 훨씬 더 근본적인 변화다. 자신이 받는 돈이 **노력을 들여 획득한** 것이라고 말할 수 있는 한, 부유한 사람들은 아무런 사회적 동요를 일으키지 않는 채로 스스로에게 막대한 돈을 지급할 수 있었다. 그리고 많은 경제학자들이 '인센티브' 개념에 대한 무조건적인 사랑에서 이러한 서사를 퍼트리고 정당화하는 데 핵심적인 역할을 했다. 앞에서 살펴보았듯이, 경제학자 상당수가 (전체적으로 세율을 더 높이는 데는 반대하지 않더라도) CEO들이 받는 엄청나게 높은 보수에 우호적인 태도를 가지고 있다. 그리고 이 서사는 계속 확산되어 왔다. 오늘날에도 미국과 영국에서 많은 사람들이 자신의 경제적 상황에 명백히 분노하면서도 자원이 꼭대기 쪽으로 점점 더 많이 빨려 들어가는 것을 비난하기보다 이민자와 자유 무역을 비난한다.

이 인센티브 서사의 기본적인 전제, 즉 '가장 생산적인 사람들이 최선을 다하게 해서 나머지 사람들에게도 경제적 번영을 가져다 줄 수 있게 하려면 그들이 손에 쥘 수 있는 보수를 높여 주는 것이 꼭 필요하다'라는 전제는 옳았는가? 고소득자가 일에 쏟는 노력에 세율이 어떤 영향을 미치는지에 대해 우리가 알고 있는 것은 무엇인가?

두 축구 이야기

유럽은 미국보다 평등한 사회다. 세전 소득 불평등이 훨씬 덜하고 조세 부담율이 높으며 조세 자체도 매우 누진적이다. 그런데 흥미로운 예외가 하나 있으니, 바로 최고의 운동선수들이 받는 보상이다. 미국에서 메이저 리그 야구는 '사치세' 제도를 운영하고 있다. 어느 팀의 연봉 총액이 제한액을 넘으면 팀이 벌금을 내야 한다. 기준을 한 번 넘으면 5년 동안 초과분의 22.5퍼센트를 내야 하고 반복적으로 넘으면 벌금이 초과분의 50퍼센트까지 올라갈 수 있다. 미국의 다른 프로 스포츠(NFL[미식축구], NBA[농구], 메이저 리그 축구 등)도 연봉에 상한을 두고 있다. 이를테면, 2018년에 NBA에서 연봉은 팀당 1억 7,700만 달러를 넘을 수 없었다. 물론 적은 금액은 아니다. 하지만 2018년에 '바르셀로나'에서 뛰고 있는 아르헨티나 출신 축구 선수 리오넬 메시Lionel Messi는 연봉 8,400만 달러를 받았다. 미국에서 받을 수 있는 최고 액수보다 훨씬 높은 것이다.

　미국에서 프로 스포츠 선수의 연봉에 상한을 두는 것은 북유럽식 이상주의의 발현이 전혀 아니다. 연봉 상한제의 실제 이유는 비용 통제다. 구단주들이 카르텔을 형성해 수익 중 선수들에게 가는 몫을 제한하는 (따라서 아마도 자신들이 갖는 몫을 늘리는) 한 가지 방법인 것이다. 하지만 연봉 상한제에는 좋은 점이 있고 이것이 표면적으로 제시되는 연봉 상한제의 이유다. 팀 간에 어느 정도 형평성이 확보되기 때문에 경기가 더 재미있어진다는 것이다. 무제한의 연봉 지출은 팀 간 격차를 너무 지나치게 키울 수 있고, 그러면 늘 소수의 특정한 팀만 우승권에 들게 된다. 유럽의 프로 축구에는 연봉 상한이 없는데, 몇몇 팀(영국의 맨체스터 시티, 맨체스터 유나이티드, 리버풀, 아스날, 첼시 등)은 두드러지게 많은 돈을 쓰고 그 덕분에 도전받지 않는 지배자의 위치를 누린다. 2016년에 여기에 속하지 않는 레스터 시티가 프리미어 리그에서 우승할 가능성은 5,000분의 1이었다. 살아 있는 엘비스 프레슬리와 우연히 마주칠 가능성이 차라리 더 높아 보인다. 레스터 시티가 모두를 놀래키면서 우승했을 때 도박사들은 총 2,500만 파운드를 잃었다.

연봉 상한제에 대해 반대하는 사람도 많다. 「포브스*Forbes*」에 게재된 한 기사는 연봉 상한제를 "비非미국적"이라고 묘사하면서 다음과 같이 언급했다. "자본주의 시스템에 기초할 때, 고용된 직원(프로 스포츠의 경우, 운동선수)에게 지출하는 돈은 성과에 기반해야 하며 시스템이 개입해서는 안 된다."[60] 선수들도 당연히 연봉 상한제를 싫어하며 매우 불공정한 제도라고 생각한다. 연봉 상한제에 반대하기 위해 여러 차례 파업도 했다. 하지만 선수들이 돈을 더 많이 받아야만 더 열심히 뛸 것이라는 '인센티브' 서사적 주장을 펴는 사람이 아무도 없다는 점은 흥미롭다. 최고가 되고자 하는 마음만으로도 선수들이 최선을 다해 뛰기에 충분하다는 데는 다들 동의하고 있는 것이다.

승리는 유일한 것이다[61]

최고가 되고자 하는 마음만으로도 최선을 다하기에 충분하다는 것은 프로 스포츠 선수뿐만이 아니라 다른 고소득자들에게도 일반적으로 마찬가지인 것으로 보인다.

부유한 사람들에게 세금을 물리는 문제는 2018년 말에 미국 정치에서 핵심 사안으로 떠올랐다. 알렉산드리아 오카시오-코르테스 Alexandria Ocasio-Cortez 하원의원이 최고세율을 70퍼센트 이상으로 올리자는 법안을 제출하고 엘리자베스 워런 Elizabeth Warren 상원의원이 누진적인 부유세를 신설하자고 주장하면서 조세 정책이 2020년 대선의 주요 쟁점이 된 것이다.

소득세가 오랫동안 중요한 쟁점이었다는 것을 생각하면, 소득세 인상이 사람들의 노동 의욕에 어떤 영향을 미칠지에 대해 많은 연구가 이루어져 왔다는 것은 놀랍지 않다. 이매뉴얼 사에즈와 동료들이 이 주제에 대한 기존의 연구들을 종합적으로 검토한 결과, 사람들이 노동에 기울이는 노력은 최고세율에 별로 반응하지 않는 것으로 나타났다. 최고세율에 반응하는 것은 노동에 들이는 노력이 아니라 세금을 포탈하거나 회피하려는 노력이었다.[62] 1986년 레이건 행정부가 세금을 감면했을 때 과세 대상인 개인 소득이 한 차례 대대적으로 증가했다. 하지만 이것은 실제로 사람들의 소득이 증가했기 때문이라기보다(즉, 일하려는 의욕과 노력이 증가했기 때문이라기보다), 전에는 소득을 숨겼던 사람들이 세제가 유리하게 바뀌면서 이제는 소득을 신고했기 때문이었다. 모든 종류의 소득에 세금이 빠짐없이 부과되어서 세법상에 구멍이 별로 없는 나라에서는(가령, 투자 소득이나 근로 소득이나 "부동산 중개인이 되기 위해 내는 수수료"나 조세 부과상의 차이가 없는 나라), 과세 대상 소득(그리고 그 기저에 있는 노동 의욕)이 세금의 변화에 반응하지 않았다.

그래야 마땅하다. 최고의 운동선수는, 빈스 롬바르디 Vince Lombardi 가 했다고 알려진 유명한 말 "승리는 모든 것이 아니라 유일한 것이다 Winning isn't everything, it's is the only thing"에서 볼 수 있듯이 단지 세금이 늘었다고 해서(즉, 손에 쥐는 소득이 줄었다고 해서) 최선을 다해 뛰는 것을 멈추지는 않을 것이다. 최고의 CEO들과 장래에 최고의 CEO가 되고자 하는 사람들도 마찬가지다.

그렇다면, 가장 좋은 기업은 가장 좋은 경영자를 원하므로 막대한 돈을 지불할 의향이 있을 것이라는 개념은 어떻게 되는가? 세금이 높아도 그것이 가능할까? 답은 '그렇다'이다. 가장 유능한 CEO가 가장 보수를 많이 받을 수 있는 곳으로 가리라는 주장은 정부가 소득의 70퍼센트를 세금으로 가져가도 여전히 적용되는 이야기다. 세율이 모든 기업에 동일하게 적용되는 한, 가장 좋은 보수를 받는 자리는 여전히 가장 좋은 보수를 받는 자리일 것이기 때문이다.

높은 최고세율은 보수는 가장 높지만 꼭 사회적으로 가장 유용하다고는 볼 수 없는 직종(가령, 금융 직종)의 매력도를 떨어뜨리는 효과를 내기는 할 것이다. 어차피 막대한 돈을 손에 쥘 수 없다면, 야망 있는 CEO들은 돈을 가장 많이 받을 수 있는 곳보다는 자신의 역량을 가장 생산적으로 발휘할 수 있는 곳으로 가고 싶어 할 수 있을 것이다. 2008년의 금융위기가 가져온 한 가지 다행스러운 결과는 뛰어난 인재들에게 금융 분야의 매력이 줄어들었다는 것이다.

MIT 졸업생들이 어떤 직업을 선택하는지 알아본 한 연구에 따르면, 2009년 졸업생들은 2006~2008년 졸업생들보다 45퍼센트나 금융 분야를 덜 선택했다.[63] 이는 사회 전체적으로 역량이 더 잘 배분되는 결과를 가져올 것이다. 그리고 금융 분야의 보수가 평준화되는 만큼 최고위소득 전체적으로도 하방 압력이 전염될 것이고, 따라서 소득 불평등이 줄어들 것이다.

종합하면, 매우 높은 소득 구간에만 적용되는 최고소득세율을 크게 높이는 것은 꼭대기 쪽에서 불평등이 폭발적으로 증가하는 것을 억제하는 방법으로 완벽하게 합리적이다. 그리고 그 세율이 터무니없이 높은 것도 아닐 것이다. 어차피 최고소득세율의 적용을 받게 될 사람은 매우 소수일 것이기 때문이다. 가령, CEO의 보수가 줄면 그들은 더 이상 최고세율의 적용 대상이 아니게 된다. 그리고 우리가 살펴본 모든 실증 근거로 유추해 볼 때, 높은 최고세율은 누구에게서도 최선을 다해 일하려는 의욕을 저하시키지 않는다. 또 만약에 높은 최고세율이 사람들의 직업 선택에 영향을 미친다면 그것은 바람직한 쪽으로의 영향일 가능성이 크다. 우리는 경제의 구조적 변화가 불평등 증가에 미친 영향의 중요성을 간과하거나 부정하려는 게 아니다. 경제의 구조적인 변화로 인해 교육 수준이 낮은 사람들이 경제적으로 성공적인 삶을 영위하기가 매우 어려워졌고, 1퍼센트가 아닌 99퍼센트 사이에서도 불평등이 증가했다.[64] 이 문제를 해결하려면 [조세 등의 정책적 접근 외에] 또 다른 접근이 필요하다. 그렇더라도, 울트라 슈퍼 리치를 없애는 것은 어쨌든 좋은 출발점일 것이다(최고세율을 크게 높이면 울트라 슈퍼 리치는 말 그대로 '없어지게' 될 텐데, 혹시 그래서 그들이 안쓰러우시거든 그들이 '울트라 슈퍼 리치'에서 '슈퍼 리치'가 되는 것일 뿐이라는 점을 생각하시기 바란다).

파나마 페이퍼

세금이 오를 때 부유한 사람들이 틀림없이 보일 법한 또 다른 반응은 세금을 회피할 수단을 찾는 것이다.

유럽에는 축구 선수들이 받는 보상에 상한이 없어서 천문학적인 보수를 받는 선수들이 나타났고 이들은 조세를 회피할 방법을 찾아 나섰다. 2016년에 리오넬 메시는 410만 유로어치의 조세 사기와 관련한 세 가지 혐의에서 유죄가 인정되었고 집행 유예를 선고받았다. 2018년 7월에는 크리스티아누 호날두Cristiano Ronaldo가 1,900만 유로의 벌금을 내기로 스페인 정부와 합의하고 감옥행을 면했다. 그는 2011년에서 2014년 사이에 국외 조세피난처를 활용해 이미지 저작권 수입을 신고에서 누락함으로써 총 네 건에서 1,470만 유로의 세금을 탈루한 혐의를 받았다. 사기까지 저지르지는 않는다 해도, 많은 이들이 쇼핑을 하듯 세금이 더 낮은 나라를 고른다. 유럽 국가들이 각기 다른 시기에 세율을 올리거나 내린 것에 착안한 한 연구에 따르면, 어느 나라에서 세율이 10퍼센트 오르면 외국 선수가 10퍼센트 줄어드는 것으로 나타났다.[65] 2018년에 호날두는 스페인을 떠나 이탈리아로 갔는데, 이탈리아가 세금이 더 낮다.

파나마의 법무법인 모사크 폰세카Mossack Ponseca가 글로벌 갑부들을 위해 수십만 개의 껍데기 회사를 세워 조세 회피를 도운 것을 폭로한 소위 '파나마 페이퍼Panama Papers' 덕분에 조세 회피가 얼마나 만연해 있었는지가 만천하에 드러났다. 여기에 이름이 등장한 사람들 중에는 전직 아이슬란드, 파키스탄, 영국 총리도 있었다. 사람들이 성실하게 세금을 잘 내는 것으로 유명한 스칸디나비아에서도(개인들이 내야 할 세금 중 회피되는 정도가 약 3퍼센트에 불과하다) 갑부들은 대거 조세 회피에 나섰다. 한 연구에 따르면 노르웨이, 스웨덴, 덴마크의 상위 0.01퍼센트(부 기준) 부자들은 그들이 내야 할 개인 명의의 세금 중 25~30퍼센트를 내지 않은 것으로 나타났다.[66]

세금이 많이 오르면 세금 회피도 많아진다. 문제는 '얼마나' 많아질 것이냐다. 단기적으로는 세금의 변화에 대한 반응 폭이 상당히 클 것이다. 앞에서 우리는 레이건 시기 조세 '감면'의 맥락에서 이 점을 이미 언급했었다. 감면이 아니라 '인상'이 되면 반대 방향으로의 반응을 예상할 수 있다. 할 수만 있다면 사람들이 소득을 즉시 숨기려 할 것이기 때문에 과세 대상 소득의 총액이 한 차례 크게 줄어들 것이다. 하지만 그 이후로는 영향이 그리 크지 않을 것이다.

부분적으로는 이 때문에, 미국에서 소수의 정치인과 경제학자들[67]이 해외 자산까지 포함해 부에 대해 누진적인 부유세를 부과해야 한다는 주장을 펴고 있다(2019년에 엘리자베스 워런은 5,000만 달러 이상의 자산을 가진 미국인에게 2퍼센트, 10억 달러 이상의 자산을 가진 미국인에게는 3퍼센트의 부유세를 걷는 내용을 포함한 조세 개혁안을 제안했다). 이 아이디어 자체가 새로운 것은 아니다. 가령, 지금도 주택을 소유한 미국인은 주택 가치에 대해 지방 정부에 부동산세를 낸다. 하지만 이 세금은 역진적이다. 당신이 30만 달러짜리 집을 소유하고 있고 1퍼센트의 재산세(3,000달러)를 낸다고 하자. 그리고 당신에게 27만 달러의 주택담보대출이 있다고 하자. 그러면 당신은 보유한 순자산(3만 달러)의 10퍼센트를 세금으로 내는 셈이 된다. 하지만 만약 당신이 금융 자산을 270만 달러 가지고 있고 주택담보대출이 없다면 순자산(집값까지 합해서 총 300만 달러)의 0.1퍼센트만 세금으로 내는 셈이 된다.

이와 달리 부유세는 누진적으로 적용할 수 있고 부동산뿐 아니라 모든 형태의 부에 적용할 수 있다. 불평등에 맞서는 방안으로서 막대한 부에 세금을 부과하는 것의 장점은, 그 부를 소유하고 있는 매우 부유한 사람들이 그 막대한 부에서 발생하는 소득의 대부분을 소비하지 않는다는 사실과 관련이 있다. 그들은 그 소득 중 일부만 가져가고 나머지는 가족 소유의 트러스트 등 부를 축적하기 위한 여러 투자 장치들에 재투자한다. 그런데 현재 대부분 나라의 세법은 트러스트 등으로 다시 투자되는 금액에 대해서는 세금을 물리지 않는다.[68] (버핏 본인이 자주 지적하듯이) 워런 버핏Warren Buffet이 소득세를 매우 적게 내는 이유가 여기에 있다.[69] 꼭대기층에 있는 최고위소득자 대부분이 이런 식으로 조세를 (합법적으로) 사실상 면제받는다면 소득세가 재분배 효과를 내는 방식으로 작동하기 어려워진다. 그리고 이러한 세제상의 이득이 일으키는 문제는 여기에서 그치지 않을 수 있다. 새로 축적한 부에서 새로운 자산 소득이 발생하면 위와 마찬가지의 이유에서 그 소득의 대부분에 세금이 부과되지 않는다. 그러면 부유한 사람들은 더 부유해진다.

'매우 많은 부'를 소유한 사람들에게 부유세를 납부하도록 하면 이 문제를 해결할 수 있다. 부유세 개념을 이해하는 가장 좋은 방법은 부유세를 경제 매체나 정치인들이 종종 말하듯이 부유한 사람들이 사회에 부를 "환원"하기 위해 특별히 노력해 주는 것이라는 식으로 묘사하지 않는 것이다(세금을 내야 하는 부자들이 그렇게 생각해서 스스로 위안을 삼을 수 있다면, 그 정도야 괜찮겠지만). 그보다, 부유세는 그들이 벌어들인 소득에 대해 그 소득을 가지고 그들이 무엇을 하는지에 상관없이 행정적으로 (비교적) 간단하고 편리하게 조세를 부과할 수 있는 방법이라고 보아야 한다. 부가 5,000만 달러인 사람은 평균적으로 1년에 적어도 250만 달러의 자산 소득[투자 소득]을 올릴 수 있다. 이 사람이 가진 부에 2퍼센트의 세금을 물리면(100만 달러) 그 부에서 나오는 자산 소득에 대해 40퍼센트의 세금을 물리는 셈이 되는데, 이것은 그렇게 경악할 만큼 높은 세율이 아니다.

'사망세death tax'라고 불리면서 안 좋은 평판을 갖게 된 '유산세'

와 달리, 부유세에는 대중의 호응이 높은 편이다. 2018년에 「뉴욕타임스」가 진행한 설문 조사에서 공화당 지지자의 절반도 포함해 응답자의 61퍼센트가 부유세를 지지한다고 답했다.[70] 따라서 이것은 정치적으로도 실현 가능성이 있다고 볼 수 있다. 하지만 최근 몇십 년 동안, 부유세가 있었던 많은 나라에서는 부유세를 폐지했고 부유세가 없었던 나라에서는 (콜롬비아를 제외하고) 부유세를 도입하지 않았다. 프랑스는 2017년에 중도파인 마크롱 정권이 들어선 뒤 시행한 첫 번째 정책 중 하나가 부유세를 없앤 것이었다. 이미 언급했듯이, 이것은 정치적으로 매우 위험한 조치였다. 부유세를 폐지하고 유류세를 인상한 것이 '노란 조끼' 시위를 촉발한 계기가 되었기 때문이다. 이를 진정시키기 위해 마크롱은 여러 가지 정부 지출을 약속했지만, 부유세를 다시 도입하지는 않았다.

부유세가 정치적으로 그토록 실행하기 어려운 데는 두 가지 이유가 있다. 첫째는 로비다. 좌우파 모두 정치인들의 선거에 돈을 대는 사람들은 순자산을 많이 보유한 사람들일 텐데, 이들 중 부유세를 찬성하는 사람은 거의 없다. 다른 면에서는 꽤 진보적인 사람들도 그렇다. 둘째, 부유세는 합법적, 불법적으로 회피하기가 쉽다. 특히 사람이 해외로 나가거나 부를 해외로 이전하기 쉬운 소규모의 유럽 국가들에서는 더욱 그렇다. 이는 국가들 사이에 세율을 낮추려는 경쟁을 촉발할 위험이 있다.

하지만 이 모든 것이 우리가 조세 회피를 너무 너그럽게 봐주기 때문에 일어나는 일이라는 점을 간과해선 안 된다. 대부분의 나라가 세법에 구멍이 많고 부를 빼돌리는 행위에 대해 처벌이 약하다. 앞에서 보았듯이, 미국보다 빠져나갈 구멍이 더 적고 더 단순한 세법을 가진 나라들에서 회피되는 세금이 더 적다.[71] 가브리엘 주크만Gabriel Zucman은 조세 회피와 탈루를 막는 데 도움이 되는 비교적 간단하고 명백한 조치들이 많이 있다는 점을 설득력 있게 보여 주었다. 그가 제시한 아이디어 중에는 부가 어느 장소에 있든 추적할 수 있는 글로벌 금융 등록 시스템(그러면 부를 어느 나라로 이전하든 세금을 물릴 수 있다), 다국적 기업이 해외에서 올리는 수익이 해당 국가(매출이 발생한 국가)의 조세 시스템에 포착되도록 하는 기업 세제 개혁, 조세 피난처를 통해 세금을 회피하도록 돕는 은행과 법무법인에 대한 규제 강화 등이 있다.[72]

물론 조치들을 나열만 해서는 충분하지 않다. 그것들을 실행하려면 정치적인 의지가 필요하다. 특히 주크만이 위에서 제시한 세 가지 아이디어는 국제적인 협력을 필요로 하는데, 현재로서는 각국 지도자들이 이 문제를 해결하기 위해 한데 모여 머리를 맞댈 법해 보이지 않기 때문에 더더욱 실현시키기 어렵다. 국제적인 협력이 없다면 각국은 뛰어난 인력과 자본을 끌어들이기 위해 세금을 경쟁적으로 낮추는 경주에 돌입하게 될 것이다. 네덜란드, 덴마크, 벨기에, 스웨덴, 스위스, 스페인, 포르투갈, 핀란드 등에는 고숙련 외국인 노동자에게 세제를 우대해 주는 제도가 있다. 예를 들어, 덴마크는 고소득 외국인에게 3년간 소득 수준에 상관없이 일률적으로 30퍼센트를 과세한다(덴마크 국적자인 경우에는 세율이 누진적이고 최고세율은 62퍼센트다). 이것은 해외의 고숙련 인력을 덴마크로 끌어오는 데 매우 효과적이었다. 덴마크로서는 좋은 일인지 모르지만 다른 나라들에는 그렇지 않다. 다른 나라들은 자국에서 일하는 고소득자들의 세금을 낮추거나, 아니면 고숙련 외국인 인력이 자국에서 빠져나가는 것을 구경하고 있어야 한다.[73]

국가의 후생과 글로벌 후생 사이의 이러한 긴장 관계는 각국의 소득세 정책이 국제적으로 조세 인하 경쟁을 촉발할 수 있다는 점에서 매우 중요한 문제다.

하지만 핵심은 이것이 정치적인 문제라는 점이다. 이것은 경제 법칙에 따른 불가능성의 문제가 아니다. 경제학은 우리가 더 인간적인 세계를 지으려는 노력을 하지 못하게 하는 철의 법칙을 가지고 있지 않다(이것이 우리가 이 책의 전반적인 기조로 삼고 있는 바다). 하지만 맹목적인 믿음이나 이기심에서, 혹은 경제학에 대한 단순한 몰이해에서, 마치 그런 법칙이 있는 것처럼 주장하는 사람들이 너무나 많다.

시민 연합?

엄밀히 경제적 효율성의 관점에서만 보면, 실증 근거들이 말해 주는 바는 매우 높은 최고한계세율을 포함해서 굉장히 누진적인 조세 정책을 실시하지 말아야 할 이유가 없다는 것이다. 덴마크가 최고위 소득자에게 높은 세금을 물릴 수 있었고 그렇게 했는데도 세율이 더 낮은 이웃 나라들로 자본이 도피하거나 덴마크 부자들이 다 아일랜드나 파나마로 빠져나가지 않았다면, 훨씬 더 규모가 크고 글로벌 경제에 통합된 정도가 낮은 미국 같은 나라에서 그렇게 못할 이유가 없다. 경제적 효율성의 관점에서만 보면 그렇다.

최고세율 인상의 어려움은 정치적인 어려움이다. 현재 우리는 (정치 권력과 경제 권력 모두에서) 권력의 집중이 일으키는 악순환의 한복판에 서 있다. 부유한 사람들이 더 부유해지면서 그들은 사회를 현 상태로 유지하는 데 더 많은 이해관계를 갖게 되었고 그렇게 할 수 있는 자원도 더 많이 갖게 되었다. 최고위소득자들의 세율을 낮추도록 의원들에게 정치 자금을 대고 로비를 하는 것도 포함해서 말이다. 2010년 '시민 연합' 사건(시민 연합 대 연방선거관리위원회Citizen United v. Federal Election Commission 사건)에서 미국 대법원이 내린 판결(기업이 선거 운동에 댈 수 있는 자금에 한도를 두는 법이 위헌이라고 판결했다)은 돈이 선거에 영향을 미칠 수 있는 무한한 힘을 공식적으로 인정한 것이나 다름없었다.

하지만 이러한 상태가 대중의 백래시를 불러일으키지 않고 무한정 지속될 수는 없을 것이다. 꼭대기층 사람들에게 높은 세율을 부과하자는 주장은 이미 꽤 많은 지지를 받고 있다. 여론 조사 결과를 보면 유권자의 51퍼센트가 소득이 1,000만 달러 이상인 사람에게 한계 세율을 70퍼센트로 올리자는 안을 지지한다.[74] 우리가 진행한 조사에서도 응답자의 3분의 2 이상이 (다른 면에서는 딱히 진보적이지 않은 사람들도) 연간 43만 600달러 이상을 버는 기업가(상위 1퍼센트에 속한다)가 세금을 너무 적게 내고 있다고 생각하는 것으로 나타났다.[75]

최근에 미국에서 포퓰리즘이 부상한 것도 어느 면에서 이러한 백래시의 시작이라고 볼 수 있다. 이러한 현상의 기저에는 역량을 상실했다는 근본적인 느낌이 깔려 있다. 이러한 느낌은, 언제나 결정은 저 먼 곳에 있는 엘리트 계층이 내리고 어쨌거나 그 결정은 평범한 사람들의 삶을 나아지게 하는 데 아무런 차이를 가져다주지 않는다는 생각에서 기인한다. 이 생각 자체가 옳든 그르든 간에, 많은 사람들이 이렇게 생각하고 있다. 그래서 트럼프는 (그의 엄청난 부와 엘리트 계층 인맥을 생각한다면 아이러니해 보일 수도 있지만) 이제까지의 방식을 뒤흔들겠다는 약속으로 대중의 지지를 받아 대통령에 당선될 수 있었다. 하지만 트럼프의 뒤를 받치고 있는 공화당 인사들은 트럼프가 그들 중 누구 못지않게 '부유층 친화적'인 사람이라는 확신이 있었기 때문에 트럼프를 지지했으며, 실제로 트럼프는 세금을 감면했다. 하지만 이렇게 대중에게 미끼를 던지고 나중에 입을 씻는 방식이 폭발하지 않고 얼마나 오래 지속될 수 있을까? 머지않아 부유한 사람들은 자신이 누리는 번영을 다른 이들과 나누는 것이 자신의 이해관계에도 부합한다는 사실을 깨닫게 될 것이다. 혹은 스스로 깨닫지 못한다면 억지로라도 깨달을 수밖에 없는 상황에 몰리게 될 것이다. 오늘날의 깊디깊은 사회적 균열과 좌절의 근원이 바로 극단적으로 치솟은 불평등에 있기 때문이다.

옆집 아무개를 따라잡기

오랫동안 사회과학자들은 사람들이 느끼는 자존감이 그가 속해 있는 집단(이웃, 동료, 국가 등)에서 자신이 어느 위치에 있다고 생각하는지와 관련 있다고 생각해 왔다. 이것이 옳다면, 불평등은 후생에 직접적으로 악영향을 미친다. 그런데 이 개념은 매우 설득력 있게 들리는 것치고는 가설 수준 이상으로 확실하게 입증하기가 의외로 어렵다. 이를테면, 어느 주어진 소득 수준에서 동네의 평균 소득이 자신의 소득보다 높을수록 사람들이 행복을 덜 느끼는 것으로 나타났지만,[76] 그들이 행복을 덜 느끼는 이유는 주거부터 커피까지 모든 것이 더 비싼 동네에 살고 있기 때문일 수도 있다. 즉, 이 현상은 불평등 요인을 언급하지 않고도 설명이 가능하다.

　　최근 노르웨이에서 진행된 한 연구는 소득 분포에서 자신이 어디쯤 위치하는지를 아는 것이 그 사람의 행복도가 소득에 의해 영향받는 정도를 높인다는 것을 보여 주었다.[77] 노르웨이는 오래전부터 사람들의 납세 데이터를 공개하고 있지만 종이 책자로 되어 있어서 찾아보기가 쉽지 않았다. 그런데 2001년부터는 납세 데이터를 온라인으로 볼 수 있게 되었다. 마우스 클릭 몇 번이면 이웃과 친구들이 세금을 얼마나 냈는지[즉 그들이 돈을 얼마나 많이 벌었는지] 볼 수 있게 된 것이다. 사람들이 남들의 납세 정보를 보려고 어찌나 많이 접속을 했던지, '세금 포르노'라는 말까지 생겼을 정도다. 어쨌든 그렇게 해서 거의 모든 사람이 전체 소득 분포에서 자신이 어디에 위치하는지를 알게 되었다. 세금 데이터가 온라인으로 공개된 직후에 가난한 사람들은 더 불행해졌고 부유한 사람들은 더 행복해졌다. 즉, 소득 위계에서 자신의 위치가 어디인지를 아는 것은 실제로 후생에 영향을 미치는 것으로 보인다.

어느 면에서 우리 모두 위와 같은 상태에서 살고 있다. 인터넷과 언론을 통해 다른 이들이 어떻게 살고 있는지를 보여 주는 이미지가 쏟아져 들어오면서, 제자리걸음을 하고 있는 사람은 자신만 빼고 온 세상이 저 멀리 내달리고 있다는 느낌을 받지 않을 수 없게 되었다. 이 동전의 이면은 "나도 옆집 아무개를 따라잡을 수 있다"는 것, 나아가 "내가 옆집 아무개보다 낫다"는 것을 세상에 내보이고 싶다는 충동이 커지는 것이다. 이것이 '허세 구매', 즉 지위를 과시하기 위한 구매의 기저에 있는 논리다. 최근 한 실험에서 인도네시아 은행은 무작위로 선정한 일부 고소득층 고객(대체로 도시 중상류층)에게 새로 나온 프리미엄 신용카드를 발급받으라고 제안했다.[78] 비교군 고객에게는 기존의 카드를 업그레이드하라고 제안했는데, 이 경우에는 플래티넘 카드와 혜택은 완전히 똑같은데 모양만 플래티넘 카드가 아닌 카드를 쓰게 되는 것이었다. 양쪽 집단 모두 두 카드가 정확히 동일한 혜택을 준다는 것을 알고 있었지만 플래티넘 카드가 더 인기를 끌었다. 플래티넘 카드 발급을 제안받은 집단에서는 21퍼센트가 제안을 받아들였는데 비교군 집단에서는 14퍼센트만 업그레이드된 카드(혜택은 동일하지만 모양이 플래티넘이 아닌 카드)를 받아들였다.

흥미롭게도, 스스로에 대해 만족스럽게 느낄 때는 과시욕이 줄어드는 것으로 나타났다. 연구에 따르면, 스스로 생각하기에 자랑스러운 점에 대해 잠깐 동안 짧은 글을 쓰게 하는 것만으로도 플래티넘 카드에 대한 수요가 감소했다. 하지만 반대쪽에서는 이 현상이 악순환을 일으킨다. 즉, 스스로에 대해 경제적으로 취약하다고 느끼면 구매 여력이 없는데도 쓸모없는 것들을 구매함으로써 자신의 가치를 드러내려 하게 된다. 그리고 즉각 이들에게 이러한 서비스를 제공하고 상당한 수수료를 받아 가려는 산업이 언제나 대기 중이다.

아메리칸 나이트메어

이에 더해, 미국에는 미국 특유의 문제가 하나 더 있다. 아침마다 시리얼과 함께 '아메리칸 드림'을 꾸준히 먹은 나머지, 미국인들은 자신이 처한 그 모든 안 좋은 상황에도 불구하고 미국 사회가 불평등은 해도 근면과 노력이 보상을 받는 사회라고 생각한다. 최근의 한 연구에서 연구자들은 미국과 몇몇 유럽 국가 사람들에게 사회적 계층 이동성에 대한 견해를 물어보았다.[79] "500가구를 소득에 따라 100가구씩 5분위로 나누었을 때 하위 100가구의 아이들 중 얼마나 많은 아이들이 한 단계, 두 단계, 그리고 가장 최상위 구간까지 올라갈 수 있을 것이라고 생각하십니까"라는 질문에 미국인의 답이 유럽인의 답보다 낙관적이었다. 예를 들면, 미국 응답자들은 가장 가난한 집 출신 아이들 100명 중 12명이 가장 부유한 5분위에 올라갈 수 있을 것이라고 답했고 가장 가난한 분위에 계속 머무는 아이는 32명일 것이라고 답했다. 이와 달리, 프랑스 응답자들은 가난한 아이 100명 중에서 9명이 최상위에 올라갈 수 있을 것이고 가장 가난한 분위에 계속 머무는 아이는 35명일 것이라고 답했다.

미국인들의 낙관적인 전망은 오늘날 미국의 현실과 동떨어져 있다. 바닥 쪽 사람들의 소득이 일반적으로 정체되어 있다는 문제 외에, 미국에서는 세대 간 계층 이동성도 크게 감소했다. 이제는 미국이 유럽 국가들보다 계층 이동성이 현저히 **더 낮다**. OECD 국가들 사이에서 비교했을 때, (소득 기준) 최하위 5분위 가구 아이들이 자라서도 최하위 분위에 고착되어 있을 가능성은 미국이 가장 컸고(33.1퍼센트) 스웨덴이 가장 작았으며(26.7퍼센트) 평균적으로 대륙 쪽 유럽 국가들은 30퍼센트 이하였다. 그리고 최하위 5분위 가구 아이들 중 자라서 최상위로 올라갈 가능성은 미국이 7.8퍼센트였고 유럽은 평균 11퍼센트에 가까웠다.[80]

이제는 옛이야기가 된 '미국의 활발한 계층 이동성'이라는 개념 (사실은 '꿈')을 가장 많이 부여잡고 있는 사람들은 사실 계층 이동[상승]을 경험하기 가장 어려울 법한 사람들이다. 또한 미국인들은 일반적으로 노력이 보상을 받는다고 믿으며, 이 믿음의 논리적인 귀결로 가난한 사람들이 가난한 것은 적어도 일부는 그들의 책임이라고 믿는다. 아마도 이 때문에, 계층 이동성의 신화를 믿는 사람들은 가난한 사람들이 처한 문제를 해소해 주기 위한 정부의 노력에 대해 (그게 어떤 것이든 간에) 의구심을 갖는 경향이 크다.[81]

계층 이동성에 대한 (과도하게) 낙관적인 견해가 현실과 충돌하면,

불편한 진실을 피하고자 하는 강한 충동이 생긴다. 미국에서 임금과 소득이 제자리걸음인 사람들, 그리고 여기저기서 접하는 부유한 사람들의 생활상과 자신이 겪는 재정적인 힘겨움 사이의 격차가 점점 더 아득히 벌어지는 것을 날마다 고통스럽게 경험하는 사람들은 취할 수 있는 선택지가 두 가지다. 미국 사회가 여전히 제공하고 있(다고 그들이 믿고 있)는 기회를 붙잡지 못한 자기 자신을 책망하거나, 자신의 일자리를 훔쳐 간 누군가를 찾아내 비난하거나. 어느 쪽이든 그 길에는 절망과 분노가 놓여 있다.

오늘날 미국에서는 모든 면에서 절망이 깊어지고 있으며 생명에 치명적인 수준에까지 도달해 있다. 교육 수준이 낮은 백인 중년층의 사망률이 전례 없이 높아지고 있고 기대 수명은 낮아지고 있다. 2015년, 2016년, 2017년에 미국인의 기대 수명이 낮아졌는데, 사실 이 암울한 추세는 백인 특유의 현상이고(특히 대졸 미만 백인), 백인 이외의 인종 집단들에서는 사망률이 감소하고 있다. 미국과 비슷한 사회적 모델을 추구했던 다른 영어권 국가들(아일랜드, 영국, 캐나다, 호주)도 속도는 더 느리지만 비슷한 변화를 겪고 있다. 이와 달리, 그 밖의 모든 부유한 국가들에서는 사망률이 감소하고 있고, 교육 수준이 높은 사람들에 비해 교육 수준이 낮은 사람들 사이에서 사망률 감소가 더 빠르다(시작점에서 이들의 사망률이 더 높았다). 즉, 이들 나라에서는 대졸자와 대졸 미만 학력인 사람들 사이에 사망률 격차가 줄고 있는데, 미국에서는 그 격차가 벌어지고 있다. 앤 케이스Ann Case와 앵거스 디턴Angus Deaton은 중년의 백인 미국인 사이에서 사망률이 증가한 것이 '절망의 죽음'이 꾸준히 늘어난 데다('절망의 죽음'은 알코올 의존증이나 약물 중독, 자살, 알코올성 간 질환, 간 경변 등으로 인한 사망을 말한다) 그 밖의 원인(심장병 등)으로 인한 사망률 감소세가 둔화되면서 생긴 현상이라고 설명했다. 응답자들 스스로에게 척도를 매기게 해 측정한 건강 상태 및 정신 건강 상태도 비슷한 패턴을 보인다. 1990년대 이래로 중년의 백인 미국인 중 교육 수준이 낮은 사람들 사이에서 자신의 건강이 안 좋다고 응답하는 사람들의 비중이 점점 많아졌다. 또 이들은 다양한 통증을 호소하는 경향과 우울증을 언급하는 경향도 다른 집단보다 높았다.[82]

이것이 꼭 낮은 소득(혹은 불평등한 소득 분포) 자체만의 결과는 아닐 것이다. 흑인의 경제 상황도 더 나을 것은 없었지만 흑인들 사이에서는 이러한 경향이 나타나지 않았다. 서구 유럽도 [2008년 금융위기로 인한] 대침체 이후 소득이 정체되었지만 사망률이 반등하는 일은 없었다. 한편, 1991년 구소련 붕괴 뒤 러시아에서는 사망률이 급증했는데, 오늘날 미국처럼 대부분 젊은층과 중년층 성인에게서 심혈관계 질환으로 인한 사망과 폭력적 사망(자살, 살해, 의도하지 않은 독성 물질 중독, 교통사고)이 증가했기 때문이었다.[83]

또한 케이스와 디턴은 미국에서 사망률의 증가가 나타나기 시작한 것은 1990년대이지만 그 이전부터 오랫동안 벌어졌던 경향이 그때 가시화된 것이라고 지적했다. 1970년대 말에 노동시장에 진입한 세대 이후로 매 연령대의 노동자는 바로 앞 연령대에 비해 여러 가지 면에서 상황이 악화되었다.[84] 모든 연령대에서, 교육 수준이 낮은 백인들은 그 이전 연령대에 비해 사회성이 떨어지고 비만 비중이 높고 정신적 스트레스를 경험할 확률이 크고 우울증 증세를 경험하는 경향이 높고 만성 통증을 가질 확률이 컸다. 또한 자살을 하거나 약물 중독으로 사망할 가능성도 높았다. 1990년대의 사망률 증가는 다양한 박탈이 오래 누적되어서 뒤늦게 사망률이라는 형태로 가시화된 것이라고 보아야 한다.

느리게 움직이는 수많은 요인들이 교육 수준이 낮은 미국인들이 겪어 온 후생의 악화에 영향을 미쳤을 것이다. 이를테면, 이들은 모든 연령대가 이전 연령대에 비해 노동시장에 진입해 있을 가능성도 낮았다. 그리고 노동시장에 진입한 사람들 사이에서는 모든 연령대가 이전 연령대에 비해 실질 임금이 오르지 않았거나 오히려 낮아졌고, 특정한 직업이나 회사에 애착을 갖는 경향도 낮아졌다. 또 결혼을 하거나 안정적인 관계를 유지하는 가능성도 낮아졌다. 이 모든 것이 1970년대 이래로 대졸 미만 학력의 백인 노동자 계급이 무너지고 있었음을 보여 주며, 아마도 이는 미국 특유의 불평등한 경제 성장이 낳은 결과일 것이다.

세상에 대한 분노

절망이 아니라면 다른 길은 분노다.

미국이 계층 이동성이 낮은 사회임을 깨닫게 된다고 해서 사람들이 꼭 재분배를 지지하게 되는 것은 아니다. 계층 이동성에 대한 사람들의 견해를 물어본 연구(위에서 언급한 연구)에서, 연구자들은 미국인 응답자들에게 먼저 그들의 견해를 물어본 뒤에 그중 일부에게 미국의 실제 계층 이동성이 그들의 생각보다 훨씬 낮다는 것을 인포그래픽으로 보여 주었다(또 다른 일부의 사람들에게는 동일한 데이터를 더 낙관적으로 인식되도록 그린 인포그래픽을 보여 주었다). 응답자 중 공화당 지지자들은 실제의 계층 이동성이 어느 정도인지를 알게 되자 정부가 이 문제의 해결에 기여할 수 있으리라는 언명에 동의하는 정도가 오히려 **줄어들었다.**[85]

사람들이 취할 수 있는 행동 중 하나는 개인적으로 손해를 감수하더라도 시스템에 저항하는 것이다. 인도 오디사주에서 수행된 한 실험에 따르면, 회사가 자의적으로 불균등하게 보수를 지급한다고 느끼는 노동자들은 매일 고정된 급여를 안정적으로 지급하는 회사의 노동자들에 비해 업무에 노력을 덜 기울이고 더 자주 결근하는 식으로 저항했다. 그러한 저항이 자신에게는 손해가 되는데도 말이다. 또 노동자들이 받는 급여 사이에 격차가 있는 회사의 노동자들은 보수와 직결되는 업무에서도 공동의 목표를 위해 협업을 덜 하는 것으로 나타났다. 노동자들은 불평등한 보수를 감수할 의사가 있었지만, 보수의 격차가 성과의 차이와 명백하게 연결될 경우에만 그랬다[더 높은 임금을 받는 동료가 명백하게 생산성이 더 높다고 인식되는 한, 임금 격차는 노동자들의 업무 태도, 결근, 협업에 영향을 미치지 않았다].[86]

　　미국의 경우, 사람들이 취할 수 있는 또 다른 행동은 탓을 돌릴 다른 대상을 찾는 것이다. 많은 이들이 미국의 시장 시스템이 근본적으로 공정하다고 믿으므로, 시스템 말고 다른 비난거리를 찾아야 한다. 내가 일자리를 가질 수 없다면 그것은 지배 엘리트들이 일자리를 흑인이나 히스패닉에게 주었거나 아니면 멀리 중국 노동자에게 주었기 때문임에 틀림없다. 내가 왜 지배 엘리트들이 나에게 재분배를 해줄 것이라고 신뢰해야 하는가? 정부가 쓰는 돈이 더 많아지면 "저 족속들"에게 들어가는 돈만 더 많아질 텐데?

　　경제가 성장하지 못하거나 성장을 하더라도 평범한 사람들이 그 혜택을 누리지 못하면 희생양이 필요해진다. 그래서 이민자와 자유무역이 자연스럽게 공격 대상이 된다. 미국이 유독 두드러지지만 이러한 현상은 유럽에서도 나타난다. 2장에서 보았듯이, 반이민자 정서의 기저에는 두 개의 잘못된 생각이 놓여 있다. 하나는 이민자의 수를 실제보다 훨씬 과장되게 인식하고 있는 것이고, 다른 하나는 자기 나라에 저숙련 이민자들이 들어와 노동자들의 임금을 내리누른다고 잘못 생각하고 있는 것이다.

3장에서 보았듯이, 무역이 증가하면 부유한 나라의 가난한 사람들에게 해를 끼친다. 이는 무역 정책에 대해서만이 아니라 '체제'와 지배 기득권에 대해서도 대중의 백래시를 촉발했다. 오터, 돈, 핸슨은 미국의 선거구 중 '중국 쇼크'의 영향을 더 크게 받은 곳에서 온건 성향의 정치인들이 극단적인 성향의 정치인들에 밀려나는 경향이 있다는 것을 발견했다. 원래 중도파 민주당 위주이던 카운티에서는 더 극명하게 진보 성향인 정치인들이 당선되었고 원래 온건파 공화당이던 위주이던 카운티에서는 더 극명하게 보수 성향인 공화당 정치인들이 당선되었다. 그런데 무역으로 영향을 많이 받은 카운티 중에는 전통적으로 공화당 위주였던 곳이 많으므로, 전체적으로 이 효과는 무역의 영향을 받은 많은 선거구에서 더 보수적인 후보 쪽으로 표가 기우는 결과를 낳았다. 그리고 이 경향은 2016년 대선이 있기 한참 전부터도 드러나고 있었다.[87] 그런데 보수 성향 후보들은 어떤 형태의 정부 개입에 대해서도 (재분배적 개입은 더더욱) 반대하는 입장인 경우가 많으므로, 당선된 뒤에 이들은 무역으로 피해를 입은 사람들에게 보상해 주는 정책을 거의 취하지 않고 이는 상황을 더 악화시킨다. 그 예로, 무역으로 영향을 많이 받은 주 중 보수 성향의 공화당 정치인이 지배적인 주는 연방 정부가 주의 메디케어 확장에 연방 자금을 지원해 준다는 것도 거부했다. 그리고 이는 다시 무역에 대한 대중의 분노에 더욱 불을 지폈다.

믿었던 것보다 자신이 훨씬 더 불평등한 사회에 살고 있다는 것, 믿었던 것보다 훨씬 더 적은 기회만 존재한다는 것을 사람들이 깨닫게 될 때도 이와 비슷한 악순환 고리가 작동한다. 위에서 언급한 연구에서처럼, 사람들은 정부에 더 분노하게 될 것이고 정부가 그들을 돕기 위해 무언가를 할 수 있다는 개념을 더 믿지 않게 될 것이다.

여기에는 두 가지의 중요한 함의가 있다. 첫째, 레이건-대처 혁명의 뿌리에 있는 성장 집착증, 그리고 그 이후의 어떤 대통령도 레이건-대처식 성장주의를 완화하기 위한 노력을 전혀 기울이지 않은 것은 영구적인 피해를 야기했다. 경제 성장의 이득이 대체로 소수의 지배층에게로만 들어가면서 성장은 사회의 번영이 아니라 사회적 재앙을 낳는 기제가 되었다. 바로 지금 우리 사회가 통렬하게 경험하고 있듯이 말이다. 전에 우리는 '성장'을 위해서라는 명목 아래 홍보되는 정책은 모두 의심해 보아야 한다고 주장한 적이 있다. 허풍일 가능성이 크기 때문이다. 그리고 성장의 혜택이 극소수에게만 돌아간다면 우리는 그러한 정책이 효과가 있을 가능성을 오히려 더 두려워해야 할지 모른다.

두 번째 함의는 우리가, 그러니까 우리 '사회'가 이 극심한 불평등의 세계에서 사람들이 존엄을 잃지 않으면서 생존할 수 있도록 돕는 정책을 지금 당장 펴지 않는다면, 사회가 이러한 문제를 다루어 나갈 능력을 가지고 있다는 데 대한 사람들의 신뢰가 영구히 훼손되리라는 것이다. 이는 효과적인 사회 정책을 고안하고 그러한 정책에 충분한 예산을 지원하는 일이 지금 너무나 긴요하다는 의미다.

8장

국가의
일

시장이 늘 공정하고, 용인 가능하고, 효율적인 결과를 가져다주리라는 믿음은 합리적이지 않다. 이 책 전체에 걸쳐 그러한 사례들을 계속 볼 수 있었을 것이다. 가령, 경직적인 경제에서는 시장에만 맡겨 둘 게 아니라 정부가 개입해서 이주를 촉진해야 사람들이 실제로 이주를 하여 이득을 볼 수 있다. 또한 이주를 하지 않는 사람들도 생계와 존엄을 포기하지 않으면서 자신의 터전에 머물 수 있도록 정부의 개입이 필요하다. 더 일반적으로 말해서, 불평등이 극단적으로 심화되는 승자 독식의 세계에서는 가난한 사람과 부유한 사람 사이에 격차가 점점 벌어지게 되는데, 모든 사회적 결과를 오로지 시장에 의해 결정되게 놔둔다면 이들 사이의 차이와 간극은 돌이킬 수 없는 상태가 되고 말 것이다.

　　앞장에서 보았듯이, 조세 제도는 부와 소득 분포의 맨 꼭대기에서 불평등을 억제하는 데 유용하게 쓰일 수 있다. 하지만 1퍼센트를 없애는 것 자체가 사회 정책의 종국적인 목표일 수는 없다. 우리는 나머지 사람들을 도울 방법도 알아내야 한다.

　　그것이 어떤 것이든 혁신적인 사회 정책을 새로 도입하는 데는 돈이 필요하다. 그런데 아무리 '울트라 리치'라 해도 정부가 필요로 하는 돈을 다 댈 만큼 부유하지는 않을 것이고, 우리가 원하는 대로 세전 소득 불평등이 줄어든다면 더욱 그럴 것이다. 또 역사에서 숱하게 보았듯이, 그들은 세금을 더 내야 하는 상황에 저항할 것이고 그 저항은 꽤 성공할 것이다. '울트라 리치'가 아닌 사람들도 돈을 내야 하며 여러 나라의 경험을 보건대 이것은 완벽하게 실현 가능하다. 이를 가로막는 어려움은 정치적인 어려움이다. 특히 '국가'의 정당성이 훼손되고 있는 것이 문제다. '국가'는 믿을 만하지 못하다고, 아니 그보다 훨씬 더 나쁘다고 생각하는 유권자가 점점 더 많아지고 있다. 심하게 훼손된 국가의 정당성을 어떻게 하면 회복시킬 수 있을까?

세금을 더 내라고?

민주 국가에서 정부는 세금을 통해 필요한 돈을 모은다. 2017년에 미국의 각급 정부를 다 합한 총 세수는 GDP의 27퍼센트에 불과했다. OECD 평균보다 7퍼센트포인트나 낮은 수치다. 미국은 한국과 같은 수준이었고, OECD 국가 중에 이들보다 세수 비중이 낮은 나라는 멕시코, 아일랜드, 터키, 칠레, 이렇게 네 곳밖에 없었다.[1]

　　유의미한 수준으로 공공 정책을 집행하려면 더 많은 자금이 필요하다. 미국이 부유한 사람들에게서 거두는 세금을 덴마크 수준으로 늘린다고 해 보자. 그렇게 해도 미국의 GDP 대비 총 세수 비중은 2017년 덴마크(46퍼센트) 수준보다, 또 프랑스(46퍼센트), 벨기에(45퍼센트),

스웨덴(44퍼센트), 핀란드(43퍼센트) 수준보다 한참 낮을 것이다. 한 가지 이유는, 미국에서 소득세율이 그 정도로 올라가면 기업들이 CEO에게 천문학적으로 높은 보수를 주지 않게 되어 [최고세율이 적용될] 꼭대기층 소득자의 수가 많이 줄어들 것이기 때문이다. 이것 자체는 바람직한 일이지만 세수를 늘린다는 목적을 달성하지는 못한다. 현재 소득세율을 최고 70퍼센트로 올리자는 안이 나오고 있는데, 불평등을 억제한다는 면에서는 바람직할 수 있어도 정부에 조세 수입을 많이 늘려줄 수 있을 법하지는 않다.

소득세와 달리 부유세는 (조세 회피를 막을 수 있는 조치들이 병행된다면) 세수를 늘릴 수 있다. 사에즈와 주크만은 보유 자산이 5,000만 달러 이상인 사람(약 7만 5,000명 정도가 해당한다)에게 2퍼센트, 10억 달러 이상인 사람에게 3퍼센트의 부유세를 물리면 10년 동안 총 2.75조 달러의 세수를 늘릴 수 있을 것이라고 추산했다. 이는 GDP의 1퍼센트에 해당한다.[2] 앞에서 보았듯이 대중은 최고소득세율을 올리자는 안보다 자산 5,000만 달러가 넘는 부자들에게 부유세 2퍼센트를 물리자는 안에 더 많이 호응한다.[3] 하지만 그렇게 한다고 해도 추가로 늘어나는 세수는 GDP의 1퍼센트에 불과하다.

높은 수준의 최고세율과 부유세 제도가 있는 유럽 국가들에서도 조세 수입의 대부분은 평균적인 소득을 올리는 사람들이 내는 세금에서 나온다. "99퍼센트가 더 낮은 세금 고지서를 받게 해 주겠다"는 것이 조세 개혁의 취지라면, 미국은 앞으로도 뒤로 밀려난 사람들에게 재분배 정책을 많이 시행할 수 없을 것이다. [세금을 올리는 쪽으로의] 조세 개혁은 울트라 리치만이 아니라 그냥 리치, 심지어는 중산층에게도 적용되어야 한다.

그러나 현재로서 이 주장은 좌우파를 막론하고 정치인에게 금기나 다름없다. 국민 거의 모두에게 세금을 더 물리자는 안은 사람들에게 인기가 없다. 우리의 설문 조사에서도 응답자의 48퍼센트가 중소기업 경영주들이 세금을 너무 많이 내고 있다고 생각했고, 그들이 세금을 더 내야 한다고 생각하는 사람은 5퍼센트도 되지 않았다. 봉급 노동자들에 대해서도 결과는 비슷했다.[4] 평균적인 납세자들에게 세금을 조금 더 내고 공공 서비스를 조금 더 받으라고 성공적으로 설득할 수 있느냐가 아마도 넘어야 할 가장 커다란 산일 것이다.

세금 내는 것에 사람들이 이토록 거부감을 갖게 된 데는 여러 모로 경제학자들의 책임이 커 보인다. 우선, 수많은 저명한 경제학자들이 세금이 오르면 사람들이 일을 하지 않으려 할 것이라는 우려를 심어 놓았다. 예를 들면, 밀튼 프리드먼은 다음과 같은 유명한 말을 했다. "나는 어떤 상황에서도, 어떤 이유나 어떤 핑계를 대서라도, 가능하면 언제나 세금을 낮추는 것을 지지한다."[5] 이들은 높은 세금이 사람들의 진취성과 주도력을 잠식하고 경제 성장을 저해한다고 주장한다. 하지만 이를 입증하는 데이터는 전혀 없다. 세금이 많이 오른다고 해서 고소득자들이 일을 게을리하거나 그만두지는 않는다는 것은 앞에서 이미 살펴보았다. 그렇다면 나머지 99퍼센트는 어떨까? 이들은 세금이 오르면 직장을 관두고 시골로 내려갈까? 수많은 실증 근거들이 시사하는 바로는 분명히 그렇지 않다.[6]

스위스에서 수행된 한 연구가 이를 잘 보여 준다. 1990년대 말부터 2000년대 초에 걸쳐 스위스는 이전 2년간의 소득에 대해 세금을 내던 방식에서 그해에 버는 만큼에 세금을 내는 더 일반적인 방식으로 전환했다. 옛 방식에서는 1997년과 1998년에 내야 할 세금이 1995년과

1996년 소득의 평균을 기초로 산정되었고 1999년과 2000년에 내야 할 세금은 1997년과 1998년에 번 소득의 평균을 기초로 산정되었다. 이와 달리 새 방식에서는 2000년에 내야 할 세금을 당해 소득 추정치를 바탕으로 그해 1년간에 걸쳐 거둔 뒤, 이듬해인 2001년 초에 납세자가 소득세 환급 신고서를 제출해 과부족분을 조정한다(미국 방식도 이와 같다). 새 방식으로 전환하기 위해 스위스는 '세금 휴년'을 두어야 했다. 가령, 1999년에 투르가우 지구가 새 방식으로 전환을 했는데, 그에 따라 이곳 납세자들은 1997년과 1998년에는 1995년과 1996년 소득에 대해 세금을 냈지만 1999년부터는 1999년 소득을 토대로 세금을 내기 시작했다. 이중으로 세금을 내게 되는 경우를 피하기 위해 1997년과 1998년에 번 소득에는 과세가 되지 않았는데, 이것이 '세금 휴년'이다. 각 지구는 1999년에서 2001년 사이에 각각 전환을 했고, 따라서 사람들은 어느 지구에 사는지에 따라 각기 다른 해에 세금 휴년을 맞았다. 세금 휴년은 일시적으로만 존재하는 것이었고 세제의 변화는 사람들에게 사전에 잘 공지되었으므로, 사람들은 각자 자신이 세금을 안 내는 해가 언제인지 잘 알고 있었다. 즉 사람들이 그해에 일을 얼마나 할 것인가(혹은 일을 할 것인가 안 할 것인가)를 결정할 때는 그해에 버는 돈에 대해서는 세금이 없다는 것을 아는 상태로 결정하는 것이라고 볼 수 있었다. 이것은 세금 인하가 노동 의욕에 어떠한 영향을 미치는지 알아볼 수 있는 완벽한 기회였다. 세금 휴년 이전 해, 세금 휴년 당해, 세금 휴년 이듬해의 노동 공급량만 비교해 보면 되는 것이다. 그렇게 해 보았더니, 노동 공급량은 **전혀 달라지지 않았다**. 즉 세금을 내느냐 안 내느냐는 사람들이 일을 할지 말지, 한다면 얼마나 많이 할지를 결정하는 데 아무런 영향도 미치지 않았다.[7]

스위스 연구 결과가 두드러져 보이긴 하지만, 사실 이것은 일반적으로 관찰되는 결과다. 여러 실증 연구에 따르면 세금은 사람들의 노동 의욕을 저하하지 않는 것으로 보인다.[8] 하지만 세금이 오를 때 **남들이** 일을 하지 않을 것이라고 생각한다면 사람들은 여전히 조세 인상에 반대할 수 있다. 우리가 진행한 설문 조사에서 세금이 올라가면 일을 그만두거나 일을 더 적게 할 것이냐는 질문에 대해 응답자의 72퍼센트가 일을 그만두지 않을 것이라고 답했고 60퍼센트는 전과 동일한 시간만큼 일할 것이라고 답했다. 이 결과는 실제 데이터와도 잘 부합한다. 그런데 또 다른 조사에서 사람들에게 세금이 오르면 [본인이 어떻게 할 것인지가 아니라] 평균적인 중산층 사람이 어떻게 반응할 것이라고 예상하는지 물었더니, 평균적인 중산층 사람이 전과 동일한 시간만큼 일할 것 같다고 답한 사람은 35퍼센트에 불과했고 일을 그만둘 것 같다고 답한 사람은 50퍼센트나 되었다.[9] 미국인들은 스스로에 대해 판단할 때는 대체로 옳은데 친구나 이웃의 행동을 예측할 때는 너무 비관적이다.

정부는 문제인가 해결책인가?

더 많은 공공 서비스를 누리기 위해 세금을 올리자는 개념에 사람들이 거부감을 보이는 한 가지 이유는 많은 사람들이 어떤 개입이든 간에 정부의 개입 자체에 매우 회의적이라는 데서도 찾을 수 있다. 적어도 레이건 시절 이래로 미국 사람들은 "현재의 위기에서 정부는 해결책이 아니라 정부 자체가 문제다"라는 이야기를 줄기차게 들어 왔다.[10] (정부에 대한 사람들의 깊은 의구심은 미국뿐 아니라 영국에서도, 또 많은 개도국에서도 볼 수 있다).

2015년에 미국에서 진행된 설문 조사 결과, 정부를 "늘" 혹은 "대체로" 신뢰할 수 있다고 답한 사람은 23퍼센트에 불과했고 59퍼센트가 정부에 대해 부정적인 견해를 가지고 있었다. 응답자의 20퍼센트는 정부가 부유층과 빈곤층 사이에 기회의 평등을 높일 수 있는 수단을 가지고 있지 않다고 생각했다. 32퍼센트는 빈곤층을 위한 복지 프로그램을 운영하기 위해 세금을 올리는 것보다 부유층 및 부유한 기업에 세금을 낮추어 주어서 투자를 촉진하는 것이 기회의 평등을 높이는 데 더 나은 방법이라고 생각했다.[11]

정부의 행동에 대한 뿌리 깊은 의구심이야말로 정작 도움이 가장 절실하게 필요한 사람들이 도움을 받지 못하게 가로막는 최대의 제약 요인일 것이다. 아이러니하게도 정부의 도움이 가장 필요한 사람들 본인이 이러한 생각을 가지고 있기 때문이다. 인도의 정치인 맨프릿 싱 바달Manpreet Singh Badal은 펀자브주의 재무장관이었던 시절에 바로 이 문제 때문에 정치 경력에서 일대 위기를 맞은 적이 있다. 펀자브주에서는 농민들이 전기와 물을 무료로 쓸 수 있다. 그런데, 그렇다 보니 다들 자기 땅에 과하게 물을 대는 바람에 지표수가 급속도로 고갈되어서 몇 년 뒤면 퍼 올릴 물이 남아 있지 않을지도 모르는 상황이 되었다. 따라서 이제는 물 소비를 줄이는 것이 모두의 이해관계에 맞는 일이다. 물 소비를 줄이기 위해, 바달은 전기에 사용하는 만큼 비용을 물려서 농민들이 물을 필요 이상으로 퍼올리지 않게 하되(펌프를 사용할 때 전기료가 드니까 과도하게 사용하지 않게 될 것이다), 모든 사람에게 고정된 액수의 보조금을 지급해서 전기 요금으로 나가는 지출을 메워 주는 정책을 제안했다. 경제 논리로 보면 아주 명쾌하고 간단한 해법이다. 하지만 정치적으로는 자살이나 다름없었다. 이 조치는 2010년 1월에 도입되었다가 10개월 뒤에 철회되었고 바달은 재무장관직에서 물러났으며 소속 정당에서도 떠나야 했다. 농민들은 정부로부터 돈을 받게 되리라는 것을 믿지 않았고 따라서 농민협회(영향력이 매우 큰 단체다)가 이 조치에 맹렬히 반대했다. 2018년에 정부로 돌아온 바달은 놀랍게도 그 아이디어를 다시 한 번 시도해 보기로 했다. 하지만 이번에는 더 신중을 기했다. 전기 요금을 징수하기 전에 4만 8,000루피(구매력 평가 환율로 2,823달러)를 모든 농민의 계좌에 **먼저** 지급하기로 했다. 4만 8,000루피라는 액수는 시장 가격과 평균적인 전기 소비량 8,000~9,000단위를 기준으로 책정되었다. 따라서 전기를 9,000단위보다 적게 사용하는 농민은 보조금이 전기료를 보전하고도 남을 터였다. 이렇게 충분한 금액을 먼저 지급하는 것은 이 조치가 '변장한 세금'이 아니라는 것을, 즉 농민들로부터 돈을 뽑아내기 위한 정부의 술수가 아니라는 것을 명백히 알리기 위해서였다. 그리고 이번에는 서두르지 않았다. 정부는 먼저 작은 규모로 시범 프로그램을 시작했고, 현재는 이 정책이 물 소비와 농민들의 후생에 미치는 영향을 평가하기 위해 조금 더 큰 규모의 무작위 통제 실험을 계획하고 있다. 하지만 여전히 농민들은 의구심을 거두지 않고 있고, 농민협회는 이것이 "농촌에 제공하던 전기 보조금을 끊으려는 정부의 속셈"이라고 주장하고 있다.[12]

왜 사람들은 정부를 이토록 못 미더워 하는 것일까? 물론 역사적인 이유를 빼놓을 수 없을 것이다. 인도 사람들은 정부가 약속을 저버리는 일을 너무나 많이 겪었다. 미국의 경우에는 '자립' 이데올로기가 너무 깊이 뿌리박혀 있는 것이 한 가지 이유일 것이다. 이미 한참 전부터 이 이데올로기는 현실보다는 환상에 훨씬 더 가까운데도 말이다(미국에서 자립심을 가장 자랑스러운 가치로 여긴다는 사람이 많은 주들은 연방 정부의 보조에 가장 크게 의존하는 주들이기도 하다. 미시시피, 루이지애나, 테네시, 몬태나는 주 정부 수입 중 연방 보조금 비중이 가장 높은 주들에 속한다).[13] 지배층에 대한 불신도 정부에 대한 불신과 관련이 있다. 정부가 지출하는 복지 프로그램이라는 게 열심히 일하는 백인(아마도 남성?)만 빼고 다른 이들에게만 보조금을 주려고 하는 지배층의 수단이라고 생각하는 것이다. 이에 더해, 경제학자들이 불어넣은 '정부의 낭비'라는 개념이 이 모든 것의 배경에 깔려 있다. 회의실 한가득 경제학자들을 모아 놓고 "정부의 개입"이라는 말을 던져 보면 굉장히 냉소적인 반응이 나올 것이다. 많은 경제학자들이 (아마도 대부분의 경제학자들이) 정부 영역에서는 인센티브가 엉망으로 왜곡되기 마련이므로, 때로 필요할 경우가 있긴 하지만 정부의 개입은 매우 서투르게 이루어지거나 부패가 발생하기 쉽다고 생각한다.[14]

하지만 정부의 개입이 '무엇에 비하여' 나쁘다는 것인가? 위와 같은 냉소론은 정부가 하는 일의 상당 부분이 정부 말고는 그 일을 할 주체가 없는 일이라는 사실을 간과하고 있다. 물론 마땅한 범위를 훨씬 넘어서까지 정부가 오지랖을 부리는 경우가 왕왕 있기는 하다. 가령, 인도에서는 항공사가 국영이고 중국에서는 시멘트 공장이 국영이다. 하지만 태풍이 닥치거나, 가난한 사람들이 의료 서비스를 필요로하거나, 기업들이 줄도산을 하는 등의 상황에서는 일반적으로 '시장해법'이 존재하지 않는다. 다른 주체가 현실적으로 손댈 수 없는 문제들을 다루는 것은 정부의 존재 근거 중 하나다. '정부의 낭비' 설을 입증하려면 **위와 같은 일들을 정부보다 잘할 수 있는 주체가 있다는 것을 보여야 한다.**

물론 정부에 낭비가 아예 없는 나라는 없을 것이다. 실제로 인도,

인도네시아, 멕시코, 우간다 등 여러 곳에서 정부가 일하는 방식을 바꾸면 성과가 상당히 향상될 수 있음을 보여 준 연구들이 많이 나와 있다. 예를 들면, 인도네시아에서는 사람들에게 각자 어떤 정부 프로그램의 수급 대상이 될 수 있는지를 표시한 카드를 나누어 주는 것만으로도 가난한 사람들이 받는 정부 보조를 26퍼센트나 증가시킬 수 있었다. 자신이 어떤 프로그램의 수혜 자격이 있는지를 알게 되자 사람들이 더 적극적으로 권리를 행사할 수 있게 된 것이다.[15] 한편, 5장에서 보았듯이 민간 기업에도 막대한 낭비가 있다. 자원을 잘 관리하는 것은 우리가 생각하는 것보다 훨씬 더 어렵다.

그래서 정부의 낭비를 줄일 방법을 알아내는 것도 생각보다 어렵다. 단순한 공식은 통하지 않는다. 가령, 민영화는 만병통치약이 아니다. 동일한 서비스를 민간과 공공이 공급할 경우 성과가 어떻게 다른지를 비교한 몇몇 연구를 보면 결과가 매우 들쭉날쭉하다. 인도는 사립학교가 공립학교보다 비용 효율적으로 운영된다. 하지만 무작위로 사립학교에 배정받은 학생들과 공립학교에 계속 다닌 학생들 사이에 학업 성과는 차이가 거의 없었다.[16] 프랑스의 한 연구는 장기 실업자에게 일자리를 찾아 주는 서비스를 민간에 위탁한 경우와 정부가 운영하는 경우를 비교해 보았는데, 민간 위탁의 경우가 더 낮은 성과를 보였다.[17]

2016년에 라이베리아 정부는 93개의 공립학교 운영을 8개 기관(일부는 NGO였고 일부는 영리 기업이었다)에 아웃소싱하고 그 영향을 평가하기 위해 무작위 통제 실험을 했다. 그 결과는 역시 들쭉날쭉했다. 운영이 아웃소싱된 학교의 학생들이 평균적으로 약간 더 나은 학업 성과를 보이긴 했지만 학생 1인당 비용이 더 많이 지출되었기 때문에(정부는 일반적인 공립학교에는 학생 1인당 50달러를 지출했고 실험 대상 학교들에는 100달러를 지출했다) 운동장이 평평했다고 보기 어려웠다. 게다가 운영을 맡은 8개 조직 중 4개의 경우에는 공립학교보다 학생들의 학업 성과가 거의 향상되지 않았다. 유명한 교육 업체 '브리지 아카데미'는 좋은 학업 성과를 보였지만, 이는 상당한 외부 자금을 추가로 조달하고 학급 규모가 일정 상한을 넘으면 학생을 더 받지 않는 등의 환경을 조성했기 때문에 가능한 일이었다.[18] 그리고 미국의 자선 기관 '모어댄미'는 끔찍한 성추행 스캔들에 휘말렸다.[19] 결국, 기적의 약은 없었다.

부패에 대한 강박

정부에 대한 의구심은 정부의 부패에 대한 강박적인 우려와도 무관하지 않을 것이다. 이 우려는 전 세계에 보편적으로 존재하는 것으로 보인다. 정부 관료들이 납세자의 돈으로 편하게 산다는 생각이 사람들에게 분노를 일으키기 쉽기 때문에 선거에서는 부정부패가 핵심 쟁점으로 떠오르곤 한다. 여기에는 정치적 의지만 충분하다면 부패를 근절할 수 있으리라는 전제가 깔려 있다. 물론 상당 부분 맞는 말이다. 정부 당국자들 본인이 부정부패를 없앨 의지가 없는데 어떻게 정부 부패가 사라지리라고 기대할 수 있겠는가?

하지만 의지만 있으면 부패를 근절할 수 있다고 보는 견해는 부패의 근원에 대해, 그리고 그것을 다룰 수 있는 우리의 역량에 대해 핵심을 잘못 짚고 있다. 시장이 손대지 않는 일을 정부가 하는 이유는 많은 경우 그 일이 부패에 취약하기 때문이다. 오염에 벌금을 부과하는 일을 생각해 보자. 물론 오염을 일으키는 사람이나 기업이 오염을 관리하는 정부 당국자에게 뇌물을 주고 벌금을 무마하려 하는 경우가 생길지 모른다. 하지만 이윤 극대화를 추구하는 영리 기업이 이 일을 맡으면 그 문제가 나아지는가? 그렇지 않을 것이다. 영리 기업 종사자라고 돈을 덜 좋아하리라는 법은 없으니 말이다. 그뿐 아니라, 조세 징수 업무를 민영화했던 '조세 징수 도급tax farming'의 실제 역사가 잘 보여 주듯이, 민간 조세 징수 업자가 엉뚱한 사람들에게서까지 조세(혹은 벌금)를 과도하게 뜯어내려 할 인센티브가 생길 위험도 있다.

혹은 좋은 공립학교에 자녀를 입학시키려 하는 부모를 생각해 보자. 학교 당국자는 돈을 받고 부유한 가정의, 하지만 입학 자격이 안되는 아이에게 '샛문'을 열어 주고 싶은 유혹을 받게 될 것이다. 소문에 따르면 중국의 명문 고등학교에서 이런 일이 비일비재하다고 한다. 그런데 이것은 '정부' 자체의 속성과 관련된 문제가 아니라 '배급제'의 속성과 관련된 문제다. 가치 있는 재화가 '배급'을 통해 한정적으로만 분배될 때는 그것을 돈으로 사고자 하는 유혹이 매우 강해진다. 2019년에 스탠포드, 예일 등 미국의 명문 사립 대학들을 뒤흔들었던 입학 부정 스캔들이 이를 잘 보여 준다. 이 스캔들은 부유하긴 하지만 '뒷문'으로 아이를 입학시킬 수 있을 만큼(가령, 대학에 건물을 지어 줄 수 있을 만큼) 부유하지는 않은 부모들이 컨설턴트들의 도움을 받아 그것보다 조금 더 감당 가능한 가격으로 '샛문'을 열려고 했던(가령, 스포츠 코치에게 돈을 주는 식으로) 사례였다.

이러한 사례들은, 사회적 목적을 추구하고자 한다면 시장이 지시하는 대로 따르지 말아야 하는 경우가 왕왕 존재한다는 것을 말해준다. 벌금 징수에 대해 순수한 시장 해법이란 없다. 공립학교 수업료가 낮아야 하고 사립 대학들이 시장에서 받을 수 있을 최대 가격을 설정하면 안 되는 이유는 가난하지만 재능 있는 아이가 좋은 기회를 가질 수 있기를 우리가 원하기 때문이다. [즉 우리는 시장에 개입할 필요가 있다.] 하지만 누구든 시장에 개입하는 일을 담당하는 사람은 속임수를 쓰거나 사기를 치고 싶은 유혹이 들기 마련이다. 시장에 개입하는 것이 정부가 하는 일의 속성인 만큼, 정부의 부패와 싸우는 일은 매우 힘겹고 끝이 없는 싸움일 것이다. 의도가 아무리 좋더라도 말이다.

　　게다가 부패와 싸우는 데는 비용이 든다. 이탈리아는 여러 차례 정부 부패와 관련된 스캔들을 겪고 나서, 정부 부처들을 대신해 물자 구매를 담당할 이탈리아 조달 공사CONSIP를 설립했다. 그런데 CONSIP가 취급하는 품목은 들쭉날쭉했다. 그래서 어느 경우에는 해당 정부 부처가 필요한 물품을 CONSIP를 통해 조달할 수 있었지만 어느 경우에는 알아서 물품을 조달해야 했다. CONSIP를 통해서 조달할 수 있는 경우에는 대부분의 정부 부처가 자체적으로 조달하지 않고 CONSIP를 이용했다. 그런데 CONSIP를 통하는 것이 다른 경로를 통해 알아서 조달하는 것보다 비용이 훨씬 많이 들었다. 대개는 동일한 물품을 시장에서 더 싼값에 구할 수 있었기 때문이다. 즉 정부 부처들은 필요한 물품을 시장에서 더 싸게 구매할 수 있을 때도 가능하면 더 싼 채널을 택하지 않고 CONSIP를 통해 구입하는 편을 택했다. 따라서 비용 면에서 보면 CONSIP 도입의 순효과는 손해였다. 정부 관료의 행위를 제약하지 말고 전처럼 그들이 알아서 하도록 믿고 맡겼더라면 더 좋았을 것이다.[20]

　　그런데 동일한 제품을 더 싸게 조달할 방법이 있는 것을 아는데도 왜 거의 모든 정부 당국자가 되도록 CONSIP를 통해 조달하는 편을 택했을까? 부패와 관련해 의심을 받게 될 여지를 남기지 않기 위해서였을 것이다. 혹시라도 문제가 될 소지를 미연에 방지하고자 서류의 모든 칸에 체크해 두려는 경향은 정부에서만 나타나는 현상은 아니다. 가령, 미국에서는 의사들도 의료 소송에 휘말릴까 봐 환자에게 과도하게 많은 검사를 제안한다. 또 대기업들은 직원 모두가 출장 갈 때 회사가 지정한 특정한 여행사를 이용하게 한다. 그 여행사가 반드시 가장 좋은 조건으로 나온 티켓을 검색하는 것은 아니기에 각자 알아서 구하면 대개는 더 싼 티켓을 구할 수 있지만, 지정 여행사를 통하게 하면 직원들이 부당하게 돈을 챙길 위험을 줄일 수 있기 때문이다.

여기에는 더 폭넓은 시사점이 있다. '부패와의 싸움'에서 요즘 유행하는 수단은 **투명성**이다. 정부가 하는 일을 외부의 독립적인 감사, 언론, 그리고 대중이 살펴보게 하는 것이다. 투명성이 부패를 없애는 데 실제로 도움이 된다는 실증 근거도 다수 존재한다. 특히 정부 서비스의 수혜자들에게 그들이 '얻을 수 있는 것'과 '실제로 얻는 것' 사이의 차이에 대해 투명하게 정보를 제공하는 것은 부패와 싸울 수 있는 강력한 도구다.[21] 하지만 CONSIP 사례가 명백하게 보여 주듯이 투명성에도 단점이 있다. 많은 경우 정부에 대한 감사는 외부인에게 맡기게 되는데, 그들은 전체적으로 사회적 목적이 얼마나 잘 충족되고 있는지를 평가하거나 큰 그림을 파악하는 능력이 제한적인 경우가 많다. 그들이 할 수 있는 최선은 적법 절차대로 진행이 되었는지만 체크하는 것이다. 이는 다시 당국자들이 괜히 문제가 되는 사태를 피하기 위해 각각의 칸에 정확하게 체크가 되었는지에만 강박적으로 신경을 쓰게 만든다. 그렇게 되면 정작 법규의 취지와는 동떨어지더라도 법규의 문구만 집착적으로 따르려 하는 편향이 생기게 된다.

사람들이 관료와 정치인을 무능하거나 부패했거나 둘 중 하나라고 인식하게 되면 (이러한 인식을 만든 데에 경제학자들의 책임도 크다) 사회에 매우 큰 악영향을 끼칠 수 있다.

　우선 이와 같은 인식은 정부의 역할을 확대하자는 모든 안에 대해 반사적으로 맹렬한 거부감을 불러일으킨다. 정부의 역할이 명백하게 필요한 경우에조차 그렇다. 오늘날의 미국이 좋은 사례다. 우리의 설문 조사에서 미국 응답자들은 정부 관료에 대한 신뢰가 경제학자에 대한 신뢰만큼 낮았다. 응답자 중 겨우 26퍼센트가 공무원을 '다소' 혹은 '매우' 신뢰한다고 답했다.[22] 정부가 해결책 쪽이 될 수 있다고 믿는 사람이 왜 그렇게 적은지를 말해 주는 결과인 것 같다.

　둘째, 정부가 무능하거나 부패했거나 둘 중 하나라고 보는 인식은 누가 정부 기관에서 일하고 싶어 할 것인가에 영향을 미친다. 정부가 잘 기능하려면 자격을 잘 갖춘 양질의 인력이 들어와야 한다. 하지만 현재 미국에서 정부의 평판을 볼 때, 정부에서 일하는 것이 유능한 젊은이에게 그리 매력적인 진로로 여겨지지 않는 것 같아 보인다. 우리 저자 둘 다 졸업을 앞둔 학부생이 정부에서 일하고 싶다고 말하는 경우를 본 적이 없다. 이러한 선별 효과는 악순환을 일으킨다. 상대적으로 능력이 부족한 사람들만 정부에 들어오게 되면 능력이 부족한 정부가 되고, 이는 다시 유능한 사람들이 정부로 가는 것을 꺼리게 만든다. 미국과 달리 프랑스에서는 정부에서 일하는 것이 자랑스럽게 여겨지고, 실제로 가장 뛰어난 역량을 가진 사람들이 정부에서 일한다.

　또한 정부가 어떤 이미지를 가지고 있는지는 정부에서 일하고 싶어 하는 사람들의 정직성에도 영향을 미친다. 인도에서 연구자들은 스위스 은행가들을 대상으로 했던 실험(4장 참조)을 되풀이해 보았다.[23] 참가자들(여기에서는 대학생)은 혼자서 주사위를 42번 던진 다음에 연구자에게 주사위 숫자를 보고하도록 요청받았다. 주사위 숫자가 1이 나오면 0.5루피, 2는 1루피, 3은 1.5루피와 같은 식으로 돈을 지급하기로 했고, 지켜보는 사람이 없었기 때문에 참가자들은 얼마든지 거짓으로 결과를 알릴 수 있었다. 스위스 실험에서와 대략 비슷한 비중의 학생이 거짓말을 했다. 하지만 스위스의 실험에서 은행가로서의 정체성을 상기시키자 속이는 경우가 늘어났듯이 인도의 대학생들 중에서도 정부에서 일하고 싶어 하는 학생들 사이에서 속이는 확률이 더 높은 것으로 추산되었다.[24] 반면, 사람들이 공공 영역을 자랑스러워하는 덴마크에서 비슷한 실험을 했을 때는 정부에서 일하고 싶어 하는 학생들이 결과를 속이는 확률이 더 **적은** 것으로 추산되었다.[25]

셋째, 정부 관료 대부분이 사악하거나 게으르거나 아니면 둘 다라고 가정할 경우, 그들에게서 의사결정 권한을 모두 제거하는 것이 합리적이다. 그러면 유연한 창의력과 창의적인 사람들도 모두 제거될 텐데, 이는 정부 당국자들의 역량에 직접 영향을 미친다. 최근 파키스탄에서 있었던 한 실험에서 병원과 학교의 구매 담당자들에게 약간의 융통성을 허용해서 기본적인 물품을 구매하는 데 재량껏 쓸 수 있는 현금을 제공했더니 이들의 가격 협상력이 크게 향상되었고 그 덕분에 정부는 비용을 많이 절약할 수 있었다.[26]

정부 당국자들의 행동과 정부가 발주하는 계약에 너무 많은 제약을 가하는 것은 정부에 인재가 가장 필요한 시점에 인재가 정부에서 일하는 것을 꺼리게 만든다. 미국은 컴퓨팅 분야에서 세계적인 선도 국가이지만 거대 테크놀로지 기업 중 오바마 케어를 위해 컴퓨터 시스템을 구축하는 계약에 입찰한 곳은 한 군데도 없었다. 정부가 발주하는 계약을 따려면 너무 많은 칸에 체크를 해야 하기 때문이었다.

연방 구매 규정은 무려 1,800페이지에 달한다. 따라서 정부 계약을 따내려면 정작 해야 할 해당 업무보다 서류 작업에 더 능해야 한다.[27] 국제개발 분야에서는 미국 국제개발처USAID가 발주하는 정부 계약을 따내는 데 특화된 곳들을 '벨트웨이의 악당들'이라고 부르는데, 현장 경험이 더 풍부하더라도 다른 기업이나 단체가 여기에 끼어들어 계약을 따내기는 매우 어렵다.

마지막으로, 그리고 아마도 가장 중요하게, '정부는 무능하고 부패했다'는 말을 자꾸 듣다 보면 정작 시민들이 정부의 부패에 무덤덤해지게 된다. 그래서 선출직 정치인들 사이에서 뻔뻔하고 노골적인 부패가 있었다는 사실이 폭로되어도 어깨 한 번 으쓱하고 넘어가게 된다. 워싱턴 D.C.부터 예루살렘, 모스크바까지 모든 곳에서 이러한 현상을 목격할 수 있다. 사람들이 정부에 대해 그와 다른 모습을 기대하도록 학습되어 있지 못해서, 더 이상 관심조차 갖지 않게 되었기 때문이다. '작은' 부패에 대한 과도한 강박이 '거대한' 부패가 횡행할 여지를 만들어 주는 뒤틀린 결과로 이어진 것이다.

아메리카 퍼스트?

현재 미국은 늪에 빠져 있는 것처럼 보인다. 곧 좋아질 것이라는 약속이 실현되기를 기다리기만 하면서 40년의 세월을 보내고서, 이제는 너무나 많은 사람이 아무도 믿지 않는 상태가 되었다. 특히 정부를 믿지 않는 분위기가 지배적이다. 성장의 신기루를 열심히 좇은 결과로 부자들의 경제적, 정치적 영향력이 증가했고, 이 영향력은 이들이 자신이 부를 늘리는 데 어떤 제약도 가해지지 않도록 하기 위해 정교하게 배양해 놓은 반정부 정서와 결합했다. 이제 정부는 세금을 올리는 것이 정치적으로 불가능해서 만성적으로 파산 상태다. 젊은이들은, 심지어 사회적 목적에 관심이 굉장히 많은 사람들도 정부 쪽 경력은 너무나 별로라고 생각해서 민간 재단이나 '사회 임팩트 펀드' 쪽으로 진출하려 하거나, 아니면 사회적 목적을 추구하는 일을 포기하고 영리 기업 쪽으로 진출한다. 하지만 이 늪을 빠져나올 수 있는 방법은 역시 정부의 역할을 훨씬 더 확대하는 것뿐이다.

미국이 먼저 밟아 온 이 경로, 늪으로 점점 빠져들어 온 이 경로를 다른 나라들이 뒤따라 밟게 될 가능성도 커 보인다. 미국만큼 극적이지는 않았지만 프랑스에서도 불평등이 증가했다. 1983~2014년에 부유한 1퍼센트의 평균 소득은 100퍼센트, 0.1퍼센트의 평균 소득은 150퍼센트 늘어났다. 이 시기는 전체적으로 GDP 성장이 둔화되던 시기였으므로, 아주 부유한 소수가 아닌 대부분의 사람들은 생활 수준이 정체되어 있었다. 실제로 그 기간에 하위 99퍼센트의 소득은 겨우 25퍼센트 늘어났는데, 이는 연 증가율이 1퍼센트도 안 되는 것이다.[28] 이러한 상황은 지배층에 대한 대중의 불신에 불을 지폈고 인종주의적인 극우정당 '국민연합당'이 부상할 수 있는 토양이 되었다. 최근에 중도파인 마크롱 정부는 조세 누진성을 줄인 세제 개혁안을 내놨다. 일률 과세의 비중을 높이고, 부유세를 폐지하고, 자본 소득에 대한 세금은 축소되었다. 공식적으로 이 개혁안이 제시된 이유는 자본이 다른 나라로 빠져나가지 않게 하기 위해 꼭 필요한 조치라는 것이었다. 그 말이 맞다손 치더라도, 이러한 세제 개혁은 유럽의 다른 나라들까지 세금 인하 경쟁에 뛰어들도록 해 바닥으로의 경주를 촉발할 위험이 있다. 미국의 경험을 보건대, 일단 그렇게 되면 역전시키기는 매우 어려울 것이다. 유럽 국가들은 조세 수준을 유지하기 위해 협력해야 한다.

개도국은 세수 비중이 미국보다도 낮다. 중저위 소득 국가들은 세수가 GDP의 15퍼센트도 안 된다. 유럽이 거의 50퍼센트이고 OECD 평균도 34퍼센트인 것과 크게 대조적이다. 개도국에서 조세 규모가 커지지 못한 이유 중 어느 정도는 경제 구조와 관련이 있다. 가령, 개도국은 경제의 많은 부분이 영세 사업자나 소농 위주여서 소득을 확실하게 포착하기가 어렵다. 하지만 조세 수입이 낮은 더 큰 이유는 정치적인 선택에서 기인한 것이다. 이와 관련해 인도와 중국은 흥미로운 대조를 보여 준다. 옛날에는 두 나라 모두 인구 대부분이 소득세를 부과하기에는 소득이 너무 낮았다. 그러다가 두 나라 모두에서 사람들의 소득이 증가했는데, 인도는 소득세 과세 대상 기준을 계속 올렸다. 새로운 세율과 과세 구간이 공지되는 '예산의 날'이면 상향 조정된 새 과세 구간이 신문 머리기사를 차지하곤 했다. 그 결과, 인구 중 소득세를 내는 사람의 비중은 계속해서 2~3퍼센트 수준이었다. 반면, 중국에서는 과세 기준 소득이 조정되지 않아서 인구 중 소득세를 내는 사람 비중이 1986년 0.1퍼센트이던 데서 2008년에는 20퍼센트로 증가했다. 이에 따라 소득세 수입도 GDP의 0.1퍼센트에서 2008년에는 2.5퍼센트가 되었다. 인도는 여전히 0.5퍼센트 수준에서 정체되어 있다. 다른 세수까지 모두 합한 총 세수는 인도의 경우 GDP 대비 15퍼센트 정도에 계속 머물러 있는데, 중국은 20퍼센트가 넘는다. 그래서 중국 정부가 투자 및 사회적 지출에 돈을 쓸 여력이 더 많다.[29] 인도에서는 최근 [주마다 달랐던 부가가치세를 통합해] '상품 및 서비스세Goods and Services Tax'를 세로 도입했는데, 구매에 비례하는 간접세여서 (조세 회피가 어려워 세수를 더 쉽게 올릴 수는 있지만) 누진적이지 않기 때문에 재분배 효과는 거의 없을 것이다.

그뿐 아니라 미국에서와 마찬가지로 인도는 맨 꼭대기 쪽에서 세전 소득의 불평등이 급증하는 것을 막는 데 조세를 그다지 성공적으로 활용하지 못했다. '세계 불평등 데이터베이스'에 따르면 인도 GDP 중 상위 1퍼센트 소득자에게로 가는 몫은 1980년 7.3퍼센트에서 2015년 20퍼센트 이상으로 뛰었다. 인도만큼은 아니지만, 중국에서도 상위 1퍼센트가 차지하는 비중이 6.4퍼센트 수준에서 13.9퍼센트로 증가했다.[30]

이와 반대되는 흥미로운 사례를 남미에서 볼 수 있다. 남미는 오랫동안 경제 성장과 함께 불평등이 폭증한 (그다음에는 극심한 불평등이 경제 성장을 저해한) 대표 사례로 꼽히는 곳이었다. 그런데 최근에 남미에서 불평등이 상당히 크게 감소했다. [수출 품목인] 원자재 가격이 올라서 덕을 본 측면도 있지만, 정책적인 개입, 특히 최저임금 인상과 대규모의 재분배 정책이 불평등 감소에 기여했다.[31]

남미 국가들이 어떻게 재분배를 확대할 수 있었는지는 많은 시사점을 준다. 남미에서도 빈곤층에게 소득을 이전해 주는 프로그램은 정치적인 반대에 부닥쳤고 명목상의 이유는 '사람들에게 무언가를 공짜로 주면 도덕적, 심리적으로 악영향을 일으킨다'는 것이었다. 미국의 복지 담론이 '복지 프로그램이 오남용과 게으름을 유발한다'는 우려로 점철되었던 것과 비슷하다. 멕시코에서 저소득층 대상 소득 이전 프로그램인 '프로그레사'(훗날 많은 나라에서 모델이 된, 성공적인 프로그램이다)를 고안하는 데 핵심적인 역할을 했던 경제학 교수 산티아고 레비Santiago Levy는 우파의 탄탄한 지지를 얻지 않으면 성공하기 어렵다는 것을 처음부터 잘 알고 있었다.[32] 그래서 이 프로그램은 '마땅한 보상'의 개념을 강조하면서, 수혜자가 받는 혜택이 분명하게 조건부로 제공되게 했다. 수혜 가구는 자녀를 병원에 데리고 가고 학교에 보내야만 돈을 받을 수 있었다. 그리고 이후에 무작위 통제 실험으로 효과를 평가한 결과, 이 프로그램을 통해 혜택을 본 가구가 자녀의 건강과 교육 면에서 더 나은 지표를 보인 것으로 나타났다.[33] 이러한 지표들에 힘입어 프로그레사는 그 이후로도 안정적으로 유지될 수 있었다. 수십 년 동안 정권은 계속 바뀌었어도 이 프로그램은 이름만 바뀌었을 뿐('프로그레사'에서 '오포르튜니다데스'로, 다시 '프로스페라'로 바뀌었다) 내용은 크게 달라지지 않은 채 계속 시행되고 있다. 그리고 2019년에 새로운 좌파 정부는 수혜 대상과 지급 액수는 전과 비슷하게 유지하되 '조건부' 조항을 완화하는 개정 작업에 착수했다.

그 사이에 프로그레사와 비슷한 '조건부 현금 이전 프로그램 conditional cash transfer program, CCT'이 남미 전역에서, 그리고 더 멀리는 뉴욕에서도 도입되었다. 처음에는 대부분 프로그레사와 마찬가지로 '조건부' 조항을 두고 있었고 무작위 통제 실험을 통해 효과를 평가하도록 되어 있었다. 그렇게 해서 이뤄진 일련의 실험 연구는 두 가지 면에서 중요한 결과를 가져왔다. 첫째, 가난한 사람들에게 현금을 주어도 으레 이야기되던 안 좋은 일은 전혀 일어나지 않는다는 것을 실증 근거로 확인할 수 있었다. 다음 장에서 더 자세히 보겠지만, 그들은 술마시는 데 그 돈을 다 써버리지도 않았고 일을 그만두지도 않았다. 이러한 연구 결과들은 개도국 전역에서 재분배 정책에 대한 대중의 인식을 전환하는 데 매우 유용한 도구 역할을 했다. 인도에서는 2019년 선거에서 처음으로 주요 정당 두 곳 모두가 가난한 사람들에게 현금을 이전하는 프로그램을 핵심 공약으로 내세웠다. 둘째, 이후 여러 나라들이 프로그레사 모델을 조금씩 변형해 시도해 보면서, 원래 '조건부'로 프로그램을 고안했을 때 전제했던 바와 달리 명시적인 조건을 붙여 관리 감독하지 않아도 수혜를 받는 가난한 사람들이 충분히 올바르고 타당하게 행동한다는 것이 실증적으로 분명히 드러났다. 요컨대, 재분배에 대한 공공 담론의 방향이 완전히 전환되었고 여기에는 프로그레사 및 그 뒤를 이은 프로그램들에서 나온 실증 근거들이 크게 기여했다.

물론 남미 나라들도 불평등과의 싸움에서 완전히 승리하지는 못했다. 최고세율은 여전히 낮고 최고위층의 소득은 체계적으로 억제되지 않고 있다. '세계 불평등 데이터베이스'에 따르면 2000년 이래 칠레에서는 최고위 소득이 완전히 평평하게 유지되고 있고 콜롬비아에서는 증가했으며 브라질에서는 오르락내리락하는 가운데 최근에는 다시 반등하는 추세를 보이고 있다.[34] 하지만 프로그레사 실험은 이제까지 미국에서는 해결 불가능한 난제로 보였던 것에 대해 (그리고 다른 나라들에서 겪고 있는 비슷한 문제들에 대해) 신중하게 고안된 프로그램들로 돌파구를 찾는 것이 가능함을 보여 주었다.

그러한 방법들을 알아내는 것은 우리 시대의 가장 큰 도전 과제 중 하나다. 우주여행을 하는 방법을 알아내는 것보다도, 암을 정복할 방법을 알아내는 것보다도 훨씬 어려운 도전일지 모른다. 결국, 여기에 걸려 있는 것은 '좋은 삶이란 무엇인가'에 대해 이제까지 우리가 가지고 있었던 개념이다. 우리에게 자원은 부족하지 않다. 우리에게 부족한 것은 불화와 불신과 분열의 벽을 뛰어넘게 해 줄 아이디어다. 이를 명시적으로 추구하면서 세상의 문제들에 더 적극적이고 진지하게 관여할 수 있다면, 그리고 정부, 비정부기구, 또 그 밖의 다양한 영역에서 전 세계의 유능한 사람들이 사회적 프로그램들을 효과도 있고 정치적 실현 가능성도 있도록 재구성할 수 있다면, 역사가 우리 시대를 다행스러운 시대였다고 여기게 만들 기회가 아직 우리에게 남아 있을 것이다.

9장
돈과 존엄

인도 북부의 유서 깊은 도시 러크나우에 오는 방문객은 으레 도시 중심부에 있는 18세기의 거대한 인도-이슬람 조형물 '바라 이맘바라Bara Imambara'를 찾는다. 그 시기 건축물치고는 특이하게도 이것은 성채도, 궁전도, 모스크도, 묘지도 아니다. 여행 가이드들은 관광객들 듣기에 흥미로우라고 많이 각색한 게 틀림없는 여러 가지 이야기를 들려준다. 아비지트가 들은 이야기는 바라 이맘바라가 영국 통치자들의 침략을 막기 위해 당시의 왕국이 건설한 방어 체계의 일부라는 것이었다. 어딜 봐도 성채와는 비슷하게 생긴 구석이 없는데도 말이다. 사실 바라 이맘바라는 아와드의 왕 아사프 우드 다울라Asaf Ud Daula가 1784년의 대흉작으로 굶주리던 백성들에게 일자리를 제공하기 위해 지은, 일종의 공공사업이었다.

이와 관련해 아비지트가 매우 인상 깊게 기억하고 있는 이야기가 하나 있다. 낮에는 백성들이 건물을 짓고 밤에는 지배층이 건물을 다시 부수었기 때문에 완공까지 아주 오랜 시간이 걸렸다는 것이었다. 지배층도 농업 소출에 의존해 살아가고 있었으므로 흉작이 들었을 때 굶주리게 된 것은 일반 백성들과 마찬가지였기 때문에 이들에게도 일자리를 제공할 필요가 있었다. 하지만 이들은 귀족인지라 자신이 그토록 끔찍하게 곤궁한 상황이라는 것을 백성들이 알게 하느니 차라리 죽는 게 낫겠다고 생각하는 사람들이었다. 그래서 [백성들에게 보이지 않도록] 그들이 일하는 시간을 밤으로 분리했다는 것이다.

귀족의 체면이 무엇이길래 이렇게까지 해야 했느냐에 대해 각자의 생각이 어떻든 간에, 또 실제로 그때 있었던 일이 무엇이었든 간에, 이 이야기는 중요한 메시지를 하나 담고 있다. 우리가 종종 잊곤 하지만, 도움을 줄 때는, 특히 위기에 처한 사람들에게 도움을 줄 때는, 도움받는 사람의 존엄을 최대한 지켜 주는 것이 매우 중요하다는 점이다. 그때 아사프 우드 다울라는 (적어도 전해 내려오는 이야기가 맞다면) 이 사실을 잊지 않고 있었다.

이 장에서 우리는 사회 정책을 고안할 때 '돈'과 '존엄' 사이의 긴장 관계를 핵심적으로 고려해야 한다고 주장하고자 한다. 현재의 담론을 보면, 한쪽 끝에는 시장 경제에서 잘 살아가지 못하는 사람들에게 사회가 해 줄 수 있는 것은 그들에게 현금을 주고 그다음에는 그들이 알아서 하도록 손 터는 것이라고 믿는 사람들이 있고, 다른 쪽 끝에는 가난한 사람들은 무언가를 스스로 알아서 할 능력이 없으므로 운명대로 살도록(즉 비참하게 살도록) 내버려 두거나 아니면 그들의 삶에 매우 세세하게 개입해서 그들의 선택지를 제약하고 그 제약을 벗어날 경우에는 응분의 처벌을 해야 한다고 생각하는 사람들이 있다. 한쪽은 공공 정책 수혜자들의 자존감은 우리가 고려할 문제가 아니라고 생각하고, 다른 쪽은 그들의 자존감 따위에는 아예 관심이 없거나 그들이 공공 정책의 도움을 받기를 원한다면 자존감을 버리는 대가를 치러야 마땅하다고 생각한다. 하지만 존중받고 싶다는 욕망이야말로 사람들이, 특히 그 프로그램을 가장 필요로 하는 사람들이 사회적 프로그램을 지지하지 않게 만드는 중요한 이유다. 그 때문에 이러한 정책은 종종 실패한다. 이 문제가 사회 정책의 고안에 대해 시사하는 바가 무엇인지를 이 장에서 구체적으로 알아보기로 하자.

사회 복지계의 '잇 아이템'

오늘날 보편기본소득universal basic income, UBI은 사회 복지 프로그램계의 '잇 아이템'이라고 불러도 손색이 없을 것 같다. 우아한 단순함이 있으며 실리콘 밸리 기업가, 미디어 거물, 일부 철학자와 경제학자, 독특한 정치인들 사이에서 인기가 있는 이 개념은, 20세기 중반에 '복지 국가' 개념이 그랬던 것만큼이나 '모던'하다.

　　보편기본소득은 정부가 모든 사람에게 상당한 금액의 기본적인 소득(미국에서 이야기되고 있는 금액은 월 1,000달러다)을 각자의 구체적인 필요와 상관없이 일괄 제공하는 것이다. 월 1,000달러면 빌 게이츠에게는 푼돈이겠지만 일자리가 없는 사람에게는 큰돈이어서, 이만한 돈을 기본소득으로 받으면 일자리 없이도 어느 정도 삶을 꾸려 나가는 것이 가능해진다. 실리콘 밸리의 기업가들은 자신들이 불러온 혁신이 [많은 사람들을 노동시장에서 몰아내는] 심각한 사회적 탈구를 일으킬지 모른다는 우려에서 [이에 대한 완충망으로서] 기본소득 개념을 좋아한다. 2017년 프랑스 대선에서는 브누아 아몽Benoit Amon(프랑수아올랑드Francois Hollande에 이어 후보로 나선 프랑스 사회당 대통령 후보)이 기본소득 공약을 내세웠다(하지만 기운 판세를 되돌리지는 못해서 패배했다). 미국에서 힐러리 클린턴도 기본소득을 언급했다(하지만 힐러리 클린턴도 대선에서 패배했다). 스위스에서는 기본소득 도입안을 국민투표에 부쳤다(하지만 찬성한 사람은 유권자의 4분의 1밖에 되지 않았다). 인도에서는 최근 재무부의 공식 문서에 기본소득이라는 주제가 등장했고 경쟁 관계인 주요 정당 두 곳 모두가 조건부가 아닌 현금 이전 프로그램을 공약에 포함시켰다(두 당의 정책 모두 저소득층만을 대상으로 한다는 점에서 '보편' 프로그램은 아니다).

적어도 밀튼 프리드먼 이래로 경제학자들도 오랫동안 보편기본소득 개념에 담겨 있는 '그들이 알아서 하게 내버려 두자'는 태도를 대체로 지지해 왔다. 대개 경제학자들은 '자신에게 무엇이 가장 좋은지는 본인 스스로가 제일 잘 안다'는 가정에 익숙해져 있고, 그것을 정부 관료가 더 잘 알고 있으리라고 볼 이유는 전혀 없다고 생각한다. 이렇게 본다면, 복지 수급자들에게 현금을 지급하고 그 돈을 가지고 무엇을 할지는 그들이 알아서 결정하게 두는 것이 명백하게 옳은 일이다. 그 돈으로 무엇을 하는 게 제일 좋을지는 당사자가 제일 잘 안다. 먹을 것을 사는 게 합리적이라면 그들은 먹을 것을 살 것이다. 옷을 사는 게 더 유용하다면 그들은 옷을 사기로 결정할 권리가 있다. 미국의 SNAP(Supplemental Nutrition Assistance Program. 예전에 '푸드 스탬프'라고 불렸던 저소득층 영양 보조 프로그램) 같은 제도는 지급 받은 돈으로 식품만 살 수 있게 정해 놓았다는 점에서 정부가 수급자의 의사결정에 과도하게 개입하는 것이다. 조건부 현금 이전 프로그램(멕시코의 '프로그레사', '오포르튜니다데', '프로스페라' 및 이와 유사한 각국의 프로그램)도 수혜자가 '바람직한 행동'을 하는 것을 조건으로 돈을 지급하므로 정부가 과도하게 개입하는 셈이다. 이러한 조건을 붙이는 것은 쓸데없이 사람들을 고생시키는 꼴이다. 어떤 행동이 정말로 그들에게 좋은 행동이라면 정부가 굳이 강요하지 않아도 그들은 그렇게 행동할 것이고, 어떤 행동이 그들에게 좋은지에 대해 정부와 그들의 의견이 다르다면 당사자인 그들의 의견이 옳을 가능성이 크다. 2019년 초에 좌파 성향의 새 멕시코 정부는 조건부 프로그램인 '프로스페라'를 조건 없는 현금 이전 프로그램으로 바꾸겠다는 방침을 발표하면서 "건강 강좌 참석, 의료 검진 등 여러 의무 사항이 여성에게 과도하게 부담이 된다"고 이유를 밝혔다.[1]

대상 집단도 설정하지 않고 조건도 달지 않는 '보편' 프로그램에는 매우 현실적인 장점도 있다. 대부분의 사회 복지 프로그램은 수급 자격을 확인하는 절차와 조건을 잘 이행했는지 점검하는 관리 감독 절차가 수반된다. 수혜자가 돈을 받을 자격이 있는지를 확인하기 위해서다. 그런데 어떤 프로그램이 가령 수혜자가 자녀를 학교에 보내거나 자녀에게 건강 검진을 시키는 것을 조건으로 현금을 지급할 경우, 그 조건을 이행했는지 확인하는 데는 비용이 만만치 않게 든다. 멕시코에서는 가정당 이전 소득 100페소를 지급할 때 비용이 10페소 정도 드는데 그 10페소 중 34퍼센트가 수급 자격을 확인하는 데 들어가고 25퍼센트가 이행 조건을 충족시키는지 확인하는 데 들어간다.[2]

또 규정이 너무 많으면 수혜 자격이 있더라도 신청하지 못하는 사람이 많아진다는 문제가 있다. 그래서 원래 의도한 대상자 규모보다 훨씬 적은 수만 혜택을 받는 일이 벌어지기도 한다. 모로코에서 에스테르는 집에 급수 시설이 연결될 수 있도록 대출 보조를 해 주는 프로그램의 효과를 평가한 적이 있다.[3] 에스테르가 처음 현장을 방문했을 때 이 프로그램을 담당하는 프랑스 회사 '베올리아'는 '베올리아 버스'를 자랑스럽게 보여 주었다. 이 버스가 마을마다 다니면서 사람들에게 새 프로그램에 대한 정보를 제공한다는 것이었다. 그런데 이상하게도 버스 안에는 사람이 별로 없었다. 에스테르가 집집마다 다녀 보니 사람들은 프로그램의 존재에 대해서는 모호하게나마 알고 있었지만 어떻게 신청하는지에 대해서는 잘 모르고 있었다. 알고 봤더니, 신청 절차가 굉장히 복잡했고 버스에서는 신청할 수 없었다. 수혜 대상자는 주거지와 그에 대한 권리 등을 증빙하는 여러 장의 서류를 가지고 시청에 가서 신청서를 써야 했고 몇 주 뒤에 다시 시청에 가서 승인이 되었는지 확인해야 했다. 에스테르의 연구팀은 간단한 서비스 하나를 제공해 보기로 했다. 현장 담당자가 집집마다 찾아가서 필요한 서류의 복사본을 받아다가 신청서를 대신 작성해서 시청에 제출해 주는 것이었다. 이 개입은 매우 효과가 있어서, 신청률이 7배가 되었다.

게다가 복잡한 신청 절차에 겁을 먹는 사람들은 그 프로그램을 가장 필요로 하는 사람들인 경우가 많다. 델리에는 사별하거나 이혼한 빈곤 여성이 매달 1,500루피(구매력 평가 환율로 85달러 정도)의 연금을 받을 수 있는 프로그램이 있다. 이 여성들에게는 상당한 금액이다. 하지만 실제로 이 프로그램의 혜택을 받는 사람은 많지 않다. 세계은행이 조사한 바에 따르면 수혜 대상 여성 중 3분의 2가 신청을 하지 않았다.[4] 신청 절차가 너무 복잡한 것이 한 이유였다. 규정이 너무 복잡하고 어려워서 대부분이 이해하지 못하거나 제대로 절차를 따라갈 수 없었던 것이다.

한 실험에서, 프로그램의 신청 규정, 혹은 그 규정에 대한 사람들의 지식 부족이 어느 정도 신청을 저해하는지 알아보기 위해 수혜 자격이 있는 인도 여성 1,200명을 무작위로 네 집단으로 나누었다.[5] 한 집단에는 프로그램에 대한 정보를 제공했고, 한 집단에는 프로그램에 대한 정보와 함께 신청 절차와 관련해 도움을 주었고, 한 집단에는 프로그램에 대한 정보 및 신청 절차와 관련한 도움에 더해 비정부기구의 현장 담당자가 신청을 받는 사무실에 함께 가 주었다. 이 세 집단이 실험 집단이고 마지막 집단은 기준 집단이었다. 프로그램에 대한 정보만 제공할 경우 기준 집단에 비해 신청 절차에 착수하는 사람은 늘었지만 실제로 신청을 완료하는 사람을 크게 늘리지는 못했다. 이와 달리, 신청 절차를 도와주면 더 많은 사람이 신청을 완료했다. 이 집단에서는 신청 절차를 완료하는 사람이 기준 집단(15퍼센트)보다 6퍼센트포인트 더 많았다. 그리고 신청을 받는 사무실에 함께 가 주기까지 하면 기준 집단보다 11퍼센트포인트가 더 많았다. 중요하게도, 가장 취약한 처지인 여성들(비문해자, 인맥이 가장 없는 사람 등)이 위와 같은 추가적인 도움으로 가장 크게 이득을 보았다. 이는 그들이 기존의 절차에서는 가장 배제되기 쉬운 사람들이라는 점과도 부합한다. 하지만 추가적인 도움을 받았어도 신청을 완료하는 사람의 비중은 여전히 26퍼센트에 불과했다. 신청만 하면 돈을 거저 받을 수 있는데도 말이다. 아마도 어떤 여성들은 정부가 지급을 이행할 능력이 있으리라는 것을 믿지 못해서 (어차피 돈을 못 받을 테니) 복잡한 신청 절차를 굳이 밟을 가치가 없다고 생각했던 것 같다.

미국에서도 비슷한 일이 벌어지고 있다. 2008~2014년 사이에 수백만 명의 아동이 추가로 학교에서 무료 급식을 받을 수 있게 되었다. 수혜 아동이 갑자기 증가한 것은 가난한 부모(이미 다른 빈곤 관련

복지 프로그램에 등록되어 있는 부모)의 아동은 자동적으로 등록이 되도록 규정을 바꾼 다음부터였다. 그런데 사실 이 아이들은 2004년에 무료 급식 제도가 도입되었을 초기부터도 수혜 자격이 있던 아이들이었다. 다만 그때는 부모가 직접 신청 절차를 밟아야 했다는 차이가 있었는데, 그것이 수혜 자격이 되는데도 많은 아이들이 무료 급식을 받지 못했던 이유였다.[6]

　　SNAP도 그렇다. 한 연구에서, 자격이 충분히 되어 보이는데도 SNAP를 신청하지 않은 노년층 3만 명 중 무작위로 일부를 선정해 수급 자격이 될 가능성이 크다는 정보를 알려 주었고 그중 다시 무작위로 선정된 일부에게는 신청 절차를 도와주었다. 9개월 뒤, 기준 집단에서는 6퍼센트만 신청을 했는데 정보를 준 집단에서는 11퍼센트가, 신청 절차까지 도와준 집단에서는 18퍼센트가 신청을 했다.[7]

　　미국에서는 빈민층이라고 규정되면 낙인이 찍히는 것도 복지 프로그램을 확대하는 데 큰 장애물이다. 이 낙인은 '누구든 노력하면 성공할 수 있다'는 믿음에서 나오는 산물이다. 앞에서 보았듯이, 현실의 실증 증거들과는 매우 상반되는 믿음이지만, 이 믿음은 너무 강해서 많은 사람이 자신이 복지 프로그램의 수혜 자격이 될 만큼 가난하다는 것을 남들에게, 그리고 스스로에게 인정하고 싶어 하지 않는다.

　　우리는 캘리포니아주 저소득층 노동자들 사이에서 흥미로운 사례를 하나 볼 수 있었다. 상상하시다시피 [SNAP의 옛 이름인] "푸드 스탬프"라는 명칭은 과거에 도장[스탬프]으로 식품 구입권을 지급했던 데서 유래한 것이다. 하지만 오늘날 푸드 '스탬프' 수급자들은 직불카드처럼 사용할 수 있는 전자카드를 발급받는다. 쿠폰을 낼 때 수급자임이 드러나 낙인이 찍히는 것을 막기 위한 것이다. 하지만 도장이나 쿠폰이 아니라 전자카드가 지급된다는 사실을 SNAP 대상자들 모두가 알고 있는 것은 아니다. 세무회사 'H&R 블록'은 이와 관련해 한 가지 실험을 해 보았다. 1월에 이곳 사무실을 찾는 사람 대다수는 세금 환급 신청을 하러 오는 저소득층 노동자다. H&R 블록은 몇몇 사무실에서는 방문자 중 푸드 스탬프 수급 자격이 될 것 같아 보이는 사람들에게 SNAP 전자카드를 '캘리포니아주 우대 카드'라고 표현한 팜플렛을 나누어 주었다. 홍보 전문 회사의 도움으로 제작된 이 팜플렛에는 이 카드가 "슈퍼마켓에서 더 많은 것을 누릴 수 있는 방법"이라고 묘사되어 있었고 일자리가 있는 사람도 자격이 된다는 점이 강조되어 있었다. H&R 블록의 또 다른 몇몇 사무실에서는 사람들에게 "푸드 스탬프 수혜 자격이 되는지 확인해 보시겠습니까?"라는 질문과 함께 통상적으로 푸드 스탬프를 묘사하는 데 쓰일 법한 언어로 설명한 팜플렛을 나누어 주었다. 그리고 양쪽 사무실 모두에 해당 메시지를 각각 더 강조해서 표현한 현수막을 걸었다. 그랬더니 "푸드 스탬프"라는 명칭을 쓰지 않고 홍보한 경우에 훨씬 더 많은 사람이 관심을 보이는 것으로 나타났다.[8]

역으로, 자신이 수혜자 심사에서 불공정하게 떨어질 게 뻔하다는 생각도 프로그램을 가장 필요로 하는 사람들이 신청을 꺼리게 만든다. 이 때문에 극빈층을 위해 일하는 단체들은 복지 서비스가 '보편적으로' 제공되어야 한다고 주장한다. 프랑스 정부가 가난한 사람들 중 30퍼센트가 가난을 벗어날 수 있게 돕는 프로그램을 시작할 것이라는 이야기를 들었을 때 노숙자이던 티에리 로시Thierry Rauch가 보인 반응은 "우리 가족은 그 30퍼센트에 틀림없이 들지 못할 거야"였다. 그는 "그 프로그램이 모든 사람을 지원하는 게 아니라면, 나는 내가 떨어질 게 확실하다고 생각한다"고 말했다. 평생 "떨어져" 보기만 한

사람으로서, 붙을 가능성을 염두에 두고 무언가에 지원해 보는 것 자체를 포기해 버린 것이었다.[9]

우리는 이러한 종류의 비생산적인 비관주의를 모로코에서도 볼 수 있었다. 에스테르와 동료 연구자들은 '테이시르'라는 이름의 프로그램에 대해 효과를 평가하는 연구를 했다. 테이시르는 전통적인 방식의 조건부 현금 이전 프로그램으로, 자녀가 학교에 출석하는 것을 조건으로 현금 수당을 지급했다. 에스테르의 연구팀은 이 프로그램을 조건을 두지 않는 현금 이전 프로그램과 비교해 보았다. 후자는 부모가 자녀를 학교에 보내게 하는 것을 목적으로 삼고는 있었지만 학교에 아이가 꾸준히 출석하는 것을 수령 조건으로 요구하고 출석이 실제로 이뤄지는지 확인하지는 않았다. 에스테르는 조건부 프로그램이 제공되고 있는데도 신청을 하지 않은 한 가정을 방문해 이유를 물어보았다. 그 집에는 학령기 아동이 세 명 있었고 모두 학교에 다니고 있었다. 따라서 충분히 수급 자격이 될 수 있을 텐데도 신청을 하지 않고 있었다. 일용직인 그 집 아버지는 종일, 때로는 며칠씩 마을 밖에서 일해야 하기 때문에 아이가 학교를 빠지지 않고 나가는지 아닌지를 확인할 수 없을 거라서 신청하지 않았다고 설명했다. 아이가 결석을 자주 하면 수당을 받을 수 없게 되고 (아이를 학교에 보내지 않는) 나쁜 부모로 보이게 될까 봐 우려했던 것이다.

데이터를 보면 이 집이 예외가 아니라는 것을 알 수 있다. 자녀가 학교를 중퇴할 위험이 큰 몇몇 가정이 수급 조건을 충족시킬 수 있을지가 불안해서 조건부 현금 이전 프로그램을 포기했다. 프로그램에 등록되어 있다가 조건을 제대로 충족시키지 못해 쫓겨나는 수모를 피하고 싶었고, 그러한 일이 생길지 모를 위험을 감수하느니 스스로 먼저 나가는 편을 택한 것이었다. 이러한 근거들을 토대로, 에스테르와 연구팀은 위태로운 상황에 처한 가정에서 취학률을 높이려면 가난한 가정이 **자녀를 잘 교육시키도록 돕는 한 가지 방법**으로서 현금을 지급하는 비조건부 프로그램이 자녀를 잘 교육시킬 것을 **의무적인 조건**으로 두고 현금을 지급하는 조건부 프로그램보다 실제로 자녀 교육을 향상시키는 데 더 효과적이라고 결론내렸다. 다른 사람들에게도 마찬가지일 것이다.[10]

돈은 어디에서 나오는가?

현재의 소득 이전 프로그램이 가진 단점들을 생각한다면, 보편기본소득에 대한 저항은 어디에서 오는 것인지 이해하기 어려울 수도 있다. 조건이 많이 붙어 있지 않고 보편적으로 제공되는 현금 이전 프로그램은 세계의 모든 곳에서 왜 이렇게나 찾아보기가 어려운 것인가?

가장 간단한 한 가지 이유는 돈이다. 보편 프로그램은 수혜 대상에서 아무도 배제하지 않기 때문에 돈이 많이 든다. 매달 모든 미국인에게 1,000달러를 주려면 연간 3.9조 달러가 필요하다. 이것은 현재 존재하는 모든 복지 프로그램을 다 합한 것보다 1.3조 달러나 많은 것이고, 연방 정부 예산 전체, 그리고 미국 경제 규모의 20퍼센트에 해당하는 어마어마한 금액이다.[11] 국방, 공공 교육 등 전통적인 정부 기능을 줄이지 않으면서 이만한 자금을 조달하려면 기존의 모든 복지 프로그램을 없애고 **추가로** 미국의 세금을 덴마크 수준으로 늘려야 한다. 이런 이유로, 기본소득을 열렬히 지지하는 사람들도 부유한 사람에게는 더 적은 액수를 지급하고 소득이 어느 정도를 넘어가면 지급 대상에서 제외하는 방안을 제안하고 있다. 이 경우에는, '보편' 기본소득은 아니게 된다. 소득 기준으로 하위 50퍼센트에 해당하는 사람들에게만 기본소득을 지급한다면 비용은 훨씬 더 감당 가능한 수준인 1.95조 달러가 된다. 하지만 대상 집단을 설정하고 확인하는 프로그램이 갖는 모든 단점들을 수반하게 될 것이다.

중산층의 도덕

그의 또래들이 다 그랬듯이 아비지트는 열두 살 때 오드리 헵번Audrey Hepburn과 사랑에 빠졌다. 아비지트는 러너와 로위 콤비(작사가 앨런 제이 러너Alan Jay Lerner와 작곡가 프레데릭 로위Frederick Loewe를 말하며, 이들은 함께 여러 편의 유명한 뮤지컬을 제작한 것으로 유명하다 – 옮긴이)의 뮤지컬 영화 「마이 페어 레이디My Fair Lady」를 보고 헵번을 알게 되었는데, 조지 버나드 쇼George Bernard Shaw의 희곡 『피그말리온Pygmalion』을 번안한 이 영화에서 헵번은 여주인공 일라이자 두리틀을 연기했다. 당대에 버나드 쇼는 급진 좌파였다. 『피그말리온』에서 일라이자의 아버지 앨프리드는 (딸을 보내는 대가로 5파운드를 요구하기 전에) 다음과 같은 철학적인 웅변을 한다.

> 나리... 두 분께 여쭙겠습니다. 제가 뭡니까? 네? 저는 그들이 말하는 무자격 빈민입니다. 그게 접니다. 이게 한 인간에게 무슨 의미일지 생각해 보십시오. 그것은 중산층의 도덕과 늘 어긋나고 충돌하면서 살아야 한다는 말입니다. 무슨 일이 있어서 내가 뭘 조금이라도 받으려고 하면 늘 똑같은 이야기를 듣게 됩니다. "당신은 무자격자라서 받을 수 없습니다." 하지만 저의 필요도 대부분의 자격 있는 과부들의 필요와 다르지 않습니다. 남편이 죽었다고, 그 남편은 한 명일 텐데, 일주일에 여섯

개의 자선 급여를 받는 사람 말입니다. 저라고 구호 자격자보다 뭐가 덜 필요한 게 아니에요. 오히려 저는 더 많이 필요합니다. 그들보다 적게 먹지도 않고 술은 훨씬 더 많이 마십니다. 그리고 생각이 많아서 여흥거리도 필요합니다. 기분이 가라앉을 때는 노래나 악단 같은 것도 있으면 좋겠습니다. 그런 것들에는 자격자나 무자격자나 돈이 똑같이 들어요. 중산층 도덕이 대체 뭡니까? 내게 아무 것도 주지 않으려는 핑계 아닙니까?[12]

이 희곡의 배경인 영국의 빅토리아 시대에 빈민층의 삶은 너무나 힘겨웠다. 자선을 받을 자격이 있으려면 술을 자제하고, 검약적인 생활을 하고, 교회를 다니고, 무엇보다 근면하게 일해야 했다. 그렇지 않으면 구빈원에 보내졌다. 구빈원에서는 고된 노동이 강제되었고 남편과 아내가 떨어져 지내야 했다. 그나마 이들은 빚은 없는 사람들이었는데, 빚을 진 사람들의 경우에는 '채무자의 감옥'으로 보내지거나 강제로 호주나 뉴질랜드로 보내졌다. 1898년에 작성된 "런던 빈곤 지도"는 몇몇 지역의 거주자들을 "가장 낮은 계층. 포악하며 준범죄자들임"이라고 묘사하고 있다.[13]

오늘날 우리의 상황도 여기에서 그리 멀지 않다. 미국, 인도, 유럽에서 괜찮게 자리 잡고 살아가는 사람들에게 '복지'라는 단어를 언급하면 머리를 절레절레 흔드는 사람이 적어도 몇 명은 꼭 있을 것이다. 복지 제도가 가난한 사람들을 "아무짝에도 쓸모없는 자들"(good for nothings. 빅토리아 시대에 쓰이던 이 표현이 인도의 특정한 계층에서 아직도 많이 쓰인다)이 되게 만든다고 우려하면서 말이다. 이들의 우려에 따르면, 가난한 사람들에게 현금을 주면 그들은 일을 하지 않고 술

마시는데 그 돈을 다 써 버릴 것이다. 이러한 생각의 기저에는 가난한 사람들이 가난한 이유는 성취하려는 의지가 부족하기 때문이라는 전제가 깔려 있다. 이 전제는 가난한 사람들은 어떤 핑계거리라도 주어지면 곧바로 노동하기를 멈출 것이라는 예측으로 이어진다.

미국에서는 1930년대에 대공황이라는 경제적 재앙이 닥치면서 가난한 사람들에 대한 이미지가 잠시나마 조금 나아졌다. 너무 많은 사람이 가난해졌기 때문이다. 모든 사람이 가까운 지인 중에 갑자기 빈곤층으로 떨어진 사람이 적어도 한 명은 꼭 있었다. 존 스타인백John Steinbeck의 소설에 나오는, 먼지 폭풍이 일던 '더스트 보울' 지역을 벗어나 서부로 떠난 1930년대 '오클라호마 촌뜨기'들의 이야기는 고등학교 수업에서 단골로 다뤄지던 주제였다(존 스타인벡의『분노의 포도 The Grapes of Wrath』가 이를 배경으로 하고 있다 – 옮긴이). 또한 프랭클린 D. 루즈벨트의 뉴딜을 기점으로 '빈곤'이 정부 개입을 통해 사회가 나서서 해결해야 할 문제라는 인식이 널리 받아들여지기 시작했다. 이 개념은 1960년대까지도 계속해서 널리 받아들여졌고 린든 B. 존슨Lyndon B. Johnson 대통령의 "빈곤과의 전쟁War on Poverty" 선포로 정점에 올랐다. 하지만 성장이 둔화하고 자원이 부족해지면서 '빈곤과의 전쟁'은 '빈곤한 사람들과의 전쟁'이 되었다. 로널드 레이건은 게으르고, 사기꾼 기질이 있고, 흑인이고, 여성인 '복지 여왕' 이미지를 되풀이해서 상기시켰다. 시카고에 살던 린다 테일러Linda Taylor라는 여성을 모델로 한 이야기라고 하는데, 네 개의 복지 수당을 받고 있던 테일러는 8,000달러를 사기 친 혐의로 기소되었고 몇 년간 옥살이를 했다. 테일러가 받은 형량은 억만장자였던 자본주의 영웅 찰스 키팅Charles Keating이 레이건 시절에 유명한 금융 부정 스캔들(이 스캔들에는 상원의원 다섯 명도 관여되어 있었는데, 이들을 '키팅 파이브Keating Five'라고 부른다)로 받았던 형량보다 1년 반이나 더 길었다(이 스캔들과 관련된 '저축대부조합S&L' 위기를 해결하기 위해 정부는 납세자들의 돈 5,000억 달러를 구제 금융에 투입해야 했다).

이어 '가난한 복지 수급자'의 이미지는 한 번 더 반전을 맞는다. 복지 제도 자체가 가난한 사람들이 '도덕상의 문제'를 가지게 만드는 원인이라는 것이었다. 1986년에 레이건은 유명하게도 미국이 빈곤과의 전쟁에서 패배했으며 패배하게 된 원인은 바로 복지 제도라고 말했다. 복지 제도가 노동 의욕을 저하하고 의존성을 심화시켰고, 이것이 "가족의 붕괴라는 위기"로 이어졌다는 것이다. 그는 "흑인과 백인 모두에서" 가족의 붕괴가 "복지 수급자인 빈곤층에게" 특히 두드러진 문제라고 말했다.[14] 1986년 2월 15일에 어느 라디오 연설에서 레이건은 다음과 같이 단언했다.

> 위험하게도 우리는 족쇄나 사슬만큼이나 벗어나기 어려운 영구적인 빈곤 문화를 만들고 있는지도 모릅니다. 우리는 또 다른 미국, 잃어버린 꿈과 위축된 삶의 미국을 만들고 있는지도 모릅니다. 아이러니한 것은, 공감과 동정의 개념을 바탕으로 도입된 잘못된 복지 정책이 그때까지 줄어들고 있었던 문제를 전국적인 비극이 되도록 키워 버렸다는 점입니다. 1950년대부터 미국의 빈곤은 줄어들고 있었습니다. 미국은 기회의 나라로서의 경이로움을 드러내고 있었습니다. 경제 성장은 수백만 명에게 빈곤을 벗어나 번영으로 올라갈 수 있는 사다리를 제공하고 있었습니다. 그런데 1964년에 그 유명한 "빈곤과의 전쟁"이 선포되면서 우스운 일이 벌어졌습니다. 의존성을 기준으로 보았을 때, 그때부터 빈곤이 줄기를 멈추고 오히려 악화되기 시작한 것입니다. 빈곤과의

전쟁에서 빈곤이 승리했다고 말할 수 있을 것 같습니다. 빈곤이 승리한 이유는 정부 프로그램들이 가난한 사람들을 돕기는커녕 가난한 가정을 하나로 묶어 주던 유대를 교란했기 때문입니다.

아마도 복지 제도가 일으키는 가장 사악한 효과는 가계를 부양하는 가장의 역할을 빼앗아 간다는 점일 것입니다. 정부 보조가 많은 주들에서는, 가령 편모가 받을 수 있는 공공 보조가 최저임금을 주는 일자리에서 일할 때 벌 수 있는 소득보다 훨씬 많기도 합니다. 다른 말로, 편모가 일을 그만두게 만들 수 있는 것입니다. 아버지가 없는 가정은 상당히 더 높은 수급액을 받을 자격이 됩니다. 내가 법적으로 아버지로 인정되지 않아야만 내 아이들이 더 많은 돈을 받을 수 있다는 이야기를 듣는다면, 그 사람에게 이 정책은 대체 무슨 짓을 저지르고 있는 것입니까? 현재의 복지 규정에 따르면 십대 소녀가 임신을 할 경우 혼자 지낼 수 있는 아파트 하나를 얻을 자격이 됩니다. 의료, 식품, 의복도요. 이 소녀는 다음 조건만 충족시키면 됩니다. 결혼을 하지 않거나 아이 아버지가 누구인지 밝히지 않으면 되는 것입니다. (…) 복지의 비극은 너무나 오랫동안 지속되어 왔습니다. 이제는 미국의 복지 제도를 그것이 얼마나 많은 미국인이 복지 제도로부터 독립해서 살 수 있게 해 주는지를 기준으로 평가될 수 있도록 재구성해야 할 때입니다.[15]

꼼꼼히 살펴보면 여기에 담긴 불길한 주장은 모조리 논파된다. 복지가 출산율과 가족 구조에 미치는 영향을 알아본 연구는 책꽂이 여러 개를 채울 정도로 많은데, 이 연구들의 압도적 다수가 그러한 영향은 있더라도 매우 작다고 결론 내리고 있다.[16] 레이건의 두려움을 뒷받침하는 근거는 없다.

하지만 이렇게 압도적인 반증 근거가 있는데도, 복지가 빈곤의 원인이며 '의존성', '복지 문화', '가족 가치의 해체'를 가져온다는 개념, 그리고 이러한 개념과 인종을 암묵적으로 연결하는 인식은 시대와 장소를 막론하고 널리 퍼져 있다. 2018년 6월에 에마뉘엘 마크롱 프랑스 대통령은 빈곤 관련 프로그램의 개혁을 제안하는 연설을 했다. 연설은 녹화되었고, "장막 뒤에서의" 대통령의 솔직한 견해를 보여 준다는 취지로 나중에 정부가 테이프를 공개했다. 마크롱과 레이건은 많은 면에서 차이가 있지만, 여기에서 만큼은 마크롱도 레이건식 어조를 채택하고 있었다. 그는 현재의 시스템이 실패하고 있다고 반복해 말하면서, 불과 1, 2분밖에 안 되는 녹화 시간 동안 가난한 사람들이 더 책임감을 가져야 한다는 말을 여섯 번이나 했다.[17]

미국에서는 1996년에 이 생각이 행동으로 옮겨졌다. 빌 클린턴 대통령이 초당적인 지지를 얻어서 '개인책임 및 근로기회조정법Personal Responsibility and Work Opportunity Reconciliation Act'을 통과시킨 것이다. 이것은 기존의 '부양아동가족부조Aid to Families with Dependent Children, AFDC'를 '빈곤가정 일시지원Temporary Assistance for Needy Families, TANF' 프로그램으로 대체했는데, 여기에는 수급자가 노동시장에 참여하고자 노력해야 한다는 조건이 붙었다. 또한 가난한 **노동자들의** 소득을 보전해 주는 근로소득세액공제earned income tax credit, EITC가 확대되었는데, 이 제도는 이미 노동을 하고 있는 것을 조건으로 조세 혜택을 주는 제도다. 2018년에는 트럼프 대통령의 경제자문위원회가 미국의 3대 비현금 보조 프로그램인 메디케이드, SNAP, 주택 임대 보조의 수혜 대상 자격에 노동을 의무 사항으로 포함해야 한다고 주장하는 보고서를 내놓았다.[18] 그리고 2018년 6월에는 아칸소주가 처음으로 메디케이드 수혜 성인[19-49세]에 대해 노동을 의무 조건으로 포함시켰다(한달에 80시간 이상 노동, 혹은 그에 준하는 활동을 해야 메디케이드 대상 자격을 유지할 수 있다 – 옮긴이). 흥미롭게도, 경제자문위원회가 제시한 주된 논거는 '빈곤과의 전쟁'이 실패했다는 것이 아니었다. 오히려 '빈곤과의 전쟁은 대체로 종결되었고 성공적이었다'고 평가했다. 경제자문위원회의 보고서는 조세 정책과 현금 및 비현금 이전 정책을 포함한 안전망 구축이 미국에서 빈곤의 극적인 감소에 일조했다고 언급했다(정확한 평가다). 그러나 그러한 정책들이 노동 연령대의 비장애인인 성인들의 자립성을 줄이는 결과를 수반했다고 지적했다. 보고서는 "비현금 복지 제도의 수급 조건에 노동을 의무적으로 포함하는 조치가 더욱 확대된다면, 빈곤과의 싸움에서 달성해 온 진보를 역행시킬 위험을 초래하지 않으면서도 사람들의 자립성을 고취할 수 있을 것"이라고 주장했다. 다른 말로, 사람들은 자신의 저녁 식사거리를 얻고 싶다면 일을 해야 했다. 그래야 그들이 잘못 속아 넘어가 "미국의 노동 윤리"를 잃어버리지 않게 될 것이었다. "언제나 미국이 성공할 수 있는 요인이었던, 미국인들이 세계 어느 나라 사람보다도 1주일에 더 오랜 시간 일하고 1년에 더 많은 날을 일하도록 동기 부여했던" 노동 윤리 말이다. 보고서는, 물론 여기에는 고통이 따르겠지만 가난한 사람들 다수가 게으름뱅이가 되고 일곱 가지 죄악 중 하나인 나태함에 빠지는 것을 막을 수 있으므로 그 고통을 감수할 만한 가치가 있다고 언급했다. 초창기 청교도들이 보았다면 박수갈채를 보냈을 것이다.

일용할 양식을 주시옵고

청교도들은 현금을 주는 것에 대한 거부감에도 동의를 표했을 것이다. 이것은 역사적으로 좌우파가 모두 공유해 온 감수성이다. 인도에서 최근에 좌파가 현금 프로그램보다 성공적으로 밀어붙인 의제는 현물 보조 프로그램인 전국 식량안보법 도입이었다. 2013년에 통과된 이 법은 인도 인구의 3분의 2에 해당하는 사람들(7억 명이 넘는다)에게 매달 곡물을 현물로 5킬로그램씩 보조하기로 되어 있다.[19] 이집트에서는 2017년과 2018년에 식량 보조 프로그램에 850억 이집트 파운드(약 49.5억 달러)의 비용을 들였다. 이것은 GDP의 약 2퍼센트에 달하는 비용이다.[20] 인도네시아에서는 '라스트라'(전에는 '라스킨'이라고 불렸다) 프로그램을 통해 3,300만 가구에 쌀을 분배한다.[21]

곡물을 현물로 분배하는 것은 매우 어렵고 비용도 많이 든다. 정부는 곡물을 수매해야 하고, 저장해야 하고, (종종 수백 킬로미터에 걸쳐) 운송해야 한다. 인도에서는 곡물 지원 프로그램에 들어가는 비용 중 운송 및 저장이 30퍼센트를 차지하는 것으로 추산된다. 게다가 프로그램이 염두에 두고 있는, 정작 수혜를 받아야 할 수급자들이 정책이 의도한 적절한 가격에서 실제로 무사히 곡물을 받을 수 있게 하는 것도 쉽지 않은 일이다. 2012년에 인도네시아의 라스킨 수급 대상 가구들은 받을 수 있는 양의 3분의 1밖에 못 받았고 공식 가격보다 40퍼센트나 비싸게 구매해야 했다.[22]

인도 정부는 현재의 현물 분배 프로그램을 '직접 이전direct benefit transfer' 프로그램으로 전환하는 것을 고려하고 있다. 현물을 지급하지 않고 수급자의 은행 계좌로 돈을 보내 주겠다는 것이다. 비용도 덜 들고 부패에도 덜 취약하다는 것이 주된 논거다. 하지만 이에 대한 반대도 상당한데, 대부분은 좌파 지식인들이 반대 여론을 이끌고 있다. 그중 한 명이 인도 전역에서 1,200명 가구를 방문해 현금과 식량 중 어느 것을 선호하는지 물어보았는데, 3분의 2가 식량을 선호한다고 답했다. 식량 분배 시스템이 잘 작동하고 있었던 주들(주로 인도 남부)에서는 더욱 그랬다. 이유를 물었더니, 13퍼센트가 거래 비용을 꼽았다. 은행과 시장이 멀어서 현금을 받으면 그것을 다시 식량으로 바꾸기가 어렵다는 것이었다. 하지만 더 많은 사람(식량을 선호한다고 답한 사람의 3분의 1)이 식량으로 받아야 현금을 받을 경우 돈을 다른 데쓰고 싶은 유혹을 막아 줄 수 있을 것이기 때문이라고 답했다. 타밀나두주의 다르마푸리에 사는 한 응답자는 "식량이 훨씬 더 안전하다. 돈은 쉽게 낭비된다"고 말했고 또 다른 응답자는 "[현금으로] 10배를 준다 해도 나는 식량 배분 시스템이 더 좋을 것 같다"며 "물건은 낭비될수 없기 때문"이라고 말했다.[23]

스스로를 가치절하하다

하지만 그들의 우려가 옳다고 입증해 주는 데이터는 없다. 2014년 현재 119개의 개도국이 빈곤층을 위해 비조건부 현금 이전 프로그램을 운영하고 있고, 52개 국가는 조건부 현금 이전 프로그램을 운영하고 있다. 총 10억 명이 이러한 프로그램 중 적어도 하나에 등록되어 있다.[24] 이 프로그램들 대부분은 시행 초기에 효과를 알아보기 위한 실험연구를 하도록 규정되어 있었는데, 이 모든 실험에서 드러난 매우 분명한 사실 하나는 '가난한 사람에게 현금을 주면 필요한 곳이 아니라엉뚱한 곳에 충동적으로 다 써 버릴 것'이라는 통념을 뒷받침하는 실증 근거는 없다는 것이다. 데이터에 따르면, 현금 이전 프로그램으로돈을 받게 된 사람들은 전체 지출 중 식품 소비에 쓴 비중이 증가했다. 즉 그들은 추가적인 돈이 생기자 전보다 식품에 더 많은 돈을 지출했을 뿐 아니라 전체 지출 중 식품에 쓴 돈의 비중도 증가했고, 이에 따라 영양 상태가 좋아졌다. 또 다른 연구에서도 현금 지급이 식품 지출을 줄이지 않는 것으로 나타났고 교육과 건강에 들어가는 지출도 증가했다.[25] 현금 이전이 담배와 알코올 소비를 증가시킬 것이라는 통념도 근거가 없었다.[26] 또한 현물 분배와 비교해 보았을 때 현금 이전은 현물 분배에서와 마찬가지로 식품 소비를 증가시키는 것으로 나타났다.[27]

남성도 돈을 (술 등에) 낭비하지 않았다. 현금을 무작위로 남성 또는 여성에게 분배해서 비교해 보았을 때, 얼마나 많은 돈이 (담배나 알코올에 비해) 식품에 지출되는지는 돈을 남성에게 주었을 때나 여성에게 주었을 때나 차이가 없었다.[28] 그래도 우리는 여성에게 돈을 주는 것을 선호하는 편이다. 그렇게 하면 가정 내에서 권력 균형을 약간이나마 회복할 수 있고 여성이 자신이 보기에 중요하다고 여겨지는 일 (집 밖의 일거리를 찾는 것 등)을 할 수 있는 여지가 생기기 때문이다.[29] 하지만 남성이 돈을 술 마시는 데 다 쓸 것이라고 생각해서는 아니다.

뱀 구덩이는 걱정하지 말자

현금 이전 프로그램이 사람들이 일을 덜 하게 만든다는 견해에도 근거가 없다.[30] 경제학자들이 보기에 이것은 놀라운 현상이다. 생존하기 위해 꼭 돈을 벌어야 할 필요가 없는데 왜 일을 하는가? 성경에 나오는 지옥에서 뱀 구덩이에 빠진다고 하는 나태의 유혹은 어떻게 된 것인가?

답은 많은 (아마도 대부분의) 사람들이 진정으로 삶에서 무언가를 성취하고 싶어 한다는 데서 찾을 수 있을 것이다. 그러한 열망을 가지고 있지만 너무 적은 자원으로 생존해야 하는 절박한 처지 때문에 이제까지는 아무것도 할 수 없었던 사람들에게 추가적인 현금이 주어지면, 전보다 더 열심히 일하고 때로는 새로운 일을 시도하도록 독려하는 효과를 내는 것으로 보인다. 아비지트와 동료들은 가나에서 수행한 한 실험에서 여성 참가자들에게 가방을 만들 수 있는 기회를 제공하고 그들이 만든 가방을 꽤 비싼 값에 되사 주었다. 이에 더해, 이 여성들 중 무작위로 선정된 일부는 생산적인 자산(주로 염소)을 제공하는 또 다른 프로그램에도 참여하게 했다. 이 프로그램은 자산을 제공하는 것과 함께 그것을 가장 잘 활용하는 방법을 교육하고 자신감을 북돋워 주는 세션(매우 가난한 여성들인 이들은 자신이 무언가에서 '성공'이라는 것을 할 수 있으리라고는 믿지 못하는 경우도 많다)도 제공했다. 염소를 돌봐야 해서 노동 부담이 늘었는데도 (그리고 여기에서 소득도 나왔기 때문에 추가적인 현금이 절박하게 필요하지는 않았을 텐데도) 염소 프로그램까지 참여한 여성들이 가방 프로그램에만 참여한 여성들에 비해 가방을 더 많이 만들었고 가방에서 소득도 더 많이 올렸다. 특히 흥미로운 결과는, 두 집단의 차이가 가방 디자인이 까다롭고 복잡해서 만들기가 더 어려웠던 경우에 가장 크게 나타났다는 점이다. 염소까지 받은 여성들이 난이도가 높은 가방을 더 빠르게 만들었고 그러면서도 품질 기준도 더 잘 충족했다. 이에 대해 가장 합리적인 설명은, 소득이 발생하는 자산을 갖게 되면서 기본적인 생존에 대한 걱정을 덜 수 있게 되었고 그 덕분에 자신의 일에 집중할 수 있는 정신적인 여지와 활력을 갖게 되었으리라는 것이다.[31]

또한 개도국에서는 가난한 사람이 일반적으로 대출을 받을 수 없고, 받는다 해도 아주 비싼 이자를 내야 한다. 그리고 사업을 했다가 실패할 경우 구제해 줄 사람도 없다. 이 두 가지 요인은 하고 싶은 일을 훨씬 더 시도하기 어렵게 만든다. 이러한 사람들에게 몇 년에 걸쳐 현금을 제공하면 약간의 추가적인 소득도 될 뿐 아니라 시도한 일이 실패했을 경우에 생활을 지탱해 줄 완충망도 된다. 가난한 사람에게 일정 수준의 소득을 보장해 주면 더 나은 일자리를 탐색하거나 새로운 기술을 배우거나 새로운 사업을 시작하도록 독려하는 효과를 내게 될 것이다.

하지만 이 사례들은 다 개도국에서만 적용되는 이야기이지 않을까? 그곳에서는 가난한 사람들이 정말로 너무나 가난해서 현금 제공으로 숨통을 틔워 주는 것이 노동의 의지와 여력을 높여 줄 수 있지만, 미국 같은 나라에서는 아무리 가난한 사람도 일반적으로 일을 찾을 수 있으니 이야기가 다르지 않을까? 미국에서는 현금을 지원하면 정말로 나태함이 지배하게 되지 않을까? 하지만 미국에서도 '현금을 받으면 나태에 빠질 것'이라는 우려는 그리 할 필요가 없다는 실증 근거가 1960년대부터도 많이 나와 있다. 사실 사회과학에서 거의 최초로 수행되었던 대규모 무작위 실험이 바로 이 점을 알아보기 위한 것이었다. 1960년대에 역逆소득세Negative Income Tax의 효과를 정확하게 알아보기 위해 '뉴저지 소득 보장 실험New Jersey income-maintenance experiment'이 고안되었다. 역소득세는 모든 사람이 최소 일정액 이상의 소득을 보장받을 수 있게 설계한 소득세 시스템이다. 소득이 일정 수준에 미달하는 가난한 사람에게는 '마이너스 세금'이 적용된다. 즉 기준선과의 차액만큼 [세금을 내는 것이 아니라] 돈을 받는다. 소득이 올라갈수록 받는 돈이 점점 줄고 기준선에 도달하면 그때부터는 세금을 내야 한다.

이것은 보편기본소득과는 다르다. 기준선에 있는 사람, 즉 소득이 정부에서 돈을 받는 것과 정부에 세금을 내야 하는 것 사이의 경계선에 있는 사람들에게 일을 하지 않고자 할 유인이 생길 가능성이 있기 때문이다. 즉 정책 결정자들이 우려하는 '소득 효과'(생계를 위한 돈이 확보되었으니 소득을 올리기 위해 일을 할 필요가 없다고 생각해 일을 안 하게 되는 것)에 더해, '대체 효과'(소득을 올릴수록 내가 일을 해서 버는 추가적인 소득이 정부에서 받는 돈이 줄어드는 것으로 상쇄되므로 일하는 것의 가치가 줄어드는 것)까지 생기게 되는 것이다.

민주당과 공화당 모두에서 많은 학자들과 정책 결정자들이 역소득세를 지지했다. 좌파에서는 민주당 린든 존슨 대통령 시절에 미국 경제기회국Office of Economic Opportunity이 이 개념을 예찬하면서 기존의 복지 제도를 역소득세로 대체하자는 안을 내놓았다. 우파에서는 밀튼 프리드먼이 기존의 소득 이전 프로그램들을 하나의 역소득세 시스템으로 통합해야 한다고 주장했다. 공화당의 리처드 닉슨 대통령은 1971년에 역소득세를 그가 제안한 복지 개혁안에 포함시키기도 했다. 하지만 이 안은 의회에서 부결되었다. 당시에 역소득세에 대해 제기된 주된 우려는 역시 수혜자들이 노동을 덜 하게 되리라는 것이었다. 이 제도가 없다면 스스로 벌어서 생계를 유지할 사람들에게 정부가 돈을 지급하는 상황으로 귀결될지 모른다는 것이다.

이때, MIT 경제학과 박사과정 학생이던 헤더 로스Heather Ross가 아마도 경제학계에서는 처음으로 이것이 사실인지 검증하기 위한 실험 연구를 고안했다. 로스는 정치인들이 자신이 주장하는 경제 정책의 정당성을 '일화'에만 의존해 뒷받침하려는 것에 실망하고 있던 참이었다. 그리고 저소득층 사람들이 이러한 프로그램으로 돈을 지급받으면 일을 하지 않을 것이라는 주장에는 체계적인 실증 근거가 없었다.

1967년에 로스는 경제기회국에 무작위 실험 연구 제안서를 하나 제출했다. 연구 자금 지원을 받은 로스는 그의 말마따나 "500만 달러짜리 논문"을 쓰게 되었다.[32]

그 제안서는 단지 뉴저지주의 역소득세와 관련된 실험만이 아니라 일련의 다른 실험으로도 이어졌다. 1970년대 초에 도널드 럼스펠드(그렇다, 그 럼스펠드다)는 역소득세를 전면적으로 도입하기에 앞서 일련의 실험 연구를 하기로 했다. 첫 실험(1968~1972년)은 뉴저지와 펜실베니아의 도시 지역에서 수행되었고, 이후에 아이오와와 노스캐롤라이나의 농촌 지역(1969~1973년), 인디애나의 개리(1971~1974년)에서도 실험 연구가 이루어졌으며, 가장 대규모 실험(4,800 가구가 참여했다)이 워싱턴주 시애틀과 콜로라도주 덴버(1971~1982년. '시애틀-덴버 소득 보장 실험SIME/DIME')에서 수행되었다.[33]

역소득세의 효과를 알아본 이 실험들은 정책을 결정할 때 무작위 통제 실험을 사용하는 것이 가능하며 유용하다는 것을 매우 설득력 있게 보여 주었다. 당시는 이 정도로 야심찬 연구 프로젝트가 사회 정책의 중심 무대로 들어오기 몇십 년 전이었다. 그리고 사회과학 분야에서는 매우 초창기 실험들이었기 때문에 실험 설계와 수행이 완벽했다고는 볼 수 없었다. 중간에 참여자를 추적하지 못하는 경우도 있었고, 표본이 너무 작아서 정확한 결과를 내기 어려운 경우도 있었으며, 가장 우려스럽게는 데이터 수집이 오염되는 경우도 있었다.[34] 또 실험이 단기적으로, 그리고 소규모로 이뤄졌기 때문에 장기적이고 대상자가 더 보편적인 프로그램에서는 어떻게 될지를 미루어 추론하기도 쉽지 않았다.

이러한 한계가 있지만, 종합적으로 이 실험들은 역소득세가 노동 공급을 약간 줄이지만 그 정도는 우려되던 만큼보다는 훨씬 작다는 것을 보여 주었다. 줄어드는 노동 시간은 전일제 노동자들의 경우 1년에 2~4주 정도에 불과했다.[35] 가장 대규모로 진행된 SIME/DIME 실험에서는 역소득세를 받은 남편들의 노동 시간이 그렇지 않은 남편들에 비해 9퍼센트밖에 줄지 않았다. 아내들은 역소득세를 받았을 경우 노동 시간이 20퍼센트 줄어들었다.[36] 전체적으로, 소득 보장 프로그램이 사람들의 노동 성향에 크게 영향을 미치지 않으며 특히 가정의 주 소득자에게는 더욱 그렇다는 것이 이 연구의 공식적인 결론이었다.[37]

지역에서 소규모로 수행된 조건 없는 소득 이전 프로그램의 사례도 있다. 알래스카 영구기금제도Alaska Permanent Fund는 1982년부터 연간 1인당 2,000달러를 제공하는데, 고용에 악영향을 전혀 가져오지 않은 것으로 보인다.[38] 다만, 알래스카 영구기금제도는 보편적이고 장기적(이름이 암시하듯이)이기는 하지만 보편기본소득을 주장하는 사람들이 일반적으로 제안하는 금액에 비하면 액수가 적다. 생계를 상당 부분 감당할 수 있을 정도의 액수였다면 사람들이 일을 그만두었을지도 모른다. 보편기본소득과 더 유사한 프로그램은 체로키 인디언 보호 구역에서 체로키 인디언들에게 성인 1인당 연간 4,000달러의 카지노 배당금을 지급한 것이 있는데, 2000년 기준 미국 원주민 가구의 1인당 소득이 8,000달러임을 생각하면[미국 평균은 2만 1,000달러다] 상당한 액수다. 스모키산맥 지역에서 이 프로그램에 참가하는 사람과 참가하지 않는 사람을 비교한 결과, 노동에는 영향이 없었고 청소년의 교육에는 크게 긍정적인 효과가 있는 것으로 나타났다.[39]

보편'초'기본소득

그러니까, 비조건부 소득 이전 프로그램이 사람들을 해체된 삶으로 이끌게 되리라는 우려에는 근거가 없다. 그렇다면 이것이 복지 정책의 설계와 관련해서 우리에게 알려 주는 바는 무엇일까?

개도국에서는 많은 이들이 극빈층으로 전락할지 모를 위험 속에서 살아가고 있고 선진국에는 불완전하게나마 존재하는 안전망(응급실, 노숙자 쉼터, 푸드 뱅크 등)이 없다. 따라서 보편기본소득처럼 만일의 사태에 소득을 보장해 주는 정책은 막대한 가치를 갖는다. 불운이 닥쳤을 때 버틸 수 있게 해 준다는 데서도 그렇고, 새로운 일을 시도해 볼 여력을 준다는 데서도 그렇다.

개도국 사람들이 소득 상실의 위험에 대비해 스스로를 보호하는 가장 일반적인 방법은 토지를 붙들고 있는 것이다. 2장에서 우리는 토지에 대해 가지고 있는 권리를 잃을지 모른다는 우려가 이주를 꺼리게 하는 한 요인임을 살펴보았다. 흥미롭게도, 인도에서 토지를 소유한 농가는 소득의 대부분을 농업이 아니라 다른 데서 얻는다. 하지만 토지가 있으면 다른 것이 다 실패하더라도 직접 기르는 먹을거리로 식품을 확보할 수 있으므로 토지를 계속해서 보유하는 것은 매우 가치가 크다.

이는 영세 토지 소유자들이 많은 지역에서 산업화를 저해하는 결과를 낳았다. 부분적으로는 인도의 토지 개혁 구조의 특성 때문이었다. 토지 개혁으로 가난한 사람들이 토지에 대해 권리를 갖게 되었을 때, 상속은 가능하지만 매각은 가능하지 않도록 규정된 경우가 많았던 것이다. 하지만 꼭 규정 때문이 아니라도 농민들 본인이 땅을 파는 것에 대해 강한 거부감을 가지고 있다. 인도의 웨스트벵골주에서는

1977년에 공산당이 집권한 뒤 가장 먼저 시행한 정책 중 하나가 임차 농민들에게 경작하던 토지에 대해 영구적인 권리를 갖게 하는 것이었는데, 여기에서도 이 권리는 상속은 가능했지만 매각은 가능하지 않았다. 30년 뒤, 여전히 공산당 정부이던 웨스트벵골주 정부가 산업화가 부진하다는 문제를 해결하기 위해 농민들(임차 농민도 포함)로부터 토지 매입을 시도했다. 하지만 맹렬한 저항에 부닥쳤고 이 계획은 보류되었다. 공산당이 농민들을 토지에서 쫓아내려 한다는 소문이 돌면서 대대적인 저항이 일었고 이를 억누르기 위해 가혹한 탄압이 이어지면서, [웨스트벵골주에서 30년 넘게 집권했던] 공산당은 다시 집권하지 못했다.

웨스트벵골주 농민들이 토지를 포기하는 대가로 원했던 보상은 일자리, 즉 안정적인 소득원에 대한 약속이었다. 그 소득을 보장해줄 보편기본소득 같은 제도가 있었다면 농민들의 저항은 훨씬 덜했을 것이고 농지를 산업적 용도로 전환하는 것도 훨씬 더 수월했을 것이다. 5장에서 보았듯이 토지가 잘못 사용되는 것은 인도에서 자원 배분이 잘못 이뤄지는 주요 사례이며 이는 경제 성장을 저해하는 요인으로 작용했을 가능성이 크다. 보편기본소득이 존재해서 농민들이 어떤 비용이 들든 토지만은 잃지 않으려 집착하지 않아도 되었더라면 자원 배분상의 문제를 완화할 수 있었을 것이다. 또한 토지를 가진 사람들이 토지를 팔고 더 나은 고용 기회가 있는 곳으로 이주하는 것을 더 긍정적으로 고려하게 해서 노동의 잘못된 배분도 줄일 수 있었을 것이다.

하지만 인도에는 지금도 보편기본소득 같은 제도가 없다. 현 정부가 제안한 것은 농민에게만 적용되고, 액수도 생계 수준에 훨씬 못 미친다. 야당이 제안한 최저소득 제도는 가난한 사람을 대상으로 하되 소득이 오르면 누진적으로 조세를 강화하는 것으로, 역소득세와 더 비숫하다. 보편기본소득(모두에게 적용되고, 어느 정도 이상 소득이 되어도 다시 세금을 냄으로써 상쇄되지 않는) 제도를 가진 나라는 거의 없다. 현재 존재하는 것은 가난한 사람들에게 조건부, 비조건부로 소득을 이전하는 프로그램들인데, 정확하게 수혜 대상을 설정하고 자격을 확인하는 것은 개도국에서 특히나 더 어려운 일이다. 대부분이 농촌이나 영세 사업체에서 일하기 때문에 정부가 소득을 파악하기가 사실상 불가능해 대상자 식별이 매우 어려워서다.[40]

대상 집단을 설정하고 자격을 확인하는 데 들어가는 비용을 피할 수 있는 한 가지 방법은 대상자가 아닌 사람이 스스로 걸러지게끔 만드는 것이다. 인도의 국가농어촌고용보장법National Rural Employment Gurantee Act, NREGA은 이러한 '자가 선별식' 복지 프로그램 중 규모가 가장 큰 프로그램이다. 이것이 미국의 '연방 일자리 보장 프로그램' 안의 모델이 되었을 가능성이 있다. 인도에서 모든 농어촌 가정은 1년에 100일간 공식적인 최저임금을 받고 일할 권리를 갖는다(공식적인 최저임금은 대부분 지역에서 실제 임금보다 높다). 여기에는 대상자를 선별하는 별도의 절차가 없다. 하지만 제공되는 일을 해야 한다는 조건이 붙는데, 일반적으로는 건설 공사 현장 일이다. 따라서 하루 8시간을 뙤약볕 아래에서 해야 하는 일보다 나은 일자리를 가진 사람은 저절로 걸러지는 효과를 내게 된다.

이 프로그램은 가난한 사람들에게 매우 인기가 있다. 선거 때는 이 제도에 반대했던 모디 정부도 2014년 선거에서 정권을 잡은 뒤에는 이 제도에 직접 반대하지는 않는 쪽으로 방침을 바꾸었을 정도다. 이러한 종류의 노동 복지 프로그램이 갖는 장점 하나는 최저임금을 강제하기 어려운 지역에서 부분적으로라도 최저임금 제도의 대안이 될 수 있다는 것이다. 노동자들은 여기에서 제시된 임금을 근거로 제시할 수 있으므로 민간 영역의 고용주와 임금 협상을 할 때 더 유리하게 임할 수 있고, 실제로 그렇게 하고 있다는 증거도 있다.[41] 그뿐 아니라, 한 연구에 따르면 임금이 올랐는데도 민간 고용이 증가했다. 그전까지 고용주들이 담합을 해서 너무 낮은 임금을 지급함으로써 사실상 일자리 수를 줄이고 있었던 것이다(그렇게까지 심하게 적은 돈으로는 일을 할 수 없거나 일할 의사가 없는 사람들이 있었을 것이다).

모든 노동 복지 프로그램이 피할 수 없이 맞닥뜨리게 되는 난제 하나는 누군가가 수백만 개의 일자리를 창출해야 한다는 점이다. 인도에서는 이것이 마을 정부(판차야트)의 책임이다. 하지만 중앙 정부와 마을 정부 사이에는 (종종 그럴 만한 이유에서) 불신이 매우 크고 서로 상대방이 부패했다고 비난한다. 그 결과, '부패 척결'이 과도하게 강조될 때 발생하곤 하는 비효율성과 관료제적 절차가 생겨났다. 제안서 하나가 승인되어 일이 진행되기까지 몇 개월씩 걸리고 판차야트 담당자가 어마어마한 노력을 들여야 한다. 이는 갑자기 가뭄이 닥치는 경우처럼 프로그램을 급하게 바꾸어야 할 필요가 생겼을 때 효과적으로 대응하기가 불가능하다는 의미다. 또 어느 마을의 판차야트 담당자가 온갖 난관을 뚫고 프로젝트를 진행해 내겠다는 의지가 부족한 편이라면 그 마을 사람들이 이 프로그램의 혜택을 받기가 매우 어려워진다는 의미이기도 하다. 인도에서 가장 가난한 비하르주에서는 이 프로그램을 통해 일자리를 갖기를 원한 사람 중 절반도 안 되는 사람만이 일자리를 얻을 수 있었다.[42]

결국 이 프로그램은 매우 부패하기 쉬운 시스템이 되고 말았다. 관리 감독을 맡은 사람들이 수혜 중단 여부를 결정할 수 있는 권한을 이용해 뇌물을 받을 수 있기 때문이다. 관리 감독 업무를 하는 관료층을 줄였더니 이 프로그램을 담당하는 당국자들이 소유한 부의 중앙값이 14퍼센트나 줄었다.[43] 그리고 사람들이 일자리를 갖는 데까지는 성공한다 해도 임금을 받기까지 또다시 몇 개월을 기다려야 하는 경우가 비일비재했다.

이 모든 문제를 볼 때, 개도국에서 기존의 프로그램을 보편기본소득으로 전환하는 것은 충분히 진지한 고려 대상이 될 만하다. 물론 문제는 돈이다. 대부분의 개도국은 세금이 더 필요하지만 세제를 바꾸는 데는 시간이 많이 걸린다. 그러므로 처음에는 자금 대부분을 다른 프로그램들을 없애서 마련해야 할 것이다. 전기 보조금처럼 규모가 크고 사람들에게 인기가 있는 프로그램도 없애야 할지 모른다. 프로그램의 수를 줄이면 제한된 정부 자원을 소수에 집중할 수 있게 된다. 현재 인도 정부가 운영하는 프로그램은 수백 개에 달하는데, 상당수가 집행되는 예산이 사실상 없는 상태다. 즉 하는 일이 없는 상태인데, 그런데도 담당 부서가 있고 담당 공무원이 있다. 델리 부시장 마니시 시소디아Manish Sisodia는 다음과 같은 웃지 못할 에피소드를 이야기해 주었다. 처음 부임해서 예산 서류를 살펴보니 '아편 구매'라는 항목이 있었다고 한다. 이것은 델리에 정착한 아프간 난민 중 아편 중독을 겪고 있는 사람들을 돕기 위해 마련되었던, 그러나 이미 오래전에 없어진 프로그램의 흔적이었다.

가난한 나라의 정부가 재정적으로 감당할 수 있는 보편기본소득은 정말로 기본적인, 말하자면 '초'기본소득일 것이다. 그래서 우리는 '보편초超기본소득Universal Ultra Basic Income'이라는 이름을 붙여 보았다. 인도 재무부가 발간하는 「인도 경제 서베이Economic Survey of India」

2017년판에서 이와 비슷한 것이 제안된 바 있다. 여기에서 제시된 추산치에 따르면, 인도 국민 중 75퍼센트에게 연간 7,620루피(구매력 평가 환율로 430달러)를 제공할 경우 인도의 절대 빈곤층 거의 모두를 2011~2012년의 빈곤선 위로 끌어 올릴 수 있을 것으로 보인다. 7,620 루피는 인도 기준으로도 매우 작은 액수지만 (인도에서 보편기본소득을 제안하는 경제학자들이 제시하는 액수보다 작다) 기본적인 생존을 보장하기에는 아마도 충분할 것이다. 「인도 경제 서베이」는 그러한 프로그램의 비용이 인도 GDP의 4.9퍼센트에 해당할 것이라고 추산했다. 2014~2015년에 인도에서 비료, 석유, 식품 보조에 지출한 돈은 GDP의 2.07퍼센트였고 가장 큰 복지 프로그램 10개에 들어간 비용은 GDP의 1.38퍼센트였다. 그러므로 기존 프로그램들을 모두 없애고 그 재원을 활용하면 보편초기본소득의 3분의 2를 감당할 수 있다는 계산이 나온다.[44]

또한 이 보고서는 수혜를 받지 않을 25퍼센트를 꽤 쉽게 가려낼 수 있을 것이라고 가정하고 있다. 실제로 '자가 선별'을 유도하는 방식을 도입할 수 있을 것이다. 가령, 모든 수혜자가 돈을 인출하든 아니든 간에 매주 한 번 ATM 기계에 가서 생체 인식 신분증을 인식시키게 한다면 두 가지 측면에서 선별 효과가 발생할 수 있다. 하나는 유령 신청자를 거르는 것이고, 다른 하나는 25퍼센트에 속할 부유한 사람들이 귀찮아서 신청을 안 하게 되는 것이다. 만약의 경우에 대한 대비책도 필요하다. 장애인이 ATM에 접근하기 쉽도록 보장하는 조치가 필요할 것이고, 기술적인 오류가 발생할 경우(이런 경우는 흔하다. 특히 육체노동자의 경우, 지문이 닳아 인식이 잘 안 되는 경우가 많다)에도 대비해야 한다. 하지만 전달할 메시지를 제대로 잡고 사람들에게 잘 설명한다면("필요하시면 추가적인 돈을 받으러 오세요"), 그리고 약간의 요구사항을 부여한다면(가령, 매주 한 번 ATM에 생체 인식 신분증을 인식시키는 것), 어느 한 시점에 국민 중 25퍼센트는 알아서 오지 않게 해 거를 수 있을 것이고, 그와 동시에 꼭 필요한 사람들이 이 프로그램을 이용하는 데는 큰 어려움이 없게 할 수 있을 것이다.

이제까지 나온 실증 근거들을 토대로 우리는 보편초기본소득을 지지한다. 하지만 이러한 프로그램의 장기적인 효과에 대해서는 아직까지 데이터가 없다. 우리가 가진 실증 근거는 비교적 단기적인 개입들에 대한 것들이어서, 사람들이 기본소득을 앞으로도 지속적으로 받으리라고 확신하게 될 때 어떻게 반응할지에 대해서는 알지 못한다. 추가적인 소득의 새로움이 사라지고 나면 노동 의욕이 저하되어 일을 덜 하게 될까? 아니면 더 높은 소득을 열망하면서 더 열심히 노력하게 될까? 생계를 위한 최소한의 소득이 확보되면 이는 어떤 영향을 미칠까? 아비지트는 이러한 질문들에 대한 답을 알아보기 위해 케냐에서 보편기본소득에 관한 대규모 연구를 진행하고 있다. 44개 마을에서는 모든 성인에게 12년 동안 하루 0.75달러의 소득을 보장했고, 80개 마을에서는 모든 성인에게 2년 동안만 그만큼의 소득을 지급하기로 했으며, 71개 마을에서는 모든 성인에게 한꺼번에 500달러를 지급했고, 마지막으로 기준 집단인 100개의 마을에서는 아무런 혜택도 지급하지 않았다. 전체적으로 15,000가구가 이 실험에 관여되어 있다. 우리는 2020년 초부터 몇몇 결과들이 나오기 시작할 것으로 기대하고 있다.

하지만 우리는 일부 국가에서 오랫동안 시행되어 온 조건부 현금 이전 프로그램들에서 장기적인 효과를 이미 보았다. 1990년대에 이러한 프로그램에 참가한 가정의 아동들은 이제 젊은 성인이 되었는데,

이들에 대한 연구 결과들을 보면 해당 프로그램이 이들의 후생에 장기적으로 긍정적인 효과를 낸 것으로 보인다. 예를 들어, 인도네시아는 2007년에 PKH라는 조건부 현금 이전 프로그램을 438개 지구에 도입했다(736개 지구 중에서 무작위로 선정했다). PKH는 조건부 프로그램의 일반적인 요소들을 두루 가지고 있었다. 가령, 수혜 가구는 아이를 학교에 보내고 아이가 예방적 진료를 받게 한다는 것을 조건으로 매달 일정액을 지급받았다. 2007년에 이 프로그램에 등록되었던 마을들에서는 오늘날까지도 프로그램이 지속되고 있다. 하지만 관료제적 관성 때문에 당시에 기준 집단이던 마을들에까지는 프로그램이 아직 확대되지 않았다. 프로그램이 진행된 마을들을 기준 집단인 마을들과 비교해 보면, 건강과 교육에서 상당히 큰 장기적 이득이 관찰된다. 보건 전문가가 가정 방문을 한 곳들에서는 출산이 크게 늘어났고 학교에 다니지 않는 아동 수가 절반으로 줄었다. 시간이 지나면서, 인적자본 축적에도 긍정적인 영향이 있었다. 발육 부진 아동이 23퍼센트 감소했고 학교를 마치는 아동은 증가했다. 하지만 인적자본 축적에서 이득이 있고 프로그램에서 지급받는 돈이 있는데도 이들 가정이 더 부유해지지는 않았다. 이것은 순전히 돈만을 이전하는 프로그램의 장기적인 효과와 관련해 주의해야 할 중요한 지점을 보여 준다. 아마도 정부가 제한된 예산 내에서 제공할 수 있는 금액 자체가 너무 적어서 소득에 실질적인 변화를 가져올 수는 없었던 것 같다(그리고 정부는 지급액을 더 늘리는 비용을 감당할 수 없을 것이다).[45]

종합해 보면, 필요할 때 모든 사람이 접근할 수 있는 보편초기본소득에 더해 매우 가난한 사람들을 대상으로 더 금액이 큰 소득 이전 프로그램을 시행하고 후자의 프로그램을 예방적 의료 및 아동 교육과 연계시키는 것이 가장 좋은 정책 조합으로 보인다. 후자의 선별 프로그램에서 조건 이행을 너무 엄격하게 강제할 필요는 없을 것이다. 모로코에서 '용도 독려 현금 이전labeled cash transfer' 방식의 프로그램을 평가한 결과, 프로그램의 목표[자녀의 교육]를 명확히 밝혀서 지급받은 돈을 자녀의 교육비로 쓰도록 '독려'는 하되 이행을 엄격하게 강제하지는 않아도 전통적인 조건부 현금 이전 프로그램만큼 사람들의 행동을 바꾸는 데 효과가 있는 것을 알 수 있었다.[46] 마찬가지로 인도네시아의 PKH 프로그램도 조건의 이행을 엄격하게 요구하지 않는다(이런 면에서 PKH도 '용도 독려 현금 이전' 방식이라고 볼 수 있을 것이다). 이러한 방식은 행정 비용을 낮추면서도 정작 가장 취약한 가구를 의도치 않게 배제하게 되는 위험도 피할 수 있다. 대상자를 정하는 것도 지역 중심으로 접근하거나(가난한 지역에 집중하는 방식), 마을 지도자의 도움을 받거나, 쉽게 입수할 수 있는 종류의 데이터를 활용하는 등 비교적 비용이 덜 드는 방식으로 운영할 수 있을 것이다. 일부 오류는 있겠지만, 대상자에 대한 검증을 조금 더 너그럽게 적용할 의지가 있는 한(가령, 혜택이 필요하지 않은 일부 사람들이 얌체처럼 프로그램에 참가하는 경우가 생기는 것을 감수하더라도, 필요한 사람들 중에서는 아무도 배제되는 사람이 없도록), 그리고 보편초기본소득이 있어서 최소한의 소득이 보장되는 한, 우리는 두 가지 방식의 장점만 추려서 잘 결합할 수 있을 것이다.

미국에서 보편기본소득을?

미국의 복지 정책은 개편이 필요하다(다른 부유한 나라들도 대부분 그렇다). 많은 사람들이 너무나 오랫동안 힘겨운 상황에 처해 있다고 느껴서 분노하고 있으며, 상황이 저절로 나아질 기미는 보이지 않는다.

그러면 미국에서도 보편기본소득이 해답이 될 수 있을까?

정부가 하는 일이 필요하고 바람직한 일이라는 데 유권자들이 충분히 설득될 수 있다면, 정부가 추진하는 프로그램에 자금을 충당하기 위해 세금을 올려도 대중의 저항이 심하지 않을 것이다. 퓨 리서치 센터의 한 조사에 따르면 응답자의 61퍼센트가 인간의 일자리 대부분을 로봇이 대체할 경우에 대비해 모든 미국인에게 기본적인 필요의 충족에 필요한 소득을 보장해 주는 정책을 지지한다고 답했다.[47] 민주당 지지자 중에서는 77퍼센트, 공화당 지지자 중에서는 38퍼센트가 이러한 정책을 지지했다. 또 민주당 지지자의 65퍼센트(공화당 지지자 중에서는 30퍼센트)가 세금을 올려야 하더라도 정부가 일자리를 잃은 노동자들을 도울 책임이 있다고 답했다. 이렇듯 대중의 지지도가 낮지 않고 전 세계 기준으로 보면 미국이 세금을 적게 거두고 있는 나라임을 생각할 때, 세금을 현재 수준인 GDP의 26퍼센트에서 31.2퍼센트 정도로까지 올리는 것은 가능하리라고 기대해 볼 수 있다. 그러면 모든 미국인에게 연간 3,000달러씩을 지급할 수 있다.[48] 4인 가족이라면 1만 2,000달러가 되는데 이는 빈곤선의 절반에 해당한다. 큰돈은 아니지만 하위 3분의 1 가구에게는 유의미한 액수일 것이다. 만약 이 재원을 자본에 세금을 물려서 충당한다면, 자동화가 될수록 경제에서 자본이 차지하는 비중이 증가할 것이므로 보편기본소득 지급액은 시간이 지남에 따라 더 높아질 수도 있을 것이다. 유럽의 경우에는 세금을 더 올릴 여지는 적지만 각종 사회적 이전 프로그램(주거 보조, 소득 보조 등)을 조건이나 제약을 붙이지 않는 하나의 소득 이전 시스템으로 통합할 수 있을 것이다. 2017년과 2018년에 핀란드가 이것을 시도한 적이 있다. 실직자 중 2,000명을 무작위로 선정해서 기존에 제공되던 여러 가지 복지 프로그램(주거 보조, 고용 보조 등) 대신 통합적인 보편기본소득을 제공했다. 나머지 17만 3,222명을 기준 집단으로 삼아 비교해 본 결과, 보편기본소득 수급자들의 삶의 만족도가 더 높아진 것으로 나타났다. 두 집단 사이에 소득은 차이가 없었다. 이 결과는 이제까지 보았던 다른 실증 근거들과도 부합하는 것으로 보인다.[49]

하지만 보편기본소득이 뒤로 밀려난 사람들의 분노를 완화해 줄 수 있을까? 보편기본소득을 지지하는, 그러나 본인이 가난하지는 않은 많은 사람들이 보편기본소득을 새로운 경제 구조에서 비생산적인 인력이 되어 일자리를 찾을 수 없게 될 사람들의 문제를 직접 돈을 지급함으로써 완화하는 제도라고 생각한다. 보편기본소득이 있다면 그들이 굳이 일자리를 찾으려 하지 않고 무언가 다른 일을 할 것이라는 기대다. 하지만 이제까지 우리가 알고 있는 모든 실증 근거로 볼 때 이것은 매우 있을 법하지 않은 일로 보인다. 우리는 설문 조사에서 다음과 같은 질문을 했다. "연간 1만 3,000달러의 보편기본소득이 조건 없이 주어지면 당신은 일을, 혹은 구직을 그만두시겠습니까?" 이에 대해 응답자의 87퍼센트가 아니라고 답했다.[50] 이 책에서 살펴본 모든 실증 증거는, 사람들은 대개 일을 하고 싶어 하며, 그 이유는 돈이 필요해서만이 아니라 일이 목적의식, 소속감, 존엄성을 느끼게 해 주는 원천이기 때문임을 말해 준다.

2015년에 랜드 코퍼레이션은 미국 노동자 약 3,000명을 대상으로 노동 조건에 대해 심층 설문 조사를 실시했다.[51] 응답자들은 그들이 하고 있는 일이 얼마나 자주 다음과 같은 것들을 제공해 준다고 느끼는지 질문을 받았다. "일이 잘되고 있다는 만족감", "유용한 일을 하고 있다는 느낌", "개인적인 성취감", "공동체와 사회에 긍정적인 영향을 미칠 수 있는 기회", "내 능력을 온전하게 사용할 수 있는 기회", "열망할 만한 가치가 있는 목표." 미국 노동자 다섯 중 넷은 그들이 하고 있는 일이 거의 대부분의 시간 동안 위와 같은 것 중 적어도 하나를 제공해 준다고 느끼고 있었다.

비슷한 시기에 퓨 리서치 센터는 미국인들의 직업 만족도를 알아보는 조사에서 응답자들에게 그들이 하는 일을 통해 자아 정체성에 대한 감각을 얻는지 물어보았는데,[52] 고용 상태인 미국인 중 거의 절반(51퍼센트)이 그렇다고 답했다. 하지만 또 다른 절반(47퍼센트)은 자신의 일이 단지 생계를 해결하기 위한 것일 뿐이라고 답했다.

이 두 연구 결과가 어떻게 부합할 수 있는지는 분명하지 않다. 하지만 많은 사람들에게 일이 단지 돈을 버는 수단 이상이라는 데는 의문의 여지가 없다. 또한 교육 수준이 높고 고임금 직종에 종사하는 사람이 직업을 자아 정체성의 일부로 여기는 경향이 더 크다. 연소득이 3만 달러 이하인 사람들 중에서는 37퍼센트만이 자신의 직업에서 정체성을 느낀다고 답했다. 업종에 따라서도 차이가 크다. 가령, 의료 분야에서 일하는 성인의 67퍼센트와 교육 분야에서 일하는 성인의 70퍼센트가 자신의 직업에서 정체성을 느낀다고 답한 반면, 요식숙박업에서는 42퍼센트, 도소매 유통업에서는 36퍼센트만 그렇게 답했다.

사람들은 대체로 '좋은 직업'과 '나쁜 직업'을 구분해 생각하고, 적어도 '의미 있는 직업', '별 의미 없는 직업'과 같은 식으로라도 생각한다. 보수가 더 높은 직업은 일반적으로 더 좋은 직업으로 인식되지만, 그것이 어떤 업무를 하는 일인지도 중요하다. 자신이 좋아하는 일을 하다가 별로 가치가 없다고 여겨지는 직업으로 옮겨야 한다면 설령 보수가 비슷하다 해도 사람들은 이직과 이사를 하려 하지 않을 것이다. 그리고 사실, 사람들은 오래 일해 온 일자리를 잃을 경우에 정말로 회복되지는 못한다. 많은 연구에서 볼 수 있듯이, 대규모 해고로 일자리에서 밀려난 노동자 대부분은 그 이후에 결코 소득을 회복하지 못했다. 평균적으로 그들이 새로 구한 직업은 보수가 더 낮았고 덜 안정적이었으며 부가급부도 더 적었다.[53]

이는 4장에서 보았듯이 노동시장이 [전체적인 수요와 공급의 흐름보다는] 고용주와 구직자가 딱 맞게 연결되느냐 아니냐가 중요한 제도라는 점과도 무관하지 않을 것이다. 나를 신뢰하고 나의 가치를 인정해 주는 고용주, 그리고 내가 신뢰하고 가치를 인정할 수 있는 고용주를 발견하는 것은 어느 정도 운의 문제다. 일단 그런 고용주를 발견하면, 그 일자리에 계속 머물고 싶어 하는 것이 당연하다. 그러면 그 직업은 경제적으로나 그 밖의 면에서나 나를 더 안정적이고 보람 있는 경력으로 이끌어 줄 것이다. 일단 그 연결을 잃고 나면 다시 구축하기는 어렵다. 특히 나이가 많고 기존 업무가 몸에 익어 있는 경우에는 더욱 그럴 것이다.

이것은 매우 놀랍고 두려운 현상 하나를 설명해 준다. 한 연구에 따르면, 장기근속 노동자들이 대규모 해고로 일자리를 잃었을 경우 그 직후의 몇 년 안에 사망할 가능성이 매우 높아지는 것으로 나타났다.[54] 일자리를 잃은 상실감이 목숨의 상실로 이어진 것이다. 장기근속 노동자들의 실직이 사망률에 미치는 영향은 시간이 지나면서 낮아졌지만 제로가 되지는 않았고 사망률이 낮아진 자리에는 더 장기적인 문제인 알코올 의존증, 우울증, 통증, 약물 중독 등이 들어왔다. 이 연구에 따르면, 전체적으로 중년기에 일자리를 잃을 경우 노동자들의 기대 수명이 1~1.5년 줄어드는 것으로 추산되었다.

이행과 전환의 과정에는 경제학적 분석이 대체로 간과하는 많은 방식으로도 비용이 든다. 경제학자로서 우리는 소득의 상실과 새로운 일자리를 찾는 데 들여야 하는 시간 및 노력을 이행 비용으로 간주한다. 하지만 일자리를 잃는다는 것 자체가 일으키는 비용은 경제학 모델에 고려되어 있지 않다. 경제학자들이 본능적으로 지지하는 경향이 있는 보편기본소득 개념도 이 비용을 간과하고 있다. 개념적으로 보편기본소득은 실직한 노동자들이 기본소득을 받으면 힘겨운 노동의 의무에서 벗어났다고 느낄 것이라고 상정한다. 일자리를 잃은 젊은이들이 보편기본소득으로 생계를 유지할 수 있게 되면 굳이 구직을 하기보다는 삶에서 새로운 의미를 찾으면서 집을 돌보고, 공동체에서 자원봉사를 하고, 수공예를 시도해 보고, 세계를 탐험할 수 있을 것이라고 가정하고 있는 것이다. 불행히도, 실증 근거들에 따르면 '노동 시스템' 외부에서 삶의 의미를 찾는 것은 매우 어려운 일로 보인다. '미국인 시간사용조사American Time Use Survey, ATUS'가 시작되어 데이터가 존재하는 1960년대 이래로 여가 활동에 쓰는 시간은 남녀 모두 약간 증가했다.[55] 젊은 남성들에서는 2004년 이후 늘어난 여가 시간의 상당 부분이 비디오 게임에 쓰였고 다른 모든 집단에서는 텔레비전을 보는 데 쓰였다.[56] 2017년의 경우 평균적으로 남성은 하루에 여가 활동(인터넷, TV, 친교, 자원봉사)에 5시간 반, 여성은 5시간을 사용했는데, 그 중 가장 많은 시간을 차지한 것은 TV보기(하루 2.8시간)였다.[57] 그다음은 집밖에서의 친교 활동(38분)이었는데 1위인 TV보기와 차이가 매우 컸다. 2008년 금융위기에 이은 대침체 시기에 줄어든 노동 시간(가사 노동 제외)의 절반을 TV보기와 잠자기가 메웠다.[58]

그러나 텔레비전을 더 보고 잠을 더 자는 것이 우리를 꼭 더 행복하게 해 주지는 않는다. 한 연구에서 대니얼 카너먼과 앨런 크루거 Alan Krueger는 응답자들에게 각자의 하루를 되짚어 보고 각각의 활동에 대해 그 순간에 어떤 느낌이 들었는지 답해보게 했는데, 여가 활동 중에서 TV보기, 컴퓨터 사용하기, 낮잠 자기 등이 즉각적인 즐거움과 성취감을 가장 적게 주는 활동이고 친교가 가장 크게 즐거움을 주는 활동인 것으로 나타났다.[59]

각 개인이 삶에서 의미를 일구는 법을 개별적으로 알아내기는 매우 어려운 일로 보인다. 우리 대부분은 구조화된 노동 환경에서 제공되는 모종의 규율을 필요로 하고 거기에 의미와 중요성을 부여한다. 이것은 자동화에 대해 사람들이 매우 크게 우려하는 부분이기도 하다. 퓨 리서치 센터의 조사에서 응답자의 64퍼센트가 사람들이 로봇과 경쟁하도록 내몰리고 컴퓨터와 일자리를 두고 다퉈야 하게 된다면 자신의 삶에서 무엇을 해야 할지 발견하는 데 어려움을 겪게 될 것 같다고 답했다.[60] 실제로, 시간 여유가 더 많아진 사람들(은퇴자, 실직자, 노동시장에 참여하지 않는 사람 등)은 전일제로 일하는 사람보다 자원봉사 활동을 할 가능성이 **더 낮았다.**[61] 즉 자원봉사는 우리가 일상적인 활동에 더해 **추가로** 하는 일이지, 일상적인 활동 **대신에** 하는 일이 아니다.

스스로를 중산층이라고 여겼던 많은 사람들이 직업을 통해 얻었던 자존감을 상실한 것이 부유한 나라가 처한 위기의 진정한 속성이라는 우리의 주장이 옳다면, 보편기본소득은 여기에 답이 될 수 없을 것이다. 가난한 나라와 부유한 나라에서 보편기본소득이 갖는 유용성은 상이할 것으로 보이며, 여기에는 두 가지 이유가 있다. 첫째, 보편기본소득은 행정적으로 실행이 쉽고 가난한 나라들은 더 복잡한 프로그램을 운용할 거버넌스 역량이 상대적으로 부족하다. 하지만 미국은 그렇지 않고 프랑스나 일본은 더더욱 그렇지 않다.

둘째, 개도국 사람들도 일반적으로 안정적인 직업, 높은 소득, 좋은 부가급부를 원하기는 하겠지만, 대부분의 경우 자신에게 마땅히 그럴 '권리가 있다'는 식으로는 생각하지 않는다. 세계의 빈곤층이나 준빈곤층 대다수가 개도국에 살고 대체로 영세 자영업자다. 즉 자기가 알아서 일을 해야 한다. 그들 대부분은 이러한 방식의 자가 고용 상태를 싫어하지만 거기에 익숙해져 있다. 그들은 자신이 한 달, 심지어는 하루 사이에도 매우 상이한 종류의 일들을 옮겨 다니며 해야 한다는 것을 알고 있다. 기회가 있으면 무슨 일이든 닥치는 대로 해야 하기 때문이다. 그래서 아침에는 길거리에서 간식을 팔고 오후에는 다른 집 바느질감을 가져다가 일한다. 혹은, 우기에는 농사를 짓고 건기에는 벽돌을 만든다.

부분적으로는 이 때문에, 개도국 사람들은 삶의 의미를 자신의 직업을 중심으로 구축하지 않는다. 그보다는 이웃, 친지, 카스트, 종교 집단, 기타 공식적, 비공식적 모임들과의 연결을 유지하는 데 매우 노력을 기울인다. 아비지트의 고향인 웨스트벵골주에서 '클럽'(벵골어 발음으로는 '클라브'라고 불린다)은 사람들의 삶에서 핵심을 이루는 제도다. 대부분의 농촌 마을과 도시의 동네에 적어도 하나의 클럽이 있다. 클럽 회원은 16~35세 남성들이고 이들은 매일 만나서 크리켓, 축구, 카드 게임, '카롬'(남아시아에서 즐겨 하는 보드게임의 일종) 등을 한다. 이들은 종종 스스로를 '사회적 일꾼'이라고 부르고, 가령 누군가가 상을 당하면 모두 그 집에 가서 일을 도와준다. 또한 그러한 사회적 노동이나 종교 의례에 들어가는 경비를 충당한다는 명목으로 약한 형태로나마 강제로 회비를 내야 한다. 이러한 회비, 그리고 지역 정치인들이 이들을 일꾼으로 활용하면서 지원해 주는 후원금으로 클럽 운영과 가끔씩 열리는 행사 비용 등을 충당한다. 하지만 대체로 클럽의 기능은 지역민들이 더 큰 문제로 빠져들지 않게 하는 데 있다. 대부분의 사람들이 일을 하지 않고 있거나 원하지 않는 일을 하고 있는 상황에서, 클럽이 조금이나마 삶의 의미를 제공해 주기 때문이다.

'유연안정성'을 넘어서

미국에서 현 경제 모델이 야기한 교란을 보편기본소득이 해결할 수 없다면 무엇이 해결할 수 있을까? 많은 정책 결정자들과 경제학자들이 덴마크의 '유연안정성flexicurity' 모델을 좋아한다. 이 모델은 노동시장에 완전한 유연성을 허용한다. 즉 고용주는 직원이 필요하지 않게 될 경우에 꽤 쉽게 해고될 수 있다. 하지만 해고된 사람들은 보조금을 받기 때문에 경제적으로 큰 상실은 겪지 않는다. 그리고 정부는 그가 유의미한 재훈련을 거쳐서 다시 고용될 수 있도록 체계적인 프로그램을 제공한다. 노동자들이 각자도생해야 하는 시스템(가령, 미국의 시스템)과 비교해 보면, 유연안정성 모델은 실직이 인생이 무너지는 비극이 아니라 정상적인 삶에서 거쳐 갈 수도 있는 국면 중 하나로 여겨지게 하는 데 도움이 된다. 또 노동자를 해고하는 것이 어렵도록 정규직 계약을 하게 되어 있는 시스템(가령, 프랑스의 시스템)과 비교해 보면, 고용주가 사업 환경의 변화에 따라 적절한 조정을 할 수 있고 '내부자'(강한 고용 보호를 받는 사람)와 '외부자'(일자리가 없는 사람)의 갈등 구조가 생기는 것을 막는 데 도움이 된다.

이는 경제학자들이 이 문제에 대해 거의 본능적으로 보이는 사고방식과도 부합한다. 시장이 자기 할 일을 하게 두고 위태로운 사람들에게는 보험을 제공하면 된다는 것이다. 장기적으로 볼 때, 쇠퇴해 가는 분야에서 다른 분야로 노동력이 재배분되는 것을 막으려는 정책은 실효성도 없고 비용도 너무 많이 든다. 많은 사람들에게, 특히 젊은 노동자들에게 유의미한 직업 재훈련 과정을 밟게 하는 것은 가치 있는 일일 것이다. 이미 살펴보았듯이, TAA 프로그램은 매우 효과가 있다.

그럼에도, 우리는 앞에서 논한 여러 이유들 때문에 유연안정성 모델이 해답의 전부라고 생각하지는 않는다. 일자리를 잃는 것은 단순히 소득을 잃는 것 이상의 막대한 상실을 의미한다. 미래에 대한 삶의 계획과 자신이 생각해 왔던 '좋은 삶'의 비전이 송두리째 뒤흔들리는 경우가 너무나 많기 때문이다. 특히 나이가 많은 사람들과 특정한 지역이나 기업에서 오래 일한 사람들은 다른 직종으로 옮겨 가는 것이 더욱 힘겨울 것이다. 또 이들은 노동 연령이 얼마 남지 않았으므로 직업 재훈련도 효용에 비해 비용이 많이 드는 일일 수 있다. 이들에게는 다른 직종으로 옮겨서 얻을 것은 별로 없고 잃을 것은 너무 많다(지역까지 다른 곳으로 옮겨야 한다면 더욱 그럴 것이다). 이들이 비교적 쉽게 이행의 과정을 겪을 수 있는 유일한 방법은 동일한 영역에서 비슷한 지위의 다른 일자리로 이동하는 것이다.

3장의 말미에서 우리가 어떤 노동자들에 대해서는 [이동을 지원하기보다] 그들이 원래 있던 장소에 계속 머물 수 있도록 지원해야 한다는, 다소 급진적인 아이디어를 제시한 이유가 바로 여기에 있다. 교역이나 기술 진보로 어느 분야가 전체적으로 교란되면 나이가 많은 노동자들은 임금을 부분적으로, 혹은 전적으로 보조받을 수 있어야 한다. 물론 이러한 정책은 특정한 지역의 특정한 산업이 쇠락할 때만 발동되어야 하고 해당 직군에서 적어도 10년(혹은 8년이나 12년)의 장기근속 경험이 있는 50세(혹은 55세) 이상과 같은 식으로 나이가 많은 노동자들 위주로 제공되어야 한다.

경제학자들은 정부 재량에 이렇게 큰 여지를 열어 주는 것에 본능적으로 비판적이다. 어느 산업이 쇠락하고 있는 산업인지를 정부가 어떻게 아는가?

우리도 오류와 남용이 어느 정도 있으리라는 점을 부인하지 않는다. 하지만 이것은 무역이 사람들의 삶을 앗아 가는 가운데 모든 사람이 어떻게든 더 나은 삶을 꾸려 가고자 고군분투하는데도 정부는 그냥 손 놓고 있었던 그 오랜 세월 동안, 정부가 그렇게 아무것도 하지 않는 데 대한 핑계였다. '무역이 모두에게 좋다'고 주장하려면 무역이 실제로 모두에게 좋은 것이 될 수 있는 메커니즘을 고안해야 한다. 여기에는 무역의 패배자가 누구인지 알아내고 그들의 손실을 상쇄해 주는 일도 포함된다. 사실 국제무역을 전공하는 경제학자들(정부에서 일하는 경제학자들도 포함해서)은 교역으로 수입이 빠르게 증가하는 영역이 어디인지, 아웃소싱이 빠르게 증가하고 있는 영역이 어디인지 등에 대해 많은 데이터를 가지고 있다. 2018년에 미국이 관세를 부과했을 때도 이러한 데이터를 가지고 계산한 것이었다. 하지만 [무역의 피해를 막기 위한 정책으로서] 관세 전쟁은 미국 경제 내의 많은 사람에게 해를 끼칠 수 있다. 이와 달리, 대상자를 더 명확하게 특정해 보조금을 지급하는 정책은 가장 취약한 사람들을 보호하면서도 새로운 형태의 교란을 일으키지 않을 수 있을 것이다. 자동화가 일으키는 교란에 대해서도 비슷한 정책, 즉 자동화가 가장 빠르게 벌어질 분야와 지역을 파악해 그곳에 집중적으로 개입하는 정책을 시행할 수 있을 것이다.

모레티와 같은 저명한 도시 경제학자들은 장소 기반의 정책에 의구심을 표한다. 그들은 이러한 정책이 단지 활동을 한 지역에서 다른 지역으로 옮기는 것에 불과하며 그마저도 대부분은 생산적인 지역에서 덜 생산적인 지역으로 옮기는 격이 될지 모른다고 우려한다. 하지만 어느 연령대 이상인 사람들이 이사를 할 수 없거나 하려 하지 않는다면, 위와 같은 정책 외에 어떤 정책적 선택지가 있을 수 있을까? 오늘날 미국에서 뒤로 밀려난 사람들은 미국 각지에 흩어져 있다. 그들은 수백 개의 마을과 소도시에서 분노하고 있고 약물 중독을 겪고 있으며 떠날 수 있는 사람은 모두 그곳을 떠났거나 떠날 생각을 하고 있다. 이러한 곳에서는 사람들을 돕기가 매우 어려울 것이다. 그러므로 사회 정책의 목적은 이렇게 이미 존재하는 쇠락한 지역들을 돕는 것에 더해, 어쩌면 이보다 더 중요하게, 다른 지역들이 그러한 나락으로 떨어지지 않게 돕는 것도 포함해야 한다.

어느 면에서 이것은 유럽의 공동농업정책Common Agricultural Policy이 하고 있는 일이다. 경제학자들은 이 정책을 싫어한다. 점점 수가 줄고 있는 농민들이 다른 모든 이들에게 피해를 입혀 가며 많은 보조금을 받는다는 것이다. 하지만 이렇게 주장하는 경제학자들은 농민들이 농장을 폐쇄해야 하는 상황을 막아 줌으로써 이 정책이 많은 유럽 국가에서 농촌을 더 우거지고 푸르르게 하는 데 이바지하고 있다는 사실을 간과하고 있다. 과거에는 농민들이 생산량을 늘리는 쪽으로 보조금을 받기 때문에 집약적 농업을 하는 경향이 있었고 이는 대규모의, 그러나 보기 싫은 경작지를 만들게 되는 결과를 낳았다. 하지만 2005년과 2006년부터 농민에게 가는 보조금이 생산량과 연계되지 않고 환경 보호나 동물 복지와 연계되었다. 그 결과, 수공예 스타일의 농업을 하는 소규모 농가들도 생존할 수 있게 되었고 그들을 통해 우리는 양질의 산출물과 아름다운 경관을 누릴 수 있게 되었다. 아마도 대부분의 유럽인이 이러한 것들이 보존되어야 할 가치가 있으며 자신의 삶의 질과 유럽인으로서의 정체성에 기여한다고 생각할 것이다. 프랑스의 농업 생산이 더 집약적이 되고 농가가 물류 창고로 대체되면 GDP가 오를까? 또 설령 그렇다 한들 사람들의 후생이 더 높아질까? 아마도 아닐 것이다.

미국의 제조업에서 고용을 보호하는 것과 프랑스의 자연환경을 보호하는 것을 비유하는 게 어리둥절하게 느껴질 수도 있을 것이다. 하지만 아름다운 농촌은 관광객을 끌어모으고 젊은이들이 노년의 부모들을 돌볼 수 있게 해 준다. 비슷하게, 기업 도시들은 고등학교, 스포츠 팀, 잘 운영되는 상점들이 있는 번화가, 그리고 소속감을 주는 곳이 될 수 있다. 이러한 것들 역시 숲과 마찬가지로 우리가 즐길 수 있는, 그리고 훼손되지 않게 사회가 마땅히 비용을 들여 보호해야 할 환경이다.

스마트 케인즈주의: 공동선을 위한 정부 보조

2018년에 미국 민주당에서 일자리 보장을 중심으로 하는 또 다른 접근법이 떠올랐다. 2019년에 대통령 민주당 당내 경선 후보 코리 부커 Cory Booker, 카말라 해리스Kamala Harris, 버니 샌더스Bernie Sanders, 엘리자베스 워런 모두 '연방 정부의 고용 보장'을 공약으로 내세웠다. 일을 하고자 하는 미국인이면 누구나 연방 정부에서 양질의 일자리를 얻을 권리를 갖게 해 준다는 것이다. 이 일자리에는 연방 정부의 여타 공무원들이 받는 것과 비슷한 수준의 의료보험, 퇴직급여, 12주의 육아 휴직, 자녀 돌봄 보조가 제공되고, 임금은 시간당 15달러로 책정될 것이었다. 제공될 일자리는 주로 공동체 서비스, 홈 케어, 공원 관리 등이다. 또 민주당 의원들이 제안한 '그린 뉴딜'도 연방 정부의 고용 보장 정책을 포함한다. 물론 이 아이디어가 새로운 것은 아니다. 인도의 국가농어촌고용보장법도 비슷한 정책이고, 1930년대의 원조 뉴딜 정책도 그렇다.

하지만 인도의 사례를 보건대, 이러한 프로그램을 잘 운영하는 것은 쉽지 않아 보인다. 충분한 일자리를 만들고 조직하는 것은 미국에서도 쉽지 않을 것이다. 인도에서 제공된 일자리는 고랑을 파거나 도로를 건설하는 일 등이었는데 미국에서 이러한 일을 하고 싶어 할 사람은 별로 없을 것이다. 그리고 제공되는 일자리가 유용한 것이 아니라면, 즉 일자리를 만들기 위해 만들어진 일자리일 뿐 명백히 아무 쓸모없는 일자리라면 사람들의 자존감을 회복시키는 데 도움이 되지 않을 것이다. 그러면 사람들은 무의미하게 일하는 흉내를 내느니 차라리 장애 수당을 신청하기로 할지 모른다. 또한 이러한 프로그램이 규모가 매우 클 수밖에 없다는 것을 생각하면 실행 단에서는 민간 기업들을 외주로 활용해야 할 텐데, 정부 입찰을 따는 일에 특화한 민간 기업 중에는 비용은 높고 질은 낮기로 악명 높은 곳도 많다.

그보다는, 노동 집약적인 공공 서비스에 정부 예산을 늘려서 그 서비스를 꼭 직접 제공하지는 않더라도 그에 대한 수요를 늘리는 것이 더 현실적인 전략일 것이다. 여기에서 잊지 않고 고려되어야 할 것은, 하는 일에 비해 과다하게 보수를 받는 일자리를 창출하지 않는 것이다. 이는 개도국에서 특히 중요한 문제다. 앞에서 보았듯이, 이러한 상황은 모든 사람이 그 소수의 좋은 일자리를 잡으려고 오랜 시간을 기다리게 해 노동시장이 움직이지 않고 뭉쳐 있게 만들고 이는 전반적으로 고용을 낮추는 효과를 낸다. 요컨대, 정부가 창출하는 일자리는 유용해야 하고 그에 대한 보수는 공정해야 한다. 가능성은 많다. 노인 돌봄, 교육, 아동 돌봄 등은 적어도 지금으로서는 자동화로 얻을 수있는 생산성의 향상이 제한적인 영역이다. 앞으로도 아주 어린아이나아주 나이가 많은 사람들을 돌보는 것은 로봇이 인간 노동자를 (효과적으로 지원해 줄 수는 있겠지만) 대체하지 못할 것이다.

학교, 유치원, 어린이집에서 인간 노동력을 로봇으로 대체하기가 매우 어려운 또 한 가지 이유는 로봇이 좁은 의미에서의 기술적인능력을 필요로 하는 직업(볼트 끼우는 것부터 회계까지)을 모두 대체하고 나면 사람들이 자연적인 공감과 융통성에 점점 더 많은 가치를 부여하게 되리라는 데서 찾을 수 있다. 실제로 많은 연구에서 지난 10년동안 노동시장에서 인지적 기술에 비해 [대인관계, 사회성 등과 관련된]사회적 기술의 중요성이 더 높아졌음이 드러났다.[62] 사회적 기술이 정확히 어떻게 해서 습득되는가에 대해서는 연구가 많이 이루어져 있지않지만, 상식적으로 생각해 볼 때 사회적 기술을 가르치는 데서는 소프트웨어보다 인간에게 비교 우위가 있을 것이다. 페루에서 수행된 한실험에 따르면, 기숙 학교에서 무작위로 선정된 일부 학생들은 사교성이 뛰어난 학생과 룸메이트가 되도록 하고 또 다른 일부 학생들은 성적이 뛰어난 학생과 룸메이트가 되도록 하자, 전자의 학생들은 사회적기술이 높아졌지만 후자의 학생들은 시험 점수가 높아지지 않았다.[63]

돌봄과 교육에서 인간이 로봇보다 비교 우위를 갖는다는 것은이러한 영역의 상대적인 생산성이 기계가 널리 사용되는 다른 영역에비해 점점 더 떨어지게 되리라는 것을 의미한다. 그렇다면 민간 자본의입장에서는 생산성이 더 빠르게 향상되는 영역보다 투자의 매력도가 낮아질 것이다. 그와 동시에, 노인 돌봄은 명백하게 사회적으로 중요한 목적이 있지만 현재로서는 충분한 서비스가 이루어지지 않고 있다. 그러므로 아이들에 대한 교육과 노인에 대한 돌봄에 정부가 공적으로 투자를 하면 사회에 큰 이득이 될 것이다. 물론 여기에는 비용이 든다. 이 두 분야만으로도 정부가 지출할 수 있는 예산의 상당 부분을 차지할 것이다. 하지만 그 돈이 안정적이고 존중받는 일자리를 창출하고 그 일을 하는 사람들에게 급여를 지급하는 데 들어간다면 사회적으로 유용한 서비스가 생산된다는 면에서, 그리고 유의미한 일자리를 많이 제공할 수 있다는 면에서 이중으로 유익한 일일 것이다.

헤드 스타트

세대 간 계층 이동성은 아이들이 어느 동네에서 자라는지와 밀접하게 관련이 있다. 가령, 미국에서 소득 분포의 하위 50퍼센트에서 태어난 아이가 유타주 솔트레이크시티에서 자라면 성인이 되어서 평균적으로 소득이 46퍼센타일 선에 위치할 것이고 노스캐롤라이나주 샬롯에서 자라면 그보다 한참 낮은 37퍼센타일 선에 위치할 것이다. 이와 같은 지역에 따른 차이는 노동시장에 진입하기 한참 전부터 시작된다. 계층 이동성이 낮은 지역에 사는 아이들은 대학에 갈 가능성이 더 낮아지고 이른 나이에 자녀를 가질 가능성은 더 높아진다.[64]

1994년에 미국 주택도시개발부는 '기회를 위한 이사Moving to Opportunity'라는 프로그램을 시작했다. 공공주택 거주자들에게 복권에 참여할 기회를 주고 당첨되면 현재의 가난한 공공주택 단지를 벗어나 빈곤도가 더 낮은 동네로 이사갈 수 있는 기회를 제공하는 프로그램이었다. 당첨된 가정 중 절반 정도가 이사 기회를 붙잡았고 실제로 빈곤도가 훨씬 더 낮은 동네에 정착했다.

　　한 연구팀이 당첨된 사람과 당첨되지 못한 사람들을 추적 조사해서 장기적으로 어떤 차이가 있었는지 알아보았다. 초기의 결과는 다소 실망스러웠다. 여아는 정신 심리적인 상태가 더 나아졌고 학교에서 성과도 더 좋아졌지만 남아에게서는 그러한 효과가 별로 나타나지 않았다.[65] 하지만 20년쯤 뒤에는 몇 가지 생활 지표에서 명백하게 큰 차이가 드러났다. 젊은 성인들 중 당시에 부모가 이사 복권에 당첨되었던 사람들은 부모가 당첨되지 못했던 사람들보다 연간 1,624달러를 더 벌었고 대학에 갈 가능성과 더 좋은 동네에 살 가능성도 더 높았다. 여성의 경우에는 편모가 될 가능성도 더 낮았는데, 이는 이러한 정책이 세대 간의 전승에도 영향을 미치리라는 것을 시사한다.[66]

　　동네마다 계층 이동성에서 차이를 보이는 것은 어떻게 설명할 수 있을까? 연구자들의 견해는 분분하다. 하지만 높은 계층 이동성과 명백히 관련이 커 보이는 몇 가지 환경 요인이 있다. 대표적인 것이 학교의 질이다. 계층 이동성의 지도를 그려 보면 표준 시험 점수 분포의 지도와 굉장히 겹치는 것을 볼 수 있다.[67]

　　지난 수십 년 간 교육에 대해 많은 연구가 이루어져 온 덕분에, 우리는 어떤 것들이 아이들의 학습 성과를 높이는 데 도움이 되는지에 대해 꽤 많은 것을 알고 있다. 2017년에 수행된 한 연구는, 선진국에서 학교나 부모를 상대로 개입이 진행되었던 196개의 무작위 실험 연구들을 종합적으로 검토해 그러한 개입이 학업 성과를 높이는 효과가 있었는지 살펴보았다.[68] 이러한 개입들의 효과는 편차가 크지만, 불리한 사회 계층 출신 아이들의 학업 성과를 높이는 데는 양질의 취학전 아동 교육과 학교에서의 밀도 있는 개인 지도가 가장 효과가 있는 것으로 보인다. 학업을 따라가지 못하고 결국에는 중퇴를 하게 될 가능성이 큰 아이들에게 취학 전에 선제적으로 개입해 학교생활에 잘 준비될 수 있게 해 주고 학업 격차가 너무 벌어지기 전에 격차가 발생할 법할 주요 지점들을 포착해 개입하면 그렇게 될 가능성을 줄일 수 있다. 이 결과는 우리가 개도국에서 수행한 연구의 결과들과도 부합한다.[69]

또한 여러 연구 결과에 따르면, 학업 성과에서 얻은 단기적인 이득은 장기적인 기회의 차이로도 이어진다. 일례로, 테네시에서 진행된 한 무작위 통제 실험에서 20~25명이던 학급 규모를 12~17명으로 줄였더니 단기적으로 시험 점수가 올랐고 장기적으로 그 학생들이 대학에 갈 가능성도 높아졌다. 학급 규모가 작은 교실에서 공부한 학생들은(무작위로 배정되었다) 성인이 되었을 때 주택 소유, 저축, 결혼 상태, 거주 동네 등의 지표로 보았을 때 더 나은 삶을 살고 있는 것으로 나타났다.[70] 학급 규모를 작게 유지하고 밀도 있는 개인별 지도가 가능하려면 교사가 더 필요하다. 즉 이러한 종류의 개입은 아이들에게도 도움이 되지만 교직 분야의 고용도 창출할 수 있다.

미국에서 이러한 정책을 실행하는 데 한 가지 큰 제약은 학교 재정이 주로 지역적으로 충당된다는 점이다. 이는 양질의 공립 교육이 가장 많이 필요한 곳에서 교육에 쓸 돈이 부족하다는 의미다. 정부가 비중 있게 재정 지원을 하면 큰 차이를 만들 수 있을 것이다. 더 일반적으로, 미국에서는 정부의 재정 지원이 너무 적어서 유치원 이전의 영유아 교육은 연방 정부의 보조를 받지 못하고 있고 그 결과 어떤 종류든 보조금을 지원받아 제공되는 유치원 이전 영유아 교육에 참여하는 아이가 28퍼센트에 불과하다.[71] 대조적으로, 영유아 교육이 정부 보조를 받는 프랑스에서는 오랫동안 거의 모든 아이가 영유아 교육을 받았고[72] 최근에는 의무 교육에 포함되었다.

영유아 교육 프로그램의 효과에 대한 초창기의 몇몇 실험에서, 영유아 시기에 양질의 개입이 이루어지면 단기와 장기 모두에서 큰 효과를 낸다는 사실이 드러났다. 이를 근거로, 노벨상 수상 경제학자인 제임스 헤크먼James Heckman은 영유아 교육이 불평등을 줄이는 가장 좋은 해법이라고 주장했다.[73] 하지만 이러한 실험 중 어떤 것은 규모가 너무 작았고, 따라서 프로그램이 정확히 의도대로 진행되도록 하기가 더 쉬웠을 수 있다.

좀 더 현실적인 규모로 영유아 교육 프로그램의 효과를 평가하기 위해 규모가 더 큰 무작위 통제 실험이 두 차례 이루어졌다. 전국 프로그램인 '헤드 스타트Head Start' 프로그램에 대한 실험 연구와 테네시주에서 진행된 영유아 교육에 대한 실험이었다. 결과는 다소 실망스러웠다. 둘 다 단기적으로는 효과가 있었으나 학업 성과에 미친 긍정적인 영향은 곧 사라졌고 몇 년 뒤에는 역전되었다.[74] 이 결과를 보고 많은 이들이 영유아 교육 프로그램의 효과에 대한 기존의 평가가 과장되어 있었다고 생각하게 되었다.

하지만 '헤드 스타트' 프로그램 연구에서 드러난 가장 중요한 발견은 프로그램의 내용이 어떻게 구성되는지에 따라 효과가 막대하게 편차를 보인다는 점이었다. 구체적으로, 전일제로 진행되는 프로그램이 반일제보다 효과적이었고 가정 방문 등 부모를 독려하는 활동이 수반되면 더 효과적이었다. 가정 방문(영유아 교육을 담당하는 교사나 사회복지사가 가정을 방문해 부모에게 아이들과 놀아 주는 방법 등을 가르쳐 준다)의 효과는 미국과 여타 나라들 모두에서 진행된 또 다른 연구들에 의해서도 뒷받침되었다.[75]

현재로서 말할 수 있는 것은, 영유아기 아동을 지원하는 데 무엇이 효과가 있는지 정확하게 알려면 아직 연구가 더 필요하다는 것이다. 하지만 지금 분명히 알고 있는 것도 있다. 자원과 자금이 중요하다는 것이다. 헤드 스타트 프로그램의 규모를 확장했을 때 많은 센터가 서비스를 줄여서 비용을 절감하려고 했는데 이는 프로그램의 효과를 떨어뜨렸다. 프로그램의 질을 유지하는 것은 매우 중요하다. 그리고 규모를 크게 확대하는 것은 많은 이들에게 일자리를 제공한다는 점에서도 (특히 그들이 적절하게 보수를 받을 경우에) 사회적으로 도움이 된다. 이러한 일자리들은 보람도 있을 뿐 아니라 로봇이 대체하는 것이 불가능하다(로봇이 가정 방문을 해서 부모에게 이야기하는 것을 상상하기는 아무래도 좀 어렵다).

마찬가지로 중요한 것으로, 누군가를 영유아기 교육 교사로 재훈련시키는 것은 비교적 적은 비용으로 빠르게 이루어질 수 있을 것으로 보인다. 인도에서 우리는 하버드 심리학 교수 엘리자베스 스펠크Elizabeth Spelke와 함께 취학 전 아동을 위한 산수 교재를 개발한 적이 있다. 아직 읽고 쓰는 법도, 셈을 하는 법도 모르는 어린아이들을 대상으로 게임 등을 통해 산수에 대한 직관적인 지식을 가르치는 것이었다. 우리는 이 프로그램의 효과를 델리 슬럼 지역의 몇몇 영유아 교육 기관에서 무작위 통제 실험으로 평가했다.[76] 처음 현장 방문을 했을 때 스펠크는 델리의 영유아 교육 여건을 보고 경악했다. 좁은 문간에 아이들이 북적북적 모여 있었고 아이들의 연령과 교사의 교육 수준은 천차만별이었다. 많은 교사들이 고등학교도 마치지 못한 상태였다. 명백히 하버드의 실험실에서 생각한 것과는 매우 다른 조건이었다. 하지만 일주일 정도 교사들을 교육시키고 좋은 교구를 제공했더니 슬럼 아이들의 집중력을 높은 수준으로 유지할 수 있었다. 아이들은 몇 주 동안 산수 게임을 하면서 빠르고 비약적인 진전을 보였고 산수 실력이 상당히 향상되었다.

아동 돌봄 서비스를 잘 이용할 수 없다는 것은 미국에서 저소득층 여성이 직면하는 가장 심각한 불이익 중 하나다. 정부가 보조하는 양질의 전일제 돌봄 시스템이 없다는 말은 그들이 일을 하지 않고 아이를 돌봐야 하거나(아동 돌봄 서비스를 시장 가격에서 이용하려면 그들이 버는 만큼을 거의 고스란히 들여야 하기 때문이다) 더 좋은 일자리를 포기하더라도 아이를 돌보는 데에 도움을 청할 수 있는 가족이 사는 곳 근처의 일자리(특히 친정 엄마와 가까운 곳의 일자리)를 잡아야 한다는 뜻이다. 여성은 노동시장에서 적지 않은 '자녀 페널티'를 겪는다. 이것은 선진국에 여전히 남아 있는 성별 간 소득 격차의 상당 부분을 설명해준다.[77] 진보적인 나라인 덴마크에서도 아이를 낳기 전에는 남성과 여성의 소득에 거의 차이가 없지만 아이가 생기면 장기적으로 약 20퍼센트의 격차가 생긴다. 여성은 첫 아이 출산 직후에 승진에서 남성보다 뒤처지기 시작하고 관리자가 될 가능성에서도 남성보다 뒤처진다. 또한 엄마가 된 여성들은 더 '가족 친화적'인 일터(직원 중 어린아이가 있는 여성의 비중으로 측정)에서 일하기 위해 이직을 하는 경우가 많고, 약 13퍼센트는 아예 노동시장을 떠난다.[78] 정부가 보조하는 양질의 전일제 돌봄을 확대하는 것은 노동 기회를 더 많이 준다는 의미에서만 보더라도 저소득층 여성의 소득을 올리는 데 매우 효과적인 방법이다.

노년층 돌봄도 확대가 많이 필요한 영역이다. 미국에는 자신의 가정에서 노년에 돌봄을 받을 수 있는 사람이 매우 적고, 공공 보조를 받는 노인 요양 시설에서 지원을 받는 사람도 매우 적기 때문이다. 대조적으로, 덴마크와 스웨덴에서는 GDP의 2퍼센트를 노년층 돌봄에 사용한다.[79] 중앙집중화된 'e-헬스 데이터베이스'에 환자 기록이 전자적으로 저장되어 있어 병원과 지역 당국의 협업이 용이하다. 빈곤층만이 아니라 80세가 된 모든 사람은 가정 방문 서비스와 가정에서의 도움을 받을 자격이 되고, 배우자와 사별한 65세 이상인 모든 사람은 도움이 필요한지 여부를 점검받는다. 또 노인들은 주택을 더 안전하게 개조해야 할 필요가 있을 경우 자금을 보조받을 수 있다. 지속적인 돌봄이 필요한 경우에는 대개 공적으로 운영되는 요양원에 간다. 비용은 공공 연금에서 지급되며 덴마크 노인들은 모두 공공 연금을 이용할 수 있다.

노인을 돌보는 일은 힘들고 미국에서는 보수도 매우 적다. 즉 매력적인 일자리가 아니다. 하지만 이것도 달라질 수 있다. 우리는 충분한 사람을 고용할 수 있도록 자금을 지원해야 하고, 그들을 적절하게 교육시켜야 하며, 그들이 노인 각각에게 충분한 시간을 쓸 수 있도록 해야 하고, 그들이 자신이 하는 일을 자랑스러워할 수 있을 만큼의 보수를 지급해야 한다.

전환 지원

좋은 일자리를 갖는 것과 아이를 잘 키우는 것 둘 다 거주지에 매우 크게 영향을 받는다는 점을 생각할 때, 사람들이 이사를 갈 수 있게 지원하는 정책도 중요하다.

'기회를 위한 이사' 프로그램을 전국으로 확대해서 모두가 좋은 동네로 이사하게 하는 것은 불가능하겠지만 노동자들이 다른 지역이나 다른 일자리로 옮길 수 있도록 지원하는 것은 가능하다. 실제로 이를 목적으로 하는 '적극적 노동시장' 프로그램들이 몇 가지 운영되고 있다. 하지만 대부분은 일자리 정보를 알려 주고 지원 절차를 도와주는 정도를 넘어서지 못한다. 이러한 '적극적 노동시장' 정책들의 성과는 미국과 유럽 모두에서 꽤 실망스럽다. 긍정적인 효과가 있긴 하지만 그다지 크지 않고 이 프로그램의 도움을 받지 못하는 노동자들이 피해를 보기도 한다.[80]

더 야심찬 (그리고 비용이 더 많이 드는) 프로그램으로, 실직한 노동자가 자동적으로 더 긴 기간 동안 실업 보험의 혜택을 받을 수 있게 하는 방안을 생각해 볼 수 있다. 그러면 재훈련을 받아서 다시 좋은 일자리를 구할 때까지 시간을 벌 수 있으므로 급한 마음에 당장 눈에 보이는 저소득 일자리를 잡거나 장애 수당을 신청하는 경우를 줄일 수 있을 것이다.

또 이러한 프로그램은 단기적인 훈련 기회뿐 아니라 전액 장학금을 지급해 대학이나 커뮤니티 칼리지에서 교육을 받을 기회를 제공할 수도 있을 것이다. 우리는 일자리 문제를 '직장을 구한다'는 차원에서만이 아니라 '경력을 관리한다'는 관점에서 생각해야 한다. 최근에 미국에서 이러한 관점에서 시도된 프로그램 세 개에 대한 효과를 평가하는 연구가 이루어졌다. 기본적인 아이디어는, 실직자가 재훈련을 받을 수 있는 기간을 몇 개월 더 확대해서 노동 공급이 부족한 분야(보건, 컴퓨터 유지보수 등)에서 일하는 데 필요한 전문 기술을 익힐 수 있게 하고 해당 분야에서 수요가 있는 곳에 이들을 연결시켜 주자는 것이었다. 2년 후의 결과는 고무적이었다. 교육을 마친 뒤 2년차에 참가자들은 (비슷한 조건을 가지고 있었으나 프로그램에 참여하지 않은 노동자들에 비해) 고용될 가능성이 높았고, 더 좋은 일자리에서 고용될 가능성이

높았다. 종합적으로, 프로그램 참가자들은 참가하지 않은 사람들보다 소득이 29퍼센트 높았다.[81]

매우 중요하게, 이러한 프로그램은 재훈련 기간 중, 혹은 새로운 일을 막 시작하는 시점에 육아 지원, 교통 지원, 주거 정보 제공, 법률 서비스 제공 등을 통해 재정착에도 도움을 주었다. 단기 주거지를 제공하고 자녀가 다닐 학교와 어린이집 찾는 일을 도와주는 것 등으로도 서비스를 확대할 수 있을 것이다. 또한 연방 정부의 주거 바우처도 ('기회를 위한 이사' 프로그램이 제공하는 것보다는 금액이 작지만) 사람들에게 좋은 동네로 이사를 가는 것이 재정적으로 조금 더 감당 가능한 선택지가 되게 하는 데 도움이 될 것이다.

구인을 하는 기업들이 인근 지역을 넘어 인력을 찾아볼 수 있도록 지원하는 것도 중요하다. 구직자와 일자리를 연결시키고자 하는 프로그램은 대부분 구직자에게만 초점을 두고 있다. 하지만 고용주 입장에서도 딱 맞는 사람을 구하는 것은 시간과 비용이 많이 드는 일이다. 조사에 따르면, 노동자 1인당 채용 비용(빈자리에 대해 공지를 내고, 지원자를 선별하고, 새로 채용한 직원을 교육시키는 것 등)은 연간 임금의 1.5~11퍼센트에 달하는 것으로 나타났다. 대기업은 인사 부서가 있지만 중소기업 입장에서는 채용 비용이 큰 장벽이 될 수 있다. 최근 프랑스에서 진행된 한 연구에서는, 채용 비용이 고용의 속도를 늦출 만큼 큰 것으로 나타났다. 연구자들은 실업 문제를 담당하는 당국과 협력해 참여 회사들에 대해 채용 공고를 내는 것과 1차로 지원자를 선별하는 것을 대신 맡아 주는 식으로 채용 과정을 지원했다. 실험 결과, 이러한 서비스를 제공받은 기업들이 채용 공고를 더 많이 냈고 정규직 노동자도 9퍼센트 더 많이 채용한 것으로 나타났다.[82] 이러한 서비스는 고용주들이 알음알음으로 소개받는 경로를 넘어 더 광범위한 지원자 풀에 접근할 수 있게 해 준다는 데서도 의미가 있다.

　　이러한 프로그램은 들어가는 비용을 상쇄할 만큼의 경제적 이득도 창출할 수 있을 것이다. 노동자들이 새로운 전문 기술을 갖게 되고 구직자와 일자리가 더 잘 연결되면 경제에 도움이 된다. 하지만 그렇지 않더라도 마음을 짓누르는 불안과 걱정을 줄이고 존엄을 회복시켜 준다는 이득은 너무나 근본적인 것이다. 이 이득은 프로그램에 참여하는 실직 노동자들만이 아니라 자신의 일자리가 어느 날 갑자기 위험에 처할지도 모르는, 혹은 가까운 지인 중에 실직한 사람이 있는 모든 사람에게 해당된다. 또 이에 못지않게 중요한 것으로, 이런 프로그램을 홍보할 때, '당신을 구제해 주겠다'는 메시지보다 '이러한 일이 당신에게 일어나서 유감이지만 새로운 기술을 획득하고 필요할 경우 적절한 장소로 이사를 하면 당신은 우리 경제가 탄탄히 유지되게 하는 데 기여할 수 있다'라는 메시지를 주면, 많은 블루칼라 노동자들이 세상이 그들에 대해 벌이는 전쟁에서 자신이 희생자가 되었다고 느끼는 상황을 바꿀 수 있을 것이다.

　　예를 들어, 오바마 행정부가 시도하려 했던 '석탄에 대한 전쟁'은 석탄 **노동자들**에 대한 전쟁인 것처럼 받아들여졌다. 석탄 노동자들이 유독 자신의 일을 자랑스러워하고 어떤 것도 자신의 일을 대체할 수 없다고 완강하게 믿고 있어서일 수도 있지만 비교적 최근까지 석탄 노동자들은 지금처럼 그들의 고용주와 '함께' 싸운 것이 아니라 그들의 고용주에게 '맞서' 싸워 왔다. 그리고 그들이 하는 일이야말로 전형적으로 미국인 대부분이 기계가 대체해야 한다고 생각하는, 육체적으로 위험한 일이다. 철강 노동자도 마찬가지일 것이다. 그렇다면, 우리는 기존과 비슷한 정도의 자부심을 주면서 위험도는 덜한 일자리를 생각할 수 있어야 한다.

그렇지만 2016년 3월에 힐러리 클린턴이 "우리는 많은 석탄 기업과 탄광 노동자들이 퇴출되게 할 것"이라고 차갑게 발표했을 때, 석탄 업계 노동자들은 이를 그들이 받게 될 상실에 대해서는 아무런 사과나 보상도 없이 일방적으로 그들의 삶을 무너뜨리려는 시도라고 받아들였다. 그리고 이러한 반응은 불합리한 것이 아니다. 클린턴은 사회가 탄광 노동자들을 돌봐야 한다고 바로 덧붙였지만, 그 문장을 "우리는"으로 시작함으로써 이 사안을 "우리" 대 "그들"의 구도로 이야기했다. 그 문장은 이후 몇 개월 동안 정치 광고에 등장했다.

전환의 시기는 정부가 그 전환으로 고통을 겪는 노동자에게 공감하고 있음을 나타낼 수 있는 기회가 될 수 있으며 그러한 기회가 되어야 마땅하다. 직업을 바꾸는 것과 사는 장소를 바꾸는 것 모두 굉장히 힘겨운 일이다. 하지만 경제에는 기회가 되기도 한다. 또 개인에게도 자신의 재능과 일자리를 더 잘 연결할 기회가 될 수 있다. 앞에서도 언급했듯이, 미국의 노동자 다섯 중 넷은 자신의 일에서 의미를 찾는다. 그리고 모든 사람이 자신의 일에서 의미를 찾을 수 있어야 한다. 더 나은 방향으로 일자리를 전환할 수 있게 돕는 프로그램은 누구나 접할 수 있는 '보편적인 권리'가 되어야 한다. 하지만 (소득에 대해서만 보편 권리를 보장하는) 보편기본소득과 달리 일자리 전환을 지원하는 프로그램은 사회적인 정체성에 필수적으로 보이는 것에 연결시켜 준다. 우리 모두 사회 안에서 생산적인 삶을 살아갈 권리를 가져야 한다.

대체로 유럽 국가들은 미국보다 일자리 전환 프로그램에 투자를 훨씬 더 많이 한다. 덴마크는 교육 훈련, 일자리 탐색 지원 등을 포함하는 '적극적 노동시장' 정책에 GDP의 2퍼센트를 지출하는데, 이러한 정책은 일자리 간의 이동(하나의 일자리에서 다른 일자리로 직접 이동하는 것)과 실직 상태와 고용 상태 사이로의 이동을 모두 증가시킨다. 비자발적 실업률은 다른 OECD 국가들과 비슷하지만, 실직한 노동자들이 훨씬 더 빠르게 새 일자리를 찾는다. 덴마크에서는 실직자 네 명 중 세 명이 1년 안에 새로운 일자리를 구한다. 덴마크 모델은 2008년의 금융위기와 뒤이은 불황에서도 살아남았고, 그 기간에 비자발적 실업이 크게 증가하지 않았다. 독일은 적극적 노동시장 정책에 GDP의 1.45퍼센트를 사용하고 금융위기 동안에는 실업이 증가해서 관련 지출도 GDP의 2.45퍼센트로 늘었다.[83] 반면, 프랑스는 실업자들을 돕겠다는 선언이 무색하게 적극적 노동시장 정책에 대한 지출이 10년 넘게 GDP의 1퍼센트 수준에서 정체되어 있다. 그리고 미국은 겨우 0.11퍼센트다.[84]

사실 미국도 모범으로 삼을 만한 모델을 가지고 있다. 3장에서 언급한 무역조정지원TAA 프로그램이다. TAA는 무역으로 타격을 받았다고 확인된 기업에서 실직한 노동자들이 교육 훈련을 받을 수 있도록 자금을 지원하고 그 기간 동안 실업 보험을 확대해 준다. TAA는 상당히 효과가 있으며, 정확히 이러한 유형의 프로그램이 해야 마땅한 일을 한다. 즉 가장 불리한 장소에 있는 노동자들이 움직일 수 있게 돕는다. 특히 크게 쇠락한 지역에서 실직한 노동자들의 경우, 이 프로그램이 미래 소득에 미치는 효과가 2배에 달하기도 한다. 또 TAA 수혜를 받은 노동자들은 지역과 업종을 바꾸는 경향도 더 컸다.[85] 하지만 안타깝게도 TAA는 전환의 어려움을 겪는 노동자들을 돕기 위한 프로그램의 표준이 되기는커녕 여전히 매우 소규모의 프로그램으로 근근이 유지되고 있다. 도대체 왜일까?

함께 존엄하게

이미 존재하는 정부 프로그램, 심지어 잘 작동하는 프로그램마저 활용하기를 꺼리는 현상은, 공화당 지지자 대다수와 민주당 지지자 중에서도 상당수가 기업이 사람을 로봇으로 대체하는 것을 제한하자는 데는 동의하면서도 자동화로 일자리를 잃은 사람을 지원하는 보편소득 프로그램이나 전국적인 일자리 보장 프로그램을 도입하는 것은 반대하는 현상과 무관하지 않을 것이다.[86] 이러한 태도의 이면에는 정부의 '동기'에 대한 의구심("정부는 '그들'만 돕고 싶어 한다")과 정부가 프로그램을 뜻한 바대로 이행할 수 있는 '능력'에 대한 (다소 과장된) 의구심이 있다. 그러나 좌파 쪽 조직이나 사람들도 예외가 아닌 또 다른 요인이 있다. 이런 프로그램들이 당사자들에 대한 이해나 공감 없이 단순히 시혜적으로 이루어지는 서비스에 불과한 게 아니냐는 의구심이다. 즉 사람들은 정부의 지원을 받으면서 모멸감을 느끼고 싶어 하지 않는다.

'새천년 개발 목표Millennium Development Goals, MDG'를 고안하기 위한 유엔 고위급 패널에서 활동하던 시절에 아비지트는 그 목표에 자신의 의제가 반영되게 하려는 국제 비정부기구들의 저강도 로비(?)에 많이 접하게 되었다. 이들과의 만남은 흥미로운 활동들에 대해 배울 수 있는 매우 즐거운 기회였다. 그중에서도 아비지트가 가장 생생하게 기억하는 회의는 'ATD 제4세계ATD Fourth World'라는 단체와의 회의다.

EU 본부의 동굴 같은 회의실에 들어서자마자 아비지트는 그곳에 전혀 다른 종류의 사람들이 모여 있다는 것을 깨달았다. 양복도, 넥

타이도, 하이힐도 없었다. 첫 주 회의에서 아비지트는 주름진 얼굴, 지저분한 겨울 재킷, 그리고 대학 신입생에게서 볼 수 있을 법한 열정을 보았다. 아비지트는 이들이 극도의 가난을 경험했으며 여전히 가난한 사람들이라고 소개를 받았다. 그리고 이들은 가난한 사람들이 무엇을 원하는지 논의하는 자리에 참여하고자 여기에 왔다고 했다.

'ATD 제4세계'와의 회의는 아비지트가 참여해 본 어떤 회의와도 달랐다. 사람들은 빠르게 논의에 끼어들어서 자신의 경험을 토대로 자신의 삶, 가난의 본질, 정책의 실패에 대해 이야기했다. 아비지트는 동의되지 않는 부분에 대해 말할 때 가능한 한 배려를 하면서 섬세하게 대처하려고 노력했는데, 어느 순간 자신이 배려를 가장한 잘난 체를 하고 있다는 것을 깨달았다. 그들은 결코 아비지트보다 덜 정교하지도, 논리적 반박 능력이 떨어지지도 않았다.

회의가 끝날 때쯤 아비지트는 'ATD 제4세계'에 대해 깊이 존경하는 마음을 갖게 되었고 그들의 슬로건이 왜 "빈곤 극복을 위해, 함께 존엄하게"인지 이해할 수 있게 되었다. 이곳은 존엄을 최우선순위로 삼고 있었다. 필요하다면 기본적인 욕구보다도 존엄이 먼저였다. 'ATD 제4세계'는 모든 사람을 "생각하는 존재"로서 진지하게 받아들이는 내부 문화를 탄탄하게 구축했고, 그 문화는 아비지트가 미처 예상하지 못했던 자신감을 사람들에게 주고 있었다.

TAE(Travailler et Apprendre Ensemble, '함께 일하고 배우기')는 'ATD 제4세계'가 극빈층 사람들에게 안정적인 일자리를 제공하기 위해 시작한 소규모 사업체다. 어느 겨울 아침, 우리는 그곳의 팀 회의 하나를 참관하기 위해 파리 동쪽에 있는 노와지-르-그랑에 갔다. 우리가 도착했을 때, 그 팀은 그들이 하는 일 전체에 대해 그 주의 업무 일정을 잡고 있었다. 화이트보드에 주간 계획을 적고 사람들을 업무에 배정했다. 업무 일정을 다 잡은 뒤에는 회사가 진행하는 행사 하나에 대해 토론을 벌이기 시작했다. 분위기는 느긋했지만 고무되어 있었고 모든 문제가 빠짐없이 진지하게 논의되었다. 그러고서 모두들 일을 하러 갔다. 실리콘 밸리 스타트업에서 열리는 주간 회의 같았다.

실리콘 밸리 스타트업과 다른 점은 그들의 주간 일정표에 적힌 업무(청소, 건설 공사, 컴퓨터 정비)와 회의실에 모인 사람들이었다. 회의가 끝난 후 우리는 샹탈, 질, 장 프랑수아와 이야기를 더 나누었다. 샹탈은 간호사였지만 사고를 당해 심한 장애를 갖게 되었다. 여러 해 동안 일을 할 수 없어서 결국 노숙자가 되었고 ATD에 도움을 청했다. ATD는 주거를 제공했고 샹탈이 일할 수 있게 되었을 때 TAE를 소개했다. 우리와 만났을 때 샹탈은 10년째 그곳에서 일하고 있었다. 처음에는 청소팀, 다음에는 소프트웨어팀에서 일했고, 이어서 팀장이 되었다. 그리고 이제는 이곳을 떠나 장애인들이 일자리를 찾을 수 있도록 돕는 작은 비정부기구를 설립하려 하고 있었다. 질도 TAE에서 10년 동안 일했다. 한동안 심한 우울증을 겪은 후, 스트레스가 많은 환경에서는 자신이 일할 수 없다는 것을 알게 되었다. TAE는 질이 스스로의 리듬에 맞춰 일할 수 있게 해 주었고 질의 병은 점차 나아졌다. 장 프랑수아와 그의 아내는 ADHD를 갖고 있는 아들 플로리안의 양육권을 잃었고 분노조절장애가 있었던 장 프랑수아는 국가의 행정 보호 아래에 놓이게 되었다. 그들은 ATD에 도움을 청했고 ATD는 관리 감독을 받는 조건으로 그들의 아들 플로리안을 ATD의 센터 중 하나로 데려오는 허락을 받아 냈다. 그리고 그 센터에서 장 프랑수아는 TAE 프로그램에 대해 알게 되었다.

이곳 CEO인 디디에는 TAE에 오기 전까지 '전통적인' 회사의 CEO로 일했다. 그의 비서인 피에르 앙투안은 이전에 취업 지원 기관에서 사회복지사로 일한 경험이 있었다. 앙투안은 전통적인 직업 배치 모델의 한계를 설명해 주었다. 사람들이 한 가지 어려움만 겪고 있을 때는 도움이 될 수 있지만 여러 가지 문제를 복합적, 누적적으로 겪고 있을 때는 일반적인 일자리가 요구하는 바를 잘 충족시킬 수가 없기 때문에 금방 포기하거나 거부당하는 경우가 많다는 것이었다. TAE가 전통적인 일자리 지원 모델과 다른 점은 프로그램을 각각의 당사자 위주로 고안한다는 데 있다.

　　ATD의 팀장인 브루노 타디우는 "그들이 살아온 평생 동안 [그들을 돕겠다는] 다른 사람들은 그저 물질적인 것을 제공했을 뿐"이라며 "아무도 그들에게 무언가에 의미 있게 기여하도록 요구하지 않았다"고 말했다. 하지만 TAE는 그들에게 무언가에 의미 있게 기여하도록 요구한다. 그들은 함께 결정을 내리고, 직무에 대해 서로서로 배우고 가르치며, 매일 식사를 함께하고, 서로를 돌본다. 누군가가 없어지면 함께 확인한다. 누군가가 개인적인 어려움에 처해서 대처하는 데 시간이 필요하면 그 시간을 낼 수 있도록 함께 돕는다.

　　TAE의 정신은 모단체인 'ATD 제4세계'의 정신을 잘 반영하고 있다. 'ATD 제4세계'는 1950년대에 프랑스에서 가톨릭 사제 요셉 레신스키Joseph Wresinski가 극도의 빈곤이 열등함이나 무능함의 결과가 아니라 체계적인 배제의 결과라는 확신에서 설립한 단체다. 배제와 오해는 상호작용을 하면서 점점 더 증폭된다. 극빈층은 존엄과 주체성을 빼앗긴다. 그들은 도움을 원하지 않을 때도 도움에 감사해야 한다. 존엄을 강탈당하면 쉽게 의구심을 품게 되고, 다시 이 의구심은 외부

인에게 배은망덕과 아집으로 여겨져서 그들이 갇혀 있는 함정이 한층 더 깊어진다.[87]

직원이 12명도 안 되는, 그리고 그 직원들은 극빈층이자 생존을 위해 고전하던 사람들인 프랑스의 자그마한 사업체가 사회 정책에 대해 우리에게 더 일반적으로 말해 주는 교훈은 무엇일까?

첫째, 올바른 여건만 갖추어진다면 **누구나** 일을 할 수 있고 생산적일 수 있다. 이 개념을 바탕으로, 프랑스 정부는 비정부기구와 함께 '장기 실업자 제로 영역'이라는 실험을 진행하고 있다. 장기 실업자에는 정신적 또는 신체적 장애, 전과 기록 등 여러 가지 이유로 오랫동안 구직에 어려움을 겪고 있는 사람들도 포함되는데, 이 실험은 이들 **모두가** 빠른 시일 안에 일자리를 찾을 수 있게 하는 것을 목표로 삼고 있다. 이를 위해 정부는 장기 실업자를 고용하는 기업이나 기관에 채용된 사람 1인당 1만 8,000유로의 보조금을 제공한다. 이와 동시에 비정부기구는 장기 실업자에게 일자리를 연결해 주고 그들이 그 일을 하기 위해 필요로 하는 지원을 제공한다.

둘째, 일자리는 그 사람이 가진 다른 문제들이 다 해결되고 난 다음에, 즉 '준비가 된' 다음에 가져야 하는 것이 아니다. 일자리 자체가 그 사람의 회복 과정의 일부다. 장 프랑수아는 일자리를 구한 **후에** 아들의 양육권을 되찾을 수 있었고, 지금은 일하는 아버지를 자랑스럽게 여기는 아들을 보면서 날마다 힘을 얻는다.

프랑스의 노와지-르-그랑에서 한참 떨어져 있는 방글라데시에서도 거대 비정부기구 BRAC이 똑같은 결론에 도달했다. BRAC은 가난한 사람 중에서도 특히 더 가난한 사람들이 BRAC이 제공하는 프로그램들에서 자발적, 비자발적으로 배제되고 있는 것을 발견했다. 이 문제를 해결하기 위해 BRAC은 '단계별 졸업'이라는 접근 방식을 고안했다. 마을 공동체와 마을 지도자들의 도움으로 가장 가난한 사람들이 누구인지 파악한 뒤, 그들에게 생산적인 자산(소, 염소 등)을 제공하고, 18개월 동안 정서적, 사회적, 재정적 지원과 함께 그 자산을 잘 활용할 수 있는 법을 교육했다. 7개 나라에서 무작위 통제 실험으로 이 프로그램을 평가한 결과, 매우 효과가 있는 것으로 나타났다.[88] 인도에서는 표본 집단을 10년 동안 장기적으로 추적 조사할 수 있었는데, 10년 동안 해당 지역들이 경제적으로 발달하면서 모든 가구의 상황이 나아졌지만, BRAC 프로그램 수혜자는 기준 집단에 비해 더 크고 영속적인 이득을 얻은 것으로 나타났다. 이들은 소비 수준도 더 높고, 자산도 더 많이 보유하고 있으며, 더 건강하고, 삶의 행복도도 더 높다. 즉 이들은 '비정상적인' 빈민 상태를 졸업해 '정상적인' 빈민으로 한 단계 넘어갔다.[89] 이는 금전적인 지원만 하는 현금 이전 프로그램들의 장기 추적 조사에서 이제까지 다소 실망스러운 결과가 나온 것과 대조적이다.[90] BRAC의 시도에서 빈곤 가구가 생산적인 노동 경로에 다시 안정적으로 올라오게 하는 데는 돈보다 많은 것이 필요했다. 특히 그들을 인간으로서 존중하는 것(아직 그들이 존중받는 것에 익숙하지 않더라도), 그리고 그들이 가진 잠재력과 오랜 빈곤의 세월이 그들의 역량에 끼친 피해 둘 다를 이해하는 것이 필요했다.

가난한 사람들의 존엄을 무시하는 풍조는 사회 보호 시스템에 만연해 있다. 우리가 TAE에서 만났던 샹탈도 매우 가슴 아픈 일을 겪었다. 둘 다 장애인인 샹탈과 남편이 네 아이(아이 중 둘도 장애인이었다)와 함께 가정에서 받을 수 있는 도움을 요청했을 때, 사회 보호 시스템은 아이들을 일시적으로 위탁 가정에 맡기라고 제안했다. 이 '일시적'인

해결책은 10년이나 계속되었고 그동안 상탈과 남편은 아이들을 일주일에 딱 한 번, 그것도 감독관의 입회 아래서만 만날 수 있었다. 가난한 부모는 아이를 돌볼 능력이 없을 것이라는 생각은 매우 널리 퍼져 있다. 1980년대까지 스위스에서는 수만 명의 빈곤 가정 아이들이 강제로 자신의 집을 떠나 농촌 가정에 보내졌다. 2012년에 스위스 정부는 이 강제 이산 정책에 대해 공식 사과했다. 이러한 차별은 가난한 사람에 대한 '인종주의'의 한 형태다. 캐나다가 주류 문화에 '동화'하도록 돕는다는 명목으로 수많은 원주민 아이를 강제로 기숙 학교에 보내고 그들이 자신의 언어를 쓰는 것을 금지했던 인종 차별적 정책과 본질적으로 차이가 없는 것이다.

이러한 종류의 무심함과 냉담함으로 대상자를 대하는 사회 보호 시스템은 징벌적이 되기 쉽고, 따라서 가난한 사람들은 되도록 사회 보호 시스템에서 멀어지고자 노력하게 된다. '절대로 실수를 해서는 안 된다'고 생각하게 되는 것이다. 이것은 '우리와 매우 다른' 소수 극빈층만의 문제가 아니다. 사회 시스템의 일부가 징벌과 모멸을 실어 나를 때, 그것 때문에 움츠러들게 되는 것은 사회 전체다. 막 실직한 노동자에게 무엇보다 두려운 것은 '그들'처럼 대우받는 상황일 것이기 때문이다.

존중이 출발점이다

이와 다른 모델을 만드는 것은 불가능하지 않다. 우리는 파리 근교 세나르시에 있는 '미시옹 로칼Mission Locale'(청년 전담 고용 지원 지역 센터)을 방문한 적이 있다. 거기에서 우리는 '영 크리에이터' 회의를 참관하기로 되어 있었다. 미시옹 로칼은 취약 계층의 젊은이들에게 의료 지원, 사회적 지원, 고용 지원 등 필요한 지원을 원스톱으로 제공하는 곳이고, '영 크리에이터' 프로그램은 실업 상태인 젊은이가 창업을 할 수 있게 돕는 프로그램이다. 우리가 찾아간 날, 젊은이들은 자신이 하고 싶은 일이 무엇인지에 대해 설명했다. 이들의 희망은 피트니스 센터, 미용실, 유기농 미용 용품점 등 다양했다. 이어서 우리는 그들에게 왜 자기 사업을 시작하고 싶은지 물어보았다. 놀랍게도, 돈을 벌고 싶어서라는 이유를 댄 사람은 아무도 없었다. 그들이 언급한 것은 존엄, 자존감, 자율성이었다.

영 크리에이터 프로그램의 접근 방식은 실업자 지원 기관의 전형적인 접근 방식과 매우 다르다. 전통적인 접근 방식에서는 상담자의 목표가 내담한 젊은이들(대체로 고등학교 중퇴자나 직업 학교 졸업생)이 할 수 있는 무언가(일반적으로 모종의 교육 프로그램)를 빠르게 파악해서 그리로 그들을 보내는 것이다. 이 접근은 각 내담자가 필요로 하는 것이 무엇인지를 상담사가 알고 있다는 가정을 깔고 있다(요즘은 머신러닝 알고리즘을 이용해 내담자에게 잘 맞는 제안을 찾아내는 것이 유행이다). 내담자인 젊은이는 상담사의 제안에 따르거나 아니면 수혜 자격을 포기해야 한다.

영 크리에이터 프로그램을 고안한 디디에 듀가스트Didier Dugast는 전통적인 접근 방식이 완전히 실패하는 경우가 매우 자주 있다고 말했다. 도움을 받으러 오는 젊은이들은 평생토록 그들이 이러저러한 것을 '해야 한다'는 이야기를 들었고 집에서도 학교에서도 그들이 충분히 잘하고 있지 못하다는 이야기를 들어왔다. 그들은 멍들고 상처 입은 채로, 매우 낮은 자존감을 가지고 도움을 청하러 온다(이들이 자존감이 매우 낮은 상태로 도움을 청하러 온다는 것을 우리는 설문 조사를 통해 정량적으로도 확인할 수 있었다).[91] 그리고 자존감이 낮을 때는 자신에게 주어지는 모든 제안을 본능적으로 의심하게 되어서 그것을 거부하는 경향을 보이기도 한다.

영 크리에이터 프로그램은 찾아온 젊은이들 '본인'이 제안하는 프로젝트에서 출발하고 그들 자신의 생각을 진지하게 받아들이는 것을 원칙으로 삼고 있다. 첫 회의에서 그들은 자신이 하고 싶은 것이 무엇인지, 왜 그것이 하고 싶은지, 그것이 자신의 삶과 계획에는 어떻게 맞물리는지 이야기한다. 우리는 그러한 면접을 세 번 참관했다. 한 젊은 여성은 중의학 약방을 열고 싶어 했고, 한 젊은 남성은 자신의 그래픽 디자인을 온라인으로 판매하고 싶어 했고, 또 다른 젊은 여성은 노년층을 위한 홈 케어 사업을 하고 싶어 했다. 모든 사례에서 첫 면접은 시간이 오래 걸렸고(한 사람에 1시간 정도) 상담사는 가치 판단을 내리지 않으면서 그들이 하고 싶어 하는 프로젝트가 무엇인지 이해하기 위해 충분한 시간을 들였다. 이후에 더 깊은 심층 면접이 이루어지고 한두 차례의 그룹 워크숍도 진행된다. 이러한 대화의 과정에서 상담사는 젊은이들에게 그들이 스스로의 운명을 통제할 수 있으며 성공에 필요한 자질을 이미 가지고 있다는 확신을 주는 데 집중한다. 그와 동시에, 성공에는 한 가지 방법만 있는 것이 아니라는 점도 분명히 전달되도록 신경 쓴다. 아마도 야망 있는 중의학 약사 지망생은 이러한 논의를 통해 간호사나 긴급 의료원이 되는 교육을 받을 수 있을 것이다.

우리는 이 프로젝트의 효과를 평가하기 위한 실험 연구에 참여했다. 이 프로그램에 지원한 900명의 젊은이들을 무작위로 이 프로그램이나 기존의 일반 프로그램 중 하나에 할당해 비교해 본 결과, 이 프로그램에 할당된 젊은이들이 고용 상태에 있을 가능성도, 소득도 더

542

높은 것으로 나타났다. 특히 시작 시점에 가장 불리한 처지였던 젊은 이들에게 효과가 가장 컸다. 게다가 놀랍게도 이것은 창업 지원을 돕는 프로그램이지만 이 프로그램이 실제로는 자영업의 가능성을 **줄이는** 것으로 나타났다. 이 프로그램의 주된 가치(이자 명시적인 철학)는 '창업' 프로젝트는 출발점이지 꼭 종착점일 필요는 없다는 것이다. 이것은 본질적으로 치유를 위한 프로그램이며 자신감 회복을 목적으로 한다. 여기에서 중요한 것은 [창업이냐 아니냐가 아니라] 6개월에서 1년 안에 안정적이고 보람 있는 일을 찾는 것이다. 대조적으로, 또 다른 프로그램은 가장 전망 있어 보이는 지원자들을 골라서 창업 지원 과정에 참여하게 해 그들의 아이디어를 창업으로 실현시키는 것에 초점을 두고 있었는데, 이는 효과가 별로 없는 것으로 나타났다. 지원 프로그램의 도움을 받든 아니든 어차피 성공할 가능성이 높은 사람들이 선정되는 경향이 있기 때문이었다.[92]

세나르의 영 크리에이터 프로그램에서 젊은이들의 주도력이 실질적으로 효과를 발휘하게 만드는 주 요인은 이 프로그램이 이들의 존엄을 깊이 존중한다는 점이다. 이 젊은이들 중 상당수가 전에는 공식적인 지위에 있는 누군가(교사, 관료, 경찰 등등)로부터 진지하게 인정받는 경험을 해 본 적이 없었다. 앞에서 보았듯이, 교육에 대한 여러 연구들에 따르면 아이들은 위계 상에서 자신의 위치를 빠르게 내면화하고 교사는 그것을 강화한다. 일부 아이들이 다른 아이들보다 똑똑하다는 이야기를 들은 교사는 (사실은 무작위로 정해진 것이었는데도) 똑똑하다고 분류된 아이들을 다르게 대우했고 그에 따라 그 아이들은 실제로 더 나은 성과를 내게 되었다.[93] 프랑스에서는 앤젤라 덕워스 Angela Duckworth의 '그릿grit'[근성] 개념에 착안해 도입된 '에네르기 쥐

Energie Jeunes' 프로그램의 효과를 살펴보는 연구가 이루어졌는데,[94] 학생들이 스스로를 강하고 역량 있는 존재라고 생각하도록 북돋워 주는 동영상을 보여 주는 것이 출석, 수업 태도, 심지어는 학업 성적에도 긍정적인 영향을 미친 것으로 나타났다. 이 효과는 아이들 본인이 자신의 근성이나 진지함을 어떻게 인식하느냐가 달라진 데서 나오는 것으로 보이지는 않았다(이 아이들은 이러한 점에 대해 스스로 매기는 평가가 낮은 편이었다). 그보다는, 자신 같은 사람도 성공할 수 있다는 점을 더 낙관하게 된 것이 주효했던 것으로 보인다.[95] 'ATD 제4세계'는 파리의 마리아 몬테소리 고등 연구소와 함께 '낮은 기대치의 악순환'을 되도록 빠르게 깰 수 있는 다양한 방법들을 시도해 보고 있다. 이들은 'ATD 제4세계'가 운영하는 긴급 주거 지원 프로그램에서 파리 중심부 고급 주택 단지에 있는 사립 몬테소리 학교에 못지않은 양질의 몬테소리 교육을 제공하고 있다.

대상자를 무시하면서 시혜적인 태도를 취하던 데서 그들을 존중하는 것으로 접근 방식을 전환하는 것은 시카고 도심 빈민 지역에서 진행되는 '비커밍 어 맨Becoming a Man' 프로그램의 기본 원칙이기도 하다. 이 프로그램은 젊은이들 사이의 폭력을 줄이는 것을 목적으로 한다. 하지만 그들에게 폭력을 쓰는 것은 잘못된 일이라고 훈계하지 않는다. 그보다, 불리한 동네에 사는 십대 청소년들 사이에서는 폭력이 일종의 표준이 되어서 약골이라는 평판을 갖게 되는 것을 피하려면 공격성을 드러내거나 싸움을 하는 것이 필요할 수도 있다는 것을 인정하는 데서 출발한다. 이러한 동네 환경에서는 청소년들이 '도전을 받으면 언제나 대갚음을 한다'는 것을 원칙으로 삼아 행동하게 될지 모른다. '비커밍 어 맨'은 가난한 동네의 청소년들에게 그렇게 하는 것이 '옳지 않다'고 말하거나 그렇게 했을 때 처벌을 하기보다, (인지 행동 요법들을 통해) 어느 상황에서는 싸우는 것이 적절한 반응이고 어느 상황에서는 그렇지 않은지 판별하는 데 도움이 될 일련의 활동을 제공한다. 본질적으로 청소년들에게 전달하고자 하는 메시지는, 상황을 가늠하고 무엇이 적절한 행동인지 판단하는 데 딱 1분만 시간을 들이라는 것이다. 이 프로그램에 참가한 청소년들은 참가 기간 동안 체포되는 횟수가 3분의 1이나 줄었고 폭력 범죄로 체포되는 횟수는 절반으로 줄었다. 또한 학교를 마칠 가능성도 약 15퍼센트 높아지는 것으로 추산되었다.[96]

인도에서 가뭄으로 피해를 입은 농민과 시카고 남부 빈민가의 젊은이, 그리고 방금 해고된 50대 백인 남성의 공통점은 무엇일까? 그들은 문제를 **가지고 있을지** 모르지만 **그들 자체가 문제**인 것은 아니다. 그들은 그들이 겪고 있는 문제로 정체성이 규정되지 않고 그들 자신으로 여겨질 권리가 있다. 개도국으로 출장을 갈 때마다 우리는 희망이야말로 사람들이 계속 살아가게 하는 힘이라는 사실을 늘 목격한다. 그들을, 사람 자체를 그들이 가진 문제로 규정하는 것은 '상황'을 '본질'로 잘못 생각하는 것이며, 이는 희망이 들어설 여지를 없애는 것이다. 그러면 그들이 보이게 되는 자연스러운 반응은 스스로를 그 정체성으로 꽁꽁 감싸는 것이고, 이는 사회 전체적으로 위험한 결과를 낳는다.

오늘날 같은 변화와 불안의 시기에, 사회 정책의 목적은 충격이 닥쳤을 때 사람들이 스스로의 가치를 폄하하게 되지 않으면서 충격을 흡수할 수 있게 돕는 것이다. 불행히도, 현재의 시스템은 그렇지 않다. 우리의 사회 보호 시스템은 여전히 빅토리아 시대의 틀을 따르고 있고, 너무나 많은 정치인이 가난한 사람들과 사회적으로 불리한 처지에 있는 사람들에게 경멸을 감추지 않는다. 그리고 태도의 변화가 이루어 진다 해도 현재의 사회 보호 시스템은 근본적으로 재구성되어야 하고 여기에는 많은 상상력이 필요하다. 이 장에서 우리는 그러한 방향으로 갈 수 있는 방법에 대해 몇 가지의 실마리를 살펴 보았다. 하지만 우리 가 모든 해법을 가지고 있는 것은 아니다. 누구도 그럴 수는 없을 것이 다. 우리[사회]는 아직도 더 많이 알아 나가야 한다. 하지만 목적이 무 엇인지를 분명히 이해하는 한, 우리는 해낼 수 있을 것이다.

에필로그
좋은 경제학과
나쁜 경제학

(…) 줄줄이

집들은 세워지고, 무너지고, 부서지고, 확장되고,

치워지고, 파괴되고, 복원되고,

또는 그 자리에 빈터나 공장이나 우회로가 들어선다.

오래된 돌은 새 건물이 되고, 오래된 목재는 새로운 불길이 되며,

오래된 불은 재가 되고, 재는 흙이 된다 (…)

_T. S. 엘리엇T. S. Eliot, 『이스트 코우커*East Coker*』

경제학이 상정하는 세계는 억누를 수 없는 역동의 세계다. 사람들은 영감을 얻고, 직업을 바꾼다. 기계를 만들다가 음악을 만들기로 결심하기도 하고, 일을 그만두고 세상을 탐험하러 나서기도 한다. 새로운 비즈니스가 생겨나고, 성장하고, 실패하고, 사라지고, 그 자리에

더 뛰어나고 시대에 더 부합하는 아이디어가 들어선다. 생산성이 도약하고, 경제는 성장하고, 국가들은 부유해진다. 과거에 맨체스터의 공장에서 만들어지던 제품은 이제 뭄바이의 공장에서 만들어지고 다시 미얀마가 그 자리를 차지했다가 아마도 언젠가는 몸바사[케냐]나 모가디슈[소말리아]가 바통을 잇게 될 것이다. 맨체스터는 '디지털 맨체스터'로 다시 태어나고, 뭄바이의 공장 지대에는 고급 주택과 쇼핑몰이 들어설 것이며, 신흥 고소득자인 금융 종사자들이 그 쇼핑몰의 고객이 될 것이다. 기회는 모든 곳에 있다. 누구든 찾아내 움켜잡기만 하면 된다.

하지만 가난한 나라들을 연구하며 많은 시간을 보낸 경제학자로서, 우리는 일이 꼭 그렇게 돌아가지만은 않는다는 것을 오래전부터 보아 왔다. 방글라데시의 가난한 농민은 도시로 가면 상황이 더 나아질 텐데도 불확실성을 감수하고 용감하게 도시로 가서 일자리를 찾기보다는 자기 마을에 계속 머물면서 가족과 함께 굶주리고 있었다. 취업 준비 중인 가나의 젊은이는 자신의 학력이 마땅히 가져다주리라고 기대했던, 자신에게 걸맞은 일자리가 나타나기를 마냥 기다리고 있었다. 무역이 개방되면서 남미공동시장MERCOSUR 국가들[브라질, 아르헨티나, 우루과이, 파라과이]에서 공장이 줄줄이 문을 닫았지만 새로운 기업이 들어오지는 않았다. 변화와 역동이 있는 것은 맞는데, 그 혜택은 늘 어딘가 다른 곳, 나는 도저히 닿을 수 없는 곳에 있는 사람들에게만 가는 것 같아 보인다. 뭄바이의 공장에서 해고된 사람들은 그렇게 화려한 그릇들에 나오는 음식을 먹을 수 없을 것이다. 아마 그들의 자녀도 기껏해야 그 그릇을 나르는 일자리, 갖고 싶지 않은 일자리를 얻을 가능성이 크다.

그리고 최근 몇 년간 우리는 이것이 단지 가난한 나라만이 아니라 선진국의 일이기도 하다는 사실을 알게 되었다. 어디에서나 경제는 경직적이었다. 물론 중요한 차이도 있다. 미국의 중소기업은 인도나 멕시코의 중소기업보다 훨씬 빠르게 성장하고, 성장하지 못하는 기업은 도태되어서 기업주가 다른 영역이나 지역으로 이동할 수밖에 없다. 이와 달리 인도에서는 (그리고 정도는 덜하지만 멕시코에서도) 중소기업들이 쭉쭉 성장해 제2의 월마트가 되려 하지도 않고 그렇다고 사업을 접고 더 전망 있는 영역으로 옮겨 가려 하지도 않는 채로 그들의 시간과 장소에 응결되어 있는 듯하다.[1]

그러나 '미국'의 역동성은 그 안에 존재하는 막대한 차이를 가리고 있다. 기업들은 아이다호주의 보이시에서 사업을 접고 활황을 구가하는 시애틀에 다시 나타날 수 있을지 모르지만, 일자리를 잃은 노동자들은 시애틀로 이사하는 비용을 감당할 수 없다. 그리고 이사 가는 것을 원하지도 않는다. 친구, 가족, 추억, 소속감 등 자신이 가치 있게 여기는 것을 다 두고 가야 하기 때문이다. 하지만 자신이 살고 있는 도시에 좋은 일자리가 사라지고 지역 경제가 쇠락하면서, 떠나지 않기로 한 선택이 점점 더 끔찍한 실수로 여겨지게 되고 분노가 점점 더 쌓이게 된다. 이것이 지금 독일의 구 동독 지역에서, 프랑스의 중소 도시와 농촌에서, 영국에서 브렉시트를 지지한 지역들에서, 미국의 공화당 성향 주들에서, 또 브라질과 멕시코의 많은 지역에서 벌어지고 있는 일이다. 부유하고 능력 있는 사람들은 활황을 구가하는 도시들로 민첩하게 이동했지만, 너무나 많은 사람들이 뒤에 남겨져 버렸다. 이것이 미국에서 도널드 트럼프를, 브라질에서 자이르 보우소나루Jair Bolsonaro를, 영국에서 브렉시트를 불러온 세상이며, 우리가 무언가를 하지 않는다면 앞으로 더 많은 재앙을 불러오게 될 것이다.

그러나 개발경제학자로서 우리는, 지난 40년이 보여 주는 가
장 놀라운 이야기는 변화의 '속도'라는 것 또한 잘 알고 있다. 좋은 쪽
으로도 그렇고 나쁜 쪽으로도 그렇다. 공산권이 붕괴했고, 중국이 경
제 대국으로 급부상했고, 전 세계 극빈층이 반으로, 그리고 또다시 반
으로 감소했고, 불평등이 폭발적으로 증가했고, HIV가 맹렬히 확산되
었다가 수그러들었고, 영아사망률이 대폭 감소했다. 또 개인용 컴퓨터
와 휴대전화가 널리 퍼졌고, 아마존과 알리바바, 페이스북과 트위터가
등장했고, '아랍의 봄'의 희망이 중동을 휩쓸었고, 전체주의적이고 배
타적인 민족주의가 확산되었고, 전 지구적인 환경 재앙의 위협이 닥쳤
다. 이 모든 것이 불과 지난 40년 사이에 일어난 일이다. 인도에서 아
비지트가 경제학도의 길을 막 밟기 시작했던 1970년대 말에는 소련이
건재했고 인도는 어떻게 하면 소련처럼 될 수 있을지 연구하고 있었
다. 극좌파 진영은 중국을 우상화하고 있었고 중국인들은 마오쩌둥을
우상화하고 있었다. 레이건과 대처는 현대 복지국가에 대한 공격을 막
시작하고 있었고, 전 세계 인구의 40퍼센트가 극심한 빈곤 속에 살고 있
었다. 그 이후로 많은 것이 달라졌고, 많은 것이 좋은 쪽으로 달라졌다.
　　모든 변화가 의도해서 이루어진 것은 아니었다. 몇몇 좋은 아이
디어가 예기치 않게 대대적인 호응을 얻어 떠오르기도 했고 몇몇 나
쁜 아이디어가 그러기도 했다. 또 어떤 변화는 우연히 일어났고 어떤
변화는 다른 무언가의 의도치 않은 결과로 일어났다. 예를 들어, 경제의
경직성은 불평등을 심화시켰다. 경직적인 경제에서는 마침 딱 '물 들
어오는' 곳에 있는 사람과 기업이 크게 유리하다. 그런데 불평등의 증
가는 건설 붐을 일으켰고 이것은 개도국의 여러 도시에서 저숙련 노
동자들을 위한 일자리를 창출하여 빈곤을 줄이는 데 기여하기도 했다.

하지만 우리가 목격한 변화의 매우 많은 부분이 의도적으로 내린 정책적 선택의 결과임을 과소평가해서는 안 된다. 중국과 인도가 민간 기업과 무역에 경제를 개방한 것, 미국, 영국 등 여러 나라에서 부자들에게 세금을 감면해 준 것, 예방 가능한 사망을 줄이기 위해 각국이 전 지구적인 협력에 나선 것, 환경보다 성장을 우선시한 것, 도로망 확충 등으로 연결을 촉진해 국내 이주를 활성화한 것과 그와 반대로 쾌적한 거주 환경을 위한 도시 인프라에 투자하지 못해 국내 이주를 저해한 것, 복지 제도를 축소한 것과 그와 반대로 최근 몇몇 개도국에서 소득 이전 프로그램을 강화한 것 등이 모두 그렇다. 정책은 강력하다. 정부는 엄청나게 좋은 일을 할 수 있는 힘을 가지고 있고 엄청나게 해악을 끼칠 힘도 가지고 있다. 공공, 민간 원조 기관들도 마찬가지다.

이러한 정책의 많은 부분이 경제학(더 일반적으로, 사회과학)에 토대를 두고 있다. 때로는 좋은 경제학이, 때로는 나쁜 경제학이 정책의 토대가 되었다. 경제학자들은 다른 사람들에게도 그것이 명백해 보이기 한참 전에 소련식 통제 경제의 야망이 비현실적이라는 것에 대해, 인도와 중국 같은 나라에서 민간 영역을 족쇄에서 풀어놓을 필요가 있다는 것에 대해, 환경 재앙의 가능성에 대해, 네트워크와 연결의 강력한 힘에 대해 이야기했다. 영민한 자선사업가들은 좋은 경제학을 실천해서 개도국에서 HIV 감염자들에게 약과 진단 장치를 지원해 수백만 명의 생명을 구했다. 좋은 경제학이 무지와 이데올로기를 누르고 승리한 덕분에 살충제를 뿌린 모기장을 아프리카에서 (판매하지 않고) 무료로 분배할 수 있었고 이로써 말라리아로 인한 아동 사망을 절반도 넘게 줄일 수 있었다. 한편, 나쁜 경제학은 부자들에게 막대한 혜택을 주고, 복지 프로그램을 축소시키고, 국가는 무능하고 부패한 존재라는 개념과 가난한 사람들은 게으르다는 개념이 퍼지게 하는 데 토대가 되었고, 그 결과 현재 우리가 목격하고 있는 어마어마한 불평등을, 그리고 맹렬한 분노와 무기력한 패배감이 뒤섞인 상태를 가져왔다. 협소한 경제학은 무역이 모두에게 득이 되고 모든 곳에서 고속 성장이 일어날 것이라 말했고, 성장은 그저 더 열심히 노력하면 되는 문제이고 그 과정에 수반되는 고통은 마땅히 감수해야 한다고 말했다. 눈을 가린 경제학은 세계 전역에서 불평등이 폭발하고 있는 것을, 그리고 그와 함께 사회적 분절이 증가하고 있는 것을 외면했다. 임박한 환경 재앙도 외면해서 꼭 필요한 조치가 취해지는 것을 너무 오래 지연시켰고 어쩌면 이제는 돌이킬 수 없을지도 모른다.

'사상'을 통해 거시 경제 정책에 일대 변혁을 가져온 존 메이너드 케인즈는 이렇게 언급했다. "자신은 실용주의자라서 사상 따위에 영향받지 않는다고 자처하는 사람은 대개 어느 죽은 경제학자의 노예다. 하늘에서 계시를 듣는다는 미치광이 권력자들도 몇 년 전에 어느 학자가 끄적거려 놓은 글에서 자신의 망상을 뽑아낸다." 사상은 강력하다. 사상은 변화를 추동한다. 좋은 경제학만으로 우리를 구할 수는 없겠지만 좋은 경제학이 없다면 우리는 어제의 치명적인 실수를 반드시 반복하게 될 것이다. 무지, 직관, 이데올로기, 관성이 결합해서, 그럴듯해 보이고 많은 것을 약속해 주는 듯하지만 결국에는 우리를 배신하게 될 답을 내놓게 되는 것이다. 역사가 수없이 말해 주듯이, 한 시대를 장악하는 사상은 좋은 것일 수도 있고 나쁜 것일 수도 있다. 불행히도, '이민자가 들어오게 국경을 계속 열어 주면 우리 사회는 파괴되고 말 것'이라는 생각이 오늘날 우리 시대를 장악하고 있는 것 같다. 현실의 근거는 그렇지 않다고 말하고 있는데도 말이다. 나쁜 사상의 영향을 막기 위해 우리가 의지할 수 있는 유일한 수단은 신중하게 살펴고, '자명'해 보이는 것의 유혹에 저항하고, 기적의 약속을 의심하고, 실증 근거가 무엇인지 질문하고, 복잡성에 대해 인내심을 갖고, 우리가 무엇을 알고 있으며 무엇을 알 수 있는지를 솔직하게 인식하는 것이다. 이러한 신중함이 없다면, 다층적이고 복잡한 문제들에 대한 담론은 단순한 슬로건과 이미지로 환원되어 버리고, 치밀한 분석을 토대로 한 정책은 돌팔이의 해법에 밀려나 버릴 것이다.

행동에 나서야 한다는 요구는 경제학자들에게만 해당되는 것이 아니다. 더 나은 세상, 더 제정신인 세상, 더 인간적인 세상을 원하는 우리 모두에게 해당되는 것이다.

감사의 글

모든 책이 많은 사람의 공동 작품이겠지만, 이 책은 더욱 그렇다. 치키 사카르Chiki Sarkar는 이 일이 어디로 향해 가고 있는 것인지 저자인 우리도 아직 감을 잡지 못하고 있었을 때부터 우리가 이 프로젝트에 뛰어들 수 있도록 독려해 주었다. 작업 과정 내내 사카르는 열정, 지성, 그리고 우리에 대한 신뢰로 우리를 이끌고 지원해 주었다. 얼마 후에는 너무나 든든하게도 풍부한 경험을 가진 앤드류 와일리Andrew Wylie가 합류해 주어서 우리는 자신감을 잃지 않고 프로젝트를 이어갈 수 있었다. 닐 무커지Neel Mukherjee는 엉성하던 초고 전체를 읽고 글의 방향성과 문장에 대한 조언을 아끼지 않았으며, 무엇보다 이 책이 쓸 가치가 있고 심지어는 읽을 가치도 있는 책이 되리라는 확신을 북돋워주었다. 매디 매켈웨이Maddie McKelway는 이 책에 담긴 모든 사실정보와 인용문이 정확한지 확인해 주었고 우리가 쓴 모든 문장이 적어도 어

556

느 정도라도 말이 되게 만들어 주었다. 우리의 전작도 함께 작업했던 클라이브 프리들Clive Priddle은 그때와 마찬가지로 우리가 말하려는 바가 정확히 무엇인지를 종종 우리 자신보다도 더 먼저 이해했다. 프리들의 편집자적 역량이야말로 이 책이 나올 수 있게 한 일등공신이다.

이 책의 범위는 우리의 전문 분야를 훨씬 넘어선다. 따라서 우리는 수많은 동료 경제학자의 지식과 지혜에 크게 의존해야 했다. 우리 주변에 의견과 조언을 구할 뛰어난 학자들이 많았던 덕분에 가능한 일이었다. 사실 도움을 준 동료가 너무 많아서 어느 아이디어가 어디에서 나왔는지를 일일이 다 기억하기가 힘들 정도다. 우리의 불찰로 모두를 다 언급하지 못할 위험이 있지만, 이 지면을 빌어 우리에게 많은 가르침을 준 동료들의 이름을 밝히고 감사를 전하고자 한다. 대런 애쓰모글루Daron Acemoglu, 데이비드 앳킨David Atkin, 아르조 코스티노Arnaud Costinot, 데이브 도널드슨Dave Donaldson, 레이철 글렌스터Rachel Glennerster, 페니 골드버그Penny Goldberg, 마이클 그린스톤Michael Greenstone, 벵트 홀름스트롬Bengt Holmstrom, 마이클 크레머Michael Kremer, 벤 올켄Ben Olken, 토마 피케티Thomas Piketty, 엠마 로스차일드Emma Rothschild, 이매뉴얼 사에즈Emmanuel Saez, 프랭크 쉴바흐Frank Schilbach, 스테파니 스탠치바Stefanie Stantcheva, 이반 워닝Ivan Werning.

우리의 박사과정 시절 지도 교수였던 조슈아 앵그리스트Josh Angrist, 제리 그린Jerry Green, 안드레우 마스 콜레이Andreu Mas Colell, 에릭 매스킨Eric Maskin, 래리 서머스Larry Summers에게도 감사의 말씀을 드린다. 또 수많은 선생님, 협업자, 친구, 학생들이 이 책의 곳곳에 흔적을 남겼다. 역시 다 언급하지 못하는 불찰이 있을 수 있음을 무릅쓰고, 도움을 주신 분들의 이름을 밝히고 감사를 전하고자 한다. 이들이 없었다면 이 책은 절대로 지금과 같은 모습으로 나오지 못했을 것이다. 필립 아기온Philippe Aghion, 매리앤 버트런드Marianne Bertrand, 아룬 찬드라세카르Arun Chandrasekhar, 대니얼 코언Daniel Cohen, 브루노 크레폰Bruno Crepon, 에른스트 페르Ernst Fehr, 에이미 핀켈스타인Amy Finkelstein, 메이트리쉬 가탁Maitreesh Ghatak, 레마 한나Rema Hanna, 매트 잭슨Matt Jackson, 딘 칼란Dean Karlan, 엘리아나 라 페라라Eliana La Ferrara, 매트 로우Matt Low, 벤 몰Ben Moll, 센딜 뮬라나탄Sendhil Mullainathan, 카이반 문시Kaivan Munshi, 앤드류 뉴먼Andrew Newman, 폴 니하우스Paul Niehaus, 로히니 판데Rohini Pande, 낸시 챈Nancy Qian, 아마르티아 센Amartya Sen, 밥 솔로우Bob Solow, 캐스 선스타인Cass Sunstein, 타브니트 수리Tavneet Suri, 로버트 타운센드 Robert Townsend.

1년간의 연구년을 파리경제대학에서 보낼 수 있어서 정말 행운이었다. 그곳의 동료들 덕분에 유쾌하면서도 지적으로 충만한 시간을 보낼 수 있었다. 특히 다음 분들에게 감사를 전한다. 뤽 베아겔 Luc Behagel, 드니 코그노Denis Cogneau, 올리비에 콩트Olivier Compte, 엘렌 지아코비노Hélène Giacobino, 마르크 귀르강Mark Gurgand, 실비 랑베르 Sylvie Lambert, 카렌 마쿠르Karen Macours. 언제나 미소로 반겨 주고 유쾌한 대화 상대가 되어 주었으며 테니스 시합에서도 좋은 상대가 되어 주었던 질 포스텔-비네이Gilles Postel-Vinay와 카티아 주라브스카야Katia Zhuravskaya에게도 감사를 전한다. 또한 MIT에 우리와 함께 재직하는 글렌 엘리슨Glen Ellison과 새러 엘리슨Sarah Ellison이 본인들의 연구년 일정을 우리와 맞춰 준 덕분에 그 1년이 훨씬 더 멋진 해가 될 수 있었다.

일 드 프랑스 지역 정부('블레즈 파스칼 체어'), AXA 연구 기금Axa Research Fund, ENS 재단ENS Foundation, 파리경제대학, 그리고 MIT의 재정 지원에도 감사를 전한다.

15년이 넘는 동안 'J-PAL'(압둘 라티프 자밀 빈곤 퇴치 행동 연구소 Abdul Latif Jameel Poverty Action Lab) 사람들은 우리의 경제학 연구에도 늘 자양분이 되어 주었을 뿐 아니라, 인류와 경제학 둘 다에 대해 우리가 계속해서 희망과 낙관을 잃지 않게 해 주었다. 이토록 너그럽고 친절하고 헌신적인 사람들을 늘 만날 수 있어서 정말 행운이었다. 뱃머리에서 방향을 잡아 준 이크발 달리왈Iqbal Dhaliwal, 그리고 보이게 안 보이게 우리와 날마다 함께 해 준 동료 존 플로레타John Floretta, 쇼비니 무케르지Shobhini Mukherjee, 로라 포스웰Laura Poswell, 안나 슈림프Anna Schrimpf에게 감사를 전한다.

정신없는 우리 생활에 질서 비슷한 것이 유지되도록 무던히 애써 준 헤더 매커디Heather McCurdy와 조반나 메이슨Jovanna Mason에게도 고마움을 전한다. 또 우리가 파리에서 멋진 시간을 보낼 수 있었던 데는 에스테르의 부모님 미셸 뒤플로Michel Duflo와 비올랭 뒤플로Violaine Duflo, 오빠 콜라스Colas와 그의 가족의 공로를 빼놓을 수 없다. 우리에게 베풀어 준 모든 것에 감사를 전한다. 아비지트의 부모님 디팍 배너지Dipak Banerjee와 니르말라 배너지Banerjee는 아비지트에게 언제나 이상적인 독자였다. 아비지트는 경제학에 대해(좋은 경제학에 대해), 그리고 더 중요하게, 경제학에 관심을 가져야 하는 이유에 대해 알게 해 주신 부모님께 언제나 깊이 감사하고 있다.

1장 MEGA: 경제학을 다시 위대하게

1   Amber Phillips, "Is Split-Ticket Voting Officially Dead?" *Washington Post*, 2017, https://www.washingtonpost.com/news/the-fix/wp/2016/11/17/is-split-ticket-voting-officially-dead/?utm_term=.6b57fc114762.

2   "8. Partisan Animosity, Personal Politics, Views of Trump," Pew Research Center, 2017, https://www.people-press.org/2017/10/05/8-partisan-animosity-personal-politics-views-of-trump/.

3   "Poll: Majority of Democrats Think Republicans Are 'Racist,' 'Bigoted' or 'Sexist,'" *Axios*, 2017, https://www.countable.us/articles/14975-poll-majority-democrats-think-republicans-racist-bigoted-sexist.

4   Stephen Hawkins, Daniel Yudkin, Míriam Juan-Torres, and Tim Dixon, "Hidden Tribes: A Study of America's Polarized Landscape," *More in Common*, 2018, https://www.moreincommon.com/hidden-tribes.

5   Charles Dickens, *Hard Times, Household Words* (주간지), London, 1854.

6   Matthew Smith, "Leave Voters Are Less Likely to Trust Any Experts— Even Weather Forecasters," YouGov, 2017, https://yougov.co.uk/topics/politics/

articles-reports/2017/02/17/leave-voters-are-less-likely-trust-any-experts-eve.

7   이 조사는 스테파니 스탠치바와 공동으로 진행했다. 상세한 내용은 다음을 참고하라. Abhijit Banerjee, Esther Duflo, and Stefanie Stantcheva, "Me and Everyone Else: Do People Think Like Economists?" MIMEO, Massachusetts Institute of Technology, 2019.

8   "Steel and Aluminum Tariffs," Chicago Booth, IGM Forum, 2018, http://www.igmchicago.org/surveys/steel-and-aluminum-tariffs.

9   "Refugees in Germany," Chicago Booth, IGM Forum, 2017, http:// www.igmchicago.org/surveys/refugees-in-germany. (답변은 의견을 제시한 사람들의 총 숫자로 정규화했다).

10   "Robots and Artificial Intelligence," Chicago Booth, IGM Forum, 2017, http://www.igmchicago.org/surveys/robots-and-artificial-intelligence.

11   Paola Sapienza and Luigi Zingales, "Economic Experts versus Average Americans," *American Economic Review* 103, no. 10 (2013): 636–642, https://doi.org/10.1257/aer.103.3.636.

12   "A Mean Feat," *Economist*, January 9, 2016, https://www.economist.com/finance-and-economics/2016/01/09/a-mean-feat.

13   Siddhartha Mukherjee, *The Emperor of All Maladies: A Biography of Cancer* (New York: Scribner, 2010).

2장 상어의 입

1   United Nations International migration report highlight. 2017년 6월 1일에 접속함. https://www.un.org/en/development/desa/population/migration/publications/migrationreport/docs/MigrationReport2017_Highlights. pdf; Mathias Czaika and Hein de Haas, "The Globalization of Migration: Has the World Become More Migratory?" *International Migration Review* 48, no. 2 (2014): 283–323.

2   "EU Migrant Crisis: Facts and Figures," News: European Parliament, June 30, 2017. 2019년 4월 21일에 접속함. http://www.europarl.europa.eu/news/en/headlines/society/20170629STO78630/eu-migrant-crisis-facts-and-figures.

3   Alberto Alesina, Armando Miano, and Stefanie Stantcheva, "Immigration and Redistribution," NBER Working Paper 24733, 2018.

4   Oscar Barrera Rodriguez, Sergei M. Guriev, Emeric Henry, and Ekaterina Zhuravskaya, "Facts, Alternative Facts, and Fact-Checking in Times of Post-Truth Politics," *SSRN Electronic Journal* (2017), https://dx.doi.org/10.2139/ssrn.3004631.

5   Alesina, Miano, and Stantcheva, "Immigration and Redistribution."

6   Rodriguez, Guriev, Henry, and Zhuravskaya, "Facts, Alternative Facts, and Fact-Checking in Times of Post-Truth Politics."

7   Warsan Shire, "Home." 2019년 6월 5일에 접속함. https://www.seekersguidance.org/articles/social-issues/home-warsan-shire/.

8   Maheshwor Shrestha, "Push and Pull: A Study of International Migration from Nepal," Policy Research Working Paper WPS 7965 (Washington, DC: World Bank Group, 2017), http://documents.worldbank.org/curated/en/318581486560991532/Push-and-pull-a-study-of-international-migration-from-Nepal.

9   *Aparajito* (Satyajit Ray 감독), 1956, Merchant Ivory Productions.

10   알윈 영Alwyn Young이 65개국의 데이터를 분석한 결과 도시 거주자들이 농촌 거주자들에 비해 소비를 52퍼센트 더 하는 것으로 나타났다. Alwyn Young, "Inequality, the Urban-Rural Gap, and Migration," *Quarterly Journal of Economics* 128, no. 4 (2013): 1727–1785.

11   Abhijit Banerjee, Nils Enevoldsen, Rohini Pande, and Michael Walton, "Information as an Incentive: Experimental Evidence from Delhi," MIMEO, Harvard. 2019년 4월 21일에 접속함. https://scholar.harvard.edu/files/rpande/files/delhivoter_shared-14.pdf.

12   Lois Labrianidis and Manolis Pratsinakis, "Greece's New Emigration at Times of Crisis," LSE Hellenic Observatory GreeSE Paper 99, 2016.

13   John Gibson, David McKenzie, Halahingano Rohorua, and Steven Stillman, "The Long-Term Impacts of International Migration: Evidence from a Lottery," *World Bank Economic Review* 32, no. 1 (February 2018): 127–147.

14   Michael Clemens, Claudio Montenegro, and Lant Pritchett, "The Place Premium: Wage Differences for Identical Workers Across the U.S. Border,"

Center for Global Development Working Paper 148, 2009.

15   Emi Nakamura, Jósef Sigurdsson, and Jón Steinsson, "The Gift of Moving: Intergenerational Consequences of a Mobility Shock," NBER Working Paper 22392, 2017. 2019년 1월에 수정됨. DOI: 10.3386/w22392.

16   같은 책.

17   Matti Sarvimäki, Roope Uusitalo, and Markus Jäntti, "Habit Formation and the Misallocation of Labor: Evidence from Forced Migrations," 2019, https://ssrn.com/abstract=3361356 또는 http://dx.doi.org/10.2139/ssrn.3361356.

18   Gharad Bryan, Shyamal Chowdhury, and Ahmed Mushfiq Mobarak, "Underinvestment in a Profitable Technology: The Case of Seasonal Migration in Bangladesh," *Econometrica* 82, no. 5 (2014): 1671–1748.

19   David Card, "The Impact of the Mariel Boatlift on the Miami Labor Market," *Industrial and Labor Relations Review* 43, no. 2 (1990): 245–257.

20   George J. Borjas, "The Wage Impact of the Marielitos: A Reappraisal," *Industrial and Labor Relations Review* 70, no. 5 (February 13, 2017): 1077–1110.

21   Giovanni Peri and Vasil Yasenov, "The Labor Market Effects of a Refugee Wave: Synthetic Control Method Meets the Mariel Boatlift," *Journal of Human Resources* 54, no. 2 (January 2018): 267–309.

22   같은 책.

23   George J. Borjas, "Still More on Mariel: The Role of Race," NBER Working Paper 23504, 2017.

24   Jennifer Hunt, "The Impact of the 1962 Repatriates from Algeria on the French Labor Market," *Industrial and Labor Relations Review* 45, no. 3 (April 1992): 556–572.

25   Rachel M. Friedberg, "The Impact of Mass Migration on the Israeli Labor Market," *Quarterly Journal of Economics* 116, no. 4 (November 2001): 1373–1408.

26   Marco Tabellini, "Gifts of the Immigrants, Woes of the Natives: Lessons from the Age of Mass Migration," HBS Working Paper 19-005, 2018.

27   Mette Foged and Giovanni Peri, "Immigrants' Effect on Native Workers: New Analysis on Longitudinal Data," *American Economic Journal: Applied*

Economics 8, no. 2 (2016): 1–34.

28 *The Economic and Fiscal Consequences of Immigration*, National Academies of Sciences, Engineering, and Medicine (Washington, DC: National Academies Press, 2017), https://doi.org/10.17226/23550.

29 Christian Dustmann, Uta Schönberg, and Jan Stuhler, "Labor Supply Shocks, Native Wages, and the Adjustment of Local Employment," *Quarterly Journal of Economics* 132, no. 1 (February 2017): 435–483.

30 Michael A. Clemens, Ethan G. Lewis, and Hannah M. Postel, "Immigration Restrictions as Active Labor Market Policy: Evidence from the Mexican Bracero Exclusion," *American Economic Review* 108, no. 6 (June 2018): 1468–1487.

31 Foged and Peri, "Immigrants' Effect on Native Workers."

32 Patricia Cortés, "The Effect of Low-Skilled Immigration on US Prices: Evidence from CPI Data," *Journal of Political Economy* 116, no. 3 (2008): 381–422.

33 Patricia Cortés and José Tessada, "Low-Skilled Immigration and the Labor Supply of Highly Skilled Women," *American Economic Journal: Applied Economics* 3, no. 3 (July 2011): 88–123.

34 Emma Lazarus, "The New Colossus." 다음에 수록됨. *Emma Lazarus: Selected Poems*, ed. John Hollander (New York: Library of America, 2005), 58.

35 Ran Abramitzky, Leah Platt Boustan, and Katherine Eriksson, "Europe's Tired, Poor, Huddled Masses: Self-Selection and Economic Outcomes in the Age of Mass Migration," *American Economic Review* 102, no. 5 (2012): 1832–1856.

36 "Immigrant Founders of the 2017 Fortune 500," Center for American Entrepreneurship, 2017, http://startupsusa.org/fortune500/.

37 Nakamura, Sigurdsson, and Steinsson, "The Gift of Moving."

38 Jie Bai, "Melons as Lemons: Asymmetric Information, Consumer Learning, and Quality Provision" (작업 페이퍼), 2018. 2019년 6월 19일에 접속함, https://drive.google.com/file/d/0B52sohAPtnAWYVhBYm11cDBrSmM/view.

39 "따라서 화폐의 소유자는 자신의 화폐를 자본으로 전환하기 위해 시장에서 자유로운 노동자들을 만날 수 있어야 한다. 여기에서 자유롭다는 것은 두 가지 의미를 가진다. 노동자는 자신의 노동력을 자신이 가진 상품으로서 자유롭게

처분할 수 있어야 한다. 다른 한편으로 그는 그것 이외에는 팔 것이 아무것도 없어야 하고 자신의 노동력을 실현시키는 데 필요한 어떤 것으로부터도 자유로워야(free of), 즉 어떤 것도 가지고 있지 않아야 한다." Karl Marx, *Das Kapital* (Hamburg: Verlag von Otto Meissner, 1867).

40 Girum Abebe, Stefano Caria, and Esteban Ortiz-Ospina, "The Selection of Talent: Experimental and Structural Evidence from Ethiopia." (작업 페이퍼). 2018.

41 Christopher Blattman and Stefan Dercon, "The Impacts of Industrial and Entrepreneurial Work on Income and Health: Experimental Evidence from Ethiopia," *American Economic Journal: Applied Economics* 10, no. 3 (July 2018): 1 – 38.

42 Girum Abebe, Stefano Caria, Marcel Fafchamps, Paolo Falco, Simon Franklin, and Simon Quinn, "Anonymity or Distance? Job Search and Labour Market Exclusion in a Growing African City," CSAE Working Paper WPS/2016-10-2, 2018.

43 Stefano Caria, "Choosing Connections. Experimental Evidence from a Link-Formation Experiment in Urban Ethiopia." (작업 페이퍼). 2015; Pieter Serneels, "The Nature of Unemployment Among Young Men in Urban Ethiopia," *Review of Development Economics* 11, no. 1 (2007): 170 – 186.

44 Carl Shapiro and Joseph E. Stiglitz, "Equilibrium Unemployment as a Worker Discipline Device," *American Economic Review* 74, no. 3 (June 1984): 433 – 444.

45 Emily Breza, Supreet Kaur, and Yogita Shamdasani, "The Morale Effects of Pay Inequality," *Quarterly Journal of Economics* 133, no. 2 (2018): 611 – 663.

46 Dustmann, Schönberg, and Stuhler, "Labor Supply Shocks, Native Wages, and the Adjustment of Local Employment."

47 Patricia Cortés and Jessica Pan, "Foreign Nurse Importation and Native Nurse Displacement," *Journal of Health Economics* 37 (2017): 164 – 180.

48 Kaivan Munshi, "Networks in the Modern Economy: Mexican Migrants in the U.S. Labor Market," *Quarterly Journal of Economics* 118, no. 2 (2003): 549 – 599.

49 Lori Beaman, "Social Networks and the Dynamics of Labor Market Outcomes:

Evidence from Refugees Resettled in the U.S.," *Review of Economic Studies* 79, no. 1 (January 2012): 128 – 161.

50 George Akerlof, "The Market for 'Lemons': Quality Uncertainty and the Market Mechanism," *Quarterly Journal of Economics* 84, no. 3 (1970): 488 – 500.

51 처음에 애컬로프의 논문을 받아본 저널 편집자와 동료평가자들은 내용을 이해하는 데 어려움을 겪었을 것이 틀림없다. 이런 종류의 시장 교란을 연역적으로 설명하는 논증을 탄탄하게 전개하려면 적절한 수학 공식이 필요하다. 그런데 1970년에는 이런 식으로 수학 공식을 통해 결론을 뒷받침하는 것이 대부분의 경제학자들에게 익숙하지 않았다. 그래서 이 논문을 게재하는 용감한 저널이 나오기까지는 시간이 좀 걸렸다. 하지만 일단 게재되고 나자 이 논문은 곧바로 고전의 반열에 올랐고 지금도 매우 영향력 있는 논문으로 꼽힌다. 여기에 적용된 수학은 '게임 이론'이라고 불리는 응용 수학의 일종인데, 오늘날에는 경제학과 학부생들도 게임 이론을 배운다.

52 Banerjee, Enevoldsen, Pande, and Walton, "Information as an Incentive."

53 세계 대기질 보고서, AirVisual, 2018. 2019년 4월 21일에 접속함. https://www.airvisual.com/world-most-polluted-cities.

54 Abhijit Banerjee and Esther Duflo, "The Economic Lives of the Poor," *Journal of Economic Perspectives* 21, no. 1 (2007): 141 – 168.

55 Global Infrastructure Hub, *Global Infrastructure Outlook*, Oxford Economics, 2017.

56 Edward Glaeser, *Triumph of the City: How Our Greatest Invention Makes Us Richer, Smarter, Greener, Healthier, and Happier* (London: Macmillan, 2011).

57 Jan K. Brueckner, Shihe Fu Yizhen Gu, and Junfu Zhang, "Measuring the Stringency of Land Use Regulation: The Case of China's Building Height Limits," *Review of Economics and Statistics* 99, no. 4 (2017) 663 – 677.

58 Abhijit Banerjee and Esther Duflo, "Barefoot Hedge-Fund Managers," *Poor Economics* (New York: Public Affairs, 2011).

59 W. Arthur Lewis, "Economic Development with Unlimited Supplies of Labour," *Manchester School* 22, no. 2 (1954): 139 – 191.

60 Robert Jensen and Nolan H. Miller, "Keepin' 'Em Down on the Farm: Migration and Strategic Investment in Children's Schooling," NBER Working

Paper 23122, 2017.

61   Robert Jensen, "Do Labor Market Opportunities Affect Young Women's Work and Family Decisions? Experimental Evidence from India," *Quarterly Journal of Economics* 127, no. 2 (2012): 753 – 792.

62   Bryan, Chowdhury, and Mobarak, "Underinvestment in a Profitable Technology."

63   Maheshwor Shrestha, "Get Rich or Die Tryin': Perceived Earnings, Perceived Mortality Rate, and the Value of a Statistical Life of Potential Work-Migrants from Nepal," World Bank Policy Research Working Paper 7945, 2017.

64   Maheshwor Shrestha, "Death Scares: How Potential Work-Migrants Infer Mortality Rates from Migrant Deaths," World Bank Policy Research Working Paper 7946, 2017.

65   Frank H. Knight, *Risk, Uncertainty, and Profit* (Boston: Hart, Schaffner, and Marx, 1921).

66   Donald Rumsfeld, *Known and Unknown: A Memoir* (New York: Sentinel, 2012).

67   Justin Sydnor, "(Over)insuring Modest Risks," *American Economic Journal: Applied Economics* 2, no. 4 (2010): 177 – 199.

68   "동기부여된 믿음motivated belief"이라는 개념에 대해서는 4장에서 다시 다룰 것이다. 다음도 참고하라. Roland Bénabou and Jean Tirole, "Mindful Economics: The Production, Consumption, and Value of Beliefs," *Journal of Economic Perspectives* 30, no. 3 (2016): 141 – 164.

69   Alexis de Tocqueville, *Democracy in America* (London: Saunders and Otley, 1835).

70   Alberto Alesina, Stefanie Stantcheva, and Edoardo Teso, "Intergenerational Mobility and Preferences for Redistribution," *American Economic Review* 108, no. 2 (2018): 521 – 554, DOI: 10.1257/aer.20162015.

71   Benjamin Austin, Edward Glaeser, and Lawrence H. Summers, "Saving the Heartland: Place-Based Policies in 21st Century America," Brookings Papers on Economic Activity Conference Drafts, 2018.

72   Peter Ganong and Daniel Shoag, "Why Has Regional Income Convergence in the U.S. Declined?" *Journal of Urban Economics* 102 (2017): 76 – 90.

73   Enrico Moretti, *The New Geography of Jobs* (Boston: Houghton Mifflin Harcourt,

2012).

74 Ganong and Shoag, "Why Has Regional Income Convergence in the U.S. Declined?"

75 "Starbucks," Indeed.com. 2019년 4월 21에 접속함. https://www.indeed.com/q-Starbucks-l-Boston-MA-jobs.html; "Starbucks," Indeed.com. 2019년 4월 21일에 접속함. https://www.indeed.com/jobs?q=Starbucks&l=Boise percent2C+ID.

76 이 설명은 다음에 나온다. Ganong and Shoag, "Why Has Regional Income Convergence in the U.S. Declined?"

77 "The San Francisco Rent Explosion: Part II," Priceonomics. 2019년 6월 4일에 접속함. https://priceonomics.com/the-san-francisco-rent-explosion-part-ii/.

78 '렌트 카페RentCafe'에 따르면 미션 돌로레스의 집세는 792평방피트[약 74평방미터]당 3,728달러다. "San Francisco, CA Rental Market Trends." 2019년 6월 4일. https://www.rentcafe.com/average-rent-market-trends/us/ca/san-francisco/.

79 "New Money Driving Out Working-Class San *Franciscans,*" *Los Angeles Times*, June 21, 1999. 2019년 6월 4일에 접속함. https://www.latimes.com/archives/la-xpm-1999-jun-21-mn-48707-story.html.

80 Glaeser, *Triumph of the City*.

81 아티프 미안Atif Mian와 아미르 수피Amir Sufi는 저서 『빚으로 지은 집House of Debt: How They (and You) Caused the Great Recession, and How We Can Prevent It from Happening Again』(Chicago: University of Chicago Press, 2014)과 다음을 포함한 여러 논문에서 이 주장을 개진했다. Atif Mian, Kamalesh Rao, and Amir Sufi, "Household Balance Sheets, Consumption, and the Economic Slump," *Quarterly Journal of Economics* 128, no. 4 (2013): 1687–1726.

82 Matthew Desmond, *Evicted: Poverty and Profit in the American City* (New York: Crown, 2016).

83 Mark Aguiar, Mark Bils, Kerwin Kofi Charles, and Erik Hurst, "Leisure Luxuries and the Labor Supply of Young Men," NBER Working Paper 23552, 2017.

84 Kevin Roose, "Silicon Valley Is Over, Says Silicon Valley," *New York Times*, March 4, 2018.

85 Andrew Ross Sorkin, "From Bezos to Walton, Big Investors Back Fund for

'Flyover' Start-Ups," *New York Times*, December 4, 2017.

86 Glenn Ellison and Edward Glaeser, "Geographic Concentration in U.S. Manufacturing Industries: A Dartboard Approach," *Journal of Political Economy* 105, no. 5 (1997): 889–927.

87 Bryan, Chowdhury, and Mobarak, "Underinvestment in a Profitable Technology."

88 Tabellini, "Gifts of the Immigrants, Woes of the Natives."

3장 무역의 고통

1 "Steel and Aluminum Tariffs," Chicago Booth, IGM Forum, 2018, http://www.igmchicago.org/surveys/steel-and-aluminum-tariffs.

2 "Import Duties," Chicago Booth, IGM Forum, 2016, http://www.igmchicago.org/surveys/import-duties.

3 Abhijit Banerjee, Esther Duflo, and Stefanie Stantcheva, "Me and Everyone Else: Do People Think Like Economists?" MIMEO, Massachusetts Institute of Technology, 2019.

4 같은 책.

5 *The Collected Scientific Papers of Paul A. Samuelson*, vol. 3 (Cambridge, MA: MIT Press, 1966), 683.

6 같은 책.

7 David Ricardo, *On the Principles of Political Economy and Taxation* (London: John Murray, 1817).

8 Paul A. Samuelson and William F. Stolper, "Protection and Real Wages," *Review of Economic Studies* 9, no. 1 (1941), 58–73.

9 P. A. Samuelson, "The Gains from International Trade Once Again," *Economic Journal* 72, no. 288 (1962): 820–829, DOI: 10.2307/2228353.

10 John Keats, "Ode on a Grecian Urn." 다음에 수록됨. *The Complete Poems of John Keats*, 3rd ed. (New York: Penguin Classics, 1977).

11 Petia Topalova, "Factor Immobility and Regional Impacts of Trade Liberalization: Evidence on Poverty from India," *American Economic Journal: Applied Economics* 2, no. 4 (2010): 1–41, DOI: 10.1257/app.2.4.1.

12 "GDP Growth (annual %)," World Bank. 2019년 3월 29일에 접속함. https://

data.worldbank.org/indicator/ny.gdp.mktp.kd.zg?end=2017&start=1988.

13 물론 자그디시 바그와티Jagdish Bhagwati, T. N. 스리니바산T. N. Srinivasan 및 그들을
따르는 무역 낙관론자들은 1991년 이전의 성장은 멈출 수밖에 없었으며 구제
금융과 무역 자유화가 성장을 되살려낸 것이었다고 주장한다.

14 루드비히 폰 비트겐슈타인Ludwig von Wittgenstein의 『논리 철학 논고Tractatus Logico-
Philosophicus』 중 제7논고. 이 책은 1921년에 처음 출간되었으며(출판사: Annalen
der Naturphilosophie), 2017년에 버트런드 러셀Bertrand Russell의 서문과 함께 재출
간되었다(출판사: Chiron Academic Press).

15 "GDP Growth (annual %)," World Bank.

16 소득 기준으로 상위 1퍼센트가 GDP에서 차지하는 비중은 1982년 6.1퍼센트
에서 2015년 21.3퍼센트로 증가했다. 세계 불평등 데이터베이스World Inequality
Database. 2019년 3월 15일에 접속함. https://wid.world/country/india.

17 Diego Cerdeiro and Andras Komaromi(승인: Valerie Cerra), "The Effect of
Trade on Income and Inequality: A Cross-Sectional Approach," International
Monetary Fund Background Papers, 2017.

18 Pinelopi Koujianou Goldberg and Nina Pavcnik, "Distributional Effects of
Globalization in Developing Countries," Journal of Economic Literature 45,
no. 1 (March 2007): 39 – 82.

19 Thomas Piketty, Li Yang, and Gabriel Zucman, "Capital Accumulation, Private
Property and Rising Inequality in China, 1978 – 2015," American Economic
Review. 2019년 게재 예정. 진행 중인 상태의 논문을 다음에서 볼 수 있다.
2019년 6월 19일에 접속함. http://gabriel-zucman.eu/files/PYZ2017.pdf.

20 Topalova, "Factor Immobility and Regional Impacts of Trade Liberalization."

21 Gaurav Datt, Martin Ravallion, and Rinku Murgai, "Poverty Reduction in India:
Revisiting Past Debates with 60 Years of Data," VOX CEPR Policy Portal. 2019
년 3월 15일에 접속함. voxeu.org.

22 Eric V. Edmonds, Nina Pavcnik, and Petia Topalova, "Trade Adjustment and
Human Capital Investments: Evidence from Indian Tariff Reform," American
Economic Journal: Applied Economics 2, no. 4 (2010): 42 – 75. DOI:
10.1257/app.2.4.42.

23 Orazio Attanasio, Pinelopi K. Goldberg, and Nina Pavcnik, "Trade Reforms
and Trade Inequality in Colombia," Journal of Development Economics 74,

no. 2 (2004): 331 – 366; Brian K. Kovak, "Regional Effects of Trade Reform: What Is the Correct Level of Liberalization?" *American Economic Review* 103, no. 5 (2013): 1960 – 1976.

24 Pinelopi K. Goldberg, Amit Khandelwal, Nina Pavcnik, and Petia Topalova, "Trade Liberalization and New Imported Inputs," *American Economic Review* 99, no. 2 (2009): 494 – 500.

25 Abhijit Vinayak Banerjee, "Globalization and All That." 다음에 수록됨. *Understanding Poverty*, ed. Abhijit Vinayak Banerjee, Roland Bénabou, and Dilip Mookherjee (New York: Oxford University Press, 2006).

26 Topalova, "Factor Immobility and Regional Impacts of Trade Liberalization."

27 Abhijit Banerjee and Esther Duflo, "Growth Theory Through the Lens of Development Economics," 7장. 다음에 수록됨. *The Handbook of Economic Growth*, eds. Philippe Aghion and Stephen Durlauf (Amsterdam: North Holland, 2005), vol. 1, part A: 473 – 552.

28 Topalova, "Factor Immobility and Regional Impacts of Trade Liberalization."

29 Pinelopi K. Goldberg, Amit K. Khandelwal, Nina Pavcnik, and Petia Topalova, "Multiproduct Firms and Product Turnover in the Developing World: Evidence from India," *Review of Economics and Statistics* 92, no. 4 (2010): 1042 – 1049.

30 Robert Grundke and Cristoph Moser, "Hidden Protectionism? Evidence from Non-Tariff Barriers to Trade in the United States," *Journal of International Economics* 117 (2019): 143 – 157.

31 World Trade Organization, "Members Reaffirm Commitment to Aid for Trade and to Development Support," 2017. 2019년 3월 18일에 접속함. https://www.wto.org/english/news_e/news17_e/gr17_13jul17_e.htm.

32 David Atkin, Amit K. Khandelwal, and Adam Osman, "Exporting and Firm Performance: Evidence from a Randomized Experiment," *Quarterly Journal of Economics* 132, no. 2 (2017): 551 – 615.

33 "Rankings by Country of Average Monthly Net Salary (After Tax) (Salaries and Financing)," Numbeo. 2019년 3월 18일에 접속함. https://www.numbeo.com/cost-of-living/country_price_rankings?itemId=105.

34 Abhijit V. Banerjee and Esther Duflo, "Reputation Effects and the Limits of

Contracting: A Study of the Indian Software Industry," *Quarterly Journal of Economics* 115, no. 3 (2000): 989 – 1017.

35 Amos Tversky and Daniel Kahneman, "The Framing of Decisions and Psychology of Choice," *Science* 211 (1981): 453 – 458.

36 Jean Tirole, "A Theory of Collective Reputations (with Applications to the Persistence of Corruption and to Firm Quality)," *Review of Economic Studies* 63, no. 1 (1996): 1 – 22.

37 Rocco Machiavello and Ameet Morjaria, "The Value of Relationships: Evidence from Supply Shock to Kenyan Rose Exports," *American Economic Review* 105, no. 9 (2015): 2911 – 2945.

38 Wang Xiaodong, "Govt Issues Guidance for Quality of Products," *China Daily*. 2017년 9월 14일에 업데이트됨. 2019년 3월 29일에 접속함. http://www. chinadaily.com.cn/china/2017-09/14/content_31975019.htm.

39 Gujanita Kalita, "The Emergence of Tirupur as the Export Hub of Knitted Garments in India: A Case Study," ICRIER. 2019년 4월 21일에 접속함. https:// www.econ-jobs.com/research/52329-The-Emergence-of-Tirupur-as-the-Export-Hub-of-Knitted-Garments-in-India-A-Case-Study.pdf.

40 L. N. Revathy, "GST, Export Slump Have Tirupur's Garment Units Hanging by a Thread." 2019년 4월 21일에 접속함. https://www.thehindubusinessline. com/economy/gst-export-slump-have-tirupurs-garment-units-hanging-by-a-thread/article9968689.ece.

41 "Clusters 101," Cluster Mapping. 2019년 3월 18일에 접속함. http:// www. clustermapping.us/content/clusters-101.

42 Antonio Gramsci, "'Wave of Materialism' and 'Crisis of Authority.'" 다음에 수록됨. *Selections from the Prison Notebooks* (New York: International Publishers, 1971), 275 – 276; Prison Notebooks, vol. 2, notebook 3, 1930, 2011년판, SS34, Past and Present 32 – 33.

43 세계은행에 따르면 2015년 인도의 무역 개방 비율(GDP 대비 수출입 비중)은 42 퍼센트, 미국은 28퍼센트, 중국은 39퍼센트였다. "Trade Openness—Country Rankings," TheGlobalEconomy.com. 2019년 3월 8일에 접속함. https:// www.theglobaleconomy.com/rankings/trade_openness/.

44 Pinelopi K. Goldberg, Amit K. Khandelwal, Nina Pavcnik, and Petia Topalova,

"Imported Intermediate Inputs and Domestic Product Growth: Evidence from India," *Quarterly Journal of Economics* 125, no. 4 (2010): 1727 – 1767.

45　Paul Krugman, "Taking on China," New York Times, September 30, 2010.

46　J. D. Vance, *Hillbilly Elegy: A Memoir of a Family and Culture in Crisis* (New York: Harper, 2016).

47　David Autor, David Dorn, and Gordon Hanson, "The China Syndrome: Local Labor Market Effects of Import Competition in the United States," *American Economic Review* 103, no. 6 (2013): 2121 – 2168; David Autor, David Dorn, and Gordon Hanson, "The China Shock: Learning from Labor-Market Adjustment to Large Changes in Trade," *Annual Review of Economics* 8 (2016): 205 – 240.

48　Ragnhild Balsvik, Sissel Jensen, and Kjell G. Salvanes, "Made in China, Sold in Norway: Local Labor Market Effects of an Import Shock," *Journal of Public Economics* 127 (2015): 137 – 44; Wolfgang Dauth, Sebastian Findeisen, and Jens Suedekum, "The Rise of the East and the Far East: German Labor Markets and Trade Integration," *Journal of the European Economic Association* 12, no. 6 (2014): 1643 – 1675; Vicente Donoso, Víctor Martín, and Asier Minondo, "Do Differences in the Exposure to Chinese Imports Lead to Differences in Local Labour Market Outcomes? An Analysis for Spanish Provinces," *Regional Studies* 49, no. 10 (2015): 1746 – 1764.

49　M. Allirajan, "Garment Exports Dive 41 Percent in October on GST Woes," *Times of India*, November 16, 2017, https://timesofindia.indiatimes.com/business/india-business/garment-exports-dive-41-in-october-on-gst-woes/articleshow/61666363.cms.

50　Atif Mian, Kamalesh Rao, and Amir Sufi, "Housing Balance Sheets, Consumption, and the Economic Slump," *Quarterly Journal of Economics* 128, no. 4 (2013): 1687 – 1726.

51　Alana Semuels, "Ghost Towns of the 21st Century," *Atlantic*, October 20, 2015.

52　Autor, Dorn, and Hanson, "The China Syndrome."

53　David H. Autor, Mark Duggan, Kyle Greenberg, and David S. Lyle, "The Impact of Disability Benefits on Labor Supply: Evidence from the VA's

Disability Compensation Program," *American Economic Journal: Applied Economics* 8, no. 3 (2016): 31 – 68.

54   David H. Autor, "The Unsustainable Rise of the Disability Rolls in the United States: Causes, Consequences, and Policy Options." 다음에 수록됨. *Social Policies in an Age of Austerity*, eds. John Karl Scholz, Hyunpyo Moon, and SangHyop Lee (Northampton, MA: Edward Elgar, 2015) 107 – 136.

55   Aparna Soni, Marguerite E. Burns, Laura Dague, and Kosali I. Simon, "Medicaid Expansion and State Trends in Supplemental Security Income Program Participation," *Health Affairs* 36, no. 8 (2017): 1485 – 1488.

56   예를 들어, 다음을 참고하라. Enrico Moretti and Pat Kline, "People, Places and Public Policy: Some Simple Welfare Economics of Local Economic Development Programs," *Annual Review of Economics* 6 (2014): 629 – 662.

57   David Autor, David Dorn, and Gordon H. Hanson, "When Work Disappears: Manufacturing Decline and the Fall of Marriage Market Value of Young Men," AER Insights. 2019년 게재 예정. 진행 중인 상태의 논문을 다음에서 볼 수 있다. NBER Working Paper 23173, 2018, DOI: 10.3386/w23173.

58   Anne Case and Angus Deaton, "Rising Morbidity and Mortality in Midlife Among White Non–Hispanic Americans in the 21st Century," *PNAS* 112, no. 49 (2015): 15078 – 15083, https://doi.org/10.1073/pnas.1518393112.

59   Arnaud Costinot and Andrés Rodríguez-Clare, "The US Gains from Trade: Valuation Using the Demand for Foreign Factor Services," *Journal of Economic Perspectives* 32, no. 2 (Spring 2018): 3 – 24.

60   Rodrigo Adao, Arnaud Costinot, and Dave Donaldson, "Nonparametric Counterfactual Predictions in Neoclassical Models of International Trade," *American Economic Review* 107, no. 3 (2017): 633 – 89; Costinot and Rodríguez-Clare, "The US Gains from Trade."

61   "GDP Growth (annual %)," World Bank. 2019년 3월 29일에 접속함. https://data.worldbank.org/indicator/ny.gdp.mktp.kd.zg.

62   Costinot and Rodríguez-Clare, "The US Gains from Trade."

63   Sam Asher and Paul Novosad, "Rural Roads and Local Economic Development," Policy Research Working Paper 8466 (Washington, DC: World Bank, 2018).

64 Sandra Poncet, "The Fragmentation of the Chinese Domestic Market Peking Struggles to Put an End to Regional Protectionism," *China Perspectives*. 2019년 4월 21일에 접속함. https://journals.openedition.org/chinaperspectives/410.

65 "작은 것이 아름답다"는 독일 생태학자 E. F. 슈마허가 1974년에 출간한 책 제목이다. 그는 이 책에서 마을 단위의 소규모 농장이라는 간디식 아이디어를 주창했다. *E. F. Schumacher, Small Is Beautiful: A Study of Economics as If People Mattered* (London: Blond & Briggs, 1973).

66 Nirmala Banerjee, "Is Small Beautiful?" 다음에 수록됨. *Change and Choice in Indian Industry*, eds. Amiya Bagchi and Nirmala Banerjee (Calcutta: K. P. Bagchi & Company, 1981).

67 Chang-Tai Hsieh and Benjamin A. Olken, "The Missing 'Missing Middle,'" *Journal of Economic Perspectives* 28, no. 3 (2014): 89 – 108.

68 Adam Smith, The Wealth of Nations (W. Strahan and T. Cadell, 1776).

69 Dave Donaldson, "Railroads of the Raj: Estimating the Impact of Transportation Infrastructure," *American Economic Review* 108, nos. 4 – 5 (2018): 899 – 934.

70 Dave Donaldson and Richard Hornbeck, "Railroads and American Growth: A 'Market Access' Approach," *Quarterly Journal of Economics* 131, no. 2 (2016): 799 – 858.

71 Arnaud Costinot and Dave Donaldson, "Ricardo's Theory of Comparative Advantage: Old Idea, New Evidence," *American Economic Review* 102, no. 3 (2012): 453 – 458.

72 Asher and Novosad, "Rural Roads and Local Economic Development."

73 David Atkin and Dave Donaldson, "Who's Getting Globalized? The Size and Implications of Intra-National Trade Costs," NBER Working Paper 21439, 2015.

74 "U.S. Agriculture and Trade at a Glance," US Department of Agriculture Economic Research Service. 2019년 6월 8일에 접속함. https://www.ers.usda.gov/topics/international-markets-us-trade/us-agricultural-trade/us-agricultural-trade-at-a-glance/.

75 같은 책.

76 "Occupational Employment Statistics," Bureau of Labor Statistics. 2019년 3월 29일에 접속함. https://www.bls.gov/oes/2017/may/oes452099.htm.

77 "Quick Facts: United States," US Census Bureau. 2019년 3월 29일에 접속함. https://www.census.gov/quickfacts/fact/map/US/INC910217.

78 Benjamin Hyman, "Can Displaced Labor Be Retrained? Evidence from Quasi-Random Assignment to Trade Adjustment Assistance," January 10, 2018, https://ssrn.com/abstract=3155386 또는 http://dx.doi.org/10.2139/ssrn.3155386.

79 "Education and Training," Veterans Administration. 2019년 6월 21일에 접속함. https://benefits.va.gov/gibill/.

80 Sewin Chan and Ann Huff Stevens, "Job Loss and Employment Patterns of Older Workers," *Journal of Labor Economics* 19, no. 2 (2001): 484–521.

81 Henry S. Farber, Chris M. Herbst, Dan Silverman, and Till von Wachter, "Whom Do Employers Want? The Role of Recent Employment and Unemployment Status and Age," *Journal of Labor Economics* 37, no. 2 (April 2019): 323–349, https://doi.org/10.1086/700184.

82 Benjamin Austin, Edward Glaesar, and Lawrence Summers, "Saving the Heartland: Place-Based Policies in 21st Century America," Brookings Papers on Economic Activity(BPEA), 2018. BPEA 컨퍼런스 발표 논문 초고. 2019년 6월 19일에 접속함. https://www.brookings.edu/wp-content/uploads/2018/03/3_austinetal.pdf.

4장 좋아요, 원해요, 필요해요

1 John Sides, Michael Tesler, and Lynn Vavreck, *Identity Crisis: The 2016 Presidential Campaign and the Battle for the Meaning of America* (Princeton, NJ: Princeton University Press, 2018).

2 George Stigler and Gary Becker, "De Gustibus Non Est Disputandum," *American Economic Review* 67, no. 2 (1977): 76–90.

3 Abhijit Banerjee and Esther Duflo, *Poor Economics: A Radical Rethinking of the Way to Fight Global Poverty* (New York: PublicAffairs, 2011).

4 Abhijit V. Banerjee, "Policies for a Better-Fed World," *Review of World Economics* 152, no. 1 (2016): 3–17.

5   Abhijit Banerjee, "A Simple Model of Herd Behavior," *Quarterly Journal of Economics* 107, no. 3 (1992): 797–817.

6   Lev Muchnik, Sinan Aral, and Sean J. Taylor, "Social Influence Bias: A Randomized Experiment," *Science* 341, no. 6146 (2013): 647–651.

7   Drew Fudenberg and Eric Maskin, "The Folk Theorem in Repeated Games with Discounting or with Incomplete Information," *Econometrica* 54, no. 3 (1986): 533–54; Dilip Abreu, "On the Theory of Infinitely Repeated Games with Discounting," *Econometrica* 56, no. 2 (1988): 383–396.

8   Elinor Ostrom, *Governing the Commons* (Cambridge: Cambridge University Press, 1990).

9   예를 들어, 다음을 참고하라. E. R. Prabhakar Somanathan and Bhupendra Singh Mehta, "Decentralization for Cost-Effective Conservation," *Proceedings of the National Academy of Sciences* 106, no. 11 (2009): 4143–4147; J. M. Baland, P. Bardhan, S. Das, and D. Mookherjee, "Forests to the People: Decentralization and Forest Degradation in the Indian Himalayas," *World Development* 38, no. 11 (2010): 1642–1656. 공동체 소유가 늘 잘 작동한다는 말은 아니다. 사실, 이론상으로는 공동체 소유가 잘 작동하지 않으리라는 것이 논리적으로 더 명백하다. 예를 들어, 당신이 다른 사람들이 늘 규칙대로 행동하지는 않을 것이라고 예상한다고 해 보자. 그렇다면 당신은 다른 이들을 속이고자 할 유인이 강해질 것이다. 몇몇 사람들이 과다하게 방목을 한다면, 공동 목초지를 사용할 수 있다는 게 내게 그리 큰 이득이 아닐 것이다. 따라서 공동 목초지를 사용하지 못하게 하겠다는 협박은 그다지 무서운 협박이 아니게 될 것이다. 실제로, 공동으로 소유된 숲이 벌목이 덜 된다는 증거는 그리 압도적으로 강하지 않다.

10   Robert M. Townsend, "Risk and Insurance in Village India," Econometrica 62, no. 3 (1994): 539–91; Christopher Udry, "Risk and Insurance in a Rural Credit Market: An Empirical Investigation in Northern Nigeria," *Review of Economic Studies* 61, no. 3 (1994): 495–526.

11   이 주장을 뛰어나게 개진한 최근 저술로는 다음을 참고하라. Raghuram Rajan, *The Third Pillar: How Markets and the State Leave Community Behind* (New York: HarperCollins, 2019).

12   Harold L. Cole, George J. Mailath, and Andrew Postlewaite, "Social Norms,

Savings Behavior, and Growth," *Journal of Political Economy* 100, no. 6 (1992): 1092 – 1125.

13 Constituent Assembly of India Debates (논문 모음집), vol. 7, November 4, 1948, https://cadindia.clpr.org.in/constitution_assembly_debates/volume/7/1948-11-04. 간디와 암베드카르의 관계에 대한 저술은 매우 많이 나와 있다. 소설가 아룬다티 로이Arundhati Roy의 2017년 저서 『박사와 성자』(암베드카르에 더 초점을 맞추고 있다)와 라마찬드라 구하Ramachandra Guha의 최근 저서 『간디Gandhi』(간디에 더 초점을 맞추고 있다) 등이 있다. 간디와 암베드카르는 사이가 좋지는 못했다. 간디는 암베드카르가 너무 다혈질이라고 생각했고 암베드카르는 간디가 부정부패와 다소 관련이 있다고 생각했다. 서로 입장이 많이 달랐지만, 그래도 암베드카르가 헌법 초안을 작성할 수 있었던 데는 간디의 영향이 컸다. Arundhati Roy, *The Doctor and the Saint: Caste, War, and the Annihilation of Caste* (Chicago: Haymarket Books, 2017); Ramachandra Guha, *Gandhi: The Years That Changed the World*, 1914 – 1948 (New York: Knopf, 2018).

14 Viktoria Hnatkovska, Amartya Lahiri, and Sourabh Paul, "Castes and Labor Mobility," *American Economic Journal: Applied Economics* 4, no. 2 (2012): 274 – 307.

15 Karla Hoff, "Caste System," World Bank Policy Research Working Paper 7929, 2016.

16 Kanchan Chandra, *Why Ethnic Parties Succeed: Patronage and Ethnic Headcounts in India* (Cambridge: Cambridge University Press, 2004); Christophe Jaffrelot, *India's Silent Revolution: The Rise of the Lower Castes in North India* (London: Hurst and Company, 2003); Yogendra Yadav, *Understanding the Second Democratic Upsurge: Trends of Bahujan Participation in Electoral Politics in the 1990s* (Delhi: Oxford University Press, 2000).

17 Abhijit Banerjee, Amory Gethin, and Thomas Piketty, "Growing Cleavages in India? Evidence from the Changing Structure of Electorates, 1962 – 2014," *Economic & Political Weekly* 54, no. 11 (2019): 33 – 44.

18 Abhijit Banerjee and Rohini Pande, "Parochial Politics: Ethnic Preferences and Politician Corruption," CEPR Discussion Paper DP6381, 2007.

19 "Black Guy Asks Nation for Change," *Onion*, March 19, 2008. 2019년 6월

19일에 접속함. https://politics.theonion.com/black-guy-asks-nation-for-change-1819569703.

20 Eileen Patten, "Racial, Gender Wage Gaps Persist in U.S. Despite Some Progress," Pew Research Center, July 1, 2016.

21 Raj Chetty, Nathaniel Hendren, Maggie R. Jones, and Sonya R. Porter, "Race and Economic Opportunity in the United States: An Intergenerational Perspective," NBER Working Paper 24441, 2018.

22 스탠포드 대학 '빈곤과 불평등 센터'의 연구에 따르면, "2015년 말에 젊은 흑인 남성(20~34세)의 9.1퍼센트가 수감되었다. 백인 젊은 남성 수감율(1.6퍼센트)의 5.7배다. 또 2015년에 흑인 아동의 10퍼센트는 수감된 부모가 있었다. 히스패닉 아동은 3.6퍼센트, 백인 아동은 1.7퍼센트였다. Becky Pettit and Bryan Sykes, "State of the Union 2017: Incarceration," Stanford Center on Poverty and Inequality.

23 이런 면에서 미국 흑인은 인도의 지정 카스트보다는 인도의 무슬림과 더 비슷한 상황이라고 볼 수 있을 것이다. 무슬림은 경제적인 면에서 다수자인 힌두교인들에게 뒤처져 있고 힌두 인구로부터의 점점 더 강도 높은 폭력의 대상이 되고 있다.

24 Jane Coaston, "How White Supremacist Candidates Fared in 2018," Vox, November 7, 2018, 2019년 4월 22일에 접속함. https://www.vox.com/policy-and-politics/2018/11/7/18064670/white-supremacist-candidates-2018-midterm-elections.

25 Robert P. Jones, Daniel Cox, Betsy Cooper, and Rachel Lienesch, "How Americans View Immigrants and What They Want from Immigration Reform: Findings from the 2015 American Values Atlas," Public Religion Research Institute, March 29, 2016.

26 Leonardo Bursztyn, Georgy Egorov, and Stefano Fiorin, "From Extreme to Mainstream: How Social Norms Unravel," NBER Working Paper 23415, 2017.

27 다음에 인용됨. Chris Haynes, Jennifer L. Merolla, and S. Karthik Ramakrishnan, *Framing Immigrants: News Coverage, Public Opinion, and Policy* (New York: Russell Sage Foundation, 2016).

28 같은 책.

29 Anirban Mitra and Debraj Ray, "Implications of an Economic Theory of

Conflict: Hindu-Muslim Violence in India," *Journal of Political Economy* 122, no. 4 (2014): 719–765.

30 Daniel L. Chen, "Club Goods and Group Identity: Evidence from Islamic Resurgence During the Indonesian Financial Crisis," *Journal of Political Economy* 118, no. 2 (2010): 300–354.

31 Amanda Agan and Sonja Starr, "Ban the Box, Criminal Records, and Statistical Discrimination: A Field Experiment," *Quarterly Journal of Economics* 133, no. 1 (2017): 191–235.

32 같은 책.

33 Claude M. Steele and Joshua Aronson, "Stereotype Threat and the Intellectual Test Performance of African Americans," *Journal of Personality and Social Psychology* 69, no. 5 (1995): 797–811.

34 Steven J. Spencer, Claude M. Steele, and Diane M. Quinn, "Stereotype Threat and Women's Math Performance," *Journal of Experimental Social Psychology* 35, no. 1 (1999): 4–28.

35 Joshua Aronson, Michael J. Lustina, Catherine Good, Kelli Keough, Claude M. Steele, and Joseph Brown, "When White Men Can't Do Math: Necessary and Sufficient Factors in Stereotype Threat," *Journal of Experimental Social Psychology* 35, no. 1 (1999): 29–46.

36 Robert Rosenthal and Lenore Jacobson, "Pygmalion in the Classroom," *Urban Review* 3, no. 1 (1968): 16–20.

37 Dylan Glover, Amanda Pallais, and William Pariente, "Discrimination as a Self-Fulfilling Prophecy: Evidence from French Grocery Stores," *Quarterly Journal of Economics* 132, no. 3 (2017): 1219–1260.

38 Ariel Ben Yishay, Maria Jones, Florence Kondylis, and Ahmed Mushfiq Mobarak, "Are Gender Differences in Performance Innate or Socially Mediated?" World Bank Policy Research Working Paper 7689, 2016.

39 Rocco Macchiavello, Andreas Menzel, Antonu Rabbani, and Christopher Woodruff, "Challenges of Change: An Experiment Training Women to Manage in the Bangladeshi Garment Sector," University of Warwick Working Paper Series No. 256, 2015.

40 Jeff Stone, Christian I. Lynch, Mike Sjomeling, and John M. Darley, "Stereotype

Threat Effects on Black and White Athletic Performance," *Journal of Personality and Social Psychology* 77, no. 6 (1999): 1213 – 1227.

41 같은 책.

42 Marco Tabellini, "Racial Heterogeneity and Local Government Finances: Evidence from the Great Migration," Harvard Business School BGIE Unit Working Paper 19-006, 2018, https://ssrn.com/abstract=3220439 또는 http://dx.doi.org/10.2139/ssrn.3220439; Conrad Miller, "When Work Moves: Job Suburbanization and Black Employment," NBER Working Paper No. 24728, June 2018, DOI: 10.3386/w24728.

43 Ellora Derenoncourt, "Can You Move to Opportunity? Evidence from the Great Migration." (작업 페이퍼). 2019년 4월 22일에 접속함. https://scholar.harvard.edu/files/elloraderenoncourt/files/derenoncourt_jmp_2018.pdf.

44 Leonardo Bursztyn and Robert Jensen, "How Does Peer Pressure Affect Educational Investments?" *Quarterly Journal of Economics* 130, no. 3 (2015): 1329 – 1367.

45 Ernst Fehr, "Degustibus Est Disputandum," Emerging Science of Preference Formation. (취임 강연). Universitat Pompeu Fabra, Barcelona, Spain, October 7, 2015.

46 Alain Cohn, Ernst Fehr, and Michel Andre Marechal, "Business Culture and Dishonesty in the Banking Industry," *Nature* 516 (2014): 86 – 89.

47 이들의 연구에 대한 개괄은 다음을 참고하라. Roland Bénabou and Jean Tirole, "Mindful Economics: The Production, Consumption, and Value of Beliefs," *Journal of Economic Perspectives* 30, no. 3 (2016): 141 – 164.

48 William Julius Wilson, *When Work Disappears: The World of the New Urban Poor* (New York: Knopf Doubleday, 1997).

49 J. D. Vance, *Hillbilly Elegy: A Memoir of a Family and Culture in Crisis* (New York: Harper, 2016).

50 Dan Ariely, George Loewenstein, and Drazen Prelec, "'Coherent Arbitrariness': Stable Demand Curves without Stable Preferences," *Quarterly Journal of Economics* 118, no. 1 (2003): 73 – 106.

51 Daniel Kahneman, Jack L. Knetsch, and Richard H. Thaler, "Experimental Tests of the Endowment Effect and the Coase Theorem," *Journal of Political*

Economy 98, no. 6 (1990): 1325 – 1348.

52 Dan Ariely, George Loewenstein, and Drazen Prelec, "'Coherent Arbitrariness': Stable Demand Curves without Stable Preferences," *Quarterly Journal of Economics* 118, no. 1 (2003): 73 – 106.

53 Muzafer Sherif, *The Robber's Cave Experiment: Intergroup Conflict and Cooperation*, (Middletown, CT: Wesleyan University Press, 1998).

54 Gerard Prunier, *The Rwanda Crisis: History of a Genocide* (New York: Columbia University Press, 1997).

55 Paul Lazarsfeld and Robert Merton, "Friendship as a Social Process: A Substantive and Methodological Analysis," 다음에 수록됨. *Freedom and Control in Modern Society*, eds. Morroe Berger, Theodore Abel, and Charles H. Page (New York: Van Nostrand, 1954).

56 Matthew Jackson, "An Overview of Social Networks and Economic Applications," *Handbook of Social Economics*, 2010. 2019년 1월 5일에 접속함. https://web.stanford.edu/~jacksonm/socialnetecon-chapter.pdf.

57 Kristen Bialik, "Key Facts about Race and Marriage, 50 Years after Loving v. Virginia," Pew Research Center, 2017, http://www.pewresearch.org/fact-tank/2017/06/12/key-facts-about-race-and-marriage-50-years-after-loving-v-virginia/.

58 Abhijit Banerjee, Esther Duflo, Maitreesh Ghatak, and Jeanne Lafortune, "Marry for What? Caste and Mate Selection in Modern India," *American Economic Journal: Microeconomics* 5, no. 2 (2013), https://doi.org/10.1257/mic.5.2.33.

59 Cass R. Sunstein, Republic.com. (Princeton, NJ: Princeton University Press, 2001); Cass R. Sunstein, *#Republic: Divided Democracy in the Age of Social Media* (Princeton, NJ: Princeton University Press, 2017).

60 "Little Consensus on Global Warming: Partisanship Drives Opinion," Pew Research Center, 2006, http://www.people-press.org/2006/07/12/ little-consensus-on-global-warming/.

61 R. Cass Sunstein, "On Mandatory Labeling, with Special Reference to Genetically Modified Foods," *University of Pennsylvania Law Review* 165, no. 5 (2017): 1043 – 1095.

62 Matthew Gentzkow, Jesse M. Shapiro, and Matt Taddy, "Measuring

Polarization in High-Dimensional Data: Method and Application to Congressional Speech." (작업 페이퍼), 2016.

63   Yuriy Gorodnickenko, Tho Pham, and Oleksandr Talavera, "Social Media, Sentiment and Public Opinions: Evidence from #Brexit and #US Election," National Bureau of Economics Research Working Paper 24631, 2018.

64   Shanto Iyengar, Gaurav Sood, and Yphtach Lelkes, "Affect, Not Ideology: A Social Identity Perspective on Polarization," *Public Opinion Quarterly*, 2012, http://doi.org/10.1093/poq/nfs038.

65   "Most Popular Social Networks Worldwide as of January 2019, Ranked by Number of Active Users (in millions)," Statista.com, 2019. 2019년 4월 21일에 접속함. https://www.statista.com/statistics/272014/global-social-networks-ranked-by-number-of-users/.

66   Maeve Duggan, Nicole B. Ellison, Cliff Lampe, Amanda Lenhart, and Mary Madden, "Social Media Update 2014," Pew Research Center, 2015, http://www.pewinternet.org/2015/01/09/social-media-update-2014/.

67   Johan Ugander, Brian Karrer, Lars Backstrom, and Cameron Marlow, "The Anatomy of the Facebook Social Graph," Cornell University, 2011, https://arxiv.org/abs/1111.4503v1.

68   Yosh Halberstam and Brian Knight "Homophily, Group Size, and the Diffusion of Political Information in Social Networks: Evidence from Twitter," *Journal of Public Economics*, 143 (November 2016), 73–88, https:// doi.org/10.1016/j.jpubeco.2016.08.011.

69   David Brock, *The Republican Noise Machine* (New York: Crown, 2004).

70   David Yanagizawa-Drott, "Propaganda and Conflict: Evidence from the Rwandan Genocide," *Quarterly Journal of Economics* 129, no. 4 (2014), https://doi.org/10.1093/qje/qju020.

71   Matthew Gentzkow and Jesse Shapiro, "Ideological Segregation Online and Offline," *Quarterly Journal of Economics* 126, no. 4 (2011), http://doi.org/10.1093/qje/qjr044.

72   Levi Boxell, Matthew Gentzkow, and Jesse Shapiro, "Greater Internet Use Is Not Associated with Faster Growth in Political Polarization among US Demographic Groups," Proceedings of the National Academy of

Sciences of the United States of America, 2017, https://doi.org/10.1073/pnas.1706588114.

73 Gregory J. Martin and Ali Yurukoglu, "Bias in Cable News: Persuasion and Polarization," *American Economic Review* 107, no. 9 (2017), http://doi.org/10.1257/aer.20160812.

74 같은 책.

75 Matthew Gentzkow, Jesse M. Shapiro, and Matt Taddy, "Measuring Polarization in High-Dimensional Data: Method and Application to Congressional Speech." (작업 페이퍼). 2016.

76 Julia Cagé, Nicolas Hervé, and Marie-Luce Viaud, "The Production of Information in an Online World: Is Copy Right?" Net Institute. (작업 페이퍼). 2017. http://dx.doi.org/10.2139/ssrn.2672050.

77 "2015 Census," American Society of News Editors, https://www.asne.org/diversity-survey-2015.

78 "Sociocultural Dimensions of Immigrant Integration." 다음에 수록됨. *The Integration of Immigrants into American Society*, eds. Mary C. Waters and Marissa Gerstein Pineau (Washington, DC: National Academies of Sciences Engineering Medicine, 2015).

79 Hunt Allcott and Matthew Gentzkow, "Social Media and Fake News in the 2016 Election," *Journal of Economic Perspectives* 31, no. 2 (2017), http://doi.org/10.1257/jep.31.2.211.

80 Donghee Jo, "Better the Devil You Know: An Online Field Experiment on News Consumption," Northeastern University. (작업 페이퍼). 2019년 6월 20일에 접속함. https://www.dongheejo.com/.

81 Gordon Allport, *The Nature of Prejudice* (Cambridge, MA: Addison-Wesley, 1954).

82 Elizabeth Levy Paluck, Seth Green, and Donald P. Green, "The Contact Hypothesis Re-evaluated," *Behavioral Public Policy* (2017): 1 – 30.

83 Johanne Boisjoly, Greg J. Duncan, Michael Kremer, Dan M. Levy, and Jacque Eccles, "Empathy or Antipathy? The Impact of Diversity," *American Economic Review* 96, no. 5 (2006): 1890 – 1905.

84 Gautam Rao, "Familiarity Does Not Breed Contempt: Generosity, Discrimination, and Diversity in Delhi Schools," *American Economic Review*

109, no. 3 (2019): 774-809.

85 Matthew Lowe, "Types of Contact: A Field Experiment on Collaborative and Adversarial Caste Integration," OSF. 2019년 3월 29일에 업데이트됨. osf.io/ u2d9x.

86 Thomas C. Schelling, "Dynamic Models of Segregation," *Journal of Mathematical Sociology* 1 (1971): 143-186.

87 David Card, Alexandre Mas, and Jesse Rothstein, "Tipping and the Dynamics of Segregation," *Quarterly Journal of Economics* 123, no. 1 (2008): 177-218.

88 프랑스 공공주택 시스템은 추첨제가 아니지만 원칙적으로 사람들을 지역 전체에 골고루 퍼트리도록 되어 있다. 데파르트망(카운티에 해당)의 위원회가 모여서 신청한 가족들에게 전체 데파르트망을 아울러 빈 주택을 분배한다. 가족 규모 등 우선순위 기준이 있지만 여기에서 인종은 고려되지 않는다. 하지만 좋은 동네에 있는 보조금이 지급되는 공공주택은 가치가 매우 높아서 부정행위의 유인이 강하게 발생한다. 1990년대 중반에 파리에서 공공주택 분배는 당시 파리 시장이었고 나중에 프랑스 대통령이 되는 자크 시라크Jacques Chirac Jacque의 정실주의에서 핵심적인 메커니즘이었던 것으로 드러났다. Yann Algan, Camille Hémet, and David D. Laitin, "The Social Effects of Ethnic Diversity at the Local Level: A Natural Experiment with Exogenous Residential Allocation," *Journal of Political Economy* 124, no. 3 (2016): 696-733.

89 Joshua D. Angrist and Kevin Lang, "Does School Integration Generate Peer Effects? Evidence from Boston's Metco Program," *American Economic Review* 94, no. 5 (2004): 1613-1634.

90 Abhijit Banerjee, Donald Green, Jennifer Green, and Rohini Pande, "Can Voters Be Primed to Choose Better Legislators? Experimental Evidence from Rural India," Poverty Action Lab (작업 페이퍼). 2010. 2019년 6월 19일에 접속함. https://www.povertyactionlab.org/sites/default/files/publications/105_419_ Can%20Voters%20be%20Primed_Abhijit_Oct2009.pdf.

5장 성장의 종말?

1 Robert Gordon, 『미국의 성장은 끝났는가The Rise and Fall of American Growth』 (Princeton, NJ: Princeton University Press, 2016; 생각의힘, 2017).

2 C. I. Jones, "The Facts of Economic Growth," 다음에 수록됨. *Handbook of*

Macroeconomics, vol. 2, eds. John B. Taylor and Harald Uhlig (Amsterdam: North Holland, 2016), 3 – 69.

3   Angus Maddison, "Historical Statistics of the World Economy: 1-2008 AD," Groningen Growth and Development Centre: Maddison Project Database (2010).

4   Angus Maddison, "Measuring and Interpreting World Economic Performance 1500 – 2001," Review of Income and Wealth 51, no. 1 (2005): 1 – 35, https://doi.org/10.1111/j.1475-4991.2005.00143.x.

5   Robert Gordon, The Rise and Fall of American Growth (Princeton, NJ: Princeton University Press, 2016), 258.

6   J. Bradford DeLong, Claudia Goldin, and Lawrence F. Katz, "Sustaining U.S. Economic Growth." 다음에 수록됨. Henry J. Aaron, James M. Lindsay, Pietro S. Nivola, Agenda for the Nation (Washington, DC: Brookings Institution, 2003), 17 – 60.

7   Robert Gordon, The Rise and Fall of American Growth (Princeton, NJ: Princeton University Press, 2016), 575, figure 17.2. 미국의 연간 총요소생산성 성장률은 1880~1920년에는 0.46퍼센트, 1920~1970년에는 1.89퍼센트였다.

8   Nicholas Crafts, "Fifty Years of Economic Growth in Western Europe: No Longer Catching Up but Falling Behind?" World Economics 5, no. 2 (2004): 131 – 145.

9   Robert Gordon, The Rise and Fall of American Growth (Princeton, NJ: Princeton University Press, 2016).

10 미국의 연간 총요소생산성 성장률은 1920~1970년에는 1.89퍼센트, 1970 ~1995년에는 0.57퍼센트였다. Robert Gordon, The Rise and Fall of American Growth (Princeton, NJ: Princeton University Press, 2016), 575, figure 17.2.

11 Robert Gordon, The Rise and Fall of American Growth (Princeton, NJ: Princeton University Press, 2016), 575, figure 17.2. 2004~2014년의 연간 총요소생산성 성장률은 0.40퍼센트로, 1973~1994년의 0.70퍼센트보다도 낮았다. 1890~1920년에는 0.46퍼센트였다.

12 "Total Factor Productivity," Federal Reserve Bank of San Francisco. 2019년 6월 19일에 접속함. https://www.frbsf.org/economic-research/indicators-data/total-factor-productivity-tfp/.

13 Robert Gordon and Joel Mokyr, "Boom vs. Doom: Debating the Future of the US Economy"(토론), Chicago Council of Global Affairs, October 31, 2016.

14 Robert Gordon, *The Rise and Fall of American Growth* (Princeton, NJ: Princeton University Press, 2016), 594 – 603.

15 Robert Gordon and Joel Mokyr, "Boom vs. Doom: Debating the Future of the US Economy"(토론), Chicago Council of Global Affairs, October 31, 2016.

16 Alvin H. Hansen, "Economic Progress and Declining Population Growth," *American Economic Review* 29, no. 1 (1939): 1 – 15.

17 Angus Maddison, *Growth and Interaction in the World Economy: The Roots of Modernity* (Washington, DC: AEI Press, 2005).

18 Thomas Piketty, *Capital in the Twenty-First Century* (Cambridge, MA: Harvard University Press, 2013), 73, table 2.1. 피케티는 장기 성장 계산에 앵거스 매디슨 Angus Maddison의 데이터를 사용했다. 이 자료는 매디슨 프로젝트 데이터베이스에서 볼 수 있다. https://www.rug.nl/ggdc/historicaldevelopment/maddison/releases/maddison-project-database-2018.

19 후생경제학 논문에서 'welfare'는 국가 복지 제도를 의미하는 '복지'가 아니라 '후생'의 개념으로 주로 사용된다.

20 Chad Syverson, "Challenges to Mismeasurement Explanations for the US Productivity Slowdown," *Journal of Economic Perspectives* 31, no. 2 (2017): 165 – 186, https://doi.org/10.1257/jep.31.2.165.

21 같은 책.

22 Hunt Allcott, Luca Braghieri, Sarah Eichmeyer, and Matthew Gentzkow, "The Welfare Effects of Social Media," NBER Working Paper 25514 (2019).

23 Robert M. Solow, "A Contribution to the Theory of Economic Growth," *Quarterly Journal of Economics* 70, no. 1 (1956): 65 – 94, https://doi.org/10.2307/1884513.

24 "Estimating the U.S. Labor Share," Bureau of Labor Statistics, 2017. 2019년 4월 15일에 접속함. https://www.bls.gov/opub/mlr/2017/article/estimating-the-us-labor-share.htm.

25 버클리의 경제학자 브래드 드롱Brad DeLong이 이 점을 짚어 낸 것으로 유명하다. 다음을 참고하라. J. Bradford De Long, "Productivity Growth, Convergence, and Welfare: Comment," *American Economic Review* 78, no.

5 (1988): 1138 – 1154. 최근에 그는 세계은행 자료를 이용해 그래프를 업데이트했다. 다음을 참고하라. www.bradford-delong.com/2015/08/in-which-i-once-again-bet-on-a-substantial-growth-slowdown-in-china.html.

26 Archimedes: "Give me a lever and a place to stand and I will move the earth." *The Library of History of Diodorus Siculus*, Fragments of Book XXVI. 다음에 수록된 F. R. 월튼F. R. Walton의 번역. *Loeb Classical Library*, vol. 11 (Cambridge: Harvard University Press 1957).

27 Robert E. Lucas Jr., "On the Mechanics of Economic Development," *Journal of Monetary Economics* 22, no. 1 (1988): 3 – 42.

28 Robert E. Lucas Jr., "Why Doesn't Capital Flow from Rich to Poor Countries?" *American Economic Review* 80, no. 2 (1990): 92 – 96.

29 Francesco Caselli, "Accounting for Cross-Country Income Differences." 다음에 수록됨. *Handbook of Economic Growth*, vol. 1, part A, eds. Philippe Aghion and Steven N. Durlauf (Amsterdam: North Holland, 2005), 679 – 741.

30 Anne Robert Jacques Turgot, "Sur le Memoire de M. de Saint- Péravy." 다음에 수록됨. *Oeuvres de Turgot et documents le concernant, avec biographie et notes, ed. G. Schelle* (Paris: F. Alcan, 1913).

31 Karl Marx, Das Kapital (Hamburg: Verlag von Otto Meisner, 1867). 자본주의 체제로서는 다행스럽게도, 마르크스의 논리에는 실수가 있었다. 솔로우가 지적했듯이, 자본에 대한 수익률이 낮아지면 자본 축적의 속도도 떨어진다. 따라서 자본가들이 저축을 하는 것이 덜 유리해지는 시점에 저축을 더 하기 시작하지 않는 한, 축적의 속도는 점차로 느려지고 이윤율도 저하 추세를 멈추게 된다.

32 Julia Carrie, "Amazon Posts Record 2.5bn Profit Fueled by Ad and Cloud Business," Guardian, July 26, 2018. 아마존이 올리는 수익의 일부는 클라우드의 스토리지 공간을 판매하는 데서 나온다. 그런데 클라우드의 스토리지 공간 자체는 아마존이 가진 막대한 클라우드 용량의 부산물이다. 그리고 아마존은 시장 지배적 지위를 유지하려면 막대한 클라우드 용량이 필요하다는 것을 알고 있었다. 따라서 아마존의 클라우드 비즈니스는 아마존의 거대한 규모에서 핵심을 이룬다.

33 Paul M. Romer, "Increasing Returns and Long-Run Growth," *Journal of Political Economy* 94, no. 5 (1986): 1002 – 37, https://doi.org/10.1086/261420.

34 Danielle Paquette, "Scott Walker Just Approved $3 billion Deal for a New

Foxconn Factory in Wisconsin," *Washington Post*, September 18, 2017; Natalie Kitroeff, "Foxconn Affirms Wisconsin Factory Plan, Citing Trump Chat," *New York Times, February* 1, 2019.

35 Enrico Moretti, "Are Cities the New Growth Escalator?" 다음에 수록됨. *The Urban Imperative: Towards Competitive Cities*, ed. Abha Joshi-Ghani and Edward Glaeser (New Delhi: Oxford University Press, 2015), 116 – 148.

36 Laura Stevens and Shayndi Raice, "How Amazon Picked HQ2 and Jilted 236 Cities," Wall Street Journal, November 14, 2018.

37 Amazon HQ2 RFP," September 2017, https://images-na.ssl-images -amazon.com/images/G/01/Anything/test/images/usa/RFP_3._ V516043504_.pdf. 2019년 6월 14일에 접속함.

38 Adam B. Jaffe, Manuel Trajtenberg, and Rebecca Henderson, "Geographic Localization of Knowledge Spillovers as Evidenced by Patent Citations," *Quarterly Journal of Economics* 108, no. 3 (1993): 577 – 598, https://doi. org/10.2307/2118401.

39 Enrico Moretti. *The New Geography of Jobs*. (Boston: Mariner Books, 2012).

40 Michael Greenstone, Richard Hornbeck, and Enrico Moretti, "Identifying Agglomeration Spillovers: Evidence from Winners and Losers of Large Plant Openings," *Journal of Political Economy* 118, no. 3 (June 2010): 536 – 598, https://doi.org/10.1086/653714.

41 물론 뉴욕에서 제기되었던 질문은 이득이 얼마나 있을 것이냐가 아니었다(이 득이 상당히 있으리라는 데는 모두 동의하고 있었다). 그보다는, 왜 그 이득 중 그렇게 나 많은 부분을 아마존이 가져가도록 허용하느냐가 쟁점이었다. 다른 도시들 을 보면, 알렉산드리아는 뉴욕보다 훨씬 적은 액수를 제안했고, 보스턴은 거 의 아무 금액도 제안하지 않았다(하지만 그래서 보스턴은 이기지 못했다).

42 Jane Jacobs, "Why TVA Failed," *New York Review of Books*, May 10, 1984.

43 Patrick Kline and Enrico Moretti, "Local Economic Development, Agglomeration Economies, and the Big Push: 100 Years of Evidence from the Tennessee Valley Authority," *Quarterly Journal of Economics* 129, no. 1 (2014): 275 – 331, https://doi.org/10.1093/qje/qjt034.

44 지난 10년에 걸쳐 10퍼센트 성장을 했다면 이는 다음 10년의 성장을 10퍼센 트의 20퍼센트인 2퍼센트만큼 올리게 될 것이다. 그다음 10년간의 추가적인

성장은 2퍼센트의 20퍼센트인 0.4퍼센트가 될 것이다. 이런 식으로, 추가적인 성장은 첫 사이클부터도 작으며 매우 빠르게 더 작아진다.

45 Patrick Kline and Enrico Moretti, "Local Economic Development, Agglomeration Economies and the Big Push: 100 Years of Evidence from the Tennessee Valley Authority," *Quarterly Journal of Economics* 129, no. 1 (2014): 275 – 331, https://doi.org/10.1093/qje/qjt034.

46 Enrico Moretti, "Are Cities the New Growth Escalator?" 다음에 수록됨. *The Urban Imperative: Towards Competitive Cities, ed. Edward Glaeser and Abha Joshi-Ghani* (New Delhi: Oxford University Press, 2015), 116 – 148.

47 Peter Ellis and Mark Roberts, *Leveraging Urbanization in South Asia: Managing Spatial Transformation for Prosperity and Livability, South Asia Development Matters* (Washington, DC: World Bank, 2016), https://doi .org/10.1596/978-1-4648-0662-9. License: Creative Commons Attribution CC BY 3.0 IGO.

48 Paul M. Romer, "Endogenous Technological Change," *Journal of Political Economy* 98, no. 5, part 2 (1990): S71 – S102, https://doi.org/10.1086/261725.

49 Philippe Aghion and Peter Howitt, "A Model of Growth Through Creative Destruction," *Econometrica* 60, no. 2 (1992): 323 – 351.

50 위키피디아에서 슘페터를 검색하면 다음과 같은 설명이 나온다. "슘페터는 인생의 목표 세 가지를 정했다. 세상에서 가장 위대한 경제학자가 되는 것. 오스트리아 통틀어 가장 뛰어난 승마 기수가 되는 것. 빈에서 가장 뛰어난 사랑꾼이 되는 것. 그는 그중 두 개는 달성했다고 말했는데 그 두 개가 무엇인지는 말하지 않았다. 오스트리아에는 좋은 승마 기수가 너무 많아서 꿈을 이루기가 너무 힘들다고 이야기했다는 기록은 있다." https://en.wikipedia.org/wiki/Joseph_Schumpeter.

51 Philippe Aghion and Peter Howitt, "A Model of Growth Through Creative Destruction," *Econometrica* 60, no. 2 (1992): 323 – 351.

52 'Real GDP Growth," US Budget and Economy, http://usbudget.blogspot.fr/2009/02/real-gdp-growth.html.

53 David Leonardt, "Do Tax Cuts Lead to Economic Growth?" *New York Times*, September 15, 2012, https://nyti.ms/2mBjewo.

54 Thomas Piketty, Emmanuel Saez, and Stefanie Stantcheva, "Optimal Taxation

of Top Labor Incomes: A Tale of Three Elasticities," *American Economic Journal: Economic Policy* 6, no. 1 (2014): 230 – 271, https://doi.org/10 .1257/pol.6.1.230.

55 William Gale, "The Kansas Tax Cut Experiment," Brookings Institution, 2017, https://www.brookings.edu/blog/unpacked/2017/07/11/the-kansas-tax-cut-experiment/.

56 Owen Zidar, "Tax Cuts for Whom? Heterogeneous Effects of Income Tax Changes on Growth and Employment," *Journal of Political Economy* 127, no. 3 (2019): 1437 – 1472, https://doi.org/10.1086/701424.

57 Emmanuel Saez, Joel Slemrod, and Seth H. Giertz, "The Elasticity of Taxable Income with Respect to Marginal Tax Rates: A Critical Review," *Journal of Economic Literature* 50, no. 1 (2012): 3 – 50, https://doi.org/10.1257/jel.50.1.3.

58 "Tax Reform," IGM Forum, 2017, http://www.igmchicago.org/ surveys/tax-reform-2.

59 "Analysis of Growth and Revenue Estimates Based on the US Senate Committee on Finance Tax Reform Plan," Department of the Treasury, 2017, https://www.treasury.gov/press-center/press-releases/Documents/TreasuryGrowthMemo12-11-17.pdf.

60 서명한 사람은 다음과 같다. 로버트 배로Robert J. Barro, 마이클 보스킨Michael J. Boskin, 존 코건John Cogan, 더글러스 홀츠-이킨Douglas Holtz-Eakin, 글렌 허바드 Glenn Hubbard, 로렌스 린지Lawrence B. Lindsey, 하비 로젠Harvey S. Rosen, 조지 슐츠 George P. Shultz, 존 테일러John B. Taylor. 다음을 참고하라. "How Tax Reform Will Lift the Economy," *Wall Street Journal*: Opinion, 2017, https://www.wsj.com/articles/how-tax-reform-will-lift-the-economy-1511729894?mg=prod/accounts-wsj.

61 Jason Furman and Lawrence Summers, "Dear colleagues: You Responded, but We Have More Questions About Your Tax-Cut Analysis," *Washington Post*, 2017, https://www.washingtonpost.com/news/wonk/wp/2017/11/30/dear-colleagues-you-responded-but-we-have-more-questions-about -your-tax-cut-analysis/?utm_term=.bbd78b5f1ef9.

62 "Economic Report of the President together with the Annual Report of the

Council of Economic Advisers," 2016, https://obamawhitehouse.archives. gov/sites/default/files/docs/ERP_2016_Book_Complete%20JA.pdf.

63 Thomas Philippon *The Great Reversal: How America Gave up on Free Markets* (Cambridge: Harvard University Press, 2019).

64 David Autor, David Dorn, Lawrence F. Katz, Christina Patterson, and John Van Reenen, "The Fall of the Labor Share and the Rise of Superstar Firms," NBER Working Paper 23396, 2017.

65 기업 집중화가 소비자에게 해를 끼친다는 주장에 대해서는 다음을 참고 하라. *Thomas Philippon, The Great Reversal: How America Gave Up on Free Markets* (Cambridge: Harvard University Press, 2019); Jan De Loecker, Jan Eeckhout, and Gabriel Unger, "The Rise of Market Power and the Macroeconomic Implications"(작업페이퍼), 2018.

66 Esteban Rossi-Hansberg, Pierre-Daniel Sarte, and Nicholas Trachter, "Diverging Trends in National and Local Concentration," NBER Working Paper 25066, 2018.

67 Alberto Cavallo, "More Amazon Effects: Online Competition and Pricing Behaviors," NBER Working Paper 25138, 2018.

68 Germán Gutiérrez and Thomas Philippon, "Ownership, Concentration, and Investment," AEA Papers and Proceedings 108 (2018): 432 – 437, https://doi. org/10.1257/pandp.20181010; Thomas Philippon, *The Great Reversal: How America Gave Up on Free Markets* (Cambridge: Harvard University Press, 2019).

69 Facundo Alvaredo, Lucas Chancel, Thomas Piketty, Emmanuel Saez, and Gabriel Zucman, "World Inequality Report 2018: Executive Summary," World Inequality Lab, 2018.

70 Mats Elzén and Per Ferström, "The Ignorance Survey: United States," Gapminder, 2013, https://static.gapminder.org/GapminderMedia/wp-uploads/Results-from-the-Ignorance-Survey-in-the-US..pdf.

71 "Poverty," World Bank, 2019. 2019년 4월 14일에 접속함. https://www. worldbank.org/en/topic/poverty/overview#1.

72 "The Millennium Development Goals Report 2015: Fact Sheet," United Nations, 2015.

73 "Child Health," USAID.com, February 17, 2018. 2019년 4월 14일에 접속함.

https://www.usaid.gov/what-we-do/global-health/maternal-and-child-health/technical-areas/child-health.

74 "The Millennium Development Goals Report 2015: Fact Sheet," United Nations, 2015.

75 "Literacy Rate, Adult Total (% of People Ages 15 and Above)," World Bank Open Data, https://data.worldbank.org/indicator/se.adt.litr.zs.

76 "Number of Deaths Due to HIV/AIDS," World Health Organization. 2019년 4월 14일에 접속함. https://www.who.int/gho/hiv/epidemic_status/deaths_text/en/.

77 Paul Romer "Economic Growth." 다음에 수록됨. Library of Economics and Liberty: Economic Systems. 2019년 6월 13일에 접속함. https://www.econlib.org/library/Enc/EconomicGrowth.html.

78 William Easterly, *The Elusive Quest for Growth* (Cambridge, MA: MIT Press 2001).

79 Ross Levine and David Renelt, "A Sensitivity Analysis of Cross-Country Growth Regressions," *American Economic Review* 82, no. 4 (September 1992): 942–963.

80 Daron Acemoglu, Simon Johnson, and James A. Robinson, "The Colonial Origins of Comparative Development: An Empirical Investigation," *American Economic Review* 91, no. 5 (2001): 1369–1401, https://doi.org/10.1257/aer.91.5.1369; Daron Acemoglu, Simon Johnson, James A. Robinson, "Reversal of Fortune: Geography and Institutions in the Making of the Modern World Income Distribution," *Quarterly Journal of Economics* 117, no. 4 (November 2002): 1231–1294, https://doi.org/10.1162/003355302320935025/.

81 Dani Rodrik, Arvind Subramanian, and Francesco Trebbi, "Institutions Rule: The Primacy of Institutions over Geography and Integration in Economic Development," *Journal of Economic Growth* 9, no. 2 (2004): 131–165, https://doi.org/10.1023/B:JOEG.0000031425.72248.85.

82 "Global 500 2014," *Fortune*, 2014. 2019년 6월 13일에 접속함. http://fortune.com/global500/2014/.

83 William Easterly, "Trust the Development Experts—All 7 Billion," Brookings Institution, 2008, https://www.brookings.edu/opinions/trust-the-development-experts-all-7-billion/.

84   "The Impact of the Internet in Africa: Establishing Conditions for Success and Catalyzing Inclusive Growth in Ghana, Kenya, Nigeria and Senegal," Dalberg, 2013.

85   World Development Report 2016: Digital Dividends," World Bank, 2016, http://www.worldbank.org/en/publication/wdr2016.

86   Kenneth Lee, Edward Miguel, and Catherine Wolfram, "Experimental Evidence on the Economics of Rural Electrification"(작업 페이퍼), 2018.

87   Julian Cristia, Pablo Ibarrarán, Santiago Cueta, Ana Santiago, and Eugenio Severín, "Technology and Child Development: Evidence from the One Laptop per Child Program," *American Economic Journal: Applied Economics* 9, no. 3 (2017): 295 – 320, https://doi.org/10.1257/app.20150385.

88   Rema Hanna, Esther Duflo, and Michael Greenstone, "Up in Smoke: The Influence of Household Behavior on the Long-Run Impact of Improved Cooking Stoves," *American Economic Journal: Economic Policy* 8, no. 1 (2016): 80 – 114, https://doi.org/10.1257/pol.20140008.

89   James Berry, Greg Fischer, and Raymond P. Guiteras, "Eliciting and Utilizing Willingness-to-Pay: Evidence from Field Trials in Northern Ghana," CEnREP Working Paper 18-016, May 2018.

90   Rachel Peletz, Alicea Cock-Esteb, Dorothea Ysenburg, Salim Haji, Ranjiv Khush, and Pascaline Dupas, "Supply and Demand for Improved Sanitation: Results from Randomized Pricing Experiments in Rural Tanzania," *Environmental Science and Technology* 51, no. 12 (2017): 7138 – 7147, https://doi.org/10.1021/acs.est.6b03846.

91   "India: The Growth Imperative," report, McKinsey Global Institute, 2001.

92   Robert Jensen, "The Digital Provide: Information (Technology), Market Performance, and Welfare in the South Indian Fisheries Sector," *Quarterly Journal of Economics* 122, no. 3 (August 2007): 879 – 924. https://doi.org/10.1162/qjec.122.3.879.

93   Robert Jensen and Nolan H. Miller, "Market Integration, Demand, and the Growth of Firms: Evidence from a Natural Experiment in India," *American Economic Review* 108 no. 12 (2018): 3583 – 3625, https://doi.org/10.1257/aer.20161965.

94 예를 들어, 티루푸르에 소재한 한 기업의 다음 투자 설명서를 참고하라. "Prospectus," Vijayeswari Textiles Limited, February 25, 2007, http://www. idbicapital.com/pdf/IDBICapital-VijayeswariTextilesLtdRedHerringProspect us.pdf. 2019년 6월 13일에 접속함.

95 Abhijit Banerjee and Kaivan Munshi, "How Efficiently Is Capital Allocated? Evidence from the Knitted Garment Industry in Tirupur," *Review of Economic Studies* 71, no. 1 (2004): 19 – 42, https://doi.org/10.1111/0034-6527.00274.

96 Nicholas Bloom and John Van Reenen, "Measuring and Explaining Management Practices Across Firms and Countries," *Quarterly Journal of Economics* 122, no. 4 (2007): 1351 – 1408.

97 Chris Udry, "Gender, Agricultural Production, and the Theory of the Household," *Journal of Political Economy* 104, no. 5 (1996): 1010 – 1046.

98 Francisco Pérez-González, "Inherited Control and Firm Performance," *American Economic Review* 96, no. 5 (2006): 1559 – 1588.

99 Chang-Tai Hsieh and Peter J. Klenow, "Misallocation and Manufacturing TFP in China and India," *Quarterly Journal of Economics* 124, no. 4 (2009): 1403 – 1448, https://doi.org/10.1162/qjec.2009.124.4.1403.

100 Chang-Tai Hsieh and Peter Klenow, "The Life Cycle of Plants in India and Mexico," *Quarterly Journal of Economics* 129, no. 3 (2014): 1035 – 1084, https://doi.org/10.1093/qje/qju014.

101 Chang-Tai Hsieh and Peter Klenow, "Misallocation and Manufacturing TFP in China and India," *Quarterly Journal of Economics* 124, no. 4 (2009): 1403 – 1448, https://doi.org/10.1162/qjec.2009.124.4.1403.

102 Qi Liang, Pisun Xu, Pornsit Jiraporn, "Board Characteristics and Chinese Bank Performance," *Journal of Banking and Finance* 37, no. 8 (2013): 2953 – 2968, https://doi.org/10.1016/j.jbankfin.2013.04.018.

103 "Interest Rates," Trading Economics. 2019년 4월 15일에 접속함. https:// tradingeconomics.com/country-list/interest-rate.

104 "Bank Lending Rates," Trading Economics. 2019년 4월 15일에 접속함. https://tradingeconomics.com/country-list/bank-lending-rate.

105 Gilles Duranton, Ejaz Ghani, Arti Grover Goswami, and William Kerr, "The Misallocation of Land and Other Factors of Production in India," World

Bank Group Policy Research Working Paper 7547, (2016), https://doi. org/10.1596/1813-9450-7221.

106 Nicholas Bloom, Benn Eifert, Aprajit Mahajan, David McKenzie, and John Roberts, "Does Management Matter? Evidence from India," *Quarterly Journal of Economics* 128, no. 1 (2013), https://doi.org/10.1093/qje/qjs044.

107 Jaideep Prabhu, Navi Radjou, and Simone Ahuja, *Jugaad Innovation: Think Frugal, Be Flexible, Generate Breakthrough Growth* (San Francisco: Jossey-Bass, 2012).

108 Emily Breza, Supreet Kaur, and Nandita Krishnaswamy, "Scabs: The Social Suppression of Labor Supply," NBER Working Paper 25880 (2019), https://doi.org/10.3386/w25880.

109 다음의 자료를 토대로 우리가 계산함. National Sample Survey, 66h round, 2009 – 2010. 2019년에 접속함. http://www.icssrdataservice.in/datarepository/index.php/catalog/89/overview.

110 Abhijit Banerjee and Gaurav Chiplunkar, "How Important Are Matching Frictions in the Labor Market? Experimental and Non-Experimental Evidence from a Large Indian Firm"(작업 페이퍼), 2018. 2019년 6월 19일에 접속함. https://gauravchiplunkar.com/wp-content/uploads/2018/08/matchingfrictions_banerjeechiplunkar_aug18.pdf.

111 Esther Duflo, Pascaline Dupas, and Michael Kremer, "The Impact of Free Secondary Education: Experimental Evidence from Ghana," MIMEO, Massachusetts Institute of Technology. 2019년 4월 18일에 접속함. https://economics.mit.edu/files/16094.

112 "Unemployment, Youth Total (% of total labor force ages 15 – 24) (national estimate)," World Bank Open Data. 2019년 4월 15일에 접속함. https://data.worldbank.org/indicator/SL.UEM.1524.NE.ZS.

113 Abhijit Banerjee and Gaurav Chiplunkar, "How Important Are Matching Frictions in the Labor Market? Experimental and Non-Experimental Evidence from a Large Indian Firm"(작업 페이퍼), 2018.

114 "Labour Market Employment, Employment in Public Sector, Employment in Private Sector Different Categories-wise," Data.gov.in. 2019년 4월 15일에 접속함. https://data.gov.in/resources/labour-market-employment-

employment-public-sector-employment-private-sector-different.

115 Sonalde Desai and Veena Kulkarni, "Changing Educational Inequalities in India in the Context of Affirmative Action," *Demography* 45, no. 2 (2008): 245 – 270.

116 Abhijit Banerjee and Sandra Sequeira, "Spatial Mismatches and Beliefs about the Job Search: Evidence from South Africa," MIMEO, MIT, 2019.

117 Neha Dasgupta, "More Than 25 Million People Apply for Indian Railway Vacancies," Reuters, March 29, 2018. 2019년 6월 19일제 접속함. https://www.reuters.com/article/us-india-unemployment-railways/more-than-25-million-people-apply-for-indian-railway-vacancies-idUSKBN1H524C.

118 Frederico Finan, Benjamin A. Olken, and Rohini Pande, "The Personnel Economics of the States." 다음에 수록됨. *Handbook of Field Experiments*, vol. 2, eds. Abhijit Banerjee and Esther Duflo (Amsterdam: North Holland, 2017).

119 Ezra Vogel, *Japan as Number One* (Cambridge, MA: Harvard University Press, 1979), 153 – 154, 204 – 205, 159, 166.

120 Ernest Liu, "Industrial Policies in Production Networks." (작업 페이퍼), 2019.

121 Albert Bollard, Peter J. Klenow, and Gunjan Sharma, "India's Mysterious Manufacturing Miracle," *Review of Economic Dynamics* 16, no. 1 (2013): 59 – 85

122 Pierre-Richard Agénor and Otaviano Canuto, "Middle-Income Growth Traps," *Research in Economics* 69, no. 4 (2015): 641 – 660, https://doi.org/10.1016/j.rie.2015.04.003.

123 "Guidance Note for Surveillance under Article IV Consultation," International Monetary Fund, 2015.

124 스리랑카는 2017년에 5세 미만 영유아 사망률이 출생아 1000명당 8.8명으로 상당히 낮은 수준이었다. 이것은 과테말라(27.6명)보다 훨씬 낮고 미국(6.6명)과 비슷한 정도다. "Mortality Rate, under-5 (per 1,000 Live Births)," World Bank Data. 2019년 4월 15일에 접속함. https://data.worldbank.org/indicator/SH.DYN.MORT?end=2017&locations=GT-LK-US&start=2009. "Maternal Mortality Rate (National Estimate per 100,000 Live Births)," World Bank Data. 2019년 4월 15일에 접속함. https://data.worldbank.org/indicator/SH.STA.MMRT.NE?end=2017&locations=GT-LK-US&start =2009. "Mortality Rate, Infant (per

1,000 Live Births)," World Bank Data. 2019년 4월 15일에 접속함. https://data. worldbank.org/indicator/SP.DYN.IMRT.IN?end=2017&locations=GT-LK-US&start=2009.

125   "Mortality Rate, under-5 (per 1,000 Live Births)," World Bank Data. 2019 년 4월 16일에 접속함. https://data.worldbank.org/indicator/SH.DYN. MORT?end=2017&locations=GT-LK-US&start=2009.

126   Taz Hussein, Matt Plummer, and Bill Breen (for the Stanford Social Innovation Review), "How Field Catalysts Galvanise Social Change," SocialInnovationExchange.org., 2018, https://socialinnovationexchange.org/ insights/how-field-catalysts-galvanise-social-change.

127   Christian Lengeler, "Insecticide-Treated Bed Nets and Curtains for Preventing Malaria," *Cochrane Database of Systematic Reviews* 2, no. 2 (2004), https:// doi.org/10.1002/14651858.CD000363.pub2.

128   Abhijit Banerjee and Esther Duflo, *Poor Economics* (New York: PublicAffairs, 2011).

129   Jessica Cohen and Pascaline Dupas, "Free Distribution or Cost- Sharing? Evidence from a Randomized Malaria Prevention Experiment," *Quarterly Journal of Economics* 125, no. 1 (2010): 1 – 45.

130   "World Malaria Report 2017," World Health Organization, 2017.

131   S. Bhatt, D. J. Weiss, E. Cameron, D. Bisanzio, B. Mappin, U. Dalrymple, K. Battle, C. L. Moyes, A. Henry, P. A. Eckhoff, E. A. Wenger, O. Briët, M. A. Penny, T. A. Smith, A. Bennett, J. Yukich, T. P. Eisele, J. T. Griffin, C. A. Fergus, M. Lynch, F. Lindgren, J. M. Cohen, C. L. J. Murray, D. L. Smith, S. I. Hay, R. E. Cibulskis, and P. W. Gething, "The Effect on Malaria Control on Plasmodium falciparum in Africa between 2000 and 2015," *Nature* 526 (2015): 207 – 211, https://doi.org/10.1038/nature15535.

132   윌리엄 이스털리William Easterly의 트위터: "아프리카에서 말라리아 퇴치를 위해 침상용 모기장을 대량으로 배포하는 것의 효과에 대해서는 @JeffDSachs[제프 리 삭스]가 나보다 옳았던 듯." 2017년 8월 18일 오전 11:04.

6장 뜨거운 지구

1   "Global Warming of 1.5°C," IPCC Special Report, Intergovernmental Panel

on Climate Change, 2008. 2019년 6월 16일에 접속함. https://www.ipcc.ch/sr15/.

2 IPCC가 2018년 10월에 발간한 보고서에 따르면 "산업사회 이전 시기 대비 지구 기온의 상승 폭 중에서 인간의 활동이 섭씨 1도 정도(약 0.8~1.2도)의 상승에 책임이 있는 것으로 추산된다. 현재의 속도가 지속된다면 기후 온난화는 2030년에서 2052년 사이에 1.5도 상승에 도달할 것으로 보인다."

3 '이산화탄소 등가량'은 이산화탄소, 메탄 등 온실가스의 양을 각각이 일으키는 온난화 효과를 감안한 표준 단위로 표현하기 위해 이산화탄소의 온난화 효과를 기준으로 환산한 것이다. 메탄 100만 톤은 이산화탄소 등가량으로 2500만 톤에 해당한다.

4 Lucas Chancel and Thomas Piketty, "Carbon and Inequality: from Kyoto to Paris"(보고서), Paris School of Economics, 2015. 2019년 6월 16일에 접속함. http://piketty.pse.ens.fr/files/ChancelPiketty2015.pdf.

5 Robin Burgess, Olivier Deschenes, Dave Donaldson, and Michael Greenstone, "Weather, Climate Change and Death in India," LSE 작업 페이퍼, 2017. 2018년 6월 18일에 접속함. http://www.lse.ac.uk/economics/Assets/Documents/personal-pages/robin-burgess/weather-climate-change-and-death.pdf.

6 Orley C. Ashenfelter and Karl Storchmann, "Measuring the Economic Effect of Global Warming on Viticulture Using Auction, Retail, and Wholesale Prices," *Review of Industrial Organization* 37, no. 1 (2010): 51 – 64.

7 Joshua Graff Zivin and Matthew Neidell, "Temperature and the Allocation of Time: Implications for Climate Change," *Journal of Labor Economics* 32, no. 1 (2014): 1 – 26.

8 Joshua Goodman, Michael Hurwitz, Jisung Park, and Jonathan Smith, "Heat and Learning," NBER Working Paper 24639, 2018.

9 Achyuta Adhvaryu, Namrata Kala, and Anant Nyshadham, "The Light and the Heat: Productivity Co-benefits of Energy-saving Technology," NBER Working Paper 24314, 2018.

10 Melissa Dell, Benjamin F. Jones, and Benjamin A. Olken, "What Do We Learn from the Weather? The New Climate-Economy Literature," *Journal of Economic Literature* 52, no. 3 (2014): 740 – 798.

11 Robin Burgess, Olivier Deschenes, Dave Donaldson and Michael Greenstone, "Weather, Climate Change and Death in India," LSE 작업 페이퍼, 2017. 2019년 6월 16일에 접속함. http://www.lse.ac.uk/economics/Assets/Documents/personal-pages/robin-burgess/weather-climate-change-and-death.pdf.

12 Melissa Dell, Benjamin F. Jones, and Benjamin A. Olken, "What Do We Learn from the Weather? The New Climate-Economy Literature," *Journal of Economic Literature* 52, no. 3 (2014): 740-798.

13 Nihar Shah, Max Wei, Virginie Letschert, and Amol Phadke, "Benefits of Leapfrogging to Superefficiency and Low Global Warming Potential Refrigerants in Room Air Conditioning," U.S. Department of Energy: Ernest Orlando Lawrence Berkeley National Laboratory Technical Report, 2015. 2019년 6월 16일에 접속함. https://eta.lbl.gov/publications/benefits-leapfrogging-superefficiency.

14 Maximilian Auffhammer and Catherine Wolfram, "Powering Up China: Income Distributions and Residential Electricity Consumption," *American Economic Review: Papers & Proceedings* 104, no. 5 (2014): 575 – 580.

15 Nicholas Stern, *The Economics of Climate Change: The Stern Review* (Cambridge, UK: Cambridge University Press, 2006).

16 Daron Acemoglu, Philippe Aghion, Leonardo Bursztyn, and David Hemous, "The Environment and Directed Technical Change," *American Economic Review* 102, no. 1 (2012): 131 – 166.

17 Daron Acemoglu and Joshua Linn, "Market Size in Innovation: Theory and Evidence from the Pharmaceutical Industry," *Quarterly Journal of Economics* 119, no. 3 (2004): 1049 – 1090.

18 Hannah Choi Granade et al., "Unlocking Energy Efficiency in the U.S. Economy" (개요서), McKinsey & Company, 2009. 2019년 6월 16일에 접속함. https://www.mckinsey.com/~/media/mckinsey/dotcom/client_service/epng/pdfs/unlocking%20energy%20efficiency/us_energy_efficiency_exc_summary.ashx.

19 "Redrawing the Energy-Climate Map" (기술 보고서), International Energy Agency, 2013. 2019년 6월 16일에 접속함. https://www.iea.org/publications/freepublications/publication/WEO_Special_Report_2013_Redrawing_the_

Energy_Climate_Map.pdf.

20 Meredith Fowlie, Michael Greenstone, and Catherine Wolfram, "Do Energy Efficiency Investments Deliver? Evidence from the Weatherization Assistance Program," *Quarterly Journal of Economics* 133, no. 3 (2018): 1597–1644.

21 Nicholas Ryan, "Energy Productivity and Energy Demand: Experimental Evidence from Indian Manufacturing Plants," NBER Working Paper 24619, 2018.

22 Meredith Fowlie, Catherine Wolfram, C. Anna Spurlock, Annika Todd, Patrick Baylis, and Peter Cappers, "Default Effects and Follow-on Behavior: Evidence from an Electricity Pricing Program," NBER Working Paper 23553, 2017.

23 Hunt Allcott and Todd Rogers, "The Short-Run and Long-Run Effects of Behavioral Interventions: Experimental Evidence from Energy Conservation," *American Economic Review* 104, no. 10 (2014): 3003–3037.

24 David Atkin, "The Caloric Costs of Culture: Evidence from Indian Migrants," *American Economic Review* 106, no. 4 (2016): 1144–1481.

25 방글라데시에서 진행된 한 실험에서, 1~2주간 식사 전에 손을 씻도록 인센티브를 제공했는데 인센티브를 없앤 뒤에도 사람들은 손 씻는 습관을 계속 유지했다. 또 미래의 어느 날짜부터 손을 씻으면 인센티브가 제공될 것이라는 이야기를 들으면 그에 대비하기 위해 해당 날짜가 되기 전부터 손을 씻기 시작했다. Hussam, Reshmaan, Atonu Rabbani, Giovanni Regianni, and Natalia Rigol, "Habit Formation and Rational Addiction: A Field Experiment in Handwashing," Harvard Business School BGIE Unit Working Paper 18-030, 2017.

26 Avraham Ebenstein, Maoyong Fan, Michael Greenstone, Guojun He, and Maigeng Zhou, "New Evidence on the Impact of Sustained Exposure to Air Pollution on Life Expectancy from China's Huai River Policy," *PNAS* 114, no. 39 (2017): 10384–10389.

27 WHO Global Ambient Air Quality Database (2018년에 업데이트), https://www.who.int/airpollution/data/cities/en/.

28 Umair Irfan, "How Delhi Became the Most Polluted City on Earth," Vox, November 25, 2017.

29 "The Lancet Commission on Pollution and Health," Lancet 391 (2017): 462–

512.

30 "The Lancet: Pollution Linked to Nine Million Deaths Worldwide in 2015, Equivalent to One in Six Deaths," *Lancet* (보도자료), 2018.

31 Achyuta Adhvaryu, Namrata Kala, and Anant Nyshadham, "Management and Shocks to Worker Productivity: Evidence from Air Pollution Exposure in an Indian Garment Factory," IGC (작업 페이퍼), 2016. 2019년 6월 16일에 접속함. https://www.theigc.org/wp-content/uploads/2017/01/Adhvaryu-et-al-2016-Working-paper.pdf.

32 Tom Y. Chang, Joshua Graff Zivin, Tal Gross, and Matthew Neidell, "The Effect of Pollution on Worker Productivity: Evidence from Call Center Workers in China," *American Economic Journal: Applied Economics* 11, no. 1 (2019): 151 – 172.

33 자동차 홀짝제는 매연 입자를 줄이는 데는 효과가 있었지만, 지배 계층이 불만스러워한 데다 환경 전문가들이 "더 나은" 방안을 내놓으면서 오래 가지 못하고 중단되었다. Michael Greenstone, Santosh Harish, Rohini Pande, and Anant Sudarshan, "The Solvable Challenge of Air Pollution in India." 다음에 수록됨. *India Policy Forum*, conference volume, 2017 (New Delhi: Sage Publications, 2017).

34 Kevin Mortimer et al., "A Cleaner-Burning Biomass-Fuelled Cookstove Intervention to Prevent Pneumonia in Children under 5 Years Old in Rural Malawi (the Cooking and Pneumonia Study): A Cluster Randomised Controlled Trial," *Lancet* 389, no. 10065 (2016): 167 – 175.

35 Theresa Beltramo, David L. Levine, and Garrick Blalock, "The Effect of Marketing Messages, Liquidity Constraints, and Household Bargaining on Willingness to Pay for a Nontraditional Cook-stove," Center for Effective Global Action Working Paper Series No. 035, 2014; Theresa Beltramo, Garrick Blalock, David I. Levine, and Andres M. Simons, "Does Peer Use Influence Adoption of Efficient Cookstoves? Evidence from a Randomized Controlled Trial in Uganda," *Journal of Health Communication: International Perspectives* 20 (2015): 55 – 66; David I. Levine, Theresa Beltramo, Garrick Blalock, and Carolyn Cotterman, "What Impedes Efficient Adoption of Products? Evidence from Randomized Variation of Sales Offers for Improved

Cookstoves in Uganda," *Journal of the European Economic Association* 16, no. 6 (2018): 1850 – 1880; Ahmed Mushfiq Mobarak, Puneet Dwivedi, Robert Bailis, Lynn Hildemann, and Grant Miller, "Low Demand for Nontraditional Cookstove Technology," *Proceedings of the National Academy of Sciences* 109, no. 27 (2012): 10815 – 10820.

36 Rema Hanna, Esther Duflo, and Michael Greenstone, "Up in Smoke: The Influence of Household Behavior on the Long-Run Impact of Improved Cooking Stoves," *American Economic Journal: Economic Policy* 8, no. 1 (2016): 80 – 114.

37 Abhijit V. Banerjee, Selvan Kumar, Rohini Pande, and Felix Su, "Do Voters Make Informed Choices? Experimental Evidence from Urban India" (작업 페이퍼), 2010.

7장 자동 피아노

1 Kurt Vonnegut, *Player Piano* (New York: Charles Scribner's Sons, 1952).

2 Kurt Vonnegut, *God Bless You, Mr. Rosewater* (New York: Holt, Rinehart and Winston, 1965).

3 Erik Brynjolfsson and Andrew McAfee, *The Second Machine Age* (New York: W. W. Norton & Company, 2014).

4 David H. Autor, "Why Are There Still So Many Jobs? The History and Future of Workplace Automation," *Journal of Economic Perspectives* 29, no. 3 (2015): 3 – 30.

5 Ellen Fort, "Robots Are Making $6 Burgers in San Francisco," *Eater San Francisco*, June, 21, 2018.

6 Michael Chui, James Manyika, and Mehdi Miremadi, "How Many of Your Daily Tasks Could Be Automated?" Harvard Business Review, December 14, 2015 and "Four Fundamentals of Business Automation," *McKinsey Quarterly*, November 2016. 2019년 6월 19일에 접속함. https://www.mckinsey.com/business-functions/digital-mckinsey/our-insights/four-fundamentals-of-workplace-automation.

7 "Automation, Skills Use and Training," Organisation for Economic Co-operation and Development Library. 2019년 4월 19일에 접속함. https://

www.oecd-ilibrary.org/employment/automation-skills-use-and-training_2e2f4eea-en.

8   "Robots and Artificial Intelligence," Chicago Booth: The Initiative on Global Markets, IGM Forum, June 30, 2017.

9   Robert Gordon, *The Rise and Fall of American Growth* (Princeton, NJ: Princeton University Press, 2016).

10   Databases, Tables, and Calculators by Subject, Series LNS14000000, Bureau of Labor Statistics. 2019년 4월 11일에 접속함. https://data.bls.gov/timeseries/lns14000000.

11   Robert Gordon, *The Rise and Fall of American Growth* (Princeton, NJ: Princeton University Press, 2016); "Labor Force Participation Rate, Total (% total population ages 15+) (national estimate)," World Bank Open Data, https://data.worldbank.org/indicator/SL.TLF.CACT.NE.ZS?locations=US.

12   Daron Acemoglu and Pascual Restrepo, "Artificial Intelligence, Automation and Work," NBER Working Paper 24196, 2018.

13   N. F. R. Crafts and Terence C. Mills, "Trends in Real Wages in Britain 1750 – 1913," *Explorations in Economic History* 31, no. 2 (1994): 176 – 194.

14   Robert Fogel and Stanley Engerman, *Time on the Cross* (New York: W. W. Norton & Company, 1974).

15   Daron Acemoglu and Pascual Restrepo, "Robots and Jobs: Evidence from United States Labor Markets," NBER Working Paper 23285, 2017.

16   Daron Acemoglu and Pascual Restrepo, "The Race Between Machine and Man: Implications of Technology for Growth, Factor Shares and Employment," NBER Working Paper 22252, 2017.

17   David Autor, "Work of the Past, Work of the Future," Richard T. Ely Lecture, *American Economic Association: Papers and Proceedings*, 2019.

18   Daron Acemoglu and Pascual Restrepo, "Artificial Intelligence, Automation and Work," NBER Working Paper 24196, 2018.

19   같은 책.

20   같은 책.

21   Aaron Smith and Monica Anderson, "Americans' Attitudes towards a Future in Which Robots and Computers Can Do Many Human Jobs," Pew Research

Center, October 4, 2017. 2019년 4월 3일에 접속함. http://www.pewinternet. org/2017/10/04/americans-attitudes-toward-a-future-in-which-robots- and-computers-can-do-many-human-jobs/.

22 예를 들어, 장 티롤과 올리비에 블랑샤르는 해고를 할 수 있을지에 대한 불 확실성이 실업 문제를 더 악화시킨다고 주장했다(David Blanchard and Olivier Tirole, "The Optimal Design of Unemployment Insurance and Employment Protection. A First Pass," NBER Working Paper 10443, 2004.) 하지만 고용 보호를 느슨하게 한 유럽 국가들에서 실업률이 낮아지지는 않았다. 전반적으로 이 둘 사이에는 상관관계가 없었다. Giuseppe Bertola, "Labor Market Regulations: Motives, Measures, Effects," International Labor Organization, Conditions of Work and Employment Series No. 21, 2009.

23 Kevin J. Delaney, "The Robot That Takes Your Job Should Pay Taxes, Says Bill Gates," Quartz, February 17, 2017. 2019년 3월 3일에 접속함. https:// qz.com/911968/bill-gates-the-robot-that-takes-your-job-should-pay- taxes/.

24 "European Parliament Calls for Robot Law, Rejects Robot Tax," Reuters, February 16, 2017. 2019년 4월 12일에 접속함. https://www.reuters.com/ article/us-europe-robots-lawmaking/european-parliament-calls-for- robot-law-rejects-robot-tax-idUSKBN15V2KM.

25 로봇세에 대한 더 일반적인 논의는 예를 들어 다음을 참고하라. Ryan Abbott and Bret Bogenschneider, "Should Robots Pay Taxes? Tax Policy in the Age of Automation," *Harvard Law & Policy Review* 12 (2018).

26 John DiNardo, Nicole M. Fortin, and Thomas Lemieux, "Labor Market Institutions and Distribution of Wages, 1973 – 1990: A Semiparametric Approach," *Econometrica* 64, no. 5 (1996): 1001 – 1044; David Card, "The Effect of Unions on the Structure of Wages: A Longitudinal Analysis," *Econometrica* 64, no. 4 (1996): 957 – 979; Richard B. Freeman, "How Much Has Deunionization Contributed to the Rise of Male Earnings Inequality?" 다 음에 수록됨. eds. Sheldon Danziger and Peter Gottschalk, *Uneven Tides: Rising Income Inequality in America* (New York: Russell Sage Foundation, 1993), 133 – 163.

27 다음을 참고하라. "UK Public Spending Since 1900," https://www.

ukpublicspending.co.uk/past_spending.

28   John Kenneth Galbraith. "Recession Economics." *New York Review of Books*, February 4, 1982.

29   Facundo Alvaredo, Lucas Chancel, Thomas Piketty, Emmanuel Saez, and Gabriel Zucman, "World Inequality Report 2018: Executive Summary," Wid.World, 2017. 2019년 4월 13일에 접속함. 세계 불평등 연구소World Inequality Lab 홈페이지. https://wir2018.wid.world/files/download/wir2018-summary-english.pdf.

30   "United Kingdom," World Inequality Database, Wid.World. 2019년 4월 13일에 접속함. https://wid.world/country/united-kingdom/.

31   Thomas Piketty, Emmanuel Saez, and Stefanie Stantcheva, "Optimal Taxation of Top Labor Incomes: A Tale of Three Elasticities," *American Economic Journal: Economic Policy* 6, no. 1 (2014): 230 – 271, DOI:10.1257/pol.6.1.230.

32   Facundo Alvaredo, Lucas Chancel, Thomas Piketty, Emmanuel Saez, and Gabriel Zucman, "World Inequality Report 2018," Wid.World. 세계 불평등 연구소World Inequality Lab 홈페이지. https://wir2018.wid.world/ files/download/wir2018-full-report-english.pdf.

33   David Autor, "Work of the Past, Work of the Future," Richard T. Ely Lecture, *American Economic Review: Papers and Proceedings*, 2019.

34   David Autor, David Dorn, Lawrence F. Katz, Christina Patterson, and John Van Reenen, "The Fall of the Labor Share and the Rise of Superstar Firms," NBER Working Paper 23396. 2017년 5월에 발간됨. DOI:10.3386/w2339.

35   Thomas Piketty, *Capital in the Twenty-First Century*, trans. Arthur Goldhammer (Cambridge, MA: Harvard University Press, 2014).

36   World Bank Data. 2019년 4월 19일에 접속함. https://data.worldbank.org/indicator/ne.trd.gnfs.zs.

37   Claudia Goldin and Lawrence F. Katz, *The Race between Education and Technology* (Cambridge, MA: Harvard University Press, 2010).

38   Thomas Piketty, *Capital in the Twenty-First Century*, trans. Arthur Goldhammer (Cambridge, MA: Harvard University Press, 2014).

39   David Autor, David Dorn, Lawrence F. Katz, Christina Patterson, and John Van Reenen, "The Fall of the Labor Share and the Rise of Superstar Firms," NBER

Working Paper 23396 10.3386/w2339, 2017.

40 Jason Furman and Peter Orszag, "Slower Productivity and Higher Inequality: Are They Related?" Peterson Institute for International Economics Working Paper 18-4, 2018.

41 Jae Song, David J Price, Fatih Guvenen, Nicholas Bloom, Till von Wachter, "Firming Up Inequality," *Quarterly Journal of Economics*, Volume 134, no. 1 (2019): 1 – 50, https://doi.org/10.1093/qje/qjy025.

42 Sherwin Rosen, "The Economics of Superstars," *American Economic Review* 71, no. 5 (1981): 845 – 858

43 Xavier Gabaix and Augustin Landier, "Why Has CEO Pay Increased So Much?" *Quarterly Journal of Economics* 123, no. 1 (2008): 49 – 100.

44 Facundo Alvaredo, Lucas Chancel, Thomas Piketty, Emmanuel Saez, and Gabriel Zucman, "World Inequality Report 2018," Wid.World, 2017. 세계 불평등 연구소World Inequality Lab 웹사이트. https://wir2018.wid.world/files/download/wir2018-full-report-english.pdf.

45 World Inequality Database, Wid.World, https://www.wid.world.

46 Robin Greenwood and David Scharfstein, "The Growth of Finance," *Journal of Economic Perspectives* 27, no. 2 (2013): 3 – 28.

47 Thomas Philippon and Ariell Reshef, "Wages and Human Capital in the U.S. Finance Industry: 1909 – 2006," *Quarterly Journal of Economics* 127, no. 4 (2012): 1551 – 1609.

48 Brian Bell and John Van Reenen, "Bankers' Pay and Extreme Wage Inequality in the UK," CEP Special Report, 2010.

49 Jon Bakija, Adam Cole, and Bradley T. Heim, "Jobs and Income Growth of Top Earners and the Causes of Changing Income Inequality: Evidence from U.S. Tax Return Data," working paper, Williams College, 2012. 2019년 6월 19일에 접속함. https://web.williams.edu/Economics/wp/BakijaCole HeimJobsIncomeGrowthTopEarners.pdf.

50 Bertrand Garbinti, Jonathan Goupille-Lebret, and Thomas Piketty, "Income Inequality in France, 1900 – 2014: Evidence from Distributional National Accounts (DINA)," WID.world (작업 페이퍼) Series No. 2017/4, 2017.

51 Olivier Godechot, "Is Finance Responsible for the Rise in Wage Inequality in

France?" *Socio-Economic Review* 10, no. 3 (2012): 447 – 470.

52 Eugene F. Fama and Kenneth R. French, "Luck Versus Skill in the Cross-Section of Mutual-Fund Returns," *Journal of Finance* 65, no. 5 (2010): 1915 – 1947.

53 Thomas Philippon and Ariell Reshef, "Wages and Human Capital in the U.S. Finance Industry: 1909 – 2006, *Quarterly Journal of Economics* 127, no. 4 (2012): 1551 – 1609.

54 Robin Greenwood and David Scharfstein, "The Growth of Finance," *Journal of Economic Perspectives* 27, no. 2 (2013): 3 – 28.

55 Claudia Goldin and Lawrence F. Katz, "Transitions: Career and Family Life Cycles of the Educational Elite," *American Economic Review* 98, no. 2 (2008): 363 – 369.

56 Marianne Bertrand and Sendhil Mullainathan, "Are CEO's Rewarded for Luck? The Ones Without Principals Are," *Quarterly Journal of Economics* 116, no. 3 (2001): 901 – 932.

57 샤프스타인과 그린우드는 대부분의 대륙 쪽 유럽 국가의 경우 금융이 경제에서 차지하는 비중이 1990년대와 2000년대에 그리 증가하지 않았거나 심지어는 감소했다고 지적했다. Robin Greenwood and David Scharfstein, "The Growth of Finance," *Journal of Economic Perspectives* 27, no. 2 (2013): 3 – 28.

58 Thomas Piketty, *Capital in the Twenty-First Century*, trans. Arthur Goldhammer (Cambridge, MA: Harvard University Press, 2014), 550 – 551; Emmanuel Saez and Gabriel Zucman, "Alexandria Ocasio-Cortez's Idea Is Not about Soaking the Rich," 2019년 4월 20일에 접속함. https://www.nytimes.com/2019/01/22/opinion/ocasio-cortez-taxes.html.

59 Thomas Piketty, Emmanuel Saez, and Stefanie Stantcheva, "Optimal Taxation of Top Labor Incomes: A Tale of Three Elasticities," *American Economic Journal: Economic Policy* 6, no. 1 (2014): 230 – 271.

60 Maury Brown, "It's Time to Blowup the Salary Cap Systems in the NFL, NBA, and NHL," Forbes, March 10, 2015. 2019년 4월 11일에 접속함. https://www.forbes.com/sites/maurybrown/2015/03/10/its-time-to-blowup-the-salary-cap-systems-in-the-nfl-nba-and-nhl/#1e35ced969b3.

61 이 절과 다음 절의 논의는 토마 피케티, 이매뉴얼 사에즈, 가브리엘 주크만의

연구를 많이 참고했다. 더 상세한 내용은 다음을 참고하라. Thomas Piketty, *Capital in the Twentieth Century*, trans. Arthur Goldhammer (Cambridge, MA: Harvard University Press, 2014); Gabriel Zucman's The Hidden Wealth of Nations (Chicago: University of Chicago Press, 2015); 사에즈와 주크만의 『불의의 승리*The Triumph of Injustice*』도 참고하라.

62   Emmanuel Saez, Joel Slemrod, and Seth H. Giertz, "The Elasticity of Taxable Income with Respect to Marginal Tax Rates: A Critical Review," *Journal of Economic Literature* 50, no. 1 (2012): 3 – 50.

63   Pian Shu, "Career Choice and Skill Development of MIT Graduates: Are the 'Best and Brightest' Going into Finance?" Harvard Business School Working Paper 16-067, 2017.

64   David Autor, "Skills, Education, and the Rise of Earnings Inequality among the 'Other 99 Percent,'" *Science* 344, no. 6168 (2014): 843 – 851.

65   Henrik J. Kleven, Camille Landais, and Emmanuel Saez. 2013. "Taxation and International Migration of Superstars: Evidence from the European Football Market," *American Economic Review* 103, no. 5: 1892 – 1924.

66   Annette Alstadsæter, Niels Johannesen, and Gabriel Zucman, "Tax Evasion and Inequality," NBER Working Paper 23772, 2018.

67   Thomas Piketty, *Capital in the Twenty-First Century*, trans. Arthur Goldhammer (Cambridge, MA: Harvard University Press, 2014).

68   같은 책.

69   또 다른 문제는 어쨌든 간에 투자 소득의 세율이 더 낮다는 것이다. 부유세에 대한 대안으로 투자 소득세를 투자 소득이 실현되지 않은 상태에서도 물리는 방법이 있지만 그 소득의 액수를 산정하기가 기술적으로 어렵다는 문제가 있다.

70   Ben Casselman and Jim Tankersly, "Democrats Want to Tax the Wealthy. Many Voters Agree." *New York Times*, February 19, 2019, https://www.nytimes.com/2019/02/19/business/economy/wealth-tax-elizabeth-warren.html.

71   H. J. Kleven, Knudsen, M. B., Kreiner, C. T., Pedersen, S. and E. Saez, "Unwilling or Unable to Cheat? Evidence from a Tax Audit Experiment in Denmark," *Econometrica* 79 (2011): 651 – 692, doi:10.3982/ECTA9113.

72   Gabriel Zucman, "Sanctions for Offshore Tax Havens, Transparency at

Home," New York Times, April 7, 2016; Gabriel Zucman, "The Desperate Inequality behind Global Tax Dodging," Guardian, November 8, 2017.

73 Henrik Jacobsen Kleven, Camille Landais, Emmanuel Saez, and Esben Schultz, "Migration and Wage Effects of Taxing Top Earners: Evidence from the Foreigners' Tax Scheme in Denmark," *Quarterly Journal of Economics* 129, no. 1 (2013): 333 – 378.

74 Ben Casselman and Jim Tankersly, "Democrats Want to Tax the Wealthy. Many Voters Agree," *New York Times*, February 19, 2019, https://www.nytimes.com/2019/02/19/business/economy/wealth-tax-elizabeth-warren.html.

75 Abhijit Banerjee, Esther Duflo, and Stefanie Stantcheva, "Me and Everyone Else: Do People Think Like Economists?" MIMEO, Massachusetts Institute of Technology, 2019.

76 Erzo F. P. Luttmer, "Neighbors as Negatives: Relative Earnings and Well-Being," *Quarterly Journal of Economics* 120, no. 3 (2005): 963 – 1002.

77 Ricardo Perez-Truglia, "The Effects of Income Transparency on Well-Being: Evidence from a Natural Experiment," NBER Working Paper 25622, 2019.

78 Leonardo Bursztyn, Bruno Ferman, Stefano Fiorin, Martin Kanz, Gautam Rao, "Status Goods: Experimental Evidence from Platinum Credit Cards," *Quarterly Journal of Economics* 133, no. 3 (2018): 1561 – 95, https://doi .org/10.1093/qje/qjx048.

79 Alberto Alesina, Stefanie Stantcheva, and Edoardo Teso, "Intergenerational Mobility and Preferences for Redistribution," *American Economic Review* 108, no. 2 (2018): 521 – 554.

80 같은 책.

81 같은 책.

82 Anne Case and Angus Deaton, "Rising Midlife Morbidity and Mortality, US Whites," Proceedings of the National Academy of Sciences, December 2015, 112 (49) 15078-15083; DOI:10.1073/pnas.1518393112; Anne Case and Angus Deaton, "Mortality and Morbidity in the 21st Century," Brookings Papers on Economic Activity, 2017.

83 Tamara Men, Paul Brennan, and David Zaridze, "Russian Mortality Trends for

1991 – 2001: Analysis by Cause and Region," *BMJ: British Medical Journal* 327, no. 7421 (2003): 964 – 966.

84   Anne Case and Angus Deaton, "Mortality and Morbidity in the 21st Century," Brookings Papers on Economic Activity, 2017.

85   Alberto Alesina, Stefanie Stantcheva, and Edoardo Teso, "Intergenerational Mobility and Preferences for Redistribution," *American Economic Review* 108, no. 2 (2018): 521 – 554.

86   Emily Breza, Supreet Kaur, and Yogita Shamdasani, "The Morale Effects of Income Inequality," *Quarterly Journal of Economics* 133, no.2 (2017): 611 – 663.

87   David Autor, David Dorn, Gordon Hansen, and Kaveh Majlesi, "Importing Political Polarization. The Electoral Consequences of Rising Trade Exposure," NBER Working Paper 22637, September 2016. 2017년 12월에 수정됨.

8장 국가의 일

1   "Revenue Statistics 2018 Tax Revenue Trends in the OECD," Organisation for Economic Co-operation and Development, December 5, 2018. 2018년 6월 18일에 접속함. https://www.oecd.org/tax/tax-policy/revenue-statistics-highlights-brochure.pdf.

2   Emmanuel Saez and Gabriel Zucman to Elizabeth Warren, January 18 2019. http://gabriel-zucman.eu/files/saez-zucman-wealthtax-warren.pdf.

3   Ben Casselman and Jim Tankersly, "Democrats Want to Tax the Wealthy. Many Voters Agree," *New York Times*, February 19, 2019. https://www.nytimes.com/2019/02/19/business/economy/wealth-tax-elizabeth-warren.html.

4   Abhijit Banerjee, Esther Duflo, and Stefanie Stantcheva, "Me and Everyone Else: Do People Think Like Economists?" MIMEO, Massachusetts Institute of Technology, 2019.

5   다음에 인용됨. Richard A. Viguerie, *Conservatives Betrayed: How George W. Bush and Other Big Government Republicans Hijacked the Conservative Cause* (Los Angeles: Bonus Books, 2006), 46.

6   Emmanuel Saez, Joel Slemrod, and Seth H. Giertz, "The Elasticity of Taxable

Income with Respect to Marginal Tax Rates: A Critical Review," *Journal of Economic Literature* 50, no. 1 (2012): 3 – 50.

7   Isabel Z. Martinez, Emmanuel Saez, and Michael Seigenthaler, "Intertemporal Labor Supply Substitution? Evidence from the Swiss Income Tax Holidays," NBER Working Paper 24634, 2018.

8   Emmanuel Saez, Joel Slemrod, and Seth H. Giertz, "The Elasticity of Taxable Income with Respect to Marginal Tax Rates: A Critical Review," *Journal of Economic Literature* 50, no. 1 (2012): 3 – 50.

9   Abhijit Banerjee, Esther Duflo, and Stefanie Stantcheva, "Me and Everyone Else: Do People Think Like Economists?" MIMEO, Massachusetts Institute of Technology, 2019.

10   Ronald Reagan, Inaugural Address, Washington DC, 1981.

11   Alberto Alesina, Stefanie Stantcheva, and Edoardo Teso, "Intergenerational Mobility and Preferences for Redistribution," *American Economic Review* 108, no. 2 (2018): 521 – 554.

12   Anju Agnihotri Chaba, "Sustainable Agriculture: Punjab Has a New Plan to Move Farmers Away from Water-Guzzling Paddy," *Indian Express*, March 28 2018. 2019년 3월 4일에 접속함. https://indianexpress.com/article/india/sustainable-agriculture-punjab-has-a-new-plan-to-move-farmers-away-from-water-guzzling-paddy-5064481/.

13   "Which States Rely Most on Federal Aid?" Tax Foundation. 2019년 4월 19일에 접속함. https://taxfoundation.org/states-rely-most-federal-aid/.

14   밀튼 프리드먼은 "문명의 가장 위대한 성취들은 정부 관료로부터 나오지 않았다"면서 "아인슈타인은 관료의 명령하에서 그의 이론을 만들지 않았다"고 말했다. 이 말은 많은 경제학자, 특히 우파 쪽 경제학자에게 영감을 주었으며 여러 문헌에 인용되었고 트위터에도 자주 등장한다. 하지만 하필 아인슈타인을 사례로 든 것은 의아하다. 아인슈타인은 초창기 연구를 하던 시절에 스위스 특허청 관료였고, 아인슈타인의 연구가 그 유명한 업적이 되었기에 망정이지 안 그랬더라면 그가 연구를 하느라 보낸 시간은 '정부 낭비'의 아주 좋은 사례였을 테니 말이다. Milton Friedman Quotes, BrainyQuote.com, BrainyMedia Inc., 2019. 2019년 6월 18일에 접속함. https://www.brainyquote.com/quotes/milton_friedman_412621.

15 Abhijit Banerjee, Rema Hanna, Jordan Kyle, Benjamin A. Olken, and Sudarno Sumarto, "Tangible Information and Citizen Empowerment: Identification Cards and Food Subsidy Programs in Indonesia," *Journal of Political Economy* 126, no. 2 (2018).

16 Karthik Muralidharan and Venkatesh Sundararaman, "The Aggregate Effect of School Choice: Evidence from a Two-Stage Experiment in India," *Quarterly Journal of Economics* 130, no. 3 (2015): 1011 – 1066.

17 Luc Behaghel, Bruno Crépon, and Marc Gurgand, "Private and Public Provision of Counseling to Job Seekers: Evidence from a Large Controlled Experiment," *American Economic Journal: Applied Economics* 6, no. 4 (2014): 142 – 174.

18 Mauricio Romero, Justin Sandefur and Wayne Sandholtz, "Outsourcing Service Delivery in a Fragile State: Experimental Evidence from Liberia" (작업 페이퍼), ITAM. 2019년 6월 18일에 접속함. https://www.dropbox.com/s/o82lfb6tdffedya/MainText.pdf?dl=0.

19 Finlay Young, "What Will Come of the More Than Me Rape Scandal?" ProPublica, May 3, 2019. 2019년 6월 18일에 접속함. https://www.propublica.org/article/more-than-me-liberia-rape-scandal.

20 Oriana Bandiera, Andrea Prat, and Tommaso Valletti, "Active and Passive Waste in Government Spending: Evidence from a Policy Experiment," *American Economic Review* 99, no. 4 (2009): 1278 – 1308.

21 Abhijit Banerjee, Rema Hanna, Jordan Kyle, Benjamin A. Olken, and Sudarno Sumarto, "Tangible Information and Citizen Empowerment: Identification Cards and Food Subsidy Programs in Indonesia," *Journal of Political Economy* 126, no. 2 (2018): 451 – 491

22 Abhijit Banerjee, Esther Duflo, and Stefanie Stantcheva, "Me and Everyone Else: Do People Think Like Economists?" MIMEO, Massachusetts Institute of Technology, 2019.

23 Alain Cohn, Ernst Fehr, and Michel Andre Marechal, "Business Culture and Dishonesty in the Banking Industry," *Nature* 516: (2014) 86 – 89.

24 Reman Hanna and Shing-Yi Wang, "Dishonesty and Selection into Public Service: Evidence from India," *American Economic Journal: Economic Policy*

9 no. 3 (2017): 262 – 290.

25   Sebastian Baufort, Nikolaj Harmon, Frederik Hjorth, and Asmus Leth Olsen et al., "Dishonesty and Selection into Public Service in Denmark: Who Runs the World's Least Corrupt Public Sector?" Discussion Papers 15 – 12, University of Copenhagen, Department of Economics, 2015.

26   Oriana Bandiera, Michael Carlos Best, Adnan Khan, and Andrea Prat, "Incentives and the Allocation of Authority in Organizations: A Field Experiment with Bureaucrats," CEP/DOM Capabilities, Competition and Innovation Seminars, London School of Economics, London, May 24 2018.

27   Clay Johnson and Harper Reed, "Why the Government Never Gets Tech Right," *New York Times*, October 24, 2013. 2019년 3월 4일에 접속함. https://www.nytimes.com/2013/10/25/opinion/getting-to-the-bottom-of-healthcaregovs-flop.html?_r=0.

28   Bertrand Garbinti, Jonathan Goupille-Lebret, and Thomas Piketty, "Income Inequality in France, 1900 – 2014: Evidence from Distributional National Accounts (DINA)," *Journal of Public Economics* 162 (2018): 63 – 77.

29   Thomas Piketty and Nancy Qian, "Income Inequality and Progressive Income Taxation in China and India, 1986 – 2015," *American Economic Journal: Applied Economics* 1 no. 2 (2009): 53 – 63, DOI:10.1257/app.1.2.53.

30   World Inequality Database. 2019년 6월 19일에 접속함. https://wid.world/country/india/; https://wid.world/country/china/.

31   Luis Felipe López-Calva and Nora Lustig, *Declining Inequality in Latin America: A Decade of Progress?* (Washington, DC: Brookings Institution Press, 2010), 1 – 24.

32   Santiago Levy, Progress Against Poverty: Sustaining Mexico's PROGRESA-Oportunidades Program (Washington, DC: Brookings Institution Press, 2006).

33   프로그레사 실험의 다양한 측면들을 다룬 연구가 많이 나와 있다. 초기의 논문으로는 다음을 참고하라. Paul J. Gertler and Simone Boyce, "An Experiment in Incentive-Based Welfare: The Impact of Progresa on Health in Mexico" (작업 페이퍼), 2003. 이 실험 및 이후에 이루어진 실험 연구들의 요약은 다음을 참고하라. *Conditional Cash Transfers: Reducing Present and Future Poverty*, ed. Ariel Fizsbein and Norbert Schady. 2019년 4월 19일에 접속함.

http://documents.worldbank.org/curated/en/914561468314712643/
Conditional-cash-transfers-reducing-present-and-future-poverty.

34 세계 불평등 데이터베이스. 2019년 6월 18일에 접속함. https://wid.world/
country/colombia; https://wid.world/country/chile; https://wid.world/
country/brazil.

9장 돈과 존엄

1 새 프로그램을 이끌고 있는 라티시아 아니마스Laticia Animas의 말을 인용함.
Benjamin Russell, "What AMLO's Anti-Poverty Overhaul Says About His
Government," *Americas Quarterly*, February 26, 2019. 2019년 4월 17일
에 접속함. https://www.americasquarterly.org/content/what-amlos-anti-
poverty-overhaul-says-about-his-government.

2 David Raul Perez Coady and Hadid Vera-Llamas, "Evaluating the Cost of
Poverty Alleviation Transfer Programs: An Illustration Based on PROGRESA
in Mexico," IFRPI 토론 페이퍼. http://ebrary.ifpri.org/utils/getfile/collection/
p15738coll2/id/60365/filename/60318.pdf. 다음도 참고하라. Natalia Caldes,
David Coady, and John A. Maluccio, "The Cost of Poverty Alleviation Transfer
Programs: A Comparative Analysis of Three Programs in Latin America,"
World Development 34, no. 5 (2006): 818–837.

3 Florencia Devoto, Esther Duflo, Pascaline Dupas, William Parienté, and
Vincent Pons, "Happiness on Tap: Piped Water Adoption in Urban Morocco,"
American Economic Journal: Economic Policy 4 no. 4 (2012): 68–99.

4 Maria Mini Jos, Rinku Murgai, Shrayana Bhattacharya, and Soumya Kapoor
Mehta, "From Policy to Practice: How Should Social Pensions Be Scaled Up?"
Economic and Political Weekly 50, no. 14 (2015).

5 Sarika Gupta, "Perils of the Paperwork: The Impact of Information and
Application Assistance on Welfare Program Take-Up in India," Harvard
University, November 2017. 2019년 6월 19일에 접속함. https://scholar.
harvard.edu/files/sarikagupta/files/gupta_jmp_11_1.pdf.

6 Esther Duflo, "The Economist as Plumber," *American Economic Review:
Papers & Proceedings* 107, no. 5 (2017): 1–26.

7 Amy Finkelstein and Matthew J. Notowidigdo, "Take-up and Targeting:

Experimental Evidence from SNAP," NBER Working Paper 24652, 2018.

8   Diane Whitmore Schanzenbach, "Experimental Estimates to the Barriers of Food Stamp Enrollment," Institute for Research on Poverty Discussion Paper no. 1367-09, September 2009.

9   Bruno Tardieu, *Quand un people parle: ATD, Quarte Monde, un combat radical contre la misère* (Paris: Editions La Découverte, 2015).

10 Najy Benhassine, Florencia Devoto, Esther Duflo, Pascaline Dupas, and Victor Pouliquen, "Turning a Shove into a Nudge? A 'Labeled Cash Transfer' for Education," *American Economic Journal: Economic Policy* 7, no. 3 (2015): 86–125.

11 이 수치들은 로버트 라이시가 보편기본소득을 다룬 두 권의 책을 요약한 글에 나온다. 다음을 참고하라. https://www.nytimes.com/2018/07/09/books/review/annie-lowrey-give-people-money-andrew-yang-war-on-normal-people.html. 그 두 권의 책은 다음과 같다. Annie Lowrey, *Give People Money: How a Universal Basic Income Would End Poverty, Revolutionize Work, and Remake the World*, 2018; Andrew Yang, *The War on Normal People: The Truth About America's Disappearing Jobs and Why Universal Basic Income Is Our Future*, 2018.

12 George Bernard Shaw, Pygmalion (London: Penguin Classics, 2013).

13 Map Descriptive of London Poverty 1898–9. 2019년 4월 21일에 접속함. https://booth.lse.ac.uk/learn-more/download-maps/sheet9.

14 "Radio Address to the Nation on Welfare Reform," Ronald Reagan Presidential Library and Museum. 2019년 3월 20일에 접속함. https://www.reaganlibrary.gov/research/speeches/21586a.

15 같은 책.

16 이 연구는 여러 저술에 요약되어 있다. 다음을 참고하라. James P. Ziliak, "Temporary Assistance for Needy Families." 다음에 수록됨. *Economics of Means-TestedTransfer Programs in the United States*, vol. 1, ed. Robert A. Moffitt (National Bureau of Economic Research and University of Chicago Press, 2016), 303–393; Robert Moffitt "The Temporary Assistance for Needy Families Program," 다음에 수록됨. *Means-Tested Transfer Programs in the U.S.*, ed. R. Moffitt (University of Chicago Press and NBER, 2003); Robert Moffitt, "The Effect of

Welfare on Marriage and Fertility: What Do We Know and What Do We Need to Know?" 다음에 수록됨. *Welfare, the Family, and Reproductive Behavior*, ed. R. Moffitt (Washington, DC: National Research Council, National Academy of Sciences Press, 1998).

17   Sibith Ndiaye (@SibithNdiaye), "Le Président? Toujours exigeant. Pas encore satisfait du discours qu'il prononcera demain au congrès de la Mutualité, il nous précise donc le brief! Au boulot!" (트위터), June 12, 2018, 3:28 p.m. 2019년 6월 19일에 접속함. https://twitter.com/SibethNdiaye/status/1006664614619308033.

18   "Expanding Work Requirements in Non-Cash Welfare Programs," Council of Economic Advisors, July 2018, https://www.whitehouse.gov/wp-content/uploads/2018/07/Expanding-Work-Requirements-in-Non-Cash-Welfare-Programs.pdf.

19   Shrayana Bhattacharya, Vanita Leah Falcao, and Raghav Puri, "The Public Distribution System in India: Policy Evaluation and Program Delivery Trends." 다음에 수록됨. *The 1.5 Billion People Question: Food, Vouchers, or Cash Transfers?* (Washington, DC: World Bank, 2017).

20   "Egypt to Raise Food Subsidy Allowance in Bid to Ease Pressure from Austerity," Reuters, June 20, 2017. 2019년 6월 19일에 접속됨. https://www.reuters.com/article/us-egypt-economy/egypt-to-raise-food-subsidy-allowance-in-bid-to-ease-pressure-from-austerity-idUSKBN19B2YW.

21   Peter Timmer, Hastuti, and Sudarno Sumarto, "Evolution and Implementation of the Rastra Program in Indonesia." 다음에 수록됨. The 1.5 Billion People Question: Food, Vouchers, or Cash Transfers? (Washington, DC: World Bank, 2017).

22   Abhijit Banerjee, Rema Hanna, Jordan Kyle, Benjamin A. Olken, and Sudarno Sumarto, "Tangible Information and Citizen Empowerment: Identification Cards and Food Subsidy Programs in Indonesia," *Journal of Political Economy* 126, no. 2 (2018): 451–491.

23   Reetika Khera, "Cash vs In-Kind Transfers: Indian Data Meets Theory," Food Policy 46 (June 2014): 116–128, https://doi.org/10.1016/j.foodpol.2014.03.009.

24   Ugo Gentilini, Maddalena Honorati, and Ruslan Yemtsov, "The State of Social Safety Nets 2014 (English)," World Bank Group, 2014. 2019년 6월 19일에 접속함. http://documents.worldbank.org/curated/en/302571468320707386/The-state-of-social-safety-nets-2014.

25   Abhijit V. Banerjee, "Policies for a Better Fed World," *Review of World Economics* 152, no. 1 (2016): 3 – 17.

26   David K. Evans and Anna Popova "Cash Transfers and Temptation Goods," Economic Development and Cultural Change 65, no. 2 (2917), 189 – 221.

27   Abhijit V. Banerjee, "Policies for a Better Fed World," *Review of World Economics* 152, no. 1 (2016): 3 – 17.

28   Johannes Haushofer and Jeremy Shapiro, "The Short-Term Impact of Unconditional Cash Transfers to the Poor: Experimental Evidence from Kenya," *Quarterly Journal of Economics* 131, no. 4 (2016): 1973 – 2042.

29   Ercia Field, Rohini Pande, Natalia Rigol, Simone Schaner, and Charity Troyer Moore, "On Her Account: Can Strengthening Women's Financial Control Boost Female Labor Supply?" (작업 페이퍼), Harvard University, Cambridge, MA, 2016. 2019년 6월 19일에 접속함. http://scholar.harvard.edu/files/rpande/files/on_her_account.can_strengthening_womens_financial_control_boost_female_labor_supply.pdf.

30   Abhijit Banerjee, Rema Hanna, Gabriel Kreindler, and Ben Olken, "Debunking the Stereotype of the Lazy Welfare Recipient: Evidence from Cash Transfer Programs," World Bank Research Observer 32, no. 2 (August 2017) 155 – 184, https://doi.org/10.1093/wbro/lkx002.

31   Abhijit Banerjee, Karlan Dean and Chris Udry, "Does Poverty Increase Labor Supply? Evidence from Multiple Income Effects," MIMEO, Massachusetts Institute of Technology, 2019.

32   David Greenberg and Mark Shroder, "Part 1: Introduction. An Overview of Social Experimentation and the Digest," *Digest of Social Experiments*. 2019년 3월 25일에 접속함. https://web.archive.org/web/20111130101109/; http://www.urban.org/pubs/digest/introduction.html#n22.

33   Philip K. Robins, "A Comparison of the Labor Supply Findings from the Four Negative Income Tax Experiments." *Journal of Human Resources* 20, no. 4

(Autumn 1985): 567 – 582.

34   Orley Ashenfelter and Mark W. Plant, "Nonparametric Estimates of the Labor Supply Effects of Negative Income Tax Programs," *Journal of Labor Economics* 8, no. 1, Part 2: Essays in Honor of Albert Rees (January 1990): S396 – S415.

35   Philip K. Robins, "A Comparison of the Labor Supply Findings from the Four Negative Income Tax Experiments," *Journal of Human Resources* 20, no. 4 (Autumn, 1985): 567 – 582.

36   같은 책.

37   Albert Rees, "An Overview of the Labor-Supply Results," *Journal of Human Resources* 9, no. 2 (Spring 1974): 158 – 180.

38   Damon Jones and Ioana Marinescu, "The Labor Market Impacts of Universal and Permanent Cash Transfers: Evidence from the Alaska Permanent Fund," NBER Working Paper 24312.

39   Randall K. Q. Akee, William E. Copeland, Gordon Keeler, Adrian Angold, and E. Jane Costello, "Parents' Income and Children's Outcomes: A Quasi-Experiment Using Transfer Payments from Casino Profits," *American Economic Journal: Applied Economics* 2, no. 1 (2010): 86 – 115.

40   Vivi Alatas, Abhijit Banerjee, Rema Hanna, Matt Wai-poi, Ririn Purnamasari, Benjamin A. Olken, and Julia Tobias, "Targeting the Poor: Evidence from a Field Experiment in Indonesia," *American Economic Review* 102, no. 4 (2012): 1206 – 1240, DOI:10.1257/aer.102.4.1206.

41   Clément Imbert and John Papp, "Labor Market Effects of Social Programs: Evidence from India's Employment Guarantee," *American Economic Journal: Applied Economics* 7, no. 2 (2015): 233 – 263; Muralidharan Karthik, Paul Niehuas, and Sandip Sukhtankar, "General Equilibrium Effects of (Improving) Public Employment Programs: Experimental Evidence from India," NBER Working Paper 23838, 2018 DOI:10.3386/w23838.

42   Martin Ravalion, "Is a Decentralized Right to Work Policy Feasible?" NBER Working Paper 25687, March 2019.

43   Abhijit Banerjee, Esther Duflo, Clement Imbert, Santhos Mattthews, and Rohini Pande, "E-Governance, Accountability, and Leakage in Public

Programs: Experimental Evidence from a Financial Management Reform in India," NBER Working Paper 22803, 2016.

44 "Economic Survey 2016–17," Government of India, Ministry of Finance, Department of Economic Affairs, Economic Division, 2017, 188–190.

45 Nur Cahyadi, Rema Hanna, Benjamin A. Olken, Rizal Adi Prima, Elan Satriawan, and Ekki Syamsulhakim, "Cumulative Impacts of Conditional Cash Transfer Programs: Experimental Evidence from Indonesia," NBER Working Paper 24670, 2018.

46 Najy Benhassine, Florencia Devoto, Esther Duflo, Pascaline Dupas, and Victor Pouliquen, "Turning a Shove into a Nudge? A "Labeled Cash Transfer" for Education," *American Economic Journal: Economic Policy* 7, no. 3 (2015): 86–125.

47 Aaron Smith and Monica Anderson, "Americans' Attitudes towards a Future in Which Robots and Computers Can Do Many Human Jobs," Pew Research Center, October 4, 2017. 2019년 4월 3일에 접속함. http://www.pewinternet. org/2017/10/04/americans-attitudes-toward-a-future-in-which-robots -and-computers-can-do-many-human-jobs/.

48 Robert B. Reich, "What If the Government Gave Everyone a Paycheck?" July 9, 2018, https://www.nytimes.com/2018/07/09/books/review/annie-lowrey-give-people-money-andrew-yang-war-on-normal-people.html.

49 Olli Kangas, Signe Jauhiainen, Miska Simanainen, Mina Ylikännö, eds., "The Basic Income Experiment 2017–2018 in Finland. Preliminary Results," Reports and Memorandums of the Ministry of Social Affairs and Health, 2019, 9.

50 Abhijit Banerjee, Esther Duflo, and Stefanie Stantcheva, "Me and Everyone Else: Do People Think Like Economists?" MIMEO, Massachusetts Institute of Technology, 2019.

51 Nicole Maestas, Kathleen J. Mullen, David Powell, Till von Wachter, and Jeffrey B. Wenger, "Working Conditions in the United States: Results of the 2015 American Working Conditions Survey," Rand Corporation, 2017.

52 "The State of American Jobs: How the Shifting Economic Landscape Is Reshaping Work and Society and Affecting the Way People Think about the

Skills and Training They Need to Get Ahead," ch. 3, Pew Research Center, October 2016. 2019년 4월 21일에 접속함. http://www.pewsocialtrends. org/2016/10/06/3-how-americans-view-their-jobs/#fn-22004-26.

53 다음을 참고하라. Steve Davis and Till Von Wachter, "Recession and the Costs of Job Loss," Brookings Papers on Economic Activity, Brookings Institution, Washington, DC, 2011, https://www.brookings.edu/wp-content/ uploads/2011/09/2011b_bpea_davis.pdf. 이 글에 언급된 참고문헌도 참고하라.

54 Daniel Sullivan and Till Von Wachter, "Job Displacement and Mortality: An Analysis Using Administrative Data," *Quarterly Journal of Economics* 124, no. 3 (2009): 1265–1306.

55 Mark Aguiar and Erik Hurst, "Measuring Trends in Leisure: The Allocation of Time over Five Decades," *Quarterly Journal of Economics* 122, no. 3 (2007): 969–1006.

56 Mark Aguiar, Mark Bils, Kerwin Kofi Charles, and Erik Hurst, "Leisure Luxuries and the Labor Supply of Young Men," NBER Working Paper 23552, June 2007.

57 "American Time Use Survey—2017 Results" (보도 자료), Bureau of Labor Statistics, US Department of Labor, June 28, 2018. 2019년 6월 19일에 접속함. https://www.bls.gov/news.release/atus.nr0.htm.

58 Mark Aguiar, Erik Hurst, and Loukas Karabarbounis, "Time Use During the Great Recession," *American Economic Review* 103, no. 5 (2013): 1664–1696.

59 Daniel Kahneman and Alan G. Krueger, "Developments in the Measurement of Subjective Well-Being," *Journal of Economic Perspectives* 20, no. 1 (2006): 3–24.

60 Aaron Smith and Monica Anderson, "Americans' Attitudes towards a Future in Which Robots and Computers Can Do Many Human Jobs," Pew Research Center, October 4, 2017. 2019년 4월 3일에 접속함. http://www.pewinternet. org/2017/10/04/americans-attitudes-toward-a-future-in-which-robots -and-computers-can-do-many-human-jobs/.

61 "Volunteering in the United States, 2015," Economic News Release, February 25, 2016. 2019년 4월 21일에 접속함. https://www.bls.gov/news.release/ volun.nr0.htm.

62   David Deming, "The Growing Importance of Social Skills in the Labor Market," *Quarterly Journal of Economics* 132, no. 4 (2017): 1593 – 1640, https://doi.org/10.1093/qje/qjx022.

63   Román Zárate, "Social and Cognitive Peer Effects: Experimental Evidence from Selective High Schools in Peru," MIT Economics, 2019. 2019년 6월 19일에 접속함. https://economics.mit.edu/files/16276.

64   Raj Chetty, Nathaniel Hendren, Patrick Kline, and Emmanuel Saez, "Where Is the Land of Opportunity? The Geography of Intergenerational Mobility in the United States," *Quarterly Journal of Economics* 129, no. 4 (2014): 1553 – 1623, https://doi.org/10.1093/qje/qju022.

65   Lawrence F. Katz, Jeffrey R. Kling, and Jeffrey B. Liebman, "Moving to Opportunity in Boston: Early Results of a Randomized Mobility Experiment," *Quarterly Journal of Economics* 116 no. 2 (2001): 607 – 654, https://doi.org/10.1162/00335530151144113.

66   Ra Chetty, Nathaniel Hendren, and Lawrence F. Katz, "The Effect of Exposure to Better Neighborhoods and Children: New Evidence from the Moving to Opportunity Experiment," *American Economic Review* 106, no. 4 (2016): 855 – 902.

67   Raj Chetty and Nathaniel Hendren, "The Impacts of Neighborhoods on Intergenerational Mobility II: County-Level Estimates," *Quarterly Journal of Economics* 133, no. 3 (2018): 1163 – 1228.

68   Roland G. Fryer Jr., "The Production of Human Capital in Developed Countries: Evidence from 196 Randomized Field Experiments." 다음에 수록됨. *Handbook of Economic Field Experiments 2* (Amsterdam: North-Holland, 2017): 95 – 322.

69   Abhijit Banerjee, Rukmini Banerji, James Berry, Esther Duflo, Harini Kannan, Shobhini Mukerji, Marc Shotland, and Michael Walton, "From Proof of Concept to Scalable Policies: Challenges and Solutions, with an Application," *Journal of Economic Perspectives* 31, no. 4 (2017): 73 – 102.

70   Raj Chetty, John Friedman, Nathaniel Hilger, Emmanuel Saez, Diane Whitmore Schanzenbach, and Danny Yagan, "How Does Your Kindergarten Classroom Affect Your Earnings? Evidence from Project Star," *Quarterly Journal of*

Economics 126, no. 4 (2011): 1593 – 1660.

71   Ajay Chaudry and Rupa Datta, "The Current Landscape for Public Pre-Kindergarten Programs." 다음에 수록됨. *The Current State of Scientific Knowledge on Pre-Kindergarten Effects*, Brookings Institution, Washington, DC, 2017. 2019년 6월 19일에 접속함. https://www.brookings.edu/wp-content/uploads/2017/04/duke_prekstudy_final_4-4-17_hires.pdf.

72   Maria Stephens, Laura K. Warren, and Ariana L. Harner, "Comparative Indicators of Education in the United States and Other G-20 Countries: 2015. NCES 2016-100," National Center for Education Statistics, 2015.

73   취학 전 교육에 대한 헤크먼의 연구는 다음에서 모두 볼 수 있다. https://heckmanequation.org/. 그 밖의 연구로는, 예를 들어 다음을 참고하라. Jorge Luis García, James J. Heckman, Duncan Ermini Leaf, and María José Prados, "The Life-Cycle Benefits of an Influential Early Childhood Program," NBER Working Paper 22993, 2016.

74   Michael Puma, Stephen Bell, Ronna Cook, and Camilla Heid, "Head Start Impact Study Final Report," US Department of Health and Human Services, Administration for Children and Families, 2010, https://www.acf.hhs.gov/sites/default/files/opre/executive_summary_final.pdf; Mark Lipsey, Dale Farran, and Kelley Durkin, "Effects of the Tennessee Prekindergarten Program on Children's Achievement and Behavior through Third Grade," *Early Childhood Research Quarterly* 45 (2017): 155 – 176.

75   R. M. Ford, S. J. McDougall, and D. Evans, "Parent-Delivered Compensatory Education for Children at Risk of Educational Failure: Improving the Academic and Self-Regulatory Skills of a Sure Start Preschool Sample," *British Journal of Psychology* 100, no. 4 (2009), 773 – 797. A. J. L. Baker, C. S. Piotrkowski, and J. Brooks-Gunn, "The Effects of the Home Instruction Program for Preschool Youngsters on Children's School Performance at the End of the Program and One Year Later," *Early Childhood Research Quarterly* 13, no. 4 (1998), 571 – 586. K. L. Bierman, J. Welsh, B. S. Heinrichs, R. L. Nix, and E. T. Mathis, "Helping Head Start Parents Promote Their Children's Kindergarten Adjustment: The REDI Parent Program," *Child Development*, 2015. James J. Heckman, Margaret L. Holland, Kevin K. Makinom Rodrigo Pinto, and Maria Rosales-

Rueda, "An Analysis of the Memphis Nurse- Family Partnership Program," NBER Working Paper 23610, July 2017, http://www.nber.org/papers/w23610. Orazio Attanasio, C. Fernández, E. Fitzsimons, S. M Grantham-McGregor, C. Meghir, and M. Rubio-Codina, "Using the Infrastructure of a Conditional Cash Transfer Programme to Deliver a Scalable Integrated Early Child Development Programme in Colombia: A Cluster Randomised Controlled Trial," *British Medical Journal* 349 (September 29, 2014): g5785. Paul Gertler, James Heckman, Rodrigo Pinto, Arianna Zanolini, Christel Vermeerch, Susan Walker, Susan Chang-Lopez, and Sally Grantham-McGregor, "Labor Market Returns to an Early Childhood Stimulation Intervention in Jamaica," *Science* 344, no. 6187 (2014): 998–1001.

76   Moira R. Dillon, Harini Kannan, Joshua T. Dean, Elizabeth S. Spelke, and Esther Duflo, "Cognitive Science in the Field: A Preschool Intervention Durably Enhances Intuitive but Not Formal Mathematics," *Science* 357, no. 6346 (2017): 47–55.

77   Henrik Kleven, Camille Landais, Johanna Posch, Andreas Steinhauer, and Josef Zweimüller, "Child Penalties Across Countries: Evidence and Explanations," no. w25524, National Bureau of Economic Research, 2019.

78   Henrik Kleven, Camille Landais, and Jakob Egholt Søgaard, "Children and Gender Inequality: Evidence from Denmark," no. w24219, National Bureau of Economic Research, 2018.

79   "Denmark: Long-term Care," Organisation for Economic Co-Operation and Development, 2011, http://www.oecd.org/denmark/47877588.pdf.

80   Bruno Crépon and Gerard van den Berg, "Active Labor Market Policies," Annual Review of Economics, https://doi.org/10.1146/annurev-economics-080614-115738; Bruno Crépon, Esther Duflo, Marc Gurgand, Roland Rathelot, and Philippe Zamora, "Do Labor Market Policies Have Displacement Effects? Evidence from a Clustered Randomized Experiment," *Quarterly Journal of Economics* 128, no. 2 (2013): 531–80.

81   Sheila Maguire, Joshua Freely, Carol Clymer, Maureen Conway, and Deena Schwartz, "Tuning In to Local Labor Markets: Findings from the Sectoral Employment Impact Study," Public/Private Ventures, 2010. 2019년 4월 21일

에 접속함., http://ppv.issuelab.org/resources/5101/5101.pdf.

82 Yann Algan, Bruno Crépon, Dylan Glover, "The Value of a Vacancy: Evidence from a Randomized Evaluation with Local Employment Agencies in France," J-PAL working paper, 2018. 2019년 4월 21일에 접속함. https://www.povertyactionlab.org/sites/default/files/publications/5484_The-Value_of_a_vacancy_Algan-Crepon-Glover_June2018.pdf.

83 "Employment Database—Labour Market Policies And Institutions," Organisation for Economic Co-operation and Development.

84 "Active Labour Market Policies: Connecting People with Jobs," Organisation for Economic Co-operation and Development, http://www.oecd.org/employment/activation.htm.

85 Benjamin Hyman, "Can Displaced Labor Be Retrained? Evidence from Quasi-Random Assignment to Trade Adjustment Assistance," January 10, 2018, https://ssrn.com/abstract=3155386; http://dx.doi.org/10.2139/ssrn.3155386.

86 Aaron Smith and Monica Anderson, "Automation in Everyday Life: Chapter 2," Pew Research Center, 2017. 2019년 4월 21일에 접속함. https://www.pewinternet.org/2017/10/04/americans-attitudes-toward-a-future-in-which-robots-and-computers-can-do-many-human-jobs/.

87 Bruno Tardieu, *Quand un people parle* (Paris: La Découverte, 2015).

88 Abhijit Banerjee, Esther Duflo, Nathanael Goldberg, Dean Karlan, Robert Osei, William Parienté, Jeremy Shapiro, Bram Thuysbaert, and Christopher Udry, "A Multifaceted Program Causes Lasting Progress for the Very Poor: Evidence from Six Countries," *Science* 348, no. 6236 (2015): 1260799.

89 Esther Duflo, Abhijit Banerjee, Raghabendra Chattopadyay, Jeremy Shapiro, "The Long Term Impacts of a 'Graduation' Program: Evidence from West Bengal," MIMEO, Massachusetts Institute of Technology, 2019.

90 Christopher Blattman, Nathan Fiala, and Sebastian Martinez, "The Long Term Impacts of Grants on Poverty: 9-Year Evidence from Uganda's Youth Opportunities Program," April 5, 2019, https://ssrn.com/abstract=3223028; http://dx.doi.org/10.2139/ssrn.3223028.

91 Bruno Crépon, Esther Duflo, Éllise Huillery, William Pariente, Juliette Seban,

and Paul-Armand Veillon, "Cream Skimming and the Comparison between Social Interventions Evidence from Entrepreneurship Programs for At-Risk Youth in France," 2018.

92 같은 책.

93 Robert Rosenthal and Lenore Jacobson, "Pygmalion in the Classroom," *Urban Review* 3, no. 1 (1968): 16 – 20.

94 Angela Duckworth, *Grit: The Power of Passion and Perseverance* (New York: Scribner,94. 2016).

95 Yann Algan, Adrien Bouguen, Axelle Charpentier, Coralie Chevallier, and Élise Huillery, "The Impact of a Large-Scale Mindset Intervention on School Outcomes: Experimental Evidence from France," MIMEO, 2018.

96 Sara B. Heller, Anuj K. Shah, Jonathan Guryan, Jens Ludwig, Sendhil Mullainathan, and Harold A. Pollack, "Thinking, Fast and Slow? Some Field Experiments to Reduce Crime and Dropout in Chicago," *Quarterly Journal of Economics* 132k, no. 1 (2017): 1 – 54.

에필로그 좋은 경제학과 나쁜 경제학

1 Chang-Tai Hsieh and Peter J. Klenow, "The Life Cycle of Plants in India and Mexico," *Quarterly Journal of Economics* 129, no. 3 (August 2014): 1035 – 1084, https://doi.org/10.1093/qje/qju014.

미국의 성장은 끝났는가
경제 혁명 100년의 회고와 인공지능 시대의 전망

인플레이션, 실업, 경제성장에 관한 세계적인 전문가 로버트 J. 고든은 1870년부터 1970년 기간에 이루어진 경제성장이 두 번 다시 반복될 수 없는 사건이었음을 입증해 보인다.

로버트 J. 고든 지음 | 이경남 옮김 | ⓒ2017 | 1,040쪽 | 43,000원
ISBN 979-11-85585-36-9

IMF, 불평등에 맞서다

국제통화기금IMF 소속 경제학자 세 명이 불평등에 관해 연구한 결과를 종합했다. 저자들은 불평등은 성장에 반드시 필요하거나 유리하게 작동하기는커녕 오히려 경제를 악화시킨다는 것을 구체적인 연구 자료를 통해 증명해 낸다.

조너선 D. 오스트리·프라카쉬 룬가니·앤드루 버그 지음 | 신현호·임일섭·최우성 옮김
ⓒ2020 | 272쪽 | 18,000원 | ISBN 979-11-85585-83-3

엘리트 독식 사회
세상을 바꾸겠다는 그들의 열망과 위선

이 책은 세상을 바꾸겠다는 엘리트들의 노력이 어떻게 불공정한 현 상태를 유지하는지 보여주는 내부자의 신랄한 고백이다. "인자한 엘리트들은 세상의 구원자인가, 불평등의 공범인가?"

아난드 기리다라다스 지음 | 정인경 옮김 | ⓒ2019 | 424쪽 | 18,000원
ISBN 979-11-85585-71-0

예측기계
인공지능의 간단한 경제학

인공지능 기술의 시대에 우리는 인공지능의 본질은 물론, 그것이 초래할 변화를 정확히 이해할 필요가 있다. 이 책은 특히 인공지능 기술이 경제 전반에 어떤 영향을 미치는지를 다룬다.

어제이 애그러월 조슈아 갠스·아비 골드파브 지음 | 이경남 옮김
ⓒ2019 | 336쪽 | 18,000원 | ISBN 979-11-85585-64-2

그래도 경제학이다

경제학은 사회의 여러 문제를 해결하는 훌륭한 도구가 되기도 하지만, 맥락을 고려하지 못한 전문가의 손에서는 아킬레스건이 될 수도 있다. 이 책은 경제학에 대한 찬양이자 비판이다.

대니 로드릭 지음 | 이강국 옮김 | ⓒ2016 | 270쪽 | 18,000원
ISBN 979-11-85585-23-9

하버드 경제학자가 쓴 복지국가의 정치학

불평등과 가난에 대한 다양한 접근 방식을 검토하는 이 책은 표면적으로는 복지 제도를 주제로 삼고 있지만, 미국과 유럽의 제도적 차이 그리고 그런 차이가 발생한 이유 등에 관해 깊이 파고든다.

알베르토 알레시나·에드워드 L. 글레이저 지음 | 전용범 옮김
ⓒ2012 | 384쪽 | 18,000원 | ISBN 979-11-85585-28-4

세습 중산층 사회
90년대생이 경험하는 불평등은 어떻게 다른가

날카롭고 신선한 시각으로 20대의 불평등 문제를 심도 있게 꿰뚫는 이 책은 '세습 중산층'이라는 용어를 사용하여 '10'과 '90'으로 나뉜 한국 사회를 촘촘히 뜯어본다. 문제는 '세대'가 아니라, '세습'이다.

조귀동 지음 | ⓒ2020 | 312쪽 | 17,000원
ISBN 979-11-85585-82-6

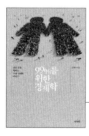

99%를 위한 경제학
낮은 곳으로 향하는 주류 경제학 이야기

인디애나-퍼듀 대학에서 미시경제학을 가르치는 김재수 교수의 '1%의 경제학'을 뒤집으려는 담대한 시도이자, 승자독식사회에 맞서 낮은 곳을 응시하는 주류 경제학 이야기다.

김재수 지음 | ⓒ2016 | 384쪽 | 15,000원
ISBN 979-11-85585-28-4

힘든 시대를 위한 좋은 경제학
Good Economics for Hard Times

1판 1쇄 펴냄 | 2020년 5월 11일
1판 11쇄 펴냄 | 2023년 12월 20일

지은이 | 아비지트 배너지, 에스테르 뒤플로
옮긴이 | 김승진
발행인 | 김병준
발행처 | 생각의힘

등록 | 2011. 10. 27. 제406-2011-000127호.
주소 | 서울시 마포구 독막로6길 11, 우대빌딩 2, 3층
전화 | 02-6925-4184(편집), 02-6925-4188(영업)
팩스 | 02-6925-4182
전자우편 | tpbook1@tpbook.co.kr
홈페이지 | www.tpbook.co.kr

ISBN 979-11-85585-89-5 93320

이 도서의 국립중앙도서관 출판예정도서목록(CIP)은
서지정보유통지원시스템 홈페이지(http://seoji.nl.go.kr)와
국가자료종합목록시스템(http://kolis-net.nl.go.kr)에서
이용하실 수 있습니다.(CIP제어번호: 2020016088)